행정학총서

한국지방행정학

—이론과 실제—

[제 3 전정판]

이 규 환 지음

法 文 社

제 3 전정판 서문

이제 지역균형발전과 지방분권정책의 패러다임을 과거의 중앙정부 주도에서, 지방이 주도하고 중앙이 지원하는 방식으로 전환해야 할 때이다. 각 지방이 각자 특성에 맞게끔 발전하면서 그 발전의 총합이 국가발전으로 이어져야 한다. 지방자치단체 스스로가 자율성을 가지고 지역사업을 추진할 수 있도록 권한을 부여하여야 한다. 효율적이고 실질적인 지방분권을 위해서 지방재정을 확충하는 동시에 재정건전성을 강화하고 지방행정제도를 개선해야 한다.

그동안 실질적 지방분권을 위한 지방행정제도 개선을 부분적으로 그때그때의 상황에 따라 노력한 면도 적지 않다. 따라서 제도개선 및 여건변화에 따라 本書를 다음과 같은 내용으로 수정・보완하였다.

첫째, 2006년 제주특별자치도 설치 및 국제자유도시 조성을 위한 특별법 제정에 따라 지방자치법의 일부 개정에 이어 2010년 종전의 지방자치법 제13조 주민의 권리 조항 아래 제13조의 2 주민투표, 제13조의 3 조례의 제정 및 개폐청구, 제13조의 4 주민의 감사청구, 제13조의 5 주민소송, 제13조의 6 손해배상금 등의 지불청구, 제13조의 7 변상명령 등, 제13조의 8 주민소환으로 구성되어 있던 법조문이 7개의 독립된 조문으로 분리되면서 전반적인 법조문의 개편이 재구성되었다. 이에 따라 기존의 법조문을 참고로 했던 것이 크게 변경되어 수정을 할 수밖에 없었다.

둘째, 초판을 1999년에 출간한 후 행정여건의 변화전망에서 그동안 통계청을 비롯한 정부 및 민간분야의 여러 연구소에서 추계한 장래 변화전망이 10년 이상 지나면서 당초 추정한 전망치에 대한 수정・보완이 불가피한 지표를 변경할 수밖에 없었다. 즉 장래인구전망, 국토이용구조의 변화, 교통 및 용수 수요전망, 도시화의 변화 등 전망의 연도 연장뿐만 아니라 일부 전망치의 수정・보완이 불가피하였다.

셋째, 2010년부터 지방자치단체 예산편성 운영기준이 크게 변경되었다. 즉 종전에 세출구조를 기능별로 일반행정비, 사회개발비, 경제개발비, 민방위비, 기타 지원경비 등 5개 장으로 구성되었던 분류가 13개 분야, 즉 일반공공행정, 공공질서 및 안전, 교육, 문화 및 관광, 환경보호, 사회복지, 보건, 농림해양수산, 산업·중소기업, 수송 및 교통, 국토 및 지역개발, 과학기술, 예비비 등으로 대폭 확대되었다.

넷째, 지방자치단체의 자치조직권을 강화하는 차원에서 지방행정기구의 변화가 대폭 이루어졌다. 즉 지방자치법 제10조 이하의 보조기관과 동법 제111조 이하의 소속행정기관, 동법 제117조 이하의 하부행정기관에 근거하여 「지방자치단체의 행정기구와 정원기준 등에 관한 규정」에서 시·도의 실·국·본부 설치기준, 시·도에 두는 보조·보좌기관의 직급기준, 시·군·구의 기구설치 및 직급기준, 구청장·읍·면·동장의 직급기준이 새롭게 규정됨으로써 이를 반영하는 지방행정기구의 큰 수정·보완이 있었다.

다섯째, 2010년부터 지방세제가 크게 개정되었다. 즉 종전에 지방세 16개 세목(보통세 11개, 목적세 5개)이 11개 세목(보통세 9개, 목적세 2개)으로 대폭 축소조정되었다. 특히 지방소득세와 지방소비세가 도입되었다. 지방소득세는 주민세(소득할, 법인세할)와 사업소세(종업원할)를 통합하여 신설되었고, 지방소비세는 국세인 부가가치세의 5%를 재원으로 신설되었다.

여섯째, 본 교재가 대학의 학부생을 중심으로 하고 있어, 구역설정기준에 관한 학설, 지방예산제도의 개혁방안에서 기획예산제도와 영기준예산제도, 지방재정운용과 경영관리에서 중기재정계획제도는 너무 전문적이고 학술적인 내용을 담고 있어 본 3 전정판에서 과감하게 삭제하였다.

그동안 본서에 대해서 깊은 관심과 이용을 해 준 독자 여러분께 깊은 감사의 뜻을 전하면서 바쁘다는 핑계로 제때 수정·보완하지 못하고 뒤늦게 제3 전정판을 내게 되어 독자 여러분께 미안하게 생각하는 바이다.

최근 출판업계의 무척 어려운 여건 가운데 제3 전정판의 출간을 맡아 주신 법문사의 사장님을 비롯한 임직원 여러분과 편집부 직원 여러분의 수고에 충심으로 감사의 말씀을 드리는 바이다.

2013년 1월 17일 유난히 추운 겨울 날씨 가운데서
흑석동 원장실에서
저 자 씀

제 2 전정판 서문

초판을 1999년에 출간한 후 2000년 새 즈믄을 맞아 지방정부차원에서도 많은 법령과 제도의 변화가 생겨 1년 만에 修訂版을 내었다. 그러나 그 후 6년이 지나면서 지방행정환경 뿐만 아니라 지방행정체제에도 많은 변화가 생겼음에도 불구하고 워낙 淺學菲才한 필자는 4년 6개월간의 행정대학원 원장직과 한국지방자치학회 회장직으로 인하여 全訂版이 이렇게 지연되었음을 독자 여러분께 미안하게 생각하는 바이다.

7년 전 필자는 지방행정학이 독립된 학문으로서 성립될 수 있는가에 대한 해답을 얻고자 본서를 집필하게 된 동기라고 밝힌 바 있다. 지방행정학이 독립된 학문으로 성립되기 위해서는 인접학문의 개별과학적 입장에 입각한 상호간의 연관성을 찾아야 함은 물론, 무엇보다 보편성을 지닌 인식방법에 따라 지방행정이론, 지방행정사 및 지방정책을 지방행정학의 분과로 하여 고유한 영역을 정립하여야 함을 주장한 바 있다.

여기서 지방행정이론 내지 지방행정론은 지방행정현상을 因果관계로 포착하여 그것을 지배하고 있는 법칙성 내지 공통성을 밝히는 것이다. 그러나 사회과학에서 말하는 공통성·법칙성은 상대적인 것에 불과하다. 사회현상을 지배하고 있는 법칙성 내지 공통성도 동서고금을 통하여 적용될 수 있는 절대적인 법칙이 아니고 시간과 공간의 제약을 받는 상대적 법칙에 불과하다는 사실을 우리는 인정해야 할 것이다.

특히, 본서의 연구대상은 지방행정의 수요·공급이라는 관점에서 지방행정현상을 중심으로 고찰하였다. 즉, 지방행정의 수요자로서의 행정변수를 지역주민과 중앙정부 그리고 정치·경제·사회적 여건 등을 지방행정환경으로 파악하였고, 지방행정의 공급자로서의 행정변수로는 조직과 인력 그리고 재정 등을 지방행정체제로 파악하였다. 그런데 지난 6년간 이러한 지방행정현상에는 많은 변화가 있었다. 국민의 정부에 이어 참여정부가 출범한 이래 정부혁신 및 지방분권 그리고 균형발전을 국정목표로 설정하면서 지방행정체제와 환경에 큰 변화가 왔다.

본서는 그 동안 지방행정현상의 변화에 중점을 두고 수정·보완을 통해 全訂版을 내고자 하였다.

먼저, 지방행정의 수요측면에서, 지방분권화를 통해 중앙권한의 지방이양이 당초 기대에는 미흡하지만 자치권 신장에 큰 기여를 하였으며, 민주주의 발달과 평화로운 정권교체의 전통 확립은 지방자치제의 강화를 가져오고, 주민의 정치참여와 의사반영이 활발하게 되었다. 또한 지역경제의 성장은 지방재정의 신장을 가져왔지만 지역간 경제력 격차로 자치단체간의 재정적 불균형은 더욱 심화되었다.

주민의식의 성숙으로 주민참여와 주민통제에 많은 변화가 있었다. 주민직접참정제도로서 조례의 제정 및 개폐청구권과 감사청구권 등 주민발안제 도입 이후 주민투표제와 관련된 절차법이 제정되었으며(2004년), 주민소송제(2005년 도입, 2006년 시행)에 이어 주민소환제(2006년 5월)가 도입되었다.

다음, 지방행정의 공급측면에서, 지방자치단체의 자치조직권과 자치행정권의 확대로 지방행정기능, 기구, 인력 및 재정제도와 관련 법령에 많은 변화가 있었다. 특히 지방자치법령의 개정으로 2006년 7월부터 지방의회의원이 명예직에서 유급직으로 전환되면서 회기일수가 자치단체 조례로 자율화되었고, 자치조직권의 강화로 자치단체의 행정기구에 큰 변화가 생겼으며, 교육·학예에 관한 기관인 교육위원과 교육감의 선출방식이 바뀌었다.

또한, 영국은 지금까지 의회형 하나로만 설명하였으나 블레어(Tony Blair) 정부 출범 이후 지방자치단체의 기관구성형태를 다양화시켰으며, 특히 수도 대런던청(Great London Authority)은 기관대립형으로 영국 역사상 처음으로 시장을 주민이 직선한 바 있다.

한편, 재정분권화로 지방재정제도 역시 큰 변화가 있었다. 지방세인 종합토지세가 국세인 종합부동산세로 전환됨에 따라 재산과세의 변화 등 지방세제 개편, 지방양여금의 폐지와 지방교부세의 법정교부율 인상, 지방공기업법의 개정으로 지방공기업의 당연적용사업의 축소, 행정자치부의 예산편성지침서 및 기채승인권의 자율화 등 지방재정제도 전반에 걸쳐 근본적인 변화가 생겼다.

이처럼 지방행정현상의 변화와 관련된 지방행·재정내용의 수정·보완의 필요성 뿐만 아니라 각종 통계자료의 up-to-date도 시급하였다. 따라서 모든 통계자료를 가능한 한 2006년 6월 현재기준으로 하였으며, 불가피한 경우 2005년 기준으로 대체하고 내용을 보완하였다.

그러나 탈고를 하고나니 여전히 미완성에 대한 아쉬움이 남는다. 한국지방행정학과 관련된 각종 이론, 제도, 법령, 통계자료의 수정 · 보완 등으로 본서를 개정하는 순간, 이미 그것은 새로운 것이 아니라 조만간 낡은 것으로 전락하고 만다는 조바심을 느끼면서 제3訂增補版의 서문이 걱정된다.

그 동안 본서에 대해서 깊은 관심을 가져주고 수정 · 보완해야 할 부분과 내용에 대한 고견을 준 전국의 지방자치학회 회원이자 동료교수님들께 감사의 말씀을 드리며, 아울러 자료수집에 큰 도움을 준 중앙대학교 대학원 행정학과 박사과정 · 석사과정 재학생 여러분께도 고마움을 잊을 수가 없다.

출판업계의 어려운 여건 가운데 第2全訂版의 출간을 맡아주신 법문사의 사장님을 비롯한 임원과 김영훈차장 그리고 편집부직원 여러분의 수고에 충심으로 감사의 말씀을 드리는 바이다.

2006년 8월 20일 유난히 무더운 올 여름을 보내면서
흑석동 연구실에서

저 자 씀

수정판을 내면서

2000년이란 새 즈믄을 전후하여 중앙정부 뿐만 아니라 지방정부에서도 많은 제도의 변화를 가져왔다. 특히 지방행정에 많은 영향을 미치는 주요한 법규와 제도의 변화를 보면 다음과 같다.

첫째, 지방자치법의 개정으로 지방의회의 운영에 많은 변화를 가져왔으며, 주민참정제도로서 「조례의 제정 및 개·폐청구권」과 「감사청구권」 등 주민발안제도가 도입되었다.

둘째, 지방재정법의 개정으로 지방재정지출의 건전화를 위한 중앙투·융자심사제도가 강화되었다.

셋째, 지방세법의 개정으로 주행세제가 신설되고, 도세징수교부금제도의 큰 개혁이 이루어졌다.

넷째, 지방교부세법의 개정으로 지방교부세의 법정교부율이 종전의 내국세의 13.27%에서 15%로 인상조정되었다.

다섯째, 광역행정체제로서 유일하게 존재했던 수도권 매립지운영관리조합이 2000년 7월 폐지되고 환경관리공단과 통합되어 환경부 산하의 「수도권 매립공사」로 일원화되었으나 신중앙집권화 문제가 제기되고 있다.

이상과 같은 지방행정관련 법규 및 제도의 변화를 반영하여 「한국지방행정론」의 내용의 일부를 수정·보완하였다.

2000년 7월

저　자　씀

머 리 말

지방행정학이 독립된 학문으로 성립되기 위해서는 인접학문의 개별과학적 입장에 입각한 상호간의 연관성을 찾아야 함은 물론, 무엇보다 보편성을 지닌 인식방법에 따라 지방행정이론, 지방행정사 및 지방정책을 지방행정학의 분과로 하여 고유한 영역을 정립하여야 할 것이다.

여기서 地方行政理論 내지 理論地方行政이란 지방행정현상을 因果관계로 포착하여 그것을 지배하고 있는 법칙성 내지 공통성을 밝히는 것이다. 그러나 사회과학에서 말하는 공통성·법칙성은 상대적인 것에 불과하다는 것에 유의하여야 한다. 사회현상 그 자체가 상황에 따라 변동하는 상대적인 성격을 가지고 있으므로 사회현상을 지배하고 있는 법칙성 내지 공통성도 동서고금을 통하여 적용될 수 있는 절대적인 법칙이 아니고 시간과 공간의 제약을 받는 상대적 법칙에 불과한 것이다.

地方行政史는 지방행정현상을 因果관계로 포착하되 그 지방행정현상이 가지고 있는 특수성을 밝히려고 하는 것이다. 지방행정현상의 記述을 시간적 계열에서 수행하는 것이 지방행정사이며, 따라서 지방행정사는 우리들의 눈앞에 부여되어 있는 지방행정발달, 예를 들어 우리나라 지방자치가 어떠한 역사적 과정을 통하여 오늘날과 같은 특수성을 가지게 되었는가 하는 것을 밝히려고 하는 것이다. 이와 같이 地方行政理論과 地方行政史는 다 같이 우리들 앞에 부여되어 있는 현실적인 지방행정현상을 분석의 대상으로 하고 있기 때문에 *存在*(Sein)에 관한 학문이라고 할 수 있다.

지방행정에 대한 理論(theory)과 歷史(history)는 *存在*에 관한 학문으로서 서로 밀접한 관계를 갖고 있다. 이론은 일정한 가정하에서 성립되는 법칙을 수립하는 것이다. 따라서 이론이 현실타당성을 가지려면 그 이론이 가정하는 조건이 현실의 역사적 발전의 흐름 속에서 抽象된 지방행정에 본질적인 조건이라야 하는 것이다. 이러한 역사적인 제약성을 가지고 있는 본질적 조건의 抽象은 지방행정사의 힘을 빌림으로써 완전하게 되는 것이다.

地方政策은 지방행정현상을 목적과 수단의 관계로서 포착하여 바람직한 지방행정발전과 더불어 주민의 복지증진을 도모하려고 하는 것이다. 예를 들면 "삶의 질"(quality of life)향상을 위해 생활환경을 개선·정비시킨다든지 지방행·재정력을 강화·확충시키기 위하여 수단방법을 강구하는 것이 지방정책학의 과제이다. 政策(policy)은 지방행정이 추구하는 목적 또는 이상에 의하여 지도·통제되는 것으로 이상적 질서의 현실을 목표로 하고 있는 것이다. 이러한 뜻에서 정책은 當爲(Sollen)에 관한 학문이라 할 수 있다.

地方政策은 그 과제를 수행함에 있어서 지방행정사와 지방행정이론과 밀접히 연결되어야 하는 것이다. 정책은 그 정책목표의 설정에 있어서 지방행정사의 힘을 빌려야 하며, 또한 목적달성을 위한 수단을 강구함에 있어서는 지방행정이론의 힘을 빌리지 않으면 안된다. 정책에서 추구하는 목표는 현실화될 수 있는 理想이라야 하는 것이다. 따라서 정책은 역사의 힘을 빌려서 현실화 될 수 있는 정책의 과제를 역사적인 동향에서 모색하여야 한다. 또한 정책이 그 목적을 달성하기 위하여 가장 유용한 수단을 발견하자면 지방행정이론에 의하여 명백히 이해되어야 한다.

以上은 독립된 과학으로서 지방행정학이 독립된 학문으로서 성립될 수 있는가에 대한 해답을 얻으려고 시도한 것이 본서를 집필하게 된 동기였다.

본서의 연구대상은 지방행정의 수요·공급이라는 관점에서 지방행정현상을 고찰하였다. 즉 지방행정의 수요자로서의 행정변수를 지역주민과 중앙정부 그리고 정치·경제·사회적 상황이라는 행정환경으로 파악하였고 지방행정의 공급자로서의 행정변수로는 조직(기관구성, 기능, 기구, 계층구조)과 인력 그리고 재정이라는 행정체제로 파악하였다.

이러한 지방행정현상을 고찰함에 있어서 채택한 연구방법은 다음과 같다. 먼저, 지방행정현상에 대한 기술과 설명은 가급적 실증적·분석적으로 고찰하도록 노력하였고, 지방행정과제의 해결방안을 모색함에 있어서는 규범적·당위적인 고찰도 동시에 수행함으로써 주민의 복지증진과 지역개발이라는 변동대응노력을 유도하도록 하였다. 이는 우리나라의 지방행정의 주요목표는 발전행정능력의 향상에 있으므로 이를 따로 떼어 고찰하지 않고 모든 면을 발전론적 접근방법으로 고찰하고자 하는 데서 기인한 것이다.

다음, 지방행정연구의 이론체계화를 위하여 지방행정의 제약조건으로 작용하는 지방행정환경으로서 크게 중앙정부와 주민 그리고 정치·경제·사회적 상황 등 세 가지의 변수로 보고 이들간의 상호관련성을 이해하고 설명·기술하기 위하여 체제론적 및 생태론적 접근방법을 활용하였으며, 지방정부의 행정활동의 주체인 지방행정체제를 고찰함에 있어서는 비교론적 접근방법을 통하여 가능한 한 지방행정체제의 선진적 국가인 영국, 미국, 프랑스, 독일, 일본의 그것과 우리나라의 지방행정체제를 비교·고찰하였다.

필자는 지난 20년 가까이 지방행정분야에서 연구와 정책형성에 참여하고 지방행정연수원과 대학에서 강의한 경험을 살려 나름대로 우리나라 현실에 적합한 지방행정의 이론체계와 역사를 고찰하고, 실태분석을 통해 문제점을 도출하여 그 개선방안이라는 정책대안까지 제시하고자 노력하였다.

이러한 의도에 따라 본서는 모두 4편 17장으로 구성되어 있다. 제1편은 지방행정의 이론적인 배경과 기틀을 세우기 위하여 지방행정의 연구대상과 방법, 지방행정여건변화와 행·재정수요 그리고 지방행정의 본질 등 3개장으로 이루어졌고, 제2편은 지방자치단체와 국가 및 주민과의 관계를 고찰하기 위하여 중앙집권과 지방분권, 지방자치와 자치권, 국가와 지방간의 기능배분, 중앙통제 그리고 주민통제와 주민참여 등 5개장으로 이루어졌으며, 제3편은 지방정부의 관리와 공급체제를 고찰하기 위하여 지방자치단체의 기관구성, 행정기능, 계층구조와 자치구역, 기구와 인력 그리고 광역행정체제 등 5개장으로 이루어졌고, 제4편은 지방자치단체의 재정과 경영관리를 고찰하기 위하여 지방재정제도와 지방예산, 지방정부의 수입과 지출, 지방재정운용과 경영관리 등 4개장으로 이루어졌다.

그러나 워낙 淺學菲才한 필자로서는 아직 성숙되지도 않은 학문분야를 체계화해 보려는 의욕만 앞서서 이론구성이나 현상의 설명, 기술에서 그리고 정책대안에서 미숙하고 부족한 점이 한 두가지가 아니라고 생각한다. 앞으로 꾸준한 연구와 독자 여러분의 지도·편달을 통하여 끊임없이 수정·보완해 나갈 생각이다.

본서가 변변치 않으나마 지방행정론을 연구하는 학도나 실무자 또는 수험생들에게 조금이나마 도움이 될 수 있다면 저자로서 보람이 아닐 수 없다.

본서를 출판함에 있어서 감사를 드려야 할 여러분이 있다. 특히 필자가 오늘에 있기까지 학문적 지도와 후원으로 발전의 터전을 닦아주신 중앙대학교의 김규정, 한영환, 구광모 교수님과 서울대학교의 노융희, 김안제, 최상철교수님께 정중한 감사를 드리며, 우리학과 선배·동료교수인 박명수 교수님을 비롯하여 여러 교수님께 감사드리고자 한다. 오랜 친구이자 언제나 좋아하는 畏友 최찬환, 이재성, 이주희 교수의 우의를 고맙게 생각한다. 아울러 본서가 완성되기까지 자료수집에 큰 도움을 준 중앙대학교 대학원 행정학과 박사과정·석사과정에 재학중인 여러분과 워드·교정·색인작업을 맡아준 제자 한승효 군에게 고마움을 잊을 수가 없다.

또한 변변치 않은 원고를 흔쾌히 맡아준 법문사 배효선 사장님을 비롯하여 관계자 여러분에게도 감사를 드리는 바이다.

끝으로 본서 표지의 題字와 그림을 직접 그려주며 바쁜 직장생활 가운데 며느리로서, 재일·재영이 엄마로서 최선을 다하며 그리고 온갖 인내와 정성으로 도와준 아내에게 고맙다는 뜻을 이 지면을 통하여 전하고자 한다.

1999년 3월 유유히 흐르는 한강을 바라보며
흑석동 연구실에서

저 자 씀

차 례

제 1 편 지방행정의 일반이론

제 3 장 지방행정의 본질 (37~55)

제 2 편 지방자치단체와 국가 및 주민과의 관계

제 1 장 중앙집권과 지방분권 (59~81)

제 3 편 지방정부의 관리와 공급체제

제 1 장 지방자치단체의 기관구성 (213~264)

제 4 편 지방자치단체의 재정과 경영관리

제1편
지방행정의 일반이론

제1장 지방행정학의 연구대상과 방법

제1절 지방행정학의 연구대상과 범위

지방행정학은 지방자치단체의 활동으로 나타나는 행정현상을 그 연구대상으로 한다. 그러나 지방행정현상은 상황변화에 영향을 받지 않는 독립변수로서의 기능과 활동으로 역할을 하는 것이 아니라 여러 가지 자연적·사회적·경제적·정치적 환경 및 중앙정부의 국가목표라는 상황과 행정에 대한 주민의 기대수요 등 행정환경과 밀접한 함수관계에 있다. 이는 주로 지방행정은 행정외적 환경에 대해 종속변수로서의 역할을 하게 된다.

이처럼 지방행정은 행정외적 환경과 복잡한 관련을 맺고 있는 복합현상인 까닭에 지방행정연구의 대상과 범위를 명확히 설정하기란 그리 용이한 것은 아니지만 지방행정이 지니고 있는 특성을 고려하면서 행정의 기본변수를 행정체제(구조·행정인)와 외부환경으로 파악하여 다음과 같이 연구의 대상과 범위를 설정하고자 한다.

Ⅰ. 지방행정의 기초이론 분야

지방행정이론의 학문적 체계를 형성하기 위한 시도로서 지방행정론의 성립배경, 학문적 성격, 연구분과를 규명하고, 행정현상을 설명·기술하기 위한 이론 모델과 연구방법을 다룰 뿐만 아니라 지방행정론은 조성과학 또는 보충과학의 성과를 이용하여 지방행정학의 과학화를 지향하는 분야이다.

물론 행정학이나 지방행정학은 가치판단적 내용을 주로 다루기 때문에 자연과학에서와 같은 완벽한 과학성은 확보할 수가 없다고 보는 견해도 있지만[1] 지방행정학이 보다 과학성을 확보하기 위해서는 무엇보다도 그 연구대상에 관한 이론 모델을 제시하고 연구방법을 명시해야 하는 것이다.

따라서 지방행정현상에 대한 기술과 설명은 가급적 실증적·분석적으로 고찰하도록 노력하며, 지방행정과제의 해결방안을 모색할 때는 규범적·당위적인 고찰도 동시에 수행함으로써 지역발전과 복지증진이라는 변동대응능력의 증진과 계획된 변동을 유도하도록 한다. 이는 우리나라 지방행정의 주요 목표는 발전행정능력의 향상에 있으므로 이를 따로 떼어 고찰하지 않고 모든 면을 발전론적 접근방법으로 고찰·평가한다.

한편, 지방행정학의 이론적 체계화를 위하여 행정체제의 목표나 활동에 대하여 제약조건(constraints)으로 작용하는 행정환경으로서 크게 중앙정부와 주민 그리고 정치·경제·사회적 상황 등 세 가지의 변수로 파악한다.[2] 이들간의 상호관계성을 이해하고 증명·기술하기 위하여 체제론적 및 생태론적 접근방법을 활용한다.

지방자치단체의 행정활동의 주체인 지방행정체제를 고찰함에 있어서는 비교론적 접근방법을 통하여 가능한 한 지방행정의 대표적 유형인 영·미·프랑스·독일 및 일본의 그것과 우리나라의 지방행정체제를 비교해 보며, 이론을 준거의 틀로 하여 실제 지방행정문제를 실증적·분석적으로 고찰하도록 한다.

다음은 지방행정의 본질을 이해하기 위하여 지방행정의 개념과 특징을 고찰하고, 지방행정의 존재형태 및 이념을 제시하며, 다른 한편으로는 지방행정 기초이론의 기반을 구축하기 위하여 도시 및 도시화와 관련된 제반 이론을 체계적으로 정리하도록 한다.

---

1) S. P. Robinson, *The Administrative Process: Integrating Theory and Practice* (Englewood Cliffs, N.J.: Prentice-Hall, 1976), p. 22.

2) Dell Gillete Hitchner and Carol Levine, *Comparative Government and Politics*(2nd ed.) (New York: Harper & Row, Publishers, 1981), pp. 16~38.

Ⅱ. 행정수요자로서의 행정환경 분야

지방행정에 영향을 미치는 환경적 요인을 파악하는 것은 한 나라의 지방행정실체를 이해하는데 매우 중요하므로 이 변수(variables)를 연구의 대상으로 한다. 따라서 지방행정은 일정한 국가의 정치적 · 경제적 · 사회-문화적 환경 속에서 지방자치단체가 중앙정부 및 주민과 각각 어떤 관계를 맺고 있는가 하는 지방행정의 외적 환경여건을 종합적 · 체계적으로 연구하는 부문이다.

물론 행정체제는 외적 환경과 함수관계에 있다. 이는 주로 행정체제는 행정외적 환경에 대해 종속변수로서의 역할을 하게 된다. 물론 경우에 따라서는 독립변수로서의 역할을 할 때도 있다. 즉, 행정체제가 외적 여건의 상황을 변화시키기도 한다.

그러나 대개의 경우 행정외적 환경은 독립변수로서의 역할을 하게 되며, 따라서 외적 환경의 변동에 따라 행정수요의 내용이 달라진다.

이처럼 독립된 제약조건으로서의 지방행정의 외적 환경은 크게 주민의사와 중앙정부체제(국가시책) 및 정치 · 경제 · 사회적 상황 등 세 가지

[그림 Ⅰ.1.1] 지방행정체제와 외적 환경과의 관계

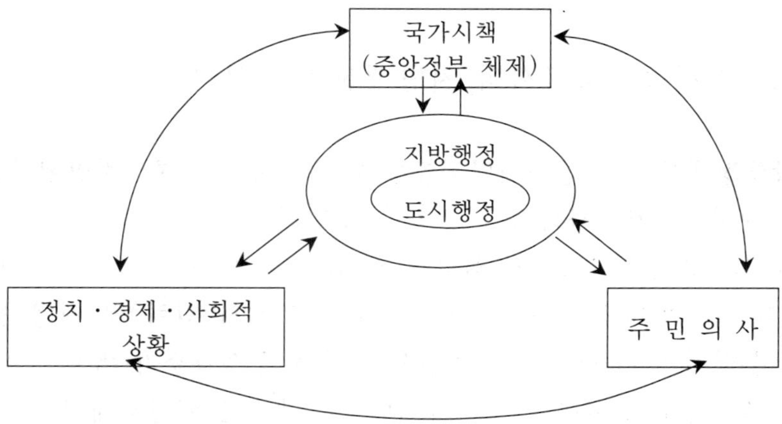

로 집약될 수 있다(그림 Ⅰ.1.1 참조).

이상의 지방행정에 대한 독립된 제약조건으로서의 외적 환경 가운데 지방행정의 내용변동에 보다 능동적이고 유도적인 위치와 역할을 하게 되는 변수는 중앙정부체제와 주민의사라 할 수 있다.

(1) 지방자치단체와 중앙정부 및 주민과의 관계

지방정부와 중앙정부와의 관계는 ① 중앙집권과 지방분권 ② 자치단체의 자치권 ③ 국가와 자치단체의 기능배분 ④ 중앙통제 등을 주요 연구대상으로 한다.

다음 지방정부와 주민과의 관계는 주로 ① 주민참여(citizen participation) ② 주민통제(popular control) 등을 주된 연구의 대상으로 한다.

(2) 지방자치단체와 정치 · 경제 · 사회적 상황과의 관계

지방행정체제의 외적 환경변수 가운데 정치적 · 경제적 · 사회-문화적 여건변화는 지방정부의 목표나 활동에 대하여 제약조건으로 작용한다. 따라서 이러한 여건의 변동에 따라 지방행정체제의 내용이 달라지므로 종속변수로서의 지방행정론체제는 피동적일 수밖에 없다.

지방자치단체의 정치 · 경제 · 사회적 상황과의 관계에서 연구대상은 ① 지방행정여건의 변화전망 ② 행정여건변화에 따라 지방행정의 내용이 어떻게 변하는 것인가를 고찰하도록 한다.

Ⅲ. 행정공급자로서의 지방행정체제 분야

지방행정체제는 지방자치단체활동의 주체로서, 또한 지방행정공급체제로서 정치 · 경제 · 사회적인 상황과 주민의 의사 및 중앙정부체제 등 외적 환경의 종속변수로서의 역할을 하며, 지방행정연구의 핵심을 이루는 분야이다. 행정체제의 기본이 되는 요소는 조직과 인력 및 재정 등이다. 행정의 수행에 있어 행동 프로그램을 이루는 구성요소가 바로 조직과 사람 및 돈인 것이다. 이러한 조직과 인력 및 재정은 행정체계의 목표와 기능에 의해 정립되는 동시에 정립된 조직과 인력 및 재정은 주어진 목표를 달성하기 위해 기능을 수행하게 된다(그림 Ⅰ.1.2 참조).

지방행정의 경우 조직은 기관구성(의결기관과 집행기관)형태, 계층구조 및 구역, 기구를 포함하고, 인사는 지방정부의 공무원제도, 임용, 능력개발, 사기앙양 등을 의미하여, 재정은 지방정부의 예산제도, 세입구조 및 세출구조 등을 포함한다.

이처럼 지방행정공급주체로서의 행정체제분야 연구는 지방자치단체의 대내적 관리측면을 다루는 부문이다. 따라서 지방정부의 대내적 관리분야의 주요한 연구대상은 다음과 같다.

[그림 Ⅰ.1.2] 지방행정체제와 기본요소간의 상호관계

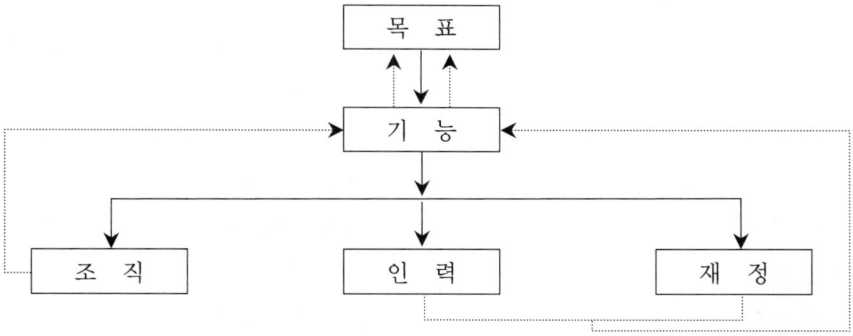

(1) 지방자치단체의 기관구성 형태

모든 지방자치단체는 지역주민의 복지에 관한 공공사무를 처리하기 위해서 일반적으로 단체의사를 결정하는 지방의회와 결정된 단체의사를 집행하는 행정기관을 갖는다. 이런 지방자치단체는 지방행정의 역사, 주민의 자치능력, 국가의 정치이념, 지방정부의 행·재정 능력에 따라 기관구성의 형태가 다양하다. 이처럼 다양한 기관의 구성형태를 유형화하여 각각의 특징과 장·단점을 살펴보고, 각 기관의 조직과 운영 및 권한 그리고 보조기관 등에 관한 부문을 연구대상으로 한다.

(2) 지방자치단체의 기능과 사무

지방정부의 본래 존립목적인 행정기능 · 사무의 수행에 관한 부문의 연구이다. 지방행정기능은 크게 유지 · 보전기능과 발전 · 복지기능으로 구분할 수 있는데, 여기서 유지 · 보전기능은 모든 지방자치단체가 공유하는 기능으로서 일반행정기능과 민방위기능 등이 해당된다. 발전 · 복지기능은 도시 및 지역개발기능과 산업경제기능 및 사회복지기능 등을 포함하고 있다. 따라서 지방자치단체의 기능과 사무에 관한 연구대상은 주로 이들 각종 기능의 특성과 기능수행에 관한 제반문제를 고찰하며, 지방행정사무의 민간위탁에 관한 부문도 연구의 대상으로 한다.

(3) 지방자치단체의 계층구조와 구역

지방자체단체가 그에게 부여된 기능을 효율적으로 수행하려면 분업체제를 갖추어야 하는데, 그 중 종적 분업체제로서의 계층제는 대표적인 종적 행정체제라 할 수 있다. 일정한 구역을 관할하는 보통지방자치단체의 수에 따라 단층제와 중층제로 구분하는 계층구조와 지방자치단체의 자치권이 미치는 관할 구역에 관한 부문을 연구대상으로 한다. 특히 계층구조와 구역과의 관계는

통솔범위의 원리(span of control principle)가 적용되는 바, 단층제와 중층제의 장단점 및 계층구조와 구역과의 관계를 고려하여 역할의 체계를 확립하고, 권한과 책임을 명백히 함으로써 행정활동을 능률적으로 수행할 수 있도록 하는 관리행정 부문을 고찰한다.

(4) 지방자치단체의 기구와 인력

지방행정단위의 각종 행정기능과 사무를 능률적으로 수행할 수 있도록 지도하는 제2차 행정활동으로서의 지방행정의 기구와 인사에 관한 부문의 연구를 한다. 즉, 행정의 내부관리 또는 관리행정 부문으로서 조직관리와 인사관리 등의 연구가 이 범주에 속하는 문제들이다. 이는 행정활동의 수행에 있어 행동 프로그램을 이루는 가장 중요한 구성요소가 바로 조직과 인력이기 때문이다. 따라서 지방정부의 행정기구 뿐만 아니라 지방정부의 지방공무원의 인사분야를 연구의 대상으로 한다.

(5) 지방자치단체의 재정과 경영

지방자치단체가 그들의 존립목적인 각종 행정기능과 관리행정활동의 수행에 소요되는 재원의 조달과 지출에 관한 부문의 연구이다. 지방정부의 예산제도, 세입 및 세출구조 그리고 재정운용제도 등을 연구한다. 특히 지방재정의 세입구조로서 지방세와 세외수입 등의 자주재원과 지방교부세, 보조금, 조정교부금 등의 의존재원을 고찰하고, 또한 세출구조로서 일반행정비, 사회개발비, 경제개발비, 민방위비 등의 재정지출에 관한 분야에 대해 연구하도록 한다.

한편, 지방자치단체의 기업경영체제로서 지방공기업의 활성화와 제3섹터의 활용에 관해서도 연구의 대상으로 한다.

(6) 광역도시권 행정체제

지방정부활동을 효율적으로 수행하기 위한 횡적 분업체제로서의 광역행정은 대표적인 횡적 행정체제라 할 수 있다. 도시권의 확장으로 관할구역의 다원화(jurisdictional proliferation)와 이로써 제기되는 기능적 분화현상(functional fragmentation)을 극복하기 위하여 도시권 광역행정체제의 설정에 관한 부문을 연구대상으로 한다. 확대일로에 있는 도시생활권과 행정구역이라는 정적인 지역단위와의 관계에서 많은 문제점을 일으키고 있다. 따라서 효율적인 도시권 개발행정체제를 확보하여 광역행정의 애로를 해결할 수 있도록 적극적인 개발행정체제의 모색을 위한 광역행정관리 등에 관해서도 연구의 대상으로 한다.

이상 지방행정론의 연구대상 및 범위를 기술한 바를 모델화하면 [그림 Ⅰ.1.3]과 같다.

Ⅳ. 지방행정의 실제

지나친 인구내파현상으로 야기되는 도시집적의 불이익은 여러 가지 측면에서 나타나고 있지만 여기서 다루고자 하는 지방행정의 실제편에서는 특히 도시행정의 수요·공급의 양측면에서 과제가 되고 있는 문제를 중심으로 다루고자 한다.

[그림 Ⅰ.1.3] 지방행정학 연구대상의 모델

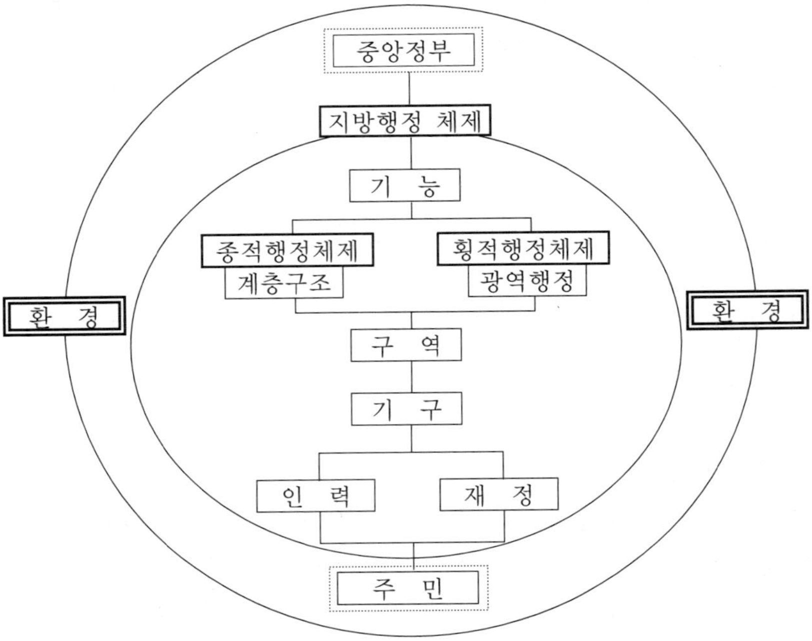

이러한 관점에서 보면 오늘날 우리나라 지방행정에서 중요하면서도 시급한 공통적인 과제는 무엇보다도 주민의 입장에서 볼 때, 가장 핵심적인 수요이면서 도시생활의 질을 결정짓는 것은 주택문제, 교통문제, 급수문제, 쓰레기처리문제라 아니할 수 없다.

이러한 기초수요는 지방행정의 공급주체인 지방정부의 입장에 있어서도 행정수준을 결정짓는 공공재이면서 복지사회구현을 위하여 시급히 해결해야 할 과제이기도 하다. 또한, 이러한 지역문제를 극복하기 위하여 '보이는 손'(visible hand)에 의한 계획적 활동이 강조되면서 지방행정에 있어서 도시계획의 중요성은 선·후진국을 막론하고 증대되고 있으며, 앞으로도 계속 중요한 과제로 부각될 것이다.

따라서 지방행정의 실제편에서는 주택난, 교통난, 급수난, 쓰레기처리문제 그리고 도시계획을 중심으로 연구의 대상과 범위를 설정할 수 있다.

제 2 절 지방행정학의 연구방법

모든 사회과학은 체계적이고 효율적인 연구를 수행하기 위하여 접근방법이 있기 마련이다. 접근방법이란 연구대상을 보는 관점이나 대상을 연구하는 데 제기할 문제와 검토할 자료를 선택하는 기준을 의미한다.[3]

지방행정연구에 있어서도 타당성이 높은 것으로 평가되고 있는 주요한 접근방법으로서는 ① 제도적 접근방법(institutional approach) ② 규범적 접근방법(normative approach) ③ 구조·기능적 접근방법(structural- functional approach) ④ 행태론적 접근방법(behavioral approach) ⑤ 의사결정적 접근방법(decision-making approach) ⑥ 생태론적 접근방법(ecological approach) ⑦ 체제론적 접근방법(system approach) 등을 들 수 있다.[4]

그러나 어떠한 접근방법을 사용할 것인가 하는 문제는 연구대상·범위에 따라 달라진다. 예를 들면, 조직 내부의 구성원인 행정인만을 연구대상으로 하는 경우는 행태론적인 연구방법을 채택할 수 있지만 조직의 환경까지를 연구대상으로 하는 경우는 생태론적 혹은 체제론적인 연구방법을 사용해야 한다.

지방행정학의 연구방법은 ① 독립된 제약조건으로서의 지방행정체제의 외적 환경을 연구함에 있어서는 주로 생태론적 접근방법을 적용하며, ② 지방행정공급주체로서의 행정체제 분야를 연구함에 있어서는 주로 체

---

3) Veron Van Dyke, *Political Science: A Philosophical Analysis*(California: Standford University Press, 1960), p. 34.

4) M. E. Dimock은 행정학연구의 접근방법을 ① 법률적 접근방법(legal approach) ② 제도론적 접근방법(institutional approach) ③ 실제적 접근방법(practical approach) ④ 합리적·분석적 접근방법(rational-analytical approach) ⑤ 기구적 접근방법(instrumentalist approach) 등으로 분류하고 있다. Marshall E. Dimock, "The Meaning and Scope of Public Administration," in John M. Gaus, Leonard D. White and Marshall E. Dimock(eds.), *The Frontiers of Public Administration*(Chicago: University of Chicago Press, 1936), pp. 6~12; J. M. Pfiffner와 R. Presthus는 ① 법적·역사적 접근방법(legal-historical approach) ② 구조적·기술적 접근방법(structural-descriptive approach) ③ 행태론적 접근방법(behavioral approach) 등으로 분류하고 있다. John M. Pfiffner and Robert Presthus, *Public Administration*, 5th edition(New York: The Ronald Press Company, 1967), pp. 9~15.

제론적 접근방법을 활용하고, ③ 선진제국의 지방행정과 우리나라의 그것을 비교해 봄으로써 특정의 가치를 실현하고, 문제를 해결할 것으로 기대되는 각종의 대안작성과 선택을 하는 연구과제를 위해서는 비교론적 접근방법을 채택하며, ④ 지방행정이 발전행정능력의 향상에 기여할 수 있게끔 하기 위하여 변동대응능력의 증진과 계획된 변동을 주도하는 차원에서 발전론적 접근방법을 사용하는 것이다.

이상에서 논의한 바를 근거로 지방행정학의 접근방법으로 관심을 끌고 있는 생태론적 · 체제론적 · 비교론적 · 발전론적 접근방법 등을 고찰하기로 한다.

Ⅰ. 생태론적 접근방법(Ecological Approach)

생태란 살아 있는 유기체와 그 물리적 · 사회적 환경과의 상호작용을 뜻하며, 유기체가 생존과 기타 중요한 목적을 위하여 환경과 균형이 어떻게 유지되는 가와 관련된다. 따라서 생태론(ecology)이란 유기체와 환경과의 상호관계를 연구하는 학문을 의미한다.[5] 지방행정연구에 있어서의 생태론적 접근방법은 지방행정체제와 그를 둘러싸고 있는 정치 · 경제 · 사회적 상황과 중앙정부의 국가시책 및 주민의 기대수준 등 행정외적 환경과의 상호관계에 초점을 둔 연구방법이다. 이는 지방행정활동과 내용에 영향을 미치는 제반 환경적 요소를 강조하고, 이들 환경적 제요소와 지방행정체제와의 기능적 관계를 중요시하는 접근방법이다. 지방행정체제에 영향을 미치는 행정외적 환경은 독립변수로서의 역할을 하며 또한 독립된 제약조건으로서 작용을 한다.

생태론적 접근방법은 제2차 세계대전 이후에 일어난 학문연구방법으로서 종래 행정을 환경으로부터 고립시켜 관찰하던 구조적 접근방법에 탈피한 방법이다. 생태론적 접근방법의 선구자인 고오스(J.M. Gaus)는 그의 1947년의 「행정에 관한 성찰」(reflection on public technology)에서 행정의 생태적 요인으로서 주민(people), 공간(space), 물리적 기술(physical tech-

5) Amos H. Hawley, "Human Ecology," *International Encyclopedia of the Social Sciences*, Vol. 4(New York: The Macmillan Co., and The Free Press, 1974), p. 328.

nology), 사회적 기술(social technology), 욕망과 이념(wishes and ideas), 재난(catastrophe), 인간의 성격(personality) 등 7가지를 들고 있으며,[6] 리그스(F.W. Riggs)는 그의 1961년의 「행정생태학」(The Ecology of Public Administration)과 1966년의 「발전생태학」(The Ecology of Development)에서 행정에 영향을 미치는 환경적인 요인으로서 경제적 · 사회적 · 상징적 · 의사전달적 및 정치적 요인을 지적하고 있다.[7]

그러나 생태론적 접근방법은 행정이 환경으로부터 피동적으로 영향을 받는 측면만을 강조하는 문제점을 지니고 있다. 행정은 환경으로부터 영향을 받으면서 또한 능동적으로 영향을 미치는 면도 있음을 간과하고 있다. 즉, 환경의 변동에 따라 행정 또는 행정체제의 내용이 달라지는 한편, 행정 또는 행정체제도 여건의 상황(환경)을 변화시키기도 한다는 점이다. 종속변수로서의 행정체제는 피동적인데 반하여 독립변수로서의 행정체제는 능동적이고 유도적이다.

생태론적 접근방법이 지방행정론에 도입된다면 지방행정이 놓여 있는 환경까지 고려하기 때문에 지방행정의 실제를 이해하는 데 매우 중요하므로 이 변수(variables)에 대한 연구는 지방행정론의 과학화를 제고시키는데 크게 기여할 수 있다. 특히, 지방행정은 지역적인 특수성을 띠고 있기 때문에 생태론적 접근법은 지방행정의 연구에 유용한 방법이 된다. 그러나 이 생태론적 접근법은 지방행정 또는 지방행정체제를 환경의 영향만 받는 종속변수로만 보고 있는 데서 벗어나 영향을 끼치는 양면적 관계를 지니고 있음을 주목하고, 행정 또는 행정체제가 능동적으로 발전하기 위하여 생태론적 요인을 적극적으로 이용하는 문제를 생각하여야 할 것이다.

---

6) John M. Gaus, *Reflection on Public Administration*(Alabama: The University of Alabama Press, 1947), p. 9.

7) Fred W. Riggs, *The Ecology of Public Administration*(New Delli: Asia Publishing House, 1961), p. 4.

Ⅱ. 체제론적 접근방법(System Approach)

체제론적 접근방법은 연구의 기본적 관점을 체제로서 파악하며, 지방행정론의 연구방법 중 가장 중요한 것의 하나라고 할 수 있다. 체제란 일반적으로 여러 개의 구성요소 또는 변수가 어떤 관계를 가지고 상호의존성·상호관련성·상호작용성·질서 통일성 등이 존재하면서 환경과 끊임없이 영향을 서로 주고 받는 실체(thing) 내지 관념체(idea)를 말한다.[8] 하나의 체제는 보다 큰 체제의 한 부분이며 따라서 하위체제(sub-system)이기도 하다. 예를 들면 사회 전체를 하나의 체제(system)로 본다면 정치체제·경제체제·문화체제·행정체제 등은 하위체제(sub-system)가 되며 이들 구성요소들의 상호작용의 결과, 균형을 이루고 있는 상태를 체제로 보고 있다.

한 체제는 보다 큰 체제에 대해서 하위체제이지만 보다 작은 체제에 대해서는 상위체제를 형성한다. 예를 들면 행정체제는 전체 사회체제에 대해서는 하위체제에 속하지만 인사행정·재무행정·지방행정·조직행정 등에 대해서는 상위체제를 구성하게 된다.

행정체제는 환경과의 관계에 있어서 항상 상호작용을 하면서 환경으로부터 영향을 받아 변동하고, 환경은 영향을 미치는 작용을 반복하는 개방체제(open system)로서의 성격을 띠고 있다. 행정체제는 복잡하고 다원적·동태적인 사회변동의 영향을 받을 뿐만 아니라 내부환경으로서의 조직사회가 가지는 여러 가지 영향도 아울러 받는다.

행정체제는 서로 관련되고 상호작용하는 환경으로부터 투입(input)을 받아 전환과정(conversation process)을 거쳐 산출(output)을 하고, 산출에 대한 환경의 평가가 환류(feedback)라는 과정을 통해서 체제에 재투입(re-input)된다.[9] 지방행정체제를 예로 들면, 투입과정을 통해서 주민들의

---

8) Gerald E. Caiden, *Administration Reform*(Chicago: Aldine Publishing Co., 1969), p. 46; 체제론에 대한 자세한 내용은 姜信澤, 「社會科學硏究의 論理」(서울: 博英社, 1982), pp. 358~412 참조.

9) Ira Sharkansky, *Public Administration: Policy-Marking in Government Agencies,* 4th edition(Chicago: Markham Publishing Company, 1978), pp. 7~8.

요구나 중앙정부의 국가시책이 투입되면 지방정부의 활동·기능수행이라는 전환과정을 통해서 주민들의 욕구가 조정되며, 중앙정부의 시책이 반영되어 산출과정을 통해서 개발사업이 집행되고, 환류과정을 통해서 주민들의 개발사업에 대한 평가가 이루어지고 새로운 욕구와 기대가 재투입된다.

이처럼 체제론적 접근방법을 지방행정연구에 도입한다면 지방행정과 환경과의 상호작용을 분석할 수 있기 때문에 민의의 소재를 포함한 지방행정체제의 외적 여건상황을 정확하게 파악할 수 있어서 지방행정의 민주성이라는 행정이념을 구현할 수 있을 뿐만 아니라 지역특성에 알맞은 지방행정을 집행할 수 있다.

그러나 지방행정론에 체제론을 도입한다면 지방행정의 환경에 대한 적응은 효과적으로 설명할 수 있으나 우선 근본적으로 체제기능을 위주로 하고 있어 균형·현상위주의 성격을 벗어나지 못하여 변화를 설명하기 곤란하다. 따라서 정태성을 벗어나기 힘들고 또한 기능관계를 설명하려고 하고 있으나 그의 성질 및 하위체제간의 구분, 비중을 명확히 하기 힘들며,[10] 지방행정의 주체적인 성격은 다룰 수가 없는 문제점이 있다.

Ⅲ. 비교론적 접근방법(Comparative Approach)

행정학에 있어서 비교행정론의 연구방법이 도입되게 된 필요성은 먼저, 과학화로 표현될 수 있는 학문적 필요성에서이다. 이는 파악하려는 대상간의 유사점과 차이점을 확인하여 여러 현상 중에서 유사한 요소들을 발견하고 이를 분류함으로써 개념정립을 시도하여 보편적으로 적용될 수 있는 일반이론을 형성하고자 하는 것이다. 일반이론을 형성하기 위해서는 한 나라의 행정에 대한 연구만으로는 부족하다. 따라서 여건이 다른 여러 나라의 행정을 연구함으로써 보다 더 일반적인 이론의 정립이 가능하고, 이로 인하여 행정론을 과학화할 수 있다고 본다. 특히 달(R. A. Dahl)은 행정학연구가 비교론적이지 못하는 한 과학성을 잃게 된다고 지적하고

10) Persy S. Cohen, *Modern Social Theory*(New York: Basic Books, 1968), pp. 47~48; 姜信澤, 전게서, pp. 358~406.

있다.[11)]

비교행정론의 도입 필요성의 두번째는 제2차 세계대전 후 미국이 후진국에 대한 경제적·기술적인 원조를 제공해야 할 필요가 생기면서 효과적인 원조를 위해 후진국의 행정문제에 대한 지식을 필요로 하게 되었다. 즉, 미국의 행정모형이나 행정기술을 그 역사적·사회-문화적 환경이 상이한 후진국에 이식하려 한 노력이 실패를 거듭하게 됨에 따라 후진국에 대한 원조시행과정에서 비교의 필요가 제기되면서 비교론적 접근방법에 대한 관심이 더욱 높아졌던 것이다.[12)]

이와 같은 비교론적 접근방법을 지방행정론에 도입한다면 각국에서 지방행정의 특수성을 가져오게 한 역사적·사회-문화적 제요인을 비교·분석함으로써 보다 더 일반적인 이론의 도출이 가능해져 지방행정론의 과학화에 도움이 될 것이다. 또한, 선진제국에서 생성·발달된 지방행정제도와 우리나라의 그것과 비교·연구함으로써 효율적인 외국의 지방행정제도를 도입하여 우리나라 지방행정발전을 위한 새로운 행정제도를 모색할 수 있다. 그러나 비교연구는 문화횡단적(cross- cultural)인 성격을 띠게 되어 현실성이 없는 추상적인 이론을 도출해 낼 위험성이 있고, 맹목적적으로 외국의 제도를 선호할 문제점이 있다.[13)]

Ⅳ. 발전론적 접근방법(Development Approach)

발전이란 질적 변동과 양적 성장을 내포하는 가치지향적·동태적·목표지향적인 적극적 개념으로서 주요한 사회변동의 한 국면이다.[14)] 따라서

---

11) Robert A. Dahl, "The Science of Public Administration," *Public Administration Review*, 7-1(1957), p. 7; Robert A. Dahl, "Trends in the Comparative Study of Public Administration," *American Society for Public Administration*(April, 1961), p. 16.

12) Ferrel Heady, *Public Administration: A Comparative Perspective*(Englewood Cliffs, N.J.: Prentice-Hall, Inc., 1966), pp. 8~9.

13) 李圭煥, 「都市行政論」(서울: 녹원출판사, 1995), pp. 57~58.

14) Edward W. Weidner, "Development Administration: A New Focus for Research," in Ferrel Heady and Sybil L. Stokes(eds.), *Papers in Comparative Public Administration*(Ann Arbor: Institute of Public Administration, The University of Michigan, 1962), p. 99.

발전개념의 특질로서는 ① 구조적 분화 ② 변동대응능력과 자율성의 증진 ③ 계획적 변동과 목표지향성 등을 생각할 수 있다.[15]

발전행정(Development Administration)이란 이처럼 변화와 밀접한 관계를 가지고 이에 올바르게 대처하거나 이를 바람직하게 유도하는 행정을 뜻한다.

발전행정을 사회경제적인 외적 환경의 변동과의 관계로 보아 수동적 작용성과 적극적인 작용성으로 구분해 볼 수 있다. 수동적 개념으로서의 발전행정은 사회발전의 한 산물로서 이해되며, 생태적 요인과의 상호작용 관계에서 행정이 어떻게 변화해 가는가를 분석하고 있는데, 대표적인 학자는 리그스(F. W. Riggs)이다.[16]

그리고 적극적 개념으로서의 발전행정은 발전을 계획된 변동(planned change)으로 이해하여, 계획된 변동의 행정으로 정의하고 있는데, 대표적인 학자는 파난다이카(V.A. Pai Panandiker),[17] 몽고메리(John D. Montgomery),[18] 와이드너(Edward W. Weidner),[19] 에스만(Milton J. Esman)[20]

---

15) Fred W. Riggs, *Administration in Developing Countries: The Theory of Prismatic Society*(Boston: Houghton Mifflin Company, 1964), pp. 231~232; Alfred Diamant, "The Nature of Political Development," Reprinted in Jason L. Finkel and Richard W. Gable(eds.), *Political Development and Social Change*(New York: John Wiley, 1966), p. 92; 朴東緖, "發展行政能力의 向上,"「行政論集」 제4권 제1호 (1966), p. 3; 李漢彬, "開發型時觀論,"「行政論集」 제4권 제2호(1966), p. 8; 金圭定, 전게서, p. 116.

16) 徐元宇, "開發行政의 槪念과 硏究方法,"「法政」(1968년 4월호), p. 54; 兪焄, 전게서, p. 97.

17) 발전을 계획된 변동으로 보는 파난다이카는 발전행정을 계획된 변동의 행정으로 보고 있다. V.A. Pai Panandiker, "Developmental Administration: An Approach," in Nimrod Raphaeli (ed.), *Readings in Comparative Public Administration*(Boston: Allyn and Bacon, 1967), p. 201.

18) 몽고메리는 발전행정을 계획된 변동의 실행으로 보고 있다. John D. Montgomery, "A Royal Invitation; Variations on Three Classic Themes," in John D. Montgomery and William J. Siffin (eds.), *Approaches to Development: Politics, Administration and Change* (New York: McGraw-Hill, 1966), p. 259.

19) 와이드너는 발전행정을 권위적으로 결정된 진보적인 정치적·경제적·사회적 제 목적을 달성하기 위하여 조직을 이끌어 나가는 과정으로 보고 있다. Edward W. Weidner, *op. cit.,* p. 98.

20) 에스만은 발전행정을 목적달성을 위한 제과업을 수행하는 행동계획의 수립 및 집행과정으로 보고 있다. Milton J. Esman, "The Politics of Development Administration," in John D. Montgomery and William J. Siffin(eds.), *Approaches to Development: Politics, Administration and Change*(New York: McGraw-Hill, 1966), pp. 107~110.

등이다.

이상의 개념설명에서 볼 때 발전행정은 현재의 상황을 전제로 한 새로운 방향의 변화를 올바르게 유도해 나가는 행정모형, 즉 발전지향적 행정체제라고 할 수 있다. 국가 또는 지방자치단체의 발전을 위해서는 고도의 전문적인 지식과 자원을 보유하고 있는 행정체제가 사회의 변동에 대응해야 할 뿐만 아니라 적극적으로 변화를 일으켜야 한다는 것이다.

발전행정은 행동지향적이기 때문에 발전행정의 접근방법은 동시에 발전을 위한 전략이라고 할 수 있다. 일치만(Warren F. Ilchman)은 발전행정의 접근방법을 크게 행정체계적 방법과 사회체계적 방법으로 분류하고, 전자를 균형적 행정발전형과 불균형적 행정발전형으로, 후자를 균형적 사회발전형과 불균형적 사회발전형으로 세분하고 있다.[21]

(1) 행정체계적 접근방법(administrative system approach)

행정체계 자체의 입장에서 행정의 문제를 다루는 것으로 다분히 사회의 다른 분야와 분리시켜 고찰하려는 접근방법이다.

① **균형적 행정발전전략**[22]: 행정체계내의 모든 분야를 동시에 발전시켜 균형된 상태를 유지해 나가는 전략이다. 즉, 지방행정의 경우 기획, 예산, 인사, 조직, 행정구역, 계층구조 등의 지방행정체계의 모든 부문을 종합적으로 같은 수준으로 발전시킴으로써 상호보완의 효과를 얻고자 하는 방법이다.

② **불균형적 행정발전전략**[23]: 행정체계 가운데 보다 중요한 부문만을 먼저 발전시키고, 그것을 기반으로 하여 타 부문을 뒤따라오게 하는 불균형화의 전략이다. 부족한 자원과 숙련되지 못한 노동 및 낮은 기술을 가진 발전도상국의 경우, 모든 행정체제를 고르게 발전시키기보다는 중요성을 띤 부문을 거점으로 우선 개발함으로써 보다 큰 효과를 얻을 수 있는

---

21) Warren F. Ilchman, "Rising Expectations and Revolution in Development Administration," *Public Administration Review*(December 1965), pp. 315~316.

22) 대표적인 학자로 엠메리크(H. A. Emmerich), 애플비(Paul H. Appleby), 캇츠(Saul M. Katz) 등을 들 수 있다(Warren F. Ilchman, *op. cit.*, p. 316).

23) 대표적인 학자로 한손(A. H. Hanson), 워터스톤(Albsert Waterston) 등을 들 수 있다(*Ibid.*, p. 316).

방법이다.

(2) 사회체계적 접근방법(social system approach)

행정도 국가체제를 구성하는 하나의 하위체계로 보고 다른 하위체계와의 상호의존관계를 중요시하는 접근방법이다.

① **균형적 사회발전전략**[24]: 행정체계를 국가체계의 한 하위체계로 보고 타 하위체계, 즉, 정치・경제・사회 등의 체계와 밀접한 관계하에 있다는 전제하에 이들 하위의 부분체계와 더불어 발전의 균형을 이루는 행정이 되어야 한다는 전략이다. 타 부문 체계보다 앞서가는 행정체계가 형성되면 행정권의 우위에서 오는 관료제의 강화와 사회부문의 약화로 국가 전체의 발전이 저해될 가능성이 있다는 것이다.[25] 따라서 행정체계는 사회 전체의 변동과 발전에 보조를 같이하는 방법이다.

② **불균형적 사회발전전략**[26]: 행정과 다른 사회체계간의 상호관계를 인정하면서 행정의 독립성 내지 능동성에 더 중점을 두는 전략이다. 즉 행정이 사회변동을 유도할 수 있고, 또 유도해야 한다는 적극적 입장에서 다른 사회체계보다는 앞서 발전해야 한다는 것이다.

이상의 발전행정의 여러 전략은 각 국가의 경제・사회적 상황에 따라 다양하게 채택되어야 할 것이다. 즉, 전공업사회적 성격을 띤 후진국에서는 행정 우선과 행정내 거점부문 우선의 불균형적 발전행정전략을 채택하고, 공업중심사회의 개발도상국에 있어서는 불균형전략으로부터 균형전략으로 전환하는 방법을 채택하며, 탈공업적 성격을 띠는 선진국에서는 사회체계는 물론 행정체계에서도 균형성을 확보하는 발전전략을 채택함이 바람직하다고 하겠다[27](표 Ⅰ.1.1 참조).

이러한 발전론적 접근방법을 지방행정에 적용한다면 국가발전이나 지

---

24) 대표적인 학자로 리그스(Fred W. Riggs), 파이(Lucian W. Pye), 아이젠슈타트(S. N. Eisenstadt), 라파롬바라(Joseph LaPalombara) 등을 들 수 있다(*Ibid.,* p. 317).

25) Fred W Riggs, "Bureaucracy and Political Development: A Paradoxical View," in Joseph LaPalombara(ed.), *Bureaucracy and Political Development*(Princeton: Princeton University Press, 1963), pp. 128~129.

26) 대표적인 학자로서 와이드너(Edward W. Weidner), 에스만(Milton J. Esman), 브라이반티(Ralph Braibanti) 등을 들 수 있다(Warren F. Ilchman, *op. cit.,* p. 317).

27) 金安濟, 「地域開發과 地方自治行政」(서울: 大明出版社, 1988), pp. 519~520.

역 사회발전을 위한 지방행정의 역할이 강조되며, 이러한 행정의 역할을 효율적으로 수행하기 위한 전제로서 지방행정체제를 사회적 성격의 변화에 따라 단계별로 발전행정전략을 점차 불균형화에서 균형화로 유도해야 할 필요성을 강조하게 될 것이다. 그러나 발전론적 입장에서 지방행정의 역할을 지나치게 강조하면 자치단체간의 불균형심화와 민간경제부문의 위축을 초래할 뿐만 아니라 관료우위사회가 대두될 위험성이 있다.

〈표 Ⅰ.1.1〉 발전단계별 발전행정전략

단계 / 체계	전공업사회(후진국)	공업사회 (개발도상국)	탈공업사회(선진국)
행정·사회체계간	불균형전략	불균형→균형전략	균형전략
행정체계내	불균형전략	불균형→균형전략	균형전략

제 2 장 지방행정수요와 행정환경

제 1 절 지방행정과 행정환경변화

Ⅰ. 지방행정과 환경체계

지방자치단체의 활동으로 나타나는 지방행정현상은 행정외적 상황변화에 영향을 받지 않는 독립변수로서의 역할을 하는 것이 아니라 여러 가지 정치적·경제적·사회적·자연적 여건과 중앙정부의 국가목표 수행을 위한 각종시책 및 행정에 대한 주민의 기대수요 등 행정환경과 함수관계에 있다.

지방행정에 영향을 미치는 환경적 요인을 파악하는 것은 한 나라의 지방행정의 수요를 파악하는데 매우 중요하다 하겠다. 지방행정을 하나의 체계로 볼 때 환경은 지방행정을 둘러싸고 그것과 영향을 주고 받는 요소의 일체를 말한다.[1] 지방행정의 수요는 그의 환경으로부터 발생하고, 이 수요를 충족시키기 위한 행정의 활동결과는 다시 환경으로 투입되어 새로운 환경요소로 기능하게 된다. 따라서 환경과 지방행정은 서로 영향을 주고 받는 독립변수이면서 종속변수로서 기능하고 있다.

이와 같이 환경과 지방행정은 서로 영향을 주고 받는 상호작용관계로 맺어져 있다. 다만 행정을 수행하는 행정체제는 경직성을 띠고 있어 외적 환경의 변동과 언제나 일치하여 정립되기는 어려우며 시간적 간격을 갖게 되는 바 환경을 행정에 대한 선발적 영향관계라면 행정은 환경에 대한

---

1) 金安濟, 「地域開發과 地方自治行政」(서울: 大明出版社, 1988), p. 587.

후발적 영향체계라고 할 수 있을 것이다(그림 Ⅰ.2.1 참조).

그러나 지방행정은 외적 환경과 함수관계에 있다고는 하지만 주로 외적 환경에 대해 종속변수로서의 역할과 기능을 하게 된다. 물론 지방행정이 독립변수가 되기도 하지만 대개의 경우 외적 환경의 변화에 따라 행정의 내용이 달라진다.

[그림 Ⅰ.2.1] 환경과 지방행정과의 관계

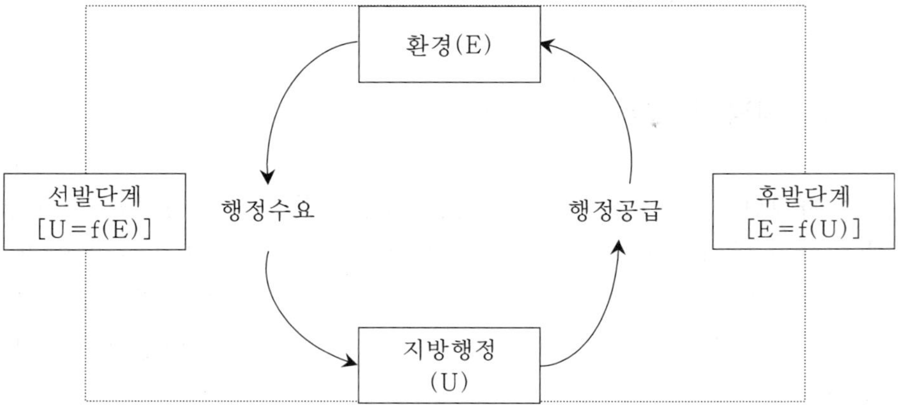

독립된 제약조건(constraints)으로서의 지방행정의 외적 환경을 크게 분류해 보면, 정치·경제·사회·자연적 상황과 중앙정부의 국가시책 및 주민의 의사 등 세 가지로 집약될 수 있다.

이상의 지방행정에 대한 독립된 제약조건으로서의 외적 환경 가운데 보다 행정내용변동에 능동적이고 유도적인 위치와 역할을 하게 되는 변수는 중앙정부시책이며, 행정이 보다 민주화되면 될수록 주민의사라 할 수 있겠다.[2)]

본장에서는 지방행정의 외적 환경 가운데 정치·경제·사회·자연적 상황을 중심으로 이들 여건의 변화전망과 지방행정수요에 어떤 영향을

2) 李圭煥, 「한국도시행정론」(서울: 법문사, 2004), pp. 24~28.

미치는가를 중점적으로 고찰해 보고자 한다.

Ⅱ. 장래 행정여건의 변화전망

1. 변화전망의 대상

지방행정의 외적 환경변수 가운데 정치·경제·사회·자연적 상황변화는 지방정부의 목표나 활동에 대하여 제약조건으로 작용한다. 이러한 여건의 변동에 따라 지방행정의 내용이 달라지므로 종속변수로서의 지방행정은 피동적일 수밖에 없다.

이처럼 지방행정의 독립된 제약조건으로서의 행정여건의 변화를 전망하는 대상이나 접근방법은 여러 가지가 있다. 그러나 본장에서는 실제 행정행위 또는 행정현상을 야기시키는 요인, 즉 무엇이 구체적으로 나타난 행정활동을 만들어 내느냐 하는 행정변수를 중심으로 하되 여기서는 행정수요와 보다 직접적으로 관련된 행정환경 가운데 정치·경제·사회·자연적 여건을 살펴보고자 한다. 왜냐하면 행정변수로서 조직내의 행정인이나 행정구조는 행정현상을 야기시키는 주요한 요인이긴 하지만 행정수요와는 직접적인 관련이 적다고 할 수 있다. 그러나 지방행정에 대한 정치적·경제적·사회적 여건의 변화는 중앙정부의 국가시책이나 행정에 대한 주민의 기대욕구와 더불어 행정수요에 중요한 영향을 미치는 외인성(外因性) 요소(exogeneous factor)로서 작용할 뿐만 아니라 지방행정 수요의 주요한 요인이 되고 있다.

지방행정에 중요한 영향을 미치는 외인성 요소 가운데 국가시책이나 주민의사를 제외한 행정여건은 자연여건과 조형여건 및 사회여건 등 세 분야로 분류할 수 있다. 자연여건은 생물과 무생물로 구성된 자연생태계이고, 조형여건(造形與件)은 인간에 의해 만들어진 물리적이고 가시적인 시설과 기기들의 총체이며, 사회여건은 인간생활의 편의와 질서를 위하여 인간에 의해 조성된 체제와 제도 및 관습 등의 일체이다. 이들 자연여건과 조형여건 및 사회여건은 상호 독립적이 아니라 서로 영향을 주고 받는 상호의존의 함수관계로 맺어져 있다. 지방행정을 둘러싸고 있는 이들 공간적·기능적 여건을 도표로 나타내면 [그림 Ⅰ.2.2]와 같다. 기능적으로는 사회여건과 지방행정이 가장 강한 밀접성을 가지고 다음은 조형여건, 자연여건의 순이라고 할 수 있다.3)

여건변화의 장래 전망을 함에 있어 지방행정과 보다 직접적으로 관련성을 가진 것만을 그 대상으로 삼고자 한다. 즉, 자연여건 가운데는 행정의 주체이자 객체가 되는 인간의 집단으로서의 인구만을 대상으로 하고, 조형여건에서는 국토개발과 시설을 대상으로 하며, 사회여건 가운데는 경제·산업과 사회·문화 및 정치·행정 부문을 대상으로 하여 그 변화를 고찰해 보고자 한다.4)

[그림 Ⅰ.2.2] 지방행정여건의 구조체계

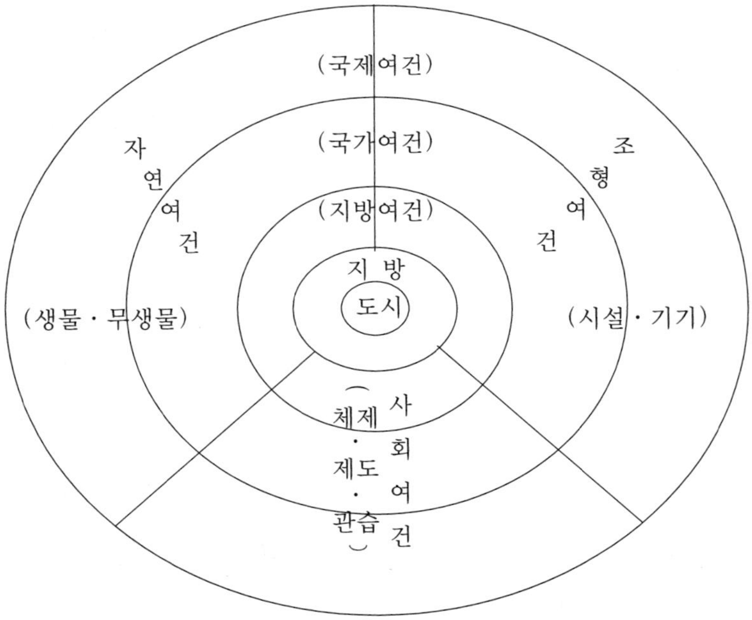

3) 金安濟, 「國土와 環境」(서울: 博英社, 1984), p. 21.

4) 李圭煥, 전게서, pp. 24~25; 韓國地方行政研究院, 「2000年을 향한 地方行政座標」(1986. 12), pp. 34~49.

2. 행정여건의 변화전망

(1) 인구의 변화전망

우리나라 인구증가율은 2005년 0.6%에서 2020년에는 0.01%로 낮아져 총인구가 51,435천명에 이르게 된다. 이와 같은 증가세의 둔화현상이 계속된다면 2030년을 정점으로 감소하기 시작할 것으로 전망된다(표 Ⅰ.2.1 참조).

이처럼 인구 약 5천만명이 넘는 인구밀도를 보이게 되면 주택, 교통, 상・하수도, 오픈 스페이스(open Space), 공해 등 각종 생활환경과 관련된 공공수요의 증가가 불가피할 것으로 예상된다.

따라서 연소인구(年少人口) 비율이 경제활동인구 및 노령인구에 비하여 상대적으로 높은 현재의 '종형(鐘形)'의 인구구조 형태가 2020년에는 선진국형의 '항아리형'에 접근하였다.

한편, 인구구조의 형태는 출산율의 둔화로 14세 이하 인구가 줄어드는 대신 65세 이상의 노령인구가 2005년 9.1%에서 2020년 18.8%로 증가하고, 경제활동인구인 15세부터 64세까지의 생산연령인구 비율도 2010년을 정점으로 감소하여 2005년의 71.8%에서 2030년에는 59.8%로 낮아질 것이

〈표 Ⅰ.2.1〉 우리나라 인구의 장래 전망

구분 \ 연도	단위	2005	2010	2020	2030	2040	2050
총인구규모	천명	48,294	49,220	51,435	52,160	51,091	48,121
인구성장률	%	0.44	0.34	0.01	0.01	-0.01	-0.02
인구구조	%	100	100	100	100	100	100
0-14세	%	19.1	16.3	12.7	11.9	10.2	8.6
15-64세	%	71.8	72.8	68.5	59.8	51.5	45.8
65세이상	%	9.1	10.9	18.8	28.3	38.3	45.6
총부양비	%	39.3	37.2	40.7	58.6	77.0	89.8
유년부양비	%	26.7	22.3	18.6	20.0	19.8	18.8
노년부양비	%	12.6	14.9	22.1	38.6	57.2	71.0

자료: 통계청, 「장래인구추계」(2011).

다. 따라서 연소인구(年少人口) 비율이 경제활동인구 및 노령인구에 비하여 상대적으로 높은 현재의 '종형'의 인구구조 형태가 2010년에는 선진국형의 항아리형에 접근하였다.

생활수준의 향상과 보건의료기술의 발달로 65세 이상 노령인구의 비율이 계속 높아짐에 따라, 인구구조의 노령화 현상이 빠른 속도로 진전될 것으로 예상된다. 따라서 경제활동인구가 부양해야 할 유년·노년 인구의 비율인 총부양비도 2005년 39.3%에서 2030년에는 58.6%로 크게 높아질 전망이다.

(2) 국토여건의 변화전망

2000년도 국토면적 99,461km^{2}는 간척사업에 의해 2011년에는 100,148km^{2}로 확장되었으며, 이는 약 0.1% 가량의 국토면적을 확대하는 결과가 된다. 한편, 토지이용수요에 부응하기 위해 2000~2011년간 도시적 용지를 1,108km^2 공급하게 되는데, 그 토지공급량의 큰 비중은 임야를 전용하여 공급하게 된다.

이처럼 농지전용과 간척 및 산지개발에 의해 확보된 가용토지는 여러 부문의 토지수요에 맞추어 배분되었다. 그 결과, 2000년 5,372km^{2}이던 도시적 용지가 2011년에는 6,480km^{2}로 늘어났다. 반면 농지는 간척사업으로 2011년에는 2000년에 비해 1,479km^{2}가 줄어든 19,564km^{2}가 되었으며, 임야는 2000년에 비해 802km^{2}가 줄어든 64,337km^2 되었다(표 I.2.2 참조).

〈표 I.2.2〉 국토이용구조의 변화

구 분	2000년		2011년		증감
	km^2	%	km^2	%	km^2
전 국	99,461	(100.0)	100,148	(100.0)	687
도시적 용지	5,372	(5.4)	6,480	(6.5)	1,108
·대 지	2,349	(2.4)	2,785	(2.8)	436
·공장용지	514	(0.5)	781	(0.8)	267
·공공용지	2,636	(2.6)	2,914	(2.9)	278
농 지	21,043	(21.1)	19,564	(19.5)	△1,479
임 야	65,139	(65.5)	64,337	(64.2)	△802
기타 토지	7,907	(7.9)	9,767	(9.7)	1,860

자료: 국토해양부(2012).

인구의 증가 및 생활수준향상과 생산활동의 확대는 용수의 수요를 증대시키게 된다. 따라서 상수도보급률은 2005년 94.5%에서 2010년부터는 100.0%가 되었으며, 급수인구도 4,563만명에서 4,922만명으로 늘어날 것으로 예상된다. 2020년의 생활용수 수요는 89억톤으로 2006년에 비해 14억톤 가량 증가하고, 2020년의 공업용수 수요는 45.5억톤으로 2006년에 비해 8.6억톤 가량 증가할 것이다. 반면 농업용수는 160억톤 가량으로 큰 변화가 없을 것으로 보인다(표 Ⅰ.2.3 참조).

〈표 Ⅰ.2.3〉 용수의 수요 전망

(단위: 백만톤/연)

구분 \ 연도	2006	2011	2016	2020
용수수요량	34,728	36,998	37,437	37,791
-생활용수	7,550	8,644	8,815	8,915
-공업용수	3,695	4,031	4,299	4,553
-농업용수	15,746	15,955	15,955	15,955
-유지용수	7,737	8,368	8,368	8,368
용수공급량	34,626	35,162	35,169	35,158
-하천수	16,110	16,481	16,314	16,120
-지하수	3,311	3,476	3,650	3,833
-댐공급량	15,205	15,205	15,205	15,205
과부족량	△102	△1,836	△2,268	△2,633

자료: 국토해양부, 「수자원장기종합계획(Water Vision 2020)」(수정본).

한편, 소득수준의 증가와 여가활동에 따른 국민활동의 증가 및 활발한 지역 간 이동은 교통량의 증대를 가져오고 이는 결국 교통망의 확충으로 나타나게 된다. 건설교통부의 교통수요 전망을 보면, 2014년의 국내여객수는 2004년 대비 38%, 화물은 39% 증가할 것으로, 국제적으로는 여객이 82%, 화물이 46% 증가할 것으로 전망하고 있다. 또한 동기간에 국내 자동차 대수도 28% 증가할 것으로 전망하고 있다(표 Ⅰ.2.4 참조).

〈표 Ⅰ.2.4〉 교통수요 전망

구분		단위	2004	2009	2014	2019	연평균증가율(%)
국내교통	여객	억인	2,610	3,135	3,604	3,932	10
	화물	백만톤	1,724	2,075	2,397	2,694	10
국제교통	여객	억인	1,111	1,504	2,019	3,245	19
	화물	억톤	51,734	63,676	75,534	93,478	12

자료: 국토해양부, 「국가기간망 구축계획(2000~2019년)」.

이러한 교통수요에 대응하기 위해 철도·도로·공항·항구 등의 교통시설이 전국에 고루 분포되고, 고속철도가 건설되어 국토체계가 크게 달라질 것이다. 또한 교통망의 결절지점에 도시가 형성되고 공단이 건설됨에 따라 활동의 능률성이 향상되고, GIS(지리정보시스템) 기법의 발달로 국토의 효율적 관리가 가능해질 전망이다. 그러나 도시와 공단으로부터 나오는 각종 폐기물, 폐수물, 소음 등으로 인한 환경오염은 여전히 문제될 것이다.

(3) 경제적·사회적 여건의 변화 전망

1960년대 이후 급속한 경제성장을 이룩하여 온 우리나라는 1970년대에 와서 두번에 걸친 오일쇼크 등 국제경제여건의 악화로 인한 위기를 극복하고 1990년대 중반까지 7% 이상의 고도성장을 계속해 왔다. 그러나 국민경제의 양적 팽창에만 치중한 나머지 정경유착으로 인한 폐해와 방만한 경영으로 인한 기업의 부실화가 심화되고, 1990년대 후반에 이르러 정치논리에 의한 금융긴축으로 대기업의 도산이 이어지면서 국민경제가 극도로 악화되었다. 이와 더불어 OECD 가입과 무리한 환율유지정책은 외환위기를 촉발시켜 한국을 국가부도 직전에까지 몰아넣었다. 그러나 IMF 등의 자금지원이 이루어져 외환사정이 안정되고 적극적인 기업간 M&A나 구조조정이 진행됨에 따라 대외신임도가 회복되고 수출도 다시 증가하는 추세에 있다.

따라서 구조조정이 가속화되고 정부의 SOC 투자가 확대되면 교통·통신 인프라의 구축과 기술개발 및 산업구조의 고도화를 통해 국제시장에서의 비교우위를 확보하게 될 것이다. 또한 지역정보화가 적극적으로 추진됨에 따라 지역간의 균형발전과 생활환경의 평준화가 앞당겨질 것이고 국토의 효율적 이용이 실현되어 전반적인 경제환경이 개선될 전망이다.

지방행정환경과 밀접한 관계에 있는 사회적 환경 중 그 변화가 심할 것으로 예상되는 것 가운데 첫째는 도시화를 지적할 수 있다. 농촌인구의 도시로의 유입과 지방 소도읍의 도시로의 성장에 따라 도시화율이 증가될 것이다. 시와 인구 2만명 이상의 읍을 도시로 정의할 때 2000년에 87.7%이던 도시화율이 2004년에 89.1%를 거쳐 2010년부터는 90.0%가 되고 있다.

둘째는 국민의 생활수준이 향상되리라는 전망이다. 국민소득수준의 향상과 주민편의시설의 확대에 따라 생활환경여건은 크게 향상될 것으로 예상된다. 국민생활의 기준이 되는 주택의 경우는 2000년에 88.5%이던 주택보급률이 2005년에는 98.8%로 증가하고, 2015년에는 108.5%로 증가 할 전망이다. 그러나 IMF 이후 부동산 가격이 하락하고 주택소유에 관한 규제가 다수 철폐됨에 따라, 투기목적의 거래가 점차 사라지고 주택보급률의 증가도 둔화될 것이다.

셋째는 국민의 지적 수준 및 의식수준이 향상되리라는 전망이다. 정보화가 급속히 진행되고, 교육개혁이 적극적으로 추진됨으로써 공식 · 비공식적 교육 및 훈련기회가 증가됨에 따라, 국민의 지적 수준이 높아지고 의식구조도 합리적이고 과학적인 방향으로 변화하며 행동양식도 건전한 형태로 발전되어 갈 것이다. 따라서 국민의 사회활동을 위시한 정치 · 행정에의 참여가 확대되고, 민주의식도 강화될 것으로 보인다. 특히 국민의 참여욕구가 전반적으로 증대할 것이며, 참여의 형태도 단순한 선거참여에 그치지 않고 이익집단 등을 통한 조직적 참여로 변할 전망이다.

끝으로 중산층의 증가와 사회단체의 확대라는 사회적 변화가 예상된다. IMF 이후 기업의 인력감축과 임금삭감이 이루어지면서 일시적으로 계층간의 경제 · 사회적 격차가 벌어졌으나 장기적으로는 중산층의 비중이 높아질 전망이며, 각종 사회단체의 수가 늘고 아울러 그들의 사회적 지위도 강화될 것이다. 따라서 국가발전과 사회안정을 위한 중산층의 역할이 증가하고 사회단체 및 사회조직들의 영향력은 점차 신장될 것으로 보인다.

(4) 정치 · 행정여건의 변화전망

정치적 환경은 지방행정에 직접적이고도 단기적인 영향을 가장 강하게 미치는 환경이다. 그것은 도시행정이나 지방행정이 국가행정의 하위체계이고 지방자치의 한 부분으로 지방자치단체의 행정권 내지 자치권은 국가로부터 주어지는 것이기 때문이다. 그러나 장래 행정환경변화를 전망함에 있어 가장 어려운 영역이 정치 및 행정환경이다. 그것은 향후 우리나라에 있어서 정치 · 행정분야가 다른 분야에 비해 가장 심한 변화를 하게 될 것이고, 자연적이라기보다는 다분히 인위적인 요인에 의해 그 변화의 조작이 용이하게 이루어질 것이기 때문이다. 향후 예상되는 정치 · 행정여건의 변화 가운데 지방행정수요에 영향을 주는 몇 가지 중요한 내용을 보면 다음과 같다.

첫째, 정치적 안정과 지방자치제가 본격적으로 정착될 전망이다. 평화적이고 순리적인 정권교체의 전통이 확립되고, 건전한 정치이념에 입각한 정당정치가 구현되며, 지방자치제가 명실상부하게 실시될 것으로 기대된다. 이러한 정치적 발전과 국민의 정치의식수준의 향상으로 인해 모든 대표는 국민에 의한 직접투표로 선출되고, 국가 및 지방선거는 공명하게 이루어지는 풍토가 조성될 것이다.

둘째, 지방분권화와 권한의 지방위임이 확대될 전망이다. 지방자치제의 본격적 정착에 따라 지방분권화와 지방에 대한 행정적 위임은 더욱 증대해 갈 것이다. 지난 1991년부터 지방의회의 구성으로 조례제정 및 예산심의권 등 종전에 상급감독기관에 위임된 많은 권한이 지방의회에 이양되었다. 또한 현재 중앙정부에 집중되어 있는 권한과 기능은 점차 지방자치단체에 이양되어 지방정부의 자율권이 신장되고 책임행정이 강조될 것이다.

셋째, 지방행정에 대한 주민참여가 확대될 전망이다. 주민의식구조는 시민수준이 고학력 문화시민으로 변화해 감으로써 사회공동체의식이 증대되고 합리적 가치관과 인간존중 내지 내실적인 생활인으로 건전화될 것이다. 이에 따라 주민은 행정뿐만 아니라 사회공동체 활동에 적극적으로 참여하게 될 것이며, 참여의 형태도 단순히 선거참여(electoral participation)에 그치지 않고, 이익집단들을 통한 조직적 참여(organizational participation)로 전환될 전망이다.

넷째, 행정방식은 통제와 규제중심으로부터 지도적, 조장적 행정형태로 전환될 전망이다. 또한 공공업무 가운데 일부는 공사 또는 민영화 혹은 자율화로 전환되어 정부직할에서 벗어나게 될 것이며, 주민참여의 확대로 인해 민의행정이 실천되는 단계에 이르게 될 것이다. 그리고 중앙정부 및 지방정부의 조직과 구조 및 인사는 능률성과 민주성을 함께 확보하고 공익과 사익을 조화시키는 방향으로 개편 · 운영될 것으로 전망된다.

다섯째, 지방행정의 기업적 경영이 강화될 전망이다. 각종 행정수요의 증대와 더불어 획일적인 관 주도형 행정보다는 상황에 따라 융통성과 독자성을 가진 다양하고 보완적인 행정이 수행될 것이며, 그와 같은 행정수행을 위해서 행정수단은 물론 행정기술에 있어서도 전문화된 접근방법이 도입될 전망이다. 특히 주민편익시설 확충에 따른 지방자치단체의 재정적 압박을 해소하고, 민간자본의 참여를 높이기 위하여 기업경영적 행정이 강화될 것이다.

끝으로 행정기술의 과학화라는 행정상의 두드러진 변화가 예상된다. 행정장비가 현대화 · 과학화되고, 업무처리능력과 기동력이 향상되며, 행정절차가 표준화 · 기계화됨으로써 행정의 신속성과 더불어 국민생활의 편익성이 제고될 것으로 전망된다.

제 2 절　행정여건변화와 행 · 재정수요

Ⅰ. 행정여건변화와 지방행정수요

장래 행정여건의 상황변화는 다른 분야와 더불어 지방행정에 많은 영향을 미치게 될 것이다. 여건의 종류와 변화의 정도, 지방행정과의 관계 등에 따라 그 영향은 직접적일 수도 있고 간접적일 수도 있으며, 단기적일 수도 있고 장기적일 수도 있다. 위에서 전망한 순서에 따라 각각의 행정여건의 변화가 지방행정에 미칠 영향을 예측해 보기로 한다.[5)]

1. 인구변화와 행정수요

인구라는 환경요소는 행정의 주체이자 객체라는 이중성을 갖고 있어 지방행정에 직접적인 영향을 주게 되며, 그 중요한 것은 다음과 같다.

① 도시인구수의 증가는 도시행정의 공공수요를 증대시켜 공급능력에 압력을 가하게 된다.

② 노령인구의 증가는 사회복지부문의 재정투자를 더욱 요구하게 된다.

③ 경제활동인구의 증가는 국내저축증대와 경제성장 잠재력향상에 기여하는 반면, 이들의 고용을 위한 취업기회의 확대가 필요하게 된다.

④ 세계인구, 특히 개발도상국의 급격한 인구증가는 식량부족의 문제를 심화시키고, 이는 우리나라에도 직접적인 영향을 주게 된다.

2. 국토여건변화와 행정수요

국토여건은 지방행정의 기반이자 제약으로서의 자연환경인 동시에 개발이용과 보전관리의 대상이 되는 원천적인 환경이다. 국토여건변화가 지방행정수요에 미칠 영향 가운데 중요한 것은 다음과 같다.

① 인구증가, 생산증대, 생활범위확대 등은 토지수요의 증대를 가져오고, 토지부족에서 오는 토지이용의 적정화와 토지개발의 우선순위화의 필요성이 강조되고, 토지의 공공성이 더욱 부각된다.

② 주거, 공장, 경작, 목축 등의 확대에 따라 용수의 수요가 증가하므로 용수관리를 위한 행정작용이 더욱 강화된다.

③ 교통·통신 등의 발달은 국토공간체계를 변화시키고, 경제권과 생활권을 새로이 형성시킴으로써 행정구역의 개편을 요망하게 된다.

④ 공장의 공단에의 집중입지와 대도시화에 따른 환경오염문제는 더욱 심각하게 되고 이의 해결을 위한 도시정부의 투자와 노력이 강화된다.

⑤ 인구 및 자본의 대도시집중을 방지하여 국토의 균형있는 발전을 도모하기 위한 지역정책은 지방정부에도 그 권한과 책임이 부가된다.

---

5) 李圭煥, 전게서, pp. 24~31; 韓國地方行政硏究院, 전게보고서, pp. 144~147; 李圭煥, 「도시행정론」(서울: 녹원출판사, 1995), pp. 162~165.

3. 경제 · 산업여건변화와 행정수요

경제 · 산업여건은 지방행정에 대해 국가의 경제성장을 지원한다는 분담적 역할과 더불어 각 지역의 독자적 경제기반을 구축한다는 자체적 노력으로 그 작용을 하게 된다. 특히, 지방자치에 있어 경제기반과 산업체제는 지방자치단체의 자립과 자족을 위한 가장 필수적 부문인 것이다. 장래 경제 · 산업여건의 변화는 지방행정에 다음과 같은 수요를 창출할 것으로 본다.

① 향후 경제성장은 기술진보에 힘입은 바가 크고, 공업구조도 기술집약형으로 전환되므로 기술개발 및 기술교육을 강화하게 된다.

② 주민의 소득향상에 따라 생활수준이 변하게 되어 주민의 공공욕구는 증대하게 된다.

③ 지역경제의 성장은 지방재정의 신장을 가져오지만 지역간 경제력 격차로 인한 자치단체간의 재정적 불균형문제는 잔존하게 된다.

④ 소득증대와 의식변화로 인해 가계지출이 증대하므로 저축과 투자로의 유도가 필요하게 된다.

⑤ 산업구조가 비농림업부문 위주로 전환되므로 농업의 기계화 및 기업화가 요망되고, 농업인구의 타산업으로의 직업변경에 따른 마찰적 실업문제가 발생한다.

⑥ 수출입의 순조현상을 지속시키기 위하여 국가적인 산업진흥, 기술개발, 수출촉진과 더불어 수입대체산업의 개발 및 지방적인 지연산업(地緣產業)의 개발을 촉진하게 된다.

⑦ 인구증가, 생산증대, 국내 자원고갈 등으로 야기될 에너지의 부족현상이 심화될 것이므로 대체에너지의 개발과 더불어 에너지 절약의 생활화와 절약형 개발의 유도가 필요하게 된다.

4. 사회적 여건변화와 행정수요

사회적 여건은 지방행정의 대상이 되는 인간집단 구조의 기능에 관한 현상이므로 행정으로서는 이를 올바르게 수용하여 적절히 대처하는 한편,

그 변화를 바람직한 방향으로 유도해 나가야 할 부문인 것이다. 향후 사회적 여건 변화는 행정에 다음과 같은 영향을 미치게 될 것으로 전망된다.

① 지속적인 도시화는 지방행정의 중심을 도시로 이행시키고 지방행정의 계층 및 지역체계를 변화시키게 된다.

② 국민의 생활수준향상과 활동영역확대는 공공수요의 증대를 가져오고, 공공서비스에 대한 기대감도 높아지므로 공급에 압박을 가중시키게 된다.

③ 국민의식수준의 향상, 민간기업의 지위향상 등으로 국민의 정부에 대한 참여와 비판이 강화되므로 지방정부가 이를 수용하고 처리할 능력의 확보가 필요하게 된다.

④ 사회적 활동 및 기능의 분화와 전문화에 따른 사회조직 및 단체들의 수적 증가와 지위향상이 예상되며, 이는 지방행정에 압력요소로 작용하게 된다.

⑤ 노동시간의 점진적 단축에 따른 자유시간의 증가는 국민의 휴식과 위락을 위한 여가활동공간 및 시설의 확충을 요망하고, 따라서 재정투자 확대를 필요로 하게 된다.

5. 정치 · 행정여건변화와 행정수요

정치 · 행정여건은 지방행정에 직접적이고도 단기적인 영향을 가장 강하게 미치는 환경이다. 그것은 지방행정이 국가행정의 하위체계이고, 지방자치가 국가통치의 한 부분으로 지방정부의 행정권 내지 자치권은 국가로부터 주어지는 것이기 때문이다. 장래 정치 · 행정여건의 변화로 지방행정에 영향을 주는 몇 가지 중요한 것을 보면 다음과 같다.

① 이데올로기보다는 자국의 이익추구에 더 큰 비중을 두는 국제관계의 변화로 우리의 지방행정도 향후 전개될 국제화시대에 부응하여 충분한 대응능력을 길러야 한다.

② 민주주의의 발달과 평화로운 정권교체의 전통확립은 지방자치제의 강화를 가져오고 국민의 정치참여와 의사반영이 활발하게 된다.

③ 국가권한과 중앙정부기능의 이양에 따른 지방분권화의 촉진은 지방자치단체의 자치권신장과 더불어 이를 수용·처리할 능력확보를 요망하게 된다.

④ 국정의 지향목표가 국민복지증진에 중점을 두고 정부의 자율적 책임행정이 강조됨에 따라 지방자치단체의 기능은 사회복지, 환경, 토지, 주거, 인력 등의 부문으로 치중된다.

⑤ 능률위주 행정에서 민주적인 자치행정으로 전환됨에 따라 의사결정에 보다 많은 시간을 요하게 되고, 대화와 인내로서 수렴하고 설득하는 능력을 필요로 하게 된다.

⑥ 행정기술의 발달과 장비의 과학화 경향은 지방정부의 행정절차와 수행방법에 영향을 주고, 지방공무원의 전문화와 기술지향성 강화를 초래하게 된다.

Ⅱ. 행정여건변화와 지방재정수요

지방재정은 국가경제와 당해 지방자치단체의 지역경제여건을 바탕으로 그 규모가 결정된다고 할 수 있다. 산업경제 및 사회구조의 발전으로 주민의 생활수준이 향상되고 의식수준이 다양화되면서 행정서비스에 대한 질적 수요의 다원화, 양적 수요의 팽창이 이루어져 지방행정기능이 증대되고, 이에 따라 지방재정수요가 크게 증가할 것으로 예상된다.

지방자치단체를 둘러싼 제반 행정환경여건의 변화는 거기에 상응하는 주민들의 요구를 크게 증가시키고, 나아가 지방정부가 수행해야 할 사무의 범위를 확대시킴과 동시에 질적으로 향상된 내용의 행정기능을 수행하도록 할 것이다.

이처럼 주민들의 행정에 대한 기대수요는 크게 복지생활수준의 향상에 따른 재정수요증가, 산업구조의 고도화와 경제생활수준의 향상에 따른 재정수요증가 그리고 주민생활편익증진을 뒷받침할 수 있는 사회간접자본에 대한 재정수요가 급격히 증대될 것으로 전망된다. 이와 같이 지방행정여건변화에 따른 지방재정 수요전망을 보면 다음과 같다.

① 지역의 소득 및 생활수준의 향상으로 건강 의료서비스와 여가활용

등 사회보장 및 복지에 대한 재정수요가 크게 증대될 것이다.

② 주민생활편익시설인 주택, 교통, 상·하수도 등의 공익적 사회건설에 대한 재정수요가 크게 상승할 것이다.

③ 산업구조의 고도화에 따라 상·공업에 대한 지원행정기능과 지역경제 전반에 걸쳐 지방정부의 역할과 재정수요가 증대될 것이다.

④ 급속한 공업화와 자동차보급률의 확대 등으로 발생하는 각종 공해문제에 대한 대책으로서 환경보전과 공중위생시설확충 등 환경행정에 대한 수요가 늘어날 것이며, 지금까지의 지역개발위주의 투자정책이 전환될 전망이다.

⑤ 지방문화창달을 위하여 문화·예술시설을 확충하고, 범죄예방 등 사회불안 요인의 제거와 천재지변 등 사회비상사태에 대처하기 위한 지방정부의 재정잉여 및 비축이 증가할 것이며, 또한 이러한 기능을 수행하기 위한 지방정부의 행정유지관리적 재정수요도 상당히 늘어날 전망이다.

제 3 장 지방행정의 본질

제 1 절 지방행정의 의의

Ⅰ. 지방행정의 개념

지방행정(local government, local administration)이란 다의적인 개념으로서 일반행정과 마찬가지로 내용 또는 기능이 동태적으로 변할 뿐만 아니라 지방행정을 실시하는 국가의 역사적 배경이나 특수성에 따라 그 의미가 달라지기 때문에 개념규정이 어려우며 다양성을 갖고 있다.

지방행정을 넓은 의미로 볼 때에는 지방행정의 주체가 지역사회의 복지를 증진하기 위하여 행하는 일체의 행정작용으로 보고, 좁은 의미로 볼 때에는 자치적 분권 또는 행정적 분권에 의하여 일정한 지역내에서 통치권력 또는 행정기능을 분배받은 지방자치단체 또는 국가의 지방행정기관이 그 권한의 범위내에서 공공목적을 구체적으로 실현하기 위하여 집행하는 일체의 정치적 또는 행정적 작용으로 보는 의미도 있다.

그러나 지방행정을 실시하는 국가의 역사적 배경이나 특수성에 따라 지방행정의 개념을 다음과 같은 세 가지로 요약할 수 있다.[1)]

첫째로, 지방행정을 넓은 의미로 파악하여 그 행정의 주체가 누구이냐를 불문하고 일정한 지역내에서 수행하는 일체의 행정을 지방행정으로 보는 입장이다. 이런 관점에서 볼 때에는 지방자치단체가 처리하는 자치행정과 위임행정뿐만 아니라 중앙정부가 지방에 설치한 특별지방행정기

1) 鄭世煜, 「地方行政學」(서울: 法文社, 1998), pp. 21~22.

관이 담당하는 관치행정까지도 지방행정의 범주에 포함된다. 그 예로는 아프리카·중남미대륙과 중동의 일부 국가를 들 수 있다.

둘째로, 지방행정을 좁은 의미로 파악하여 일정한 지역내에서 수행하는 행정 중에서 지방자치단체가 처리하는 행정만을 지방행정으로 보는 입장이다. 이런 관점에서 볼 때에는 지방자치단체가 처리하는 자치행정과 위임행정만이 지방행정에 포함되며, 중앙정부의 특별지방행정기관이 처리하는 관치행정은 제외된다. 그 예로는 프랑스, 이탈리아, 우리나라를 들 수 있다.

셋째로, 지방행정을 가장 좁은 의미로 파악하여 지방주민들이 그들의 일상생활에 관련된 사무를 중앙정부에 의하지 않고 자기들의 의사와 책임하에 스스로 또는 대표자를 통하여 처리하는 행정만을 지방행정으로 보는 입장이다. 이런 관점에서 볼 때 지방행정은 지방자치단체가 처리하는 행정 중에서 자치행정만을 의미하게 되며, 결국 지방행정은 지방자치와 같은 의미의 용어로 사용되게 된다. 그 예로는 영국, 미국, 스위스, 호주와 같이 지방자치가 일찍이 발달한 국가에서 볼 수 있다.

Ⅱ. 지방행정의 특징

후버(E. M. Hoover)는 지방행정의 영역확산 내지는 고도화의 이유로서 과학기술의 발전, 교통·통신의 발달, 노동인력의 공급, 조세 등을 열거하고 있다.[2] 그러나 보다 직접적인 것은 서구제국은 20세기에 들어오면서 산업혁명의 성공과 더불어 공업화의 급속한 진행과 함께 대량생산의 원리가 지배하는 경제체제하에서 생산의 독과점현상과 이에 따라 빈부의 격차심화, 노사문제 등 경제사회문제 뿐만 아니라 도시인구 과밀로 각종 도시문제가 발생함으로써 도시문제에 대한 행정의 관여가 강화된 데서 찾을 수 있다.

한편, 많은 개발도상국들의 경우는 제2차 세계대전 이후 새로 쟁취한 독립을 보존하기 위한 안보와 급속히 높아지는 국민의 기대욕구의 충족

2) Edgan M. Hoover, *Anatomy of a Metropolis*(New York: Doubleday, 1962), p. 31.

을 위한 공업화 과정에서 서구사회가 수세기 동안에 경험하였던 도시화가 단기간에 이루어짐으로써 도시지역에 있어서의 공공서비스시설의 부족, 생활환경의 악화, 대규모의 슬럼(slum)형성 등 여러 가지 도시문제를 하나의 도시내부문제로 보는 것이 아니라 공권력의 개입분야로 현대 발전행정의 중요한 과제로 인식하게 되었다.

지방행정은 지역문제를 해결하기 위하여 일정한 지역주민에게 공공서비스를 제공하고 통제하는 활동으로서[3] 교통, 주택, 상·하수도, 도시계획, 청소, 보건, 건축, 교육, 문화, 산업, 재무, 복지, 치안 등 영역이 다양하고 복합적이여서 국가행정 혹은 일반행정에 비해 다음과 같은 몇 가지 특징을 갖고 있다. 그러나 이와 같은 특징은 어디까지나 상대적인 개념이라는 것을 주의할 필요가 있다.

(1) 지방행정의 종합성

지방행정을 일정한 지역 내에서 수행하는 행정 가운데 지방자치단체가 처리하는 행정만을 지방행정으로 이해할 때에는 특정 기능만을 수행하고 중앙정부의 지휘감독을 받는 일선기관과는 달리 지방자치단체의 기능은 포괄적이며 종합적이다.

지방자치단체의 기능은 내무·재무·보건사회·산업경제·도시개발 및 건설·환경녹지·교통·주택·상수도 및 하수도·민방위·소방 및 경찰 등 대단히 포괄적이다. 지방행정의 이러한 종합성은 17부 3처 17청의 중앙행정기관의 모든 행정이 지방자치단체에 최종적으로 집결·용해되어 거기에서 다시 종합적으로 산출되고 있다. 따라서 국가행정사무를 처리하기 위하여 중앙정부가 지방에 설치하는 출장소적 성격인 특별지방행정기관(field offices of central government)의 기능인 국세 및 관세·조달·영림·국토건설·검역·원호·병사·철도·체신 등과 같이 그 기능이 특정적인 것과는 지방행정이 구분되는 특징을 갖고 있다.

현대행정의 특징이 기능적 분화와 전문화에도 불구하고 지방행정을 이와 같은 종합행정으로 수행해야 하는 이유는 지방행정의 대상인 지방

---

3) O. Diamond & J. B. McLoughlin(ed.), *Process in Planning*, Vol. 1(Pergamon Press, 1973), p. 15.

이라고 하는 특정지역과 주민은 한 존재이기 때문에 지방행정을 기능별·전문분야별로 나눌 수 없고, 오히려 행정이 전문화·분화될수록 중앙각 부처의 기능별, 개별적 시책은 일정한 지역을 단위로 하는 지방자치단체에 의하여 유기적으로 조정되고 종합화되어야 하기 때문이다.[4]

(2) 지방행정의 지역성

국가행정이 전국을 단위로 통일적·일원적으로 실시하는 것인데 비해 지방행정은 국가내의 특정한 지역인 지방을 단위로 개별적·다원적으로 실시하는 행정임을 특징으로 한다. 따라서 국가행정은 전국민을 대상으로 공공복지를 증진시키고자 하는데 비해 지방행정은 지방이라고 하는 특정지역에 거주하는 주민을 대상으로 하고 있는데 차이가 있으며, 국가행정은 전국토의 종합적·균형적 개발에 중점을 두는데 비해 지방행정은 국가내의 일정한 지역인 지방이라고 하는 특정지역의 개발에 중점을 둔다.

이처럼 지방행정은 지방자치단체에 의해 특정한 지역에서 실시하는 행정을 말하는 것이기 때문에 지역의 정치·사회·경제·문화 등 모든 환경적인 요인에 의해서 영향을 받는다. 그 결과 모든 지방행정은 지역적인 성격을 띠게 되고, 이러한 지역성은 지방행정의 한 특징이기도 한다.

행정수요는 모든 지역에 있어서 그 지역이 처해 있는 환경적 특성과 조건에 따라 상이할 수밖에 없다. 예를 들면, 도시의 규모면에서 대도시의 경우에는 인구·교통·주택·공원·공해 등의 문제가 보다 중요한 과제가 되겠지만, 중소도시의 경우는 이러한 도시문제보다는 급수·하수·산업경제·보건 등의 문제가 상대적으로 보다 더 강조된다. 또한 도시기능적 특성에 따라 행정수요도 다를 수밖에 없다.

이와 같이 지방행정의 대상이 각 지역별 실정에 따라 행정사무의 종류, 행정의 양과 질이 다양하듯이 이러한 지역성을 갖고 있는 지방행정은 전국을 단위로 전체성의 요청에 입각하여 통일적·일원적으로 실시하는 국가행정과 비교할 때 하나의 특징이 되고 있다.

---

4) 鄭世煜, 전게서, p. 22.

(3) 지방행정의 일상성

지방행정은 특정한 지역을 기초로 하여 지방자치단체가 수행하는 제 활동이다. 이때의 제 활동은 지역주민의 생활을 대상으로 해서 실시하는 구체적·개별적 활동이라고도 할 수 있다. 이처럼 지방행정은 주로 주민들의 일상생활에 관련되는 제 활동과 주민들의 안녕질서와 공공복지의 증진에 관한 사무를 수행하는 생활행정인 것이 그 특징이다.

지방행정은 구역내의 주민이 사람으로서 출생하여 사망에 이르기까지 발생되는 보편적·공통적 수요를 충족함을 그 본연의 업무로 한다. 즉, 보건사회행정, 산업경제행정, 도시개발행정, 건설관리행정, 환경녹지행정, 교통행정, 상·하수도행정, 이외에도 민방위 및 소방행정 그리고 교육 및 치안행정 등은 주민들의 일상생활에 직결된 행정수요로서 이에 부응하는 것이 지방행정의 임무이다. 이에 비하여 국가행정은 국가의 존립·유지에 필요한 행정, 전국적으로 통일적 기준의 설정이 획일성을 요하는 행정, 국민 전체의 일반적인 이해관계에 관련되는 행정 또는 광역행정 등의 사무가 주된 내용이고 보면[5] 지방행정은 지역주민들의 일상생활에 직결되는 생활행정임이 더욱 부각되고 있다.

이와 같이 지방행정이 생활행정으로서 제 기능을 발휘하기 위해서는 현실에 바탕을 둔 대민행정·실천행정·봉사행정이 되어야 할 것이다. 이는 지방행정은 국가행정에 비해서 현실성을 갖고 있기 때문이다. 중요한 정책이나 계획은 중앙정부가 설정하고, 지방자치단체는 이에 대한 구체적인 계획의 집행을 담당하여 현실의 지역문제를 직접 해결하는 것이 지방행정의 본질이자 사명이라 할 수 있다.

(4) 지방행정의 자치성

중앙정부의 하급행정기관인 특별지방행정기관이 담당하는 관치행정과는 반대로 지역주민들이 그들의 일상생활에 관련된 사무를 국가에 의하지 않고 자기들의 의사와 책임하에 스스로 또는 대표자를 통하여 처리하는 행정을 자치행정이라 한다. 지방자치와 관련하여 지방행정은 자주적이

---

5) 상게서, pp. 22~23.

고 자율적인 성격을 띠고 있다.

현대 민주국가의 대부분은 지방행정이나 도시행정의 수행방식에 있어 자치행정을 특질로 하는 이유는 무엇보다도 지방자치가 민주적 지방행정의 원리로서 뿐만 아니라 행정의 기술원리로서도 뛰어난 가치를 지니고 있기 때문이다.[6)]

민주주의의 실천도장으로서의 지방행정은 민주주의적 방식을 주민의 공적 및 사적 활동의 원리가 되도록 추진하는 기본주체가 되어야 한다. 민주사회의 구현을 위한 요소로서, 민주정치의 생활화를 위한 훈련장으로서, 또한 지역특성에 적응한 행정의 실현수단으로서 주민참여와 주민통제를 기하기에는 지방자치가 그 효율성을 제고시킬 수 있는 훌륭한 민주주의의 실천도장이기 때문이다.

지방행정은 국가행정과는 달리 지역주민의 일상생활과 밀접한 관계를 갖기 때문에 주민의 참여와 통제가 광범위하게 인정된다. 이와 같이 지방행정은 주민참여의 범위가 넓고 자치적으로 이루어지는 영역이 넓기 때문에 행정사무의 성격도 주민들의 일상생활과 관련된 것이 많다. 따라서 행정사무의 대부분은 자치사무로서 지방자치단체의 독자적 의사와 책임하에 처리하고 있는 것이다.

제 2 절 지방행정의 존재형태

Ⅰ. 존재형태의 유형

지방행정은 그 업무를 수행하는 형태에 따라 크게 완전자치행정형(comprehensive local government system)과 완전관치행정형(integrated administration system)으로 편의상 구분할 수 있다.[7)] 그러나 특정한 국가에 있어서 수행해야 하는 지방자치단체의 행정사무는 매우 다양하고 그 성격도

6) 李圭煥, 「都市行政論」(서울: 녹원출판사, 1995), p. 66.

7) G.M. Harris, *Comparative Local Government*(London: Hutchinson's University Library, 1948), p. 9.

복잡하므로 한 국가의 지방행정을 완전자치행정이나 완전관치행정 중의 어느 하나로 획일화시킬 수는 없을 것이다.

즉, 행정의 성격이나 사무의 성격에 따라서 또는 한 국가의 민주적 전통이나 지방자치제 실시 여부에 따라서 어떤 국가의 지방행정의 형태가 지방자치단체의 자치사무와 중앙정부의 하급행정기관에 의한 관치행정이 이원적으로 수행되는 자치·관치2원형(partnership system)이 있을 수 있다.

한편, 제도상으로 지방자치단체와 중앙정부의 하급기관으로 이원화되어 있으나 실제로는 지방행정사무의 대부분을 중앙정부의 하급행정기관이 처리하고, 지방자치단체는 중요한 자치사무도 제대로 처리하지 못하는 관치우월적 2원형(dual system)이 있을 수 있다.

이처럼 지방행정의 수행방식을 완전자치나 완전관치 가운데 어느 하나를 고집하는 양자택일식의 논리는 설득력이 없다. 따라서 어느 특정한 국가에 있어서의 지방행정 존재형태 역시 자치적 분권과 행정적 분권의 결합정도에 따라 다양하게 나타날 수 있을 것이다. 즉, 완전자치행정을 한쪽 끝으로 하고, 완전관치행정을 다른 한쪽 끝으로 하는 연속선상에서 현실의 상황을 파악할 때는 이들의 조합을 정도의 문제로 이해하여야 할 것이다.

어떤 국가가 지방행정의 처리방식을 어떤 형태로 할 것이냐는 그 국가의 민주적 전통이나 정치·경제적 상황의 정도에 따라 또는 사무의 성질에 따라서 결정된다. 일반적으로 지방자치가 전혀 실시되지 않고 중앙집권적인 국가일수록 행정의 통일성에 중점을 두게 되고, 이런 상황하에서는 관치적 지방행정을 더욱 강조하게 된다. 반면에 지방자치가 실시되고 지방분권적인 국가일수록 행정의 지역성에 중점을 두게 되고, 이런 상황하에서는 자치적 지방행정을 더욱 강조하게 될 것이다.

Ⅱ. 자치적 지방행정과 관치적 지방행정

자치적 지방행정과 관치적 지방행정과의 관계를 보면 상대적이며 비교적 개념으로서 이를 도식화해 보면 [그림 Ⅰ.3.1]과 같다. 그림에서 P_1과

P_2는 자치적 지방행정과 관치적 지방행정을 나타내는 양극점이다.

[그림 Ⅰ.3.1] 자치적 지방행정과 관치적 지방행정과의 관계(I)

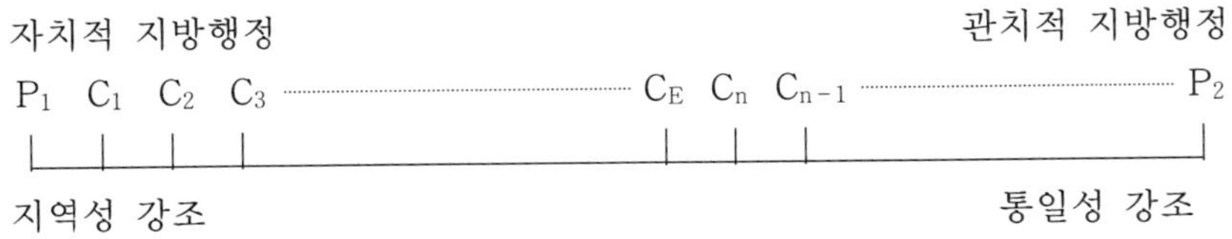

C_1, C_2, C_3,・・・・・・ C_{n-1}, C_n, C_{n+1}・・・・・・ 등은 한 국가가 지방행정의 업무를 수행하는 형태에 따라 취할 수 있는 자치적 지방행정과 관치적 지방행정의 조합(combination)들이다.

P_1의 극점에 가까울수록 자치적 지방행정을 취하는 것으로서 완전자치형은 영국・미국을 비롯한 영미계 지방자치제를 채택하는 일부국가와 스위스・스칸디나비아제국에서 보는 바와 같이 지방자치가 완벽하게 실시되고 있는 나라에 있어서의 지방행정의 존재형태를 말하며, 지방분권적 혹은 민주적 지방행정이라고도 한다.

P_2의 극점에 가까울수록 관치적 지방행정을 취하는 것으로서 완전관치형은 동남아・중동 및 아프리카의 일부국가에서 보는 바와 같이 지방자치가 전혀 실시되고 있지 않은 나라에 있어서의 지방행정의 존재형태를 말하며, 중앙집권적 혹은 비민주적 지방행정이라고도 할 수 있다.

그림의 연속선상 중간지점에 가까이 있을수록 자치・관치2원형의 지방행정을 취하는 것으로서 프랑스・이탈리아・네델란드・벨기에 등의 국가에서 보는 바와 같이 자치와 관치가 조화를 이루고 있는 형태를 말하며, 반자치적 지방행정이라고도 한다.

그림의 연속선상 중간지점에서 P_2에 가까울수록 관치우월의 2원형의 지방행정을 취하게 되며, 브라질・칠레・콜롬비아・멕시코・우루과이・베네주엘라 등 중남미제국에서 채택하고 있는 지방행정의 존재형태로서 법적・제도적으로는 지방자치가 보장되고, 지방자치단체는 일선기관과 균형을 이루도록 되어 있다. 그러나 실제에 있어서는 지방자치가 실시되지 않고 명목적인 지방자치로서 지방행정의 많은 업무가 관치행정에 의해 수행되고 있는 형태를 말한다.

우리나라의 지방행정제도는 위에 언급한 네 가지 존재형태 가운데 자치·관치2원형과 관치우월의 이원형의 중간형태를 취하고 있다고 생각한다. 그 이유로는 지방자치법에서 지방행정은 원칙적으로 자치로 행하게 할 것을 규정하고 있으나, 실제상으로는 국가의 위임사무가 많은 점에서 관치우월적 2원제에 속하지만, 특별한 경우를 제외하고는 중앙정부의 일선기관을 설치하지 않고 모든 국가의 지방사무를 지방자치단체에 위임하여 처리하게 하고 있다는 점이다.

이상에서 살펴본 바와 같이 실제의 지방행정의 존재형태는 어느 국가든 완전한 자치나 관치를 채택한다기보다는 이들의 적당한 혼합선에서

[그림 Ⅰ.3.2] 자치적 지방행정과 관치적 지방행정과의 관계(Ⅱ)

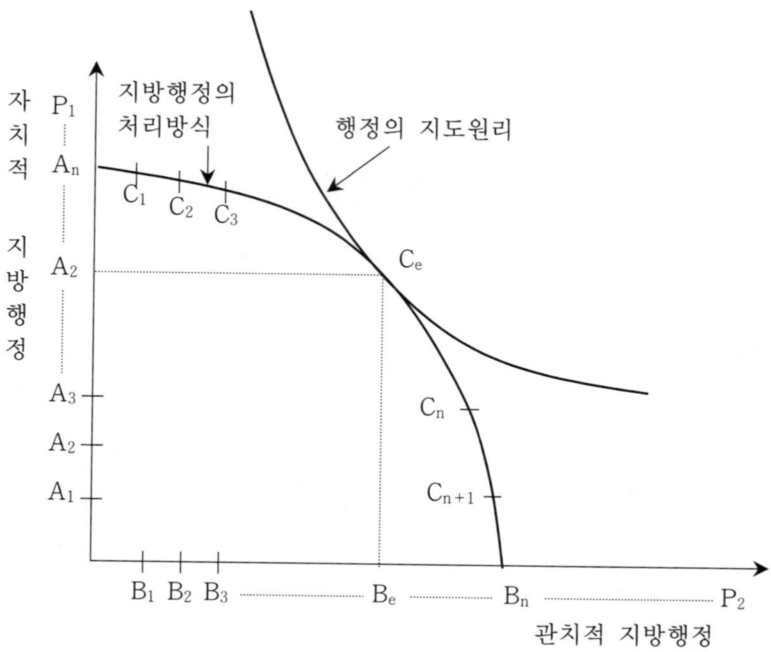

찾아 볼 수 있는 것이다. 특히 이 중에서도 Ce(combination equilibrium)는 자치적 지방행정방식과 관치적 지방행정방식이 가장 이상적으로 배합되어 사회적 편익(social benefit)의 극대화를 이룬 균형점(equilibrium point)이다(그림 Ⅰ.3.2 참조).

Ce는 자치적 지방행정방식 Ae수준과 관치적 지방행정방식 Be수준이 균형을 이루어 그 나라의 민주적 전통이나, 정치·경제적 상황에 가장 잘 부합되는 지방행정의 처리방식이다. 따라서 Ce는 고정되어 있지 않고 환경변화에 따라 끊임없이 변하는 것이다. 이는 사회변동과 행정철학의 변화에 따라서 능동적이고 적극적으로 이 새로운 균형점을 찾아야 한다는 규범적 주장을 뒷받침하는 근거가 되는 것이기도 하다. 그런데 이러한 규범적 주장은 주민의 행정수요와 행정의 지도원리를 객관적이고도 경험적으로 파악할 수 있다는 전제가 있어야 가능하다. 그러나 행정수행과정에서 이러한 제 가치를 정확히 파악하기가 쉽지 않으며, 실제 파악하였다고 하더라도 이를 조직구성의 논리에 적용시키는 데는 현실적으로 많은 한계가 있는 것이다. 그러나 부단한 의사소통과 변화대응력 향상을 통하여 이러한 한계점을 극복해 나감으로써 지방행정의 선진화를 이룩할 수 있을 것이다.

제 3 절 지방행정의 이념

Ⅰ. 지방행정이념의 의의

행정이념이란 행정이 지향하는 최고가치·지도정신을 의미하며,[8] 모든 이념이 그러하듯이 행정이념도 국가사회의 지배적 가치관을 반영하며, 역사적·문화적·상황적 제약성에 따라 가치와 규범 및 이상 등이 다양하게 형성되는 것이기 때문에 장소와 시대에 따라 다르게 나타나고 있다.

행정이념의 필요성은 창의적이고 쇄신적 행정을 수행하기 위해서는

8) 金圭定, 「新版 行政學原論」(서울: 法文社, 1998), p. 117; Marshall. E. Dimock, *A Philosophy of Administration*(New York: Harper & Row Publishers, Inc., 1958) 참조.

행정이 추구할 가치와 이념이 제시되어 있어야 하기 때문이다. 이렇게 함으로써 급격한 사회변동에 대한 행정의 대응능력, 문제해결능력을 증진시켜 나갈 수 있으며, 또한 행정현실을 이상적 상태로 이끌어 가는데 지침이 되는 행정이념은 정책을 결정하고 집행하는 데 있어서 그 기준이 되는 것이다.

국가행정 또는 일반행정과 마찬가지로 지방행정에 있어서도 지방자치단체가 추구하는 가치와 이상 및 규범이 요구되는데, 이러한 지방행정의 이념은 지방행정이 지향해야 할 이상이기 때문에 비록 행정현실이 이와 크게 상치되더라도 행정현실을 이상적 상태로 이끌어 가도록 부단히 노력해야 한다.

지방행정의 이념은 행정이 구현하려는 미래의 바람직한 상태(desired state)를 의미하는[9] 행정목표와는 달리 단지 지방자치단체가 행정업무 수행상 기준·지침·길잡이로서 이용하는 수단적 성격을 가진 가치체계에 불과하다. 따라서 특별히 추구하는 목표는 아니며, 지방행정의 이념은 행정이 추구하는 목표에 따라 달라질 수 있다. 이처럼 지방행정의 이념은 지역사회가 놓여있는 시·공간적 상황이나 지역특성이 무엇이냐에 따라 강조하는 최고가치나 지도정신이 다르게 나타날 수 있지만, 여기서는 일반적으로 제시되고 있는 민주성·효과성·능률성·합법성을 중심으로 살펴보기로 한다.

Ⅱ. 지방행정이념의 내용

1. 지방행정의 민주성

행정에 있어서 민주성(democracy)이란 행정과정의 민주화를 통하여 주민들의 의사가 우선하고 주민의사를 존중·반영시킴으로써 공공복지증진을 위한 행정, 시민에게 책임을 지는 행정을 의미한다. 따라서 지방행정에 있어서 민주성이란 대외적으로 주민과의 관계에 있어서 뿐만 아니라 대

9) Amitai Etzioni, *Modern Organization*(Englewood Cliffs, N. J.: Prentice-Hall, 1964), p. 6.

내적으로 행정조직내에서도 확립되어야 한다. 즉, 행정조직 외부와의 관계에 있어서 주민의 복지증진과 내부에 있어서 지방공무원의 민주적 행정행태에 확립이나 민주적 가치관의 형성 등이 이에 해당된다.

(1) 대외적 측면

지방행정의 민주성은 행정조직 외부와의 관계에 있어서 주민의사가 우선하고 행정이 주민에 대하여 책임을 지며, 주민의 요구에 대하여 반응성을 가짐으로써 주민의 복지증진을 기하는 것을 의미한다.

가. 지방자치의 실시

지방자치는 집행의 영역에 있어서 제도화된 유일한 민주주의의 원칙으로서[10] 주민의 복지를 증진시키기 위해서는 지방자치가 실시되어야 한다. 주민과의 제1차적 접촉장인 지방행정은 민주주의의 실천도장이자 훈련장으로서의 기능과 역할을 다하기 위해서는 주민의 기본권이 최대로 보장되고, 주민의사가 행정과정에 충분히 반영되며, 주민의 활동이 질서속에 자유롭게 전개되는 지방자치가 이루어져야 한다.

나. 행정에 있어 주민참여

주민의 대표기관인 지방의회가 구성되어 있더라도 이를 보완하기 위하여 중요한 시정목표나 정책을 결정할 때에 행정위원회·공청회·심의회 등을 통하여 주민참여를 확대시킴으로써 행정의 민주성이 확보된다. 특히, 지방자치제가 미성숙되어 있는 경우 행정에의 주민참여는 약화된 민주시민으로서의 권익을 옹호하고 가치를 소생시킬 수 있으며, 중앙정치의 권력지향성과는 별도로 지방정치의 권력과 참여의 조화와 균형을 이룩하는 계기가 되어 지방행정의 민주성을 실현하게 되는 것이다.[11]

다. 지방행정의 공개

지방행정의 공과(功過)·현황 및 문제점 등 행정정보와 자료를 주민에게 공개하고, 주민들의 이해와 협조 및 비판을 통해 지방자치단체와 주민간의 의사소통을 활발히 하여 지지를 얻어야 한다. 지방행정의 중요한 결정과정과 내용을 폭넓게 주민에게 공개하여 그들에게 비판의 기회를 주

---

10) 李圭煥, 전게서, pp. 72~75.
11) 정세욱, 전게서, p. 29.

고, 누구에게나 동일한 조건에서 결정사항에 대비할 수 있도록 해야 지방행정의 민주성을 확보할 수가 있다.[12] 정책결정이 비밀리에 이루어지거나 특수층에게만 공개된다면 주민의 의사가 무시되고, 기회가 균등하게 보장되지 못하여 지방행정의 민주성이 침해된다.

라. 행정구제제도의 확립

지방자치단체의 행정행위가 위법 또는 부당하여 주민의 권리나 이익을 침해한 때에는 이를 구제할 수 있는 제도이다. 이의신청 · 소청 · 심사청구 · 행정상담제도 등을 통하여 주민의 불이익이나 불만 · 민원을 구제 · 해소시킬 수 있는 행정구제제도가 실질적으로 확립되어야 한다. 그러나 오늘날 지방행정이 복잡화 · 다기화하여 종래의 행정구제제도만으로는 그 실효를 거둘 수 없으므로 옴부즈만(Ombudsman)[13]제도의 도입도 고려할 필요가 있다.

(2) 대내적 측면

행정조직 내부에 있어서 민주성은 분권화, 공무원의 민주적 행정행태의 확립, 행정인의 능력발전 등을 통해서 유도할 수 있는 것이다.

가. 행정체제의 분권화

지방행정의 결정 및 집행권을 중앙정부에 집중시키지 않고, 가능한 한 지방자치단체에 분산시킴으로써 지방행정의 민주화를 촉진시키는 전략적 수단이다. 지방분권의 가장 큰 장점은 무엇보다도 각 지역의 특성에 적응한 행정사무의 처리로서 풀뿌리 민주주의, 즉 민의에 의한 정치(responsiveness to people's wishes)를 구현할 수 있다는 점이다. 지방분권은 지방행정에 관한 의사결정권한을 국가의 중앙정부로부터 지방으로 분배하여 행사하게 하는 제도로서 지방자치단체에 보다 폭넓은 자치권, 즉 자치입법권 · 자치조직권 · 자치행정권 · 자치재정권을 부여하는 것이기 때문에 행

---

12) 李圭煥, 전게서, pp. 73~74.

13) 옴부즈만이란 행정감찰관을 말하며, 공무원의 위법 · 부당한 행위로 인하여 권리의 침해를 받은 시민이 제기하는 불만 · 민원을 조사하여 관계기관에 시정을 권고함으로써 시민의 권리를 구제하는 기관이다. Kent M. Weeks, "Public Servants in the New Zealand Ombudsman System," *Public Administration Review*, Vol. 29, No. 5(November/December, 1969), pp. 533~638.

정의 민주화에 크게 기여할 수 있다.

나. 민주적 행정행태의 확립

지방행정의 민주성은 대내적으로 분권화・권한위임에서도 확보되어야 하지만 이에 못지않게 지방공무원으로 하여금 민주적 행정행태의 확립과 민주적 공복으로서의 고도의 행정윤리를 요구한다. 행정조직이 일반이익의 실현보다 그 조직구성원의 권익에만 관심을 가지거나, 행정의 구체적 담당자인 지방공무원의 공복의식이 희박하면 지방행정의 민주화는 한낱 허구에 불과할 것이기 때문이다.

다. 행정의 능력발전

Y이론[14]에 따르는 인간관리, 자기실현욕구의 충족, 행태변화를 위한 교육훈련 등으로 지방공무원으로 하여금 능력발전의 기회가 부여됨으로써 지방행정의 민주화에 기여할 수 있다. X이론에 따라 조직의 목표를 달성하기 위해서는 강제통제, 처벌 등의 강압적인 수단을 사용해야 한다는 관리전략이 인간본질에 대한 그릇된 가정에서 비롯하였다고 보고, 맥그리거(D. McGregor)는 조직목표와 개인목표의 조화라는 Y이론에 입각하여 관리전략을 수립하였다. 이러한 Y이론을 행정조직에 도입한다면 공직윤리에 따른 내부적이고 자율적인 규제보장, 지방자치단체내 비공식조직(informal organization)의 인정, 목표관리[15](MBO)와 같은 참여적 관리, 교육훈련을 통한 행태변화 및 능력발전 등을 도모할 수 있다.

2. 지방행정의 효과성

행정의 효과성(effectiveness)이란 행정이 추구하는 목표의 달성도(degree

---

14) 맥그리거(Douglas McGregor)는 인간관리전략이론에서 X・Y이론을 제시하고 있다. X이론은 조직성원에 대한 전통적 관리전략을 제시하는 이론이며, Y이론은 개인목표와 조적목표의 통합을 추구하는 새로운 이론이다. Douglas McGregor, *The Human Side of Enterprise*(New York: McGraw-Hill, 1960), Chapter 3 and 4.

15) 목표관리(Management by Objectives)란 조직내의 민주화는 물론 구성원의 자아실현욕구를 충족시켜 주고 사기를 앙양시킴으로써 행정과정에 있어서 효과성을 제고하기 위하여 목표설정에서부터 집행결과를 평가하는데 까지 조직내 모든 구성원의 참여를 보장해 주는 관리전략의 한 형태이다. Jong S. Jun, "Management by Objectives in the Public Sector," *Public Administration Review*(Vol. 36, No. 1, January/February, 1976), pp. 1~5.

of goal achivement)를 의미하는 동태적 · 기능적 개념이다.[16] 지방행정의 효과성은 지방자치단체가 추구하는 행정의 목표와 실제 이룩한 실적을 대비시킴으로써 효과성이 파악될 수 있으므로 이를 측정 · 평가하기 위하여 무엇보다도 지방정부의 행정목표가 명확하게 설정되어 있어야 가능하다.

효과성은 행정활동이 목표달성에 바람직한 영향을 미쳤는가에 관한 것이며, 이와 같이 효과성은 목표관련적 개념이므로 지방자치단체의 발전목표를 어느 정도 달성하느냐 하는 문제에 중요한 이념이 되고 있다.

행정에 있어서 효과성이 하나의 행정이념으로 제시된 계기는 발전행정(development administration)이 본격적으로 등장한 1960년대 이후로서 특히, 개발도상국가들이 경제발전과 같은 근대화를 추진하게 되고 개발목표가 제시되기 시작한 때부터라 할 수 있다. 한정된 인적 · 물적 자원으로 투자효과의 극대화를 기하기 위하여 불균형성장이론을 개발전략으로 하여 총량경제성장 모델에 따라 정책목표 또는 계획목표의 달성에 중점을 두게 되면서 행정의 효과성이 중요한 이념으로 제기된 것이다.

특히, 효과성의 이념은 지방행정에서도 그 의의를 찾을 수 있는데, 도시생활환경개선의 일환으로 교통난 · 주택난 · 급수난 · 오픈 스페이스(open space)부족 · 공해 등의 도시문제를 해결하기 위한 방안으로 도시정책목표 또는 도시계획목표를 제시하고 지방행정은 이를 달성하기 위해 노력하는 것이며, 어느정도 목표를 달성하였느냐가 지방행정을 평가하는 기준이 된다. 그 결과 지방행정에 있어서 효과성이 강조된다.

이와 같이 효과성은 목표달성도라는 결과를 중요시하기 때문에 행정과정이 무시될 위험성이 있으며, 이를 방지하기 위해서 결과로서 효과성과 과정으로서의 능률성을 종합한 효율성 혹은 생산성의 개념이 제시되고 있다.[17]

---

16) Amitai Etzioni, *op. cit.,* p. 8; James L. Price, *Organization Effectiveness*(Homewood: Irwin, 1968), pp. 2~3.

17) 金圭定, 전게서, pp. 130~13; 李圭煥, 전게서, p. 76.

3. 지방행정의 능률성

행정의 능률성(efficiency)이란 투입(일정한 산출을 위하여 제공된 노력·시간·비용 등)에 대한 산출(일정한 투입에 의하여 얻어진 성과·소득·편익 등)의 비율을 말한다.[18] 행정의 능률성은 이러한 관점에서 볼 때 일정한 투입으로 최대의 산출을 확보하거나, 일정한 산출을 확보하기 위해서 최소의 투입을 하는 대안을 선택하는 것을 의미한다.

흔히 민주성과 더불어 행정이념의 2대 지표로 원용되는 이념으로서 능률성을 중요시하게 된 것은 19세기 후반에 이르러 행정국가화되고, 이에 따라 행정기능은 크게 변화·확대됨에 따라 행정부가 많은 재원이 필요하게 되면서부터이다. 그 결과 징세액의 급증을 초래하게 되고, 담세자는 정부재정의 세입·세출에 대해 「less taxation, more services」를 요구하게 되었으며, 이러한 요구에 부응하기 위해서 자원을 경제적으로 활용하는 것에 관심을 기울이면서 능률성이라는 이념을 형성하게 되었다.

지방행정에 있어서 능률성이 기본이념으로 인정되는 것은 주민들이 부담하는 지방세를 보다 능률적·합리적으로 사용해야 한다는 필요성에서 찾을 수 있겠다. 이는 지방행정분야에서도 최소비용으로서 최대효과를 거양하려는 기준으로서 능률성이 기능하기 때문이다.

그러나 능률성을 투입과 산출의 비율이라 할 때 수치로 나타내야 하지만 계량화될 수 없는 행정행위에 대해 산출을 비율로 표시할 수 없으므로 능률측정이 곤란한 분야가 대단히 많다. 특히, 도시 및 지방행정은 주민의 복지증진과 서비스의 제공을 그 목적으로 하고 있으므로 이를 수량화로 나타낼 수 없는 것이 보통이다.

앞서 살펴 본 효과성은 행정이 추구하는 궁극적인 발전목표의 달성도를 의미하는 개념인 데 반해 능률성은 목표달성과정에 있어서의 경제성을 의미하는 행정내부적인 개념이다.

주민에 대한 보다 적은 조세의 부과와 보다 많은 서비스라는 이념이 지방행정이 지향해야 할 과제이긴 하지만 행정이념을 단순히 투입 대 산

18) Herbert A. Simon, *Public Administration*(New York: Alfred A. Knopf, 1950), p. 54.

출 혹은 비용 대 효과의 비율로 양적으로 비교하는 기계적 능률(mechanical efficiency)에서 벗어나 행정의 목표, 지방공무원의 자아실현, 지역사회 발전 등에 기여하는 사회적 능률(social efficiency)로 인식할 것을 디목(M. E.Dimock)은 제안하고 있다.[19]

특히 능률을 가치중립적·기계적 능률로서만 파악하지 않고 가치판단적·사회적 능률로 이해하는 경우 행정의 민주성과 능률성은 상호보완적 관계에 있는 것이며, 참다운 민주적 능률성을 기할 수 있으므로 지방행정이 지향하는 민주주의의 발전과 주민복지에 기여하는 의의를 갖는다 하겠다.

4. 지방행정의 합법성

합법성(legality)이란 법에 의한 행정, 즉 법치행정을 뜻한다. 이는 개인의 권리·의무에 관한 모든 행정이 법령에 근거하여야 할 뿐만 아니라 법령의 테두리 안에서 행해질 것을 요구한다는 것이다. 법치행정의 원리가 적용되는 국가에서는 국민의사를 대표하는 의회가 제정한 법에 의해서 행정권의 자의적인 발동을 억제함으로써 국민의 권리와 자유를 보장하고, 법적 안정성이나 장래의 예측가능성을 확보하려는 취지에서 행정의 합법성을 행정이념으로 받아들이게 됨은 당연한 것이었다.

이와 같은 의미의 합법성은 행정국가화하기 전의 입법국가·자유민주국가에서부터 중요한 행정이념으로 인식되고 있었다. 왜냐하면 산업자본주의하에서는 장기투자를 요하게 되며, 따라서 투자자인 자본가의 입장에서 필요한 것은 안정성과 장기예측성이며 이의 확보는 법률에 따라 행정공무원의 자유재량없이 기계적으로 충실히 집행하는 것이 가장 그들의 이익에 일치하는 것이었으며 바람직한 것이었기 때문이다.[20]

그러나 행정국가화함에 따라 행정대상의 복잡화, 행정의 전문화·기술화, 도시발전을 위한 행정의 적극적 기능 등으로 법적 규제는 그 한계에

---

19) Marshall E. Dimock, "The Criteria and Objectives of Public Administration," (eds.) J.M. Gaus, L.D. White and M.E. Dimock, *The Frontiers Public Administration* (Chicago: University of Chicago Press, 1936), pp. 116~133.

20) 朴東緖, 「韓國行政論」(서울: 法文社, 2004), p. 159.

직면하고 있으며, 행정활동에 대한 법적 규제는 완화되고 있다. 특히, 지방행정은 대민행정이고 지역행정이기 때문에 공직자의 적극적인 봉사자세가 요구된다. 주민의 민원사항을 지나치게 법에 근거하여 처리한다면 무사안일주의적이고 법규만능주의적인 사고방식에 젖게 될 것이다. 이처럼 지방행정에 있어서 합법성은 형식적인 법조항만을 추구한다면 가치판단적인 발전행정·복지행정을 목표로 하는 행정에 많은 문제점이 수반될 것이며, 더 나아가서는 주민의 이익을 해칠 수도 있는 것이다. 도시화와 더불어 도시행정기능의 질적·양적 변화와 강화로 행정재량의 범위가 확대되고 있으며, 다양한 합목적적 행정활동을 허용하는 경향이 있다. 그러나 이러한 경향이 지나치게 강조되는 경우 주민의 권리나 자유의 보장을 해칠 가능성이 있다는 점을 인식하여야 할 것이다.[21)]

Ⅲ. 지방행정이념의 우선순위

이상 열거한 민주성·효과성·능률성·합법성이라고 하는 지방행정이념은 제각기 독특한 사회적인 상황하에서 요청되고 있는 것으로서 지방행정에만 고유하게 적용되는 것이 아니라 어디까지나 행정학의 기초이론에서 폭 넓게 거론되고 있는 것을 원용하였음을 유의할 필요가 있다.

현실적으로 지방행정에 있어서 이러한 이념 중 어떤 것을 우선시해야 할 것이냐 하는 문제가 남는다. 현시점에서 지방행정은 이러한 이념 모두를 요청하고 있지만, 이들 간의 우선순위는 행정의 특성이나 여건에 의해 구체적·개별적으로 결정되어야 할 것이지 고정불변의 것이 아니라 하겠다.

우리나라 지방행정에 있어서 이념간의 우선순위는 어떻게 될 것인가에 대해서 알아볼 필요가 있다.

이 점에서 우선 고려되어야 할 것은 행정기능인데 이의 주요기능이 발전목표 및 정책결정이라고 한다면, 이러한 목표설정 및 정책결정은 행정인이 독점적으로 결정할 것이 아니라 보다 많은 사람의 의사전달·참여를 통해서 형성되는 것이 바람직한 것이다. 따라서 우리나라의 지방행정

21) 金圭定, 전게서, p. 138.

에서 가장 시급한 문제는 지방자치제의 실시를 통한 지방행정의 민주화로 요약될 수 있다.

그 다음으로 목표 또는 정책이 결정되면 이에 일치되는 계획이 뒤따르게 되는바, 지방행정에 있어서는 지역발전목표, 주민복지증진을 보다 현실적으로 구체화하는 것이 해결해야 할 과제이다. 지역문제해결을 위해서 개발계획을 수립하게 된다. 개발계획은 행정 수행에 기본지침의 역할을 하고, 행정을 평가하는 기준이 되기 때문에 행정은 제시된 개발계획을 달성하려고 노력하게 되고 이는 지방행정의 효과성으로 요약될 수 있다.

지방행정기능을 수행함에 있어 비용절감이나 불필요한 예산지출을 찾아내어 이를 삭제함으로써 능률을 증진하는 것도 행정이 지향해야 할 과제로서 능률성은 효과성의 수단개념이라 할 수 있다. 효과성은 목표달성이라는 결과를 중요시하는 반면에 능률성은 목표달성과정에 있어서 보다 적은 비용을 뜻하기 때문에 능률성은 효과성의 하위개념이며 종속적이다.

끝으로 지방행정의 합법성이다. 행정은 법의 집행이라고만 보는 입법국가 시대와는 달리, 발전행정하에서는 합법성은 당연히 지켜져야 하지만, 그것만 충족되었다고 해서 행정이 바람직한 것이 되었다고 할 수는 없는 것이다. 그러므로 행정기관이 법령을 기계적으로 집행하거나 법규만능주의적인 행정을 수행하는 것은 공무원의 가치관과 행태에 문제가 있는 것이지 법규가 잘못이 있는 것이 아닌 것이다.

결론적으로 지방행정의 이념간 우선순위는 민주성 · 효과성 · 능률성 · 합법성의 순위가 될 것이다.[22] 여기서 유의할 것은 어떤 이념이나 그 존재가치가 있기 때문에 모두 동시에 추구하는 것이 가장 이상적이다. 그러나 상호간에 조화를 이루는 것이 있지만 갈등관계에 있는 것도 불가피하게 우선순위를 정하는 것이다. 어떤 이념이 우선시된다고 해서 다른 이념은 무시된다는 것을 뜻하지 않으며, 시대나 상황에 따라 변할 수가 있다는 것을 유념하여야 한다.

---

22) 행정이념간의 우선순위를 민주성 · 효과성 · 능률성 · 합법성의 순으로 보고 있는 학자로는 朴東緖(전게서, pp. 169~170), 金圭定(전게서, pp. 139~140) 등이 있으며, 김종표교수는 지방행정에 있어서 우선순위를 무순으로 보고 이념간의 조화를 강조하고 있으며(전게서, p. 30), 정세욱교수는 민주성 · 합법성 · 공정성 · 신뢰성 · 개별성 · 다원성 · 합목적성 · 효과성 · 합리성 · 능률성 · 생산성 등의 순으로 하고 있다(전게서, pp. 37~39).

제2편

지방자치단체와 국가 및 주민과의 관계

제 1 장 중앙집권과 지방분권

제 1 절 중앙집권과 지방분권의 본질

Ⅰ. 중앙집권과 지방분권의 개념

중앙집권이나 지방분권은 집권과 분권의 한 형태이기 때문에 집권과 분권의 개념을 먼저 살펴보고자 한다. 집권(centralization)이란 행정권한, 특히 정책의 결정권이 조직내에 있어서는 상층부에, 조직간에 있어서는 상급조직에 집중되어 있는 조직형태를 의미하고, 분권(decentralization)은 집권과 반대의 조직형태를 뜻한다.1)

이와 같은 집권·분권의 개념을 중앙정부와 지방자치단체간의 관계에서 적용하는 것이 중앙집권과 지방분권에 해당된다. 중앙집권이란 「의사결정권한, 즉 정책의 결정권이라는 행정권한이 중앙정부에 집중되고」, 지방분권이란 「정책의 결정권이 가능한 한 지방자치단체에 많이 분산되어 있는 조직형태」를 의미한다.

이를 보다 구체적으로 설명하여 보면, 중앙집권이란 권한·자원·정보·기술 등이 중앙정부에 집중되어 지방자치단체의 자주성이 제한되어 있는 것이며, 지방분권이란 권한·자원·정보·기술 등이 지방자치단체에 위임·분산되어 지방정부의 자주성이 높은 것을 말한다. 따라서 중앙

---

1) 사이몬(H. A. Simon)은 집권과 분권의 기준을 의사결정권의 소재가 어디에 있는가에 따라 구분된다고 보고 있다. Herbert A. Simon (*et al.*), *Centralization in Decentralization in Organization: the Controller's Department*(New York: Controllership Foundation, Inc., 1954), p. 1.

집권과 지방분권을 구별하는 기준은 중앙정부의 지방자치단체에 대한 통제력의 범위·정도와 이에 대응하는 지방자치단체의 자주성의 범위·정도에서 찾을 수 있다.

우리가 일반적으로 중앙집권이라고 하면 「지방행정에 관한 의사결정 권한을 거의 모두 중앙정부에 집중하고 중앙정부의 책임하에 지방행정을 집행하는 제도」로서 행정운영의 구심화를 의미한다. 반면에 지방분권이라고 하면 중앙정부의 권한이양(deconcentration), 권한 또는 사무위임(delegation), 권한위양(devolution)에 의하여 권한과 기능을 국가의 중앙정부로부터 지방으로 분배하여 행사하게 하는 제도로서 행정운영의 원심화경향[2]을 의미하는 것으로 보고 있다. 따라서 중앙집권과 지방분권을 구심력과 원심력의 관계에서 파악하고 있다.

집권과 분권은 법률학적으로는 중앙과 지방간의 권한배분관계를 기준으로 분류하는 것으로 중앙집권은 중앙정부가 지방자치단체에 대하여 상대적으로 강력한 지휘·감독권을 가지는 것인데 비하여, 지방분권은 이 지휘·감독권이 약한 것을 의미한다. 한편, 정치적 의미로 파악할 때에는 중앙집권이란 중앙의 정치권력 내지 통치권은 강하고 지방의 자주성은 약한 것인데 비하여, 지방분권이란 중앙의 권력은 약하고 지방의 자주성은 강함을 뜻한다.[3] 따라서 중앙집권과 지방분권은 상대적·보완적 개념임을 유의해야 한다. 그 이유는 현대국가에 있어 절대적 중앙집권체제를 채택하는 국가나 절대적 지방분권체제를 채택하는 국가는 없으며, 또한 있을 수도 없기 때문이다.

이처럼 어느 국가나 완전한 집권이나 분권은 있을 수 없으며, 결국 어느 쪽을 보다 더 강조하고 있느냐에 따라서 상대적인 성격을 띠고 있어 측정하기가 곤란하며, 동일한 국가에서도 여러 가지 여건의 변화에 따라 항상 동태적으로 변한다.[4]

---

2) 金圭定, 「新行政學原論」(서울: 法文社, 1998), p. 391; 李圭煥, 「한국도시행정론」(서울: 법문사, 2004), pp. 133~134.

3) 鄭世煜, 「地方行政學」(서울: 法文社, 1998), pp. 65~66.

4) 朴東緖, 「韓國行政論」(서울: 法文社, 2004), pp. 366~367.

Ⅱ. 지방분권의 필요성

어느 국가나 일단 통일국가로 형성되고 나면 국가행정의 모든 권한이 중앙정부에 집중되었고, 단지 행정의 편의를 위해서 약간의 분권이 이루어질 뿐이다. 그러나 20세기에 접어들면서 행정국가화됨에 따라 국가기능이 복잡해지고 주민들의 자치권의 요구가 높아감에 따라 지방분권이 이루어지기 시작되었다.

오늘날 행정기능이 양적으로 확대되고 질적으로 고도화됨에 따라 이를 효율적으로 수행하기 위하여, 한편으로는 지역적으로 분담하는 이른바 중앙과 지방간의 수직적 분업의 필요성이 증대되고 있다. 다른 한편으로는 전국적·종합적인 관점에서 이 행정기능을 통합·조정해야 할 필요성이 고조되고 있다. 현대는 중앙집권과 지방분권이 동시에 요구되므로 지방분권화와 중앙집권화의 요청을 동시에 충족시킬 수 있도록 조화와 균형을 유지해야 한다.

그러나 국가의 통치권력과 행정기능의 지방분권화 문제는 국가기능의 효율적 수행이라는 합리적, 효용적 목적만을 위하여 이루어지는 것은 아니다. 그것은 한 국가의 가치지향 또는 국가이념으로 되어 있는 정치적 이념과 밀접한 관련을 맺고 있다. 즉, 행정기능이 확대됨에 따라 지방분권의 요청이 더욱 증대되고 있는 이외에도 지방분권은 지방자치와 민주주의를 뒷받침하는 사상이란 점에서 그 필요성을 찾을 수 있다.

현대 민주주의국가에 있어서 국가이념을 일반적으로 민주정치의 창달과 실현에 두는 경우 「국민에 의한 국정의 지배」의 윤리에 따라 중앙정부의 통치와 행정이 민주적으로 운영되어야 한다. 또한 지역적으로 배분된 권력과 이념을 충실히 하고 개인의 의사결정의 기회를 최대화하기 위하여는 국민의 신변에 보다 가깝고 국민이 직접적으로 참여통제할 수 있어야 한다. 따라서 소규모의 지역사회에 될 수 있는 한 많은 통치권력과 행정기능을 배분하여 이른바 풀뿌리의 민주정치(grass-root democracy)를 실현할 것이 요망되고 있다.[5]

---

5) 金甫炫·金庸來, 「地方行政의 理論과 實際」(서울: 法文社, 1983), pp. 49~50.

이처럼 현대국가에 있어서의 지방분권문제는 정치적 이데올로기문제와 분리하여 생각할 수 없다. 왜냐하면 현대적 지방자치 또는 지방분권은 현대 민주주의의 한 요소로서 그와 유기적인 관련하에 발생·성장하여 온 역사적·구체적 개념인 까닭이다. 따라서 지방분권의 필요성은 상술한 바와 같은 효용적 목적(utilitarian objectives) 이외에 이데올로기적 목적(ideological objectives)이 있다고 말할 수 있다.

제 2 절 중앙집권과 지방분권의 비교

Ⅰ. 중앙집권과 지방분권의 장점

중앙집권이나 지방분권을 야기시키는 변수가 다양하고 각 국가가 처한 환경적 요인이 상이하기 때문에 일률적으로 중앙집권과 지방분권의 장·단점을 논할 수는 없다. 그러나 순수한 이론적인 면에서 중앙집권과 지방분권은 각각 다음과 같은 장점이 있다. 이론상 중앙집권의 장점은 역으로 지방분권의 단점이 되고 지방분권의 장점은 역으로 중앙집권의 단점이 된다.[6]

1. 중앙집권의 장점

(1) 국가적 위기에 대한 신속한 대처

국가가 국제정세의 변동이나 안보상의 위기에 직면하는 경우 중앙집권적 체제는 신속하게 대처할 수 있다. 예컨대 외침을 받아 예비군을 동원해야 할 긴박한 상황에 직면했을 때 예비군 동원권을 중앙정부가 가지고 있을 때에는 일사불란하게 대처할 수 있으나, 지방자치단체의 수장에게 그 동원권이 분산되어 있으면 혼란이 야기되는 등 이에 신속하게 대처하지 못할 것이다.

---

6) 이에 관한 종합적인 설명은 鄭世煜, 전게서, pp. 71~72; 金圭定, 전게서, pp. 392~393 참조.

(2) 경제발전 · 국민형성에 유리

중앙집권의 경우에는 경제발전의 초창기에 필요한 자원을 기간산업에 집중적으로 투자할 수가 있어 경제발전에 유리하고,[7] 국가형성(state-building) 및 국민형성(nation-building) 등 국가발전의 초기단계에 더욱 효과적이다.[8]

(3) 지역간의 격차해소

한 국가내에 있어서 경제발전의 정도나 지리적인 조건에 의해 각 지방자치단체마다 재정자립력, 경제력, 문화수준, 복지수준, 산업구조, 사회간접자본 등 많은 차이를 나타낼 경우 중앙정부의 조정에 의해서 균형발전을 통해 해소하는데 효과적이다.

(4) 전국적 또는 광역적 규모의 사업

대규모의 광역적인 사업과 현업에 중앙집권이 적합하다. 지방정부는 이러한 종류의 사무를 처리할 수 없으며, 비록 처리한다 하더라도 그 소기의 효과를 기대하기가 곤란하다. 또한 지역개발기능도 소규모의 지방자치단체보다는 중앙정부가 담당함이 바람직하다.

(5) 행정의 통일성, 전문성, 능률성의 확보

전국적인 통일성이 요구되는 행정사무에 적합하며, 인사관리나 예산관리기능을 지방자치단체에 분권화하면 자치단체의 업무수행에 치중하는 나머지 이러한 관리기능에는 소홀해지는데 비하여, 이를 중앙집권화하면 인사나 예산의 전문가를 중앙정부에 확보하여 활용할 수 있으므로 전문화를 촉진시킬 수 있게 된다. 또한 각 지방자치단체에 의한 분산구매제도보다는 중앙정부에 의한 집중구매제도에 의할 때 예산의 절약과 능률을 도모할 수 있다.

---

7) John N. Hazard, *The Soviet System Government*(Chicago: University of Chicago Press, 1960), p. 98.

8) G. A. Almond and G. B. Powell Jr., *Comparative Politics: A Developmental Approach*(Boston: Little and Brown, 1966), pp. 34~35.

이 밖에 중앙집권은 ① 소규모조직에 적합하고 ② 각 지방자치단체간의 행·재정력을 조정하여 균형을 유지하는데 도움을 주며 ③ 부분적 이익을 초월하여 전체적 이익을 도모할 수 있다.

2. 지방분권의 장점

(1) 행정의 사회적 능률증진

지방분권은 정치적 측면에서 「주민으로부터의 민주주의」를 실현시키므로 민주주의와 능률의 요구를 동시에 충족시킬 수 있다.

(2) 민중통제를 통한 행정의 민주성

주민과 가까운 곳에서 지방정치를 행함으로써 지방정치와 행정에 대한 민중통제(popular control)를 강화하고 행정의 민주화를 실현할 수 있다. 중앙정부에 의한 국정이 국민으로부터 통제를 받도록 민주화가 요청되는 것처럼 지방공무원이 지방주민에 대한 봉사를 하고 지방정부에 의한 지방정치가 주민으로부터 통제를 받도록 지방분권을 통하여 민주화를 확보할 수 있다.

(3) 주민참여에 의한 행정의 민주화

지방분권을 실시하면 주민참여를 유발시켜 민의를 반영할 수 있으며, 또한 주민참여를 통해 정치훈련을 가능하게 하고 주민의 정치의식수준을 향상시킨다. 또한 자치단체의 개발계획이나 사업계획을 수립·집행함에 있어 주민들을 참여시킴으로써 주민의 새로운 아이디어와 소망(ideas and wishes)을 수렴하여 그들의 욕구를 충족시키는 동시에 행정의 민주화를 확보할 수 있다.

(4) 지역실정에 맞는 행정

지방분권은 중앙정부에 의하여 행해지는 획일적 행정의 폐단을 막을 수 있다. 대도시지역은 대도시의 특수한 행정수요에, 농촌지역은 농촌의 실정에, 공업지역은 공업도시의 특수한 여건에, 관광지역은 관광지로서의 특수한 행정수요에 각각 적합하도록 그 지역의 특성을 살려 지역실정에 맞는 행정을 수행할 수 있다.

(5) 지방공무원의 사기 및 능력제고

지방분권이 되면 지방공무원에게 의사결정권이 많이 위임되기 때문에 지방공무원들의 주체의식이 향상되고 사기가 높아진다. 지방공무원의 주체의식이나 사기 진작은 지방공무원의 창의성을 높이고 업무수행에 있어서 쇄신성을 가져다 준다. 또한 지방공무원들이 정책결정과 집행에 직접 관여하여 풍부한 경험을 갖게 되므로 넓은 시야와 고도의 판단력, 의견을 가진 능력있는 관리자로 훈련·양성시킬 수 있다.

(6) 신속한 행정처리

중앙집권하에서는 경미한 행정사항일지라도 중앙정부의 승인을 받아야 하므로 번잡한 결정절차(red-tapes)에 따른 행정의 지체를 초래하게 된다. 그러나 지방분권화에서는 지방정부가 현지에서 모든 행정사항을 자주적으로 결정·집행하므로 복잡한 결재나 승인을 요하지 않으며, 따라서 행정의 신속한 처리가 가능해진다.

(7) 지역단위행정의 종합·조정

중앙집권화 경우에는 한 지역에서 이루어지고 있는 행정이 기능적으로 분리되어 중앙부처에 예속되기 때문에 지역단위에 있어서 기능적인 분화가 심하다. 그러나 지방분권화의 경우에는 지방행정기관에 재량권이 부여되어 있기 때문에 지역별로 행정 전체를 종합·조정할 수가 있다.

Ⅱ. 중앙집권과 지방분권의 조화

이상에서 중앙집권은 한마디로 행정의 통일성 및 효율성을 보장한다는 점에, 지방분권은 민주정치의 철저화 및 행정의 실질적 효과를 거양시키기 위해 반드시 필요한 제도라고 할 수 있다. 중앙집권이나 지방분권은 각기 장·단점을 내포하고 있고, 환경적 요인에 따라 그 가치가 다르기 때문에 어느 것이 더 좋다고 하는 일률적인 평가는 곤란하다. 이러한 양 제도는 어디까지나 상대적인 것일 뿐 결코 절대적인 것은 아니며 상황을 고려하여 중앙집권과 지방분권을 적절히 조정하는 것이 요구된다.

과도한 중앙집권은 첫째, 행정적인 면에서 행정수요의 지역적 특수성을 무시하고 획일적으로 처리하게 되며 둘째, 정치적인 면에서 주민으로부터의 민주주의와 민중통제를 약화시키고 셋째, 지방자치단체의 구역을 확대시킴으로써 자치의식을 희박하게 한다는 근본적인 결함을 가지고 있다.[9)]

그런데 현대행정은 일정한 사항에 대하여 행정의 통일성을 요구하는 것이지 지방별 특성을 무시하는 행정의 획일성을 요구하는 것은 아니다. 물론 행정사무 중에는 조세, 경찰, 징병, 근로기준, 화폐 등과 같이 행정의 통일성을 요하는 것이 있지만 각 지방의 특수성에 맞게 처리해야 하는 것도 있다. 따라서 통일성을 필요로 하지 않는 사무의 처리에는 지방정부의 자주성과 창의성을 존중해야 한다. 그러므로 전국적으로 통일성을 요하는 행정사무와 지방적 특수성을 존중해야 하는 행정사무로 구별하여 이에 적합한 중앙집권과 지방분권이 조화된 지방자치제를 실시해야 한다.

현대의 행정에 있어서 가장 바람직한 것은 집권화와 분권화의 균형인데 행정을 기획·집행·평가의 과정으로 볼 때 중요한 기획이나 방향은 중앙에서 결정하고, 집행은 지방자치단체에 맡기고, 그 집행의 평가는 다시 중앙행정기관이 담당하는 경우에 집권화와 분권화는 보완성을 띠면서 균형을 이룰 수 있다.[10)]

제 3 절 지방분권의 유형

지방분권에는 통치권력과 행정기능을 누구에게 배분하느냐에 따라 자치단체에 대한 분권과 기타 기관별 분권으로 구별된다. 전자는 주민들의 민주요구를 충족시키기 위한 자치적인 지방분권이며, 후자는 복잡하고 다

9) 鄭世煜, 전게서, pp. 72~73; 李圭煥, 전게서, pp. 134~135.
10) 白完基, 「行政學」(서울: 博英社, 1985), pp. 234~235.

양해진 국가기능을 효율적으로 처리하기 위한 분업원리에 입각한 지방분권으로 행정적·관치적 분권이라고 한다.

Ⅰ. 자치적 분권

자치적 분권은 지방자치단체에 대한 분권으로서 행정기능과 통치권력을 일정한 범위내에서 자치적 권한을 인정받고 있는 지방자치단체에게 이양하여 지방주민 또는 그 대표자의 의사와 책임하에 처리하도록 하는 분권형태를 의미한다.[11] 이를 협의의 지방분권이라고 한다.

(1) 포괄적 수권형

가. 의 의

포괄적 수권형(universality principle)이란 법률이 특히 금지하는 규정이나 중앙정부가 반드시 처리해야 할 사항을 제외하고는 지방자치단체가 그 주민의 일반적 이익을 위하여 어떠한 사무라도 처리할 수 있도록 헌법이나 법률에 일괄적으로 권한을 부여하는 규정을 두는 유형이다. 이 제도는 포괄적 위탁주의라고도 하는데 영국을 제외한 구주대륙의 제 국가에서 널리 채택되고 있으며 우리나라도 이 방식에 따르고 있다.

나. 장·단점

이 유형의 장점은 첫째, 지방행정에 신축성과 융통성을 부여하며 둘째, 지방자치의 범위를 확대시켜 주고 셋째, 권한부여방법이 간단하다는 점이다. 단점은 첫째, 국가사무와 지방사무의 구별이 불분명하여 지방자치단체가 혼란에 빠질 우려가 있으며 둘째, 지방자치단체가 과중한 업무부담을 지게 되고, 셋째 국가전체의 입장에서 볼 때 행정의 통일성을 확보할 수 없다.

---

11) 金甫炫·金庸來, 전게서, pp. 51~58; 鄭世煜, 전게서, pp. 73~75 참조.

(2) 개별적 수권형

가. 의 의

개별적 수권형(enumeration principle)은 개별적 지정주의라고도 하며, 이는 지방자치단체가 처리할 수 있는 행정사무를 국가의 특별법에 의해 개별적으로 위임하는 유형을 말한다. 따라서 지방자치단체의 권한은 자치단체별·사무분야별로 필요에 따라 특별법제정을 통해서 부여되는 것을 특징으로 한다. 이 유형은 영국과 영국형 자치제도를 그 모델로 하는 나라에서 이용되고 있는 권한부여방법이다.

나. 장·단점

이 유형의 장점은 첫째, 중앙정부와 지방자치단체간에 권한의 한계가 분명하며 둘째, 지방행정의 구체적 타당성을 확보할 수 있고 셋째, 지방행정에 대한 통제가 용이하다는 점이다. 단점은 첫째, 지방자치단체의 자치권의 범위가 좁으며 둘째, 지방행정의 신축성·융통성이 낮고 셋째, 법을 자주 제정하는 데 어려움이 있다.

(3) 절충형

가. 의 의

절충형(mixed system)이란 포괄적·개별적 수권형을 혼합한 것이다. 즉, 지방자치단체가 수행할 수 있는 행정사무에 관하여 일반법으로 포괄적으로 정해 놓고 일정한 기준에 도달한 지방자치단체에 대해서는 특별한 법규명령에 의하여 행정사무를 부여하는 형태를 말한다. 이 유형은 나이지리아를 비롯하여 특히 영국의 식민지였던 아프리카제국에서 채택하고 있다.

나. 장·단점

이 유형의 장점은 첫째, 포괄적 수권형과 개별적 수권형의 제약성을 극복할 수 있고 둘째, 각 지방자치단체의 행정기능이나 재정능력에 상응하는 행정사무를 부여할 수 있다는 점이다. 단점은 첫째, 중앙정부가 일반적인 기준을 정하는 데 너무 높게 정하면 지방자치가 유명무실해질 위험이 있고 둘째, 중앙정부가 각 지방자치단체에 권한을 부여하는 데 재량권을 남용하여 특정한 지방자치단체의 자치권이 침해될 위험이 있다.

(4) 계약형

가. 의 의

계약형(contract system)은 중앙정부와 지방자치단체가 대등한 당사자 관계에서 계약을 체결하여 지방자치단체에 행정사무를 분배하는 형태를 말한다. 이러한 계약내용에는 사무의 종류와 기준, 감독의 방법, 경비부담, 기타의 조건 등이 포함되어 있으며 지방자치단체는 사무위탁에 수반되는 재정적 지원 때문에 사무위탁을 받으려고 노력하게 된다.

나. 장·단점

이 유형의 장점은 첫째, 지방자치단체가 중앙정부와 동등한 위치에서 권한을 부여받기 때문에 지방자치단체의 자주성이 보장되며 둘째, 중앙정부의 지방자치단체에 대한 횡포를 방지할 수 있다는 점이다. 단점은 첫째, 사적 법률관계인 계약을 공법관계에 적용하는 데 한계가 있고 둘째, 행정사무를 위탁하는 절차가 복잡하며 지방자치단체가 행정사무의 부담으로부터 벗어나기 위해 계획적으로 계약체결을 기피할 우려가 있다는 점이다.

Ⅱ. 행정적 분권

행정적 분권은 관치적 분권이라고도 하는데 이는 중앙의 행정사무를 지방에서 처리하기 위해서 특별지방행정기관과 같은 일선기관 또는 지방자치단체의 집행기관에 행정사무를 위임하는 것을 말한다.[12]

(1) 일선기관의 설치

일선기관(field services)이란 국가가 지방적인 행정사무를 처리하기 위해 지방에 설치한 행정기관을 말하는 데 담당하는 사무의 성질에 따라 보통지방행정기관과 특별지방행정기관으로 나눈다.

보통지방행정기관이란 어느 특정한 중앙행정기관에 소속되어 있지 아니하고 중앙행정기관의 직할로 되어 있는 사무와 특별지방행정기관의 권

12) 金甫炫·金庸來, 전게서, pp. 55~58; 林容柱, 전게서, pp. 57~59 참조.

한에 속하는 사무를 제외한 당해 지역단위에서 집행되는 모든 행정사무를 종합적으로 담당집행하는 일반적인 지방행정기관을 말한다. 우리나라에 있어서는 특별지방행정기관을 제외한 모든 지방행정기관이 이에 속하고 보통지방행정기관은 행정사무의 소관에 따라 여러 중앙행정기관의 통제를 받는다.

특별지방행정기관이란 한 특정한 중앙행정기관에 소속되어 그 지역에서 처리를 요하는 당해 중앙행정기관의 사무를 처리함을 목적으로 하는 지방행정기관을 말한다. 우리나라에 있어서는 지방국세청, 지방조달청, 지방국토관리청, 지방병무청, 지방노동청 등의 지방행정관청이 이에 속한다.[13] 그러므로 특별지방행정기관은 소관사무에 따르는 단일한 중앙행정기관의 통제만 받는다.

이와 같이 지방적인 행정사무를 처리하기 위하여 중앙행정기관과 계층적 관계에 있는 일선기관을 설치하는 경우는 지방자치제가 실시되고 있지 않은 나라에서 볼 수 있다. 지방자치제가 실시되고 있는 나라에서는 일선기관의 설치는 예외적인 일이며 지방에서 집행할 행정사무는 지방자치단체에 의해서 자율적으로 수행되는 것이 원칙이다. 단지 예외적으로 지방자치단체가 처리하는 것이 불합리한 경우에는 특별지방행정기관으로서 일선기관을 설치한다.

(2) 기관위임

이는 국가의 지방행정사무를 처리하기 위하여 별도로 국가의 지방행정관서를 설치하지 아니하고 지방자치단체의 장인 집행기관에게 위임하여 처리하는 방식이다. 이 경우에 있어서 지방자치단체의 집행기관은 중앙정부의 관계부처와 하급기관과 동일한 지위에서 각 부처의 지휘감독을 받게 된다. 이 경우에 지방의회는 관여하지 못하고 반면에 위임사무 중 단체위임의 경우는 지방의회가 관여하고 지방정부의 자율성이 보장된다는 의미에서 행정적 분권이라고 할 수 없고 자치적 분권에 속한다.

---

13) 정부조직법 제3조 제1항에는 「중앙행정기관은 소관사무를 수행하기 위해서 필요할 때에는 특히 법률로 정한 경우를 제외하고는 대통령이 정한 바에 의하여 지방행정기관을 둘 수 있다」라고 규정하고 있다.

Ⅲ. 미국 도시정부의 지방분권

미국의 도시정부에 대한 권한부여방법은 주에 따라 매우 다양한 방식을 채택하고 있다.

연방헌법에 의하여 도시자치단체에 대한 권한은 주정부의 전속적 관할사항으로 되어 있는 까닭에 그 권한은 헌장(charter)이라는 형식으로 주입법에 의하여 수여되고 있다.[14] 그런데 미국에 있어서의 헌장수여방식, 즉 도시자치단체에 대한 권한부여방법에는 다음과 같은 다섯 가지 제도가 채택되고 있다.

(1) 특별헌장제도

특별헌장제도(special charter system)는 주 입법부가 각 지방자치단체인 도시정부마다 개별적인 헌장을 제정하여 그 도시자치단체의 조직과 활동을 규정하는 권한부여방법이다. 이 제도는 이론적으로 각 도시자치단체의 개별적 특수성을 존중한다는 장점이 있다. 그러나 실제에 있어서 많은 도시자치단체에 대하여 대소를 막론하고 모두 개별적 법률로 권한을 부여한다는 것은 주 입법부에게 지나치게 과중한 부담을 지우고 자치단체를 완전히 주 입법부에 예속시키는 결과를 가져오는 것이다.

(2) 일반헌장제도

일반헌장제도(general charter system)는 주 입법부가 주내의 모든 도시자치단체에 대하여 그 규모의 대소, 상황의 특수성, 행정수요의 차이, 능력의 우열에 관계없이 단일의 헌장에 의하여 동일한 기능을 부여하는 방식이다. 이 제도는 특별헌장제도의 단점을 보완할 수 있는 반면에 모든 도시자치단체를 획일적으로 취급한다는 결정적인 단점때문에 좋은 성과

14) 미국의 수정연방헌법 제10조는 「헌법에 의하여 합중국에 위임되지 아니하고 또 주에 대하여 금지되어 있지 아니한 권한은 각 주 또는 인민에게 부담된다」고 규정하고 있는 까닭에 지방자치단체에 관한 권한은 오로지 주입법부의 최고권력에 종속하며 주의 창조물이라고 할 수 있다. 金甫炫・金庸來, 전게서, p. 53; 李圭煥, 전게서, pp. 151~153.

를 가져오지 못하고 있다.

(3) 분류헌장제도

분류헌장제도(classified charter system)는 도시를 그 공통의 성질에 따라 수개의 등급(class)으로 나누고, 그 등급에 상응하는 헌장을 제정하여 권한을 부여하는 방식이다. 이때 분류의 기준으로는 인구의 대소를 적용하고 있다.

이는 특별헌장제도와 일반헌장제도의 단점을 보완하려는 의도에서 채택된 제도이지만 실제에 있어서 어느 정도의 인구수를 분류기준으로 하느냐가 문제이고, 또 인구등급을 지나치게 세분하면 특별헌장제도와 동일한 결과를 가져 올 우려가 있다. 뿐만 아니라 인구수만을 분류의 기준으로 하고 있으므로 동일등급의 도시간의 지리적, 산업적 기타 특수사정이 무시된다는 단점이 있다.

(4) 자치헌장제도

자치헌장제도(home rule charter system)는 주헌법에 의하여 도시자치단체로 하여금 순지방적인 사항(matters of purely local concern)에 관하여 자주적인 헌장(a charter for its own government)을 제정할 수 있도록 보장하는 권한부여방식을 말한다. 이 제도하에서는 주 입법부는 전주적인 사항(matters of state-wide concern)에 관하여서만 그 최고성을 주장할 수 있고, 지방적 사항에 대하여는 각개의 도시정부에게 독자의 권한이 부여된다. 또 도시의 시민은 자기의 시정부를 스스로 조직할 수 있는 권한이 부여되는 까닭에 도시자치단체의 자치권을 확장시킨다는 점에 그 장점을 찾을 수 있다. 그러나 구체적으로 과연 무엇이 지방적인 사항인지 전주적인 사항인지 명확하게 구분할 수 있는 기준과 근거가 없다는 점이 이 제도의 결정적인 단점이다.

(5) 선택 헌장제도

선택 헌장제도(optional charter system)는 주 입법부가 미리 여러 종류의 표준헌장을 기초하여 두고 각 도시자치단체로 하여금 그 중의 한 가지를 선택하게 하는 권한부여방식이다. 각 도시에서 선택의 자유를 인정함으로써 특별헌장제도와 분류헌장제도가 지닌 단점을 보완하고, 또 자치헌장제도에서 볼 수 있는 무엇이 지방적 사항인지에 관한 행정권의 범위에 관한 소송을 피하려고 하는 점에 이 제도의 장점이 있다.

그러나 이 제도가 원래 완전한 획일주의와 완전한 개별주의의 중간을 택하려고 하는 타협의 산물인 이상 거기에서 오는 단점을 지닐 수밖에 없다. 각 도시의 특수한 요구를 만족시킬 수 없다는 비판이 바로 그것이다.

제 4 절 신중앙집권화와 신지방분권화

오늘날 선·후진국을 막론하고 지방분권의 경향과 중앙집권의 경향이 동시에 고조되고 있는 한편, 중앙집권과 지방분권의 균형화문제가 크게 논의되고 있는 가운데 신중앙집권화와 신지방분권화라는 새로운 경향이 현대지방행정 분야에서 크게 대두되고 있다.

Ⅰ. 신중앙집권화 경향

1. 신중앙집권화의 의의

신중앙집권화(new centralization)는 영·미처럼 전통적으로 지방자치가 확고한 뿌리를 내리고 있는 나라에서 복지국가의 건설, 행정의 능률성확보, 지방자치의 보완 등 최근의 사회적 변동과 환경변화에 따라 중앙정부의 역할이 증가되어가는 현상을 말한다. 이것은 정치권력적인 의미보다는 상호조정·보완하는 기능적 협력관계로서[15] 민주주의와 능률을 조화시키

---

15) 앨더퍼(H. F. Alderfer)는 신중앙집권화는 중앙정부와 지방자치단체간에 협력의 영역을 확대함으로써 중앙과 지방의 행정을 개선하는데 기여해 왔다고 주장하면서, 이러한 성격의 현대적 중앙집권을 협동적 연방주의(co-operative federalism)라고 부르고 있다. A. F. Alderfer, *American Local Government and Administration*(New York: Macmillan, 1956), p. 233.

려는데 기인하고 있다. 이러한 신중앙집권화의 주요한 성격을 다음과 같이 지적할 수 있다.[16]

① 신중앙집권화는 지방분권, 지방자치를 부정하는 것이 아니라 행정국가의 정치구조에 있어서 권력의 조정이나 재편성을 의미한다.

② 신중앙집권화는 중앙과 지방의 새로운 협력관계 또는 행정의 능률화와 민주화의 조화를 모색하려는 것이다.

③ 신중앙집권화는 종래의 관료적·권력적·지배적 집권이 아니라 지식적·비권력적 사회적·기술적 집권을 의미한다.

④ 신중앙집권화는 전통적으로 지방자치제도를 발전시켜 온 나라에 해당되는 것이지만 우리나라의 경우 국가안보의 확보, 정부주도하의 경제개발 및 지역개발과 같은 전국적인 발전사업의 추진, 행정의 사회변동기능 수행 등에 의한 집권화현상을 신중앙집권화로서 인식할 수 있을 것이다.

신중앙집권화가 나타나는 형태로는 지방행정기능의 중앙이전, 중앙재정에 대한 지방의 의존, 중앙통제 등을 들 수 있으나 일반적으로 다음과 같은 형태가 동시에 복합적으로 나타난다.[17]

(1) 지방행정기능의 중앙이전

지방정부의 사무가 중앙정부에 이관되는 경우를 말한다. 특히 주민의 생활영역이 확대됨에 따라 나타나는데 도로교통사무·병원·공적부조·공익사업 등에서 많이 볼 수 있다.

(2) 중앙정부의 일선기관설치

이 경우는 지방에서 처리를 요하는 행정사무를 지방자치단체에 이양하는 것이 아니라 중앙정부의 일선기관인 특별지방행정기관을 설치한다. 그리고 지방자치단체에 위임하는 경우에 있어서도 단체위임보다도 기관위임의 형태를 취하여 지방의회의 관여를 배제시킨다.

---

16) 金圭定, 전게서, p. 394.

17) 崔昌浩, 「地方自治學」(서울: 三英社, 1995), pp. 77~78; 林容柱, 「지방행정론」(서울: 예지각, 1987), pp. 143~144.

(3) 중앙재정에 대한 의존

지방자치단체의 행정기능 확대로 인한 재정수요의 급증을 충족시키기 위해서 중앙정부에 대한 재정적 의존이 더욱 증대된다. 이와 같은 현상은 세계적인 경향으로 우리나라에서도 볼 수 있는데 이것은 중앙집권의 한 형태이면서 그 원인이 되기도 한다.

(4) 중앙통제의 강화

중앙정부의 지방자치단체에 대한 통제가 강화되고 있다. 중앙통제의 강화는 주로 전쟁이나 재정적 위기시에 이루어지지만 이러한 현상은 장기적인 추세로 나타나고 있다. 그러나 이것은 절대군주국가에서 볼 수 있는 바와 같은 후견적·권력적 통제가 아니라 권고와 정보제공, 재정적 지원, 기준설정, 승인, 직원의 임면, 정기적인 보고 등의 형태를 취한다. 중앙통제에 대해서는 제4장에서 좀더 상세하게 다루고자 한다.

2. 신중앙집권화의 원인

현대행정에 있어서 중앙행정권의 확대·강화로 나타나는 신중앙집권화의 주요원인을 살펴보면 다음과 같다.[18]

(1) 행정기능의 양적 확대와 질적변화

현대사회는 산업화·도시화의 진전에 따라 행정기능이 양적으로 확대되고, 질적으로 변화되었다. 따라서 고도로 발달한 현대산업사회에서는 노사대립, 빈부의 격차, 대기업독점, 실업의 증가, 과대도시화에 따른 주택난·교통난·급수난 등의 생활환경의 악화, 환경오염 등의 새로운 문제가 나타나기 시작하였다. 이러한 상황변화에 지방자치단체는 이에 적응할 수 있는 기술적, 재정적 능력을 가질 수 없게 되어 중앙정부가 각종 지원을 통하여 지방자치행정에 더욱 관여하게 되었다.

---

18) 劉鍾海, 「現代行政學」(서울: 博英社), p. 447; 金圭定, 전게서, pp. 395~396; 林容柱, 전게서, pp. 144~145; 崔昌浩, 전게서, pp. 79~80.

(2) 과학기술과 교통 · 통신의 발달

과학기술과 교통 · 통신수단의 발달로 시간적 · 공간적 장애를 극복하게 되고 보다 큰 행정구역을 경제적으로 처리할 수 있게 되었다. 과학기술의 발달로 행정사무의 자동화 · 전산화가 가능하게 되어 집권화된 방대한 사무를 능률적으로 처리할 수 있게 되었다.

(3) 중앙재정에의 의존

지방재정의 빈곤이나 지역간의 불균형으로 말미암아 중앙정부에 의한 재정지원과 조정이 필요하게 되었다. 지방자치단체는 중앙정부의 재정적 원조에 의하지 않고는 재정적 수요를 충족시킬 수 없으며 중앙정부의 적극적인 조정없이는 지역간의 균형성장과 동일한 복지수준을 유지할 수 없게 되었다.

(4) 국민생활권의 확대와 경제규제의 필요성

지방경제 · 촌락경제 · 분권경제가 국민경제 · 국제경제 · 집권경제로 발전되고 국민의 생활권이 확대됨에 따라 정부의 강력한 통제 · 지도 · 규제가 요구되었다. 또한 공기업의 발달에 따라 사기업과의 조정문제를 발생시키게 되고 전국적 규모의 경제규제가 요구되었다.

(5) 국민적 최저수준의 유지 필요성

현대국가는 복지국가로서 모든 국민들에게 기초적인 생활수준을 확보해 주는 국민적 최저수준(national minimum)을 유지하는 것이 공익을 위하는 입장에서 필요한 것이다. 이러한 것을 지방자치단체에 위임하는 경우 자치단체의 재정적 능력에 따라 지역주민들간의 생활수준의 격차가 발생하게 된다. 따라서 전국적으로 균형된 복지수준을 유지하기 위해서는 중앙정부가 재정적 지원을 확대하든지 복지사무를 중앙정부가 맡아서 통제할 필요가 있다.

(6) 국가안보와 국제적 긴장

외부의 위협으로부터 국가를 보호하고, 급변하는 국제정세에 신속하게 대처하기 위해서는 전 국민의 역량 집중이 필요하게 되었다.

3. 신중앙집권화의 한계

이상에서 본 바와 같이 현대행정에 있어서의 중앙집권화 경향은 불가피하지만 이것은 중앙정부의 권한이 일방적으로 강화되는 것을 의미하는 것은 아니다. 즉, 중앙정부와 지방정부간의 협력체제에 의해 행정업무가 수행되는 것을 전제로 하고 있으며 그 동기는 능률성의 확대와 민주성의 조화에 있다. 따라서 지나친 중앙집권화는 지방행정의 자율성·민주성을 저해하게 되기 때문에 적절한 수준에서 제한을 받게 된다. 이러한 중앙집권화의 한계를 조직상의 한계와 인적 한계로 구분하여 살펴보면 다음과 같다.

(1) 조직상의 한계

가. 획일성 대 자율성의 문제

획일성이 요청될 때 중앙집권화의 경향은 강하게 나타난다. 특히 국방·외교·화폐·조세 등의 문제는 국가적 차원에서 획일적이고 통일된 행정이 요구되므로 중앙정부의 책임하에 수행될 필요성이 있다. 그러나 교육·문화·산업 등은 지역적 특성과 실정을 고려하여 지방정부에 의해 관리·운영되어야 할 것이다. 즉, 중앙정부에 의해 획일성이 요구되는 행정업무와 지방정부의 자율성과 창의성이 요구되는 행정업무를 적절하게 구분하여 양자를 조화시킬 수 있어야 한다.

나. 행정구역 문제

중앙집권화는 행정구역의 광역화를 초래한다. 이와 같이 광역화는 지역주민의 자치의식을 희박하게 만들며 주민참여를 저해할 위험이 있다. 따라서 행정구역을 재편성할 때 행정의 능률성 뿐만 아니라 지역주민의 자치의식이나 주민참여의 가능성을 고려하여야 한다.

(2) 인적 한계

가. 관료의 자질과 능력

중앙관료와 지방관료의 능력과 자질면에서 일반적으로 차이가 있다고 인정한다고 해도 어느 수준까지 지방정부의 행정을 중앙관료들이 처리해야 할지는 간단한 문제가 아니다. 중앙관료의 자질과 능력이 지방관료보다 아무리 우수하다할 지라도 지방행정의 세세한 부분까지 지휘·통제·집행할 수는 없기 때문이다. 따라서 지방관료들의 자질을 향상시키기 위해 노력하는 한편, 적절한 범위내에 중앙과 지방의 권한배분이 조정되어야 할 것이다.

나. 지방공무원의 창의성

지방공무원의 자주성을 무시한 중앙정부의 지나친 통제는 지방공무원의 자질저하를 초래하고 창의성을 무시할 위험이 있기 때문에 일정한 한계가 있어야 한다. 그리고 지방공무원에 대한 통제는 중앙정부에 의한 행정통제보다 지역주민에 의한 민중통제가 지방공무원의 창의성·자주성을 보다 더 잘 보장할 수 있기 때문에 중앙집권은 민중통제와의 조화를 이루도록 해야 한다.

Ⅱ. 신지방분권화 경향

1. 신지방분권화의 배경

지방행정의 능률성과 국민최저수준(national minimum)을 확보하기 위해서 신중앙집권화가 강력하게 주장되었다. 이러한 신중앙집권화는 국가와 지방의 관계가 권력적인 측면보다 행정능률의 향상을 위한 행정기술의 측면으로 이해된다고 하지만, 이는 긍정적인면 뿐만 아니라 부정적인 면을 동시에 갖고 있기 때문에 새로운 지방분권이 요구되고 있다.[19]

첫째, 중앙정부의 계획행정에 의거한 획일행정에 의해서 국가행정의 관료화를 초래하게 되었다. 즉, 신중앙집권화는 행정국가 현상을 초래하

19) 村英一·星野光男, 「地方自治讀本」(東京: 東洋經營新聞社, 1957), pp. 290~295; 林容柱, 전게서, pp. 151~152; 崔昌浩, 전게서, pp. 80~82.

게 되고 행정부(중앙정부)가 강력한 권한을 행사하게 되어 삼권분립 등 자유민주주의가 손상되었다. 따라서 이를 바로 잡기 위해서 신지방분권이 대두되었다.

둘째, 행정사무 중에는 전국적인 성격을 가지면서 동시에 지방적 이해를 갖는 사무가 크게 증가되고 있다. 이러한 사무를 처리하는데 있어서 지방적 이해를 반영하려면 지방자치단체를 통할 수 밖에 없게 된다. 그리고 주민들의 생활권이 확대됨에 따라 전국적인 이해관계를 갖는 행정사무가 증가하고 있지만 그 이해관계가 지방에 한정되는 사무는 여전히 존재하기 때문에 지방자치의 활성화를 위한 신지방분권화가 필요하다.

셋째, 현대에 이르러 인간은 보다 더 작고 인간적인 것을 추구하려는 경향이 있다. 토플러(A. Toffler)는 그의 「제3의 물결」(The Third Wave)에서 앞으로의 21세기는 대량화 · 표준화 · 획일화 · 집중화에 대한 반동으로 개별화 · 다양화 · 특수화 · 분권화의 시대가 될 것이라고 예측하면서 지방분권시대나 지방시대를 예언하고 있다.

이와 같이 지방자치에 있어서도 최근에는 대규모적이고 중앙집권적인 것 보다 소규모적이고 분권적인 것을 요구하고 있다. 주민참여와 관련하여 이웃정부(neighborhood government)라는 말이 있는데 이는 관청과 개개의 주민들의 거리를 좁히기 위해서 주민들이 사는 이웃에 집합소와 같은 작은 시청(little city hall)을 만들어 주민의 주도하에 그것을 운영하는 것인데 이는 새로운 지방분권화 경향을 나타내는 대표적인 현상이라고 할 수 있다.

2. 신지방분권화의 성격

이상과 같은 배경에 의해서 신지방분권이 주장되고 있는데 이는 종래의 지방분권과 다르다. 즉, 종래의 지방분권은 시민의 자유를 억압하던 절대군주의 중앙정부의 권력을 극복하는 데 그 존재의의가 있었다. 그러나 현대의 지방분권은 중앙정부와 지방자치단체는 다 같이 국가의 통치기구의 일환으로서 국민복지의 증진이라는 공동목표를 향하여 기능을 분담하면서 서로 협력하여 행정을 처리하는데 그 특징이 있다. 이러한 의미에서 현대의 지방분권을 신지방분권이라고 한다.[20] 따라서 신지방분권에 있어서는 종래와 같은 배타적인 지방분권은 주장될 수 없으며, 중앙정부와 지방정부와의 관계도 상·하의 관계 혹은 대립의 관계가 아니라 병렬적이고 협력 관계이다.

행정국가화하면서 시작되었던 신중앙집권은 협력적이고 지도적인 관여를 표방하고 있지만 역시 중앙집권이라는 특성을 갖고 있기 때문에 이제는 신지방분권으로 대체되어야 할 것이다. 신지방분권이 인정되지 않는다면 일반국민들의 정치적 욕구를 충족시켜 주고 민주주의의 풀뿌리로 간주되었던 지방자치는 무의미하게 되고, 중앙정부가 지방자치단체의 고유사무인 주민의 복지사무나 정책의 집행에까지 관여하게 되어 전체주의를 초래하며 중앙정부와 지방자치단체간의 갈등을 조장할 우려가 있다.

지방자치를 회복하고 신지방분권을 위해서는 지방자치단체가 새로운 시대적 요청에 대응할 수 있는 그의 행정·재정능력을 개선하고 확충하는 것이 필요하다. 그의 구체적인 방법은 지방재원의 확충, 지방공무원의 자질향상, 행정구역의 재편성, 지방행정제도의 개선, 지방주민의 자치의식의 제고 등이 요구된다.

3. 신지방분권의 방안

신지방분권은 지방자치단체의 자치권의 회복 또는 활성화 등으로 표현할 수 있는데 지방자치단체가 이를 달성하는 데에는 한계가 있다. 즉 완전한 지방분권을 달성하기 위해서는 전술한 재원확충, 지방공무원의 능력개발, 구역의 재편성, 지방행정제도개선, 자치의식의 제고 등이 요구되지만 현실에 있어서는 이를 달성하는데 한계가 있다. 따라서 지방분권을 추구한다고 하지만 어디까지나 중앙정부와의 관계를 고려해야 하기 때문에 절대적인 지방분권은 기대할 수 없지만 다음과 같은 방법으로 신지방분권화를 이룩해야 한다.[21]

---

20) 加藤一明 外, 「現代地方自治」(東京: 東京大學出版會, 1973), p. 103; 林容柱, 전게서, pp. 152~153.

21) 田成賴明, 「現代社會と自治制度の變革」(東京: 學陽書房, 1976), pp. 37~38; 金鍾表,

① 지방자치단체의 이해와 직접관계가 있는 사항을 중앙정부가 정책결정을 할 때 지방자치단체의 참가·의견진술·공동결정 등을 보장해 주어야 한다.

② 국가적 이해관계와 지방적 이해관계를 동시에 갖는 사업에 대해서는 중앙정부는 기본적인 정책방향을 정하고, 지방정부는 그 범위내에서 지역실정에 맞도록 구체적인 사업계획을 결정하고 집행하도록 한다.

③ 중앙정부가 지방자치단체에 관여하는 경우에는 기준결정·조언·정보제공·재정지원 등 협력적인 방법을 사용하고 권력적인 방법은 배제되어야 한다.

④ 지방자치단체의 국가에 대한 발언권을 강화하고 자치능력을 보강하기 위한 지방자치단체간의 자주적인 연합체나 협력구조를 결성할 수 있도록 보장해 주어야 한다.

이상과 같은 방법에 의해서 신지방분권화가 이루어지면 중앙집권과 지방분권의 장점을 동시에 취할 수가 있어 행정에 있어서 국민최저수준(national minimum)과 지역적 타당성을 동시에 확보할 수 있게 된다.

「現代地方行政論」(서울: 日新社, 1988), pp. 111~113; 張志浩, 「地方行政論」(서울: 大旺社, 1982), pp. 287~288; 林容柱, 전게서, pp. 153~154.

제 2 장 지방자치와 자치권

제 1 절 지방자치의 본질

Ⅰ. 지방자치의 개념

지방자치(local self-government, local autonomy)는 각 나라마다 지방자치의 성립·발전과 관련된 역사적·정치적 환경에 따라서 의미하는 바가 상이한 다의적인 개념이다. 지방자치가 생성·발달되어 온 역사적 배경에 따라 영국에서는 자치행정, 프랑스에서는 자치권, 독일에서는 비전문가의 행정, 오스트리아에서는 자기결정의 고유한 권리로 보는 것이 그 예라 할 수 있다.

그러나 다양한 지방자치의 개념들을 정리하여 가장 보편적인 정의를 내려보면, 지방자치란 「지방의 사무를 주민들이 스스로 처리하는 것」이라고 할 수 있고, 좀 더 구체적으로 나타내면 「일정한 지역과 주민을 기초로 한 공공자치단체가 그 지역내의 행정사무를 지역주민의 의사에 따라 주민이 선출한 기관을 통하여 주민의 부담으로 처리하는 과정」[1]이라고 할 수 있다.

이러한 지방자치의 개념에는 다음과 같은 몇 가지 요소가 포함된다.[2]

(1) 주민의 참여

자치단체의 행정사무 처리에 있어 주민참여는 필수적인 요건이다. 자

1) 鄭世煜, 「地方行政學」(서울: 法文社, 1988), p. 81.
2) 상게서, pp. 81～82; 崔昌浩, 「地方自治學」(서울: 三英社, 1995), pp. 46～47 참조.

치단체의 기관을 주민이 선출함으로써 자치단체를 감시하고 통제할 수 있게 된다. 주민들의 지방자치에의 참여에는 직접참여와 간접참여 등 두 가지 형태가 있다.

오늘날 자치구역의 광역화, 인구의 급증, 행정사무의 전문화 등으로 직접참여는 불가능하며 비능률적이기 때문에 간접참여가 원칙적으로 행해지고, 예외적인 경우 직접참여가 보완적으로 이루어지고 있다. 직접참여에는 주민발안제 · 주민소환제 · 주민투표제 등이 있고, 이러한 주민참여는 지방행정에 있어서 민주성을 확보하는 데 가장 중요한 역할을 수행한다.

⑵ 일정한 지역과 주민

지방자치단체의 정통성은 일정한 지역주민들에 의해서 확보되며, 지방자치행정은 지역주민의 복지향상을 근본 목적으로 한다. 이점에서 다른 공공조합, 공공법인 예컨대, 농지개량조합, 지방공사 등과 구별된다. 이들 조합과 공사는 지역과 주민을 기초로 하지 않으므로 지방자치단체라고 볼 수 없다.

⑶ 자치사무

지방자치에는 국가사무와 구별되는, 지역주민과 지역사회의 이해관계와 관련된 자치사무가 있어야 한다. 그러나 현재 자치사무와 위임사무로 구별되어 있는 자치단체의 사무는 실질적으로 그 구분이 곤란해지고 있기에, 둘의 구분을 폐지해야 한다는 견해가 대두되고 있다.

⑷ 자치권을 가진 자치단체기관

지방자치란 지역주민의 자치를 의미하지만 모든 주민이 행정실무에 참여한다는 것은 사실상 불가능하며 비효율적이다. 따라서 지역주민들은 선거를 통하여 지방자치단체기관을 구성하고 이들에게 지방행정사무를 위임한다.

지방자치단체는 국가로부터 어느 정도 독립되어 있는 공법인으로서 자기 결정권과 자기 책임성을 근본이념으로 하고 있다. 지방자치단체의 기관에는 의결기관으로서 지방의회, 집행기관으로서 자치단체의 장, 기타 특별기관 등이 있으며, 그의 권능은 자치입법권·자치행정권·자치조직권, 자치재정권 등이 있다.

(5) 자치권

지방자치에 있어서 핵심적인 요소는 자치권이다. 왜냐하면 지방자치정부 또는 단체는 국가의 간섭과 통제를 받지 아니하고 지역주민의 자주적 의사에 따라 지역·지방사무를 처리하여야 하기 때문이다. 자치권은 자치조직권, 자치입법권, 자치행정권 및 자치재정권을 포함하고 있다. 그러나 지방자치는 국가의 전체적 통일성을 전제로 하기에 그 자치권은 내재적 한계를 가진다.

(6) 자치재원

지방자치의 근본목적은 지방자치단체가 지역주민의 복리향상과 지역사회발전을 이룩하는 데 있다. 이러한 목적을 실현하기 위해서는 자주재원이 필요 불가결하다. 만약에 자주재원이 확보되어 있지 않다면 중앙정부에 대한 예속은 불가피하고 지방자치는 유명무실한 것이 된다. 지방자치 실시의 제일의 전제조건으로 지방재정자립도를 들고 있는 이유가 여기에 있다.

Ⅱ. 지방자치의 필요성

지방자치는 관치행정과 대립되는 개념인데 그 존재가치나 필요성을 논할 때에는 정치적 필요성과 행정기술적 필요성으로 나누어 볼 수 있다.[3)]

1. 정치적 필요성

일반적으로 지방자치는 민주주의의 기초로 간주되고 있다. 그 이유는 지방자치가 지역의 민주화와 지역주민의 민주적 훈련을 통해 민주주의

---

3) 상게서, pp. 62~63; 임용주, 「新地方行政論」(서울: 예지각, 1987), pp. 117~118.

실현에 결정적인 역할을 한다고 보기 때문이다.

(1) 민주주의 방어기능

지방자치는 연혁적인 면에서 볼 때 절대군주체제를 극복하는 과정에서 형성된 것이기 때문에 본질적으로 독재나 전제로부터 민주주의를 방어하는 기능을 갖고 있다. 지방자치는 권력분립의 한 형태인 지방분권을 기초로 하기 때문에 권력의 남용과 독재정치의 출현을 방지할 수 있다.

(2) 민주주의의 훈련기능

지방자치는 민주주의의 훈련장으로서의 역할을 수행한다. 즉, 주민 스스로 대표를 뽑고, 그들에게 일을 맡기고 그들이 하는 일을 감시하고, 그들이 일을 할 수 있도록 세금을 내며, 일정 기간마다 대표를 교체하는 선거 등을 통해서 민주정치의 훈련을 한다.

이와 같이 지방자치를 통한 민주주의의 훈련은 정치적 의미의 민주주의만을 뜻하는 것이 아니라 주민참여를 통한 주민들의 생활원리・사고방식에 있어서의 민주주의 훈련까지 포함한다.

(3) 정국혼란의 방지

지방자치는 중앙정부로부터 상대적으로 독립되어 있고, 병렬적인 관계에 있기 때문에 중앙정부의 정권이 바뀌어도 그 충격이 지방정부에까지 미치지 못하도록 한다. 관치행정하에서는 중앙정부와 지방정부가 계층적인 수직관계에 있기 때문에 중앙에서의 정권변동은 지방에 직접적인 영향을 미친다. 특히, 현대국가는 다원적 정당국가를 표방하고 있기 때문에 정권교체의 가능성이 매우 높다. 지방자치는 잦은 정권교체로 인하여 발생할 수도 있는 행정의 무정부상태를 방지하고, 지방행정의 계속성・안정성・일관성을 확보해 준다.

(4) 행정의 민주성 확보

행정에 있어서 민주성은 궁극적으로 일반국민을 위한 행정을 말한다. 이를 위해서는 국민들의 요구에 대한 반응성과 책임성이 확보되어야 한다. 이러한 의미에서 민주성에 대한 정의는 다양하지만 민주성을 반응성과 책임성으로 본다면 지방자치는 이를 보장해 준다는 의미에서 행정의 민주성을 확보하는 데 공헌한다고 할 수 있다.

2. 행정기술적 필요성

지방자치는 정치적 필요성 이외에 행정기술적인 측면에서도 중요한 가치를 지니고 있다.

(1) 지역실정에 맞는 행정

지방자치는 지역실정에 맞는 행정을 가능하게 해준다. 각 지역은 지역적 위치, 사회적·경제적 여건, 문화적 배경 등에 의해서 각기 특수성을 갖게 되는데, 지방자치는 지역을 단위로 독자적으로 이루어지는 행정을 말하기 때문에 지역실정에 적합한 행정을 확보할 수 있다.

(2) 지역안에 통합행정

지방자치는 일정한 지역단위에서 중앙정부로부터 상대적으로 독립된 지위에서 이루어지기 때문에 일정한 지역에서 이루어지는 모든 행정을 종합화할 수 있다.

지역주민들의 복리를 위해서는 지역사회에 필요한 기능적이고 전문화된 국가행정을 지역적 범위안에 종합화가 필요한데 이것은 지방자치에 의해서 확보될 수 있다.

(3) 분업을 통한 능률행정

중앙정부와 자치단체간의 적절한 기능배분을 통하여 합리적인 행정체제를 확립할 수 있다. 중앙정부는 정책과 계획의 수립, 자치단체는 정책과 계획의 집행이라는 기능의 배분을 통해 수직적 분업체계를 형성한다면 지방행정의 능률화 요구에 대처할 수 있다.

(4) 정책의 지역적 실험

지방자치는 지방자치단체별로 지역적으로 독립되어 있기 때문에 중앙정부가 정한 새로운 정책을 일정한 지역을 대상으로 하여 시험적으로 실시해 볼 수 있다. 따라서 새로운 정책을 전국적으로 실시하기에 앞서 발생할 수 있는 시행착오를 최소화할 수 있다.

실험결과를 통하여 적용여부를 결정하고, 실패의 경우에도 그 피해가 일정지역에 국한된다는 장점이 있다. 영국과 미국 등에서는 이러한 정책의 지역적 실험이 매우 중요시되고 있다.

Ⅲ. 지방자치와 지방분권

지방행정이 중앙정부와의 관계를 중요하게 여기는 것처럼 지방자치도 중앙정부와의 관계를 강조한다. 지방자치라고 해서 중앙정부와의 관계를 무시한 독단적인 것이 될 수 없으며, 중앙정부로부터 통제와 지원을 받게 된다.

지방자치의 계보는 영미형의 주민자치와 대륙형의 단체자치로 양분할 수 있다. 이의 구분은 지방자치단체의 중앙정부와의 관계 및 지역주민과의 관계에 따라 차별화가 된다. 즉, 단체자치의 경우는 중앙정부와의 관계를 중요시하며, 주민자치는 주민과의 관계를 강조한다. 따라서 단체자치의 경우에는 중앙정부의 지방정부에 대한 통제와 감독이 강하며, 주민자치는 주민참여가 넓게 보장된다.

지방자치는 민주주의와 관련하여 그에 대한 가치평가가 매우 높다. 여기서 민주주의는 정치제도로서 민주주의뿐만 아니라 일반 생활원리로서 민주주의까지를 포함하는 광의의 개념이다.

현대국가는 일반적으로 넓은 영토와 방대한 인구를 가지고 있고, 수행하는 기능도 매우 복잡·다양하다. 따라서 중앙정부가 전국을 효과적으로 통치한다는 것은 사실상 어려운 일이기에, 국가사무는 중앙정부와 지방정부에 의하여 분담처리되고 있다. 따라서 오늘날 대부분의 국가에서는 국가의 권한과 사무가 중앙과 지방에 분담되고 있는 것이 현실이기에 현대국가의 정치행정에 있어서 중앙집권과 지방분권은 중요한 의미를 지닌다.

따라서 현대국가는 나라마다의 역사적 특수성, 정치적 이념, 경제·사회적 여건에 따라 중앙집권과 지방분권이 조화와 균형을 이루도록 하고 있다.

지방분권은 일반적으로 자치적 분권을 의미한다. 그러나 학자에 따라서는 지방분권의 개념을 광의적으로 해석하여 자치적 분권은 물론 행정적 분권까지 포함하기도 한다.

지방분권의 통상적 의미로 쓰이고 있는 자치적 분권은 지방적으로 처리해야 할 행정사무와 기능을 일정한 범위내에서 자치권을 인정받고 있는 지방자치단체에 위임하여 지역주민 또는 그 대표자의 의사와 책임, 권한하에 처리하도록 하는 분권형태를 뜻하며, 이는 지방자치와 거의 동일한 개념이다. 자치적 분권은 주민과 가까운 곳에서 지방행정을 수행함으로써 행정의 민주화를 실현할 수 있을 뿐만 아니라 지방의 특수성과 실정에 맞는 행정을 할 수 있다는 이점을 가지고 있다.

지방자치는 중앙정부의 통제를 받는다는 점에서 연방국가를 구성하며, 연방국가와 거의 수평적이며 대등한 위치를 가지는 주(State)와 구별되고, 이론상 지역주민의 의사에 위배되어서는 안된다는 의미에서 국가행정기관의 하급기관 또는 일선기관이 담당할 수 없기에 행정적 분권과도 구별된다.[4)]

Ⅳ. 주민자치와 단체자치

1. 지방자치의 양대계보

지방자치제의 생성·발달되어온 역사적 배경은 국가에 따라 각기 다르지만 원래 근대시민적 민족통일국가를 건설한 유럽에서 성립된 제도로서 이는 크게 두 가지 대립적인 계보로 나눌 수 있다. 하나는 영국을 중심으로 발전한 영국형 지방자치이고, 다른 하나는 독일과 프랑스를 중심으로 발전한 대륙형 지방자치이다.

---

4) 鄭世煜, 전게서, p. 80.

영국에서는 일찍이 민주주의가 발전하여 지방의 자치적 전통이 확립되었고, 지역 주민은 당연히 자치권을 가지고 있는 것으로 인식되었는데 비하여, 독일과 프랑스 등 유럽대륙국가들은 절대군주의 전제적 전통이 강하여 중앙정부의 권력에 항거하는 의미의 지방자치가 형성되었다.[5] 따라서 영국형 지방자치를 주민자치라 하고, 이러한 주민자치를 「정치적 의미의 자치」라고 한다면, 대륙형 지방자치를 단체자치라 하고, 이러한 단체자치를 「법률적 의미의 자치」라고 할 수 있다.

(1) 주민자치

영국과 미국을 중심으로 발달한 제도로서 주민 스스로가 행정의 중심적 역할을 하는 자치제도라 할 수 있다.

지역주민의 지방행정에 대한 참여를 강조하고, 지역주민들이 자기들의 세금으로 그 경비를 부담하며, 지역주민들이 선출한 명예직 공무원에 의해 행정을 수행하거나, 지역주민들이 스스로 또는 그 대표자를 통하여 자신들의 의사와 책임하에서 지방행정사무를 처리하는 것을 말한다. 따라서 이를 정치적 의미의 지방자치라고도 한다. 주민자치는 지방정치에의 주민참여, 즉 자치단체와 주민과의 관계에 중점을 두는 제도로 민주주의의 원리를 표현하는 지방자치의 사상이다. 이러한 주민자치적 지방자치는 영국을 비롯하여 미국·캐나다·필리핀 등에서 볼 수 있다.

(2) 단체자치

단체자치란 국가와 별개의 법인격을 가진 지방자치단체가 국가로부터 상대적으로 독립한 지위와 권한을 부여받아 일정한 범위에 있어서 중앙의 통제에서 벗어나 독자적으로 지방행정사무를 처리하는 것을 말한다. 따라서 이를 법률적 의미의 지방자치라고도 한다. 여기서 지방자치단체가 통제에서 벗어난다고 하지만 완전히 분리된다는 것을 뜻하지 않으며, 다만 상대적인 독립을 의미한다. 단체자치는 1789년 Thouret의 자연법적 지방권 이론의 영향을 받았기 때문에 고유사무와 위임사무를 엄격히 구별

---

5) 崔昌浩, 전게서, p. 87.

하며, 자치단체와 중앙정부와의 관계에 중점을 두고 있다.[6] 즉, 주민자치와는 달리 지방자치단체가 행정의 중심으로서의 역할을 한다.

2. 주민자치와 단체자치의 차이점

(1) 자치본질의 차이

주민자치는 지역주민의 참여에 의한 주민의 자치행정인데 반해, 단체자치는 국가와 별개의 법인격을 갖고 있는 단체에 의한 자치행정을 말한다. 주민자치에 있어서 자치권은 주민에서 유래한 것이기 때문에 자치권의 범위가 넓고, 단체자치에 있어서는 국가에서 전래된 것이기 때문에 그 범위가 좁다.

(2) 권한부여방식의 차이

주민자치에 있어서는 개별적 지정주의를 취하고 있기에 자치단체는 개별적인 입법에 의해서만 이 권한을 분배받는다. 따라서 주민자치를 행하는 자치단체가 어떤 일을 하기 위해서는 의회로부터 새로운 법률이 제공되어야만 하며, 법률에 의하여 권한이 부여되지 않는 한 자치단체는 어떤 일도 할 수 없다는 원칙이 있다. 그러나 최근에는 개별적 지정주의를 지양하고 일반법에 의한 포괄적 지정주의를 채택하려는 경향이 있다.[7]

단체자치는 권한부여에 대하여 포괄적 위탁주의를 취하고 있기 때문에 자치단체는 국가의 사무나 법률에 의해 금지되어 있거나 혹은 다른 자치단체에 특별히 위임되어 있는 경우를 제외하고 당해 지역주민의 복리를 위해 필요하다고 인정되는 모든 사무를 집행할 수가 있다.

이와 같이 주민자치는 개별적 지정주의를 취하고, 단체자치는 포괄적 위탁주의를 채택하고 있기 때문에 겉으로 보기에는 주민자치의 자치권의 범위가 단체자치의 그것보다 더 좁은 것 같이 보이나, 실제로 중앙정부의 통제에 있어서 단체자치의 자치권이 주민자치의 자치권에 비하여 그 영향력을 많이 받는다.

---

6) 鄭世煜, 전게서, p. 78.

7) 상게서, pp. 106~107; 崔昌浩, 전게서, pp. 90~92; 임용주, 전게서, pp. 97~98.

즉, 주민자치는 개별법률에 의해서 권한이 부여되기 때문에 지방행정에 대한 중앙정부의 통제도 개별법률을 근거로 하여 입법적 · 사법적인 것에 불과하다. 단체자치의 경우에는 지방적인 사무까지 중앙정부가 담당하고 있다가 일반적 입법에 의해서 지방자치단체에 많은 권한을 위임하기 때문에 중앙정부는 지방자치단체에 대한 강력한 통제의 필요성을 느끼게 되고, 입법적 · 사법적 통제뿐만 아니라 허가 · 명령 · 취소 등을 통한 광범위한 행정통제를 행한다. 따라서 지방자치단체의 자치권의 범위는 주민자치의 그것보다 더 좁아지게 된다.

(3) 중앙통제 방식의 차이

주민자치의 경우는 중앙정부에 의한 입법적 · 사법적 통제가 주로 이루어진다. 주민자치의 권한부여방법이 개별적 지정주의를 택하고 있기 때문에 중앙정부의 통제방법도 개별입법에 의한 입법적 · 사법적 통제가 주로 이루어진다. 입법에 의한 통제는 개별입법에 의해서 권한을 부여하기 때문에 그 밖의 행정작용을 금지시키는 역할을 한다. 사법통제는 사법재판소에서 개별입법이 허용한 권한을 초월한 행정작용에 대해서는 무효 · 취소 · 철회의 선언을 하고 위법한 행정작용으로 주민이 손해를 입었을 때는 그에 대한 구체작용을 행한다. 행정통제는 예외적으로 실시되고 있으나 이때의 행정통제는 단체자치와 같이 권력적 통제가 아니라 협력적 · 기술적 지원의 형태를 취한다.

단체자치는 중앙정부에 의한 행정적 통제가 주로 행해지고 있다. 단체자치의 경우에 권한부여방법이 포괄적 위탁주의를 택하고 있기 때문에 자치단체의 행정작용의 구체적 타당성을 확보하기 위해 중앙정부의 전반적인 통제가 이루어지고 있다. 이러한 행정통제는 협력적이고 기술적인 통제보다는 허가 · 인가 · 취소 · 정지 · 임명 · 파면 등과 같은 권력적 통제가 광범위하게 이루어지고 있다. 이와 같은 중앙정부의 포괄적인 행정적 통제로 인하여 자칫하면 자치단체가 국가의 일선기관과 같은 지위로 전락할 우려가 있다. 단체자치에 있어서 입법적 통제나 사법적 통제는 예외적으로 그리고 약하게 행해지고 있다. 사법통제의 경우에 있어서도 주민자치와는 달리 사법기관이 아닌 행정재판소에 의한 통제가 이루어지고 있는 것이 특징이다.

(4) 기관구성형태의 차이

주민자치의 자치단체의 기관 구성형태는 주로 기관통합형(의회제)을 채택하고 있다. 따라서 주민의 선거에 의해서 구성된 지방의회가 의결기관인 동시에 집행기관의 역할을 수행한다. 지방의회의 의장이 자치단체의 장을 겸하고 있고, 별도의 집행기관이 존재하지 않으며 집행기관이 있다고 하더라도 지방의회의 위원회 성격을 띠고 있기 때문에 지방의회가 모든 실권을 장악하고 있다.

단체자치의 자치단체의 기관 구성형태는 주로 기관대립형(수장제)을 채택하고 있다. 즉, 자치단체의 의결기관인 지방의회는 주민이 선거에 의해서 구성되나, 집행기관인 자치단체의 장은 국가 또는 지방의회에서 임명하거나, 주민이 직접 선출하기도 한다. 따라서 자치단체의 장은 자치단체의 집행기관으로서의 기능을 수행한다.

이상을 종합해 보면 주민자치에 있어서는 의결기관과 집행기관 모두가 지역주민의 선거에 의해서 형성되고, 자치단체는 지방공무원으로만 구성되기에 자치단체가 처리하는 사무는 모두가 고유사무로 볼 수 있다. 그러나 단체자치에 있어서는 의결기관인 지방의회는 지역주민의 선거에 의해서 구성되고, 자치단체의 장은 주민직선 외에 국가에 의해서 임명되는 경우도 있으며, 자치단체는 지방공무원 뿐만 아니라 국가공무원도 있을 수 있다. 그 결과 지방에서 집행을 요하는 국가사무를 처리하기 위한 기관위임이 자유로이 행해지기 때문에 자치단체가 실제로 담당하는 사무는 고유사무와 위임사무로 이루어져 있다.

(5) 지방세제의 차이

주민자치에 있어서는 국세와 지방세가 명확히 구분되어 자치단체는 독립세로서 지방세로 독자적으로 부과·징수할 수 있다. 단체자치에 있어서는 독립세로서 지방세 이외에 중앙정부나 그의 하급기관이 평가·부과·징수하여 그 수입 중의 일정률을 지방자치단체에 환원시키는 부가세·교부세 등의 제도가 있다. 오히려 부가세·교부세가 독립세로서의 지방세수입보다 많은 비율을 차지하는 경우가 있을 수 있다. 단체자치의 이러한 현상은 지방자치단체의 자치권을 제약하는 요인이 된다.

3. 주민자치와 단체자치의 관계

이상을 종합해 보면 주민자치는 주민의 참여에 의한 행정을 말하고 지역주민과 지방자치단체와의 관계를 중요시하는데 반해, 단체자치는 국가로부터 별개의 법인격을 부여받은 지방자치단체에 의한 행정을 뜻하고 지방자치단체와 국가와의 관계를 높이 평가한다.

그러나 지방자치는 본래 주민자치와 단체자치라는 두 가지 개념 위에서 성립한 것이므로 분리시킬 수 없다. 주민자치라 하더라도 국가로부터 상대적으로 독립된 법인격을 갖고 있지 못하고 국가에 전적으로 예속되어 있다면 지방자치는 의미가 없고, 국가의 존재를 무시한 자치는 인정할 수 없기 때문이다. 그리고 국가로부터 별개의 법인격을 인정하는 단체자치의 경우에도 주민의 참여와 통제가 확보되지 않는다면 지방자치의 의미가 없다.

지방자치의 개념을 주민자치와 단체자치로 구분해 보는 것은 지방자치의 연혁적 관점에서 계보를 파악하는 기준이 되며, 지방자치의 본질을 파악하는데 편리하기 때문이다. 주민자치와 단체자치의 결합위에 지방자치가 성립한다고 했듯이 현대에 있어서의 양개념의 차이점이 해소되고 있으며 이를 대립시키는 것은 의미가 없다고까지 한다.

주민자치와 단체자치는 지방자치의 연혁상 서로 다른 모습을 보이지만 오늘날에 있어 지방자치의 개념을 파악하고 특정국가의 지방자치의 특질을 규명하기 위한 하나의 준거기준으로서의 의의를 갖게 된다.[8] 둘은 이론상 전혀 별개의 모순개념이 아니라 상호 긴밀성을 가지는 보완적 개념이고, 실제적으로 대다수 국가의 지방자치제도는 이 개념이 상호접근·교차하며 그 특징이 혼합되어 있기 때문이다.

8) 鄭世煜, 전게서, p. 79.

제 2 절 지방자치단체의 자치권

Ⅰ. 자치권에 대한 학설

자치단체의 권능, 즉 자치권(right of self-government)은 개인의 천부인권적 기본권에 해당하는 자치단체의 고유권인가 또는 국가로부터 수여된 전래권인가에 대하여 학설의 대립이 있다.[9)]

(1) 고유권설

이 학설은 중세 유럽 제국의 도시제도의 영향을 받아, 특히 프랑스의 지방권(pouvoir municipal)사상을 기초로 대두되었다. 지방권 사상에 의하면 자치단체는 국가내의 소국가적 지위를 갖게 되며, 중세 유럽 제국의 지방단체가 향유했던 봉건적 특권이나 자치도시의 지방권, 오늘날 연방국가의 주가 누리고 있는 준주권적 권능(quasi-sovereign power)을 가지게 된다.

이러한 지방권사상은 19세기에서 20세기에 걸쳐 일반적 현상이었던 자연법론의 쇠퇴와 더불어, 중앙정부의 전제적 군주정치가 대의제 민주정치로 대체됨에 따라 지방권사상에 기초를 둔 고유권설도 점차 퇴조하게 되었다.

(2) 전래권설 · 국권설

이 학설은 지치권도 국법에 근거를 두고 있으며, 따라서 자치단체는 국가의 창조물(creature of state)이고 자치권은 국가로부터 수여된 권력이라고 보고 있다. 다만 자치권은 국가에 의하여 수여된 전래적 권력이지만 자치단체는 독립적 법인격을 가진 단체로서 자기이익을 위하여 자기권리로서 이 지배권을 행사한다는 것이 대체로 공통된 견해이다.

---

9) 상게서, pp. 142~144; 孫在植, 「現代地方行政論」(서울: 博英社, 1985), pp. 94~96; 林容柱, 전게서, pp. 387~388; 金道昶, 「一般行政法論(下)」(서울: 青雲社, 1981), p. 103.

근대국가에 있어서의 지방자치는 민족적 통일국가의 성립을 그 전제로 하는 까닭에 국가가 자치단체에게 일정한 지방적 사항(matters of local concern)을 이양하여 지방주민 스스로 처리하도록 허용할 때 비로소 가능했던 것이라 할 수 있다. 따라서 자치권은 주권적 통일국가의 통치구조의 일환으로 형성된다는 의미에서 그것은 고유권이 아니라 국법으로 부여된 권리라 할 수 있다. 그러므로 지방자치단체는 국가의 주권적 또는 준주권적 제약에서 완전히 벗어날 수 없다. 전래권설 또는 국권설은 주로 독일의 공법학자들에 의하여 주장되고 있으며 종래의 통설이었다.

(3) 제도적 보장설

이 학설은 전래권설과 같이 자치권이 국가의 통치권에서 나오는 것이라고 하면서도 헌법에 지방자치의 규정을 둠으로써 지방자치제도가 보장된다고 주장한다. 그 논거는 바이마르헌법을 중심으로 하고 있으며, 오늘날의 다수설 내지 통설이 되고 있다. 요컨대, 자치권은 국가의 통치권으로부터 전래된 것으로서 헌법에 규정된 범위내에서 허용되는 것으로 이해해야 한다. 즉, 지방자치단체의 조직·운영에 관한 기본원칙은 헌법에 의하여 제도적으로 보장되고 있기 때문에 지방자치를 실시할 수 있는 것이다.

지방자치의 제도적 보장설은 지방자치에 대한 법률의 유보에서 필연적으로 야기될 입법부의 전권성을 억제하여 위험현상에 대처함으로써 지방자치행정을 법률에 의한 침해로부터 보호하려는 것으로서 그 한도내에서 적극적 의미를 가지게 된다.

Ⅱ. 자치권의 특성

(1) 일반성(보편성; universal principle)

이는 지방자치단체의 자치권의 첫번째 특성으로서 보편성 또는 일반성으로도 지칭된다. 자치권의 일반성은 첫째로, 권능의 지배를 받는 사람의 범위에 관한 것인데, 지방자치단체의 구역내에 주소를 가진 자는 모두 당연히 지방자치단체의 주민이 되며, 그 지배권이 미치는 범위는 주민 뿐만 아니라 그 구역안에 거주하는 자, 일시 체재하는 자, 기타 재산을 소유하거나 사업소를 가지는 자 모두가 포함된다.

둘째로, 자치권의 일반성은 그가 처리하는 공공사무의 범위에 관한 것인데, 이는 국가와 지방자치단체간의 사무배분제도에 따라 차이가 있지만 일반적으로 지방적 이해관계사항, 지역주민의 공통적 관심사와 같은 지방적 색채를 띤 공공사무는 지방자치단체의 권능으로 하고 있는 것이 원칙으로 되어 있다.

(2) 자주성(독립성; autonomy)

이는 자기 책임성이라고 지칭되는 것으로 국가로부터의 독립성 정도에 관한 특성이다. 이 독립성은 첫째로, 지방자치단체가 그 사무에 관하여 그 구역안의 주민을 구속하는 법규, 기타의 조례 또는 규칙 등 규율이 제정하는 자치입법권에서 찾아 볼 수 있다.

둘째로, 자치권의 독립성은 기관의 자기선임의 원칙에서 찾아볼 수 있다. 지방의회의 의원, 자치단체의 장 등을 주민이 직접 선출하는 것이 원칙으로 되어있다.

셋째로, 자치권의 독립성은 자주재정권이 인정된다는 점에서 찾을 수 있다. 즉, 자치단체는 자신의 재산을 가지며 조세, 수수료, 기타의 부담을 주민에게 과하는 권리가 인정되고 있다.

(3) 배분성(distribution of powers and functions)

이는 지방자치단체가 처리할 수 있는 공공사무의 범위가 국법에 의해 국가와 지방자치단체간에 배분·결정된다는 특성을 말하는 것이다. 지방자치단체는 그 권능의 일반성에 의하여 지방적 색채를 지닌 대부분의 사무를 관리·집행하는 것이 원칙이지만 그 사무의 범위는 국법에 의한 수여와 인정에 의하여 결정되는 것이며, 자치단체가 고유하게 가지고 있는 것이 아니다. 그런데 사무배분에 있어서는 대체로 외교·국방·사법·화폐·국세와 같은 국가의 존립유지에 직접 필요한 사무라든가, 생활보호나 실업대책·경제개발 국토개발 등 국가의 사회 및 경제정책적 요구에서 나온 사무라든가, 전국적인 계획이나 국가사회의 균형적 발전 또는 전국적인 최저수준을 유지하기 위한 사무와 같이 전국민적 이해관계사무는 이를 국가사무로 하고, 이와 같은 사무를 제외하고 지방주민의 일상생활에 관계되는 모든 사무는 이를 지방자치단체의 사무로 배분하는 것이 원칙이다.

이상의 자치단체 자치권의 특성에서 자치권의 존재여부가 지방자치단체와 지방행정기관을 구별하는 기준이 되고 있다. 즉, 자치권의 일반성은 지방자치단체의 권능과 그 이외의 공공단체(공공조합)의 권한을 구별하는 주요한 요소가 된다. 그리고 자치권의 독립성은 지방자치단체의 권능과 국가의 하급관청인 지방특별관서의 권한을 구별하는 중요한 기준이 되고 있다. 이처럼 지방자치단체에 자치권이 보장되어 있는 경우 자율적인 지역통치단체가 될 수 있지만 그렇지 못한 경우에는 지방자치단체는 중앙정부의 명령에 의해 움직이는 로보트(robot)에 불과한 존재로 전락하고 만다.

이와 같이 지방자치단체가 성립하기 위해서는 자치권이라는 법률적 요소가 필요한데 권능이란 권리의 내용을 이루는 각개의 법률상의 권한을 의미한다. 따라서 지방자치단체의 권능이란 지방자치단체가 성립하기 위한 자치권의 구성요소라고 할 수 있다. 즉, 자치권의 구체적인 내용이 지방자치단체의 권능을 말하며, 이러한 지방자치단체의 권능은 자치입법권·자치조직권·자치행정권·자치재정권 등으로 이루어져 있다.

제 3 절 자치권의 내용

Ⅰ. 자치입법권

1. 자치입법권의 의의

국가가 통치권을 바탕으로 입법권을 가진 것과 마찬가지로 지방자치단체는 자치권을 기초로 자치입법권을 보유하고 있다. 이는 지방자치단체가 법규적 성질을 가지는 규범을 창조할 수 있는 권한을 말한다. 즉, 자치입법권이란 지방자치단체가 자치권의 한 구현으로서 스스로 법규를 제정할 수 있는 권능을 말한다.

우리나라 헌법 제117조 제1항에서 법령의 범위 안에서 자치에 관한 규정을 제정할 수 있다라고 규정하고 있어 자치입법권을 헌법으로 보장하고 있다. 여기서 자치에 관한 규정에는 지방의회가 제정하는 조례와 자치단체의 장이 제정하는 규칙이 있다. 법령의 범위안에서라는 것은 자치법규가 헌법·법률·명령뿐만 아니라 상급자치단체의 자치법규를 위반해서는 안된다는 것을 의미한다. 그리고 동일한 자치단체에 있어서도 규칙은 조례의 범위를 일탈해서는 안된다는 것을 뜻한다.

우리가 일반적으로 법체계라고 할 때에는 국가의 법령은 물론 일정한 구역내에서만 효력을 가지는 조례와 규칙 등의 자치법규도 포함되는 것이다. 따라서 국가적 법질서체계를 확립하기 위하여 자치법규를 국가적 법규의 하위에 두는 것과 마찬가지로 자치법규내에서도 기초자치단체의 법규를 상급자치단체의 법규의 하위에 둔다. 즉, 시·군의 조례나 규칙은 도의 조례나 규칙에 위배되어서는 안된다.

조례나 규칙 등의 자치법규는 일반성·보편성을 내포하고 있기 때문에 지역내에서는 모든 주민들에게 보편적으로 적용되지만 자치법규라는 성질에 의해 자치구역내에서만 그 효력이 있다.

2. 자치법규의 범위

(1) 조 례

가. 조례의 개념과 종류

조례는 지방자치단체가 법령의 범위안에서 그 권한에 속하는 사무에 관하여 지방의회의 의결로서 제정하는 규범이다.[10] 이러한 조례는 그 기준에 따라 다음과 같이 분류할 수 있다.[11]

첫째, 조례의 효력을 기준으로 한 분류로서, 신고의무, 건축제한, 지방세와 사용료의 징수 등에 관한 것과 같은 주민의 권리·의무에 관한 조례

10) 地方自治法 제22조.

11) 孫在植, 전게서, pp. 95~96.

와 의회운영·직원급여·예산회계 등에 관한 것과 같은 지방자치단체의 내부조직이나 운영에 관한 조례가 있을 수 있다.

둘째, 조례제정의 근거를 기준으로 한 분류로서, 법령의 위임에 의한 위임조례와 자치단체의 직권에 의한 직권조례가 있을 수 있다.

셋째, 조례제정의 의무를 기준으로 한 분류로서, 의무조례와 임의조례가 있을 수 있다.

넷째, 조례의 규정사항을 기준으로 한 분류로서, 조례만으로 규정할 수 있는 사항을 규정하는 필수조례와 규칙으로도 규정할 수 있는 사항을 규정하는 선택조례 등으로 나눌 수 있다.

나. 조례의 범위와 한계

조례는 지방자치단체가 그 권한에 속하는 사항을 처리하기 위해서 제정하는 자치법규이기 때문에 자치단체의 권한과 조례의 범위는 밀접한 관계를 갖고 있다. 「지방자치법」 제22조에서는 '지방자치단체는 법령의 범위안에서 그 사무에 관하여 조례를 제정할 수 있다'라고 규정하고 있으나 그 구체적인 범위는 다음과 같은 것들이 포함된다.[12)]

① 고유사무 및 단체위임사무의 처리에 관한 사항

② 주민의 권리·의무에 관한 사항

③ 지방자치단체의 권한을 획정하는 사항

④ 지방의회의 의결을 거침으로써 민의를 반영하고 주민통제를 보장할 필요가 있는 사항

⑤ 결정에 있어서 공정성·신중성이 요구되는 사항

⑥ 기타 법령에 의해 조례의 규정사항으로 지정된 사항

조례는 일정한 지역내에서 효력을 갖고 있으며, 국가전체의 국법질서의 일환으로서 인정되는 자치법규라는 의미에서 다음과 같은 한계가 있다. ① 법령에 위반하지 않아야 하며 ② 지방자치단체의 사무(고유사무와 단체위임사무)에 관한 것이어야 하며 ③ 시·군 및 자치구의 조례는 시·도의 조례와 규칙에 위반해서는 안되며[13)] ④ 주민의 권리제한 또는 의무부과에 관한 벌칙을 규정할 때에는 법률의 위임이 있어야 한다.[14)]

---

12) 鄭世煜, 전게서, pp. 151~152.
13) 地方自治法 제24조 참조.

다. 조례의 제정절차

조례의 제정 및 그 개·폐는 지방의회의 의결에 의하여 행해진다. 다만 조례를 제정, 개·폐함에 있어서는 장 또는 상급기관에 재의요구권을 부여하고 있다.

(가) 제안과 의결

조례는 지방자치단체의 장이나 재적의원 1/5 이상 또는 10인 이상의 의원연서로 발의된다.[15] 그러나 조례의 발의권이 지방의회 의원 또는 자치단체의 장 어느 한쪽에 전속되어 있는 경우도 있다.[16] 예컨대 사업소, 출장소, 합의제 의결기관 설치의 발안권은 자치단체의 장에게 전속되고, 의회의 위원회 설치의 발안권은 지방의회 의원에게 전속된다.

제안된 조례안은 재적의원 과반수의 출석과 출석의원 과반수로 의결된다. 우리나라의 조례제정에 있어서는 주민발안제도로서 「조례제정 및 개폐 청구권」제도를 도입 하였다.[17]

(나) 이송과 공포

조례안이 의회에서 의결되었을 때에는 의장은 의결된 날로부터 5일 이내에 자치단체 장에게 이를 이송하여야 하고[18] 자치단체장은 조례안을 이송받으면 이의가 없을 때에는 20일 이내에 이를 공포하여야 한다. 그러나 이의가 있을 때에는 20일 이내에 이유를 붙여 지방의회로 환부하고 그 재의를 요구할 수 있으며, 이때에 조례안의 일부에 대하여 또는 조례안을 수정하여 재의를 요구할 수 없다.

조례를 제정 또는 개폐하는 경우에 자치단체의 장은 의회로부터 이송된 날로부터 5일 이내에 감독관청에 보고하여야 한다.[19] 지방의회에서 의결된 조례안이 법령에 위반되거나 공익을 현저히 해한다고 판단될 때에는 감독관청은 해당 자치단체의 장으로 하여금 재의요구를 하도록 할 수 있는바, 그러한 경우 자치단체의 장의 재의요구에 대하여 의회가 재의결

---

14) 地方自治法 제22조 단서 참조.
15) 地方自治法 제66조 참조.
16) 地方自治法 제56조, 제114조, 제115조, 제116조 참조.
17) 地方自治法 제15조 참조.
18) 地方自治法 제26조 제1항 참조.
19) 地方自治法 제28조 참조.

을 한 때에는 자치단체의 장 또는 감독관청은 대법원에 소를 제기할 수 있다.[20]

(다) 효력 발생

조례는 특별한 규정이 없는한 공포된 날로부터 20일이 경과함으로써 효력을 발생한다.[21] 즉, 조례는 거기에 시행기일이 정하여져 있는 경우를 제외하고는 공포한 날로부터 기산하여 20일이 경과한 날로부터 시행되는 것이다.

(2) 규 칙

가. 규칙의 개념과 종류

규칙은 지방자치단체의 장이 법령 또는 조례가 위임한 범위내에서 그 권한에 속하는 사무에 관하여 제정하는 자치법규를 말한다.[22] 이러한 규칙을 구체적으로 분류하면 다음과 같다.[23]

첫째, 성질을 기준으로 하여 분류하면, 지방세·수수료의 징수에 관한 것과 같은 법규적인 규칙과 지방공무원의 정원, 시장·군수의 직무대리에 관한 것과 같은 행정규칙적인 규칙이 있을 수 있다.

둘째, 제정근거를 기준으로 하여 분류하면, 지방의회의원·선거구·이장이나 동장의 선거절차에 관한 것과 같이 법령 또는 조례의 위임에 의해서 제정되는 위임규칙과 자치단체장의 직권에 의해서 제정되는 직권규칙이 있을 수 있다.

셋째, 제정의무를 기준으로 하여 분류하면, 그 제정이 강제적인 의무규칙과 그 제정이 자유로운 임의규칙이 있을 수 있다.

넷째, 규정사항을 기준으로 하여 분류하면, 규칙에 의해서만 규정될 수 있는 사항을 규정하는 필수규칙과 조례에 의해서도 규정될 수 있는 사항을 규정하는 선택규칙이 있을 수 있다.

다섯째, 사무의 종류를 기준으로 하여 분류하면, 고유사무와 단체위임

---

20) 地方自治法 제172조 참조.
21) 地方自治法 제26조 제7항 참조.
22) 地方自治法 제23조 참조.
23) 鄭世煜, 전게서, p. 154; 林容柱 전게서, pp. 394~395; 崔昌浩 전게서, p. 240.

사무에 관한 단체규칙과 기관위임사무에 관한 기관규칙이 있을 수 있다.

나. 규칙의 범위와 한계

규칙이 규정할 수 있는 범위는 지방자치단체 장의 권한에 속하는 고유사무와 단체위임사무 뿐만 아니라 기관위임사무까지 포함한다. 특히 자치단체의 장이 제정하는 행정규칙의 범위는 단체사무(고유사무·단체위임사무)에 관해서는 법령이 조례사항으로 지정한 것과 의회의 권한에 속하는 사항, 주민의 권리·의무에 관한 사항 등을 제외한 모든 사무를 포함한다. 그러나 국가나 상급자치단체가 위임하는 기관위임사무는 규칙의 전권사항이다. 또한 규칙은 조례가 위임한 사항이나 조례의 실시를 위하여 필요한 사항에 대해서도 규정할 수 있다.

이처럼 규칙은 ① 법령 또는 조례가 위임한 범위내에서 제정하여야 하고 ② 지방자치단체의 장이 제정하므로 고유사무, 단체위임사무는 물론 기관위임사무에 대하여도 제정할 수 있으며 ③ 주민의 권리·의무에 관한사항은 법령의 개별적 위임이 있어야 하며 ④ 시·군 및 자치구의 규칙은 시·도의 조례나 규칙에 위반해서는 안된다.

다. 규칙의 제정절차

규칙은 지방자치단체의 장이 제정하되, 공포예정 15일전에 감독관청에 보고하여야 하며,[24] 때로는 사전에 감독관청의 승인을 받아야 하는 경우도 있다.[25] 규칙의 공포절차, 효력발생 등은 조례의 경우와 같다.[26]

Ⅱ. 자치조직권

1. 자치조직권의 의의

자치조직권이란 지방자치단체가 자치행정을 위하여 자기의 조직을 자주적으로 구성할 수 있는 권능을 말한다. 지방자치단체가 지역실정에 적합하고 주민의 복리증진을 위한 행정을 실시하기 위해서는 자율적인 기

24) 地方自治法 제28조 참조.
25) 地方自治法 제23조 참조.
26) 地方自治法 제26조 참조.

관구성권인 자치조직권이 확보되어야 한다. 만약에 지방자치단체의 기관구성권을 중앙정부가 행사하게 된다면 지역실정과 괴리될 뿐만 아니라 비능률성과 비민주성을 초래하게 되어 지방자치의 이념을 실현할 수 없게 된다.

이처럼 자치조직권은 지방자치단체가 자치행정을 실시하기 위한 행정조직을 국가의 관여로부터 벗어나 스스로 결정하는 권한으로서 자치권의 당연한 요소로 간주되고 있다. 그 이유는 이러한 자치조직권이 제도적으로 보장되지 않을 때에는 지방자치단체는 자기의 기관·조직·기구를 신설하거나 개폐함에 있어 국가의 통제·감독을 받게 되며, 따라서 자치행정을 실시할 수 없을 것이기 때문이다.[27]

2. 자치조직권의 범위

자치조직권의 범위는 국가에 따라 일정하지 않다. 일반적으로 영국·미국과 같이 자치권의 범위가 넓은 나라에서는 자치조직권도 대폭적으로 인정되고 있다. 반면에 프랑스를 비롯한 유럽제국과 같이 자치권의 범위가 좁은 나라에서는 자치조직권도 또한 제한적인 경향을 보이고 있다. 즉, 프랑스, 일본 등의 대륙법계 국가는 지방자치단체의 내부조직 및 인사에 관하여 중앙정부가 일정한 한도내에서 규제나 간섭을 하고 있다.

우리나라도 지방자치단체의 내부조직에 관하여는 일본 등의 국가와 같이 중앙정부에서 일정한 규제를 가하고 있다. 지방자치법은 시·도의 행정기구는 대통령령이 정하는 범위안에서 당해 지방자치단체의 조례로 정하고, 시·군 및 자치구에 있어서는 대통령령이 정하는 기준에 따라 시·도지사의 승인을 얻어 당해 지방자치단체의 조례로 정하며,[28] 지방자치단체의 정원기준은 대통령이 정하는 기준에 따라 당해 지방자치단체의 조례로 정하도록 하는 등[29] 중앙정부가 지방자치단체의 내부조직권에 대하여 규제를 할 수 있도록 하고 있다. 지방자치법에 규정된 행정조직에

27) 鄭世煜, 전게서, p. 158.
28) 地方自治法 제112조 제1항, 제2항 참조.
29) 地方自治法 제112조 제3항 참조.

관한 권한과 사무를 열거하면 다음과 같다.[30]

① 관할구역안 행정구역의 명칭·위치 및 구역의 조정

② 산하 행정기관의 조직관리

③ 산하 행정기관 및 단체의 지도·감독

④ 소속 공무원의 인사·후생복지 및 교육

Ⅲ. 자치행정권

1. 자치행정권의 의의

자치행정권이란 지방자치단체가 자기의 독자적 사무를 국가나 상급자치단체로부터 독립하여 간섭을 받지 않고 그 사무를 자주적으로 처리할 수 있는 권한을 말한다. 여기서 자치단체의 독자적 사무란 바로 지방적 사무인 고유사무(자치사무)를 의미한다.

자치행정권의 범위는 지방자치단체가 독자적으로 처리할 수 있는 사무를 자치사무에만 한정시킬 것인가 단체위임사무도 포함시킬 것인가에 따라 각각 달라진다. 자치행정권의 의미를 엄격하게 해석하여 순수한 지방적 사무를 처리하는 기능으로 이해할 때에는 자치행정권의 범위는 자치사무에 한정되지만 그 의미를 넓게 해석하여 지방의회가 관여할 수 있는 사무를 처리하는 권능으로 볼 때에는 자치행정권의 범위는 자치사무와 단체위임사무까지도 포함되는 것으로 본다.[31]

이론상으로는 자치사무와 단체위임사무를 명확히 구분하기란 쉽지않지만 지방분권을 강화한다는 정책적 관점에서 볼 때 단체위임사무를 자치사무로 전환시켜야 할 것이다. 따라서 자치행정권의 범위는 자치사무와 단체위임사무를 포함한다고 보아야 할 것이다.

자치사무란 위임사무의 상대적 개념으로서 지방자치단체의 존립목적이 되고 있는 지방적 복리사무를 말한다. 그러므로 자치단체는 국가나 상급자치단체의 전권에 속하는 사무를 제외하고는 그 지역주민의 복리에

30) 地方自治法 제9조 제2항 제1호 참조.

31) 鄭世煜, 전게서, pp. 165~166.

관한 각종의 공공사무를 자주적으로 처리해야 한다.

2. 자치행정권의 범위

지방자치단체가 구체적으로 어떤 사무를 수행하느냐 하는 문제에 대하여는 자치단체가 그 재량으로 결정함이 원칙이다. 이를 임의적 자치사무라 한다. 때로는 법률상으로 사무처리의 의무가 부과되는 경우도 있다. 이를 필요적 자치사무라 한다.[32]

자치행정권의 범위는 각국마다 상이하며 이에 대한 견해 또한 다양하다. 즉, 자치행정권의 대상이 되는 사무를 고유사무에 한정시킬 것인가 혹은 단체위임사무 더 나아가서는 기관위임사무까지 포함시킬 것인가 하는 것이다. 그러나 자치행정권은 고유사무만을 그 대상으로 하고 있다고 보아야 할 것이다. 왜냐하면 단체위임사무는 지방의회의 관여가 인정되어 자치단체가 자율적으로 처리할 수 있다고 하지만 원래는 국가 혹은 상급자치단체의 사무였던 것이 법령에 의해 위임된 것이기 때문에 순수한 지방적 고유사무가 아니기 때문이다. 그리고 그 위임여부도 국가나 상급자치단체의 재량에 속하기 때문에 자치단체의 자치행정권의 범위에서 벗어난다. 기관위임사무는 국가나 상급자치단체의 지휘·감독권이 광범위하게 인정되어 자치단체의 자율성이 완전히 무시되고 있기 때문에 자치행정권이 영향을 미치지 못한다.

자치행정권을 인정하는 범위에는 영·미법계와 대륙법계 사이에 큰 차이를 보이고 있다. 영·미법계 국가에서는 지방자치단체가 처리하는 사무를 모두 자치사무로 하고 있는데 비하여, 프랑스·일본 등 대륙법계 국가에서는 지방자치단체가 처리하는 사무 가운데에 국가 또는 상급자치단체의 위임사무가 상당한 비중을 차지하고 있다.

자치행정권은 주민의 권리를 제한하고 의무를 부과하는 권력적 작용(인·허가사무 등)과 주민에 대한 서비스 제공을 목적으로 하는 비권력적

---

32) 필요적 자치사무의 예로는 오물청소법에 의한 오물처리의무, 소방법에 의한 소방사무, 전염병예방법에 의한 예방접종 시행 및 예방시설설치의 의무 등을 들 수 있다. 鄭世煜, 전게서, p. 165.

작용(공공복리·환경적 사무)을 포함하는데, 오늘날에 있어서는 권력적 작용보다 비권력적 작용이 증대되고 있다.

지방자치법은 자치사무와 위임사무(단체위임사무)의 구별을 인정하지만 자치사무의 범위를 명시하지는 않고 있다. 그러나 다음 사무가 자치행정권에 포함된다고 할 수 있다.[33]

① 주민의 복리증진에 관한 사무
② 농림·상공업 등 산업진흥에 관한 사무
③ 지역개발 및 주민의 생활환경시설의 설치·관리에 관한 사무
④ 교육·체육·문화·예술의 진흥에 관한 사무
⑤ 지역 민방위 및 소방에 관한 사무

Ⅳ. 자치재정권

1. 자치재정권의 의의

자치재정권이란 지방자치단체가 자기사무의 처리에 필요한 경비를 충당하기 위해 중앙정부의 간섭을 받지 않고 자주적으로 그 재원을 조달·관리하는 권능을 의미한다. 이와 같은 자치재정권에 의해서 필요한 재원을 조달하는 것은 지방자치의 실효를 확보하는 수단이 된다.

자치재정권은 그 성질에 따라 재정권력작용과 재정관리작용으로 구분된다. 전자는 지방자치단체가 독립적 행정주체로서의 권능을 보장하는데 뒷받침이 되는 재원을 획득하기 위하여 자치권에 의거하여 주민에게 명령·강제하는 권력적 기능이다. 후자는 자치단체가 예산을 편성·집행하고 재산 및 수입·지출을 회계하는 관리적 기능이다.

첫째로, 지방자치단체의 재정권력적 기능은 바로 자치단체가 필요로 하는 경비를 원칙적으로 주민의 부담에 의하여 조달해야 함을 의미한다. 그러므로 재정권력적 기능의 내용으로는 ① 지방세의 부과징수권 ② 사용료·수수료 등의 결정징수권, ③ 기타 재정하명 ④ 재정강제 ⑤ 재정벌

---

33) 地方自治法 제9조 제2항 제2호~제6호 참조.

등을 들 수 있다.[34)]

둘째로, 지방자치단체의 재정관리적 기능은 바로 자치단체가 비권력적 수단으로 재산의 관리와 수입·지출의 관리를 담당해야 함을 의미한다.

2. 자치재정권의 내용

지방자치단체가 아무리 광범위한 자치권을 부여받고 있다고 하더라도 업무수행에 필요한 경비를 조달할 수 없게 된다면 유명무실한 것이 되고 만다. 특히 현대행정은 복지국가의 건설을 이념으로 한 급부행정을 표방하고 있기 때문에 이를 위한 재정적 수요가 증대되고 있다. 따라서 자주재원을 어느 정도 확보하느냐 하는 것이 서비스의 질을 결정하고 더 나아가서는 지방자치단체의 행정능력을 평가하는 기준이 된다.

우리나라 지방자치법은 지방재정에 관한 권한과 사무로서 ① 지방세와 세외수입의 부과 및 징수, ② 예산의 편성·집행 및 회계감사와 예산관리, ③ 공유재산의 관리 등을 규정하고 있으나[35)] 일반적으로 자치재정권의 주요 내용은 다음과 같다.

① 자치단체의 독자적 예산편성권

② 자치단체가 국가와의 관계에서 적정한 사무배분을 기초로하여 적정한 경비부담의 구분이나 재원배분을 보장받을 권리

③ 지방세징수에 의한 자주적 과세권

④ 자주적 기채권

⑤ 자치단체의 재산관리권

자치재정권은 자치단체가 중앙정부나 상급자치단체의 간섭이나 지원을 받지 않고 자체재원을 스스로 조달·관리하는 것이기 때문에 원칙적으로는 국가재정과는 별개의 관계가 성립한다. 그러나 중앙정부와 지방자치단체는 기능상 상호관련을 갖고 있으며, 특히 자치단체가 그 필요로 하는 재원을 충분히 조달하지 못하는 것이 대부분의 국가에서 볼 수 있는 공통적인 현상이다. 따라서 국가재정의 지방재정에 대한 보조는 불가피한

---

34) 鄭世煜, 전게서, pp. 169~170.

35) 地方自治法 제9조 제2항 제1호 참조.

것이 되고 있다. 그러므로 자치재정권의 개념을 수정하여 지방자치단체의 재정의 수입을 위하여 중앙정부에 대한 보조·지원요구권까지 포함시키는 것이 필요하고, 지방교부세나 국고보조금, 조정교부금도 지방자치단체의 자치재정권의 대상이 된다고 보아야 한다.

제 3 장 국가와 지방자치단체간의 기능배분

제 1 절 국가와 지방간 기능배분 이론

Ⅰ. 기능배분의 의의

중앙정부와 지방자치단체간의 행정기능배분의 문제는 근본적으로 한 국가에 있어서 권력배분의 문제이며, 정치적 문제이다. 한 나라의 행정기능은 중앙정부와 지방정부에 의하여 각각 분담되어 수행된다. 이와 같이 국가행정기능과 사무를 처리함에 있어 중앙행정기관과 지방자치단체는 국가의 권력과 권한을 나누어 가지고 서로 긴밀한 관계를 맺으면서 국가기능의 효율적 수행을 위하여 상호분담·협조체제를 유지하고 있다.

그런데 행정기능의 수행방법은 ① 관치행정 ② 기관위임행정 ③ 단체위임행정 ④ 자치행정의 네 가지로 분류할 수 있다. 이를 토대로 이론상으로 중앙정부와 지방자치단체간의 기능배분을 할 수 있다. 즉, 중앙정부는 ① 전국적 이해관계에 관한 기능(국가적 사무)을 직접 계획·처리하고 ② 그 성질이 지방적 이해관계보다 전국적 이해관계가 더 큰 기능(기관위임사무)을 계획하고, 그 처리를 지휘·감독하는 반면, 지방정부는 ① 기관위임사무를 집행하고 ② 단체위임사무와 지방자치단체의 존립목적이 되는 자치사무(지방공공사무)를 계획·집행한다고 구분할 수 있다.[1)]

그러나 이와 같이 이론적으로 행정기능을 구분한다고 하더라도 실제적으로 어떤 기능이 전국적 이해관계에 관한 것이고, 어떤 기능이 그 성

1) 鄭世煜, 「地方行政學」 (서울: 法文社, 1998), p. 174.

질상 지방적 이해관계보다 전국적 이해관계가 더 큰 것이며, 어떤 기능이 지방자치단체가 처리하여야 할 사항인가 하는 문제가 그렇게 쉽게 명확히 밝혀지지 않고 있다는 점이다. 특히, 위임사무 가운데 기관위임사무와 단체위임사무의 구분은 더욱 애매하다.

중앙정부와 지방자치단체간의 기능배분 문제를 행정적 권한의 위임문제로만 취급하는 경향이 있으며, 실제 우리나라의 경우 지방자치단체가 자치단체의 고유사무보다 국가 또는 상급자치단체의 위임사무를 훨씬 더 많이 처리하고 있다.[2] 이렇게 중앙정부가 지방자치단체에 더 많은 기능과 사무를 위임하고 중앙은 지휘감독만 하려는 경향이 있어 이러한 행정권한의 위임 역시 국가와 지방자치단체의 기능 및 사무배분의 테두리 속에서 검토함이 필요하다 하겠다.

첫째로, 국가와 지방자치단체간의 기능배분의 문제는 무엇보다도「누가 그 사무를 처리할 권한이 있는가?」하는 자치권한에 대한 규명에 의의가 있다. 원칙적으로는 고유사무의 처리권한은 지방자치단체에 속하며 위임사무에 한하여 중앙정부나 상급자치단체의 업무상 지도·감독을 받는 것이다.

둘째로, 국가와 지방자치단체의 사무배분에 관한 구별은「누가 지불할 것인가?」하는 문제의 규명에 의의가 있다. 원래 국가의 사무는 국가가 경비를 지불하는 것이고, 지방사무는 지방자치단체가 지불하는 것이 원칙이다. 그러나 오늘날과 같이 지방재정의 자주성, 독립성, 책임성이 빈약한 상황에서 무엇이 국가사무이며, 무엇이 지방사무이냐 하는 구별 역시 별 의미를 찾기 힘들다.

셋째로, 국가와 지방자치단체간의 사무배분의 구별목적은「누가 책임을 질 것인가?」하는 행정책임의 소재규명에 있다 하겠다. 만약에 지방자치단체가 어떤 사무를 그 고유의 업무로 처리했다면 그 사업의 성패도 주민의 책임임은 너무나 당연한 것이다.

이상으로 국가와 지방자치단체간의 행정기능 및 사무배분의 의의를 살펴보았는데 이것을 종합하면 1차적으로 자치권한, 경비부담 및 행정책

---

2) 李圭煥,「한국도시행정론」(서울: 법문사, 2004), pp. 156~158.

임의 소재라는 지방자치의 기본적 성격규명에 그 의의가 있다 하겠으며, 2차적으로는 행정의 능률화, 주민편익증진 및 지방행정기능의 강화라는 행정관리향상의 측면에서 의의가 있다 하겠다.

Ⅱ. 기능배분에 관한 주요이론

국가와 지방자치단체가 처리하고 있는 행정사무는 법령에 근거한 인·허가 사무에서부터 법령에 근거를 요하지 않는 사업 또는 시책 등 매우 광범위하고 다양하다. 따라서 중앙정부와 지방정부간에 기능과 사무를 합리적으로 배분하는 것은 매우 어렵고 복잡한 일이다. 서구 선진제국에서는 이 문제에 관하여 나름대로의 기준과 대안을 마련하고자 여러 가지 이론과 모형을 연구하여 제시하고 있다.[3]

(1) 전통적 행정학 이론(Traditional Public Administration Theory)

전통적 행정학 입장은 행정기능의 배분을 행정결정과 행정변화의 역사적인 과정으로 파악하면서 국가간의 비교연구를 통하여 기능배분에 관한 일반원칙을 제시하고 있다.[4]

이 이론은 국가행정기능을 그 성질과 내용에 따라 중앙적인 것과 지방적인 것으로 구분할 수 있다고 보고 있다. 그러나 현대 선진 민주주의국가에 있어서도 기능배분현상을 적절히 설명하지 못하고 있다. 본래 행정기능 배분의 문제는 한 국가의 정치문화와 행정환경 등 여러 가지 변수와 행정사무의 내용이나 성질에 따라 가변적인 것이라고 할 수 있기 때문이다.

더욱이 행정기능이 분화·전문화되고 새로운 복지기능이 대두되면서 사무의 성질상 중앙과 지방이 다 같이 이해관계를 갖는 중간적 사무가 증대됨에 따라 기능의 배분내용이 국가마다 다른 것이 현실이다. 예컨대, 영국에서는 교육사무가 지방사무로 되어 있는데 비하여, 프랑스에서는 이

3) 崔順植, 「現化地方自治論」(尙文社, 1988), pp. 103~110; 본 이론은 홍완식, "중앙과 지방간의 기능배분에 관한 이론과 실제," 「市政硏究」(釜山直轄市, 1987년 제2호)에서 발췌 정리한 것임.

4) P. Dunleavy, "The Limits to Local Government," in M. Boddy(eds.), *Local Socialism?* (London: Macmillan, 1984), p. 56.

기능이 전적으로 중앙정부사무로 되어 있다. 따라서 이 견해는 제반변수를 무시하거나 극소화시켜서 기능배분의 문제를 다룰 경우에 그 실익이 있다고 하겠으나 이 경우에도 그 적용범위는 제한될 수 밖에 없다고 하겠다. 결론적으로 행정기능배분에 관하여 포괄적이고도 확실한 검증을 거친 보편타당한 이론으로 인정하기는 어렵다 할 것이다.[5]

(2) 정부기관 상호관계 모델(Intergovernmental Relation Model)

복잡다양한 행정기능을 개별적으로 그 목적이나 성격을 파악하여 국가사무와 지방사무로 구분하는 전통적 행정학이론은 여러 가지 문제점을 내포하고 있다. 이러한 문제점을 극복하기 위하여 정부기관 상호관계 모델은 기능 그 자체보다는 행정조직의 분화 내지 분산현상에 주목하면서 기능배분문제를 다루고 있다.

이 이론은 2차대전 이후 서구 민주주의국가에 있어서 정부조직의 변화양상이 중앙정부의 거대화현상보다는 오히려 중앙부처와 독립된 중앙부처산하기관, 광역단위행정조직, 지방자치단체 등의 증가경향에 유의하고 있다. 즉, 이들 기관이나 단체가 중앙정부와 상호독립 또는 통제아래 복잡한 행정체계를 형성하고 있다는 점에 착안하여 이들간에 기능이나 정책결정권한이 어떻게 배분되어 있고, 상호 어떠한 영향을 미치는 가를 분석하고 있다. 즉, 기능배분문제에 있어 기능 그 자체보다는 조직적 측면을 고찰·분석하고 있는 것이다.

현대 선진 민주주의국가에서 많이 채택하고 있는 이 모델은 신다원주의(new-pluralism)적 입장을 바탕으로 국가조직이 분권화·분산화되는 까닭으로 인해 정책결정은 중앙부처는 물론 다양한 중앙부처의 산하기관·지방자치단체 등에서도 이루어진다고 주장하는 바, 이와 같이 분권화된 행정체제하에서 각종 행정기관들은 서로 상하지휘·감독관계에 있는 것이 아니라 권한의존관계 내지 상호대등관계를 유지하면서 하나의 정책형성 망을 이룬다고 보는 것이다.[6]

5) *Ibid*., p. 58.

6) R. Rhodes, *Control and Power in Central-Loml Relation*(Farnborough, Aldershot: Gower, 1981), p. 79.

이 모델은 현대 선진사회에 있어서 그 기능의 분화를 조직구조의 변화 내지 정책형성과정과 연계시켜 논함으로써 선진 민주주의제국의 행정기능이 중앙과 지방 그리고 다양한 정부기관에 어떻게 배분되고 있는가를 논리적으로 설명하고 있다. 그러나 이와 같은 장점에도 불구하고 이 이론은 정부계층 간 기능배분에 있어 중요한 요소인 정치·행정이념이나 여러 상반된 이해관계 등을 간과한 채 조직적인 측면의 논리만을 지나치게 강조하고 있는 것이다. 오늘날 선진제국에 있어서 특히 이익집단이 정책기능의 분배는 물론 그 수립 및 집행에 큰 영향을 미치고 있는 사실을 이 모델에서는 간과하고 있는 약점을 가지고 있다.

(3) 대중선택이론(Public Choice Theory)

이 이론은 먼저 시민은 자기가 낸 세금에 대하여 지방정부로부터 받은 여러 가지 혜택의 양과 질을 항상 극대화시키려고 노력하는 합리적 행동인이라 보고 있다. 즉, 시민은 항상 세부담과 지방자치단체의 서비스의 혜택을 비교하여 자신의 이익을 가장 잘 만족시켜 줄 지방자치단체를 선택하여 이주함으로써 결국은 이익극대화의 원리에 맞게 행동한다는 것이다. 따라서 지방자치단체도 기업가적 입장에서 타 지방자치단체와의 경쟁하에 행정서비스를 제공한다고 가정하고 있다.

이 이론의 주창자의 한 사람인 피터슨(P. Peterson)은 지방자치단체를 하나의 재정단체로 파악하면서 중앙정부가 지방정부에 제공할 수 있는 기능을 다음 세 가지 유형으로 분류하고 있다.7)

첫째, 배치적 기능(allocational functions)으로서, 이것은 일반적으로 지역사회전체를 위해서 제반시설을 설치·관리·개선하는 기능인데, 그 혜택이 지방자치단체 주민 모두에게 골고루 배분되고, 따라서 그 비용도 주민이 납부하는 세금으로 충당하는 기능이다.

둘째, 재배분기능(redistributive functions)으로서, 이것은 지방자치단체가 일정한 시민집단으로 부터 세금을 징수하여 영세민에게 재배분해 주는 것과 관련된 기능을 말한다.

---

7) P. Peterson, "A Unitary Model of Local Taxation and Expenditure Policies in the United States," in *British Journal of Political Science*(1979. 9), pp. 287~314.

셋째, 개발기능(developmental functions)으로서, 경제성장을 촉진하는 한편, 지방자치단체에 대해 재정적 부담을 주기보다는 오히려 수입증대를 가져오는 새로운 사업의 유치와 타지역주민의 유입 등의 효과를 거양하는 기능이다.

대중선택이론은 이상과 같은 세 가지 기능범주가 중앙과 지방에 어떻게 배분되는가 하는 분석을 시도했는데, 이 이론에 따르면, 첫째, 배치적 기능은 기본적으로 지방사무가 되어야 한다는 것이다.

왜냐하면 지역기반시설, 환경개선업무 등과 같은 기능이 지방에 전속될 때 지방자치단체간의 경쟁을 통해서 사무능률을 제고시킬 수 있다. 또 주민들의 복지도 전반적으로 향상될 것이기 때문이다.

둘째로, 재배분기능은 중앙정부가 수행하거나 중앙의 재정부담으로 수행되어야 한다는 것이다. 사회보험업무, 공공주택 등과 같은 기능을 지방정부가 수행한다면 재정력이 빈약한 지방자치단체와 재정력이 큰 자치단체 사이에 심한 불균형이 있게 되어서 형평을 기할 수 없기 때문이다. 이러한 기능은 지방자치단체간의 경쟁이나 사회복지업무의 능률을 향상시키는데 별 도움이 되지 못한다고 한다.

셋째로, 개발기능은 중앙과 지방에 분담시켜야 한다는 것이다. 그 기준으로는 개발이익이 관광사업처럼 그 지역사회에 국한되는 경우에는 지방에 배분시키고, 그렇치 않는 경우는 중앙정부가 맡는 것이 타당하다는 것이다.

이 이론은 기능배분의 문제에 관하여 분명한 기준을 제시하고 있다는 점에서 높이 평가할 수 있으나 현실적으로 모든 행정기능을 세 가지 유형으로 분류한다는 것은 매우 어렵다. 따라서 대중선택이론은 제한적인 유용성을 가질 뿐만 아니라 현실적으로 재배분기능이 지방으로 배분되는 경우를 설명하지 못한다. 이러한 문제점과 더불어 더 커다란 약점은 기능배분을 경제학적인 측면에서만 분석하고 있고, 그 근저에 흐르고 있는 정치적 과정을 무시하고 있다는 점이다.

(4) 이중국가론(Dual State Theory)

행정기능배분에 관한 문제를 사회적·정치적 갈등관계 내지 투쟁관계의 측면에서 이해하면서 이론을 제시한 것이 이중국가론이다. 이 이론에 의하면 중앙정부는 대체적으로 자본과 사회투자에 관한 기능을 수행하는 반면에, 지방정부는 사회소비에 관련된 기능을 수행한다는 것이다.[8)]

이 이론은 국가기능을 배분적인 것과 생산적인 것으로 구분하면서, 이러한 기능이 어떻게 의사결정방식과 연결되어 있는지를 분석하고 있는 바 그 내용을 보면 다음과 같다.

첫째, 사회투자적 경비지출을 포함하는 배분적 기능은 전통적인 관료적 방식(bureaucratic mode)에 의하여 수행되는데, 이것은 중앙정부가 다른 이익집단과의 협력관계가 필요하지 않기 때문이다.

둘째, 생산적 기능은 소위 법인주의적 방식(corporative mode)에 의해 수행된다. 이는 중앙정부가 중요한 정책결정을 단독으로 하지 않고, 정책분야와 관련된 제한된 범위의 이익집단을 결정과정에 포함시켜 이 집단과 일정한 타협과 협의를 거쳐 정책을 결정하고, 정책집행에 있어서도 이들의 협력을 구하고 있다.

셋째, 사회소비와 관련된 기능은 지방에서 다원주의적 방식(pluralist mode)으로 수행된다고 한다.

쏜더스(P. Saunders)는 이와 같은 이론을 근거로 이중국가론을 제시하였다. 그에 의하면 국가는 사회투자(social investment)에 관련되는 기능을 일반대중의 압력으로부터 보호될 수 있도록 중앙정부나 중앙정부의 관할하에 있는 각종 기관·공사 등에 배분함으로써 자본가의 이익을 기본적으로 보호 내지 보장할 수 있다고 보고 있다. 한편, 사회소비(social consumption)에 관련된 기능은 재정적으로 중앙에 크게 의존하는 지방정부에 배분함으로써 각종 사회적 욕구를 충족시킴과 동시에 국가존립의 정당성을 유지할 수 있게 된다고 한다.

특히, 국가는 사회소비적 기능을 지방에 배분시켜 놓을 때 재정적인 방법 등을 통해 쉽게 통제할 수 있고, 따라서 지방정부는 국가로부터 재원지원에 힘입어 행정기능수행을 차질없이 할 수 있다.

이중국가론은 앞서 살펴본 이론과는 달리 지방정부가 지니고 있는 몇

8) L. J. Sharpe, "Functional Allocation in the Welfare State," *Local Government Studies*, Vol. 10, No. 1, p. 29.

가지 특성을 잘 설명하고 있다. 또한, 국가기능배분의 밑바탕에 있는 사회계급이나 집단의 이해관계를 예리하게 분석하고 있다는 점에서 설득력 있는 모델이다. 그러나 이 이론은 실제 행정기능이 사회투자와 사회소비라고 하는 이원적 분류법으로 엄격히 분류되지 않고 있다는 점을 간과하고 있다.

제 2 절 국가와 지방간 기능배분의 본질

Ⅰ. 기능배분의 원칙

어느 기능은 국가가 담당하고, 어느 기능은 지방자치단체가 담당함이 이상적인가는 일률적으로 정하기 어렵다. 그 이유는 행정기능이란 일반적으로 그 성격과 내용에 따라 배분되어야 하지만 국가별 특수여건에 따라서도 그 배분이 달라지기 때문이다. 즉, 국가와 자치단체간의 기능배분은 나라마다의 정치·행정의 역사와 전통, 정치·행정의 이념, 지방분권화의 정도, 사회·경제적 환경, 과학기술과 교통·통신의 발달정도, 개별적 사무의 성질과 내용 등에 따라 달라지기 때문이다.

정세욱교수는 기능배분의 변수(variables)로 ① 지방자치제도의 실시여부와 운영상태, ② 지방자치에 대한 역사적 경험, ③ 민주성과 능률성과의 조화, ④ 정치·경제·사회·문화적 제환경, ⑤ 과학기술과 교통·통신의 발달정도 등을 들고, 이를 세분하여 21가지의 기능배분변수를 제시하고 있다.[9]

국가와 지방자치단체간의 기능 배분을 위한 원칙으로 그 대표적인 것은 1949년 미국의 샤우프(Shoup)사절단이 전후 일본정부에 권고한 ① 기초자치단체 우선의 원칙, ② 행정책임 명확화의 원칙, ③ 행정능률화의 원칙 등이 있다.[10] 또한 일본의 임시행정조사회가 1964년에 마련한 행정사

9) 鄭世煜, 전게서, pp. 175~179 참조.

10) 프랑스의 기능배분원칙은 1983년 법률로 규정하고 있는 바 그 내용을 보면 ① 지방자치단체간의 감독금지의 원칙, ② 총체적 이양의 원칙, ③ 단일자치단체에의 배분 및

무의 배분에 관한 개혁의견에서는 기능배분의 원칙으로 ① 현지성의 원칙, ② 종합성의 원칙, ③ 경제성의 원칙을 제시하였다.[11]

이상에서 제시된 원칙들을 중심으로 국가와 지방자치단체간의 기능배분에 적용될 수 있는 원칙들을 종합적으로 제시해 보고자 한다.[12]

(1) 현지성의 원칙

현지성의 원칙은 기초자치단체 우선의 원칙이라고도 하는데, 이는 주민 참여와 주민통제가 용이한 사무, 지역주민의 생활에 밀착된 사무는 기초자치단체에 우선 배분되어야 한다. 따라서 중앙정부는 주로 정책·기획에 관한 사무를, 지방자치단체, 특히 시·군·자치구 등 기초자치단체는 집행적 사무를 담당하도록 하는 것이다.

(2) 경제성의 원칙

행정의 능률적인 집행을 위해서 행정기능은 그 처리에 적합한 규모, 행·재정능력, 자치능력 등을 갖춘 자치단체에 부여해야 한다는 원칙이다. 이처럼 규모·능력·인구 등을 고려하여 최소의 경비로 최대의 성과를 도모 할 수 있는 행정계층에 배분되어야 한다. 이 원칙을 행정능률의 원칙이라고 하는데 이는 행정기능과 자치단체의 능력간의 균형을 통해서 최소의 비용으로 최대의 효과를 발휘하자는 데 의의가 있다.

(3) 행정책임 명확화의 원칙

행정사무는 가능한 한 행정계층 상호간에 책임이 명확히 구분되도록 배분되어야 한다. 즉, 관할중복에서 야기되는 이중감독·이중규제·이중행정 등의 폐해와 이로부터 발생하는 낭비와 대립을 줄이기 위해서 지방

지방행정계층간전문화의 원칙, ④ 경비의 정확한 보상의 원칙, ⑤ 점진적 이양의 원칙 등과 같다. 정세욱, 전게서, pp. 178~179.

11) 和田英夫, 「現代地方政治論」 (東京: 評論社, 1965), pp. 247~249; 鄭世煜, 전게서, pp. 156~157.

12) 이규환, "자치기반확충을 위한 지방행정발전방안," 「수도권대책과 지역균형발전을 위한 정책토론회」 (국토개발연구원 및 지역균형발전기획단, 1989, 5), pp. 167~168; 韓國地方行政硏究院, 「地方行政機能分析에 관한 硏究」 (1985, 10), pp. 108~109 참조.

행정기능을 가능한 명확하게 구분해서 중앙정부·광역자치단체·기초자치단체에 배분함으로써 권한과 책임을 일치시키자는 원칙이다.

(4) 이해관계 귀속의 원칙

지역특수성의 원칙이라고 하는 이 원칙은 어떠한 사업이나 사무가 특정지역의 이해관계에 국한되는 경우에는 그 지역 지방자치단체의 책임으로 하고, 전국적인 이해관계가 있는 것은 중앙정부가 담당하도록 기능과 사무를 배분하여야 한다는 것이다.

(5) 종합성의 원칙

지방행정은 지역단위에서 종합·조정이 이루어져야 하는데, 이를 위해서 지방행정기능은 중앙정부의 일선기관에 부여하는 것보다 지방자치단체에 우선 배분하고, 사무의 위임에 있어서도 기관위임보다 단체위임이 우선적으로 이루어져야 한다는 원칙이다. 지방자치단체는 일정한 구역을 바탕으로 한 지역적 통치체이기 때문에 해당 구역내에서 완전한 종합행정이 확보되어야 한다. 이러한 점에서 국가는 지방행정에 관련되는 사무의 처리를 위해서 일선특별행정기관을 설치하는 것을 피하여야 한다.

Ⅱ. 기능배분의 기준

대부분 국가의 행정체제는 중앙정부·광역자치단체·기초자치단체라는 3단계의 구조를 취하고 있다. 국가 전체 행정에 있어서 민주성·능률성·종합성을 달성하기 위해서 행정기능과 사무를 일정한 기준에 의해 각각의 행정주체에 부여하는데 이러한 일반적 배분기준을 설정하여 보면 다음과 같다.[13)]

(1) 국가와 지방자치단체의 기능배분기준

국가와 지방자치단체간의 사무를 배분함에 있어 그 성질상 국가가 담

---

13) 李圭煥, 전게논문, pp. 168~170; 鄭世煜, 전게서, pp. 179~185; 吉富重夫, 「地方自治」(東京: 勁草書房, 1960), pp. 143~149.

당하여야 할 사무를 제외하고는 지방자치단체가 담당한다. 따라서 국가가 담당하여야 할 기능을 보면 다음과 같다.

① 국가의 존립에 직접 필요한 사무: 외교, 국방, 병무, 화폐, 국가적 선거, 국가의 재정 및 조직, 사법 및 행형, 국가경찰에 관한 사무 등

② 정책상 전국적 규모로서 전국적·종합적으로 행하는 기획에 관한 사무: 국토종합개발계획, 경제개발계획, 전국주요간선도로계획에 관한 사무 등

③ 전국적으로 기준의 통일 또는 조정을 요하는 사무: 도량형의 기준설정, 의사·약사 등의 시험과 면허, 전국적인 통계조사 및 측량, 근로기준설정에 관한 사무 등

④ 전국적·광역적 규모의 사무: 국유산림·하천·항만·간척 등과 대규모 토지개량사업에 관한 사무 등

⑤ 전국적·광역적 규모의 현업사업: 우편, 전신, 철도, 발전에 관한 사무 등

⑥ 전국적·광역적 견지에서 통일적으로 처리해야 할 사무: 식량관리, 물자 및 물가의 통제, 농지제도개선, 무역 및 검역, 은행업·보험업·광업 등의 감독, 공정거래의 확보, 해난심판, 수출입통제, 중요한 문화재의 보호에 관한 사무 등

⑦ 고도의 전문적인 지식과 기술이 요구되는 사무: 원자력개발사업, 기상 및 항공에 관한 사무, 대학 및 연구소의 설치·운영에 관한 사무 등

⑧ 사회정책적 요구에 대응하기 위한 사무: 실업대책, 사회보장, 생활보호기준의 설정에 관한 사무 등

⑨ 지방자치단체의 조정사무: 자치단체간의 연락·조정사무, 지방재정제도 운영에 관한 사무, 자치단체의 사무배분과 기관설치에 관한 기준설정에 관한 사무 등

⑩ 국가발전에 관한 사무: 국가형성 및 국민형성, 사회변동의 관리에 관한 사무 등이다.

(2) 지방자치단체간의 기능배분기준

지방자치단체간의 기능배분은 지방자치의 원리에 입각하여 광역자치

단체는 광역적 · 보완적 · 조정적 사무를 주로 담당하고, 주민의 일상생활 및 복지증진에 관계되는 사무는 주로 기초자치단체가 처리하도록 하여 자치단체 상호간에 기능의 중복이 없도록 하여야 한다.[14)]

가. 광역자치단체의 기능

중간자치단체 또는 상급자치단체라고도 불리우는 특별시 · 광역시 및 도와 같은 광역자치단체는 다음과 같은 기능을 담당하고 그외의 기능과 사무는 기초자치단체에 배분하여야 한다.

(가) 광역행정기능

광역행정기능이란 2개 이상 시 · 군의 구역에 걸치는 광역적 사무를 계획하고 집행하는 기능을 의미한다. 이러한 기능에는 지방도로와 하천, 지역개발, 환경보전, 교통운수 등이 있으며, 이와 같은 행정기능은 과학 · 기술의 발달과 주민의 생활권의 확대로 인하여 발생한다. 그러나 시나 군은 규모와 행 · 재정능력의 미숙으로 이를 효율적으로 처리할 수 없기 때문에 시 · 군간의 협력체제에 의해서 집행하는 경우도 생각할 수 있으나 이는 권한과 책임, 재원과 수익배분에 있어서 시 · 군간에 갈등 · 대립의 소지가 있으므로 광역자치단체가 이를 맡아서 수행할 것이 요구된다.

(나) 보완 · 대행기능

보완 · 대행기능이란 시 · 군의 능력으로는 효율적으로 처리할 수 없거나 곤란한 경우 광역자치단체가 수행할 것이 요구되는 행정기능을 의미한다. 이러한 행정기능은 일반행정사무의 집행적 성격과 달리 연구 · 사회복지 · 규제 등과 같이 보완적인 성격을 띠고 있으며, 병원 · 연구소 · 시험장 · 식품검사소 · 직업안정소 등이 이에 속한다.

광역자치단체의 이러한 보완 · 대행기능은 자치능력이 부족한 시 · 군을 위해서는 필요하지만 그 자체가 처리능력을 보유하고 있는 대도시에 대해서는 불필요하며 오히려 이중행정의 폐해가 발생할 우려가 있다.

(다) 연락 · 조정기능

연락 · 조정기능이란 중앙정부와 시 · 군 또는 시 · 군상호간의 의사소통을 원활히 하고, 시 · 군간의 정책적 충돌과 행 · 재정능력의 불균형을

14) *Ibid.*, pp. 190~198.

시정하는 기능을 의미한다. 특히 오늘날 모든 개발계획을 수립·집행함에 있어서 국가의 개발기능과 시·군의 개발기능간에 조정을 할 수 있도록 양자의 중간에 자치단체를 설치하는 것이 꼭 필요하다고 인식되고 있다. 즉, 직접적으로 중앙정부와 그 많은 시·군과 의사전달망(communication network)을 유지한다는 것이 불가능할 뿐만 아니라 비경제적이기 때문에 광역자치단체가 중개자의 역할을 담당하게 한다.

(라) 지휘·감독기능

도 및 특별시·광역시와 시·군·자치구는 모두 동등한 법인격·자치권의 주체로서 원칙적으로 이들간에는 상·하관계가 존재하지 않는다. 지방자치법 제3조 2항 규정에서 「특별시와 광역시 및 도는 정부의 관할하에 두고, 시와 군은 도의 관할구역안에 두며, 자치구는 특별시와 광역시의 관할구역 안에 둔다」라는 말은 시·군 및 자치구를 도 및 특별시·광역시의 하급기관으로 하여 이들간에 명령·복종관계를 설정한다는 것이 아니라 시·군 및 자치구는 지역적으로 광역자치단체의 관할구역에 위치한다는 것을 뜻할 뿐이다. 따라서 법률상으로는 이들간에 상·하관계가 존재하지 않는다.

그러나 실제에 있어서 광역자치단체는 인적·지역적 구성요소에 있어서 기초자치단체를 포함하고 있고 국가행정조직상 시·군 및 자치구보다 우위에 있기 때문에 사실상의 상·하관계를 배제할 수 없다. 특히 기초자치단체의 행정기능이 기관위임사무인 경우 포괄적인 명령·복종관계가 성립하는데 이와 같은 위임사무가 시 군·자치구의 행정기능의 대부분을 차지하기 때문에 상하관계가 상시화되어 광역자치단체는 기초자치단체에 대해서 고유한 지도·감독기능을 수행하게 된다.

나. 기초자치단체의 기능

시·군 및 자치구는 지방행정기능 가운데 광역자치단체의 4가지 기능을 제외한 모든 기능을 수행할 수 있는 포괄적인 자치권을 갖고 있는데 그의 구체적인 내용은 다음과 같다.[15)]

① 지역계획 및 지역공익 사업, ② 환경위생사무, ③ 초등학교·직업훈

15) 李圭煥, 전게서, p. 242.

련 등 교육사업, ④ 주택 및 상·하수도사업, ⑤ 공원 녹지 등의 위락시설, ⑥ 도서관·박물관 등의 문화사업, ⑦ 노인·아동복지 및 청소년보호 등과 같은 사회복지사업, ⑧ 도로·주차장 등 교통시설의 확충 및 관리에 관한 사무, ⑨ 소방·방범 등의 치안사무, ⑩ 지역주민의 가치관·의식구조·행태 등 지방문화의 쇄신·창달에 관한 사무, ⑪ 경기장·도매시장·공동묘지·화장장 등 공동시설에 관한 사무, ⑫ 기타공공복지에 관한 사무에 이르기까지 실로 방대한 포괄적 기능을 담당하여야 한다.

Ⅲ. 기능배분의 방식

국가와 지방자치단체간 또는 자치단체 상호간의 기능배분방법은 각국마다 기능배분변수의 차이와 기능배분원칙 및 기준의 선별적인 강조에 의해서 각기 다른 기능배분방식을 택하고 있다. 또한 이는 지방자치의 유형과 자치권의 범위와도 밀접한 관계가 있다. 그러나 대체로 개별적 지정방식, 포괄적 위탁방식 및 절충식 등 세 가지로 분류할 수 있다.

(1) 개별적 지정방식(Enumeration Principle)

이는 지방자치단체가 처리할 수 있는 행정기능과 사무를 개개의 지방자치단체별, 사무종류별로 분류하여 필요할 때마다 국가의 개별 법률에 의해 개별적으로 부여하는 제도로서 영국을 비롯하여 캐나다, 호주, 스웨덴, 덴마아크 등에서 채택하고 있는 방식이다.

영국의 경우 과거부터 일반법인 지방자치법(Local Government Act)외에 개개의 지방자치단체에 적용되는 개별법이 있어서 동종의 자치단체라 하더라도 그 행정기능의 배분내용이 상이하다. 그러나 최근에는 몇 가지 일반적 기능배분의 방식을 도입하여 완전한 개별적 지정방식에서 벗어나고 있다.[16]

미국에서는 지방자치단체가 시헌장(city charter)을 제정하여 각 자치단체의 특성과 능력에 맞게 사무를 설정하거나 분류헌장제도(classified

16) Tony Byne, *Local Government in Britain*(Harmondsworth: Penguin Books, 1985), pp. 69~71.

charter system)를 채택하여 사무를 유형화하는 경우도 있다.

이처럼 개별적 지정방식은 중앙정부와 자치단체 또는 자치단체 상호간의 기능배분이 명확하고 자치단체의 특성에 맞는 자치행정을 확보할 수 있다는 장점이 있는 반면에 빈번한 법률제정으로 인한 시간의 지연과 낭비를 초래한다는 단점이 있다. 이를 개선하기 위해서 최근에는 특정한 자치단체에 한하지 않고 전국적으로 통일적이고 공통적인 사무에 대해서는 일반법의 형식으로 지정하고 있다.

(2) 포괄적 위탁방식(Universality Principle)

이는 지방자치단체에 대한 기능배분을 법률에 의해 금지된 사항이나 중앙정부의 전권에 속한 사무를 제외한 모든 지방적 행정기능과 사무를 헌법이나 법률에 의해 일괄적으로 배분하는 방식을 의미한다. 이른바 보편성의 원리에 입각하고 있는 이 방식은 단체자치를 취하고 있는 프랑스와 독일을 비롯한 대륙계국가에서 많이 볼 수 있다.

포괄적 위탁방식은 이론적으로는 지방자치단체에 보다 광범위한 기능을 부여하는 것 같으나 실제로는 각 행정분야별로 해마다 제정하는 특별법에 의해 국가사무로 지정 또는 귀속되는 사항이 계속 늘어가고 있다.

이 방식을 채택하고 있는 대륙계국의 지방자치기능은 개별적 지정방식을 채택하고 있는 영국계의 지방자치기능보다 훨씬 협소한 상태에 있다. 이 처럼 이 제도는 개별적 지정방식보다 자치권의 범위가 넓은 것 같이 보이나 사실은 정반대이다. 지방자치단체의 사무는 원래 국가사무였는데 이를 중앙정부가 자치단체에 위임한 것으로 보고 중앙정부의 포괄적인 지휘·감독권이 인정되고 있으며, 실제에 있어서 지방자치단체에 대한 사무배분은 행정분야별로 제정되는 특별법의 형식에 의해서 이루어지는 경향이 늘어나고 있기 때문이다.

포괄적 위탁방식은 지방자치단체에 대해서 신축성과 융통성을 제공하고 기능배분방법이 간단하다는 장점이 있다. 그러나 각 행정계층 상호간에 사무배분이 불명확할 뿐만 아니라 지방자치단체가 담당하고 있는 자치사무와 국가위임사무의 한계가 불명료하여 사무처리가 중복되고 상급자치단체의 통제·감독이 심하다는 단점이 있다.

(3) 절충방식(Mixed System)

이는 개별적 지정방식과 포괄적 위탁방식을 절충한 것인데 나이지리아(Nigeria)의 사무목록선정방식과 일본의 예시적 포괄주의방식이 그 대표적인 예이며, 우리나라도 개정된 지방자치법에서 예시적 포괄주의를 채택하고 있다.17)

절충방식에 의한 구체적인 기능배분방식은 다음과 같다. 지방자치단체가 처리할 수 있는 행정기능의 종류와 이를 위한 자치능력의 기준을 자치기본법에 포괄적으로 열거하고 자치단체의 행·재정능력과 규모, 주민의 자치의식 등을 심사할 수 있는 지방공청회를 개최하여 자치단체의 자치능력을 평가하여 이에 적당한 행정 기능을 각령이나 부령에 의해서 개별적으로 부여하는 방법을 말한다.

이러한 절충식은 지방자치의 초보적인 발전단계에 있는 국가에서 많이 채택하고 있으며 개별적 지정방식과 포괄적 위탁방식의 단점을 보완할 수 있다는 장점이 있다. 반면에 그 절차가 복잡하며 행정사무의 종류와 기준을 중앙정부가 정하기 때문에 관치행정의 성격이 농후하고 동일한 자치단체에서도 관치행정과 자치행정이 동시에 이루어지기 때문에 지방행정의 이원화의 우려가 있다.

제 3 절 외국의 국가와 지방간 기능배분

Ⅰ. 영국의 기능배분 내용

국가와 지방자치단체간에 개별적 지정방식을 채택하고 있는 영국의 경우 지방자치정부는 자기의 의사와 책임하에 기능을 수행할 수 있는 권한을 가지고 있는데 자치단체 내부조직권, 인사권, 재정권과 재산관리권

17) 지방자치법 제9조 제2항에 의하면 지방자치단체의 사무를 예시하고 있는 바 그 주요내용을 보면 ① 지방자치단체의 구역, 조직 및 행정관리 등에 관한 사무 ② 주민의 복지증진에 관한 사무 ③ 농림수산·상공업 등 산업진흥에 관한 사무 ④ 지역개발 및 주민의 생활환경시설의 설치·관리에 관한 사무 ⑤ 교육·문화·체육·예술의 진흥에 관한 사무 ⑥ 지역민방위 및 소방에 관한 사무 등을 예시하고 있다.

등이 그 예이다. 지방자치정부는 이와 같은 지방자치권의 속성상 지닌 권한 이외에도 각종 법규 또는 제도적으로 처리할 수 있는 권한과 사무가 많이 있다.[18] 지방자치정부의 기능과 사무를 규정하고 있는 법으로서는 지방자치에 관한 일반법인 지방자치법(Local Government Act) 이외에도 개별법인 사회복지법(Social Services Act)과 주택재정법(Housing Finance Act) 등이 있다.

(1) 국가와 지방자치단체간의 기능배분

영국은 국가와 지방자치단체간에 사무가 명확하게 구분되어 있는 것이 특징인데, 특히 국가의 사무를 지방자치단체에 위임하는 것은 원칙적으로 이루어지지 않고 있다. 주요 기능에 대하여 국가와 지방자치단체간에 배분하고 있는 내용을 보면 다음과 같다.

① 국방 및 외교부문: 전면적으로 국가의 사무이다.

② 경제산업부문: 그 대부분이 국가의 사무이다.

③ 주택부문: 지방자치정부의 사무이다. 다만 국가는 이에 대하여 보조금을 교부하고 있다.

④ 생활환경부문: 그 대부분이 지방자치정부의 사무이다.

⑤ 교육부문: 대학교육은 국가사무이고, 초중등교육과 고교교육은 지방자치 정부의 사무이다.

⑥ 사회복지부문: 연금 등 소득보장은 국가사무이나 아동, 신체장애자, 노인복지 등 대인복지서비스는 지방자치정부의 사무이다.

⑦ 보건 · 의료부문: 그 대부분이 국가의 사무이다.

⑧ 도로 · 교통부문: 대규모 도로관련 사무를 제외하고는 지방자치정부의 사무이다.

⑨ 경찰 · 소방부문: 지방자치정부의 사무이다. 다만 경찰 사무 중 런던시(The City of London)경찰은 전통적으로 국가경찰로 하고 있다.

---

18) 崔順植, 전게서, pp. 116~119.

(2) 지방자치단체간의 기능배분

지방자치단체의 사무는 광역자치단체(county)와 기초자치단체(borough, district)간에 분담하여 처리하고 있는 바, 주요 기능에 대한 배분내용을 보면 다음과 같다.

① 교통·운송 및 도로사무는 광역자치단체의 사무이다. 다만 주요간선도로는 교통성장관 또는 웨일즈담당 국무장관이 담당하고, 지방소도로의 유지관리와 소규모 주차장의 설치에는 기초자치단체가 참여하는 경우가 있다.

② 교육사무는 대도시지역에서는 기초자치단체가, 그 이외의 지역에서는 광역자치단체가 담당한다.

③ 사회복지사무 역시 대도시지역에서는 기초자치단체가, 그 이외의 지역에서는 광역자치단체가 담당한다.

④ 주택사무는 기초자치단체의 소관사무이다.

⑤ 경찰 및 소방사무는 광역자치단체가 담당한다.

⑥ 쓰레기청소사무는 수거와 처리가 분리되어 있는 데 쓰레기 수거사무는 기초자치단체가, 쓰레기 처리사무는 광역자치단체가 담당한다.

⑦ 공원·운동장·수영장·기타 오락시설, 박물관 등의 설치·운영은 광역자치단체와 기초자치단체가 공동으로 담당하거나 기초자치단체만의 소관사항으로 되어 있다.

Ⅱ. 프랑스의 기능배분 내용

프랑스는 국가와 지방자치단체간에 포괄적 위탁방식을 채택하고 있으므로 이론적으로는 지방자치단체가 지역주민의 복리증진을 위해서 어떠한 사무도 처리할 수 있는 포괄적인 권한을 가지고 있다. 그러나 실제적으로 지방자치단체는 국가기관의 일부라는 전통적인 중앙집권적 사상에 의해 매우 좁은 범위의 자주적인 기능과 사무를 수행하고 있다.

프랑스는 중앙집권체제가 강한 국가로서 지방행정에 대한 국가의 관여가 크고, 지방자치단체는 국가의 일선행정기관으로서의 지위를 겸하고 있는 것이 특징이다. 이와 같은 중앙집권적 지방행정체제와 사무배분은

1982년 지방분권의 강화를 위한 지방행정개혁 이후 변화하기 시작하여 중앙정부의 일부 권한이 지방자치단체에 이양되었다. 또한 1983년 「시・읍・면・도 및 레죵과 국가간의 권한배분에 관한 법률」의 제정에 따라 ① 지역계획, 경제개발 및 국토계획, ② 도시계획, ③ 주택, ④ 직업훈련, ⑤ 항만 및 수로, ⑥ 학교교육, ⑦ 사회・보건분야, ⑧ 환경과 문화 등의 분야에 있어서의 세부단위사무를 지방자치단체에 이양하였다.[19]

이처럼 프랑스의 지방자치단체는 국가사무와 지방사무 등 두 가지 사무를 수행하고 있으며 그 내용을 자치단체별로 보면 다음과 같다.[20]

(1) 꼼뮨(Commune; 시・읍・면)의 사무

꼼뮨이 처리하는 국가사무로는 ① 출생・혼인・사망의 등록, ② 선거인명부 등록, ③ 징집대상자 등록이며, 지방사무로는 ① 초등학교관리, ② 꼼뮨경찰, ③ 꼼뮨도로관리, ④ 쓰레기 처리 등 이다.

그러나 이러한 사무배분에 관한 일반원칙은 시・읍・면의 규모에 따라서 많은 차이가 있다는 점이다. 즉 파리, 리용, 마르세이유처럼 규모가 큰 꼼뮨에서는 교통, 관광, 주택, 공원, 시장, 도서관 등의 사무를 지방적 소관사무로 처리하고 있는데 비하여 규모가 작은 꼼뮨에서는 기본적 지방사무마저 처리할 능력이 없어 여러 자치단체가 조합을 형성하여 처리하고 있는 것이 보통이다.

(2) 데빠르망(Departement; 도)의 사무

데빠르망은 당해 지역주민을 위하여 의무적 또는 선택적 고유사무를 처리하고 있는데 예를 들면, ① 중학교관리, ② 사회부조, ③ 보건 및 의료, ④ 지방도 관리, ⑤ 주택공급, ⑥ 관광개발, ⑦ 지방항 관리, ③ 경찰 및 소방, ⑨ 경제개발사업 등이 그것이다.

데빠르망은 또한 중앙정부가 처리해야 할 일선사무(field services)를 처

19) 鄭世煜, 전게서, pp. 177～178; 鄭世煜, "2000년대 국가와 지방자치단체와의 관계," 「2000년대 지방행정의 좌표」 (한국지방행정연구원, 세미나 종합보고서, 1985), pp. 224～226.

20) 崔順植, 전게서, pp. 121～122.

리하고 있는데 ① 공중보건, ② 고용, ③ 교육, ④ 농업·수산업, ⑤ 건설, ⑥ 문서관리 등이 이에 속한다.

(3) 레죵(Region)의 사무

광역행정구역이면서 자치단체인 레죵은 주로 경제적 성격을 지닌 사무를 담당하고 있다. 즉 ① 경제사회개발계획의 추진, ② 토지이용계획의 수립 , ③ 대규모 건설공사, ④ 산업체에 대한 지원, ⑤ 고용 및 직업훈련 사무를 처리하고 있으며, 이밖에도 예술·문화발전에 관한 사무에 관여하고 있다.

Ⅲ. 미국의 기능배분 내용

미국의 지방자치단체는 주정부의 창조물이기 때문에 주별로 지방자치제도가 판이하여 미국의 기능배분에 관하여 설명한다는 것은 매우 어려운 일이다. 그러나 지방자치단체의 권한과 사무를 규정하는 방법에는 대체로 두 가지 방법이 있다. 즉 어떤 주에서는 주정부의 헌법 또는 법령에 의하여 지방자치단체의 조직·운영과 권한·기능 등을 규정하는가 하면, 다른 주에서는 주헌법으로 지방자치권만 인정하고 지방자치단체의 구체적인 권한과 사무는 그 자치단체의 헌장(charter)으로 정하고 있다.[21]

(1) 카운티(County)의 사무

카운티는 주에 따라 그 기능과 사무가 매우 다양하다. 농촌지역이 많은 중서부 및 남부지역의 주에서는 카운티가 기초자치단체로서 기본적인 지방사무, 예컨대 교육, 경찰, 소방, 도로, 사회복지 등의 업무를 처리하고 있다. 반면 많은 주에서는 시(Municipality)나 타운(Town), 또는 타운쉽(Township)이 기초자치단체로서 기본적인 지방행정사무를 처리하고 있기 때문에 카운티는 별다른 지방사무를 가지지 못하는 경우가 있다. 또한 카운티는 대부분의 경우 주정부의 지역기관으로서 ① 사법사무, ② 선거사

---

21) 상게서, pp. 122~123.

무, ③ 주민등록사무, ④ 등기사무 등을 처리하고 있다.

(2) 시(Municipality)의 사무

미국에서 시는 기본적 지방사무를 수행하고 있는 기초적 자치단체로서 주요 사무를 보면 다음과 같다.

① 보호적 사무(protective services): 경찰, 소방, 민방위, 건물·전기·가스안전검사 등

② 환경적 사무(environmental services): 도시계획, 상·하수도, 쓰레기 수거 및 처리, 청소, 공동묘지, 오염방지 등

③ 사회복지사무(social welfare services): 노인·아동·장애자보호, 병원운영, 위생검사, 주택 및 교육 등

④ 공공시설관리(public facilities management): 도로, 공항, 항만, 공원, 위락시설 등

(3) 타운과 타운쉽의 사무

타운과 타운쉽의 사무도 주별로 매우 다르다. 동북부지역, 즉 뉴 잉글랜드에 있는 주에서는 기초적 자치단체로서 시와 같이 주요한 지방사무를 처리하고 있으나 중서부지역이나 남부지역의 주에서는 카운티가 주요한 지방사무를 거의 다 처리하고 있기 때문에 타운이나 타운쉽의 기능은 한정되어 있으며 카운티의 사무에 대한 보완적 사무만을 처리하고 있을 뿐이다.

Ⅳ. 일본의 기능배분 내용

일본의 헌법에서는 지방자치단체가 처리할 수 있는 사무로 주민복지증진사무, 자치행정운영 그리고 재산관리에 관한 사무로 규정하고, 또한 법령의 범위 내에서 조례와 규칙을 제정할 수 있다고 명시하고 있다.

지방자치법에서는 지방자치단체가 처리할 사무를 예시적으로 열거함과 동시에 都·道·府·縣과 市·町·村간의 사무배분원칙을 규정하고 있으며,[22] 또한 동법에서는 사법, 우편, 국가의 운수·통신, 국립의 교육·

병원·박물관 등에 관한 사무는 지방자치단체가 처리하지 못하는 국가사무로 규정하고 있다.[23)]

(1) 도·도·부·현의 사무

도·도·부·현은 중앙정부를 대신하여 당해지역의 사무를 처리하는 중간기관으로서의 성격이 강하다. 도·도·부·현의 지사는 중앙정부로부터 이양된 상당수의 기관위임사무를 처리하고 있는데 이는 전후 일본이 지방행정의 민주화를 추진하였음에도 불구하고 전전과 별로 차이가 없는 중앙집권적 지방행정체제를 유지하고 있는 요인이 되고 있다.

도·도·부·현은 시·정·촌을 포괄하는 광역적 지방자치단체라는 특성에 따라 다음과 같은 사무를 처리한다.

① 사무의 처리효과가 광역적으로 미치는 광역적 사무: 지방종합계획, 치산·치수, 전원개발, 천연자원의 보전·개발, 도로, 대규모 토지개량사업, 산업폐기물의 처리 등

② 전국적으로 동일한 기준에 의해 처리해야 할 통일적 사무: 의무교육, 문화재보호, 경찰관리, 사회복지사업, 노동쟁의 조정 등

③ 국가와 시·정·촌간의 연락조정사무

④ 규모상 시·정·촌에서 처리하기에 부적당한 보완적 사무: 맹학교, 농학교, 연구소, 시험장, 박물관 등

(2) 시·정·촌의 사무

시·정·촌은 지방사무를 수행하는 기초적 행정기관으로서 주민의 일상생활에 관계되는 다음과 같은 사무를 처리하고 있다.

① 공공질서와 주민의 안전·건강의 유지

---

22) 예시적 포괄주의를 채택하고 있는 일본의 사무배분은 법제적으로 ① 고유사무, ② 행정사무, ③ 단체위임사무, ④ 기관위임사무로 분류하고 있다. 고유사무는 지방자치단체의 존립·유지와 주민의 복지증진에 관한 사무이며, 행정사무란 지방자치단체가 그 구역 내에서 지방공공의 이익에 관한 침해를 방지 또는 배제하여 공공의 안녕을 유지하기 위한 사무를 말하고, 단체위임사무란 법령에 의하여 지방자치단체에 속하는 사무를 의미하며, 기관위임사무는 국가 또는 상급자치단체의 사무로서 법령에 의하여 지방자치단체의 장이나 행정위원회 등에 집행이 위임된 사무를 의미한다.

23) 崔順植, 전게서, pp. 124~126.

② 공원, 운동장, 녹지, 도로, 하천 등의 설치 · 관리

③ 상 · 하수도, 전기사업, 가스사업 및 자동차 · 선박 등 교통운수사업

④ 학교, 연구소, 도서관, 박물관, 공회당 등 교육 · 문화에 관한 시설의 설치 · 관리

⑤ 병원, 요양소, 아동복지시설, 노인복지시설, 장애자시설 등 사회복지 시설의 설치 · 운영

⑥ 청소, 공해방지, 쓰레기 처리장, 화장장 등 보건위생사무

⑦ 노동조합, 노동쟁의조정 등 노동관계사무

⑧ 치산 · 치수, 농지개발사업, 경지정리사업, 공유수면 매립사업

⑨ 도시계획사업, 토지구역정리사업 등

⑩ 주민의 호적 · 신분증명 · 등록에 관한 사무 등

제 4 절 한국의 국가와 지방간 기능배분

Ⅰ. 기능배분의 현황

1. 기능배분의 기준실태

우리나라의 지방자치단체는 자치사무(고유사무)는 물론 국가로부터 위임받은 사무를 처리하고 있기 때문에 사무의 종류와 내용이 매우 다양하고 복잡하다. 현행 헌법 제117조는 지방자치단체는 주민의 복리에 관한 사무를 처리한다고 규정하고 있다. 그리고 지방자치법 제9조 제1항은 지방자치단체는 그 관할구역내의 자치사무와 법령에 의하여 지방자치단체에 속하는 사무를 처리한다고 규정하고 있고, 동조 제2항에서는 지방자치단체가 처리할 수 있는 사무를 예시하고 있어 예시적 포괄주의를 취하고 있다. 이는 종전의 헌법과 지방자치법이 지방자치단체의 기능과 사무에 대하여 극도의 개괄적 포괄주의를 취했던 것과는 대조적이다.

이처럼 현행 지방자치법이 예시적 포괄주의를 채택하고 있는 이유는 종전과는 달리 기능배분에 있어 국가사무와 지방자치사무와의 구별을 명

확히 하도록 할 뿐만 아니라 국가와 지방자치단체간의 권한과 책임의 소재, 재정부담, 지도·감독범위 등을 보다 분명히 하도록 하기 위한 것으로 분석되고 있다.[24)]

(1) 국가와 지방자치단체간의 기능배분

지방자치단체는 당해 지역주민의 복리증진을 위하여 아무 제한없이 어떠한 사무나 처리할 수 있는 것은 아니다. 지방자치법 제11조는 국가가 처리하는 사무를 다음과 같이 열거하고 이는 지방자치단체가 처리할 수 없도록 규정함으로써 국가사무와 지방자치단체사무를 명확히 구분하려 하고 있다.

① 외교, 국방, 사법, 국세 등 국가의 존립에 필요한 사무

② 물가정책, 금융정책, 수출·입정책 등 전국적으로 통일적 처리를 요하는 사무

③ 농림·축·수산물 및 양곡의 수·급조절과 수출·입 등 전국적 규모의 사무

④ 국가종합개발계획, 직할하천, 국유림, 국토종합개발계획, 항만, 고속도로, 일반국도, 국립공원 등 전국적 규모 또는 이와 비슷한 규모의 사무

⑤ 근로기준, 측량단위 등 전국적으로 기준의 통일 및 조정을 요하는 사무

⑥ 우편, 철도 등 전국적 규모 또는 이와 비슷한 규모의 사무

⑦ 고도의 기술을 요하는 검사·시험·연구, 항공관리, 기상행정, 원자력개발 등 지방자치단체의 기술 및 재정능력으로 감당하기 어려운 사무

(2) 지방자치단체간의 기능배분

지방자치단체가 수행하고 있는 사무는 광역자치단체에서 처리되어야 할 사무와 기초자치단체에서 처리되어야 할 사무로 나누어진다. 지방자치법에서는 지방자치단체 종류별 사무배분기준을 제시하고 있으며, 동법 시행령에서는 시·도가 처리하여야 할 사무와 시·군 및 자치구에서 처리

24) 李圭煥, 「도시행정론」(서울: 녹원출판사, 1995), pp. 226~228.

하여야 할 사무를 구분하고 있다.

가. 시·도의 사무

지방자치법에서는 시·도가 처리하는 사무의 기준을 다음과 같이 제시하고 있다.[25]

① 행정처리결과가 2개 이상의 시·군 및 자치구에 미치는 광역적 사무

② 시·도단위로 동일한 기준에 따라 처리되어야 할 성질의 사무

③ 지역적 특성을 살리면서 시·도단위로 통일성을 유지할 필요가 있는 사무

④ 국가와 시·군 및 자치구간의 연락·조정 등의 사무

⑤ 시·군 및 자치구가 독자적으로 처리하기에 부적당한 사무

⑥ 2개 이상의 시·군 및 자치구가 공동으로 설치하는 것이 적당하다고 인정되는 규모의 시설의 설치 및 관리에 관한 사무

나. 시·군 및 자치구의 사무

지방자치법에서는 시·군 및 자치구는 시·도가 처리하는 것으로 되어 있는 사무를 제외한 사무를 처리한다고 규정하고 있고, 시·도와 시·군 및 자치구의 사무가 경합하는 경우에는 시·군 및 자치구에서 우선적으로 처리한다고 규정함으로써 시·군 및 자치구가 지방행정서비스를 제공하는 기본적 행정단위임을 분명히 하고 있다.

그리고 지방자치법 시행령에서는 인구가 50만 이상이 되는 시에서는 ① 의료보호시설의 지정, ② 지방공사·공단의 설립·운영, ③ 행정청이 아닌 자에 대한 도시계획사업 시행인가, ④ 도시재개발사업 지정신청, ⑤ 중기 등록 및 말소, ⑥ 규제구역내의 토지거래허가 등 도의 사무 일부를 처리할 수 있도록 사무의 특례제도를 인정하고 있다.

2. 기능과 사무배분의 현황

지방자치단체사무는 지방자치법의 규정에 따라 자치사무, 단체위임사무, 기관위임사무로 구분된다. 지방자치단체의 사무를 이와 같이 자치사무(고유사무)와 위임사무로 구분하는 것은 사무의 실질적 내용에 따른 구

25) 地方自治法 제10조 제1항 제1호 참조.

별이라기 보다는 연혁적인 이유에 의한 것이라고 할 수 있으며[26] 실정법상으로는 자치사무에 대하여는 지방단체의 자치에 맡겨 국가의 감독을 배제하고 그 경비도 지방자치단체가 부담해야 하는데 반하여 위임사무에 대하여는 국가의 감독을 받고 그 경비도 국가가 그 일부를 부담해야 한다는 법제상의 취지를 명백히 한다는데 구별의 의의가 있다.

(1) 자치사무

자치단체의 존립과 주민의 복리증진을 위한 사무로서 지방자치단체의 본래적 사무라는 의미에서 고유사무라고도 한다. 즉, 지방자치단체가 당해지역 주민의 공공복리를 위하여 자기의 의사와 책임하에 적극적으로 처리하고 있는 사무를 말한다.

지방자치단체가 자치사무를 수행하는 데 소요되는 경비는 원칙적으로 그 전액을 지방자치단체의 자주재원과 지방교부세로 충당하여야 한다. 자치사무는 지방자치단체가 자기의 의사와 책임하에 자주적으로 처리하는 사무이므로 이에 대한 국가의 감독은 원칙적으로 합법성의 감독이나 교정적 감독과 같은 소극적 감독에 그치며, 합목적성의 감독이나 예방적 감독과 같은 적극적 감독은 배제된다.

자치사무의 예로서 지방자치법에 명시되어 있는 ① 지방자치단체의 구역, 조직 및 행정관리 등에 관한 사무, ② 주민의 복지증진에 관한 사무, ③ 농림·상공업 등 산업진흥에 관한 사무, ④ 지역개발 및 주민의 생활환경시설의 설치·관리에 관한 사무, ⑤ 교육·체육·문화·예술의 진흥에 관한 사무, ⑥ 지역민방위 및 소방에 관한 사무를 들 수가 있다.

우리나라의 국가와 지방자치단체간의 기능 및 사무배분의 특징은 행정 권한의 중앙집권화의 결과로 중앙정부가 그때 그때의 필요와 희망에 따라 일정한 업무를 자기의 사무로 하여 자치단체에 위임하여 처리하는 위임사무 특히 기관위임사무가 과다하다는 점이다. 따라서 상대적으로 자

26) 지방자치단체의 사무를 자치사무와 위임사무로 구별하는 이론은 유럽에서 역사적으로 발생한 자연법적 지방권사상을 근거로 하여 19세기 이래 독일에서 발전되어 온 것으로서 지방자치단체가 고유하게 가지고 있는 사무를 국가로부터 위임된 사무와 구별한다는 의미에서 사용된 구분인데 자연법이론의 쇠퇴와 더불어 그 의의를 상실하고 있다.

치단체의 고유사무의 비중이 낮아 자치기능을 위축시키고 있으며, 더욱이 기관위임사무의 높은 비중은 국가로부터 적극적인 감독을 받게 된다.[27] 실제 광역시와 시 및 읍의 경우, 고유사무의 비중은 각각 45.4%와 42.3% 및 20.6%이고, 단체위임사무의 비중은 각각 13.2%와 13.3% 및 2.4%이며, 기관위임사무의 비중은 각각 41.4%와 44.4% 및 77.0%로서 위임사무의 비중이 54.6%와 57.7% 및 79.4%나 되고 있다(표 Ⅱ.3.1 참조).

(2) 단체위임사무

단체위임사무는 지방자치단체의 본래의 사무가 아니고 지방자치단체가 법령의 특별한 규정에 의하여 국가 또는 상급자치단체로부터 위임받아 처리하는 사무를 의미한다. 단체위임사무라도 일단 지방자치단체에 위임된 이상은 자치사무와 마찬가지로 자치단체의 사무로 취급된다. 다만 법령상 중앙통제가 가해지는 범위가 자치사무에 비하여 보다 넓고, 경비의 일부를 국고에서 부담하는 정도의 차이가 있다.

단체위임사무에 대한 감독은 합법성의 감독이외에 합목적성의 감독까지도 허용된다고 하겠으나 예방적 감독은 원칙적으로 허용되지 않는다. 단체위임사무란 그 사무의 성질상 전국적 이해관계가 있을 뿐만 아니라 동시에 지방적 이해관계도 가지고 있으므로 지방자치단체가 이를 처리하는데 필요한 경비는 국가와 지방자치단체가 분담하는 것이 원칙으로 되어 있다.

법령상의 단체위임사무는 ① 법령에 국가 또는 지방자치단체에게 위임한다는 규정이 있을 경우, ② 법령상 ○○시·군에 ××위원회(원)를 둔다는 규정과 함께 사무내용을 표시하는 경우, ③ 시·도지사 또는 시장·군수가 시행한다는 규정을 두고 그 사무가 국가적·지방적 이해관계를 공유하고 있을 때이다.[28]

---

27) 李圭煥, 전게논문, pp. 149~150.

28) 단체위임사무의 예로서는 시·군의 국세·도세징수사무(국세징수법 제8조, 지방세법 제63조), 시·도의 하천보수·유지사무(하천법 제16조). 시·도의 국도유지·수선사무(도로법 제 24조 제1항) 등이 있다.

〈표 Ⅱ.3.1〉 자치단체별 사무배분실태

사무별 \ 단체별	시·도		시·군·자치구			읍·면·동		
	광역시	도	시	군	자치구	읍	면	동
총계	2,280 (100.0)	2,202 (100.0)	1,486 (100.0)	1,399 (100.0)	1,072 (100.0)	539 (100.0)	486 (100.0)	344 (100.0)
자치사무	1,034 (45.4)	811 (36.8)	629 (42.3)	528 (37.7)	259 (24.2)	111 (20.6)	114 (23.5)	77 (22.4)
단체위임사무	300 (13.2)	312 (14.2)	198 (13.3)	233 (16.7)	9 (0.8)	13 (2.4)	9 (1.9)	9 (1.7)
기관위임사무	946 (41.4)	1,079 (49.0)	659 (44.4)	638 (45.6)	804 (75.0)	415 (77.0)	363 (74.6)	261 (75.9)

자료: 이규환, 「도시행정론」(서울: 녹원출판사, 1995), p. 229.

(3) 기관위임사무

법령의 규정에 의해 국가 또는 상급자치단체로부터 지방자치단체의 장, 기타 집행기관에 위임되는 사무를 의미하며, 지방자치법을 일반적 근거로 하고 있다.[29] 이처럼 기관위임사무는 법령상의 권한위임 규정에 의거하여 지방자치단체의 장에게 위임된 사무이다. 이러한 사무는 그 성질상 지방적 이해관계보다 국가적 이해관계가 커 국가가 직접 자기의 기관을 설치하여 처리해야 함에도 불구하고 자치단체의 기관에 위임하여 처리하는 것이므로 위임받은 지방자치단체의 집행기관은 국가의 하급기관으로서의 지위에서 그 사무를 처리한다.

이처럼 기관위임사무는 그 수임기관이 자치단체가 아닌 자치단체의 장이 집행기관이며, 따라서 지방자치단체의 사무가 아니므로 지방의회는 그 사무처리에 관여할 수 없다. 기관위임사무의 처리에 소요되는 경비는 그 전액을 국고에서 부담하는 것을 원칙으로 하며, 이 경우에 교부되는 자금은 의무적인 위탁금 또는 교부금으로서의 성격을 갖는다. 한편 기관위임사무에 대한 위임기관의 감독은 수임기관이 그 사무를 위임기관의

29) 국가사무의 위임관계를 규정하고 있는 지방자치법 제102조를 보면 「시·도와 시·군·자치구에서 시행하는 국가사무는 법령에 다른 규정이 없는 한 시·도지사와 시장·군수·자치구의 구청장에게 위임하여 행한다」라고 되어 있다.

하급기관의 지위에서 처리하는 것이므로 교정적 감독과 합법성의 소극적 감독뿐만 아니라 예방적 감독과 합목적성의 적극적 감독까지도 허용되고 있다.

Ⅱ. 기능배분의 문제점

현행 국가와 지방자치단체간 그리고 지방자치단체 상호간의 권한 및 기능배분상에는 많은 문제점이 있다. 특히 위임사무의 경우 그 위임이 권위주의적이고 관치적이라는 점에서 몇 가지 문제점이 제기되고 있다.

(1) 과다한 기관위임사무

중앙정부로 부터의 위임적 성격을 띤 사무가 지나치게 많다는 점이다. 특히 권한은 없으면서 책임만 따르는 기관위임사무가 많아 지방행정의 자율적 발전을 저해하고 있다.[30] 자치단체는 주민의 복리에 관한 사무보다 기관위임사무를 처리하는데 많은 노력을 동원하여야 하는데 중앙정부나 상급자치단체의 포괄적인 지휘·감독을 받음으로써 지방자치는 공동화를 초래하고 있다.

(2) 권한과 책임의 불일치

자치단체 계층간의 권한과 책임에 관한 명문의 규정이 없기 때문에 위임행정에 있어서 책임은 수임기관에 위임되지만 권한은 위임기관이 갖게 되어 권한과 책임에 있어서 불균형을 초래하고 있다. 특히 위임사무에 대한 필요조치가 미흡하다는 점이다. 중앙정부는 필요에 따라 자기의 사무를 지방자치단체에 위임하여 처리하는 경우 거기에 상응하는 인력, 예산, 기술 등의 지원이 있어야 하는데 현실은 그렇지 못한 것이다.

(3) 자의적인 사무위임

단체위임이나 기관위임은 법령의 근거에 의하도록 하고 있으나 법령

---

30) 李圭煥, 전게논문, pp. 151~152; 鄭世煜, 전게서, pp. 205~206.

에 있어서 명령은 국가행정기관의 직권에 의해서도 발해질 수 있기 때문에 위임이 상급기관의 재량·자의에 의해 좌우된다. 특히 기관위임은 일반통첩이나 예규에 의해서도 이루어지고 있어 위임행정에 있어서 국가나 상급자치단체의 재량이 지나치게 작용한다.

(4) 과도한 지휘·감독

자치사무에 대한 지휘·감독권은 법령의 명확한 근거를 요하고 위법한 경우에만 감독기관은 자치단체의 명령·처분을 취소·정지할 수 있으며, 감독은 교정적·사후적·합법적인 방법으로 행해지는 것이 원칙이나 현실은 그렇지 못하고 과도한 지휘·감독을 하고 있는 실정이다.

(5) 기능배분에 대한 불명확한 기준

지방행정사무에는 자치사무·단체위임사무·기관위임사무가 있으나 위임행정에 대한 법령이 체계화되어 있지 않다. 또한 국가와 자치단체간 및 자치단체계층간의 기능배분이 불명확하기 때문에 국가재정과 지방재정의 구성비, 국세수입과 지방세수입의 비율, 나아가서는 지방교부세 비율을 각각 얼마로 할 것인가를 합리적으로 정할 기준이 없다.

Ⅲ. 기능배분의 발전방향

(1) 중앙행정권한의 지방이양 확대

현재 국가기능 가운데 목적별·행정수단별 분석을 통하여 지방자치단체가 수행하는 것이 적절하다고 판단되는 것은 지방자치단체에 이양하는 것이 지방분권화를 위해 바람직하며 이는 지방자치제의 실질적 구현을 위해서도 필요한 조치인 것이다.[31]

① 인·허가 등 행정의 현지성·봉사성 성격이 강한 공공복지기능은 대폭적으로 지방자치단체로 이양하고

② 부분적인 단위사무중심의 이관을 지양하고, 관련 기능을 총체적으

---

31) 李圭煥, 전게서, pp. 232~233.

로 이관함으로써 업무의 일관성을 강화하며

③ 자치행정적 성격의 기능은 자치사무화하고, 단순히 행정능률의 향상이나 주민편의의 제고를 위한 것은 이양토록 한다.

(2) 중앙과 지방간의 기능재정립

지방자치기반확충을 위한 방안으로 가장 중요한 것 가운데 하나는 지방분권에 의한 자치권한의 확대이다. 따라서 지방자치단체가 행하고 있는 현재의 기능가운데 단체위임사무의 거의 전부와 기관위임사무의 상당부분은 자치단체의 고유한 자치사무로 전환시키고 나머지 일부를 국가와 지방의 공동사무로 하고 순수한 국가위임사무는 최소화함으로써 중앙정부의 지나친 감독과 보조상의 문제점을 시정할 수 있다.[32]

① 자치사무의 비중을 증대시키고, 국가사무 및 공동사무의 비중을 약화시키며,

② 자치사무는 도시지역일수록 강화하고, 국가사무는 도 및 군 자치단체에 더 큰 비중을 두게하고,

③ 공동사무의 폭을 줄여서 경비부담과 국가감독상의 혼란을 방지토록 한다.

이와 같은 원칙 내지 기준하에 사무배분을 재정립하면 〈표 Ⅱ.3.2〉와 같다. 제1안으로부터 제3안으로 갈수록 개편의 폭이 커서 실천가능성이 희박해지는 반면 지방자치제의 입장에서 보면 보다 바람직하고 이상적인 형태를 띠게 된다. 이러한 기능재배분의 3개 대안은 실천가능성을 고려한 발전적 전략으로서 단계별 대안선택의 방법을 취함이 바람직하다.

(3) 지방특별관서와의 기능조정

각 중앙부처가 행정 편의 중심으로 자기의 일선행정기관을 지방에 설치하고자 하는 경향이 있다. 이러한 중앙정부의 지방특별관서가 지방자치단체와 유사한 업무를 관장하는 경우가 많아서 지방정부의 기능을 약화시키고 있다. 또한, 종합행정기관으로서의 역할을 다하지 못하는 결과를

---

32) 李圭煥, 전게논문, pp. 170～172.

초래할 뿐만 아니라 행정의 중복과 혼란을 초래하는 경우가 많다. 예를 들면 지역개발 및 건설에 관한 사무, 병사 및 원호에 관한 사무, 농림수산에 관한 사무 등이 그 대표적인 것이다. 이러한 지방행정의 이원화는 투자의 낭비와 행정의 비능률을 초래하게 된다.[33]

지방자치확충을 위해서는 지방특별관서의 혼란을 지양하거나 자치단체와의 기능조정을 통하여 책임과 권한의 한계를 명확히 하고 이중행정에 따른 낭비를 방지토록 한다.

특히 다음과 같은 성격을 띤 기능을 수행하는 지방특별기관은 지방자치단체에 우선적으로 흡수토록 한다.

〈표 Ⅱ.3.2〉 자치단체 사무의 성질별 배분대안

(단위: %)

대안	단체별 / 성질별	광역자치단체		기초자치단체	
		광역시	도	시	군
현재	계	100.0	100.0	100.0	100.0
	자치사무	45.4	36.8	42.3	37.7
	기관위임사무	41.4	49.0	44.4	45.6
	단체위임사무	13.2	14.2	13.3	16.7
제 1안 (소폭개편안)	계	100.0	100.0	100.0	100.0
	자치사무	57.0	45.0	52.0	49.0
	국가사무	33.0	42.0	38.0	40.0
	공동사무	10.0	13.0	10.0	11.0
제 2안 (중폭개편안)	계	100.0	100.0	100.0	100.0
	자치사무	68.0	53.0	64.0	60.0
	국가사무	24.0	36.0	28.0	31.0
	공동사무	8.0	11.0	8.0	9.0
제 3안 (대폭개편안)	계	100.0	100.0	100.0	100.0
	자치사무	80.0	60.0	75.0	70.0
	국가사무	15.0	32.0	19.0	23.0
	공동사무	5.0	8.0	6.0	7.0

33) 상게논문, pp. 151~152.

① 지방종합행정의 성격을 띤 기능

② 지방자치단체와 협의를 요하는 기능

③ 지방행정구역내에서 수행될 수 있는 국지적 기능

④ 특수한 기술이나 지식을 요하지 않는 기능

이러한 기능을 수행하는 지방특별관서로는 ① 지방국토관리청, ② 지방병무청, ③

지방보훈청, ④ 지방노동청 등이 해당된다 하겠다.

제 4 장 지방자치단체에 대한 중앙통제

제 1 절 중앙통제의 의의

Ⅰ. 중앙통제의 개념

중앙통제(central control)란 일반적으로 지방자치단체에 대한 국가의 통제를 의미하며, 보다 넓게는 기초자치단체에 대한 상급자치단체의 통제도 포함하는 개념이다.[1] 지방분권이 아무리 잘되어 있다고 하더라도 국가적 차원에서 관여가 요청되는 문제들이 있으며, 또한 국정의 통일과 책임문제가 있기 때문에 어느 정도 중앙정부는 지방자치단체에 대한 통제권을 가지고 있다. 그러나 중앙정부의 통제는 지방의 분권화를 전제로 할 때 가능하다. 이는 중앙집권화상태에서는 지방정부에 대한 통제가 당연한 것이기 때문이다.

중앙통제는 지방분권이 잘 되어 있는 상태에서 행정의 통일성과 지역간 균형을 도모한다는 점에서 그 의의를 찾아야 하며, 후진국에서 흔히 볼 수 있는 것처럼 중앙통제가 전제정치의 수단으로 사용되어 지방정부를 예속화시키는 것은 곤란하다. 따라서 중앙정부는 지방정부를 지휘·감독한다는 입장에서가 아니라 각 지방자치단체간의 업무상 갈등을 해결하고 지역별로 균형있는 성장을 유도해야 한다는 입장에서 동반자적인 자세로 임해야 한다. 이에 따라 중앙통제의 방법에 있어서도 비권력적인 지원과 조언적인 성격으로 나타나야 할 것이다.

---

1) 鄭世煜, 「地方行政學」(서울: 法文社, 1998), pp. 210~211.

이러한 중앙통제가 필요한 것은 국가이익이나 발전목표에 지방자치단체를 동반자로 유도하기 위한 것이라 하겠다. 예컨대, 각 자치단체의 복지수준, 교육수준, 보건·위생수준, 주택·교통·급수 등 생활환경수준 등은 자치단체의 기능영역에 속한다고 하지만 자치단체별 행·재정능력의 차이로 복지, 교육, 생활환경수준은 많은 차이가 나타나고 있다. 이럴 경우, 낙후된 자치단체만의 문제가 아니라 국가사회의 전체적인 문제가 되는 것이다. 국민최저수준(national minimum level)이란 용어를 쓰고 있는 이유도 바로 여기에 있다. 따라서 국가는 모든 지방자치단체들에게 일정한 행정수준을 유지하기 위하여 중앙통제가 필요한 것이다.

따라서 중앙통제는 모든 국민과 사회의 전체적 발전을 도모해야 하는 국가가 일정한 주민과 지역사회의 부분적 발전을 도모하는 지방자치단체와 여러 가지 방법으로 교섭, 지도, 원조, 협력, 조정, 감독하는 과정을 의미한다.

중앙통제는 국가가 우월한 지배력을 가지고 지방자치단체를 일방적으로 지배, 압박, 강요하는 관점에서만 파악되어서는 아니되며, 국가는 전체적 입장에서 능력을 충분히 발휘하고, 동시에 지방자치단체는 그 고유의 영역에서 독립성을 유지하며, 중앙과 지방이 서로 부족한 점을 보완하고 협력함으로써 궁극적으로 국가전체의 이익이나 발전목표를 도모한다고 하는 폭넓은 관점에서 파악되어야 하는 것이다.[2)]

Ⅱ. 중앙통제가 강화되는 이유

현대에 있어서 지방자치는 어디까지나 국가통치의 일부이며, 그러한 국가통치의 범위안에서만 인정되는 것이다. 이러한 현대지방자치의 본질에 따라서 각 지방자치단체는 국가의 정치적 통일성을 유지하는 범위안에서 자치행정을 독자적으로 처리해나가는 지위에 있다. 따라서 국가로부터 완전히 분리되어, 완전히 독자적으로 운영되는 지방자치란 있을 수 없으며, 중앙통제로부터 완전히 벗어난 지방자치단체도 있을 수 없는 것이

2) 崔昌浩, 「地方自治學」(서울: 三英社, 1995), p. 720.

다.[3]

그런데 오늘날 신중앙집권화가 촉진됨에 따라 중앙정부가 지방자치단체에 대한 통제가 강화하는 경향이 현저하게 나타나고 있는 바, 이와 같이 중앙통제가 강화되는 이유는 다음과 같다.[4]

(1) 행정기능의 양적 확대

행정기능의 양적 확대에 있다. 지방정부는 중앙정부와 비교할 때 주민들의 생활환경의 정비 · 개선, 복지 증진과 같은 기능의 양이 급격히 늘어나고 있는 반면에 이러한 행정수요의 팽창에 능동적으로 대처해 나갈 행 · 재정능력은 매우 부족한 실정에서 중앙정부의 재정적 원조가 절실히 필요하게 되었다.

(2) 행정기능의 질적 복잡화 · 고도화

행정기능의 질적 복잡화 · 고도화에 기인하고 있다. 행정기능이 적극적으로 영세민생활대책, 실업대책, 노사문제, 사회보장 등 복잡화 · 전문화된 기능을 수행하게 되면서 지방정부는 이러한 기능을 수행하는데 요청되는 고도의 지식과 기술, 능력을 갖추고 있지 못하다. 따라서 중앙정부의 지식적 · 기술적 원조와 지도, 권고, 조언, 정보제공, 사전승인 등을 받게 된다.

(3) 지방적 사무의 전국적 이해관계화

지방적 사무의 전국적 이해관계화에 기인하고 있다. 교통 · 통신의 발달로 생활권의 범위가 확대되면서 지방적 사무와 국가적 사무간의 한계가 불명확하게 되었다. 따라서 국가는 보다 광역적인 관점에서 자치단체의 기능수행을 조정해야 할 필요성이 대두된 것이다.

3) 상게서, pp. 720~721.
4) 鄭世煜, 전게서, pp. 212~214.

제 2 절 중앙통제의 방식

Ⅰ. 중앙통제의 일반적 방식

중앙통제의 방식은 일반적으로 입법통제, 사법통제 및 행정통제 등 세 가지 형태로 구분된다.

(1) 입법통제(legislative control)

입법적 통제는 국가의 입법기관인 의회가 지방자치단체에 대하여 행하는 통제로서, 입법절차를 통하여 이루어지며 중앙통제의 기본적 방식이라고 할 수 있다. 이는 중앙정부가 지방자치단체의 권한 범위를 법령으로 정하여 그 범위안에서 권한을 행사하도록 하는 것을 의미한다. 국회에서 제정된 법률이 명시적으로 수권하지 않는 한 지방자치단체는 어떠한 권한도 가질 수 없으며, 중앙정부 또한 법령에 의하지 않고는 지방자치단체에 대하여 권한을 행사할 수 없는 것이다.[5)]

우리나라의 중앙통제는 기본적으로 법률의 형식으로 행사된다. 즉, 「지방자치단체의 조직과 운영에 관한 사항은 법률로 정한다」는 헌법의 규정(헌법 제 118조 제2항)이 바로 입법통제의 근거가 되고 있다. 지방자치단체의 모든 권한과 의무가 법률로서 규정되고 있는바, 지방자치법을 비롯한 기타 관계법규가 그러한 법률에 속한다. 우리나라의 지방자치법은 지방자치단체의 권한·의무를 자치단체의 종류별로 예시하고 있는 경우가 그것이다. 이처럼 입법통제는 법률의 제정에 의한 것이므로 일반적·개괄적 성질을 가진다.[6)]

입법적 통제와 관련하여 의회소속의 감사기관인 옴부즈만(Ombudsman)제를 채택하고 있는 나라도 있다. 불량행정(maladministration)으로부터 시

5) 崔昌浩, 전게서, pp. 723~724; 韓國地方自治學會, 「韓國地方自治學」 (서울: 三英社, 1995), p. 553.

6) 鄭世煜, 전게서, p. 215.

민을 보호하기 위한 옴부즈만제는 스웨덴에서 채택한 이래 1950년대부터 다른 나라에서도 이를 채택하게 되었는데, 현재에는 북유럽제국과 영국, 프랑스, 미국의 일부 주(예: 하와이주), 캐나다의 일부 주(예: Alberta주), 뉴질랜드 등에서 채택하고 있다.

(2) 사법통제(judicial control)

사법적 통제는 국가의 사법기관인 법원이 지방자치단체에 대하여 행하는 통제로서, 쟁송절차를 통하여 이루어지는 통제를 말한다. 이는 지방자치단체가 법률에 의하여 부여된 권한을 벗어나는 행위를 할 때 이를 무효로 하거나 취소 또는 정지시킴으로써 법질서를 유지하는 것을 의미한다. 지방자치단체는 업무수행상 위법하게, 주민의 권익을 침해하거나 권한을 행사할 수 없는 것이다.

사법적 통제는 지방자치단체가 법률을 위반하는 경우에 그를 시정하기 위하여 취해지는 것으로 입법적 통제와 상호보완관계에 있다고 하겠다. 이러한 사법적 통제는 행정활동에 대한 사후적 통제로서 행정행위에 대한 합법성을 보장할 수 있는 특징을 갖고 있다.[7]

우리나라는「법령, 규칙 또는 처분이 헌법이나 법률에 위반되는 여부가 재판의 전제가 된 경우에는 대법원은 이를 최종적으로 심사할 권한을 가진다」는 규정이 사법통제의 근거가 되고 있다. 그러나 오늘날 사법적 통제는 각국에서 중앙통제의 방식으로서 퇴색하는 추세에 있으며, 그 이유는 다음과 같다.

① 사후적, 소극적 통제이며, 사후구제에 불과한 점

② 수속·절차가 복잡하며, 당사자에게 과중한 경비부담을 주는 점

③ 구제에 장시간을 요하는 점

④ 행정처분을 무효로 하거나 취소·정지시킬 수 있을 뿐이지 적극적으로 행정행위를 하도록 요구할 수 없는 점

⑤ 고도의 전문기술이 요구되는 자치행정은 그 분야의 전문가가 아닌 법관이 판단하기 때문에 법의 형식논리에만 치우칠 우려가 있는 점 등이다.

---

7) 상게서, p. 216; 崔昌浩, 전게서, p. 725.

(3) 행정통제(administrative control)

행정적 통제는 국가의 행정기관인 행정부가 지방자치단체에 대하여 행하는 통제로서, 행정절차를 통하여 이루어지는 통제를 말한다. 이는 지방자치단체의 활동이 국가전체의 발전에 이바지하도록 그 방향을 설정하고 진행을 유도하며 결과를 확인하는 것을 의미한다. 지방자치단체도 국가의 통치구조의 일부분이기 때문에 국가가 정립하여 추진하는 시책의 구현을 위하여 노력하여야 하는 것이다.

행정적 통제는 오늘날 중앙통제 가운데 가장 광범하고 중요한 방식이 되었다. 그 이유는 중앙정부와 지방정부가 처리해야 할 행정기능이 양적으로만 현저하게 확대되었을 뿐만 아니라 질적으로도 매우 복잡화·고도화되었기 때문이다. 입법적 통제가 융통성이 없고 따라서 환경의 변화에 대한 적응력이 약하며, 또한 사법적 통제가 원칙적으로 사후적 통제라는 점에서 입법적 통제와 마찬가지로 사태변화에 신속히 대응할 수 없는데 비하여 행정적 통제는 전문적인 지식과 기술을 수반할 뿐만 아니라 구체적이고 신속하기 때문에 지방자치단체의 행정활동을 적극 지도해 나가는데 가장 효과적이라는 점에 있다.

그러나 행정적 통제가 지나치면 지방자치의 본질을 해치고, 행정능률을 저하시키며, 지역주민의 의욕과 창의력을 저해한다. 특히 통제가 권력적일 때에는 더욱 그러한 것이다.

따라서 행정통제의 장·단점을 정리해보면 다음과 같다.[8]

먼저 장점을 보면

① 지방행정을 수행하는데 요구되는 지식과 기술을 자치단체에게 보충해준다는 점

② 지방행정과정에서 예상되는 과오를 미연에 방지하거나 교정할 수 있다는 점

③ 자치단체간의 행정수준의 차이를 완화하여 국민생활의 균형을 유지하는데 도움이 된다는 점

④ 자치단체가 치안·위생·보건 등 중요한 행정사무를 소홀히 다루

---

8) 鄭世煜, 전게서, p. 217.

지 못하도록 한다는 점

⑤ 자치단체의 기능확대에 따른 부족재원을 지원받을 수 있게 하는 점 등이다.

그러나 행정통제는 다음과 같은 단점을 지니고 있다.

① 행정통제가 지나치게 강화되면 지방자치의 본질을 해치게 된다는 점

② 지나친 관여는 지방정부의 사기를 저하시키고 행정능률을 떨어뜨린다는 점

③ 지방의 특수성과 실정에 맞는 행정수행을 곤란하게 한다는 점

④ 지방행정기능의 자기결정성과 자기책임성이라는 지방주민들의 욕구를 충족시키기 곤란하다는 점 등이다.

Ⅱ. 우리나라의 중앙통제 방식

중앙통제의 방식은 일반적으로 입법통제, 사법통제, 행정통제의 세 가지 형태로 구분되는데 오늘날에는 선·후진국을 막론하고 행정통제가 상대적으로 큰 비중을 차지하게 되었다. 따라서 본문에서는 우리나라 행정통제를 중심으로 살펴보고자 한다.

1. 행정전반에 관한 통제

중앙행정기관의 장 또는 시·도지사는 감독상 필요할 때에는 산하 자치단체의 사무에 관하여 조언 또는 권고하거나 지도할 수 있으며, 이를 위하여 필요한 때에는 지방자치단체에 자료의 제출을 요구할 수 있다.[9]

또한 ① 예산, ② 결산, ③ 조례·규칙의 제정 등도 시·도에 있어서는 행정자치부장관에게, 시·군 및 자치구에 있어서는 시·도지사에게 보고해야 한다.[10] 뿐만 아니라 감사원은 감독상 필요한 계산서, 증거서류, 조서, 기타의 서류나 물품 등을 제출시키거나 봉인하거나 일정한 자의 출석답변을 요구할 수 있다.[11]

---

9) 地方自治法 제166조 제1항 참조.

10) 地方自治法 제133조 제2항, 제134조 제2항 및 제28조 참조.

행정자치부장관 또는 시·도지사는 지방자치단체의 자치사무에 관하여 보고를 받거나 서류·장부 또는 회계를 감사할 수 있다. 다만 감사는 법령위반사항에 한하여 실시하도록 하였다.[12]

중앙행정기관의 장 또는 시·도지사는 자치단체에 대하여 조언·권고와 기술적인 지도를 할 수 있다.[13] 그러나 실제로는 지방의 실정을 고려하지 않고 일방적·획일적으로 명령을 내리는 것이 보통이다.

지방자치법·동법 시행령, 지방공무원법, 기타의 법령은 중요한 조례, 규칙의 제정을 비롯한 광범위한 사항에 대하여 사전승인제를 규정하고 있다. 예컨대, 직속기관의 설치나 자치구가 아닌 구와 읍·면·동 행정기구의 설치의 승인 등이 그것이다.[14]

또한 지방자치단체의 사무에 관한 그 장의 명령이나 처분이 법령에 위반되거나 현저히 부당하여 공익을 해한다고 인정될 때에는 시·도에 대하여는 주무부장관이, 시·군 및 자치구에 대하여는 시·도지사가 기간을 정하여 서면으로 그 시정을 명하고 그 기간내에 이를 이행하지 않을 때에는 이를 취소하거나 정지할 수 있다. 다만 자치사무에 관한 명령이나 처분에 있어서는 법령에 위반하는 것에 한한다[15]고 규정함으로써 중앙정부에 매우 강력한 통제·감독권을 부여하고 있다.

이처럼 우리나라의 행정전반에 걸친 행정통제 방식은 보고, 조언, 권고, 기술적인 지도, 지원, 자료제출 등 비권력적 통제방식 뿐만 아니라 사전승인, 시정명령, 취소·정지, 감사 등 권력적 통제도 많음을 알 수 있다.

2. 인사에 관한 통제

지방자치단체에 대한 인사상의 통제는 중앙통제로서 가장 큰 영향을 주는 것이라 할 수 있다. 이것은 임면 뿐만 아니라 전보·승진 등의 다방면에 걸쳐 강력한 통제를 할 수 있기 때문에 지방행정의 통일성을 확보

---

11) 監査院法 제25조 및 제27조 참조.
12) 地方自治法 제171조 참조.
13) 地方自治法 제166조 제1항 참조.
14) 地方自治法 제113조 제2조 및 제120조 참조.
15) 地方自治法 제169조 제1항 참조.

할 수 있다. 특히 종전의 자치단체의 장과 지방정부의 고위직을 정부가 임명했을 때는 중앙정부의 통제력이 막강하였으나 지난 1995년부터 자치단체의 장을 주민직선으로 뽑고, 자치단체의 국가공무원 중 대부분을 지방공무원으로 전환하면서 오늘날 인사상의 통제는 크게 약화되었다고 할 수 있다.

특별시·광역시의 부시장과 도의 부지사는 정무직 또는 일반직 국가공무원으로 보하되, 그 직급은 대통령령으로 정한다.[16] 다만, 특별시·광역시의 부시장, 도의 부지사를 2인 이상 두는 경우에 1인은 대통령령이 정하는 바에 의하여 정무직 또는 별정직 지방공무원으로 보한다. 그러나 부시장·부지사가 지방자치단체의 기관인 만큼 시·도지사의 제청으로 행정자치부장관을 거쳐 대통령이 임명토록 하였다. 이때 시·도지사가 제청한 자에게 법적 결격사유가 없는 한 30일 이내에 임명절차를 끝내도록 함으로써 정치적 이유로 임명이 지연되지 못하도록 하였다.

부시장, 부군수 및 부구청장은 시장·군수 및 구청장이 임명하는 일반직 지방공무원으로 보하되 그 직급은 대통령령으로 정한다.[17]

지방자치단체에는 법률로 국가공무원을 둘 수 있는데, 5급 이상은 당해 자치단체장의 제청으로 대통령이, 6급 이하는 당해자치단체장의 제청으로 소속장관이 임명한다.[18]

지방자치단체에 배치하는 지방공무원의 정원은 대통령령이 정한 기준에 따라 그 자치단체의 조례로 정한다.[19]

3. 재정에 관한 통제

지방자치단체의 재정에 대하여도 여러면에서 중앙통제가 행해진다. 첫째로 재정보조를 통한 통제이다. 구체적인 방식으로 국고보조금에 있어서의 국고보조율과 지방비부담율, 지방교부세에 있어서의 교부세율을 법령으로 정한다. 특히 국고보조금의 지급액산정과 비용용도제한 및 그 운영

16) 地方自治法 제110조 제2항 및 제3항 참조.
17) 地方自治法 제110조 제4항 참조.
18) 地方自治法 제112조 제6항 참조.
19) 地方自治法 제112조 제2항 참조.

에 대한 감독 등을 통하여 지방재정을 통제한다. 그리고 지방교부세의 교부액산정, 교부시기 결정 등을 통하여 지방재정을 통제한다.

둘째로, 기채승인을 통한 통제이다. 종전에는 행정자치부장관은 지방자치단체에 항구적인 이익이 되거나 비상재해복구 등을 위하여 필요한 때에 한하여 지방자치단체의 기채를 승인하였으나 개정된 지방자치법에서는 자치단체의 장이 지방채를 발행할 수 있다.[20]

특히 지방채를 발행하는데 행정자치부장관의 승인을 받도록 하는 이유는 ① 자치단체의 자금수요도 국민경제에 역기능적 요인이 될 가능성이 있으므로 국가전체의 자금계획에 포함시켜 종합적인 조정을 도모해야 하고, ② 한정된 자금이 일부 자치단체에 편재되지 않도록 적정하게 배분해야 하며, ③ 무리한 부담을 장래에 전가시킴으로써 재정을 문란시키는 자치단체가 발생하지 않도록 하려는데 있다.[21]

셋째로 예산편성지침을 통한 통제이다. 행정자치부장관은 매 회계연도마다 지방자치단체의 예산편성기본지침을 작성하여 전년도 8월 31일까지 지방자치단체에 시달한다. 지방자치단체는 이 예산편성기본지침에 준용하여 예산을 편성해야 하기 때문에 통제력을 갖는다.

4. 감사에 의한 통제

감사원은 회계검사를 통하여 지방자치단체의 세입·세출의 결산을 확인한다. 회계검사의 결과를 처리하는 것으로는 자치단체 회계관계공무원의 책임을 판정하여 징계를 요구할 수 있는 권한을 가진다.

우리나라 행정감사규정은 감사대상으로서 ① 기본운영계획의 시행, ② 법령의 집행, ③ 인사관리, ④ 훈령·지시·통첩의 시행, ⑤ 문서의 처리·관리, ⑥ 민원사무의 처리 등에 관한 사항을 예시하고 있다. 또한 감사원은 지방자치단체 및 소속공무원의 직무를 감찰하여 행정의 개선 향상을 도모한다. 첫째, 감사원은 감사의 결과 위법·부당하다고 인정되는 사실이 있을 때에는 소속장관·감독기관의 장 또는 그 자치단체의 장에

20) 地方自治法 제124조 제1항.
21) 鄭世煜, 전게서, pp. 237~238.

게 시정 · 주의 등을 요구할 수 있다. 둘째, 제도상 또는 행정상의 모순이 있거나 기타 개선할 사항이 있다고 인정할 때에는 소속장관 · 감독기관의 장 또는 자치단체의 장에게 제도상 · 행정상의 개선을 요구할 수 있으며, 이러한 요구를 받은 지방자치단체의 장은 그 조치 또는 개선의 결과를 감사원에 통지하게 되어 있다.[22]

제 3 절 중앙통제의 한계와 방향

Ⅰ. 중앙통제의 한계

오늘날 행정국가에 있어 행정기능이 양적으로 확대되고 질적으로 복잡화 · 고도화되면서 그리고 지방적 사무가 전국적 이해관계화되면서 자치행정에 대한 중앙통제는 중앙정부로 하여금 자치단체를 지도 · 육성한다는 관점에서 그 어느 때보다 필요하게 되었다. 그러나 자치단체에 대한 지나친 관여나 간섭은 자치단체의 의욕을 떨어뜨리고 지방정부의 자주적 활동영역을 좁히게 되며 지방적 특수이익을 소홀히 하게 된다. 결국 지방행정의 민주화를 정면으로 부정할 우려가 있다. 중앙통제의 불가피성을 인정하면서도 동시에 그 한계를 주장하게 되는 이유는 바로 여기에 있다.[23]

(1) 행정전반에 관한 통제의 한계

중앙정부는 자치단체로부터 받는 보고의 수를 가급적 줄임으로써 보고서 작성에 따르는 과중한 업무량을 감소시켜야 한다. 우리나라는 정기보고이외에 수시보고의 요구가 많아 자치단체는 보고서 작성에 많은 시간과 노력을 낭비하고 있으며, 특히 읍 · 면 · 동에서는 인력이 부족하여 적당히 보고하는 경향이 있다. 따라서 수시보고는 꼭 필요한 때에만 요구해야할 것이며, 중앙정부의 인가 · 승인은 그 사무의 성질상 중앙정부가

22) 상게서, p. 239.
23) 상게서, pp. 240~241.

관여하지 않을 수 없는 때에 한해서만 해야 할 것이다.

(2) 인사통제의 한계

지방자치가 실시되면서 자치단체의 장을 직선할 뿐 아니라 자치단체의 많은 고위직과 관리직을 그동안 국가공무원에서 지방공무원으로 전환시킨 것은 당연한 조치라 하겠다. 특히 시·군 및 자치구의 부시장·부군수 및 부구청장을 지방직 공무원으로 보하도록 한 것은 지방화 추세에 부응한 인사개혁이라 하겠다. 그러나 아직도 지방자치단체에 국가직 공무원이 있다는 것은 바람직 하지 않다. 자치단체의 자주적인 인사의 폭을 넓히고 지방공무원에게 승진의 기회를 넓혀 주어야 한다. 또한 중앙정부는 부득이한 경우를 제외하고는 자치단체의 지방공무원에 대한 인사행정에는 관여하지 말아야 한다.

(3) 재정통제의 한계

중앙정부가 지방자치단체에 국고보조금을 교부하더라도 그에 따르는 중앙통제는 자치단체의 자주성을 침해하지 않는 범위 내에서 한정되어야 한다. 주민의 생활보호, 사회복지의 증진과 같이 그 실시에 국가가 중대한 이해관계를 가지는 행정에 대한 전국적 일정수준을 확보하고 국가의 종합계획이나 시책을 실시하며, 새로운 행정기능을 수행하기 위하여 국고보조금을 지급하는 것이므로 중앙통제는 이러한 보조금제도의 취지에 부합되는 한도 내에서 그쳐야 한다.

Ⅱ. 중앙통제의 방향

중앙통제는 권력적·후견적인 것을 되도록 지양하고 비권력적인 것으로 전환해야 하며, 권력적 통제는 국민적 최저수준을 확보하거나 긴급한 사태에 대비하는 불가피한 경우에 한정해야 한다. 따라서 중앙통제의 바람직한 방향은 다음과 같다.[24)]

---

24) 상게서, pp. 241~243.

(1) 지식과 기술의 조언 및 정보의 제공

중앙정부는 비교적 우수한 전문가와 시설을 지방자치단체보다 더 많이 보유하고 있기 때문에 지방정부가 행정을 수행하는 데 필요한 지식과 기술을 지원·전달해주고 전문가를 파견하여 조언해 줌으로써 자치단체의 행정능력을 제고하여 지방행정수준을 향상시켜야 할 것이다. 이러한 의미의 중앙통제야 말로 자치행정을 발전시킬 수 있는 가장 이상적인 방법이라 할 수 있다.

(2) 국민적 최저수준의 확보를 위한 재정적 원조

지방자치단체에 대한 중앙정부의 재정적 지원의 목적은 첫째, 국민적 최저수준을 확보·유지하고 둘째, 균형있는 지역개발을 실현하여 지역경제의 격차를 해소하는 데 있다. 산업화·도시화가 급속히 진행되는 과정에서 지역경제의 격차는 필연적으로 자치단체간의 재정력의 격차를 가져왔다. 대도시의 자치단체는 비교적 풍부한 재정력을 바탕으로 도시의 하부구조(infrastructure)를 비롯한 사회간접자본을 확충하는 반면, 농업경제에 기초를 둔 자치단체에서는 이러한 시설을 위한 투자재원이 부족하여 주민의

기초수요(basic needs)조차도 충족시키지 못하는 실정에 직면하게 된다. 따라서 재정적 입장에서 우월한 중앙정부는 재정력이 부족한 자치단체에게 적절한 재정적 원조를 통하여 자치단체로 하여금 국민생활의 최저수준을 확보하도록 해야 할 것이다.

(3) 국가와 자치단체간의 원만한 협력관계의 유지

행정통제는 자치단체를 국가에 예속시키려는 수직적 관계를 설정하는 데 그 목적이 있는 것이 아니라 양자가 대등한 관계에서 국가기능을 수행하는 데 협력관계의 발전이란 차원에서 인식해야 할 것이다. 이를 위해서 중앙정부는 전국적 규모의 정책·계획을 수립할 경우 지방의 실태를 보고 조사·인가·감사 등의 행정통제방식을 통하여 파악함으로써 중앙통제를 상호협력이란 테두리 안에서 행사하여야 한다.

(4) 수직적 분업체계의 확립

중앙통제의 방향은 국가기능을 수행함에 있어서 국가와 지방자치단체 간의 분업체계를 모색하는 데 두어야 할 것이다. 그것은 중앙정부가 정책이나 계획을 수립하고 지방정부가 이를 집행하며 그 결과에 대하여 중앙정부가 심사분석이나 행정감사 등 사후통제를 하여 다시 정책이나 계획수립에 환류(feed-back)시키는 일련의 행정과정에서 파악될 수 있다.

이러한 수직적 분업체계에 입각하여 중앙통제는 첫째, 자치단체가 주민에게 주요 서비스를 제공함에 있어 준거해야 할 지침과 기준을 자치단체에 제시하고 둘째, 자치단체가 집행기능을 효율적으로 수행하고 있는가를 확인하며 집행을 촉진시킨다는 기본적 인식의 차원에서 행사되어야 한다.

제 5 장 주민통제와 주민참여

한 나라의 지방행정의 실체를 이해하는 데 매우 중요한 것의 하나는 행정에 영향을 미치는 환경적 요인, 즉 변수(variables)를 파악하는 것이다. 이는 행정을 공급하는 행정체제는 행정외적환경에 대해 종속변수로서의 역할을 하기 때문이다. 행정외적 환경은 독립변수로서의 기능을 하게 되며, 따라서 외적 환경변동에 따라 행정수요의 내용이 달라진다.

이처럼 독립된 제약조건(constraints)으로서의 행정의 외적 환경은 크게 정치·경제·사회적 상황과 중앙정부 및 주민과의 관계라 할 수 있다. 이 가운데 보다 행정의 내용변동에 능동적이고 주도적인 위치와 역할을 하게 되는 변수는 중앙정부의 국가시책과 주민의사라 할 수 있다. 특히 민주주의 전통이 강하고 지방분권적이고 정치수준이 발달한 국가일수록 주민의사가 지방행정의 외적환경 가운데 가장 강하게 영향을 미치는 변수가 되고 있다.

지방자치제 실시와 더불어 지방자치단체와 주민과의 관계는 과거 그 어느 때보다 주요한 관심사항이 되고 있는 현실에서 본장은 지방자치단체의 인적 구성요소로서의 주민의 의미와 지방자치행정의 민주화·합법화·지방행정책임강화를 요구하는 주민통제 및 주민참여를 중심으로 고찰하고자 한다.

제 1 절 주민통제의 본질

Ⅰ. 주민의 의의

1. 주민의 개념과 요건

주민(citizen, residents of the area)이란 지방자치단체의 인적 구성요소를 말한다. 따라서 주민은 「지방자치단체의 구역내에 주소를 가진 자」를 그 자치단체의 주민으로 하고 있다.[1] 이에는 인종 · 국적 · 성별 · 연령 및 능력의 여하를 불문하며, 자연인 뿐만 아니라 법인도 포함된다.[2]

법인의 주소는 일반법인의 경우 그 주된 사무소의 소재지가 되며, 시 · 군 · 자치구는 시 · 도의 구역 안에 있으므로 시 · 군 · 자치구의 주민은 동시에 시 · 도의 주민이 된다. 또한 그 지역내에 주소를 가지고 있는 이상 본인의 의사에 불구하고 어떠한 행정행위나 등록과 같은 공증행위를 요함이 없이 법률상 당연히 주민의 자격을 가지는 것이 원칙이다.

주민은 공민과 구별된다. 공민은 법인 · 외국인은 제외되며, 공민권이 박탈된 주민도 포함되지 않는다. 주민은 지방자치단체의 인적구성요소를 의미하는데 비하여 공민은 선거에 의하여 자치단체의 정치질서를 창설하는 선임기관을 의미한다.

주민의 요건인 주소는 1인당 1개소임을 원칙으로 한다. 다만 그것은 자연인에 있어서는 생활의 근거가 되는 곳을 의미하고, 법인에 있어서는 그 주된 사무소의 소재지 또는 본점의 소재지를 의미한다.

2. 주민의 권리와 의무

주민은 지방자치단체의 주체로서 또는 구성원으로서 선거권 · 피선거

1) 地方自治法 제12조 참조.

2) 崔昌浩, 「地方自治學」 (서울: 三英社, 1995), p. 616; 鄭世煜, 「地方行政學」 (서울: 法文社, 1998), pp. 247~248.

권, 공무담임권, 주민투표권, 청원권·소청권, 공공시설이용권, 행정서비스 향유권, 납세자불복권 및 배상·보상청구권을 가진다.

이 가운데 선거권·피선거권, 공무담임권, 주민투표권, 청원권 및 소청권은 참정권에 해당하고, 공공시설이용권과 행정서비스 향유권은 수익권에, 납세자 불복과 보상 및 배상 청구권은 쟁송권에 해당한다.[3)]

주민은 이상과 같은 권리 외에 일정한 의무를 부담한다. 주민의 의무에는 여러 가지가 있겠으나 이를 크게 비용부담과 법규준수의 의무로 나눌 수 있다. 특히 주민은 그 자치단체가 행정을 수행하는 데 필요한 경비를 충당하기 위하여 그 능력에 따라 지방세와 분담금을, 그 수익의 정도에 따라 사용료·수수료·수익자부담금 등을 부담할 의무를 진다.

지방자치법 제13조와 제21조에서 규정하고 있는 주민의 권리·의무내용 가운데 자치단체의 재산 및 공공시설의 이용권과 그 비용분담의무에 관한 규정은 주민의 기본적 지위를 이념상으로 밝힌 것일 뿐 구체적인 권리·의무를 규정한 것은 아니다. 예컨대 그 자치단체의 주민이 아닌 자도 공공시설을 이용할 수 있으며, 주민 이외의 자라도 자치단체의 구역내에서 사무소나 사업소를 가지고 있거나 토지·건물을 소유하고 있으면 그에게 지방세를 부과할 수 있다.

Ⅱ. 주민통제의 의의

주민통제(citizen control, popular control)란 지방행정기관 및 거기에서 근무하는 공무원이 주민에 대한 행정책임을 성실히 이행하도록 보장하기 위한 과정을 의미한다.

주민통제는 주로 자치행정의 합법성에 대한 요구와 지방행정에 대한 주민의 기대에 부응해야 할 책임을 보장하려는데 그 목적이 있으며 민주적·정치적 통제로서의 성격을 가진다. 그 구체적인 내용을 보면 다음과 같다.[4)]

① 지방행정의 민주성·합법성을 보장하기 위하여 자치행정조직 외부

3) 주민의 권리에 관한 구체적인 내용은 崔昌浩, 전게서, pp. 619~622 참조.
4) 鄭世煜, 전게서, pp. 254~255.

에서 행하는 외재적 통제, 민주통제라는 의미에서 지방행정의 능률성·효과성을 보장하기 위하여 자치행정조직내부에서 상관, 또는 자치단체의 장에 의하여 행해지는 내재적 통제·관리통제와 구별된다.

② 주민통제는 정치적 통제의 성격을 띈다는 의미에서 전문적·기능적 통제의 성격을 가지는 관리통제와 구별된다.

③ 주민통제는 주민에 의한 상향적 통제라는 의미에서 하향적 통제인 관리통제나 수평적 통제인 지방의회에 의한 통제와 구별된다.

④ 주민통제는 비공식적 통제의 성격을 띈다는 의미에서 공식적 통제의 성격을 지닌 입법통제, 사법통제와 구별된다.

Ⅲ. 주민통제의 방법

지방행정에 대한 주민통제 방법에는 여러 가지가 있을 수 있으나 그 가운데에서 가장 중요한 것으로 간접통제방법인 선거, 직접통제방법인 직접청구(주민발안, 주민소환) 및 주민투표, 이익이나 정당에의 가입, 여론과 매스컴, 청원 및 진정 등을 들 수 있다.[5]

(1) 선거를 통한 통제

주민들은 선거권을 행사함으로써 자치행정에 대하여 간접적으로 통제를 행할 수 있다. 지방의회의원이나 자치단체의 장으로 하여금 선거에서의 득표를 의식하게 함으로써 자치행정업무에 대하여 간접적으로 통제를 행할 수 있는 것이다. 즉, 지방의회의원이나 집행기관의 공무원들이 법령을 위반하거나, 직권을 남용하는 경우나 주민들의 기대에 부응하지 못하면 지방의회의원이나 자치단체장의 입후보자들이 다음 선거 때에 지지를 받지 못할 것이라는 일반적인 관념이 바로 간접적인 통제기능을 수행하게 한다.

이런 의미에서 선거야 말로 조직화되어 있지 않은 주민이 가지고 있는 통제방법 중에서 유일한 것이라고 할 수 있다.

---

5) 상게서, pp. 256~268; 崔昌浩, 전게서, pp. 623~624.

(2) 정당 · 이익집단을 통한 통제

주민들은 이익집단이나 정당을 조직하거나 이에 가입 또는 이용하여 지방자치단체의 업무에 대하여 강력한 통제를 행할 수 있다. 정당이 이념적으로 국민 전체를 위하여 정책결정에 참여하고 민중통제를 지향하는 조직이라고 한다면, 이익집단은 특수이익을 옹호하기 위하여 이를 정치인 · 행정인에게 전달하고 그들의 정책결정에 영향을 미칠 목적으로 구성된 단체라 할 수 있다. 따라서 주민들이 이러한 집단을 통하여 지방행정을 통제하는 방법은 비교적 효과적인 방법이 될 수 있는 것이다.

정당이나 이익집단을 통한 통제가 얼마나 효과적이냐 하는 것은 그 나라의 정당정치의 발달정도, 정치발전의 정도에 따라 각각 다르다. 즉 민주주의와 정치발전의 수준이 높은 나라에서는 정당의 하급당원들이 국민속에 뿌리를 내리고 그들과 밀착되어 있으므로 민의를 수렴하여 당에 전달하고 민의에 따라 행정책임의 보장을 위한 통제기능을 효과적으로 수행하는 데 반해 민주주의와 정치발전의 수준이 낮은 나라에서는 정당이 주민의 이익을 옹호하거나 지방행정기관의 책임을 보장하기 위한 통제기능은 미약하다.

(3) 여론과 매스컴에 의한 통제

주민들은 여론의 형성을 통하여, 특히 매스컴을 통한 여론의 대규모화를 통하여 지방자치행정에 대하여 통제를 행사할 수 있다. 여론이란 일정한 공공문제에 대하여 다수자가 가지고 있는 요구 및 의견의 포괄적 표출이라고 할 수 있다. 지방정부의 업무야 말로 주민에게 봉사하고 주민들의 복리증진을 도모하는 것이기 때문에 주민들의 요구와 의견을 기초로 하지 않으면 안된다. 따라서 주민들은 여론의 형성을 통하여 지방자치행정에 대하여 지속적으로 수정 · 보완을 가하게 할 수 있는 것이다.

오늘날 이러한 여론의 형성 및 그 영향력 증대에 있어서 매스컴의 역할이 지대하므로 주민들은 매스컴의 활용을 통하여 지방자치행정에 대하여 강력한 통제를 행할 수 있는 것이다.

(4) 청원 · 진정을 통한 통제

주민은 지방자치행정에 관한 사항이면 재판에 간섭하거나 법규에 위배되지 않는 한 어떠한 사항이든 이를 지방의회에 청원하여 자치행정의 방향을 제시할 수 있다. 모든 지방행정기관은 청원을 수리하여 이를 성실 · 공정 · 신속히 심사 · 처리하고 그 결과를 청원인인 주민에게 통지하게 되어 있다. 또한 어떤 주민이든지 청원하였다는 이유로 불이익을 강요당하지 않도록 함으로써 청원권의 행사에 의한 주민통제의 실효성을 보장하고 있다.

한편 지방행정에 있어서의 진정이란 모든 지방행정기관에 대하여 주민의 억울함이나 소망을 문서로 진술하는 행위이다. 즉, 지방정부의 모든 행정기관에 자치행정에 관한 이의를 진정하여 그 시정을 도모할 수 있다. 주민들의 이러한 청원 · 진정은 직접적인 통제방법이기 때문에 더욱 유효한 방법이 될 수 있다.

Ⅳ. 주민의 직접참정제도

자치제도의 이념을 실현한다는 관점에서는 민주주의 제도의 원형으로 간주되고 있는 직접참정제도 내지 직접통제방법이 바람직하다고 할 수 있다. 그러나 지방자치단체의 규모가 커지고 지방행정이 복잡화된 오늘날에는 주민 전원이 참여하는 직접참정제도를 채택하기 곤란하다. 따라서 대의민주주의라고 하는 간접참정제도가 보편적으로 채택되고 있다.

주민의 직접참정제도는 주민이 지방자치행정을 운영하는 데 있어서 모든 집행기관의 의사결정을 주민들이 직접 그 의사를 표명하여 그 의사에 따라 자치행정을 수행하는 직접민주주의제도를 말한다. 오늘날과 같은 다원화된 산업사회에서는 주민이 직접의사를 결정하여 집행한다는 것은 사실상 불가능하므로 대부분 대표자를 통하여 간접적으로 자치행정에 참여하고 있는 것이다. 다만 주요한 사항에 대해서는 직접참정제도를 인정하여 간접민주주의의 단점을 보완해 나가고 있다.

지방행정에 대한 직접참정제도는 주민총회(town meeting)에 의한 방법과 주민발안(iniciative), 주민투표(referendum), 주민소환(recall) 등의 방법

이 있다.[6)]

(1) 주민총회

이 제도는 게르만의 민회를 인용하는 제도로서 지방자치단체의 소속 유권자 전원으로 구성되는 합의기관을 말한다. 참가하는 주민의 직접적인 제안과 토의를 거쳐 지방의 정치·행정에 관한 의사결정을 행하는 직접 참정제도이다.

예컨대, 스위스의 기초자치단체 수준에서 활용되고 있고, 영국 교구회의(parish meeting) 등이 이러한 주민총회의 한 방식이다.

(2) 주민발안

이 제도는 일정한 수의 유권자의 서명에 의해서 자치단체의 자치헌장이나 조례의 제정 또는 개폐 등에 관하여 직접 발안하는 제도로서 지방의회 또는 지방의원의 부작위에 대하여 간접적으로 책임을 추궁하는 제도인 것이다. 여기에는 법이 정하는 수의 유권자들의 서명에 의해 법률이나 조례의 제정 및 개폐에 관한 주민의 발안이 있으면 반드시 주민투표에 회부하는 직접적 주민발안과, 일정수의 주민의 발안이 있으면 일단 지방의회가 심의를 하여 이를 승인하게 되면 주민투표에 붙이지 않고 발안이 성립하는 것과, 의회가 승인을 하지 않아야 비로소 주민투표에 회부하는 간접적 주민발안이 있다.

(3) 주민투표

주민투표는 특정한 사안에 대하여 주민이 직접 정치적 의사결정을 위하여 행하는 투표이다. 여기에는 대체로 다음 세 가지 유형으로 나눌 수 있다.

첫째, 강제적·의무적 주민투표로서 자치단체의 중요한 특정사항(예컨대, 구역개편, 지방채 발행, 헌장 또는 조례의 개정, 세율의 인상 등)은 반드시 주민투표에 붙여 주민의사에 따라 최종결정을 하는 제도이다.

---

6) 韓國地方自治學會, 「韓國地方自治論」(1995), pp. 199~200.

둘째, 선택적·자문적 주민투표로서 일정한 의안에 대한 주민투표의 실시여부를 지방의회에 일임하는 제도로서 주민투표를 실시한 이상은 그 법적 효력을 갖는 것이 일반적이다.

셋째, 항의적·청원적 주민투표로서 지방의회에서 일단 의결된 사항에 대하여 일정수의 유권자의 서명으로 항의 또는 청원이 있을 때 그 효력을 저지하기 위한 수단이다.

(4) 주민소환

이 제도는 선거에 의해 공직에 취임한 사람에 대하여 일정수의 유권자가 해직을 청구하면 수리하여 그것에 대하여 주민투표에 붙여 과반수의 찬성으로 당사자를 공직에서 해직시키는 제도이다.

Ⅴ. 주민의 직접참정제도의 실제

우리나라는 주민의 직접참정제도 가운데 현행 지방자치법에서는 주민투표제, 주민발안제도로서 주민의 조례제정 및 개폐청구제와 주민감사 청구제 그리고 주민소송제, 주민소환제를 도입하고 있다.

(1) 주민투표제

주민투표는 지방의 중요한 공공문제에 대하여 주민에게 과도한 부담을 주거나 중대한 영향을 미치는 지방자치단체의 주요결정사항 등에 대하여 주민이 직접투표함으로써 최종적인 결정을 내리도록 하는 제도로(법 제13조의 2 참조), 1994년 3월 지방자치법의 개정으로 주민투표제가 인정되었으며, 지방자치법에서는 "주민투표에 관한 사항에 대해서는 다른 법률로 정한다"라고 규정하고 있다. 이에 따라 2004년 1월 주민투표법이 제정되어 2004년 7월부터 시행되고 있다.

주민투표의 청구권자는 자치단체의 장, 지방의회의원, 주민, 중앙행정기관의 장이 될 수 있다(주민투표법 제9조 제1항~제5항 참조).

(2) 주민의 조례 제정 및 개·폐 청구제

지방자치단체의 19세 이상의 주민은 시·도 및 특별자치도의 규정에 의한 50만 이상 대도시에 있어서는 19세 이상 주민총수의 100분의 1 이상 70분의 1 이하, 시·군 및 자치구에 있어서는 19세 이상 주민 총수의 50분의 1 이상 20분의 1 이하의 범위안에서 당해 지방자치단체의 조례로 정하는 19세 이상의 주민 수 이상의 연서로 당해 지방자치단체의 장에게 조례의 제정이나 개·폐를 청구할 수 있다(법 제15조 참조).

(3) 주민감사청구제

지방자치단체의 19세 이상의 주민은 시·도는 500명, 50만 이상의 대도시는 300명, 그 밖의 시·군 및 자치구는 200명을 초과하지 아니하는 범위안에서 당해 지방자치단체의 조례가 정하는 19세 이상의 주민 수 이상의 연서로 시·도에 있어서는 주무부 장관에게, 시·군 및 자치구에 있어서는 시·도지사에게 감사를 청구할 수 있다(법 제16조 참조). 이러한 주민감사청구제는 공개감사제의 한 방법으로 주민들이 지방정부의 부당한 행정처분, 불편사항, 지방행정비리에 대한 신고를 받아 지역주민들로부터 감사대상에 대한 건의를 수렴하는 제도이다.

(4) 주민소송제

주민의 감사청구(법 제17조)에 의하여 공공의 지출에 관한 사항, 재산의 취득·관리·처분에 관한 사항, 당해 지방자치단체를 당사자로 하는 매매·임차·도급, 그 밖의 계약의 체결·이행에 관한 사항, 또는 지방세·사용료·수수료·과태료 등 공공의 부과·징수의 해태에 관한 사항을 감사청구한 주민은 ① 주무부 장관 또는 시·도지사가 감사청구를 수리한 날부터 60일을 경과하여도 감사를 종료하지 아니한 경우, ② 감사결과 또는 조치요구에 불복이 있는 경우, ③ 주무부장관과 또는 시·도지사의 조치 요구를 지방자치단체의 장이 이행하지 아니한 경우, ④ 지방자치단체의 장의 이행조치에 불복이 있는 경우 그 감사 청구한 사항과 관련있는 위법한 행위나 해태 사실에 대하여 당해 지방자치단체의 장을 상대로 소송을 제기할 수 있다(법 제17조 참조). 이러한 주민소송제는 효과적

주민통제체제로 지방재정운영과정에서 발생하는 부정부패를 사전에 차단하는 심리적 예방효과가 클 것으로 기대되며, 2005년 1월 주민소송제 도입을 주된 내용으로 하는 지방자치법에 개정되어 2006년 1월부터 시행되고 있다.

(5) 주민소환제

주민은 당해 지방자치단체의 장 및 지방의회의원을 소환할 수 있는 제도를 2006년 5월 지방자치법을 개정하여 주민 직접참정제도로서 강력한 통제장치를 마련하였다(법 제20조 참조). 주민소환의 투표청구권자 · 청구요인건 · 절차 및 효력 등에 관하여는 따로 법률로 정하고 있다.

제 2 절 주민참여의 본질

Ⅰ. 주민참여의 의의

1. 주민참여의 개념

주민참여(citizen participation)는 이른바 풀뿌리 민주주의(grass-roots democracy)적인 형태와 기능에서부터 극히 전문적인 것에 이르기 까지 다의적인 개념이다. 그것은 학자에 따라 다기하게 정의되고, 주민참여의 형태나 기능이 시대적 상황이나 국가에 따라 다양하다. 일반적으로 공공행정에 대한 주민참여란 주민들이 행정기관이나 관료들의 정책결정과정에 주체의식을 갖고 참여하여 투입기능을 수행하는 행위를 의미한다. 즉, 주민참여는 특정지역의 주민들이 자기들에게 영향을 미치는 정책결정에 참여하는 행위를 말한다. 이처럼 주민참여는 직접적으로 결정권이 없는 일반주민들이 결정권을 가진 자에 대하여 개인적 또는 집단적으로 영향을 미치기 위해서 관여하는 것이다.

이런 주민참여의 의미는 참여가 요청되는 상황이나 논자에 따라 다양하게 주장되고 있다. 알포드(Robert R. Alford)는 참여란 정치결정에의 영향력을 가리키는 개념으로 보고 있으며,[7] 버바(Sidney Verba)는 주민참여를 공권력이 부여되지 않은 일반주민들이 정책결정과정에 참여하고, 공적 권한이 주어진 사람들의 행위에 영향을 끼칠 의도로 정책결정과정에 참여하는 것이라고 정의하고 있다.[8] 아른슈타인(Sherry R. Arnstein)은 주민참여를 영향이라기 보다는 완전한 관리적 통제측면을 강조하고 있는데, 주민참여를 정보의 배분, 목표와 정책의 형성, 자원의 배분과 사업의 집행 등을 어떻게 할 것인가를 결정하는 과정에 참여하지 못한 사람들을 위한 한 전략이라고 정의하고 있다.[9] 또한, 컨닝햄(James V. Cunningham)은 주민참여의 세 가지 본질적 요소는 일반소인(common amateurs), 권력(power), 결정(decisions)이라고 하면서 주민참여란 지역사회의 일반소인이 그 지역사회의 일반적 공공사무와 관련된 결정에 대하여 권력을 행사하는 과정이라고 정의하였다.[10]

한편 주민참여는 「그것 자체가 하나의 목적」이라고 주장하는가 하면,[11] 앨리슨(Lincoln Allison)은 단지 공공봉사를 개선하는 가능한 수단으로 보는 것이다.[12] 즉, 그는 주민참여는 민주주의적 정치가치와 정치적 교육의 역할이라는 두 가지 관점에서 목적으로서의 정당성이 있는가 하면 결정의 평등성을 추구할 수 있는 가변적인 수단으로도 보고 있다. 또한, 벤스(Charles Bens)는 버바(Sidney Yerba)와 아른슈타인(Sherry R. Arnstein)의 중간견해를 취하여 주민참여란 정책결정에 어떤 통제를 가하기 위하여 지역사회의 선거인단과 비선거인단을 초월하여 민주주의 과정에 참여하는 한 구성요소라고 정의하고 있다.[13] 그리고 영국의 「기획에 있어서의

---

7) Robert R. Alford, *Bureaucracy and Participation*(New York: Rand Mcnally and Co., 1969), p. 21.

8) Sidney Verba, "Democratic Participation," in *The Annuals of the American Academy of Political and Social Science*(September 1967), pp. 53~78.

9) Sherry R. Arnstein, "A Ladder of Citizen Participation," in *Journal of the American Institute of Planners*, Vol. 35, No. 4(July 1969), p. 216.

10) James V. Cunningham, "Citizen Participation in Public Affairs," in *Public Administration Review*, Vol. 32(October 1972), p. 595.

11) Melvin B. Mogälf, *Citizen Participation: The Local Perspective*(Washington D. C. Urban Institute, 1970), p. 56.

12) Lincoln Allison, *Environmental Planning: A Political and Philosophical Analysis* (London: George Allen and Unwin Ltd., 1975), pp. 99~101.

공중참여에 관한 스케핑턴 위원회(Skeffington Committee)보고서」에 의하면 주민참여란 정책이나 제안의 형성에 관여하는 행위라고 정의하고 있다.[14)]

주민참여에 관한 이상의 여러 개념·정의들의 공통점은 한결같이 정책결정과정을 중심으로 하여 참여의 개념을 정의하고 있다. 따라서 이러한 관점에서 주민참여의 개념을 재정리해 보면, 주민참여란 「지역사회의 일반주민이 공적으로 결정권이 부여된 행정기관이나 관료들에게 정책 또는 계획의 형성·결정 및 집행과정에 관하여 영향을 미칠 의도로 권력을 행사하여 관여하는 행위를 말한다」고 정의할 수 있다.

이러한 주민참여는 행정과정에 있어서 참여적 민주주의를 실현하기 위한 것이고 지방자치의 당연한 논리적 귀결이다. 주민들이 지방자치행정에 참여하게 되는 근거는 다음과 같은 지위에서 비롯된다.

① 지방자치단체의 인적 구성요소로서 자치단체의 활동원천이 되는 주체적 지위

② 지방자치단체의 통치에 복종하고, 각종의 부담을 분담해야 하는 객체적 지위

③ 자치단체의 공공시설을 이용하고 행정서비스를 받을 수 있는 수익자적 지위

④ 주민단체·집단협의·여론 등의 힘을 이용하여 지방자치단체의 행정운영을 감독·통제하는 비공식적인 통제자의 지위

2. 주민참여의 기본요건

주민이 정책과정에 효과적으로 참여하자면 다음과 같은 전제조건이 극복되어야 할 것이다.

먼저 주민측에서 ① 문제점의 소재(problem identification)와 그것의 우

---

13) Charles Bens. *Citizen Participation in Metro Toronto*(Toronto: Bureau of Municipal Research, 1974).

14) Skeffington Committee, *People and Planning: Report of the Committee on Public Participation in Planning*(U. K. Ministry of Housing and Local Government, 1970), p. 1.

선순위(priority)가 무엇인가에 대해 스스로 판단을 내릴 수 있는 기초지식과 포괄적인 배경이해를 갖고 있어야 하며 ② 스스로의 행동결정(action making)에 도달할 수 있는 능력(ability)을 갖추고 있어야 하고 ③ 행동력을 얼마나 갖추고 있는가의 문제이다. 이 세 가지는 주민참여의 행태를 분석하는 전제가 되는 동시에 또한 정부와 주민사이에서 상호작용을 통해 개선될 수 있는 성질의 것이다.

다음 정부측에서는 ① 주민에게 충분한 정보(information)를 제공해 주지 아니한 채 주민들을 지역사회문제에 대해 교육을 시킬 수가 없을 것이며 ② 정부의 대 주민자세를 보다 성실하게 취하고 ③ 주민참여가 단순한 요식행위가 아닌 진실된 참여가 되도록 유도해 주는 태도가 있어야 한다.

이처럼 대 주민 대 정부의 기본관계가 해결되어야 주민의 관심도를 제고시켜 주민의 심리적 일체감과 응집력이 형성되어 참여의 기본동기가 유발된다고 보아야 하겠다.

여기서 주민참여가 효과를 이루기 위해서는 정보가 공개되어야 하고, 주민들에게 참여의 기회가 제공되어야 하며, 참여의 대상은 가능한 행정의 전영역에까지 보장되어야 함은 물론 참여에 따른 주민들의 영향력이 실질적으로 확보되어야 한다. 이와 같은 요건들에 대한 현황과 그에 대한 발전적인 방향을 제시해 보기로 한다.

(1) 정보의 공개

행정에 대한 주민참여는 공개행정을 전제로 한다. 참여의 기회가 아무리 광범위하게 주어졌다고 하더라도 정보에 대한 접근(access to information)이 불가능한 경우 참여는 무의미한 것이 되고 만다. 주민의 알 권리와 정부의 알릴 의무가 동시에 확보되어야만이 주민참여는 당초에 의도한 목표를 달성할 수 있다. 따라서 정보의 양과 질은 참여의 성과를 측정하는 지표가 된다.

따라서 참여행정의 기초가 되는 정보의 공개가 제도화되어야 한다. 즉 정책결정이 이루어지기 전에 행정절차나 공청회 등을 통하여 주민들이 사전에 협의를 받을 수 있는 권리, 동의권, 정보청구권 등이 법제화되어야 한다.

(2) 참여자의 범위

주민참여의 본질적 의의는 간접민주주의의 결함을 보완하여 풀뿌리 민주주의(grass-root democracy)를 실현하는데 있다. 따라서 모든 주민들이 참여하는 것이 요구된다. 그러나 참여의 기회가 지역의 실력자나 활동가에 의해 독점되고 있기 때문에 참여가 저변(grass-root)까지 침투하지 못하고 상층(grass-top)에 머무르고 있다.[15]

주민참여의 참된 의의를 살리기 위해서는 적극적인 활동가나 목소리가 큰 사람만을 대상으로 할 것이 아니라 잠재적인 참여자(latent participator), 더 나아가서는 무력감과 좌절감에 빠진 사람들까지 참여하도록 유도해야 할 것이다. 문제의 성질이나 이해관계에 따라서 적극적인 참여자와 소극적인 참여자로 구분될 수 있으나 가능한 최대의 참여가 이루어 지도록 해야 할 것이다.[16]

(3) 참여대상이 되는 행정과정

행정은 목표설정 · 정책결정 · 기획 · 조직화 · 동작화 · 평가 및 통제 · 환류 등의 과정으로 이루어진다.[17] 이와 같은 행정과정 가운데 어떤 것에 주민참여를 허용할 것인가 하는 것이 문제이다. 주민들에게 가장 많은 영향을 미치고 이해관계의 대립이 심한 곳에 참여를 인정한다는 사실을 감안할 때 주로 행정내부적이고 능률성이 요구되는 조직화 · 동작화에는 참여가 제한될 수 있으나 목표설정 · 정책결정 · 기획 · 평가 및 통제 · 환류과정에는 폭넓은 참여가 인정되어야 한다. 즉, 발전목표의 설정과 정책 및 기획의 준비단계에서부터 입안 · 실시 · 평가 · 환류과정까지 주민참여의 기회가 보장되어야 한다.

(4) 참여대상이 되는 행정사무

공공재의 범위 또는 행정수비범위에는 쓰레기의 수거 · 처리와 같은

---

15) 李圭煥, 「都市行政論 (서울: 녹원출판사, 1995), pp. 246~248; R. C. Martin, *Grass Root*(Alabama: 1951), p. 18.

16) Richard W. Boone, "Reflection on Citizen Participation Economic Opportunity Act," in *Public Administration Review*, Vol. 32(September 1972), pp. 445~457.

17) 朴東緖, 「韓國行政論」 (서울: 法文社, 1997), pp. 71~80.

행정사무에서부터 국가의 존립에 직접적인 영향을 미치는 외교 및 국방 업무까지 폭넓다. 이와 같이 중요성 및 효과에 있어서 다양한 차이를 보이는 행정사무 중에서 어떤 수준의 사업·업무에 대해서 참여를 인정할 것인가 하는 문제인데, 이에 대한 절대적인 기준은 없다. 일반적으로 도시계획사업·재개발사업·빈곤대책·교육사업 등 주민생활과 직접적인 관련을 맺고 있는 지방행정사무와 많은 사람들의 상반되는 이해관계가 개입되는 사업에 대해서는 주민의 참여가 우선적으로 인정되고 있다. 다만 고도의 비밀과 신속성을 요하는 외교나 안보에 관한 행정사무에는 참여가 제한된다.

그러나 행정사무 가운데는 한계가 불분명한 사무가 많은데 이 때에는 참여를 인정하는 방향으로 고려되어야 하고 참여의 제한은 최소한에 그쳐야 한다. 예를 들어 정부측에서는 참여를 반대하고 주민측에서는 찬성하는 경우 원칙적으로 참여를 인정해 주어야 한다.

(5) 주민의 영향력

앞서 언급한 정보의 공개, 참여자의 확대, 참여대상이 되는 행정과정과 행정사무의 확대 등은 직접민주주의를 지향하는 주민참여의 의의를 살리는데 있어 중요한 요소이다. 그러나 궁극적으로는 주민이 참여를 통해서 영향력을 행사할 수 있어야 하고 주민들이 실질적으로 영향력을 발휘할 수 없는 경우 주민참여는 무의미한 것이 된다. 따라서 주민의 영향력을 보다 효과적으로 행사하기 위해서는 주민의 조직력과 주민의 지도력이 필요하다 하겠다. 여기서 주민의 조직력이란 참여가 하나의 조직형태를 취하는 것이고, 주민의 지도력이란 자생적이던 외생적이던 지역주민의 소스(source)를 이끌 수 있는 조직체로서의 지도력의 형성을 말한다.

Ⅱ. 주민참여의 기능과 효과

1. 주민참여의 기능

주민참여는 여러 가지의 기능을 발휘할 수 있지만 가장 보편적인 기능으로서는 ① 정보기능(information function) ② 대민접촉기능(accessibility function) ③ 개입기능(involvement function) ④ 행정책임기능(accoun tability function)이 그것이다.[18]

(1) 정보기능(information function)

주민참여에 있어서 정보기능에는 정보전파(information dissemination)기능과 정보수집(information collection)기능이 있는바[19] 이러한 정보기능은 주민참여의 효과성 내시 효율성의 제고에 가장 중요한 요소라고 할 수 있다.

가. 정보전파기능

정보전파기능은 매우 다양하게 나타난다. 계획수립과정에 주민들이 그들의 요구를 반영시킬 수 있는 기회를 갖게하며 지방정부의 예정된 계획과정을 주민들에게 홍보할 필요성을 갖고 있다. 지방정부는 중·장기개발계획이나 연간계획인 기본운영계획을 수립하게 되며 이에 관한 정보는 주민들의 반응 및 의견을 알아보기 위해서 정보의 전파가 필요해진다.

이러한 정보에 접한 주민들의 경우에는 다양한 전망과 요구를 표출시키게 되며 정보에 대한 요구는 용도지역·지구제나 예산배분의 문제 등 여러 가지 사항에 걸쳐 일어나게 된다. 결과적으로 정보전파의 전략은 다음과 같은 내용을 포함하여야 한다. ① 다양한 정보전파통로의 체계적 이용 ② 상이한 기능적, 지역적, 공공이익단체의 요구에 따른 전문적인 정보의 이용 ③ 서로 다른 분야별 독특한 요구에 따른 적절한 정보의 이용 등이다. 정보전파를 위해 유용한 주민참여방법은 공청회, 시정보고회, 우편, 대중매체(mass media)의 이용 등을 들 수 있다.

나. 정보수집기능

정보수집은 주민들의 여론을 파악하고 그에 따라 정책이나 계획을 수립할 수 있게 하는 매우 중요한 기능을 한다. 대체로 정보는 주민의 태도,

---

18) Department of Housing and Urban Development, *Citizen Participation for Urban Management Module 13*(Washington D. C.: U.S. Government Printing Office, Aug. 1977), p. Ⅶ, pp. 27~28.

19) *Ibid.*, p. Ⅶ, p. 27.

요구사항, 긴급도, 평가 등에 대한 조사활동 가운데서 수집되어진다. 정보수집을 위해 유용한 주민참여방법은 여론조사, 자문회의, 시정위원회, 공청회, 우편조사 등의 방법이 있다.

(2) 대민접촉기능(accessibility function)

대민접촉전략은 정부가 좀 더 주민 개개인과 주민단체에 대한 접근이 가능하도록 하는 것이라 하겠다.[20] 대민접촉활동의 증가는 주민이 정부와의 상호작용에 있어서 주민들이 접하게 되는 물리적·사회적·심리적인 장애요인을 파악하고 이를 줄여나가는데 있다고 할 수 있다. 이는 또한 주민과 정부간의 상호작용의 빈도(frequency), 정기성(regularity) 및 이의 질적인 측면을 향상시킬 수 있는 기회를 만드는 문제와도 밀접한 관련이 있다.

개인적 주민활동과 주민단체 활동에 대한 접촉의 문제를 상호구분한다는 것은 중요한 의미를 갖는다. 개인의 경우 지방정부에 접근할 때는 정보획득, 불만토로, 의견제시 등의 특정한 목적을 가지며, 그렇지 않은 경우에는 특별한 요구에 미흡하거나 기대에 부응하지 못할 때 일어나는 민원을 토로하기 위한 것이다.

주민단체의 대 정부 접근요구는 개인적인 주민활동과는 달리 정기적인 상호교류를 필요로 한다. 대체로 주민단체의 대 정부접촉은 계획과 정책결정에 관한 내용의 것이며, 개인활동의 경우는 계획의 실제적 집행의 측면과 관련된다는 점에서 차이가 있다. 또한 개인들은 정부의 모든 수준에 대하여 접촉하려고 하는데 반하여 단체는 정기적, 계속적인 바탕 위에서 중간관리층과의 접촉을 원하게 된다. 이러한 접촉을 증가시키기 위한 전략과 관련하여 중요한 점은 주민과 정부가 문제해결을 위해 협력할 때에 상호협조적 과정(interactive process)이라 할 수 있다. 즉, 주민과 정부관료간의 의사전달은 지역사회문제의 해결을 위해 협조하는데 있어서 부차적인 것이므로 순수한 주민참여에 있어서 정보기능과 구분되어야 한다.

상호협조적 과정에 있어서 주민은 계획에 대한 주창자(initiator)와 반

---

20) *Ibid.*, p. Ⅶ, p. 28.

응자(reactors)의 기능을 수행하게 된다.[21] 주창자로서는 개발계획에 대한 지역사회구성원으로서의 주민의 요구를 찾아내며 의견을 체계화하고, 대안의 우선순위를 결정하며 각종 제안의 창출(producing of proposals) 등의 책임을 수행하는 것이라 할 수 있다. 반면에 반응자로서는 개인이나 주민단체 등이 사무의 제안이 지방정부에 의해 주도되었을 경우 그러한 제안의 수정과 최종안을 산출하기 위한 과정에 있어서 제안에 대하여 반응하고 참여함으로써 활동적이고 적극적인 역할을 수행해 가게 된다. 다양한 형태의 주민참여방법이 상호 협조적 기능을 극대화하기 위하여 이용되어진다. 예를 들어 시민자문위원회, 직능단체, 지역단체 등이다.

(3) 개입기능(involvement function)

개입전략은 계획 및 정책결정과정에 있어서의 주민의 참여를 원활하게 할 수 있는, 특히 주민단체의 참여를 원활히 할 수 있는 구조 및 과정을 개발시키기 위해 이용되는 것이라 할 수 있다.[22]

개입기능을 향상시키는 장치는 지역사회의 미래상에 영향을 미치는 의사결정이나 또는 목표 및 수단의 설정에 있어서, 또한 새로운 계획의 창안이나 과거계획의 폐기과정에서 주민이 개입될 수 있도록 고안되어야 한다.

한편 개입기능은 계획에 대한 주민의 동의·승인 그리고 과정에 대한 지지를 확보하는데 유익하다. 즉, 지방정부가 주민의 가치와 우선순위에 대하여 알고 있더라도 계획결정에 있어서 주민들이 자신들의 선호가 수렴·반영되었음을 안다고 하는 것은 중요한 의미를 지닌다. 왜냐하면 주민들이 자기의 의견이 수렴·반영될 때 주민개입은 주민개인의 긍지를 높이고, 또한 지방정부에 대한 관심과 지원·협조를 하게 된다. 이러한 관점에서 주요인사와의 면담, 자문회의, 지역단체 및 직능단체의 의견제출 등은 주민의 계획에 대한 승인 및 효과성의 제고를 위한 기법이라 할 수 있다.

21) *Ibid.*, p. Ⅶ, p. 29.
22) *Ibid.*, p. Ⅶ, p. 29.

(4) 행정책임기능(accountability function)

행정책임전략은 주민과 지방정부의 고객(client)들의 행정서비스에 대한 만족도를 측정·평가하고, 또한 다른 의견의 제시 및 수정의 요구가 지방정부의 약속과 이행에 있어 일치하지 않은 점이 있는가를 조사하기 위한 것이다.[23)]

행정책임을 향상시키기 위한 제도적 장치(mechanism)는 정책 및 계획 그리고 운영이 지역사회 전체에 미치는 영향을 측정(monitoring)하고 평가(evaluation)하기 위한 수단을 구비해야 한다.

행정책임기능은 행정기관내부의 일상적 업무 외에도 외부의 주민개입(public involvement)의 필요성을 인식시키는 데에도 이용된다. 즉, 주민참여의 요구가 주민들로부터 요구되지 않을 경우에도 법적으로 이를 요건화하거나 자치단체가 규범적으로 강조함으로써 주민참여를 촉진시킬 수 있는 것이다.

2. 주민참여의 효과

지방행정의 새로운 행정수요의 하나가 주민참여이다. 주민참여는 개인의 발전은 물론 정책의 향상을 가져옴이 틀림없다. 그러한 효과 때문에 참여의 요구는 더욱 증가하며, 지방정부는 이러한 요구를 받아 들이기 위해 여러 가지 결정구조를 변경하지 않을 수 없다. 주민참여의 필요성과 기능에 대응하여 실제로 주민참여가 이루어졌을때 어떠한 효과가 발생하는지 그 기대효과(expectancy effect)를 긍정적인 면과 부정적인 면으로 구분하여 보면 다음과 같다.

(1) 긍정적인 효과

주민참여의 효과를 주민측과 지방자치단체측면에서 보고자 한다.

가. 주민 측면에서의 효과

첫째, 대규모의 관료적 조직사회에서 소외되고 무력해진 주민의 심리

---

23) *Ibid.*, p. Ⅶ, p. 30.

적 욕구를 충족시키고 개인의 주체성을 회복할 수 있게 된다.

둘째, 주민의 자치능력을 향상시킨다. 주민들이 행정에 참여함으로써 공적인 문제에 대한 이해의 폭을 넓히고, 여러 사람의 의견과 주장을 종합·조정하는 과정에서 상호협동·상호신뢰·상호양보의 분위기를 조성한다.

셋째, 주민들을 조직화하여 압력에 대한 대응력과 정치적인 영향력을 강화하고 사회의 자기변동능력(social self-guiding capacity)을 제고시킨다.

넷째, 자치단체의 계획이나 정책을 집행하는 과정에서 주민의 권리나 재산상의 침해를 방지하거나 극소화할 수 있다.

나. 자치단체 측면에서의 효과

첫째, 자치단체와 주민간의 거리를 단축시켜 상호협동과 신뢰를 강화할 수 있으며 결정에 대한 책임의 분담이 가능해진다.

둘째, 주민들이 자치단체에 대한 행정수요의 정확한 측정이 가능하여 사업의 우선순위를 결정하는데 유익하다.

셋째, 지방행정의 실태를 주민들이 파악·이해함으로써 정책이나 계획을 집행함에 있어 주민들의 지지와 협조를 받을 수 있다.

넷째, 주민의 요구와 기대, 의사 등을 정확히 파악할 수 있다. 따라서 정책결정의 타당성을 확보할 수 있고, 정책집행에 대한 평가·환류가 활발히 이루어져 점진적인 행정발전을 기할 수 있다.

(2) 부정적인 효과

주민참여는 이상과 같은 긍정적인 효과뿐만 아니라 다음과 같은 부정적인 면도 내포하고 있다.[24]

첫째, 주민참여는 많은 시간과 노력을 요하며, 그로 인하여 사업이나 정책집행의 지체를 초래할 우려가 있다.

둘째, 주민참여에 의해 정책 또는 계획의 결정이나 집행이 많은 변화를 받는 경우 정책의 내용은 영향력이 있는 조직이나 집단의 이익만을 대

24) 鄭世煜, 전게서, pp. 300~301 참조; Robert A. Aleshire, "Power to the People; An Assessment of Community Action and Model Cities Experience," in *Public Administration Review*, Vol. 32(September 1972), pp. 430~434.

변하게 된다. 그 결과 행정의 기본가치인 공정성, 정치적 중립성, 전문성, 능률성 등이 침해된다.

셋째, 주민참여는 이론상 권력과의 협동 또는 권력에 대한 저항이라는 양면성을 가지고 있으며, 참여가 권력에 흡수·포섭됨으로써 참여의 의의를 상실하고 행정에 의한 민중조작(manipulation)의 위험성이 있다.

넷째, 공무원의 수동성을 조장하게 되어 업무수행에 대한 창의성·계획성·지도성 등이 손상되며, 책임의 공유나 협동이 아닌 주민들에게 행정책임을 전가시킬 우려가 있다.

이상에서 살펴본 바와 같이 주민참여의 효과는 긍정적인 면과 부정적인 면이 있으나 지방자치단체는 주민참여를 실시함에 있어 그 긍정적인 순기능을 최대한으로 살리는 동시에 부정적인 역기능을 가능한 한 줄이도록 노력해야 할 것이다. 특히 행정이념 가운데 민주성이 최우선순위를 점하고 있어, 지방행정은 주민자치가 기본이라는 것을 감안할 때 앞으로 주민참여는 확대·개선되어야 한다.

Ⅲ. 주민참여의 단계

주민참여의 단계는 주민참여의 정도를 지방정부와 주민간의 역학관계를 기초로 하여 몇 단계로 나눈 것이다. 주민참여는 지역주민들이 주체의식을 가지고 행정에 자주적으로 참여하는 것을 말하지만 그의 구체적인 양상은 다양하고 완전한 주민자치에서부터 철저한 조작에 이르기까지 여러 단계로 이루어져 있다.

모갤프(Melvin B. Mogälf)는 주민참여의 단계를 참여의 강도를 기준으로 하여 ① 고용정보, ② 대화조언, ③ 권한분담, ④ 통제 등의 4단계로 분류하고 있다.[25] 이밖에도 여러 학자들의 단계에 대한 연구들이 있으나 그 중 대표적인 것으로 아른슈타인(Sherry R. Arnstein)의 모형을 들 수 있다.[26] 그에 의하면 주민참여의 단계를 미국 도시사회의 현실적 분석을 토

---

25) Melvin B. Mogälf, *Citizen Participation: A Review and Commentary of Federal Policies and Practices*(Washington D. C.: Urban Institute, 1970), p. 6.

26) Sherry R. Arnstein, *op. cit.*, pp. 216~224; Sherry R. Arnstein, "Eight Rungs on

[그림 Ⅱ.5.1] 주민참여의 단계

(8) 주민통제(citizen control) ○ 시민위원회 지배 ○ 행정과 시민관계는 협상관계 ○ 완전 주민통제 이론적으로 가능	주민권력의 단계 (degrees of citizen power)
(7) 권한위임(delegated power) ○ 특정계획의 입안·실시의 결정에 시민주도 ○ 결과책임의 공존, 전권위임도 가능	
(6) 협동관계(partnership) ○ 시민과 행정이 협상을 통해서 권력재분배 시작 ○ 시민은 권한의 부여가 아닌 획득	
(5) 유화(placation) ○ 시민의 저항을 타협으로 유화 ○ 시민의 일정한 영향력이 인정되나 아직은 명목적 ○ 실질적 최종 결정권을 행정이 장악	명목적 참여의 단계 (degrees of tokenism)
(4) 상담(consultation) ○ 시민의 의사타진, 태도조사, 인근집회 및 공청회	
(3) 정보제공(informing) ○ 행정이 주민에게 일방적 정보제공으로 참여의식 자극 ○ 제공방법은 대량전달수단, 소책자, 포스터	
(2) 치료(therapy) ○ 기초유도단계 ○ 자조의식고취 ○ 우둔한 민중의 치료, 지역사회의 개발사업	비참여의 단계 (degrees of non-participation)
(1) 조작(manipulation) ○ 정보수집단계 ○ 명목적 참여암시 ○ 참여의식 고취의 원초단계	

Source : Sherry R. Arnstein, "A Ladder of Citizen Participation," in *JAIP*, Vol. 35, No. 4(July 1969).

대로 주민참여를 주민의 영향력에 따라 크게 나누면 비참여(non- participation)·명목참여(degree of tokenism)·주민권력(degree of citizen power) 등

the Ladder of Citizen Participation," E.S. Cahn & B. A. Passtt(ed.), *Citizen Participation: Effecting Community Change*(Praeger Publishers, 1971).

의 3단계가 있고, 세분하면 조작에서 주민통제까지 8단계가 있다. 이러한 구분은 여러 가지 사항의 단순화에 지나지 않지만, 주민참여의 단계를 설명하는 데에 유용하다(그림 Ⅱ.5.1 참조).

① 조작(manipulation)과 ② 치료(therapy)는 주민참여가 이루어지지 않는 비참여단계이다. 이 단계는 정책결정과 집행과정에 주민을 참여시키는 것이 아니라 주민들을 동원·설득·계몽·교도하는데 그 목적이 있다. ③ 정보제공(informing) ④ 상담(consultation) ⑤ 유화(placation) 등은 명목적인 참여단계이다. 이 단계는 비록 주민의 의사가 표현된다고 하더라도 정책결정이나 실시여부의 최종적인 결정권은 행정당국이 갖고 있다. ⑥ 협동관계(partnership) ⑦ 권한위임(delegated power) ⑧ 주민통제(citizen control) 등은 실질적인 참여의 단계이다. 이 단계는 주민들이 정부와 상호협상과 흥정을 통해서 대부분의 의사결정권을 획득하여 행사하는 주민주도의 단계이다.

아른슈타인은 이상의 8단계 각각에 대해서 구체적 사례를 제시하여 설명하고 있는데, 8단계의 특징을 정리하면 다음과 같다.

(1) 조작(manipulation)

행정과 주민간에 협동관계를 맺는다는 사실자체에 의의를 인정할 수 있는 단계로서 관료들이 일방적으로 주민을 교육시키거나 설득·계도·지시를 할 뿐이고 주민들은 다만 초청을 받아 참석하는 것으로 만족하는 수준의 단계이다.

(2) 치료(therapy)

주민의 무력함을 주로 사회사업에 분출시킴으로써 치료케 하려는 단계로서 저소득주민들에게 '아동관리'나 '청소운동' 등을 전개하도록 하는 등 일방적 행정지도에 그치는 것이다.

(3) 정보제공(informing)

정보회로는 행정에서 주민으로 통하는 일방적인 것이며 환류나 협상능력은 없다. 따라서 일방적 정보제공방법인 매스컴·소책자·포스터·

문의에 대한 단순반응 등이 사용된다.

(4) 상담(consultation)

집회·태도조사·공청회 등의 방법에 의해서 주민에게 정보를 제공하고 행정에 참여토록 유도하고 있으나 행정측에서 본 성과는 많은 주민이 회합에 참석했고, 요구된 과정을 거쳤다는 명목상의 참여에 그치는 단계이다.

(5) 유화(placation)

아직 명목상의 참여임은 분명하지만, 이 단계에서는 주민이 약간의 영향력을 행사할 수 있다. 주민들의 광범위한 참여가 각종 위원회를 통해 이루어지고 의견의 제시가 권고되나 그 의견들의 합법성과 실제가능성의 판단권은 행정측에 있다. 이 단계에서 주민들은 광범위하게 참여하긴 하지만 행정측이 주민들을 회유시키기로 결정한 이상의 혜택을 얻진 못한다.

(6) 협동관계(partnership)

지방정부가 최종결정권을 가지고 있지만 주민들이 필요하다고 판단될 경우 이에 맞서 그들의 주장을 협상으로 이끌어 갈만큼 충분히 강하다.

(7) 권한위임(delegated power)

주민의 권한은 계획시설에 결정적으로 영향을 끼칠만큼 강하여 행정당국은 문제해결을 위해 주민을 협상으로 유도한다. 즉, 주민들이 특정한 계획에 관하여 우월한 결정권을 행사하기도 하는 단계이다.

(8) 주민통제(citizen control)

주민들에 의한 완전자치를 뜻하는 것으로 주민들은 그들의 권한이 단지 그들의 계획을 수립·집행하고 자치할 수 있는 정도의 것이라고 주장한다. 이러한 주민통제는 비용이 많이 들고 비능률적이며 전문화나 실적주의와 병행되기 어렵다는 비판론도 있지만 어떤 사업의 계획수립에서부터 실시에 이르기까지 주민통제를 함으로써 많은 개선을 이룩하는 단계이다.

Ⅳ. 주민참여의 유형과 방법

1. 주민참여의 유형

일반적으로 주민참여의 유형은 기준과 관점에 따라 여러 가지로 구분할 수 있지만 본문에서는 주민이 참여하는 접근방법에 따라 직접적 참여와 간접적 참여로 구분하여 살펴보고자 한다. 직접적 참여유형으로서는 주민총회, 주민투표, 주민제안 및 여론집계 등이 있고, 간접적 참여유형으로서는 주민자문위원회, 압력단체참여, 선거, 전문관료와의 접촉 등이 있다.

(1) 직접적 참여(Direct Participation)

정책 및 계획의 형성과정에 있어서 주민의 직접적인 참여는 그 유형에 따라 각기 특이한 한계를 지닌다. 주민총회(town meeting)는 상대적으로 소수의 주민만이 참여할 수 있는 반면에 주민다수가 참여할 수 있는 방법으로서 주민투표(referendum), 주민발안(initiative), 여론집계(public opinion polling) 등이 있다. 이들은 선택범위에 있어서 융통성이 적고 주민들의 상호간 의견교환 등 의사표시를 적극적으로 할 수 없을 뿐만 아니라 주민들이 주어진 기회를 이용하지 않거나 소홀히 할 우려가 있다.

실제로 많은 수의 주민들이 참여할 경우 어떻게 개인들의 선호 내지 요구를 수렴하여 통합할 것인가 하는 문제가 있다. 또한 이 경우에 각 개인의 선택의 비중을 다 같이 할 것인지 또는 정보 · 이익 · 영향력 등을 고려하여 차등을 둘 것인지도 문제된다.

직접적 주민참여방법은 주민들이 주체적인 문제의식을 가지고 정책 내지 사업과 관련된 정보를 충분히 갖고 그 영향력에 대하여 깊이 인지하여 적극적인 의견을 가지고 참여할 때 정책 내지 사업의 선호에 관련된 주민의 이익을 가장 잘 반영할 수 있다.[27]

지역개발과정에 주민이 직접 참여하는 방법은 우선 지역적으로 하위단위(neighborhood)나 또는 지역의 공간적 범위(geographical area)가 한정되어 있는 소규모의 도시(town)에 있어서 주로 채택하는 방법이다.

주민의 직접참여방식의 장점으로는 ① 주민 모두가 쉽게 문제점에 접근할 수 있고, ② 대표를 뽑아 간접방식에 의해 참여하는 경우 보다 행동에 옮기는 것이 빠르고 쉬우며, ③ 지역주민의 전체 참여를 유도할 수 있는 잇슈(issue)로서 교육·고용·복지·위락 등이 주민의 일상생활과 직결되고 이해관계가 깊은 점에서 가능하고, ④ 직접방법은 개개인의 역할이 중요한 장점을 갖고 있다.

주민의 직접참여방식의 단점으로는 ① 지역단위의 규모가 일정한 수준이상이 될 경우 비능률적이기 때문에 중도시 이상의 도시규모에는 적용될 수 없으며, ② 도시규모가 점차 확대되고 있는 추세에 있어서 교외지역들은 비록 행정구역으로는 중심도시와 분리되어 있지만 직장은 중심도시에 두고 있는 경우 직·주 분리에 따라 소규모의 자치단체에 속해 있으면서도 참여의식이 희박해져서 자기 지역사회에 대한 귀속감이 약할 수가 있으며, ③교통·통신의 발달과 더불어 생활권이 확대되면서 광역행정수요가 증대되고 있는 오늘날 주민의 직접참여방식이 비효과적일 수가 있고 오히려 수개의 지방단위의 대표(representatives)가 간접참여의 방법을 택하는 것이 더 효과적일 수가 있다.

(2) 간접적 참여(Indirect Participation)

대표자를 선출하여 간접참여하는 방식은 지역단위가 크고 주민의 개인참여(face-to-face)가 불가능할 때 많이 활용된다.

이 방식을 채택하는데 가장 큰 어려운 점은 ① 주민대표들이 그들이 대표하는 주민조직체를 어떻게 결정하느냐의 문제이다. 지역이익단체 가운데 어떤 것이 정확히 주민이 인정할 수 있는 공식집단이라고 볼 수 있느냐하는 점과, 누구를 어떤 방식으로 선출하느냐 하는 문제들이 결국 간접참여의 효율성을 좌우할 수 있는 요인들이 될 수 있으며, ② 간접참여

27) 李圭煥, 전게서, pp. 257~258.

방식이 당면할 제약점으로는 지역단체들이 전반적이고, 포괄적인 목표에는 합의를 할 수 있지만 막상 구체적인 점에 들어 가서는 대표와 지역집단간에 마찰이 있을 수 있고, ③ 대표에 의한 간접 참여방식은 지역주민들의 무관심집단이나 서민계층들을 대표로 뽑아 참여시키는 문제가 직접참여보다 쉽지가 않다. 때로는 이들 집단이 이미 공식적으로 인정된 대표에게 불만과 반감의 표시로서 새로운 비공식집단을 조직하여 스스로의 이익을 대표할지도 모른다. 이와 같은 사례는 대도시에 있어서 간접참여를 채택할 때 흔히 발생될 수 있는 일이다.28)

다음은 간접적 참여방식으로 대표되는 주민자문위원회, 압력단체, 선거, 전문관료와의 접촉 등에 관해서 살펴보고자 한다.29)

가. 주민자문위원회(Citizen Advisory Committee; CAC)

주민자문위원회의 형태는 영향력이 있는 특정한 그룹이 형성되어 주민을 대표하여 지역개발계획수립에 참여하는 역할을 한다. 이 주민자문위원회 방식은 직접적 참여방법의 취약점을 보강하고 능률과 경제의 원칙하에 의견을 원만히 통합할 수 있는 장점을 지닌다. 주민자문위원회의 정치적 연계(political linkage)효과는 그 구성위원을 여하히 선정하느냐 하는 것과 동 위원회의 자문이 정책과 계획과정에 실제로 얼마나 영향을 끼칠 수 있는가에 달려있다.

주민자문위원회의 구성방법은 두 가지가 있다. 하나는 공청회와 같이 주민의사에 따른 주민에 의한 선출방법과 다른 하나는 지역개발계획과 관련된 정책결정자가 위원을 선정하여 주민의 의견을 집약하는 방법이다. 어느 경우에나 주민자문위원회는 정책에 대한 주민의 선호를 엘리트들이 전문적 지식 또는 정보능력에 의존하여 간접적으로 투입하여 효율성을 제고하는데 의의를 갖는다.

나. 압력단체참여(Pressure Group Participation)

주민참여 가운데 간접적 참여인 압력단체 내지 이익집단을 통한 주민

---

28) 상게서, pp. 259~261.

29) 金繁雄, "環境行政과 住民參與,"「國土計劃」제15권 제1호(大韓國土計劃學會, 1980. 9), pp. 39~40; D.F. Paulsen and R.D. Denhardt(eds.), *Pollution Public Policy* (New York: Dodd Mead and Co., 1973); Harold Lasswell, *Politics: Who Gets What, When, and How*(Cleveland: The World Publishing Co., 1965).

참여는 공공정책의 정치적 산출이며, 그룹간의 상호작용, 경쟁 및 타협을 중시하는 집단정치이론을 전제로 한다. 즉, 지역개발 등과 관련된 정책형성이란 상호관련 있는 집단들이 이익 내지 갈등을 조정하여 정당화하는 과정으로 해석한다.

예컨대, 미국의 경우 도시생활환경개선을 위해 공해문제와 관련하여 수질오염문제에 관한 정책형성은 환경보전단체와 관련된 이익집단간의 이익·분쟁을 조정하여 일치된 의사를 형성하는 경우 시의회의 승인 또는 동의를 얻는데 결정적인 역할을 하여 왔다.

물론 이와 같은 이익집단에 의한 상호활동은 다수의 주민들을 참여시키지 못한다는 비판이 있으나 아직까지 그룹정치에 의한 주민참여야 말로 중요한 공공이익을 효율적으로 대표하는 최적의 방법이라고 지적되고 있다. 그러나 집단의 선호(group preferences) 자체가 불명확할 경우가 있고 소수의 정책결정자에 의한 집단의 선호가 조작될 가능성을 지닌 것이 취약점 가운데 하나이다.

다. 선거참여(Election Prticipation)

주민이 선거를 통하여 대표와 정당을 선택하여 정책결정에 관여하는 경우이다. 주요 사업에 대한 정당이나 후보자들이 주장하는 정책에 대한 전문적 지식이나 이념적 차이를 반영하기 쉽지 않으나 최근 선거권자들은 지방정부의 기본구상 및 장기계획을 비롯하여 도시개발사업, 지역사회개발, 특수한 프로젝트, 주민복지사업, 대기 수질오염 등 공해·환경문제에 대하여 좀더 구체적이고 특색있는 정당정책 또는 프로그램을 제시할 것을 요구하고 있다.

선거에 의한 주민참여는 주로 선출된 대표·의원 또는 위원들의 역할에 의존할 수밖에 없으나 일반적으로 주민이 잇슈의식(issue attention)을 가지고 관심·이익을 표명하면 할수록 그들의 대표자는 관련된 공공정책 결정과정에 보다 많은 영향을 주려고 역할 할 것이 명백하다.

라. 전문관료와의 접촉(Bureaucratic Contact)

행정관료인 전문가는 대체로 주민의 선호에 의한 사회적 선택보다는 그들이 최적이익이라고 믿는 지식·관념에 의하여 정책결정을 하며, 일반 주민들은 정보·자료, 기타 전문적 지식의 결핍으로 인하여 정책결정에 직접 참여하는 것은 바람직하지 않다는 생각을 가지고 있다. 따라서 주민의 선호 여부와 관계없이 그들의 전문지식과 경험적 판단에 의거하여 정책을 결정하며 그 결정에 대하여 직접적인 책임을 지지 않는 경향이 있다.

전문관료가 그들의 봉사대상인 주민을 통하여 주민의 의사 또는 여론을 타진·파악하려고 하는 경우도 있고, 반대로 주민들이 직접 또는 이익집단을 통하여 관료들에게 그들의 의사를 전달하여 관료들이 선택하고자 하는 정책의 지침 또는 방향에 영향을 미칠 수가 있는 것이다. 또한 주민들은 전문관료를 움직이기 위하여 입법활동에 영향을 주어 관료의 독주를 견제할 수도 있을 것이다. 요컨대 지역개발정책의 결정도 전문가집단과 정치적 세력의 상호작용(the interplay of technical and political forces)의 결과로서 얻어지는 것이다.

이상과 같은 주민참여의 몇 가지 유형은 지방행정을 위한 정책을 결정하는데 있어서 다음과 같은 의미를 지닌다.

첫째, 주민의 다양한 패턴에 의하여 정책결정과정에 참여할 수 있는 선택의 여지가 있다는 것은 중요한 의미를 지니며, 또한 특정한 사례마다 그에 적합한 참여형태를 취할 수 있을 것이다.

둘째, 주민과 정책기관의 정치적 연계가 중립적이지 않는 한 정치적 교환을 통하여 주민참여의 최적방법을 선택하는 일은 상당히 중요하며 라스웰(Horold Lasswell)이 지적한 바 있는 이른바 "who gets what, when, and how"를 고려하는 것은 민주적 정책형성을 위해서 불가피한 조건이라 하겠다.

셋째, 장기적으로 볼 때 타당한 공공정책은 이러한 다양한 참여형태들의 상호보완 내지 혼합의 결과이며, 결코 배타적이거나 독립적인 방법은 효과성이 낮을 것이다. 즉, 몇 가지의 참여방법들이 서로 다른 가정하에 각기 상이한 대안들을 가지고 동일한 목표를 위하여 동시에 진행 될 수 있는 것이다.

넷째, 주민참여에 의한 정책결정 패턴은 물론 자연자원의 가용성, 정보 및 전문적 지식, 전통적 의사결정 양식, 경제적·사회적 비용, 정치적 상황, 공공기관의 행·재정력 등에 의하여 제한을 받을 수 있을 것이다.

2. 주민참여의 방법

주민참여의 유형은 앞서 고찰한 바와 같이 여러 가지로 분류하여 설명할 수가 있지만 이러한 주민참여의 형태가 구체적으로 실천에 옮겨지기 위해서는 다양한 수단을 통하여야 한다.

주민참여의 수단으로서 종래의 전통적인 방법으로는 행정에 대한 외부통제의 방법에 속하는 여론과 정당·이익집단 등을 통하는 방법 이외에도 전시회·공청회·정보정리제공·설문조사·매스미디어(mass media)를 통한홍보 등의 방법이 있고, 주민운동·교섭·청원·건의·진정·문의·자치 등을 비롯하여 주민집회·시정간담회·반상회·각종위원회·심의회·선거·주민투표·주민발안 등이 있다. 이 외에도 아이디어창안·요인접촉·우편 등이 있고 새로운 시도로서 델파이법(Delphi Method), 게임 시뮬레이션(Gaming Simulation Method), 명목집단방법(Nominal Group Method) 등이 활용되고 있다.[30)]

(1) 외국의 주민참여 방법

지역발전 내지 환경보전을 위한 정책결정과정에 시민의사 내지 이익을 투입하는 주민참여방법을 미국의 한 산림행정에 관한 사례를 통하여 살펴보고자 한다. 미국의 산림청(the Forest Service)은 도로가 없는 지역의 개발정책을 수립하는 과정에서 광범위한 주민참여를 시도하였던 바 실제로 사용된 주민참여의 방법을 중심으로 그 장·단점을 보면 다음과 같다.[31)]

가. 공청회(Public Meeting)

공청회와 같이 대중회합에 의한 주민참여의 장점으로는 ① 일시에 많은 양의 정보수집이 가능하고, ② 슬라이드, 영화, 비디오·테이프, 지도, 도표, 강의, 유인물 등 다양한 매체를 활용할 수 있으며, ③ 전시효과와 신

30) 李圭煥, "都市開發과 住民參與," 「地方行政硏修」 제13호(內務部 地方行政硏修院, 1988), pp. 86~89.

31) 金繁雄, 전게논문, pp. 42~43; J. C. Hendee, *et. all.*, "Methods for Acquiring Public Input," in Pierce & Doerksen, *Water Politics Public Involvement*(Ann Arbor: Arbor Science, 1976), pp. 125~127.

뢰도가 크다는 점이다. 반면에 단점으로는 ① 대중이 모임으로써 회의진행이 어렵고 많은 시간이 소요되며, ② 소수의 의사, 인기없는 의견이 무시될 우려가 있으며, ③ 효과적인 의사표시가 어렵고, ④ 비밀보장을 기대할 수 없다는 점이다.

나. 워크 · 샵(Work Shops)

주민참여 수단으로서의 워크 · 샵의 장점은 ① 참여자의 진지하고 효율적인 참가로 창의적 에너지투입이 가능하고, ② 활발한 토론이 이루어질 수 있다는 점이다. 반면에 이 방식의 단점으로는 ① 과다한 비용과 시간이 소모되고, ② 특정한 이익집단의 주장만이 편견으로 반영될 우려가 있다는 점이다.

다. 특별위원회(Ad-hoc Committee)

주민참여방법 중의 하나인 특별위원회의 장점으로는 ① 주민의 기대를 얻기 쉬우며, ② 정책결정 자체에 높은 신뢰성을 얻을 수 있다는 점이다. 반면에 단점으로는 ① 주민전체를 대표하기 어려운 편견을 가진 위원들이 구성될 우려가 있으며, ② 위원회의 법규에 기속되어 대안의 모색을 통한 의사결정이 어렵다는 점이다.

라. 자문 그룹(Advisory Groups)

자문집단을 통한 주민참여의 장점으로는 ① 정확하고 신중한 의사를 결정하며, ② 구성원간의 원활한 사적관계로 교호기능이 가능하다는 점이다. 반면에 자문 그룹은 ① 구성원의 편견이 개재될 위험성이 있으며, ② 광범위하고 다양한 시민의 요구 · 이익의 기술적인 집약이 곤란하다는 단점이 있다.

마. 요인접촉(Key Contacts)

정책 내지 계획수립과정에서 요인접촉을 통한 주민참여방법의 장점은 ① 분별력있고 영향력 있는 주요 인사들의 여론을 효율적으로 집약할 수 있으며, ② 요인접촉을 통한 정책결정은 일반주민의 지지와 설득을 쉽게 할 수 있다는 점이다. 반면에 이 방법은 ① 주요 인사들의 단편적인 편견이 작용할 우려가 있으며, ② 요인들의 지역적 · 사적 이익만을 주로 반영할 우려가 있다는 단점이 있다.

바. 우편(Direct Mail)

우편방식을 통한 주민참여는 ① 다수인을 대상으로 할 수 있으며, ② 개인적인 의사가 노출될 우려가 없고 특정한 견해에 대한 책임감·압력으로부터 탈피가 가능하며, ③ 타이트하고 귀찮은 스케줄에 구애되지 않는 개인의 자유로운 의사표시가 가능하다는 장점을 지니고 있다. 반면에 ① 무응답자의 비율이 높을 가능성과 대체로 의도한 답변이 나올 가능성이 있으며, ② 상당한 정보가 필요한 경우 과다한 비용과 노력이 요구된다는 단점을 지닌 방법이다.

사. 의견투고의뢰(Soliciting Written Input)

매체를 통한 의견투고의 의뢰방식은 ① 대중매체인 TV, 신문, 라디오 등을 통한 광범위한 의견을 수집할 수 있으며, ② 문제지역 이외의 주민들의 객관적인 견해를 들을 수 있고, ③ 시간과 노력이 적게 든다는 장점이 있다. 반면에 ① 의견표시자가 다른 사람의 견해를 참조하기 곤란하며, ② 일방적인 의사표시로 끝날 우려가 있으며 관계기관이 투고자의 의견에 일일이 답변·코멘트하기 어렵고, ③ 응답자가 문제점을 잘못 인식할 경우가 많다는 단점을 갖고 있다.

아. 설문지조사(Questionires Survey)

설문지를 통한 주민의사 파악방법의 장점은 ① 분야별·내용별로 분류·분석하기가 쉬우며, ② 다수 주민의 의견투입이 가능하고, ③ 물리적 거리, 지방적 이익표명 이외의 광역의 의견수렴이 가능하다는 점이다. 반면에 ① 설문서작성, 표본추출 등에 있어서 신뢰성과 대표성을 확보하기 어려우며, ② 응답자의 신중하고 가치있는 답변을 기대하기 곤란할 뿐만 아니라 형식적 조사에 그칠 우려성이 있다는 단점을 지닌 방법이다.

자. 보고서(Agency Reports)

보고서를 통한 주민의견수렴방식의 장점은 ① 관계 전문가의 지식이나 의견을 참조할 수 있으며, ② 타 기관 또는 타 조직의 입장, 경험, 상황파악이 가능하다는 점이다. 반면에 ① 너무 전문적이고 범위가 좁을 우려가 있으며, ② 타 기관·타 조직의 목표, 의도, 계획에 지나치게 영향을 받을 가능성이 있다는 단점을 갖고 있다.

차. 일상적 주민접촉(Day-to Day Public Contacts)

일상적으로 주민을 접촉함으로써 주민의견을 수렴할 수 있는 이 방식의 장점은 ① 비구조적이기 때문에 비교적 자유로운 의사타진이 용이하고, ② 주민참여의 폭을 확대시키며, ③ 접촉이 일상화될 가능성이 있다는 점이다. 반면에 ① 제한된 범위내의 말 잘하는 소수의 의견만 반영될 우려가 있으며, ② 비공식성으로 인한 이익집약이 어렵다는 단점이 있는 것이다.

하. 대중매체(Mass Media)

대중매체를 통한 주민참여방식의 장점은 ① 문제의 공공성을 주지시키고 환류(feed back)의 통로를 제공하는데 용이하고, ② 최대다수의 주민을 상대로 한 광범위한 정보제공이 가능하다는 점이다. 반면에 ① 매스컴의 이용비용이 많이 들고, ② 고도의 전문적 기술이 결여된 메시지전달의 경우 의사전달이 왜곡될 가능성이 있다는 단점이 있다.

이상과 같이 지역개발 내지 환경보전대책을 수립하는 과정에 있어서 주민참여의 다양한 방법들을 채택하였으나 실제로 적극적이고 광범위한 주민참여는 그렇게 용이하지 않음을 알 수 있다. 미국 연방정부의 산림청 프로젝트에서 광범위한 주민참여를 유도하고자 300여개 지역에 공청회를 실시하였는 바 한 지역에서는 단지 4명의 주민만 참가한 사례가 있었고, 캘리포니아주 전체를 대상으로 한 의견조사에서 단지 5천명의 응답만을 얻은바 있는데 이는 주민 4천명에 1명꼴 정도에 지나지 않는 숫자이다.

또한 도시 및 지역개발 정책결정에 투입될 주민의사는 사적, 지역적 이해관계를 초월하기 힘들고 문제지역에 국한될 우려성이 크며, 다수의 일반대중보다는 특정한 이익집단의 요구·이익이 투입될 가능성이 크다. 따라서 어떻게 광범위한 지역의 '조용한 다수'(silent majority)의 의사를 파악하여 반영시킬 것인가 하는 문제는 주민참여의 중대한 과제로 남는다.

(2) 한국의 주민참여 방법

주민참여의 방법은 그 나라의 정치발전과 국민의 의식수준에 따라 다양하며 선진국일수록 참여가 제도화되어 있고 실질적인 영향이 크다. 우리나라의 행정에 대한 주민참여가 제도화된 것으로는 행정 각 기관에 부설되어 있는 각종 위원회와 행정 최말단의 기관이면서 지역주민의 근접 조직인 반상회가 대표적인 것이라 할 수 있다. 그러나 우리나라의 경우에는 참여의 제도화가 낮고 그 효과 역시 명목적인 것에 불과한 실정이다. 다음은 우리나라의 대표적인 참여의 방식에 대해서 살펴 보기로 한다.[32]

가. 각종 자문위원회

주민자문위원회의 방식은 영향력 있는 특정한 집단이 형성되어 주민을 대표하여 정책형성에 참여하는 역할을 한다. 현재 우리나라의 자치단체에 있어서 주민참여의 가장 보편적인 제도가 각종 자문위원회인데 보통 지역대표와 직능대표로 구성된다. 특히 1961년 지방의회 기능의 중지와 함께 크게 확대되어 왔으며 지나친 남설로 그동안 몇 차례 정비도 해왔다.

각종 자문위원회는 시·도지사나 시장·군수 및 구청장의 자문에 응하고 해당 지역의 발전을 위해서 자치단체장에게 건의하며 자치단체장의 요청에 의하여 당해 도시 및 지역개발사업의 촉진을 위한 계몽과 권장을 행하는 역할을 담당한다. 그러나 이러한 위원회는 지방의회와는 기능과 성질을 달리하고 있다. 즉, 각종 자문위원회는 지방자치단체의 개발계획 및 사업계획을 심의하고 시·도정 및 시·군정을 협의하도록 되어 있으나 실제에 있어서는 행정당국으로부터 사업계획이나 내용을 보고 받고 비공식적인 견해를 표명하는데 그치고 있다.

특히 이들 위원회의 구성이나 위원의 선임에서 그 주도권은 거의 전적으로 행정측에 장악되고 있다. 따라서 위원회를 통한 주민참여는 주민이 행정에 참여하기 위해 구성되었다기 보다 행정측이 주민생활을 지도하기 위해 행정측의 편의와 필요에 의해 만들어진 것이라는 현실적 비판을 면키 어려운 여건에 놓여있다 하겠다.

나. 공청회

공청회는 주민들이 직접 참여하여 지역사회문제에 관해 조사·답변하는 것으로서 자치단체가 주관하여 개최하는 경우와 주민들이 자발적으로 조직하여 개최하는 경우가 있다. 공청회의 참여자를 결정하는 방법에도

32) 李圭煥, 전게서, pp. 265~269.

주민 모두를 대상으로 하는 것과 일정한 기준에 의해 참여자를 선별하여 초청하는 방법이 있다.

우리나라의 경우 개정된 도시계획법 제10조의 2에 의하여 도시기본계획 및 도시계획에 있어서 주민참여를 제도화하였다.[33] 특히 도시기본계획 수립단계에서 주민참여는 개별적인 이해관계자와의 조정을 목적으로 하는 것이 아니라 널리 주민의 의사를 반영시키고자 하는 절차이기 때문에 개별적인 의견청취가 아니고 공청회를 개최하도록 하고 있다. 공청회의 개최결과 얻은 의견이 타당하다고 인정하는 때에는 이를 도시기본계획의 승인 신청시 공청회 결과를 첨부토록 하여 승인과정에서 주민의사가 고려되도록 하고 있다.[34]

즉, 도시계획법 제10조의 2에 의하면 서울특별시·광역시, 기타 대통령이 정하는 도시계획구역을 관할하는 시장 또는 군수가 20년을 단위로 하는 도시기본계획을 수립할 때에 공청회를 열도록 되어 있다. 이 경우 해당 자치단체는 일간지에 공청회의 개최일자를 2주일 전에 공고하고 주민이 공청회에 참석하려면 7일 이전에 자기의 소견서를 제출하여 해당 자치단체로부터 사전에 허락을 받아야 한다. 우리나라의 이러한 공청회 제도는 참가대상자를 선별하여 참석시키는 부분적 공개회의방식에 속한다.

다. 반상회

반상회는 이웃간의 협동과 행정에 대한 보조를 위하여 주민들이 일정한 시간, 일정한 장소에 일제히 모이는 주민총회로서 ① 주민의 자조적 근린조직, ② 행정의 최말단기본조직, ③ 주민과 정부간의 대화조직 등의 성격을 가진다. 매월 개최되고 있는 반상회는 행정측에서 주민들에게 정부 혹은 지방자치단체의 시책을 널리 홍보하고 주민의 협조를 구한다는 목적도 있다. 한편 주민들 스스로가 생활에 밀접한 관련을 맺고 있는 제반문제에 대해 논의하고 행정에 대한 요구와 건의를 비교적 자유롭게 또

33) 우리나라 도시계획법에 의하면 도시기본계획을 입안할 경우 시장·군수는 공청회를 개최하여 의견을 청취하도록 되어 있고(법 제10조의 2 참조), 도시계획(재정비)을 입안할 경우시장·군수는 도시계회내용을 공고하고, 일반인에게 공람시켜 의견이 있는 자가 시장 군수에게 의견서를 제출토록 하고 있다(법 제16조의 2 참조).

34) 李圭煥, "都市計劃法 解說," 「地方自治와 議會運營」 (한국지방자치학회, 지방행정연수원, 1998), pp. 202~232 참조.

한 정기적으로 할 수 있다는 점에서 비교적 효과성이 큰 주민참여제도인 것으로 인식되고 있다.

이러한 반상회는 1976년 5월 30일에 시작하여 매월 25일에 개최되는데 그 주요기능은 첫째, 이웃끼리 서로 돕고 협동하는 정신을 바탕으로 공공의 관심사를 자율적으로 해결하고 둘째, 반원들의 의사를 집약하여 이를 정책에 반영하며 셋째, 정부시책을 홍보하는 장의 역할을 담당하고 있다.[35]

현재 지방자치제가 실시되면서 반상회를 통한 민의 수렴의 기능이 종전보다는 약화된 면도 있지만 주민참여의 제도적 장치로서의 반상회의 역할은 매우 크며, 정부와 주민간의 1차적인 접촉기회를 제공해 준다. 행정이 주민속에 뿌리를 박고 건강하게 성장하고 전개되기 위해서는 행정에의 주민참여가 적극적으로 이루어져야 하며, 이러한 주민참여는 정부시책에 대한 주민의 이해와 관심이 선행되어야 한다. 반상회는 바로 주민들로 하여금 정부시책을 이해하고 관심을 갖고 적극적으로 참여하게 함으로써 건전한 비판과 협동을 이루게 하는 매개적 역할을 하는 모임인 것이다.

그러나 현재의 반상회에서 주민들이 행정에 반영시키고자 하는 것은 지역적·공공적 사항보다 시혜호소적·개인생활중심적인 성격을 띤 것이 많다. 그 결과 정책의 차원에 이르지 못하고 건의 수준에 머무르고 있다. 또한 반상회의 운영에 공무원들이 관여하게 되어 정부홍보기관으로 전락된 감을 준다.

라. 기관장과의 대화·순회간담회

1972년부터 시작된 기관장과의 대화제도는 ① 각계 각층의 여론과 의견을 수집·분석해서 효과적인 방법으로 시정 또는 군정에 최대한 반영하고, ② 주민의 참여의식을 고취시킬 것을 목적으로 주민을 선정해서 시정 또는 군정에 관해 시장·구청장 또는 군수와 직접 대화를 나누는 제도이다.

이외에도 시장·구청장·군수 및 읍·면·동장이 영세민집단거주지·낙후지·주민집단분규지·안보취약지·기타 행정상 필요가 있는 지역을

---

35) 李圭煥, 전게서, pp. 267~268.

방문하여 주민들과 직접적인 대화를 가짐으로써 주민의 참여를 행정에 반영시키는 순회간담회가 있다.

마. 기 타

이상에서 우리나라에서 제도적으로 확립된 주민참여의 방법에 대해서 살펴보았는데 이외에도 다음과 같은 방법이 있다.

(가) 전시회

주민에게 행정정보를 제공하고 그들의 반응을 수렴하는 방법의 하나로서 전시회가 있다. 전시회를 통한 주민참여방식은 도시 및 지역개발계획에서 흔히 볼 수 있다. 도시 및 지역개발의 목표·문제점 및 개발효과 등에 관해 주민들이 쉽게 이해할 수 있도록 간결한 문장·도표·지도·사진 등을 이용하여 전시함으로써 주민들에게 정부의 시책을 알리고 주민들의 관심을 불러 일으킬 수 있다.

(나) 설문조사

설문지를 통해서 주민들의 태도·문제점·인식도·선호도 등에 관해서 광범위한 자료를 수집하는 것을 말한다. 설문조사의 경우 설문지를 작성할 때에는 설문지가 조사하고자 하는 내용을 포함하도록 하고 문항수에 있어서도 적정수준을 유지하도록 해야 한다. 그러나 설문조사의 경우에는 주민의 자발적인 참여가 아닌 행정측이 제안한 문제에 국한된 찬반의 표현이라는 점에서 참여방식으로서의 한계가 있다.

(다) 주민 운동

주민운동(demonstration)은 집회와 시위를 통해서 자신의 견해를 주장하는 경우를 뜻한다. 이는 주로 참여가 제도화되지 않은 경우나 기존의 제도가 효과를 나타내지 못할 때 나타나는 주민참여의 방법이다. 이러한 주민운동은 주로 공해발생·도시재개발·신시가지개발·공장유치·고속도로건설·댐건설 등으로 인해 주거환경이 침해를 받거나 받을 우려가 있을 때 실력행사를 통한 참여방법이다.

제 3 절 주민참여의 실태와 활성화방안

Ⅰ. 주민참여의 현황과 문제점

지방행정에 있어서의 주민참여는 크게 두 가지 측면에서 고찰할 수 있다. 하나는 계획과정에 주민들이 직·간접으로 관계하여 그들의 의사를 반영하는 것이고, 다른 하나는 지역개발사업에 업무주체로 참여하여 실제로 사업을 시행하는 것이다. 이러한 두 가지 측면에서 주민참여의 실태와 문제점을 살펴보고자 한다.[36]

1. 계획과정상의 참여실태

(1) 계획수립과정상의 측면

우리나라의 도시 및 지역개발계획은 그 수립과정에서 주민참여가 제대로 이루어지지 않아 계획의 목표·방향·대상을 설정하는데 주민의사가 거의 반영되지 못하고 있다. 현재 개발계획의 수립에 있어서는 대부분의 경우 행정가와 소수의 전문가집단만의 참여하에 충분한 사전조사와 주민의 욕구, 지역실정을 고려하지 않은 채 계획을 수립하는 경우가 많으며, 주민의 직·간접으로 동의를 얻을 수 있는 절차는 극히 제한되어 있는 실정이다.

계획별로 주민참여의 실태를 보면[37] 첫째, 특정 지역개발계획의 수립에 있어서 주민의 의사나 자문기관의 의견을 청취·반영하는 제도적 장치가 되어 있지 않고 있다. 실제에 있어서 행정기관 중심으로 수립되고 있어 지역주민의 적극적인 지지와 협조를 받지 못하고 있다.

---

36) 상게서, pp. 269~272; 李圭煥, "지역개발에 있어서의 주민참여 활성화 방안," 「道政研究」 제2호(京畿道, 1989), pp. 135~158.

37) Willam L. Morrow, *Public Administration: Politics, Policy and Political System* (Random House, 1975), pp. 275~279.

둘째, 도 또는 군종합개발계획의 수립과정에 있어서도 국토건설종합계획법에서는 주민참여의 규정을 두고 있지 않고 있다. 행정기관의 장과 전문가로 구성된 국토건설종합개발심의회의 심의·의결만으로 결정하도록 하고 있어 주민적 합의가 이루어지지 않고 있다.

셋째, 도시기본계획수립시의 경우 도시계획법은 공청회를 개최하도록 규정하고 있으며, 또 도시계획 입안시의 경우 주민의견을 청취·반영을 제도화하고 있는 것은 사실이다. 그러나 실제의 운영상황을 보면 아직 이러한 제도가 정착되지 못하고 공청회나 공람시 주민의 의견개진이나 그 반영이 모두 형식에 그치는 양상을 보이고 있다.

한편 주민참여제도 자체에도 미흡한 점이 많은데 그 내용을 보면 다음과 같다.

① 도시계획을 입안할 때 공람만을 실시함으로써 토지·건물의 소유자나 이해관계인이 이를 인지하기가 곤란하며, ② 도시기본계획의 입안과정에서 공청회에서 개진된 의견이나 도시계획 공람시 서면으로 제출된 의견에 대한 결과회시가 제도화되어 있지 않고, ③ 중앙 및 지방도시계획위원회에서 도시계획을 심의·결정하는 과정에서 이해관계인의 의견을 청취하는 것이 제도화되어 있지 않다.

(2) 계획집행과정상의 측면

도시 및 지역개발계획의 집행과정 역시 주민참여와 통제수단이 제대로 보장되지 않고 있다. 특히, 도시계획은 다른 어떤 계획보다도 주민들과 밀접한 이해관계가 있는 계획인데도 계획집행과정에서 발생하는 사적소유권의 부당한 침해와 손실에 대하여 주민이 가지는 통제수단은 미비한 상태이다.

도시계획법에서는 사업시행전에 14일간의 공람기간을 두어 주민 및 이해관계인의 의견을 청취하여 타당하다고 인정될 때에는 시행계획에 반영토록 한다고 규정되어 있을 뿐 청원이나 제안 등이 전혀 보장되지 못하고 있다.

또한 도시재개발사업은 사업내용이 복잡하고 장기간이 소요될 뿐만 아니라 이해관계자들이 관련되어 있기 때문에 그들의 이해절충과 의견조정을 위해 사업시행에 대한 집단적 의사결정과 참여가 요구되는 데도 이를 허용하지 않고 있다.

2. 개발사업주체로서의 참여실태

도시 및 지역개발사업에 주민들이 사업주체로서 참여가 필요하게 된 배경은 다음의 두 가지를 들 수 있다.

첫째는 지역개발사업의 수요증대이다. 지역경제규모의 확대, 생활수준의 향상과 주민의식구조의 변화에 따라 공공시설과 각종 생활환경시설에 대한 주민들의 기대욕구는 점차 다양화·고급화되어가고 있다. 특히 지방화시대의 전개에 따라 각종 지역개발사업에 대한 주민욕구가 크게 증대되고 있어 국가 또는 지방자치단체뿐만으로는 이를 충분히 담당할 수 없는 실정에 이르고 있다.

둘째는 정부의 가용투자재원의 취약점이다. 지역경제부분의 확대에 따라 공공부문과 민간부문의 투자수요가 크게 증대하여 국가 또는 자치단체의 재정압박이 뒤따르고 있다. 특히, 불황기에는 예산동결이 불가피하여 재원의 제약이 커지고 있다. 이에 따라 주택, 상·하수도, 도로, 공원 등 생활환경시설은 크게 개선·확충되지 못하고 있다. 이러한 배경 아래서 개발사업주체로서의 주민참여가 절실히 요청되고 있으며 지방자치단체는 이를 적극적으로 권장하기에 이르게 되었다.

도시 및 지역개발사업에 민간사업주체를 참여시킴으로써 민간자본과 민간의 창의적인 경영방식을 활용하는 것은 개발사업의 효율적 집행은 물론이고 민간경제활성화의 측면에서 보더라도 바람직스러운 일이다.

이러한 필요성에도 불구하고 실제의 도시 및 지역개발사업에 있어서 민간사업주체의 참여는 그리 활발하지 못한 편인데 그 원인을 보면 다음과 같다.

① 경제성문제로서 일반적으로 도시 및 지역개발사업은 장기간에 걸쳐 많은 투자재원이 소요되므로 채산성이 낮은 경우가 많으며, ② 장래의 경제개발에 대한 불확실성 때문에 투자를 기피하는 경향이 있으며, ③ 제도적 장벽으로서 사업계획의 승인·시행과정이나 토지의 취득·이용,

인・허가절차 등 여러 가지 면에서 민간사업체는 법령 및 제도상의 제약을 많이 받고 있기 때문이다.

Ⅱ. 주민참여의 제약요인

우리나라는 전통적으로 중앙집권적이고 권위주의적인 행정문화와 건전한 중산층의 결여로 인해 주민참여가 그 실효를 거두지 못하고 있다. 주민참여의 한 형태인 주민운동만 보더라도 참여적 운동이라기 보다는 대증요법적 저항운동으로서의 성격을 가진 것이었다. 또한 참여의 단계를 보더라도 자치화의 수준에 이르지 못하였음은 물론 겨우 명목적 참여에 불과하여 우리의 주민참여가 얼마나 미약한 가를 알 수 있다. 이와 같이 우리나라의 주민참여가 제약을 받고 있는 그 요인을 고찰해 보고자 한다.[38]

1, 주민참여의 결정요인

주민참여는 지방자치단체나 주민 자신 뿐만 아니라 중앙정부와도 직접적인 관련을 가지고 있기 때문에 주민참여에 영향을 미치는 요인은 실로 복잡하다. 즉, 중앙정부의 경우는 리더쉽, 정치・행정이념, 자치단체에 대한 관여정도 등에 따라, 자치단체의 경우는 그 종류, 규모, 계층구조, 기능분담, 관리능력 등에 따라, 주민의 경우는 가치관, 지식과 경험, 주민조직, 지지단체, 이동성과 애착심, 시간적 여유 등에 따라 주민참여에 영향을 미친다.

그런데 이들 요소는 상호작용을 함으로써 분권화와 정보공개의 수준, 공무원 및 주민의 행태를 결정하고 있다. 상호작용이 낳은 이러한 요소들은 주민참여의 내용을 결정하는 제1차적 요인이라고 한다면, 상호작용에 개입된 제요소들은 제2차적 요인이라고 할 수 있다(그림 Ⅱ.5.2 참조).

미국의 경험에서 볼 때 주민참여에 가장 큰 영향을 미치는 요인으로는

---

38) 李圭煥, 전게서, pp. 272~274.

[그림 Ⅱ.5.2] 주민참여의 제약요인

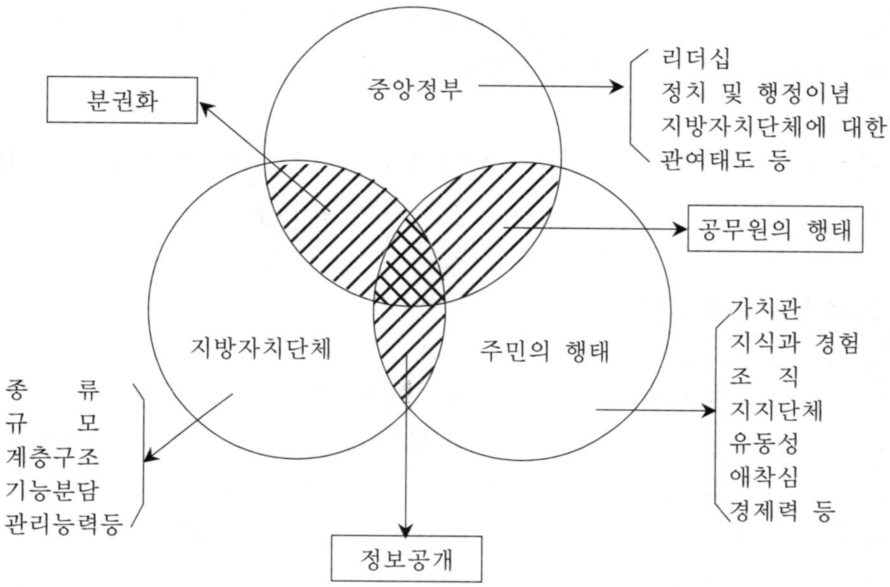

주민행태와 행정의 분권화 등 두 가지 사실을 지적하고 있다. 즉, 미국의 경우 주민참여의 전제가 되는 정보공개의 문제는 일련의 법제도를 통하여 해결하였고, 공무원들의 의식구조도 오랜 역사와 경험속에서 바람직한 관·민관계가 형성되었다.

그러나 우리나라의 경우 주민참여의 이상을 실현하려면 무엇보다도 행정정보의 공개와 바람직한 관·민관계의 재정립을 위한 공무원의 의식 및 체질개선이 시급한 과제라고 할 수 있다. 이렇게 볼 때 우리나라의 지방행정에 있어서 주민 참여의 실질적 내용 내지 영향력의 범위는 정보공개와 분권화 그리고 주민 및 공무원의 행태에 의하여 결정된다고 할 수 있으며, 이들 요인들을 주민참여와 관련시켜 보면 다음과 같다.

① 다른 조건이 같다면 주민에게 공개되고 제공되는 행정정보의 질과 양은 주민참여의 결정요인이 되며, 보다 많은 정보는 보다 많은 참여를 가져 오게 된다.

② 다른 조건이 같다면 행정의 분권화는 보다 많은 참여를 유도하게 된다.

③ 다른 조건이 같다면 주민의 능동성은 주민참여를 보다 확대시킨다.

④ 다른 조건이 같다면 참여형 공무원행태는 주민참여를 보다 증대시킨다.

이상과 같이 정보공개와 분권화 그리고 주민 및 공무원의 행태는 지방행정에 있어서 주민참여의 결정요인이 되는 것이다.

2. 주민참여의 제약요인

우리나라의 도시계획에 있어서 법적으로 제도화된 주민참여는 도시계획법 제10조의 2에 의한 공청회와 동법 제16조의 2에 의한 주민의견청취 그리고 도시재개발법 제15조에 따른 관계서류의 공람과 의견의 청취 및 집행에의 참여가 있을 뿐이다. 따라서 도시계획에의 주민참여는 제도적 보장이 극히 미흡하다. 물론 이것 이외에도 전통적 의미의 것이기는 하지만 지방자치단체별로 각종 자문위원회제도, 반상회, 직능단체와의 간담회, 주민과의 대화, 종합민원실을 통한 상담제도, 시정 및 군정 모니터, 청원 등의 형태로도 주민참여가 이루어지고 있기는 하다. 그러나 실제로 이러한 통로를 통한 주민참여는 제대로 이루어지지 않고 있을 뿐만 아니라 그 영향력의 범위도 극히 미약한 상태에 놓여있다. 여기에서는 주민참여의 4대 결정요인인 정보공개, 분권화, 주민의 행태, 공무원의 행태 등을 통해 주민참여의 제약요인을 분석해 보고자 한다.[39]

39) 하트(D.K. Hart)는 주민참여를 제약하는 요소로 ① 그 사회의 전통, ② 제도적 환경, ③ 정책결정자(공무원) 및 ④ 주민의 행태를 들고 있다. David K. Hart, "Theories of Government Related to Decentralization and Citizen Participation," in *Public Administration Review*, volume 32(October, 1972), pp. 609~616 참조.

정세욱 교수는 주민참여의 변수를 ① 공무원, ② 지방행정구조와 기능, ③ 주민, ④ 환경등 4가지를 기본적 변수로 보고 있다. 鄭世煜, 「地方行政學」(서울: 法文社, 1998), pp. 318~345 참조.

(1) 정보공개의 미흡

지방행정을 비밀리에 수행할 수록 주민참여는 그만큼 제약되며, 공개될수록 그만큼 활발해진다. 그것은 참여가 아무리 보장되었다 하더라도 그에 필요한 정보를 접할 수 없으면 실제로 참여는 불가능하기 때문이다. 따라서 정보의 양과 질은 바로 주민참여의 효과를 좌우하는 요인으로 간주되고 있다.

우리나라는 지방자치단체가 정보를 공개하고 주민과 상호 의견을 교환하는 통로가 아직 성숙되어 있지 못하다. 그러므로 지역개발계획을 수립하는 과정에서 부수적으로 발생하는 문제들을 지나치게 의식하는 나머지 계획을 비공개로 입안하고 집행하는 사례가 적지 않았던 것이다. 그 결과 참여행정의 기본인 공청회기능이 취약성을 드러내게 되었으며 주민은 참여가 제약되고 지역개발에 대한 무관심 · 비협조의 반응을 보이게 되었다.

우리나라 지방자치단체에 있어서 지방행정과 관련된 정보공개의 문제점을 크게 세 가지 측면에서 설명할 수 있다.

첫째, 정보공개법이 최근에 일반법으로 제정되어 있지만 아직도 정착되고 있지 못한 점이다. 따라서 정보청구권의 법적 보장이나 정보공개를 강제하는 법적 보장이 미약한 상태 아래서 지방행정에의 주민참여는 본질적으로 제약되고 있다.

둘째, 지방자치단체는 행정관리론적 홍보활동을 하고 있다는 점이다. 이런 단계에서의 행정홍보는 지역개발계획 수립과정에의 주민참여를 전제로 해서 수행하는 것이 아니고 집행과정에 주민의 지지와 협조를 구하기 위한 설득수단으로 이루어지는 것이다. 따라서 행정관리론적 홍보체계 아래서는 주민참여가 제한적인 기능만을 수행할 뿐이다.

셋째, 지방자치단체가 공개하는 정보는 행정과정상 사전적 · 예고적 성격을 가진 것 보다는 사후적 성격을 가진 것이 대부분이라는 점이다. 정보공개의 내용이 사후적 · 보고적 성격을 지닐 때에는 지방행정에 진정한 주민참여가 이루어지지 못한다.

(2) 지방행정의 자주성 결여

주민참여는 지방자치단체의 자주성이 높으면 높을수록 활발해지고 실효를 거두는 반면에 자주성이 약하면 약할수록 소극화되고 효과가 크지 못하다. 우리나라의 지방자치단체는 행·재정적으로 자립성이 매우 미약하여 중앙정부의 강력한 통제아래 자치단체로서의 자주성이 취약한 실정이다.

이와 같은 자치단체의 자주성 약화는 주민들의 자발적이고 적극적인 참여를 유도한다든가 도입할 수 없도록 만드는 요인이 되고 있다. 지방자치단체는 일반행정이나 개발사업에 대해 주민들이 일정한 의견을 제시하고 요구를 하더라도 이를 독자적으로 받아들여 처리할 권한이 없다. 대부분의 중요한 결정권을 중앙정부가 장악하고 있기 때문에 주민들이 참여한다고 하더라도 소기의 성과를 낳지 못하는 경우가 많다. 더구나 자치단체가 처리하는 기관위임사무는 주민참여의 대상에서 제외되기 때문에 지방행정에의 주민참여의 의의를 반감시키는 실정이다.

(3) 주민의식수준의 문제

주민참여가 제도적으로 충분히 마련되어 있다고 하더라도 주민의 질적 수준 및 행태가 이를 활용할 단계에 있지 못하면 주민참여를 통한 지역개발의 효과가 만족스럽게 거두어 질 수 없게 된다. 더욱이 공식적인 주민참여의 길이 극히 제한되어 있는 현실에는 주민의 높은 의식수준이야 말로 스스로 참여를 확보하는데 있어서 무엇보다도 중요한 요건이라고 할 수 있다.

그런데 우리나라의 경우 주민들은 자치단체의 통치구조상 능동적이고 창의적인 방법으로 시민권을 실현할 기회를 거의 경험하지 못했고, 주민들의 의식수준이 아직도 낮기 때문에 태도가 소극적, 타율적이며 참여에 대한 관심도 높지 못한 실정이다.

또한 자주적인 주민조직이 없으면 주민참여는 그 실효를 거둘 수가 없다. 우리나라의 경우 주민조직은 자치단체별로 적지 않으나 주민들의 자발적인 의사에 의하여 조직된 것이라기 보다는 법령·중앙정부의 행정명령 또는 행정지시에 의하여 타율적·하향적으로 조직된 것들이 대부분이다. 이들 조직은 주민의사의 상향적 전달보다는 행정의사의 하향적 전달을 주기능으로 하고 있기 때문에 효과적인 주민참여를 위한 통로가 되지 못하고 있다.

(4) 공무원 행태의 전통성

주민참여는 자치단체 공무원들이 참여에 대한 인식도가 높고 민주적인 가치관을 가질 때 활성화 될 수 있다. 그러나 우리나라 공무원들은 아직도 참여에 대한 필요성 인식이 미흡한 실정에 있다. 뿐만 아니라 일부 공무원들이 권위주의와 관존민비적인 사고방식을 가지고 있어 대민관계에 있어서 주민들을 지도, 지원한다는 자세보다는 지시·통보한다는 자세로 행정행위를 일방적으로 결정하고 시행하는 경향이 불식되지 않고 있다.

또한 대민행정을 수행함에 있어서 전문가의 의견을 듣거나 주민의사를 수렴하여 창의적 방법을 모색하려고 하기 보다는 주로 선례와 법규에 따른 정형적 처리방법을 선호하고 있으며, 업무에 대한 태도는 기계적 능률관에 입각하고 있다. 이러한 행태아래서 공무원들은 주민과 행정간의 협조체계 및 공유체계를 형성하기 위한 시간과 노력 그리고 경비의 투입이 가치있는 것으로 평가하고 있지 않기 때문에 주민참여가 제약을 받을 수밖에 없다.

Ⅲ. 주민참여의 활성화

1. 개발계획과정상 참여 활성화

지역주민들이 그들의 이해와 직접적으로 관련된 지역문제에 참여하여 그들의 의사를 행정에 반영시킨다는 것은 지방행정의 본질상 너무나 당연한 일이다. 일정한 지역의 도시계획, 개발사업, 자연보호, 주민복지사업 등에 행정수요자인 주민들이 참여하지 않는다면 이러한 사업들의 성공적인 수행은 어렵게 된다.

그러나 실제의 주민참여과정에서 주민참여는 그 정도가 극히 미약한데다 제도화도 거의 되지 않고 있어 이의 활성화를 위한 대책이 시급한 과제로 되고 있다.[40]

(1) 주민참여의 통로확대

지방행정에 있어서 주민참여를 활성화시키기 위한 과제의 하나는 특정한 문제를 지방자치단체와 주민의 공동노력에 의하여 결정할 수 있도록 주민참여의 통로를 확대하는 일이다. 이러한 참여통로는 간헐적이고 비조직적이며 비공식적 방법보다는 체계적인 공식적 방법에 의하는 것이 효과적이고 바람직하다고 본다.

가. 계획과정상 참여제도의 확대

공식적 주민참여를 확대하기 위해서는 무엇보다도 먼저 개발관련법규에 주민참여를 명문화하는 것이 필요하다.

① 현행 국토건설종합계획법에는 특정지역계획이나 도 또는 군계획의 수립·집행과정에 지역주민이나 자문기관의 의견을 청취·반영하는 제도가 되어 있지 않고 있다. 따라서 계획목표설정, 최종안선택, 계획조정·집행에 이르기까지 단계별로 주민참여를 제도화해야 할 것이다.

② 도시계획이나 도시재개발사업은 주민들의 이해관계와 직접적으로 관련을 가지고 있기 때문에 현행 도시계획법과 도시재개발법의 주민참여에 대한 규정을 단계별로 확대·강화시켜야 한다. 특히 도시기본계획 입안과정에서 개최되는 공청회의 효율적 운영, 주민의견청취, 공고제도의 개선을 기해야 할 것이다.

③ 지방도시계획위원회나 소회의에서 도시계획을 심의·결정하는 경우 이해관계인의 의견이나 자료를 제시하고 발언할 수 있도록 하는 제도 개선이 검토되어야 할 것이다.

나. 주민조직의 육성·강화

지금까지의 주민참여는 행정편의 위주로 행정당국이 주도하고 있는데다 개발계획과정에서 주민참여는 현실적으로 한계성을 지니고 있으므로 참여의 조직화·체계화가 필요하다. 그러므로 행정운영의 묘를 살려서 각종위원회의 기능을 강화하고, 이익단체의 활동을 증진시키며 지역 주민총회를 강화할 필요가 있다. 주민조직은 주민의 자주적인 에너지결속의 장이며, 주민의 잠재적 욕구를 현재화하여 행정에 문제를 제기하는 장이

40) 李圭煥, 전게서, pp. 277～285.

기 때문에 주민참여의 중요한 역할을 담당한다.

① 지방도시계획위원회와 시·군단위의 개발위원회를 조직과 기능면에서 강화시키는 한편 시민대표로 구성되는 시민위원회를 설치할 필요가 있다. 시민위원회는 행정기관과 주민간의 가교적 위치에서 주민참여와 개발시책의 상호작용을 촉진시킬 수 있을 것이다. 또한 시민위원회는 도시계획이나 도시개발사업안에 대한 자문 및 계획의 집행과정에서 발생하는 청원·이의신청 등을 주민의 입장에서 검토하도록 하며, 계획의 효과적 실시를 위해 주민간의 의견조정을 하는 기능을 수행하도록 한다.

② 이익단체에 대해서는 기능중심으로 관련된 이익단체의 의견과 협조를 최대한으로 수용시켜 나가는 행정풍토가 조성되어야 한다.

③ 지역단위의 주민총회는 지역사회개발과 관련시켜 사업의 선정·집행과정 및 이익의 배분에 정부주도방식을 지양하고 주민전체의 의견과 욕구를 바탕으로 이루어지도록 운영케 해야 할 것이다.

이러한 주민조직의 강화·육성은 주민의 행정에의 의존 및 종속의식을 자주·자율의식으로, 단편적인 관심에서 지속적인 관심으로, 1회적 참여에서 계속적 참여로 전환시키는 원동력이 된다고 하겠다.

(2) 행정정보의 공개

지방행정을 주민과의 공동노력에 의해 효율적으로 수행해 나가기 위해 지방자치단체는 주민참여를 위해 필요한 정보를 공개하는 한편, 주민의 의사를 광범위하게 경청하는 광보체제를 강구하여야 한다. 지방행정에 있어서 어느 정도의 행정정보를 공개해야 할 것인가의 문제는 정보공개제도가 기지고 있는 보편적인 원칙과 지방정부가 놓여있는 특수성을 감안하여 정립되어야 할 성질의 것이다.

그러나 하나의 일반론을 제시한다면 행정정보의 공개는 ① 행정 서비스의 실효성을 높이기 위해 주민에게 철저히 알릴 필요성이 있는 것, ② 사회생활과 경제활동을 보다 효과적으로 하게 하고 행정의 주체로서 주민이 지역사회의 정황을 파악하게 함에 필요한 것, ③ 사회관리자로서의 입장에서 비판하고 지방자치단체의 의사결정에 참여하는데 필요한 정보 등을 들 수 있다.

주민에게 공개되고 제공되어야 할 정보의 구체적인 내용을 예시하면 다음과 같다.

① 정책정보로서, 여기에는 시정 및 군정의 현황, 장래예측, 과제와 논점, 정책방침 등이다.

② 계획정보로서, 여기에는 새로운 조례안, 시책, 사업계획 등을 실시하게 된 근거 및 기대되는 효과 등이다.

③ 집행정보로서, 여기에는 집행사업에 대해서 그 집행의 기준 및 방법의 세목을 표시하는 정보, 인・허가, 보조의 기준, 규제의 범위・기준・벌칙, 건설계획의 설계세목, 행정 서비스제공의 방법 등에 관한 정보가 포함된다.

④ 평가정보로서, 여기에는 행정사업의 진행상황 및 효과에 대해서 객관적인 평가의 정보가 포함된다.

그러나 주민에게 공개하고 제공해야 할 정보의 범위나 양은 어떤 경우에 있어서도 동일기준으로 확정할 수 있는 성질의 것은 아니며, 이는 어디까지나 주민의 이해와 요구에 부응한다는 것을 기본전제로 해서 획정되어야 한다.

(3) 분권화를 통한 지방행정의 강화

지방자치단체가 주민들의 요구에 대응하는 능력을 갖추고 지방행정에 주민참여를 촉진시키기 위해서는 지방분권을 통한 자치단체의 자주성을 제고시켜야 할 뿐만 아니라 자치단체의 내적 분권화도 이루어져야 한다. 자치단체의 자주성을 제고하는 방안으로 다음의 몇 가지를 들 수 있다.

첫째, 행정권한을 자치단체로 대폭 이양해야 한다. 지난 수년간 민원사무중 인・허가사무의 비율은 중앙정부와 지방자치단체가 80:20으로 대부분이 중앙정부에 집중되어 있다. 이처럼 가장 예민한 주민의 관심대상인 인・허가사무의 중앙집중은 자치단체에 대한 주민관심을 제약시키고 있다. 따라서 이러한 업무를 주민 가까이에 있는 자치단체로 가능한 한 많이 이양시키는 방향으로 행정사무의 재분배가 단행되어야 한다.

둘째, 지방자치단체의 기관위임사무는 단체위임사무로 개편하고, 단체위임사무는 가능한 한 이를 고유사무로 전환시킴으로써 고유사무의 확대를 도모해야 한다.

셋째, 과도한 중앙통제가 지양되어야 한다. 현대 행정국가에 있어서 신중앙집권화의 경향과 더불어 행정통제의 필요성을 인정하지 않는 바는 아니지만 중앙통제는 권력적·강압적이어서는 안된다. 중앙통제는 국가의 전체적 조화와 발전을 위한 지도·협력의 한 형태라는 점에서 그 통제는 민주적 방식에 의존해야 한다.

넷째, 지방자치단체의 재정자립도를 높여야 한다. 지방자치와 지방분권의 관점에서 자치단체의 이상적인 재정구조는 자체수입의 비중이 크면 클 수록 바람직하다고 할 수 있다. 따라서 자치단체로 하여금 중앙정부에의 의존성향을 불식하고 중앙정부와는 독자적인 입장에서 자주성을 가지고 주민참여에 토대를 둔 자치행정의 조성을 위해서는 국가와 지방자치단체간의 세원배분 체계에 있어서 근원적인 개혁을 도모할 필요가 있다.

다섯째, 지방자치단체의 내적 분권화를 강화시켜야 한다. 주민참여의 취지에 비추어 주민들이 자신의 이해에 관계되는 문제를 담당하는 행정기관의 결정에 영향을 미치고, 그 집행과정에 자발적으로 참여하기 위해서는 주민들과 일상적으로 관계를 맺기 쉬운 지방행정기관에서 주민들에 관한 업무가 처리되어야 한다. 따라서 지방자치단체의 내적 분권화가 이루어져 읍·면·동이나 대도시의 구·동 등 하급부서 내지는 일선기관에 보다 많은 권한과 책임을 배분하는 것이 바람직하다.

(4) 주민의식의 계발

주민 자신이 지방행정주체로서의 자각과 함께 스스로 시민의식을 가질 때 참여의 폭은 보다 넓어지게 된다. 따라서 주민의 수동성과 능동성은 참여의 실질적 내용을 결정하는 중요한 요소로 작용하는바 참여를 확대하기 위해서는 주민의식이 계발되어 참여지향적 시민상이 정립되어야 한다.

정부에서 주민참여의 제도를 충분히 마련해 주었다고 하더라도 주민의 의식수준이 이를 활용할 단계에 있지 못하면 주민참여를 통한 지역개발의 효과는 만족스럽게 거둘 수 없게 된다. 더욱이 공식적 참여의 길이 극히 제한되어 있는 오늘의 상황에 있어서는 주민의 수준높은 의식이야

말로 주민참여의 길을 스스로 확보해 나가는데 있어서 중요한 요건이라고 할 수 있다.

주민의식수준이 높은 사회에서 제도적으로 주민참여의 길이 폭넓고 깊이 있게 마련되어 있다면 활발한 주민통제를 통한 지역개발의 실효는 크게 얻어질 수 있다. 그러나 공식적인 주민참여의 길이 한정되어 있는 경우에는 주민에 의한 노력을 통해 그 길을 넓혀 나가야 할 것이다. 주민의식계발이 요망되는 이유는 바로 여기에 있는 것이다.

(5) 공무원 행태의 개선

공무원은 주민참여의 상대방이며 동반자로서 주민참여가 제대로 이루어지기 위해서는 지방공무원들이 주민전체에 대한 봉사자로서의 가치관과 변화의 역군으로서의 자세를 가져야 한다.

그러기 위해서 공무원들은 첫째, 지방행정을 추진하는데 있어서 주민을 설득하고 협동하여 조정할 수 있는 민주적 역량과 자세를 가지고 주민이나 주민집단의 의사가 개발계획에 충분히 반영될 수 있도록 노력하여야 한다.

둘째, 미래의 문제를 예견하고 이해하려는 미래지향적인 자세를 가져야 한다. 공무원은 주민의 자율성을 존중하며, 조직내에 새로운 변화를 시도하고 창의력을 발휘하여 개발사무를 추진하고, 그 결과에 대하여 책임을 질 줄 아는 적극적인 자세를 가져야 한다.

셋째, 공무원은 끊임없는 학습을 통하여 변화하는 행정환경에 자신을 적응시킬 수 있고, 새로운 문제해결에 필요한 효과적인 능력을 갖추기 위하여 항상 연구하는 태도를 가져야 된다.

넷째, 공무원은 변동하는 사회에서 증가하는 행정수요를 분석하고, 그것을 바탕으로 개발계획을 수립할 수 있는 계획능력을 가져야 한다.

다섯째, 공무원은 현대행정의 과학화와 전문화에 따라 직종에 적합한 전문지식과 기술은 물론이고 사회발전에 따르는 새로운 지식과 기술을 습득하여야 한다.

여섯째, 공무원은 지방행정에 있어서 주민참여가 필수적 요소이며, 지방행정은 바로 주민의 복지증진을 위한 것임을 깊이 인식해야 한다.

2. 개발사업 주체로서의 참여 활성화

우리나라의 민간기업은 그동안 국민경제의 고도성장과 함께 크게 성장하였다. 이제 우리 경제는 정부주도형 하향식 개발에서 민간주도형 상향식 발전이 불가피한 추세에 있다. 또한, 정부재정의 제약성으로 개발사업에 대한 민간부문의 활용은 절실한 당면과제로 되고 있다. 그동안 민간부문의 지역개발사업참여는 채산성 부족, 제도적 장애 등 여러 가지 요인으로 저조한 상태였으나 앞으로는 참여가 활성화되어 정부와 기능분담이 이루어져야 할 것이다. 그렇게 될 때 공공사업에 대한 자금조달이 다양화되고, 공공부문에 민간경영기법의 도입으로 비용절감과 서비스향상이 도모되는 등 보다 바람직한 지방행정에 기여하게 될 것으로 보인다.

(1) 참여확대가 가능한 개발사업

민간부문을 활용할 수 있는 분야는 지역개발사업의 대부분에 걸쳐 가능하다고 하겠다. 그러나 특히, 도시개발사업, 생활 서비스시설, 관광개발사업 등이 그 주요 대상이 될 수 있을 것이다.

가. 도시개발사업 부문

도시의 기반시설인 도로, 공원, 상 · 하수도는 공공부문에서 담당하고 있다. 그러나 도시형성에 있어서 주택, 택지개발, 도시교통, 주차장 등 도시시설정비는 민간부문에서도 담당할 수 있다. 도시재개발사업은 대부분이 민간에 의해 추진되고 있으며, 토지구획정리사업도 상당한 부분이 조합을 포함한 민간에 의하여 시행되고 있다.

주택건설에 있어서 가장 큰 장애요인은 택지 확보문제로 되어 있다. 토지공사 · 주택공사 · 지방자치단체가 택지개발보전법에 의하여 택지개발예정지구로 지정하여 저렴한 가격으로 대규모의 택지를 개발 · 공급하고 있다. 그러나 이것만으로는 공공주택건설을 위한 택지 공급에도 미흡한 실정에 있다. 따라서 민간업체를 대폭 참여시켜 공동으로 개발하여 민간주택 건설용 택지문제도 아울러 해결하는 것이 바람직하다 하겠다.

불량주택재개발사업은 서울을 중심으로 한 대도시지역에서 지역주민과 건설업체가 공동으로 추진하는 경우가 증가하고 있다. 불량주택재개발사업은 지방자치단체에서 도시개발공사를 설립하여 민간기업과 공동으로 시행하는 등 여러 가지 조장책으로 민간부문을 적극적으로 활용할 수 있는 분야라 하겠다.

도시시설 중 주차장과 공원시설도 민간부문의 적극적인 참여가 기대되고 있다. 주차장 수요가 급증하고 있는데 반하여 건축물 부설 주차장이나 노상주차장 만으로는 이에 부응하여 충족시킬 수 없으므로 민간부문에 의한 전용주차장 시설의 확보·확충이 절실히 요청되고 있다. 도시공원은 제도상 공공부문이 관리주체로 되어 있으나 운동장·동식물원 등 공원시설은 민자유치로 확충이 가능할 것이다.

이상과 같이 민간투자에 의한 도시개발은 지방자치단체와 지역주민간에 기능분담에 의한 개발의 촉진이라는 측면에서 중요하다고 하지 않을 수 없다.

나. 생활 서비스시설 부문

소득수준향상과 주민의식구조의 변화에 따라 교육·문화·여가 등 생활 서비스시설의 수요가 크게 증가하고 있다. 현재 민간부문에서도 많이 참여하고 있으나 앞으로 민간활력의 활용이 더욱 기대되는 부문이다.

교육시설에 있어서는 앞으로 직업교육·훈련시설의 증설과 지방중심도시에 더욱 많은 대학시설 확충이 기대되고 있으며, 여가시설로는 지방중심도시에 골프장, 수영장, 실내체육관 등이 건설될 것으로 보인다.

한편, 문화시설로는 대도시지역에 대형문화회관이, 지방중심도시에는 박물관, 음악실, 시민회관 등이 건설되고, 복지시설로서는 대도시지역에 종합복지 센타, 특수복지시설이, 지방중심도시에는 아동상담소, 모자보건소, 직업훈련원 등이 확충되어야 할 것인 바 이러한 부문에 대해 지방자치단체와 민간부문이 공동으로 또는 민간부문 단독으로 참여할 것이 기대되고 있다.

다. 관광개발사업 부문

관광단지조성, 해양관광자원개발, 관광유료도로개설, 야영장, 대규모의 유원지 등 관광지개발에 민간참여가 크게 기대되고 있다. 따라서 호텔·모텔 등의 관광숙박시설과 전문토산품점에도 더 많은 참여가 이루어져야 한다.

(2) 참여활성화를 위한 정책수단

지역개발사업에 민간을 사업주체로 활발히 참여시키기 위해서는 경제성 보장이라는 동기를 부여하고 제도적 장벽을 제거해야 할 것이다. 이를 위해서는

첫째, 까다로운 인·허가제도를 대폭 개선해야 할 것이다.

둘째, 개발사업의 채산성을 고려하여 개발이익의 활용을 허용해야 한다.

셋째, 수익성과 공익성을 동시에 갖는 사업에 대해서는 제3섹터제도를 활성화하여 정부·공공단체·민간단체가 공동으로 출자·운영하는 것이 바람직하다. 지역개발을 위해서 이러한 공동출자가 가능한 제3섹터로는 도시개발공사, 대도시권교통공사, 상·하수도정비사업공단 등을 들 수 있다.

넷째, 금융·세제면에서의 지원이다. 우리나라는 지역개발의 촉진을 위한 방안의 일환으로 지방공업개발법과 특정지역 종합개발촉진에 관한 특별조치법에 따라 특정지역, 지방공업 장려지구 내에서 사업을 시행하는 자에 대해서는 조세감면과 융자지원제도가 실시되고 있다. 그러나 그 대상지역과 범위가 극히 한정되어 있다. 앞으로 지역개발계획이나 성장거점도시육성, 도시권정비시행계획 등의 수립·집행과정에서는 이러한 지원제도의 대상지역과 범위를 확대·시행하여야 할 것이다. 이러한 재정·금융지원은 결과적으로는 공공투자보다도 오히려 효과적인 경우도 있으며 공공투자와 복합적으로 시행됨으로써 효율성을 더욱 제고시킬 수도 있을 것이다.

제 3 편

지방정부의 관리와 공급체제

제 1 장 지방자치단체의 기관구성

제 1 절 지방자치단체의 본질

Ⅰ. 지방자치단체의 개념

지방자치단체(local government, local authority)란 일반적으로 국가의 영토의 일부를 자기의 「구역」으로 하고, 그 구역내의 모든 「주민」을 구성원으로 하여 국가로부터 독립해서 일정한 「자치권」을 가지는 법인격 있는 단체이다.[1)]

이를 좀더 구체적으로 설명하면, 지방자치단체란 국가의 영토의 일부를 자신의 구역으로 획정하고, 그 구역안의 모든 주민들에 의해 선출된 기관이 국가로부터 상대적으로 독립하여 자주적으로 지방적 사무를 처리할 권능을 가지는 법인격 있는 단체라고 지칭할 수 있는 법률상의 개념이다. 즉, 사회적 실체인 지역사회를 기반으로 하여 당해 주민이 그들의 공통적 이해관계사항을 스스로 처리하도록 국법에서 법인격을 부여한 공법인 것이다.

따라서 지방자치단체의 구성요소는 장소적 구성요소로서의 구역(area)과 인적 구성요소로서의 주민(residents, citizens)과 법제적 구성요소로서의 자치권(autonomy)의 세 가지로 성립된다고 하겠다. 여기서 구역은 국가의 경우 영토에 해당하고, 주민은 국가의 경우 국민, 자치권은 국가의 경우 주권에 해당한다. 이 중에서도 기초적인 구성요소는 바로 주민이라고 할

1) *International Encyclopedia of the Social Science*, Vol. 9(New York: Macmillan and Free Press, 1974), p. 450.

수 있다. 왜냐하면 지방자치의 주인공은 주민이고 지방자치단체에 있어서의 주권자는 다름아닌 주민들 자신이기 때문이다.[2]

지방자치단체는 일정한 구역을 그 구성요소로 하고 그 구역내의 주민에 대하여 지배권(자치권)은 시원적(始原的)인 것이 아니라 국가로부터 전래한 것이라는 점에서 양자는 구별된다.[3] 따라서 지방자치단체는 ① 토지를 그 구성요소로 하는 지역단체라는 점에서 인적 결합체 또는 재단에 불과한 사법인 및 다른 공법인(예: 공사를 비롯한 정부투자기관)과 구별되며, ② 자치단체에서의 구역은 바로 그 구성요소라는 의미에서 단순한 행정기관의 관할구역에 지나지 않는 국가의 행정구역(예: 세무서의 관할구역)과 구별된다.

지방자치단체란 우리나라 지방자치법에서 사용하는 법률상 용어이며, 통상적으로 자치단체, 지방공공단체, 또는 지방정부라는 용어와 같은 의미로 쓰이기도 한다.

Ⅱ. 지방자치단체의 특질

지방자치단체는 다른 공·사단체 또는 기관, 특히 특별지방행정관서와 구별되는 몇 가지 기본적인 특징을 지니고 있다. 지방자치단체는 소송의 당사자능력, 재산소유능력 등을 가지며 국법의 범위내에서 행·재정적 독립성이 보증되는 실질적인 자치권을 지니고 있다는 점에서 그 특질을 찾아 볼 수 있는 바 그 구체적인 내용은 다음과 같다.[4]

(1) 법인으로서의 지방자치단체

지방자치단체가 법인이라는 것은 그 자신 국가와는 별개의 권리·의무의 주체라는 것을 의미한다. 국가가 그 행정집행의 편의를 위하여 설치한 단순한 행정구역이 아님을 의미하고 있다. 지방자치단체는 법인으로서 각각 고유한 명칭을 갖게 되고, 스스로 재산을 취득·관리하고, 사업을 경

2) 李圭煥, 「都市行政論」(서울: 녹원출판사, 1995), pp. 315~316.
3) 鄭世煜, 「地方行政學」(서울: 法文社., 1998), pp. 381~382.
4) 李圭煥, 전게서, pp. 316~318.

영하는 등 독자의 재정권의 주체가 되며, 소송을 제기하고 소송의 객체가 되는 등 권리·의무의 주체가 될 수 있다.

한편, 자치단체가 권리를 향유하고 의무를 부담하는 행위의 범위도 포괄적이라는데 특징이 있다. 따라서 자치단체는 법률이 명시한 바에 따라 특별히 금지된 경우가 아닌 한 자기책임하에 어떠한 결정과 집행도 할 수 있다고 보아야 할 것이다.

(2) 공공단체로서의 지방자치단체

지방자치단체는 본래 공공적 사무를 집행함을 존립의 목적으로 하고 있는 점에서 사법인과 구별된다. 지방자치단체가 공공단체라는 성격에 입각하여 그 공공적 임무를 수행하기 위하여 여러 가지 실정법상의 특색이 인정되고 있다. 따라서 사법인에게는 인정될 수 없는 통치권 또는 지배권을 가진다. 또한 사법인의 행위는 원칙적으로 정치성을 내포하고 있지 않지만 자치단체의 행위는 본질적으로 정치성을 내포하고 있으므로 주민, 지방의회, 정당, 지역적 이익집단 등의 통제·감독 및 비판을 받게 된다.

그러므로 자치단체는 주민이나 지방의회가 지지하지 않는 사항을 집행해서는 안된다. 자치단체의 행위는 사법인에 있어서 와는 달리 엄격한 법적 규제를 받는다. 자치단체에 대한 이러한 엄격한 법적 규제야말로 바로 법치행정 또는 지방행정의 합법성의 당연한 요청으로 간주되고 있다. 또한 사법인에게는 권력수단이 부여되어 있지 않지만 공법인인 자치단체에게는 권력수단이 부여되고 있다.

자치단체는 공공단체의 성격을 가지고 있으므로 그 목적이 법률에 의하여 규정되며 이를 스스로 변경할 수 없다. 또한 법률에 의거하여 설립되고 중앙통제가 인정되며, 자치단체에게 사무처리의 의무가 부여되는 이외에도 임의해산의 자유가 허용되지 않음을 그 특질로 한다.

(3) 지역단체로서의 지방자치단체

지방자치단체는 일정한 지역을 그 기초로 하는 지역단체라는 점에서 공공조합 및 영조물법인 등 협의의 공공단체와 구별된다. 물론 공공조합도 일정한 지역을 단위로 하여 설립되지만 그 지역은 공공조합의 구성요소가 아니라 다만 조합원의 자격을 정하는 기준에 불과하다.

그러나 자치단체는 일정한 지역을 그 단체구성의 기초로 하고, 그 지역안의 주민을 지배하는 포괄적인 권능을 가지고 있으므로 그 구역내의 주민은 당연히 단체의 구성원이 되어 통치를 받게 되는 것이다.

(4) 자치권의 보유자로서의 지방자치단체

지방자치단체는 자치권을 가진다는데 그 특질이 있다. 다른 공공단체는 특정한 목적을 위해 설치되고, 그 목적에 필요한 범위내에서 행정권을 부여받는데 비하여, 자치단체는 국가로부터 그 구역내에서의 포괄적 지배권을 부여받는 것이다. 자치단체가 국가의 특별지방행정기관과 구별되는 근거는 바로 여기에 있다.

따라서 지방자치단체가 행·재정상의 독자성이나 자주성이 인정되지 않는다면 이미 자치단체라고 할 수 없으며, 자치행정권이나 자치입법권 등 자치권을 가질 때 비로소 국가의 지방하급행정기관과 구별될 수 있는 자치단체의 본질이 나타나게 되는 것이다.

Ⅲ. 지방자치단체의 종류

1. 보통지방자치단체

지방자치단체를 어떤 기준에 의해, 어떤 종류로 나눌 것인가 하는 것은 법체제에 의해 다양하지만, 일반적으로 보통지방자치단체와 특별지방자치단체로 나눈다. 보통지방자치단체는 그의 목적·조직·구성·권능 등이 일반적인 성격을 가지고 있는데 반해, 특별지방자치단체는 그 성격이 특수적·예외적·단일적인 경우를 말한다.

우리나라 헌법 제 117조 제2항은「지방자치단체의 종류는 법률로 정한다」라고 규정하고 있으며, 이를 근거로 지방자치법에서는 보통지방자치단체로는 특별시·광역시·도와 시·군·자치구의 두 종류로 나누고 있으며,[5] 특별지방자치단체로는 지방자치단체조합이 있다.

---

5) 보통지방자치단체에 대한 외국의 예를 보면, 영국의 경우 County와 District, 프랑스

따라서 보통지방자치단체로서의 지방자치단체는 특별시·광역시 및 도와 시·군·구가 있다. 이하 우리나라 지방자치단체를 중심으로 고찰하고자 한다.

(1) 특별시·광역시 및 도

가. 특별시

일반적으로 대도시는 중소도시에 비해 행정수요나 행·재정능력에 있어서 차이가 있기 때문에 이에 상응하는 특별한 행정체제가 필요하다. 이와 같은 취지에서 생겨난 것이 우리나라의 특별시·광역시제도가 있으며, 영국의 경우 종전의 카운티 버러[6](County Borough), 독일의 크라이스프라이 스타트(Kreisfrei Stadt), 일본의 지정시 등이 해당되며, 이들의 특징은 도의 관할에서 벗어나 도와 동등한 지위에서 중앙정부의 직접적인 지휘감독을 받음으로써 대도시행정의 특수성을 확보할 수 있을 뿐만 아니라 이중행정·이중감독의 폐해를 시정할 수 있다.[7]

조선시대에 중앙집권하에 있었던 한성부는 1910년 한일합방이후 경성부로 개칭됨과 아울러 일반府와 마찬가지로 경기도의 관할구역에 소속되었다. 8·15해방이후 미군정이 실시되면서 서울시는 경기도의 관할에서 벗어나 도와 동격의 서울특별시로 승격되어 정부직할하(내무부)에 놓이게 되었다. 그것은 1949년 「지방자치법」제정이후에도 계승되다가 1962년 「서울특별시행정에 관한 특별조치법」제정에 의해 내무부에서 국무총리의 소속으로 그 관할이 변경되었는데 이는 지위의 격상을 의미하게 되어 서울특별시는 道보다도 특수한 지위를 보장받게 되었다고 볼 수 있다.

나. 광역시

광역시에 대한 구체적인 기준은 법제화되어 있지 않지만 일반적으로

의 경우 Region 및 Departement과 Commune, 독일에 있어서는 Kreisfreis Stadt, Kreis와 Gemeinde, 미국의 City와 Town 또는 Township, 일본에 있어서는 都·道·府·縣과 市·町·村 등이 보통지방자치단체에 속한다.

6) 영국은 대도시에 Country와 동등한 지위를 가진 특별시(County Borough)를 두고 있었으나 1972년의 지방제도개혁으로 이것을 폐지하고, 대런던지방정부(Greater London Council)를 두었으나 1986년에 와서 이 제도마저 폐지하였다. 그러나 2000년 와서 대런던지방청(Greater London Authority)이 부활하였다.

7) 李圭煥, 전게서, pp. 319~320; 鄧世煜, 전게서, pp. 386~388.

인구 100만을 넘거나 가까운 대도시를 기존의 도 관할하에서 정부직할로 하는 직할시로 승격시켰다. 1949년의 지방자치법은 부산시를 일반시와 마찬가지로 경상남도의 관할구역에 두었으나 1963년에 「부산시 정부관할에 관한 법률」의 시행으로 경상남도의 관할구역에서 분리되어 도와 마찬가지로 정부직할하에 놓이게 되었다. 그 후 1981년에 「대구직할시 및 인천직할시 설치에 관한 법률」의 제정·실시로 대구시와 인천시도 경상북도와 경기도의 관할구역에서 각각 분리되어 정부직할하에 두게 되었다. 이후 1986년과 1989년에 광주시와 대전시가 전라남도와 충청남도로부터 분리되어 정부직할하에 놓이게 되었다.

그후 1995년에는 직할시의 명칭이 광역시로 바뀌었으며 이후 1997년에 울산시가 경상남도로부터 분리되어 광역시로 승격되면서 정부직할하에 놓이게 되었다.

이들 광역시에는 대도시행정의 특성을 고려하여 도와 동등한 지위를 부여하고 있다. 그러나 우리나라 법률에는 일반시가 광역시로 승격될 수 있는 구체적인 요건이 규정되어 있지 않기 때문에 어떤 시를 정부직할하에 두느냐 하는 문제는 다분히 정치적 판단과 역학관계에 따라 결정될 사항으로 남아 있다.[8]

다. 도

우리나라의 도는 고려시대 전국을 경기와 5道 兩界로 나눈데서 시작되었다. 그 후 조선시대 태종 13년(1413년)에 지방제도를 전면개편하여 8道제를 채택하였다가 갑오경장(1895년)때에 8道제가 폐지되고 府제를 실시하다가 1896년에 다시 13도제로 환원시켰다. 일제시대인 1930년에는 종전의 자문기관인 도평의회 대신 의결기관인 도회를 설치하게 되고, 도에 법인격이 부여되었다. 해방이후 미군정시대 제주도가 도로 승격되면서 14도제로 개편되었으나 남북의 분단으로 남한의 도는 9개가 되었다.

이처럼 우리나라의 도는 역사적으로 볼 때 자치단체의 기본요건인 지역주민의 생활권을 중심으로 형성된 것이 아니라 국가의 행정적 편의에 따라 설치된 것임을 유의할 필요가 있다. 따라서 1949년의 지방자치법에

8) 상게서, pp. 386~388.

의하여 도에 법인격이 부여되고 명목상 지방자치단체로 인정되었다.

(2) 시·군 및 자치구

시와 자치구는 군과 함께 기초자치단체에 속하지만 산업화·도시화 과정을 거치면서 형성된 지역사회라는 점에서 군과 구별된다. 즉, 군은 오랜 역사와 전통에 의해서 형성된 공동체의식을 바탕으로 한 지연사회의 성격을 띠고 있는데 반해, 시는 인구가 비교적 조밀하고, 주민의 대부분이 2·3차 산업에 종사하며, 경제적 사회적·문화적 생활양식이 농·어촌과는 매우 다른 일정한 지역에 대하여는 그 행정수요의 특성에 맞도록 농촌과 구별하여 행정을 수행할 필요가 있다. 시를 군에서 분리하여 별도의 지방자치단체로 설치한 이유는 바로 여기에 있다.

따라서 이론상 시로 승격되기 위한 요건은 단일한 것이 아니라 복합적인 것이어야 한다. 그러나 실제에 있어서는 이러한 여러 가지 요건을 폭넓게 고려하기가 곤란하므로 인구수를 그 요건으로 하는 것이 보통이다.[9]

우리나라는 시가 되는 요건을 「지방자치법시행령」 제7조 제1항의 규정에 따라 ① 인구가 5만 이상이어야 하며 ② 당해지역의 시가지를 구성하는 지역내에 거주하는 인구가 60% 이상이어야 하고 ③ 상·공업 기타 도시적 산업에 종사하는 가구의 비율이 60% 이상이어야 한다고 규정하고 있다.[10]

군은 일제식민통치하인 1913년에 지방행정구역의 일대 개편이 단행되어 군의 명칭과 관할구역이 대폭 조정됨으로써 오늘날의 군의 명칭과 규모가 대체로 형성되었다고 할 수 있다. 이후 1930년에는 제2차 지방제도 개혁이 실시되어 도와 읍이 공법인으로 되었으며, 도·부·읍에 의결기관

---

9) 1887년의 국제통계회의에서는 도시의 인구표준을 2천명 이상으로 할 것을 결의하였으나 시에 대한 기준은 국가마다 다양하다. 즉 일본은 5만명 이상, 영국·인도·그리스는 5천명 이상, 미국·멕시코는 2천 또는 2천5백명 이상, 프랑스는 2천명 이상으로 하고 있다. 이종익외, 「都市論」(서울: 法文社, 1984), p. 17; 李圭煥, 「都市開發과 都市行政」(내무부 지방행정연수원, 시장·군수과정교재, 1989). p. 3.

10) 일본의 경우는 인구 5만 이상이 되며, 중심시가지를 형성하고 있는 구역내에 있는 戶數가 60% 이상이고, 상·공업 및 기타 도시적 업종에 종사하는 자의 수가 전인구의 60% 이상이 되어야 시로 승격할 수 있음을 일본의 地方自治法 제8조에 규정하고 있다. 李圭煥, 전게서, p. 5.

인 도회·부회·읍회가 설치되어 명목상으로나마 지방자치가 실시되게 되었다. 그러나 군에는 자치단체의 지위를 부여하지 아니하고 순수한 국가의 지방행정구역으로 존치시켰으며, 국가의 관리인 군수로 하여금 지역적 종합행정을 담당하도록 하였다.[11]

지방자치단체의 자치구는 특별시와 직할시의 관리구역안의 구에 한하여 1988년 개정된 지방자치법에 의해 지방자치단체로 되었다. 우리나라에 있어서는 시를 군과 같이 기본자치단체로 인정하고 있으며 도시자치단체인 시와 농촌자치단체인 군은 행정제도상·사무분배상·조세제도상의 차이를 인정하고 있지 않다.[12] 그러나 도시는 시가지를 형성하고 있는 구역 내에서 주민의 60% 이상이 거주하고, 제조업·상업이나 서비스업 등 2, 3차 산업에 주민의 60% 이상이 종사하고, 이밖에도 여러 가지 도시적 요소를 포함하고 있기 때문에 시는 군과 다른 행정제도로 구축할 필요가 있다.

특히 오늘날 공해, 교통, 주택, 급수, 청소, 인구, 위생 등의 도시문제가 지방행정의 주요 과제로 등장하게 되었기 때문에 시가 이에 효율적으로 대처하기 위해 군과 다른 시행정제도를 구축할 것이 요구된다.

2. 특별지방자치단체

특별지방자치단체(special purpose authority, ad hoc authority)란 보통지방자치단체에 비해 그 기능, 구역, 조직 등이 특수한 것을 말한다. 이러한 특별지방단체는 특정한 목적이나 특수한 행정사무를 처리하기 위한 것과 광역행정방식에 입각한 행정사무의 공동처리를 위한 것이 있다. 이러한 특별지방자치단체는 독자적인 의회나 집행기관을 보유하고 있으며 과세권, 조례제정권, 소송당사자능력, 계약체결권 및 기타 재산권 등을 갖는 것도 있으며 특히, 미국의 특별구가 그 대표적인 경우이다.

또한 특정한 목적이나 행정사무를 처리하기 위해서 형성된 특별지방

---

11) 鄭世煜, 전게서, pp. 391~392.

12) 그러나 자치구의 자치권의 범위는 법령이 정하는 바에 의하여 시·군과 다르게 할 수 있으며(地方自治法 제2조 제2항 참조), 자치구 사무의 특례는 地方自治法 施行令 제9조에서 구체적으로 적시하고 있다.

자치단체는 특수사무처리단체라고도 한다. 미국의 교육구(school districts), 위생구(sanitary districts), 소방구(fire protection districts), 급수구(water supply districts)와 같은 특별구(special district), 영국의 경우 도시정부가 도시권역내 특수한 행정사무를 처리하는 특별행정기관(ad hoc authority), 일본의 특별구 및 재산구 등이 이에 속한다. 그리고 행정사무의 공동처리를 위해서 설립된 특별지방자치단체는 광역도시권(metropolitan area)내 행정사무처리단체라고도 하며, 프랑스의 꼼뮨(Commune)의 조합·연합구·도시공동체, 독일의 게마인데(Gemeinde)의 조합·광역연합, 우리나라의 지방자치단체조합 등이 이에 해당된다. 특별지방자치단체에는 주민을 구성원으로 하는 것과 일반지방자치단체를 구성원으로 하는 것의 두 가지 종류가 있는데 미국의 각 특별구, 스위스의 특별자치단체와 일본의 특별구 등은 전자의 예이고, 영국의 공동위원회(joint committeee, jointboard) 또는 특별행정기관(ad hoc authority), 프랑스의 꼼뮨조합, 독일의 게마인데조합, 일본의 지방공공단체의 조합과 우리나라의 지방자치단체조합 등은 후자의 예에 속한다.[13]

우리나라 특별지방자치단체에는 「지방자치법」에 의한 지방자치단체조합과 「지방공기업법」이 인정하는 공기업조합이 있다.

(1) 지방자치단체조합

지방자치법에 의하면 2개 이상의 지방자치단체가 특정 사무의 전부 또는 일부를 공동으로 처리하기 위하여 필요한 때에는 규약을 정하여 당해 지방의회의 의결을 거쳐 시·도는 행정자치부장관의, 시·군 및 자치구는 시·도지사의 승인을 얻어 지방자치단체조합이라는 법인을 설립할 수 있다고 규정하고 있다. 사무의 일부를 공동처리하기 위한 조합을 일부사무조합이라 하고, 그 전부를 공동처리 하기 위한 조합을 전부사무조합이라 한다.

단일한 또는 특수한 행정사무만을 공동처리하기 위하여 설치되는 외국의 특별지방자치단체와는 달리 우리나라의 경우, 자치단체사무의 전부

---

13) 李圭煥, 전게서, pp. 322~324.

까지도 공동처리 할 수 있게 한 것은 사실상 이 조합에 가입한 모든 자치단체의 합의를 의미하는 까닭에 과연 전부사무조합의 설립이 가능한가 하는 법리상의 문제가 제기된다. 실제에 있어서도 지금까지 일부사무조합의 예는 있으나 전부사무조합은 설치한 경우가 없다. 지방자치단체조합은 규약을 정하여 상급감독기관의 승인을 얻어 임의로 설립할 수 있는 것이 원칙이다. 조합의 규약에는 ① 조합의 명칭, ② 조합을 구성하는 지방자치단체, ③ 사무소의 위치, ④ 조합의 사무, ⑤ 조합회의의 조직 및 위원의 선임방법, ⑥ 집행기관의 조직 및 선임방법, ⑦ 조합의 운영 및 사무처리에 필요한 경비의 부담 및 지출방법, ③ 기타 조합의 구성 및 운영에 관한 사항 등을 규정하게 되어 있다.[14] 지방자치단체조합의 규약을 변경하거나 조합을 해산하려고 할 때에는 관계 지방자치단체의 협의에 의함이 원칙이다. 그러나 공익상 필요할 때에는 행정자치부장관의 지방자치단체조합의 설립, 해산 또는 규약의 변경을 명할 수 있게 되어 있다.[15]

(2) 지방공기업조합

지방공기업조합은 지방자치단체가 지방공기업의 경영에 관한 사무를 공동으로 처리하기 위해서 규약을 정하여 설치한 법인을 말한다. 지방공기업조합의 설치를 규정하는 규약은 시 · 군의 공기업을 조합원으로 할 때에는 도지사의, 광역시 · 도를 조합원으로 할 때에는 행정자치부장관의, 서울특별시를 조합원으로 할 때에는 국무총리의 승인을 각각 얻어 정하고 있다. 규약에는 조합의 명칭, 사무소의 위치, 가입자치단체, 공동처리사항, 의결기관, 대표자의 선임방법, 출자방법 등 기타 필요한 사항이 규정되어야 한다.[16] 그리고 지방공기업 조합에 의해서 경영되는 지방공기업에는 관리자를 따로 두지 않고 당해 조합의 대표자가 관리자의 권한을 행사한다.[17]

14) 地方自治法 제162조 참조.
15) 地方自治法 제163조 및 제164조 참조.
16) 地方公企業法 제44조 제2항 및 제3항 참조.
17) 地方公企業法 제45조 참조.

제 2 절 지방자치단체의 기관구성형태

지방자치단체의 기관구성형태는 각 나라마다 정치적 전통, 문화적·역사적 배경 그리고 지방의 특수성에 따라 다양하다. 그러나 대체로 지방자치단체의 기관구성 형태는 의결기관과 집행기관을 어떻게 설치하느냐에 따라 크게 세 가지 유형으로 분류되고 있다. 즉 의결기관과 집행기관을 단일기관에 귀속시키는 기관통합형과 양기능을 각각 다른 기관에 분담·분리시키는 기관대립형 그리고 위 두 가지의 형을 혼합한 절충형의 3가지 형태가 존재한다.

Ⅰ. 기관통합형

기관통합형이란 기관단일형 또는 의회형(parliamentary system)이라고도 하며, 지방자치단체의 정책결정기능과 정책집행기능을 단일기관으로 하여금 담당하게 하는 형태를 말한다. 이는 국가의 정부형태에 있어서 의원내각제와 유사한 것으로서 권력통합원칙에 입각하고 있다.

기관통합형은 주민자치에 바탕을 둔 완전자치형의 지방행정을 채택하고 있는 나라의 전통에 속한다. 즉 기관통합형은 지방행정에 있어서 모든 권력은 주민의 직접선거에 의해 형성된 지방의회에서 유래한다는 입장을 견지 하고 있다.

그 대표적인 예로서 영국의 의회형과 미국의 시정부형태 중 위원회형을 들 수 있다.

1. 영국의 의회형

영국은 전통적으로 지방의회가 의결기능뿐만 아니라 집행기능까지 담당하는 의회중심형을 취하고 있다. 그러나 1997년 집권한 블레어(Tony Blair)정부는 지방정부의 기관구성형태를 다양화 시켰다. 실제로 영국의

Great London Authority의 시장선거는 2000년 5월에 실시하였다. 영국 역사상 처음으로 대 런던청의 시장을 주민이 직접 선출하였다.

그러나 아직도 많은 카운티(County)와 디스트릭트(District) 또는 버러(Borough)에는 그 자치단체를 대표하는 수장은 없다. 그 지방자치단체를 의례적으로 대표하는 상징적인 존재에 불과한 시장이 있는 경우 이때 시장은 1년 임기로 의회에서 선출하는 데 대개의 경우 의회의장과 치안판사를 겸하고 있다. 또한 각 상임위원회의 위원장도 겸할 수 있고 모든 위원회의 위원으로서 그 회의에 참석할 수 있다.[18)]

위원회는 각 의회에서 법률에 의해 설치가 강제되어 있는 법정위원회(statutory committee)와 지방자치단체가 임의로 설치할 수 있는 상임위원회(standing committee) 및 특정 목적을 위해 설치되는 특별위원회(special committee)가 있다. 각 위원회의 위원은 의원 또는 의회가 임명하는 전문가인 비의원 중에서 선발되기도 하며,[19)] 위원장은 의원 중에서 선출하며 상당한 권한을 갖는다. 이들 위원회는 각 소관사항의 행정사무를 관리·운영하며 소관사항에 대한 정책결정과 의회의 통과를 위한 결의안을 준비한다. 또 승인된 제 계획의 실시와 감독도 하는 행정집행적 위원회이나 다만 금전차용이나 지방세징수권은 허용되어 있지 않다.[20)]

그러나 교구의회(Parish Council)나 규모가 작은 읍·면의회(District Council)에서는 위원회를 따로 두지 않고 의회가 직접 집행사무까지 처리하는 경우도 있다. 그러나 대개의 경우 각 행정분과별로 위원회를 설치하며, 정책과 원칙적인 문제는 전체의회에서 결정하고, 행정사무의 구체적 처리는 의회가 임명한 각 위원회에서 담당하고 있다. 의회가 임명한 위원회의 구성원은 유급공무원으로서 이들은 명예직인 의원들과 유기적인 관계를 유지하여 지방행정의 민주성과 능률성을 조화시키고 있다.[21)]

이와 같은 의회형은 영국을 비롯하여 오스트레일리아·뉴질랜드·캐나다·인도·수단·남아연방 등 영연방 국가에서 많이 볼 수 있는 유형

---

18) 李圭煥, 전게서, pp. 325~326.

19) W. E. Jackson, *Local Government in England and Wales*, 3rd edition(1963), pp. 119~120.

20) 李圭煥, 전게서, p. 325.

21) 손재식, 「현대지방행정론」 (서울: 박영사, 1996), pp. 397~399.

이다.

2. 미국의 위원회형

미국의 위원회형(commission form)은 그 연원을 영국의 앵글로 색슨(Anglo-Saxon)시대에 두고 있으며, 청교도혁명후 영국인의 이주와 더불어 미국에 전해졌기 때문에 영국의 의회형과 유사한 점이 있다. 즉, 위원회형은 지방의회가 주민의 직선에 의해서 선출된 의원들로 구성되는 위원회의 형태를 취하고, 자치단체의 정책결정기능·집행기능 등 모든 권한이 이에 집중되어 있으며, 위원회는 권한에 수반된 모든 책임을 공동으로 부담한다.[22] 그러나 영국의 의회형과는 달리 위원회의 구성원들은 주민들의 직선에 의한 의원들로만 구성된다는 점에서 차이가 있다고 하겠다.

위원회형은 자치단체가 가지는 모든 권한과 책임을 의회에 집중하고 의원은 의결기관을 구성하는 동시에 각 집행부국의 사무를 분담·관장하는 조직 형태이다.

의회를 보통 위원회라 칭하고 의원을 위원이라고 부르고 있다. 즉, 주민에 의해서 직접 선출된 보통 5~7명의 위원이 합의체로서 의회의 입법기능을 담당하고, 개개의 위원으로서는 각 행정부국을 담당하는 유형이다. 임기는 대개의 경우 4년으로 되어 있다.

1901년 텍사스(Taxas)주의 갈베스톤(Galveston)시에서 창시되어 좋은 성과를 거둔 이후 제1차 세계대전까지는 상당히 유행되었으나 오늘날은 많이 줄어들어 인구 5천명 이상 도시의 약 8% 정도가 이 형태를 취하고 있다. 이런 지방정부형태를 지닌 것은 흔히 갈베스톤형(The Galveston Plan)이라고 부른다. 주로 소도시에 해당하는 도시정부들이다.

시장과 의회의장은 동일인이 겸하고 있는데 대부분 주민직선에 의하고 있으나 의회에서 간선하는 경우도 일부 있다. 위원회는 정책의 형성 및 결정으로부터 그 집행에 이르기까지 공동책임을 지며, 각 위원이 집행부국을 분담하고 있다하더라도 그 결과에 대해서는 연대책임을 지게 되

22) 鄭世煜, 전게서, pp. 434~435; 李圭煥, 전게서, pp. 326~327.

어있다.

이 제도를 도입하고 있는 자치단체에서는 직접 민주주의의 방법이라 할 수 있는 주민발의(initiative), 주민투표(referendum), 주민소환(recall) 제도를 채택하고 있다. 이러한 제도를 채택하고 있는 취지는 위원회형에서 나타나기 쉬운 권력의 남용을 막고, 민주주의를 위한 안전판을 마련하자는 사상이 내포되어 있는 것으로 보인다.

3. 기관통합형의 장 · 단점

권력통합형의 대표적인 예로서 영국의 의회형(parliamentary form)과 미국의 위원회형(commission form)을 살펴보았다. 이러한 기관통합형은 자치단체의 기관구성의 한 형태로 결코 완전무결한 것은 될 수 없고, 상대적인 것이므로 장 · 단점을 내포하고 있는데, 먼저 장점을 살펴보면 다음과 같다.[23)]

(1) 기관통합형의 장점

① 지방정치와 지방행정의 권한과 책임이 주민의 대의기관에 집중되어 있으므로 이론상 민주정치와 책임정치를 구현하는데 적합하다.

③ 의결기관과 집행기관간의 대립이나 반목의 여지가 없으므로 지방행정이나 도시행정의 안정성을 확보할 수 있다.

③ 집행기관이 다수의 의원 또는 위원으로 구성되므로 자치행정이 주민의 의사에 따라 공정하고 신중하게 수행될 수 있다.

④ 위원회형은 자치단체의 기관이 소수의 위원으로 구성되므로 경제적이며 특히, 소규모 자치단체에 적합하다.

⑤ 결정과 집행간의 관계가 긴밀하여 사업효과의 극대화를 기할 수 있다.

(2) 기관통합형의 단점

① 지방행정 또는 도시행정을 총괄 · 조정할 단일 지도자 내지 집행책

---

23) Ralph C. Chandler and Jack C. Plane, *The Public Administration Dictionary* (New York: John Wiley & Sons, Inc., 1982), pp 187~188; 鄭世煜, 전게서, p. 436.

임자가 없으므로 행정의 종합성·통일성을 유지하는 데 어려움이 있다.

③ 하나의 기관이 정책을 개발·시행하고 평가하므로 견제와 균형의 원리가 적용될 수 없으며, 권력이 남용될 우려가 있다.

③ 대도시에 있어서는 5~7인으로 구성된 위원회가 시의 다양한 이익집단과 사회계층의 이해를 대표할 능력이 미흡하다.

④ 동일의 기관이 정치와 행정기능을 같이 수행하므로 지방행정에 정치적 요소가 개입되기 쉬우며, 또한 지방행정의 전문성이 경시되고 비전문가에 의한 행정이 되기 쉽다.

⑤ 위원들은 각자의 생업을 가지고 있으므로 단지 시간제근무를 할 수 있을 뿐이다.

Ⅱ. 기관대립형

기관대립형이란 기관분립형 또는 수장형(presidential system)이라고도 하며, 권력분립주의에 입각하여 지방자치단체의 의사결정기능을 담당하는 의회와 의사집행기능을 담당하는 집행기관을 분리시켜서 서로 견제와 균형에 의하여 자치행정을 운영하는 형태를 말한다.

이는 국가의 권력구조에 있어서 대통령중심제와 유사한 것으로서 이러한 기관대립형은 단체자치를 바탕으로 한 대륙계에서 많이 볼 수 있으며, 집행기관의 전문화에 역점을 둔 기관구성형태이다.

기관대립형은 집행기관의 구성방법을 기준으로 하여 선거형과 임명형으로 나눌 수 있고, 선거형은 다시 직선형과 간선형으로 나눌 수 있다.

1. 집행기관 직선형

집행기관의 수장을 주민이 직접 선출하는 유형을 말하며, 미국의 시장·의회형과 독일 및 일본의 수장·의회형이 이에 속한다.

(1) 미국의 시장·의회형(mayor·council form)

시장·의회형은 집행기관인 수장과 의결기관인 의회를 분리시키고, 이들을 주민이 직접 선출하는 형태이다. 가장 오래된 도시정부형태로서 미국의 대부분의 시가 이 유형을 채택하고 있다.[24] 이 유형의 특징은 집행기관인 시장과 의결기관인 시의회를 분립시키고, 이들을 주민이 직접 선출하는데 있다.

이 유형은 의결기관과 집행기관의 구성방법 · 상호관계 및 권한 등에 따라 약시장 · 의회형과 강시장 · 의회형으로 분류된다.

가. **약시장 · 의회형**(weak mayor · council form)

이 유형은 집행기능을 시장과 여러 행정위원회에 분담시켜 시장의 권한을 약화시키는 분권적 시장 · 의회형을 말한다. 이는 남북전쟁 이전까지 인구규모가 작은 도시정부에서 보편적으로 채택되었고 집행기관에 대한 불신과 주 · 시의회의 우월사상에 기초를 두고 있다. 즉 약시장 · 의회형은 미국의 정치사조인 주의회의 우월적 권력(legislative power)과 병행되었던 우월적 시의회(dominant city council)를 이론적 기초에 근거하였다. 양자는 집행권(executive power)에 대한 깊은 불신사조를 반영하는 것으로서, 집행기관의 장은 모든 정부수준에서 입법부를 약화시키는 것으로 인식되었다.[25]

이 유형은 시장 외에 주민이 직접 선출하는 독립적인 행정간부가 있을 뿐만 아니라 의회가 입법적 권능외에 일부 행정적 권능까지 가지고 있어 시장의 권한이 행정전반에 미치지 못하고 있다. 또 의회와의 관계에 있어서도 의결에 대해서 거부권(veto power)을 가지고 있지 못하고, 국과장의 임명에 의회의 인준을 얻는 등 그 지위가 약한 시정부형태이다.

행정기관내 시장으로부터 독립되어 있는 공선간부로서는 회계관(clerk), 재무관(treasurer), 과세평가관(assessor) 등이 있는데 이들은 모두 독립적인 권한을 가지고 있기 때문에 시장의 지휘 · 감독을 받지 않는다. 또한 시의회에 의해 인준되거나 시의회가 임명한 시의 국 · 과장은 그들이 시장에 대해서보다도 의회에 대해서 책임을 지도록 하고 있다. 일부 시에서는 시의회가 의원들을 여러 행정위원회(administrative committees)에 배속

24) Wallace S. Sayre, *American Government,* 15th edition(New York: Branes & Noble, Inc., 1968), p. 159; Arthur W. Bormage, *Introduction to Municipal Government and Administration*, 2nd ed.(1957), p. 259.

25) 鄭世煜, 전게서, pp. 437~438.

시켜 시의 국·과(department)의 운영책임을 맡기고 있기 때문에 시장의 집행권은 더욱 약화되어 있다.

나. 강시장·의회형(strong mayor·council form)

이 유형은 시장이 시행정 집행 전반에 대한 권한을 가지고 있으며, 시의 행정기관 소속 공무원을 임면하고 의회의 의결에 대해 거부권을 가지는 등 강력한 지위에 있는 형태이다. 미국의 대도시 대부분이 이 강시장·의회형을 채택하고 있다. 시장은 강력한 행정적 수장인 동시에 당해 도시정부의 수장으로서 당해 시를 대표하는 의례적 기능도 담당하고 있다. 이는 19세기 후반 행정국가의 출현과 함께 집행부의 신뢰회복에서 기인되었으며 약시장형과는 달리 시장은 정책발의를 할 수 있고, 고급공무원과 시행정위원회의 위원을 시의회의 인준을 받지 않고 임명한다.

예산안은 시장이 제출하며 예산의 집행도 전적으로 시장과 그의 재정고문(fiscal advisers)의 책임으로 되어 있다. 시장은 의회에 입법안을 제출할 수 있는 권한뿐만 아니라 시의회의 의결에 대해 거부권을 가지고 있으므로 정책적인 면에서 리더쉽을 발휘할 수 있다.

다. 강시장·사무총장형(strong mayor·general manager form)

이 유형은 강시장·의회형을 보완하기 위하여 채택하고 있는 형태이다. 이는 강시장은 정치적·행정적 임무를 동시에 담당해야 하는데, 이러한 유능한 인물을 선출하기가 사실상 불가능함으로 강시장의 행정적 업무를 분담할 수 있는 행정에 관한 전문적인 지식과 경험을 가진 자를 임명하는 제도가 이에 해당된다.

강시장·사무총장형 또는 시장·행정관형(mayor·administrator form)에 있어서 시장은 집행부의 장이면서 시정부의 행정을 지휘·감독하는 사무총장 또는 수석행정관(chief administrative officer: CAO)의 임면권을 가지고 있는 도시정부의 한 유형이다.

이와 같이 시장에 의해 임명된 사무총장 또는 수석행정관은 ① 국장을 임면하고, 시의 인사제도의 운영을 감독하며, ③ 예산을 관리하고, ③ 시행정기관의 기능을 조정하며, ④ 시장에 대한 행정적 권고를 한다.[26] 사무

---

26) 鄭世煜, 전게서, pp. 439~440.

총장이 시의 행정사무를 관장하므로 시장은 리더쉽을 발휘하고 의회에 정책건의를 하며, 시계획에 대한 시민의 지지를 획득하는데 전념할 수 있다. 이 유형을 채택하고 있는 대도시의 예로서 1931년 샌프란시스코(San Francisco)에서 채택되어 성공을 거두자 뒤이어 필라델피아(Philadelphia), 로스엔젤레스(Los Angeles), 뉴욕(New York), 보스톤(Boston) 등에서도 채택하게 되었다.

(2) 일본의 수장 · 의회형

일본의 도 · 도 · 부 · 현과 시 · 정 · 촌에서는 집행기관의 장을 주민이 직선하며, 임기는 4년이다. 일본의 지방자치법은 집행기관의 장과 의결기관을 대립시키고 있으나 집행기관장 이외에 위원회도 집행기관으로 설치함으로써 집행기관의 다원화를 기하고 있다. 즉, 광역자치단체와 기초자치단체에 설치를 의무화하고 있는 것으로는 교육위원회, 선거관리위원회, 인사위원회, 감사위원회 등이 있다. 도 · 도 · 부 · 현만이 설치해야 할 의무가 있는 것으로는 공안위원회, 지방노동위원회, 수용위원회 등이 있다. 또한 도 · 도 · 부 · 현의 부지사와 출납장 그리고 시 · 정 · 촌의 조역과 수입역의 임명에 대해서는 의회의 동의나 승인을 받도록 되어 있다.

한편 위법 · 부당한 의회의 의결에 대하여 수장은 거부권을 행사할 수 있으며, 의회의 수장에 대한 불신임 의결권과 이에 대한 수장의 의회 해산권이 인정되어 있다.

(3) 독일의 수장 · 의회형[27)]

독일은 주에 따라서 기관구성형태가 다양하나 수장 · 의회형을 택하고 있는 게마인데(Gemeinde)에서는 시 · 읍 · 면장은 행정집행의 책임자인 동시에 시 · 읍 · 면의 의례적 대표자로서 의회의장도 겸하고 있다.

독일에서는 지방자치에 관한 입법이 주의 소관사항으로 되어있다. 일반적으로 몇몇 주의 지방자치법은 집행기관의 수장을 지역주민의 직선으로 하고 있다. 게마인데(Gemeinde)에서 채택하고 있는 기관구성형태의 기본원칙은 군(Landkreis)에서도 동일하게 적용되고 있다.

---

27) 李圭煥, 전게서, pp. 331~332.

(4) 한국의 수장 · 의회형

우리나라는 제도상 기관대립형을 채택하고 있으며, 지방자치단체에 지방의회를 두며, 의회의원은 주민이 직접 선출하도록 되어 있다.[28] 자치단체의 수장은 주민의 선거에 의해 선출하도록 되어 있으며,[29] 수장은 행정집행기능과 단체대표기능을 담당하고 있다. 이는 광역자치단체인 특별시 · 광역시 · 도의 장이나 기초자치단체인 시 · 군 · 자치구의 장의 경우 모두 마찬가지이다.

이처럼 우리나라 자치단체 기관구성의 특색은 첫째로, 의결기관인 의회와 집행기관인 수장을 서로 분립시키고, 권한을 분담시키는 기관대립주의를 채택하고 있으며, 둘째로 의회와 수장과의 지위와 권한관계에 있어서는 법상으로는 완전한 대등주의를 취하고 있지만 실질상으로는 수장이 우월한 권한을 행사하고 있으며, 셋째로 집행기관의 구성에 있어서는 모든 집행권능을 단일의 기관에 집중시키는 집행기관의 일원주의를 취하는 동시에 집행기관의 행정의사는 단독인인 수장의 책임하에 구성하게 하는 독임제 조직형태를 채택하고 있는 점 등을 지적 할 수 있다.[30]

(5) 집행기관 직선형의 장 · 단점

주민에 의한 집행기관의 직선형은 이상에서 살펴본 바와 같이 여러 가지 형태가 있기 때문에 그에 대한 장 · 단점 또한 일률적으로 말할 수 없다. 그러나 집행기관의 직선형 중에서 강시장 · 의회형이 가장 대표적인 유형이므로 이를 중심으로 직선형의 장 · 단점을 살펴보고자 한다.[31]

가. 집행기관 직선형의 장점

① 의결기관과 집행기관을 주민이 직접 선출하므로 지방행정에 대한 주민통제(popular control)의 실효를 거둘 수 있다.

② 시장은 임기 동안 신분이 안정되므로 주민의 신임을 배경으로 하여 행정시책을 강력히 추진할 수 있다.

---

28) 地方自治法 제30조 참조.

29) 地方自治法 제94조 참조.

30) 李圭煥, 전게서, p. 336.

31) Wallace S. Sayre, *op. cit.*, p. 159; Relph C. Chandler and Jack C. Plano, *op. cit.*, pp. 192~193.

③ 의결기관과 집행기관을 상호 분리시킴으로써 견제와 균형(the checks and balances)의 원리에 의하여 권력의 전횡과 병폐를 방지하고 비판·감시를 충실히 할 수 있다.

④ 시장이 주민대표로서의 정치적 리더쉽을 발휘할 수 있으며, 시장과 주민의 접근으로 민의를 자치행정에 반영하기 쉽다.

⑤ 의결기관과 집행기관의 분리로 행정의 정치적 중립성을 화보할 수 있다.

나. 집행기관 직선형의 단점

① 의회와 수장간의 대립·충돌 등으로 행정의 혼란과 마비를 초래할 우려가 있다. 특히 주민의 자치능력이 미흡한 나라일수록 이러한 문제점은 심각하다.

② 수장을 직선제에 의해 선출하는 경우, 선거과정에 정치적 영향력이 개재되어 행정능력이 우수한 인재를 수장으로 선출하기가 곤란하다.

③ 수장이 주민의 선거에 의해서 선출되므로 수장은 공약을 남발하거나 차기선거를 위한 인기관리에 전념하고, 사업이나 인사권을 정치적 미끼로 사용할 가능성이 있기 때문에 행정의 중립성·공정성을 해칠 수 있다.

④ 약시장의 경우 수장의 리더쉽이 약하고 행정권한이 분산되어 있기 때문에 행정의 통일적 수행이 곤란하다.

⑤ 집행기관은 전문적이고 직업적인 관료들로 이루어져야 하기 때문에 선거에 의해 선출하는 것이 불합리한 면도 있다는 점이다.

2. 집행기관 간선형

자치단체의 의결기관인 의회가 집행기관의 장이나 그 책임자를 선출하는 것을 말하며, 프랑스의 꼼뮨(Commune: 시·읍·면) 등 기초자치단체와 독일의 일부 주의 게마인데(Gemeinde)나 군(Landkreis)에서 그 예를 들 수 있다.

(1) 프랑스의 시·읍 면장-의회형

프랑스의 기초자치단체의 꼼뮨(Commune: 시·읍·면)에서는 수장 뿐만 아니라 수장의 보좌역(adjoints)까지 의원 가운데서 선출한다. 그 임기는 의원과 마찬가지로 6년이고 의원의 지위를 계속 유지하며 시·읍·면장은 의회의장을 겸임하게 되어 있다.

이처럼 프랑스의 기초자치단체 수장·의회형은 집행기관인 시·읍·면장과 의결기관인 의회를 분리시키되 시·읍·면장과 보좌역을 시·읍·면의회가 의원가운데서 선출하는 것이 특징이다. 이 선거는 시·읍·면의회의 첫번째 회기에 실시된다. 보좌역의 수는 당해 시·읍 면의회의 정원의 30% 이내에서 그 시·읍·면의회가 자유로이 결정한다. 시장과 보좌역의 임기는 의원의 임기와 같이 6년이며, 시·읍·면의회의 의장을 겸하게 되어 있다. 시장은 의결기관인 동시에 의회에서 의결된 사항의 집행기관으로 기능하고 있다.[32]

시·읍·면의회는 수장을 선출할 수는 있으나 일단 선출한 다음에는 이들을 사퇴시킬 수 없다. 시·읍·면장은 행정적 기능(집행수장), 정치적 기능(의회의장), 의례적 기능(주민의 대표)이라는 세 가지 기능을 가지고 있다.

이러한 프랑스형의 기관구성형태를 채택하고 있는 나라로는 이탈리아, 그리스 등의 서구제국, 터어키, 튜니지아, 레바논, 이란 등의 중동국가, 일부의 동남아국가들이다.

(2) 독일의 수장·의회형

독일의 남부에 있는 바덴-뷔르템베르그(Baden-Wurttemberg), 바이에른(Bayern)주의 지방자치법은 읍·면(Gemeinde)과 군(Kreis)의 집행기관의 장을 당해 읍·면의회에서 선출하도록 규정하고 있다. 읍·면장의 임기는 4년이며, 지방의회의장의 지위를 겸하고 있다. 그는 한정된 범위내에서 집행기능을 수행할 수 있을 뿐이나, 실제로는 읍·면장이 의회의 집행권까지 행사하는 예가 많다.[33]

32) 鄭世煜, 전게서, pp. 442~443.
33) 상게서, p. 443.

(3) 집행기관 간선형의 장 · 단점

독일의 일부 주의 게마인데(Gemeinde)와 군(Landkreis) 그리고 프랑스의 꼼뮨(Commune)과 같은 기초자치단체에서 채택하고 있는 집행기관의 간선형은 직선형에 상반되는 장 · 단점을 보유하고 있는데, 그 구체적인 내용은 다음과 같다.[34]

가. 집행기관 간선형의 장점

① 의회가 집행기관의 수장을 선출하고, 그가 의회의장을 겸임하게 함으로써 의결기관과 집행기관간의 긴밀한 협력체제를 유지할 수 있다.

② 지방의회는 주민에게 책임을 지고, 의장은 의회에 대해서 책임을 지므로 책임정치와 책임행정을 구현할 수 있다.

③ 수장은 의회의 확고한 지지를 배경으로 하기 때문에 강력한 행정을 수행할 수 있다.

나. 집행기관 간선형의 단점

① 전문적인 지식과 경험을 필요로 하는 집행기관에 정치적 · 정당적인 요소가 개입되어 지방행정의 안정성 · 중립성 · 전문성 등이 침해될 우려가 있다.

② 수장을 비롯한 집행기관이 의회의 간선에 의해 임명되므로 주민통제나 민의반영이 약하다.

③ 지방행정이 의회의 정치세력에 지나치게 좌우될 우려가 있으며, 특히 의회내의 정당세력이 불안정할 때에는 수장이 의회대책에 부심하여 행정사무를 소홀히 할 우려가 있다.

④ 수장이 정치적 또는 당파적으로 선출되기 쉬우므로 행정능력을 구비한 적임자가 꼭 수장이 된다는 보장이 없다.

⑤ 수장의 지위가 행정상의 업적보다도 정치적 역학관계에 따라 좌우될 우려가 있으며, 따라서 행정적 활동을 등한히 하기 쉽다.

---

34) 상게서, pp. 443~444.

3. 집행기관 임명형

(1) 중앙정부에 의한 임명형

집행기관의 장 또는 책임자를 중앙정부가 임명하는 유형으로서 1982년 지방자치단체도 개혁이전의 프랑스의 도(Departement)와 우리나라의 경우 1961년 이후 1995년까지의 시장·군수 및 도지사, 중·남미의 일부 국가의 도 그리고 스페인의 기초자치단체(Municipio) 등에서 이 유형을 채택하고 있다. 그러나 오늘날 중앙정부에 의한 집행기관 임명형제도를 채택하는 국가의 수는 점차로 줄어들고 있는 추세이다.

가. 중앙정부에 의한 임명형의 장·단점

집행기관 임명형은 지방행정의 민주성보다 능률성을 강조하는 데서 기인한다고 볼 수 있다. 따라서 지방자치제가 고도로 발달한 나라에 있어서는 이것은 신중앙집권화와 상관관계가 있으나 지방자치제가 뿌리를 내리지 못한 나라에 있어서는 지방자치의 관치적 보완이라고 보아야 할 것이다. 중앙정부에 의한 수장임명형은 다음과 같은 장·단점을 갖고 있는데, 먼저 장점으로서는 다음과 같은 것들이 있다.[35]

(가) 집행기관 임명형의 장점

① 행정에 관한 유능한 전문가를 자치단체의 장으로 임명할 때에는 지방행정의 질을 높이고 행정능률을 향상시킬 수 있다.

② 집권자나 정당의 환심을 사려고 할 필요가 없으므로 자치단체의 장은 오로지 합리적 행정처리에 전념할 수 있다.

③ 중앙정부와의 협조가 원활하며 행정의 통일성, 일관성을 확보하기가 쉽다.

(나) 집행기관 임명형의 단점

① 지방자치의 기본원칙인 「기관의 자기선임원칙」에 배치되기 때문에 행정의 민주성이 침해된다.

② 지방행정이나 도시행정이 주민자치 보다도 관료에 의해 운영될 가능성이 있다.

---

35) 상게서, p. 447.

③ 수장의 신분이 중앙정부에 의해 좌우되기 때문에 민의의 충실한 반영보다 중앙정부에 더욱 민감하게 되기 쉽다.

(2) 의회에 의한 임명형

미국의 시의회·시정관리관형에서 볼 수 있는 바와 같이, 시의회가 한 사람의 행정전문가를 시정관리관으로 선임하고 행정집행권을 전면적으로 일임하는 제도이다. 이는 독일의 일부 게마인데(Geminde)의 행정관리관(Gemeindedirektor)과 캐나다의 많은 도시정부에서 채택하고 있다.

가. 미국의 의회·관리관형(council-manager form)

흔히들 시지배인제(city manager system)라고 일컫고 있는 의회·관리관형은 의회가 풍부한 경험을 가진 한 사람의 행정관인 시정관리관(city manager)을 임명하여 그에게 시의 사무에 대한 일체의 지휘·감독책임을 맡기는 도시정부의 한 형태를 말한다. 이 유형은 1912년대의 지방행정개혁기에 과학적 관리론(scientific management)의 영향을 받아 관리관(manager)제도를 도시행정에 도입한 것이다. 1912년 사우스·캐롤라이나(South Carolina)주 숨터(Sumter)시에서 최초로 도입된 이래, 미국의 중도시(인구 25,000명~250,000명의 도시)의 50% 이상이 이 제도를 채택하고 있으며,[36] 미국의 능률주의에 합치되므로 이를 채택하는 도시정부가 점차 증가하고 있다.

공선의 시장 대신에 직업관료가 의회의 신임아래 행정집행의 책임을 지는 이 제도는 비능률과 시행착오 및 낭비에 젖기 쉬운 소인행정을 지양하고, 행정사무에 풍부한 지식과 경험을 가진 도시행정의 전문가를 임명하여 그 지위와 권한을 보장함으로써 가장 과학적이고 능률적으로 행정을 수행케 하자는 데 그 근본취지가 있다.

시의회·시정관리관제에 있어서의 시장은 의회가 의원 가운데서 선출하거나(약 50%), 주민이 선출하나(약 50%) 시정의 중심인물은 아니다. 다만 외부에 대하여 시를 대표하고, 의회의장의 권한을 담당하는 의례적 존재 또는 정치적 수장에 불과하다.

---

36) Ralph C. Chandler and Jack C. Plano, *op. cit.*, p. 188; 鄭世煜, 전게서, p. 444.

이러한 도시정부형태 아래에서의 의회는 조례의 제정, 예산의 의결 등 주로 입법적 기능만을 담당하고, 행정적 기능으로서는 오직 시정관리관을 임명하는 행위에 국한되며, 이밖의 모든 행정집행기능은 시정관리관에게 위임된다. 따라서 행정적 수장으로서의 시정관리관의 권한은 각 부·국장의 임면을 비롯해서, 예산의 편성과 행정 전반의 통할·지휘 그리고 의회의 정책형성에 대한 발안에 이르기까지 폭넓게 미치고 있다.

미국의 의회·관리관형은 캐나다의 많은 시에서도 채택되고 있다.

나. 독일의 의회·행정관리관형

미국의 시정관리관제도에 바탕을 두고 있는 독일의 일부 게마인데(Gemeinde)의 의회·행정관리관형은 행정집행의 책임을 의회가 선임한 행정관리관(Gemendedirektor)이 지고 있는 점에서는 미국의 시정관리관제와 유사하다. 그러나 다만 시정관리관은 6~12년으로 그 임기가 정해지고 있는 게마인데가 많다는 점에서 임기를 정함이 없이 의회가 언제든지 임면할 수 있게 되어 있는 미국의 시정관리관제와 약간 차이가 있다. 의회의장 겸 게마인데의 정치적 수장으로서의 지위를 가진다.

다. 의회 임명형의 장·단점

의회에 의한 집행기관의 임명형은 의회가 한 사람의 시정전문가를 시정관리관으로 선임하고, 행정집행권을 전면적으로 일임하는 이 유형은 다음과 같은 장·단점을 지니고 있다.[37]

(가) 의회 임명형의 장점

① 행정에 대한 전문지식과 경험이 풍부한 자를 집행책임자로 선임함으로써 행정능률을 향상시킬 수 있다.

② 고도의 직업윤리의식을 가진 전문가가 의회의 신임과 감시하에 시정을 관장하므로 부당한 정치적 압력을 배제하고 부정행위를 감소시킬 수 있다.

(나) 의회 임명형의 단점

① 행정전문가인 시정관리관의 정치적 리더십이 부족하기 때문에 시정을 강력히 추진하기 곤란하다.

---

37) Ralph C. Chandler and Jack C. Plano, *op. cit.*, pp. 188~189.

② 정치적 · 의례적인 시장과 행정책입자인 시정관리자간에 마찰을 일으킬 우려가 있다.

Ⅲ. 절 충 형

이는 지방자치단체의 의결기관과 집행기관을 분립시킨다는 점에서는 기관대립형과 유사한 이 제도는 흔히 참사회형이라고 부른다. 그러나 집행기관이 독임제가 아니라 합의제라고 하는 점에서 차이가 있는 것이다. 즉, 의회형이나 위원회형이 의결기관과 집행기관의 동일체를 그 특징으로 하는데 대해서 의회 · 참사회형(council-board system)은 결정기관인 의회를 모체로 하면서 몇 개의 독립된 집행기관으로서 기능하고 있다는 점에서 그 차이점을 발견할 수 있는 것이다.

1. 의회 · 참사회형의 특징

절충형은 의결기관과 집행기관을 별도로 설치하고 있으나 상호 대립시키지 않는 지방정부의 한 유형을 말한다. 즉, 의결기관과 집행기관을 대립시키지 않는 점에서는 기관통합형의 요소를 갖고 있으나 의결기관과 집행기관을 분리시키고 있는 점에서는 기관대립형의 요소를 갖고 있어 양형을 절충한 형태라고 할 수 있다. 다만 집행기관이 독임제가 아니라 합의제라고 하는 점에서 수장 · 의회형과 구별된다.

또한 의회 · 참사회형에 있어서는 참사회가 의결기관인 의회를 그 모체로 하면서도 별개의 독립된 집행기관으로서의 역할을 한다는 점에서 의회형이나 위원회형과 구별된다. 대체로 절충형은 의회 · 수장 외에 실제로 집행을 담당하는 참사회와 같은 기관을 따로 두는 것인 특징이다. 이 유형에서 수장은 집행책임자인 경우도 있고 의례적 존재인 경우도 있다.

따라서 참사회형은 나라에 따라 다소의 차이를 보이고 있다. 현재 참사회형을 채택하고 있는 나라로서는 네델란드, 벨기에, 스웨덴, 덴마크, 스위스 및 독일의 일부 주에서 볼 수 있다.

2. 의회 · 참사회형의 실제

(1) 네델란드와 벨기에의 시 · 읍 · 면 참사회

네델란드와 벨기에에서는 지방의회가 선출한 장노의원과 중앙정부가 임명한 시 · 읍 · 면장으로 집행위원회 또는 참사회를 구성하고 이 참사회가 시 · 읍 · 면의 행정집행기능을 담당하고 있으며, 시 · 읍 · 면을 의례적으로 대표한다.[38]

(2) 스웨덴의 시 · 읍 · 면 참사회

스웨덴은 시 · 읍 · 면의회에서 당해 의회의 정당세력에 비례해서 선출한 5~11명의 위원으로 참사회를 구성하고, 행정집행기능을 이 참사회로 하여금 담당케 하고 있다. 의회의원도 비례대표제에 의하여 선출되며, 참사회의장은 의회가 의원 중에서 선출한다. 시 · 읍 · 면의 수장은 없고 의회가 임기 1년으로 선임한 의회의장이 의례적 수장으로서의 지위에 선다.

의회의원과 참사회위원의 임기는 다같이 4년이나 다만 참사회위원의 임기는 새 의회구성 1년후에 시작해서 의회의원의 임기만료 1년 후에 종료된다.

(3) 덴마크의 시참사회

덴마크에서도 시의회가 구성하는 참사회가 정부의 집행기능을 담당하고 있다. 시의회는 비례대표제에 의하여 선거되는 위원으로 구성되고, 시장 겸 의회의장을 선출하는데 그 임기는 의원과 마찬가지로 4년이다. 수도 코펜하겐은 시의회가 의원 중에서 선출한 시장 1명, 부시장 5명과 장노의원 5명으로 참사회를 구성하며, 이들의 임기는 4년이고 시의원 겸직이 금지된다.

(4) 스위스의 시 · 읍 · 면 참사회

스위스의 시 · 읍 · 면 참사회는 주민직선 또는 의회간선의 3~9명의

38) 李圭煥, 전게서, pp. 340~342.

위원으로 구성하고, 참사회의장은 참사회원이 호선하거나 주민총회 또는 의회가 선거한다. 직접참정방식이 발달되어 있는 스위스에서는 시·읍·면 가운데 90%이상이 주민총회를 의결기관으로 하고, 인구가 많은 시·읍·면만 주민총회 대신 의회를 설치하고 있다.[39]

(5) 독일의 의회·참사회

독일의 일부 주에서는 게마인데(시·읍·면)의회가 선출하는 6~12명의 위원으로 참사회를 구성하고, 참사회 의장 겸 시·읍·면장은 참사회 위원 가운데서 의회가 선출한다. 시·읍·면의회는 주민이 선출하는 5~80명의 위원으로 구성된다.

3. 의회·참사회형의 장·단점

(1) 의회·참사회형의 장점

① 합의제형태를 취하므로 지방정부구성을 주민화할 수 있고, 민의를 충실히 반영할 수 있다.

② 지방행정의 신중성과 공정성을 기할 수 있다.

③ 의회와 집행기관인 참사회가 긴밀한 협력체제를 유지함으로써 원활한 행정을 확보할 수 있다.

(2) 의회·참사회형의 단점

① 합의제의 성격상 행정책임소재가 불분명하다.

② 참사회위원은 주로 비전문가인 의원들로 구성되므로 素人行政의 위험이 있다.

③ 지방행정의 지연을 초래하고 결정이 타협에 머무르고 말 위험이 있다.

---

39) 상게서, p. 342.

제 3 절 지방의회

Ⅰ. 지방의회의 의의

지방의회(local council, council of local government)는 지방자치단체의 의결기관이며, 최고의사결정기관이다. 영국의 의회와 미국의 위원회형에 있어서의 위원회는 의결기관인 동시에 집행기관이지만 기관대립형을 그 특질로 하는 지방자치단체의 지방의회는 의결기관일 뿐이다. 그러므로 지방의회는 지방자치단체의 운영에 관한 정책과 지역주민의 부담에 관한 사항을 심의·의결함을 그 주요 임무로 한다. 민주주의에 입각한 지방자치제가 실시된 이후 지방의회의 지위와 권한은 현저히 향상되었다.

지방의회는 의결기관으로서 그 자치단체의 의사와 정책을 결정하는 기능을 주로 담당한다. 그러나 지방자치법에 의하면 실제로 의결기능만 담당하는 것이 아니라 특정한 권리능력, 행위능력, 포괄적인 법률관계, 기타 법률상의 효력을 발생·변경·소멸 시키는 기능도 있다. 다만 그 자치단체의 정책·의사를 결정하는 것이 의회존립의 중요한 이유이기 때문에 이를 의결기관이라고 할 뿐이다.

Ⅱ. 지방의회의 권한

지방의회(council of local government)란 근대적 의미의 대표의 관념에 기초한 지방자치단체의 의결기관으로서, 원칙적으로 주민에 의하여 선출된 의원을 그 구성원으로 하여 성립하는 합의제 기관을 말한다. 여기에서 대표란 근대정치의 산물로서, 일정한 구역이나 신분 또는 이익의 대리인이 아니라 전 구역·전 주민의 일체적 이익의 대표라는 성격을 갖는 것을 말한다.[40]

---

40) 崔昌浩, 「地方自治의 理解」(서울: 삼영사, 1998), p. 207.

지방의회는 지역주민을 대표하는 지방자치단체의 최고의결기관으로 헌법이 보장하고 있다. 이러한 지방의회의 지위는 자치단체기관구성의 형태에 따라 다르다. 즉, 기관통합형을 취하는 곳에서의 지방의회는 의결기관일 뿐만 아니라 집행기관으로서 지위를 부여받는다. 반면에 기관대립형에서는 의결기관으로서 지방자치단체의 운영이나 주민의 복지에 관한 기본적인 방향에 관한 사항만 심의·의결하고 그의 구체적인 집행에는 관여하지 못한다. 또한 극단적인 수장중심형을 채택하는 곳에서의 지방의회는 단순히 자문기관으로서의 역할만을 수행하는데 이는 기초자치단체에서는 찾아볼 수 없고 광역자치단체에서 볼 수 있다. 그리고 자치단체의 계층에 따라 다양한데 기초 자치단체의 지방의회는 일반조항에 의해 주민복지에 관한 포괄적인 권한을 갖는다. 반면에 광역자치단체의 의회는 제한적 열거에 의해 협소한 기능만을 수행하는 것이 일반적이다.

이와 같이 기관구성의 형태에 따라 지방의회의 지위와 구체적인 권한에는 차이가 있기 때문에 이를 일률적으로 말할 수가 없다. 그러나 우리나라를 비롯한 대부분의 국가에서 기관대립주의를 채택하고 있기 때문에 우리나라를 중심으로 지방의회의 권한사항을 살펴보고자 한다.

지방의회는 당해 지방자치단체의 최고의사결정기관과 지방행정의 감독기관으로서 자치행정운영에 관한 주요한 사항을 결정하고 지방행정 수행의 적정여부를 감시·감독하고 있다.

1. 지방의회의 의결권

의회의 의결권은 의회의 권한 중 가장 근본적이고 본질적인 권한이다. 지방의회는 의결을 통해서 의사를 결정한다. 지방의회의 의결권에는 광의의 의결권과 협의의 의결권이 있다. 광의의 의결권은 자치단체의 의사와 의회의 의사, 즉 단체의사를 결정하는 권한과 기관의사를 결정하는 권한이 포괄된 개념이며, 협의의 의결권은 자치단체의 의사를 결정하는 권한으로 광의의 의결권 중에서 기관의사를 결정하는 권한이 제외된 권한을 의미한다.[41]

---

41) 崔仁基外,「地方議會論」(서울: 法文社, 1995), p. 80.

지방의회의 의결사항을 규정하는 방법에는 개괄주의와 열거주의가 있다.

우리나라의 경우에는 자치단체의 사무 중 중요한 사항만을 열거하여 의결을 받도록 하는 개괄적 열거주의를 채택하고 있다. 따라서 지방자치법에 열거된 사항은 반드시 의회의 의결을 얻어야 하며, 기타 중요한 사항은 당해 자치단체의 조례가 정하는 바에 의하여 의결을 받는다. 우리나라는 외국에 비해 대체적으로 광범위한 의결권을 부여하고 있는 형편이다. 지방의회의 필수적 의결사항은 다음과 같다.

① 조례의 제정 및 개폐

② 예산의 심의 및 확정

③ 결산의 승인

④ 법령에 규정된 것을 제외한 사용료・수수료・분담금・지방세 또는 가입금의 부과와 징수

⑤ 기본재산 또는 적립금의 설치・관리 및 처분

⑥ 중요 재산의 취득 및 처분

⑦ 공공시설의 설치・관리 및 처분

⑧ 법령과 조례에 규정된 것을 제외한 예산의 의무부담이나 권리의 포기

⑨ 청원의 수리와 처리

⑩ 기타 법령에 의하여 그 권한에 속하는 사항

지방의회가 의결을 행하는 경우에도, 거기에는 또한 지켜야할 일정한 한계가 있다. 이러한 의결권의 한계를 위반하는 의결은 위헌이 된다.[42]

첫째로, 지방의회의 의결은 국가의 법령에 위반해서는 안된다.

둘째로, 지방의회의 의결은 상급자치단체의 조례나 규칙에 위반해서는 안된다.

셋째로, 지방의회의 의결은 또한 당해 자치단체의 조례나 규칙을 위반해서는 안된다.

넷째로, 지방의회가 주민의 권리제한이나 의무부과에 관한 사항을 조례로 정할 때에는 법률의 위임이 있어야 한다.

다섯째로, 벌칙에 관한 사항을 조례로서 규정할 때에는 법률의 위임이 있어야 한다.

---

42) 崔昌浩, 전게서, pp. 212~213.

2. 지방의회의 행정감시권

(1) 감시권의 방법

집행기관에 대한 지방의회의 감시는 여러 가지 방식으로 행해질 수 있다. 대표적인 것으로 ① 의안심의와 관련된 자료를 집행기관에 요구할 수 있고, ② 집행기관 간부의 의회출석·답변요구 등을 통해서 행정처리 상황을 파악할 수 있으며, ③ 지방의회 스스로가 집행기관의 행정처리 상황을 적극 파악하는 행정감사 또는 행정조사를 실시할 수 있으며, ④ 현재 우리나라에서는 인정되고 있지 않지만 자치단체의 장에 대한 불신임의결 등의 방식이 있다.

그러나 집행기관에 대한 지방의회의 감시권은 지방자치법 제41조에 규정하고 있는 행정사무감사권과 행정사무조사권이 대표적인 제도라 할 수 있다. 전자는 행정전반에 걸쳐 실정을 파악하는 것인데 비해 후자는 특정사안에 관하여 집중적으로 실정을 파악하는 점에서 차이가 있다.

지방의회의 지방행정집행에 관한 감시는 광범위한 감시를 인정하는 행정감사권과 이를 보다 약하게 인정하는 행정조사권으로 구분된다. 이러한 권한은 의회가 주민의 대표기관이라는 점에서 이론상 타당하지만 국가 또는 자체 감사와 중복될 수 있고, 감사권을 남용할 때 행정의 마비가 우려되고 있으므로 신중을 기해야 한다.

외국의 예를 보면, 프랑스, 미국 등의 국가는 포괄적인 행정감사권을 인정하지 않고 있으며, 일본도 서류와 계산서의 검열, 특정한 사무에 대한 조사 등 제한적으로 감사권을 인정하고 있다.

우리나라의 개정전 지방자치법은 「지방의회는 의결로서 그 지방자치단체의 사무중 특정사안에 관하여 조사할 수 있으며, 조사를 위하여 필요한 때에는 현지확인을 하거나, 서류의 제출과 지방자치단체의 장 또는 보조기관의 출석증언이나 의견진술을 요구할 수 있다」고 규정하여 행정사무조사권만 인정하였으나 개정된 지방자치법에서는 외국의 유례도 없을 만큼 행정사무감사권을 폭넓게 인정하고 있다.[43]

---

43) 地方自治法 제41조 제1항 참조.

(2) 행정사무감사와 행정사무조사의 차이

행정사무감사와 조사는 다같이 지방의회의 감시기능에 속하는 개념이지만 그 내용에 있어서는 차이가 있다. 즉, ① 감사는 자치단체가 관장하는 사무전반을 대상으로 하나, 조사는 자치단체사무중에 특정사안만을 그 대상으로 한다. ② 감사는 매년 정기회의 회기 내에 실시하되, 시·도는 10일의 범위 내에서, 시·군 및 자치구는 7일의 범위 내에서 실시하도록 되어있으나, 조사는 그 시기나 기간에 구애됨이 없이 실시할 필요가 있다고 판단되는 때에 필요한 기간동안 실시한다. ③ 감사는 이를 실시하기 위하여 특별히 의원의 발의를 요하지 않지만, 조사는 재적의원 3분의 1 이상이 연서하여 그 이유를 명시한 서면으로 이를 발의, 본회의의 의결에 의하여 실시한다.

따라서 행정사무감사란 국회의 경우처럼 매년 정기회의 회기에 신년도 예산심의에 앞서 실시하며, 자치단체의 사무전반에 걸쳐 포괄적인 확인·감시기능인데 대하여, 행정사무조사는 자치단체의 사무 중 특별히 문제가 되는 사안이나 여론의 표적이 되는 사건 또는 의회에서 각별히 관심을 가져야 할 사업 등을 대상으로 실시하는 개별적이고 제한적인 확인·감시기능인 것이다.

3. 지방의회의 청원수리권

지방의회는 주민으로부터의 청원을 수리할 수 있는 바[44] 지방의회에 대한 청원은 의회의원의 소개를 얻어 제출한다. 청원을 접수받은 지방의회는 청원의 내용이 재판에 간섭하거나 법령에 위배되는 내용의 청원은 이를 수리하지 아니한다.

접수된 청원은 위원회 또는 본회의에 회부하여 심사를 하며, 본회의에서 이를 채택한다. 본회의에서 채택한 청원으로서 그 지방자치단체의 장이 처리함이 타당하다고 인정되는 청원은 의견서를 첨부하여 자치단체장에게 이송한다. 이 경우 자치단체의 장은 이를 처리하고 그 결과를 지체

---

44) 地方自治法 제73조, 제74조, 제75조 및 제76조 참조.

없이 지방의회에 보고하여야 한다.

4. 지방의회의 내부자율권

지방의회는 당해 지방의회의 내부조직과 운영에 관한 권한을 가지고 있다. 지방의회는 의장, 부의장, 임시의장을 선거할 뿐만 아니라 사무조직으로서 시・도의회에는 사무처, 시・군 및 자치구의회에는 사무국을 두고 있다.

또한 의사진행,[45] 회의질서유지,[46] 징계[47] 등에 관하여 회의규칙을 정하며, 의원의 자격심사, 징계 등 의원의 신분에 관한 권한을 가지고 있다.

이러한 지방의회의 자율권에는 내부조직권, 의사자율권, 의원경찰권 등이 포함된다.[48]

Ⅲ. 지방의회의 조직 및 운영

1. 지방의회의 조직

지방의회 의원의 정수는 의원의 자질과 회의의 운영 등에 영향을 주는 요소이나 그 수를 몇 명으로 할 것인가에 관한 일반적 기준은 없다. 다만 미국에서와 같이 의원수를 10명 내외로 적게 하고 그 대신 의원에게 충분한 보수를 지급하여 직무에 전념하도록 하는 소의회형과 유럽제국에서와 같이 의원수를 보통 50～100명 규모로 하고 의원직을 명예직으로 하여 본업에 종사하면서 여가를 이용하여 직무를 수행케 하는 대의회형이 있다.

대의회형은 지역주민을 광범위하고 고르게 대표할 수 있어 민주성의 원리에 충실을 기할 수 있다. 또한 의사결정은 보다 신중하게 할 수 있는데 비하여 소의회형은 의원의 자질을 높일 수 있고, 의회운영을 능률적으로 할 수 있다는 장점이 있다.

---

45) 地方自治法 제71조 참조.
46) 地方自治法 제82조 참조.
47) 地方自治法 제86조 참조.
48) 崔昌浩, 전게서, p. 214.

의원정수의 산정기준은 일본의 경우에서와 같이 인구비례에 의한 방법이 있고, 프랑스에서와 같이 행정구역에 의한 방법이 있으며, 행정구역원칙에 인구기준을 가미하는 방법 그리고 자치단체별로 자율적으로 결정하는 방법 등이 있다.

우리나라의 경우는 의원정수에 있어 다수주의쪽에 가까운 중간주의를 채택하고 그 산정기준은 행정구역원칙에 인구기준을 가미하여 정하도록 그 원칙을 규정하고 있다.49)

우리나라의 지방의회는 단원제를 그 구성원리로 한다. 의회의 구성은 일반적으로 두 개의 독립된 합의체 기관으로 구성되는 양원제와 하나의 합의체기관으로 구성되는 단원제로 나누어진다. 지방의회는 어느 나라를 막론하고 단원제를 원칙으로 하며, 우리나라도 단원제를 채택하고 있다. 제도란 그것이 어떠한 제도이든 장점만 있고 단점이 없는 제도는 존재하지 아니한다. 단원제의 경우도 두 개의 합의체 기관으로 구성되는 양원제와는 달리, 의안이 단일기관에 의하여 처리되기 때문에 입법이나 중요정책을 경솔하게 결정할 가능성이 없지 않고, 제2의 견제기관이 존재하지 않는 까닭에 집행기관에 대하여 횡포가 자행될 소지가 없지 않다는 단점이 있으나, ① 의회가 하나의 합의체 기관으로 이루어지므로 그 의사를 보다 신속하게 결정할 수 있고 ② 의회의 경비가 상대적으로 경감될 뿐 아니라, ③ 주민의 의사를 직접적으로 반영할 수 있다는 장점을 지니고 있다. 따라서 이러한 특성을 감안한다면 지방자치단체의 의회는 단원제가 타당하다 할 것이다.50)

2. 지방의회의 운영

지방의회는 그 운영에 관한 내부규칙을 의회 스스로가 제정하는 자율권을 가진다.

49) 李圭煥 전게서, pp. 305~310.
50) 최인기외, 전게서, pp. 189~190.

(1) 의회의 의장단

지방의회는 의장과 부의장을 두는데 시·도의회는 의장 1인과 부의장 2인, 시·군 및 자치구의회는 의장과 부의장 각 1인씩을 둔다.[51]

의장과 부의장은 의원 가운데 무기명 투표로 선출하는데, 임기는 2년이다. 의장은 지방의회를 대표하고 의사를 정리하며, 회의장내의 질서를 유지하고 의회의 사무를 감독한다. 의장이 사고가 있거나 불신임의결 또는 제소의 대상이 된 때에는 부의장이 그 직무를 대리한다.

(2) 위원회

지방의회는 조례가 정하는 바에 따라 위원회를 둘 수 있다. 지방의회의 위원회제도는 대의회형을 채택하고 있는 국가에서는 지방의회의 효율성·전문성을 확보하기 위하여 보편적으로 인정하고 있다.

위원회는 소관의안과 청원을 심사처리하는 상임위원회와 특정사안을 일시적으로 처리하기 위한 특별위원회로 구분된다. 상임위원회는 시·도의회에는 당연히 설치되나 시·군 및 자치구의회의 경우는 의원 정수 13인 이상인 의회에만 상임위원회를 설치할 수 있다. 위원회는 그 소관사항에 대하여 심사만 할 뿐이지 의결권을 행사하지는 못한다.

연혁적으로 근대의회제도 초기에는 거의 모든 법률안이 특별위원회를 통하여 심의되었기 때문에 매회기마다 많은 특별위원회가 설치·운영되었으나, 오늘날에는 상임위원회를 중심으로 하여 의회가 운영되고 있기 때문에 특별위원회를 설치할 필요성이 줄어들고 있다고 한다.[52]

(3) 의회의 소집 및 회기

지방의회의 집회에는 정례회와 임시회가 있다. 우리나라의 경우 정례회는 매년 2회 개최하는 것으로 되어 있다.

연간 회의총일수와 정례회 및 임시회의 회기는 당해 지방자치단체의 조례로 정하도록 2006년 4월 지방자치법 개정에서 규정하고 있다.[53] 이는

---

51) 地方自治法 제48조 참조.
52) 최인기외, 전게서, p. 242.
53) 地方自治法 제47조 제2항 참조.

지방의회의원의 유급제 도입에 따른 불가피한 개정이라 하겠다.

(4) 의회의 회의

가. 의사 및 의결정족수

지방의회는 재적의원 1/3 이상의 출석으로 개의하며[54] 지방의회의 의사정족수는 국회와 같이[55] 재적의원 1/3이나 회의중 이에 미달할 때에는 의장은 회의의 중지 또는 산회를 선포한다.

지방의회의 의결은 재적의원 과반수의 출석과 출석의원 과반수의 찬성으로 의결한다. 가부동수의 경우에는 부결된 것으로 본다. 그러나 지방자치법은 지방의회의원의 자격상실 의결, 제명징계 의결 등에 있어서는 의결정족수를 엄격히 하여 재적의원 2/3 이상의 의결을 얻도록 규정하고 있다.[56]

지방의회의 공정한 의사를 위하여 의원은 본인 또는 직계존비속과 직접 이해관계가 있는 안건에 관하여 의사에 참여할 수 없다. 그러나 의회의 동의가 있는 때에는 본인에게 출석·발언할 수 있도록 하고 있다.

나. 의안의 발의

지방의회에서 의결할 의안은 당해 자치단체의 장이나 의회의원이 발의한다. 지방의회의원이 발의하는 경우에는 재적의원 1/5 이상 또는 10인 이상의 연서로 한다.

다. 회기계속과 일사부재의원칙

우리나라 지방의회는 국회와 마찬가지로 회기계속의 원칙을 견지하고 있다. 따라서 지방의회에 제출된 안건은 회기중 의결되지 못한 이유로 폐기되지 아니한다. 다만 의원의 임기만료가 되는 경우에는 의회구성이 달라지므로 예외로 하고 있다.[57]

지방의회는 또한 의회의 원활한 운영과 소수파에 의한 의사진행방해를 배제하려는 취지에서 의회에서 부결된 안건을 같은 회기중에 다시 발의 또는 제출할 수 없도록 하는 일사부재의의 원칙을 채택하고 있다.[58]

---

54) 地方自治法 제63조 참조.
55) 國會法 제68조 제12항 참조.
56) 地方自治法 제80조 제1항 참조.
57) 地方自治法 제67조 참조.

위원회에서 폐기된 안건은 본회의에 부의할 수 없으나, 위원회의 결정이 본회의에 보고된 날로부터 폐회·휴회의 기간을 제외한 7일 이내에 의장 또는 재적의원 1/3 이상의 요구가 있는 경우에 한하여 본회의에 부의할 수 있다.

일사부재의의 원칙은 의안심의의 경제성과 의회의사의 안정성을 그 근거로 한다. 그러나 같은 회기중이라도 이전의 의안을 심의·의결할 때와는 다른 상황이 발생하여 이전의 의결이 실정에 맞지 않을 때에는 일사부재의의 원칙에 집착할 것이 아니라 오히려 대국적으로 사정변경을 감안하여 의안을 다시 제출할 수 있게 함이 타당하다. 그러나 자칫 사정변경의 원칙을 남용하면 조령모개가 되어 일사부재의의 원칙이 지향하는 법적 안정성을 저해할 우려가 있다. 따라서 이 두 개의 원칙이 적절히 조화를 이루도록 지방의원들의 양식있는 판단과 회의 운영이 이루어져야 할 것이다.[59]

라. 의사의 공개

지방의회의 회의는 공개를 원칙으로 한다.[60] 이는 의회운영의 민주화와 비밀정치의 배제를 확립하기 위한 것으로서 구체적으로는 방청의 자유, 의회의사록의 공표 그리고 보도의 자유를 포함한다. 다만 의원 3인 이상의 발의로 출석의원 2/3 이상의 찬성이 있거나 의장이 사회의 안녕질서를 위하여 필요하다고 인정하는 경우에는 공개하지 아니할 수 있다.

제 4 절 집행기관

Ⅰ. 집행기관의 의의

지방자치단체의 집행기관이란 지방자치단체의 각종 사무를 처리하고 의회의 의결사항을 집행하는 지위에 있는 기관을 말한다. 일반적으로 집

58) 地方自治法 제68조 참조.
59) 鄭世煜, 전게서, p. 538.
60) 地方自治法 제65조 참조.

행기관이란 지방행정집행의 수장(시장 · 의회형의 경우), 참사회 또는 집행위원회(의회 · 참사형의 경우)와 같은 일반행정기관을 의미하나 특정한 기능을 수행하는 특별집행기관을 설치하는 경우도 있다.

우리나라의 지방자치단체의 집행기관은 종합행정집행기관인 일반행정기관으로서 지방자치단체의 장(서울특별시장, 광역시장, 도지사, 시장, 군수, 자치구청장)과 교육 · 학예집행기관으로서의 교육감이 있다. 이외에도 소수이기는 하지만 행정의 정치적 중립성 · 전문성 · 공정성 등을 확보하기 위한 행정위원회 등이 있다.

지방자치단체 장이라 함은 광역단체인 서울특별시장 · 광역시장 및 도지사를 말하며, 기초단체인 시장 · 군수 · 자치구청장을 말한다. 이들은 당해 지방자치단체를 대표하며, 자치행정의 집행을 담당하는 집행기관의 장이다.

1. 자치단체 장의 지위

지방자치단체 장의 지위는 국가에 따라 또는 지방정부형태에 따라 다르다. 우리나라는 미국의 강시장형과 비슷한 기관대립형을 택하고 있으므로 자치단체 장의 지위는 매우 강력하다고 할 수 있다. 우리나라 자치단체장은 다음과 같은 지위를 갖는다.[61]

① 자치단체의 수장으로서의 지위를 갖는다.

자치단체의 장은 고유사무와 단체위임사무를 집행하는 최고책임자이다. 자치단체의 수장으로서의 지위에서 단체장은 타 집행기관의 기능을 종합 · 조정할 수 있다.

② 당해 자치단체의 구역내에서 국가기관 또는 국가의 대표자로서의 지위를 갖는다.

국가는 특별지방행정기관을 설치하여 처리하는 행정사무를 제외하고는 일반적인 국가사무는 자치단체의 장에서 위임하여(기관위임사무)처리하고 있는데, 이 경우 자치단체의 장은 국가기관의 지위에 서게 된다. 프

---

61) 李圭煥, 전게서, pp. 350~351.

랑스, 스페인, 스웨덴, 덴마크, 벨기에 등 유럽의 대륙법계 국가에서도 자치단체 장이 국가기관으로서의 지위를 겸하고 있다.

③ 자치단체의 의전적 대표이다.

우리나라의 자치단체 장은 미국, 프랑스, 독일의 의회·수장형에서와 같이 행정집행의 수장인 동시에 의전적 대표로서의 지위에 서고 있다. 그러나 미국의 의회·지배인(시정관리관)형, 스웨덴의 의회·참사회형의 정부에서는 집행기관의 수장과 의전적 대표가 분리되고 있다.

2. 자치단체 장의 역할

(1) 지역의 의전적 대표로서의 역할

우리나라의 자치단체 장은 지역의 의전적 대표이다.[62] 자치단체 장은 국경일 기념행사, 시민의 날 행사 등 각종 행사와 의식에 있어서 지역의 의전적 수장(ceremonial head)의 역할을 수행한다. 우리나라의 자치단체 장은 국가기관으로서의 지위와 자치단체의 수장으로서의 이중적 지위에서 의전적 수장으로서의 역할에 많은 시간을 할애하고 있다.

(2) 지역의 정치지도자로서의 역할

자치단체 장은 지역의 정치적 중심인물(political leader)이다. 따라서 자체장은 지역주민과 대화를 통하여 주민의 여론을 적극적으로 수렴하여 행정에 반영하도록 노력하는 한편, 지방의회 의원과 접촉, 지방행정운영에 관하여 협조를 구하며, 지역내의 각종 주민조직·이익집단의 이해관계를 조정하고, 이들이 지방행정에 협조 또는 참여하도록 설득한다. 뿐만 아니라 중앙부처는 물론 관내 유관기관·단체 등과 원활한 협조체제를 유지하여 지역의 발전과 이익보호에 힘써야 한다.

(3) 행정관리자로서의 역할

자치단체 장은 행정관리자로서 지방행정 집행에 관한 전반적인 책임을 지고 있다. 자치단체 장은 지역단위의 각종 국가 및 지방행정 시책사

62) 상게서, pp. 350~351.

업의 추진을 지도·감독하며, 지방예산의 편성과 집행 등 재정관리와 법령에 의한 각종 인·허가사무 등 민원사무를 처리한다. 이밖에도 지역내의 각종 공공시설을 관리하고 사무관리의 과학화·능률화·전문화를 도모해야 한다.

(4) 시책입안자로서의 역할

자치단체 장은 지역의 주요 정책·시책·계획을 입안하고 있다. 자치단체 장은 사회적·행정적 여건변화에 대처하고 지역발전을 도모하기 위하여 도시계획 등 개발계획을 수립하여야 하며, 지역내 산업유치, 자원의 개발 등 지역경제의 활성화 계획을 입안하고, 공해·노사·복지확대에 대한 대책을 수립하여야 한다. 자치단체 장은 또한 규칙 등 법안을 입안하고 있다.

Ⅱ. 자치단체 장의 권한

지방자치단체 장의 권한은 지방의회의 경우와는 달리 열거주의에 의하지 않고 개괄주의에 의하기 때문에 광범위하다. 더구나 자치단체 장은 지방자치단체의 사무의 실제적 집행권자일 뿐만 아니라 사무의 전반적 통할권자도 되기 때문에 그 권한은 강력하다. 또한 자치단체 장은 자치단체의 사무인 고유사무와 단체위임사무 뿐만 아니고 국가로부터 자신에게 전속으로 위임된 이른바 기관위임사무도 처리하기 때문에, 어떤 의미에서는 지방자치단체의 사무보다 더 광범위한 사무를 관장하고 있다고 할 것이다.

우리나라 지방자치단체 장의 권한의 주요내용은 다음과 같다.[63]

(1) 통할대표권

지방자치단체 장은 당해 자치단체를 대표하고 그 사무를 통할한다. 여기서 대표란 단체장의 행위가 그 자치단체의 행위로서 효과를 발생하는

63) 崔昌浩, 전게서, pp. 218~219 참조.

것 즉, 당해 자치단체의 의사를 대외적으로 표시하는 행위를 말한다. 통할이란 단지 소속집행기관 뿐만 아니라 다른 집행기관·의회·주민까지를 포함하여 당해 단체의 사무를 총괄하고 일체성을 유지함을 의미한다.

(2) 사무의 관리·집행권

지방자치단체 장은 당해 자치단체의 고유사무와 단체위임사무 그리고 법령에 의하여 그 자치단체 장에게 위임된 기관위임사무를 관리하고 집행한다. 여기서 관리하고 집행한다 함은 사무를 처리하는 것과 같은 의미로서 구체적으로는 기획·입안·조정·집행·확인·평가 등의 과정을 포함한다.

(3) 하급행정청 자치단체에 대한 감독

지방자치단체 장은 국가기관의 지위 또는 상급기관의 지위에서 그 관할 구역내에 있는 하급행정청을 지휘·감독한다. 도지사가 시장 군수를 지휘·감독하듯이 서울특별시장·광역시장은 국가기관의 지위에서 자치구청장이 처리하는 국가의 기관위임사무와 상급기관의 지위에서 자치구청장이 처리하는 시의 기관위임사무에 대하여 포괄적인 지휘·감독권을 가진다. 또한, 서울특별시장·광역시장은 산하 자치단체의 자치사무에 대하여도 법령에 위반되거나 현저히 부당하여 공익을 해한다고 인정할 때에는 이를 취소·정지 또는 시정명령을 할 수 있다.

(4) 소속직원에 대한 임면권

자치단체 장은 소속직원을 지휘·감독하고, 법령 또는 조례·규칙이 정하는 바에 의하여 그 임면·교육훈련·복무·징계 등에 관한 사항을 처리한다. 자치단체 장의 소속직원에 대한 임면과 지휘·감독권은 집행기관의장으로서 가져야 할 당연한 권한인 것이다.

(5) 규칙제정권

자치단체 장은 법령 또는 조례가 위임한 범위내에서 그 권한에 속하는 자치사무와 국가사무에 관하여 규칙을 제정할 수 있다. 그러나 시장·군

수 및 자치구청장이 제정하는 시·군 및 자치구의 조례나 규칙은 시·도의 조례나 규칙에 위반하여서는 아니된다.

이외에도 자치단체들의 권한으로는 다음과 같은 것이 있다.

① 지방의회에 조례안·예산안을 제출하며, 기타 지방의회의 의결사항에 관하여 제안권을 가진다.

② 지방의회와의 관계에 있어서 의회 임시회의 소집 또는 소집요구, 의안 및 예산안의 발의, 조례의 공포, 재의요구 및 제소, 선결처분 등을 행한다.

Ⅲ. 자치단체 장의 행정기관

지방자치단체 장은 자치단체의 행정사무를 처리하기 위하여 필요한 행정기구를 설치하고 소속공무원을 지휘·감독한다. 시·도의 행정기구는 대통령이 정하는 범위안에서 당해 자치단체의 조례로 정하고, 시·군 및 자치구에 있어서는 대통령령이 정하는 기준에 따라 시·도지사의 승인을 얻어 당해 자치단체의 조례로 정한다. 각 자치단체는 행정기구의 설치·운영에 있어 그 합리화를 도모하고 다른 자치단체와의 균등을 유지하여야 한다.[64] 이때 자치단체의 행정기관이란 보조기관, 소속행정기관, 하부행정기관을 모두 포함한다.

1. 특별시·광역시·도의 행정기관

서울특별시·광역시·도에는 시장의 일반행정사무에 대한 보조기관으로 부시장·부지사, 실국장이 있다. 이 가운데 부시장·부지사의 직급은 대통령령으로 정하고, 그 임명은 시·도지사의 제청으로 행정자치부장관을 거쳐 대통령이 임명한다. 부시장·부지사는 당해 자치단체 장의 사고가 있는 때에 그 직무를 대리한다.

보조기관 이외에 특별시·광역시·도에는 전문적 또는 특수적 사무를

64) 地方自治法 제112조 제1항 및 제2항 참조.

처리하는 소속행정기관으로 농촌진흥원, 지방공무원 교육원, 보건환경연구소, 소방본부, 각종 사업소 등이 있다. 이러한 직속기관의 설치는 대통령령 또는 대통령령이 정하는 바에 의하여 당해 지방자치단체의 조례로 정한다.65)

2. 시 · 군 및 자치구의 행정기관

시 · 군과 자치구의 일반행정담당 보조기관으로는 부시장 · 부군수 · 부구청장이 있다. 부시장 · 부구청장 · 부군수는 일반직 지방공무원으로 보하되, 그 직급은 대통령령으로 정하며, 당해 시장 · 군수 · 구청장이 임명한다. 그리고 부시장 · 부구청장은 시장 · 군수 · 구청장의 사고가 있을 때에 그 직무를 대리한다.

보조기관 이외에도 보건소, 소방서, 농촌지도소, 사업소, 출장소 등 전문적 · 특수적 사무를 담당하는 소속행정기관이 있으며, 지역적 하부행정기관으로 시에는 구(인구 50만이상 시에 설치되며, 자치구가 아님)와 동 또는 동만을, 군에는 읍 · 면을, 자치구에는 동을 둔다. 이들 하급행정기관의 장인 비자치구의 구청장과 읍 · 면 · 동장은 시장 군수 · 자치구청장의 지휘 · 감독을 받아 소관 국가사무 및 지방자치단체의 사무를 맡아 처리한다. 비자치구의 구청장은 일반직 지방공무원으로 보하며, 읍 · 면 · 동장은 종전에는 별정직 지방공무원이었으나 이제는 일반직 지방공무원으로 전환 되었다.

3. 합의제 행정기관

지방자치단체는 사무 또는 업무의 성질상 의회나 자치단체 장으로부터 독립하여 사무를 처리할 필요가 있을 때에는 법령 또는 조례가 정하는 바에 따라 합의제 행정기관을 설치할 수 있다.66) 이러한 특별행정기관으로서는 ① 지방자치단체의 선거사무를 관리하는 선거관리위원회 ② 지방

65) 地方自治法 제113조 제1항, 제114조, 제115조 참조.
66) 地方自治法 제116조 참조.

공무원의 임용 및 승진시험을 실시하고 지방공무원의 징계를 의결하는 인사위원회 ③ 6급 이하 지방공무원의 징계, 기타 그의 의사에 반하는 불이익처분을 심사·결정하기 위한 소청심사위원회(시·도에 한하여 설치) 등이 있다.

자치단체가 합의제 집행기관을 설치하고자 할 때에는 법령에 따로 정한 경우를 제외하고는 행정자치부장관의 승인을 얻어야 한다. 자치단체는 이외에도 소관사무의 수행상 필요한 경우에는 조언·권고·건의·심사 또는 조사를 목적으로 하는 심의회·위원회 등 자문기관을 설치할 수 있다.

Ⅳ. 교육·학예에 관한 기관

선·후진국을 막론하고 많은 국가에서는 교육의 자주성·전문성 및 지방교육의 특수성을 제고하기 위하여 교육·학예에 관한 사무를 일반 집행기관으로부터 분리·집행하고 있다.

외국의 경우를 보면, 일본의 경우 광역자치단체인 도·도·부·현이나 기초자치단체인 시·정·촌에 교육·학예에 관한 합의제 집행기관을 두고 있으며, 미국은 주와 교육사무를 전담하는 학교구에 의결기관인 교육위원회와 집행기관으로서 교육장을 두고 있다. 프랑스의 경우는 지역별 대학교구장이 지역내의 초·중등교육에 관한 지도·감독권을 가지고 있다.

우리나라의 경우, 종전의 교육법은 교육·학예에 관한 집행기관으로 시·도에 합의제 집행기관인 교육위원회를 두고, 시·군에는 단독제 집행기관인 교육장을 두었다. 그러나 1988년 개정된 교육법은 교육위원회의 성격을 종전의 합의제 집행기관에서 지방의회의 사무 중 교육·학예에 관한 주요사항을 의결할 수 있는 제한적 의결기관으로하여 각급 자치단체에 두고 이에 대응하여 집행기관인 교육장을 두고 있다.

그 후 구·시·군교육자치제가 과연 바람직한가에 대하여 많은 비판론이 제기되었다. 이에 따라 시·도교육자치제만을 채택하는 「지방교육자치에 관한 법률」이 1991년 2월에 국회에서 통과되었고, 8월에는 교육위원회가 구성 되었다.[67]

1. 교육위원회

교육위원회는 7인 내지 15인의 교육위원으로 구성되며, 시·도별 교육위원의 정수는 인구·지역적 특성을 고려하여 결정된다(지방교육자치에 관한 법률 제57조 참조).

교육위원은 교육위원의 선거구 단위로 선출하는데, 교육의원의 선거구는 인구, 행정구역, 지세, 교통, 기타 조건을 고려하여 획정된다(동법 제58조 참조).[68]

교육위원회의 선거인단은 선거일 공고일 현재 초·중등 교육법 제31조(학교운영위원회의 설치)의 규정에 관한 학교운영위원회 전원으로 구성한다.

교육위원은 임기가 4년이며, 학식과 덕망이 높고 시·도의회 의원의 피선거권이 있는 자로서 정당의 당원이 아니어야 한다.

교육위원은 ① 국회의원·지방의회의원·국가공무원(대학의 조교수 이상의 교원은 제외한다)과 지방공무원, 사립대학 교원(대학의 조교수 이상의 교원은 제외), 또는 사립학교를 설치·경영하는 법인의 임원 또는 사립학교 경영자의 겸직이 금지되고, ② 교육의 정치적 중립을 보장할 수 있도록 정당, 기타 정치단체에 관여하거나 가입하지 못하며, ③ 당해 자치단체 및 교육기관과 영리를 목적으로 하는 거래를 할 수 없으며, 이와 관련된 재산의 관리인이 될 수 없다.

교육위원회는 당해 지방자치단체의 교육·학예에 관한 사항 중 다음 사항을 심의·의결할 권한을 가진 심의기관인 동시에 제한적 의결기관이다.

① 지방의회에 제출할 조례안

② 지방의회에 제출할 예산안 및 결산

③ 지방의회에 제출할 특별부과금, 사용료, 수수료, 분담금 및 가입금의 부과와 징수에 관한 사항

④ 기금의 설치·운용

---

67) 鄭世煜, 전게서, pp. 561~562.

68) 안용식외, 「지방행정론」(서울: 대영문화사, 2006), pp. 388~390.

⑤ 중요 재산의 취득 및 처분
⑥ 공공시설의 설치 · 관리 및 처분
⑦ 법령과 조례에 규정된 것을 제외한 예산의 의무부담이나 권리의 포기
⑧ 청원의 수리와 처리
⑨ 기타 법령과 시 · 도 조례에 의하여 지방의회의 권한에 속하는 사항

위에서 ④~⑨에 관한 교육위원회의 의결은 시 · 도의회의 의결로 간주된다.

교육위원회에 의장과 부의장 각 1인을 두는데, 교육위원 중에서 무기명 투표에 의하여 2년 임기로 선출하되 재적위원 과반수의 득표를 얻어야 한다. 교육위원회는 교육감 또는 교육위원회 재적의원 1/3 이상의 요구에 의하여 집회한다. 교육위원회는 의회규칙이 정하는 바에 따라 소위원회를 둘 수 있다. 교육위원회는 재적의원 과반수의 출석으로 개의하며, 원칙적으로 출석위원 과반수의 찬성으로 의결한다.

2. 교 육 감

시 · 도의 교육 · 학예에 관한 사무의 집행기관으로 시 · 도에 교육감을 둔다(지방교육자치에 관한 법률 제20조). 시 · 도의 교육감은 시 · 도를 하나의 선거구로 하여 선출하는데, 교육감은 학교운영위원회 전원으로 구성된 선거인단에 의하여 선출된다(동법 제 58조, 제62조).

교육감은 학식과 덕망이 높고, 시 · 도지사의 피선권이 있는 자로서 정당의 당원이 아닌 자이어야 한다. 교육감은 후보자 등록일을 기준으로 교육 경력 또는 교육공무원으로서의 교육행정경력이 5년 이상 있거나 양 경력을 합하여 5년 이상 있는 자이어야 한다(동법 제61조 참조).

교육감은 임기는 4년으로 하되 1차에 한하여 중임할 수 있다. 교육감은 국회의원 · 지방의회의원 · 교육위원이나 공무원 및 교원, 기타의 직을 겸할 수 없다(동법 제25조 참조).[69]

교육감은 교육 · 학예에 관한 다음 사무를 관장한다.

69) 상게서, pp. 394~399.

① 조례안의 작성
② 예산안의 편성
③ 결산서의 작성
④ 교육규칙의 제정
⑤ 학교·기타 교육기관의 설치·이전 및 폐지
⑥ 학생통학구역
⑦ 교육과정
⑧ 교육·학예의 시설·설비 및 교구에 관한 사항
⑨ 재산의 취득·처분
⑩ 기본재산과 적립금
⑪ 과학·기술교육의 진흥
⑫ 학교체육·보건 및 학교환경정화
⑬ 사회교육·기타 교육·학예진흥
⑭ 특별부과금·사용료·수수료·분담금 및 가입금에 관한 사항
⑮ 기채·차입금 또는 예산 외의 의무부담
⑯ 소속 국가공무원 및 지방공무원의 인사관리
⑰ 기타 당해 지방자치단체의 교육·학예에 관한 사항과 위임된 사항

교육감은 법령 또는 조례의 범위안에서 그 권한에 속하는 사무에 관하여 교육규칙을 제정할 수 있다. 교육규칙을 제정 또는 개·폐하는 경우에는 공포예정 15일 전에 교육인적자원부장관에게 그 전문을 첨부하여 보고하게 되어 있다.

시·도에 일반직 국가공무원으로 보하는 부교육감을 두되 그 직급은 대통령령으로 정한다. 시·도의 부교육감은 당해 시·도교육감이 추천한 자를 교육인적자원부장관의 제청으로 국무총리를 거쳐 대통령이 임명한다. 교육감은 필요한 때에는 대통령령 또는 조례가 정하는 바에 의하여 교육기관(교육연구기관, 교육연수, 훈련기관, 도서관과 교원·학생복지후생기관을 포함)을 설치할 수 있다.

제 5 절 지방의회와 자치단체의 장과의 관계

우리나라의 지방의회와 수장과의 관계는 1949년 지방자치법 제정 당시부터 법적으로 대등주의를 취하여 상호 견제와 균형을 유지하도록 하고 있다. 개정된 지방자치법은 지방자치단체 장과 지방의회와의 관계에 있어서 자치단체 장은 지방의회의 의결사항에 대한 재의요구권 및 선결처분권을 가지고 있다. 지방의회는 자치단제장을 상호 견제하도록 하였으며, 의회와 수장간의 대립과 마찰을 격화시킬 수 있는 소지를 가지고 있는 불신임제도 · 의회해산제도를 인정하고 있지 않다.

Ⅰ. 의회의 자치단체 장에 대한 관계

(1) 의결권

지방의회는 당해 자치단체의 최고의사결정기관으로서, 지방행정의 감독기관으로서 자치단체장의 주요한 정책사항을 의결하고, 행정집행상황에 대한 지도 · 감독 · 비판 · 조언 등 감시 · 감독권을 가지고 있을 뿐만 아니라 자치단체장의 대부분의 중요한 정책 · 사업 · 계획 등에 대한 의결권을 가지고 있다.

(2) 행정사무감시권 및 출석 · 답변요구권

지방의회는 자치단체사무 중 특정사안에 대한 조사뿐만 아니라 사무전반에 대해 감사할 수 있으며, 자치단체 장 또는 관계공무원으로 하여금 의회나 그 위원회에 출석하여 행정처리상황을 보고하게 하거나, 질문에 답변하도록 요구할 수 있다.

Ⅱ. 자치단체 장의 의회에 대한 관계

(1) 의회 소집요구 및 의안제출권

자치단체 장은 지방의회의 소집을 요구할 수 있으며, 의회에 의안을 제출할 수 있고, 의회에 부의할 안건을 공고하며, 조례를 공포한다.

(2) 재의요구권

재의요구권이라 함은 자치단체 장이 지방의회의 의결에 대하여 이의가 있어 이의 수리를 거부하고, 의회에 반송하여 이를 다르게 의결해 줄 것을 요구하는 권한을 말한다.[70)]

우리나라 자치단체 장이 지방의회의 의결에 대하여 행할 수 있는 재의요구권에는 4가지가 있는데 각각의 내용은 〈표 Ⅲ.1.1〉과 같다.

자치단체의 장의 재의요구는 상당한 이유가 있어야 하며, 재의 요구를 할 때에는 재의이유가 되는 문제부분을 명확하고 구체적으로 적시하여 문서로서 요구하여야 한다. 이는 법률로 정한 불변기간이며, 의회가 폐회 중인 때에도 재의요구가 가능하다. 다만 법 제172조에 의한 감독관청의 요구에 따른 장의 재의요구에 대해서는 법정요구기간이 명시되어 있지

〈표 Ⅲ.1.1〉 재의요구권의 내용

구분	재의요구조건	재의요구 기간	재의결 정족수	재의결 효과	일부수정 재의요구	수정 재의결
(1) 일반의결에 대한 재의요구	월권·위법 또는 현저히 공익을 해한다고 인정될 때	20일 이내	과반수 출석과 2/3이상 찬성	확정적	불가능 (명문화)	가능 (해석상)
(2) 경비의결에 대한 재의요구	집행불가능 경비 포함 또는 필수 경비 삭감	상동	상동	상동	상동	상동
(3) 조례제정에 대한 재의 요구	-	상동	상동	상동	상동	상동
(4) 감독관의요청에 의한 재의요구	위법 또는 현저히 부당하다고 인정될 때	-	상동	상동	불가능 (해석상)	상동

70) 崔昌浩, 전게서, pp. 229~230.

않으나 이 경우도 특별한 사유가 없는 한 지체없이 요구되어야 한다. 자치단체의 장의 재의요구가 있는 경우 의회는 이를 거부할 수 없으며, 부득이한 사유가 없는 한 재의요구서가 도착한 날로부터 10일 이내에 재의에 부쳐야 한다. 이 경우 의회가 폐회 또는 휴회중인 기간은 여기에 산입하지 아니한다.

자치단체의 장의 요구에 의하여 재의에 부쳐진 의회의 의결사항이 재의결과 재의결정족수의 찬성을 얻어 전과 같이 의결·확정된 경우, 그 재의결된 사항이 법령에 위반된다고 인정되는 때에는 자치단체의 장은 재의결된 날부터 20일 이내에 대법원에 소를 제기할 수 있으며, 이 경우 필요하다고 인정할 때에는 그 의결의 집행을 정지하게 하는 집행정지결정을 신청할 수 있다.[71]

(3) 선결처분권

선결처분권이라 함은 지방의회가 의결을 할 수 없거나 의결을 하지 아니하는 경우에 지방자치단체의 존립 또는 효율적 운영을 위하여 그 자치단체 장이 의회의 의결을 거치지 아니하고 일정한 사항을 독자적 판단에 의하여 우선 처분하는 것을 말한다.[72]

이것은 대의민주정치에 있어서 극히 예외적인 것으로서 결코 남용되어서는 안된다. 선결처분권이 인정되는 것은 일반적 사항에 대한 선결처분권과 예산에 대한 선결처분권의 두 가지 경우이다. 그 내용은 〈표 Ⅲ.1.2〉와 같다.

자치단체의 장이 선결처분을 한 때에는 지체없이 의회에 보고하여 의회의 승인을 받아야 한다. 이 경우 의회가 장의 보고를 접수한 때에는 그에 대한 승인 여부를 결정하여야 하며, 만일 의회가 이를 승인하지 않을 때에는 그 선결처분은 그 때부터 효력을 상실한다. 의회의 불승인이 처분당시까지 소급하여 적용될 경우 법적 안정성과 신뢰보호의 원칙에 반하기 때문에 소급효는 인정되지 아니한다. 한편 자치단체의 장은 선결처분한 사항을 의회에 보고하여 의회의 승인을 얻은 경우 또는 승인을 얻지

71) 최인기외, 전게서, pp. 448~450.
72) 崔昌浩, 전게서, pp. 230~231.

못하여 그 효력이 상실된 경우에는 그 사실을 지체없이 공고하여야 한다.73)

〈표 Ⅲ.1.2〉 선결처분권의 내용

구분	처 분 조 건	선 결 처 분	사 후 처 리
(1) 일반사항의 선결 처분	1. 의회가 성립하지 아니한 때 2. 주민의 생명·재산의 보호를 위해 긴급하게 필요한 사항으로서 의회를 소집할 시간적 여유가 없거나 의회에서 의결이 지체되고 있는 때	필요한 처분	지체없이 지방의회에 보고하여 승인을 받음
(2) 예산의 선결처분	예산불성립(회기년도 개시까지 의회에서 예산안이 확정의결되지아니 한 때)	다음사항을 전년도에 준해 지출 ① 법령·조례에 의해 설치된 기관·시설의 최소한 유지비 ② 법령·조례상 지출 의무가 있는 경비 ③ 이미 예산으로 승인된 계속 사업비	예산안에 반영
	예산공백(폐치분합으로 지방자치단체가 새로 설치된 때)	예산이 성립할 때까지 1. 필요한 경상적 수입 집행 2. 필요한 경상적 지출 집행	집행한 수입·지출을 새로 성립될 예산에 포함시킴

73) 최인기외, 전게서, p. 457.

제 2 장 지방자치단체의 행정기능

제 1 절 지방행정기능의 본질

Ⅰ. 지방행정기능의 개념

지방자치단체의 존재의의는 그 주민을 위하여 과연 어떠한 기능을 수행하며, 주민에게 어떠한 편익을 제공해 주느냐에 있다. 즉, 지방자치단체의 행정기능은 지역주민의 여망과 행정수요를 정확하게 파악하고, 이를 가장 실효성있게 해결 내지 충족시켜 줄 수 있도록 행정서비스를 공급하는데 있다.

지방자치단체의 행정기능은 다의적인 개념으로 학자에 따라 그 의미와 내용이 각각 다양하게 인식하고 있다. 어떤 학자는 정태적인 구조·제도에 대응하는 개념으로서 동태적인 기능으로 파악하여 지방행정기능이란 지방행정제도의 운영실태를 뜻한다는 견해도 있고, 또 어떤 학자는 행정기능을 지방자치단체가 관장·처리하는 행정사무의 영역으로 뜻한다고 보는 견해도 있다.[1] 어떤 공법학자는 지방자치단체의 행정기능은 바로 자치단체의 작용을 의미하는 것이라고 해석하여 행정기능이란, 지방행정 사무 뿐만 아니라 입법작용·사법작용 더 나아가서는 정치작용까지를 포함하는 지방자치단체의 작용과 동의어로 사용하는 견해도 있고, 또 어떤 공법학자는 지방자치단체가 처리하는 행정사무만을 의미하는 개념이라고 보는 학자도 있다.

1) 鄭世煜, 「地方行政學」(서울: 法文社, 1998), p. 590.

지방사무는 지방행정사무를 의미하는 것으로 지방자치단체가 수행할 것이 요청되는 일정한 공공업무를 말한다. 여기에서 수행될 공공업무의 내용은 주민의 복리증진에 관련된 사항들이다.[2]

그러나 여기서 지방자치단체의 행정기능은 지방자치단체의 행정사무와 동의어로 사용되며, 이는 현실적으로 자치단체가 처리하는 행정사무뿐만 아니라 당위적으로 처리해야 하는 행정사무까지 포함된다.

Ⅱ. 지방행정기능의 종류

지방행정은 지역에서 이루어지는 행정 가운데 지방에 있는 국가기관이 담당하고 있는 지방특별관서 행정을 제외한 여타의 모든 행정을 총칭한다.

이러한 지방행정의 기능 및 사무는 여러 측면에서 분류해 볼 수 있겠으나 여기서는 크게 지방정부의 세출구조와 사무성격의 입장에서 구분해 보기로 한다.

1. 세출구조적 분류

세출구조면에서 본 지방의 행정기능은 크게 유지·보전기능과 발전·복지기능의 둘로 나눌 수 있다. 여기서 유지·보전기능은 ① 일반행정기능, ② 문화 및 체육기능, ③ 민방위기능, ④ 지원기능을 포함하고 있으며, 이들 기능은 지방자치단체의 유지관리를 위한 것이며, 여기에 지출되는 재원은 주로 경상적 경비의 성질을 갖는다.

한편, 발전·복지기능은 ① 지역개발기능, ② 산업경제기능, ③ 사회복지기능을 포함하고 있으며, 이들 기능은 지역의 개발과 성장 및 복지를 위한 것이며, 여기에 지출되는 재원은 주로 투자적 경비의 성격을 갖고 있다.

이러한 지방행정기능은 시·도와 시·군·자치구에 있어 모두 유사한

2) 崔昌浩, 「地方自治의 理解」(서울: 三英社, 1998), p. 135.

구조로 되어 있다.

이러한 지방행정기능 가운데 보다 직접적인 도시 및 지역개발의 성격을 띤 기능을 정리하여 이를 경제개발, 공간개발, 사회개발의 세 범주로 구분하여 나타내 보면 [그림 Ⅲ.2.1]과 같다.3)

[그림 Ⅲ.2.1] 개발적 성격의 지방행정기능

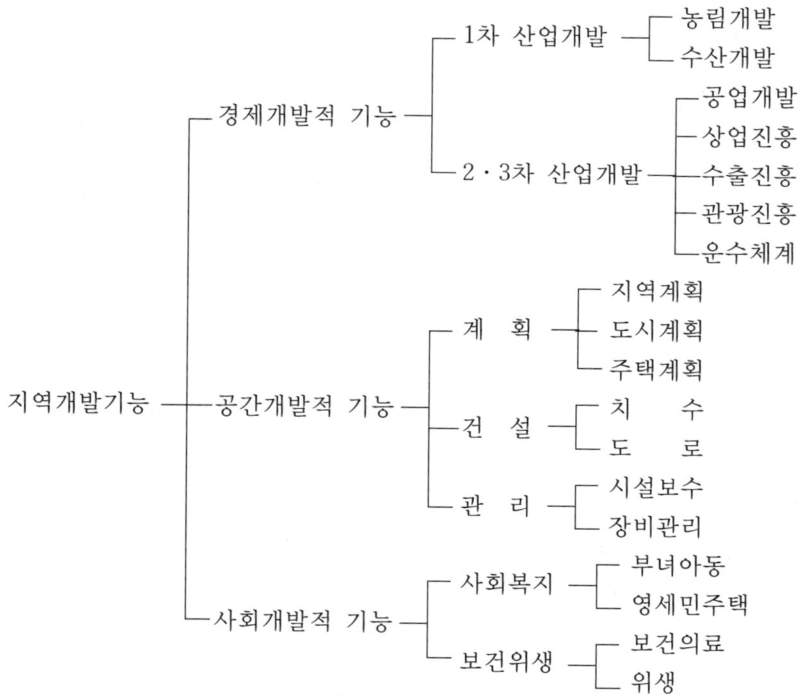

2. 사무 성격별 분류

법인으로서의 지방자치단체는 그 지방의 공공사무와 법령에 의하여 그 단체에 소속된 사무를 처리하도록 되어 있다. 그 지방의 공공사무가 지방자치단체의 고유사무인데 비하여, 법령에 의하여 그 단체에 소속된

3) 李圭煥, 「都市行政論」(서울: 녹원출판사, 1995), pp. 359~360.

사무는 지방자치단체의 단체위임사무이다. 또한 시 · 도 및 시 · 군 · 자치구에서 시행하는 국가행정사무는 법령에 다른 규정이 없는 한 서울특별시장, 광역시장, 도지사, 시장 · 군수, 자치구청장에게 위임하여 처리하도록 되어있다. 이와 같이 자치단체의 장에게 위임하여 처리하는 사무를 기관위임사무라 한다.

(1) 고유사무(자치사무)

고유사무란 지방자치단체의 존립목적에 속하는 본래적인 사무, 즉, 주민의 복리증진을 위한 사무를 의미한다. 지방자치단체가 고유사무를 수행하는데 소요되는 경비는 원칙적으로 그 전액을 지방자치단체의 자주재원과 지방교부세로 충당하여야 한다. 자치사무는 지방자치단체가 자기의 의사와 책임하에 자주적으로 처리하는 사무이므로, 이에 대한 국가의 감독은 원칙적으로 합법성여부를 가리는 사후적 성격을 가진 소극적 감독에 한하고 있다.[4)]

지방자치법 제9조 제2항에 예시된 자치사무는 다음과 같다. 여기의 자치사무는 엄격히 말하자면 '자치단체의 사무'라고 되어 있기 때문에 위임사무도 포함된다.

① 지방자치단체의 구역, 조직 및 행정관리에 관한 사무
② 주민의 복지증진에 관한 사무
③ 농림 · 상공업 등 산업진흥에 관한 사무
④ 지역개발 및 주민의 생활환경시설의 설치 · 관리에 관한 사무
⑤ 교육 · 체육 · 문화 · 예술의 진흥에 관한 사무
⑥ 지역민방위 및 소방에 관한 사무

(2) 단체위임사무

단체위임사무는 직접적으로 당해 자치단체의 이해와 관계가 있고, 전국적으로도 이해관계가 있는 사무로서, 개별적인 법적 근거에 의해 자치단체에 위임된 것이며, 이에 대한 보조금은 전부 또는 일부 법령의 규정

---

4) 鄭世煜, 전게서, p. 592.

에 의한 부담금의 성격을 가지고, 중앙정부로부터 소극적 감독내지 적극적 감독을 받는 사무이다.

단체위임사무는 다양한 법률에 의하여 여러 가지의 사무가 시행되고 있는데 몇 가지 예를보면 다음과 같다. 조세 등 공과금의 징수(지방세법, 조세징수법), 하천의 보수·유지 및 점용료·사용료의 징수(하천법), 국도의 유지·수선 및 점용료의 징수(도로법), 생활보호사무(생활보호법) 등이 그러한 것들이다.[5]

(3) 기관위임사무

기관위임사무는 지방적 이해관계가 없는 국가사무 중 법령이나 일반통첩에 의하여 국가 또는 상급지방자치단체로부터 자치단체의 장에게 처리가 위임된 사무로서, 보조금은 교부금의 성격을 가지고, 국가 또는 상급지방자치단체로부터 적극적인 감독을 받는 사무이다.[6]

우리나라의 기관위임사무로는 호적사무, 주민등록사무, 병무, 대통령·국회의원의 선거에 관한 사무, 국민투표에 관한 사무, 경찰, 소방, 지적사무, 국세조사, 산업통계에 관한 사무, 기부금품 통제사무, 경제계획 및 통계사무, 농업개발, 상공진흥, 공유수면매립사무 등을 들 수 있다.[7]

우리나라는 오랫동안 중앙집권주의를 견지하여 온 까닭에 지방행정의 상당부분을 자치사무보다 위임사무로 처리하고, 위임사무 중에서도 중앙정부의 감독과 통제가 용이한 기관위임사무가 많은 비중을 차지하고 있다. 기관위임사무는 자주적이고 창의적인 처리보다는 기계적이고 획일적 처리가 이루어지기 쉬우며, 이런 사무를 처리하다 보면 자치단체의 장은 중앙정부의 일선기관으로 전락하고 만다. 그리고 국가의 사무를 지방자치단체가 처리하는 것이기 때문에 그것이 잘못되었을 때 책임소재도 불분명해질 우려가 없지 않다. 지방자치의 발전을 위해서는 가능한한 기관위임사무의 범위를 줄여가는 것이 바람직하다고 할 것이다.[8]

---

5) 김영종, 「地方自治論」(서울: 受珍社, 1997), p. 209.
6) 李圭煥, 전게서, p. 361.
7) 김영종, 전게서, p. 210.
8) 상게서, pp. 212~213.

Ⅲ. 지방행정기능의 내용

국가나 지방자치단체가 수행하는 행정기능은 양적인 확대와 질적인 복잡화·고도화의 경향을 보이고 있는 오늘날 행정은 국민의 보호자(protector)·통제자(controller)·중재자(arbitrator)·사회 안정자(stabilizer)일 뿐만 아니라 국민에 대한 재화와 서비스의 분배자(dispenser)·안내자이며 사회변동의 담당자로서 역할을 하고 있다.[9] 이러한 일반 행정기능에 부응하여 지방행정기능 역시 주민복지증진기능, 산업진흥기능, 지역발전기능, 교육·문화기능, 지역민방위 및 소방에 관한 기능 등을 강조하게 되며 지방정부의 세출예산에서도 이를 반영하고 있다.

1. 주민복지증진기능

현대국가의 이념은 모든 국민의 인간다운 생활을 보장하는데 있으며 지방자치단체도 주민의 생활을 보호하고 복지를 증진시키는 것을 그 존립목적으로 하고 있다. 따라서 지방정부의 중요한 행정기능의 하나는 주민의 기본적인 생계를 보장하고 생활의 질적향상을 도모함으로써 주민이 인간다운 생활을 누릴 수 있도록 하는데 있다. 즉, "요람에서 무덤까지(from cradle to tomb)"라는 복지국가의 이념하에 지방자치단체는 주민의 기본적 생활을 보호하고, 생활의 질(quality of life)을 향상시키는데 중요한 역할을 하고 있다.

사회복지적 기능은 주민 가운데 생활유지·안정이 곤란한 자에게 최저생활을 보장하는 생활보호(public assistance)기능, 노약자 및 장애자 보호, 연금·의료보험·재해보험·실업보험 등의 사회보장(social insurance)기능, 주민을 질병으로부터 보호하고 건강을 증진시키는 의료·보건과 후

9) 李圭煥, 전게서 p. 361; 디목(Dintuk)은 행정의 기능을 ① 보호기능(protection), ② 원호기능(assistance), ③ 규제기능(regulation), ④ 봉사기능(service)으로 구분하고 있다. Marshall E. Dimock and Gladys O. Dimock, *Public Administration*(New York: Holt, Reinehart and Winston, 1958), p. 27.

생에 관한 기능 그리고 능동적으로 주민생활의 질을 향상시키는 적극적 사회복지기능 등으로 구분되고 있다.

현재 이러한 주민복지 증진과 관련된 행정사무는 서울특별시와 광역시에서는 보건사회국의 사회과, 보건위생과, 의약과와 가정복지국의 가정복지과, 여성복지과, 청소년과에서 담당하고 있다. 일반시 가운데서는 인구규모가 큰 도시(인구 50만이상의 수원시)에서는 보사환경국이 그리고 인구규모가 적은 도시(국없는 속초시)에서는 사회과에서 통합적으로 담당하고 있다.

선진제국에서는 2차세계대전이후 복지국가의 등장과 더불어 사회보장기능이 확대됨에 따라 국가와 지방자치단체가 이를 분담하여 처리하고 있다. 국가와 지방자치간의 사회복지기능의 역할 및 책임 분담은 일률적인 것은 아니다. 그러나 대체적으로 전국적인 형평성과 일률성 등을 요하는 사업인 생활보호, 실업보험, 의료보험, 연금 등은 주로 국가가 담당하고 있으며, 지방자치단체로서는 그 지역주민에게 이해관계가 있는 사업인 아동복지시설, 노인복지시설, 직업훈련시설을 운영하고 있다.

그러나 국가가 직접 관장하는 사업 가운데도 국가는 사회복지정책의 수립 · 지도 · 감독 · 경비부담 등을 담당하고, 그 실시의 책임은 자치단체에 위임하는 것이 보통이다.[10]

현행 지방자치법에서 규정하고 있는 주민복지증진에 관한 사무를 열거하여 보면 다음과 같다.[11]

① 주민복지에 관한 사업
② 사회복지시설의 설치 · 운영 및 관리
③ 생활곤궁자의 보호 및 지원
④ 노인 · 아동 · 신체장애자 · 청소년 및 부녀의 보호와 복지증진
⑤ 보건진료기관의 설치 및 운영
⑥ 전염병 및 기타 질병의 예방과 방역
⑦ 묘지 · 화장장 및 납골당의 운영과 관리
⑧ 공중접객업소의 위생개선을 위한 지도

---

10) 李圭煥, 전게서, pp. 132~133.
11) 地方自治法 제9조 제2항 제2호 참조.

⑨ 청소·오물의 수거 및 처리
⑩ 지방공기업의 설치 및 운영

2. 산업진흥기능

산업·경제적 기능은 지방자치단체로서의 지방정부가 개인이나 일반 공기업과 동일한 자격에서 스스로 경제활동을 영위하거나 또는 행정권력의 주체로서 주민의 경제활동을 지도·조장·규제하는 기능으로서 농업행정, 임업행정, 축산행정, 수산행정, 공업행정, 상업행정, 지역경제행정 등이 이에 속한다.

원래 산업진흥기능은 국가의 고유한 권한이고 지방자치단체의 행정기능에 속하지 않았다. 그러나 산업·경제적 기능은 지방자치제 실시와 도시화 및 산업화의 정도에 따라 중앙정부와 지방정부간의 행정권한이 조정되는 것이 일반적 경향이다.[12] 영·미계 국가에서는 산업경제에 관한 사무의 거의 대부분이 국가사무로서 지방정부가 아닌 중앙정부의 일선기관에 의하여 주로 처리되고 있다. 대륙법계인 프랑스 등에서는 산업경제 사무의 대부분이 국가사무로 되어 있으나 이들 사무를 지방자치단체에 위임하여 처리하고 있는 것이 보통이다.

우리나라는 대륙법계 국가와 마찬가지로 산업경제사무의 대부분을 국가에서 기관위임형태로 자치단체의 장에게 위임하여 처리하고 있다. 따라서 지방자치단체 사무 중 국가위임사무가 자치사무보다 더 많을 정도이다. 이런 현상이 시·군 및 자치구 그리고 도를 자치단체로서보다는 국가기관으로 잘못 인식케 하는 원인의 하나가 되고 있다.[13]

산업경제기능의 담당은 서울특별시에서는 지역경제국(경제진흥과, 소비자보호과, 중소기업과, 연료과, 농수산유통과), 광역시(부산)에서는 지역경제국(경제정책과, 기업지원과, 통상진흥과, 공업행정과, 농업행정과, 수산행정과, 수산진흥과)에서 담당하고 있다. 일반시 가운데서는 인구규모가 큰 도시인 수원시에서는 재정경제국(지역경제과, 산업과)이 그리고 인구규모가 작은

12) 李圭煥, 전게서, p. 363.
13) 손재식,「현대지방행정론」(서울: 박영사, 1985), p. 191.

도시에서는 지역경제과와 산업과에서 담당하고 있다.

오늘날 우리나라는 과학·기술이 발달하고 산업화·도시화가 급속도로 진전됨에 따라 산업·경제구조도 제1차 산업(농수산업)에서 2차 산업(광공업·제조업) 및 3차 산업(서비스업)으로 그 비중이 옮겨졌지만, 전통적으로 농업을 산업의 근간으로 해온 우리나라에 있어서는 아직도 농촌지역 자치단체의 산업·경제적 행정기능 중에서 농업행정이 점하는 비중은 대단히 높다 이러한 자치단체의 농업행정은 첫째로, 농업에 종사하고 있는 주민들의 생활을 안정시키고, 둘째로 국민의 생존문제와 직결된 식량을 공급하며, 셋째로 국민경제의 균형있는 발전을 도모한다는 데에 그 의의가 있다.[14]

이러한 1차산업을 도시행정에서 담당하는 것은 시가화구역보다 도시행정구역이 더 넓은 소위 오버 바운디드 시티(over-bounded city)현상으로 도시지역에서 농업에 종사하는 인구가 거주하고 있기 때문이다.

산업경제적 기능은 주민의 산업경제활동을 지도·조장 또는 규제를 통하여 농업생산성의 향상, 농외소득의 증가, 임업자원의 관리, 수산자원의 관리, 상공업무의 관리 등을 도모함으로써 지역경제의 활성화를 기하고자 하고 있다. 따라서 현행 지방자치법에서 농림·상공업 등 산업진흥을 위한 사무를 규정하고 있는 내용을 열거하여 보면 다음과 같다.[15]

① 소유지·보 등 농업용수시설의 설치 및 관리
② 농림·축·수산물의 생산 및 유통지원
③ 농업자재의 관리
④ 복합영농의 운영 및 지도
⑤ 농외소득사업의 육성 및 지도
⑥ 농가부업의 장려
⑦ 공유림 관리
③ 소규모 축산개발 및 낙농진흥사업
⑨ 가축전염병예방
⑩ 지역산업의 육성 및 지원

14) 鄭世煜, 전게서, p. 625.
15) 地方自治法 제9조 제2항 제3호 참조.

⑪ 소비자보호 및 저축의 장려
⑫ 중소기업의 육성
⑬ 지역특화산업의 개발과 육성 및 지원
⑭ 우수토산품 개발과 관광민예품 개발

3. 지역개발기능

공익사업적 기능인 지역개발사무는 지역개발, 도시계획 등의 개발계획에 따라 지역사회의 생활기반시설인 도로, 하천, 상·하수도, 공원, 교통시설 등 주민들의 생활편익시설을 개선하는 기능을 말한다. 이러한 지역개발기능은 자치단체 주민의 일상생활의 질을 향상시키고, 생활환경을 쾌적하게 하며, 주민들이 문화생활을 누릴 수 있도록 주민에게 적절한 편익과 서비스를 제공하려는데 그 목적이 있다.[16)]

지역개발의 개념은 복합적이고 다의적이다. 좁게는 지역경제개발과 물리적 측면의 개발에서부터 넓게는 사회·문화적 측면의 개발까지 모두 지역개발에 포함된다. 오늘날 지역개발이라고 할 때는 대게 넓은 의미에서 쓰여지고 있다. 어느 의미로 사용되든 지역개발은 일정한 제도적 근거에 의하여 장기 또는 단기에 걸쳐 매우 체계적으로 추진된다. 그리고 지방자치단체는 물론 중앙정부가 직접 또는 간접으로 관여한다. 예컨대, 우리나라의 물리적 계획의 경우만 하더라도 도시계획은 도시계획법, 전국 또는 특정지역의 종합개발계획과 군건설 종합계획은 국토건설 종합계획법에 의거하여 계획이 결정되며, 이 과정에는 지방자치단체의 계획안 작성, 주민의 의견수렴 및 건설교통부와 같은 중앙정부 승인 등 복잡한 절차를 따르게 된다.[17)]

지역개발기능은 비영리적인 사업, 독점적 성격을 가진 사업 또는 특히 공공성이 높아 민영으로 할 때에는 일반주민의 사익을 보호하기 곤란한 사업으로서, 이러한 사업은 지방자치단체가 직접 관리 경영할 필요가 있다. 예컨대, 상·하수도, 전기, 가스 등의 공급처리시설사무, 철도, 궤도,

---

16) 李圭煥, 전게서, p. 365.
17) 김영종, 전게서, pp. 202~203.

대중버스, 항만 등의 운수사업 등과 같이 기업성이 강한 공영사업, 이외에 시장, 도축장, 화장장, 묘지 등 대중적 비영리사업, 미술관, 박물관, 도서관, 공원, 경기장 등의 대중의 문화후생 및 취락사업 등 여러 가지를 생각할 수 있다.

도시화의 급격한 진전과 더불어 지방자치단체의 행정기능 및 조직에서 도시의 기반시설, 상·하수도, 도로, 주택, 녹지, 도시계획 등의 분야에 대한 행정서비스를 제공하기 위하여 도시관리기능을 적극적으로 요구하고 있다. 따라서 서울특별시의 경우 지역개발기능을 담당하고 있는 지방행정조직으로는 도시계획국(도시계획과, 시설계획과, 지적과), 도로국(건설행정과, 도로계획과, 도로관리과), 환경관리실(환경계획과, 공원과, 녹지과, 환경보전과, 폐기물관리과, 재활용과, 폐기물시설과, 조경계획과), 교통관리실(교통기획과, 대중교통 1-2과, 교통운영과, 주차계획과), 하수도국(하수행정과, 하수처리과, 치수과), 주택국(주택기획과, 주택재개발과, 건축지도과, 도시개발과) 등이 있다.

부산광역시의 경우 도시계획국(도시계획과, 시설계획과, 항만개발과, 공원과), 교통국(교통기획과, 대중교통과, 교통관리과), 주택국(주택행정과, 건축재개발과, 지적과), 건설하수국(건설행정과, 도로계획과, 하수행정과, 하수시설과) 등이 도시의 기반시설 및 도시관리기능을 담당하고 있다. 일반시 가운데서는 인구규모가 큰 도시(인구 50만 이상의 수원시)에서는 도시계획국(도시계획과, 주택과, 녹지과, 도시개발과)과 건설교통국(건설과, 도로과, 교통행정과)에서 담당하고 있으며, 인구규모가 작은 도시(국없는 속초시)에서는 녹지과, 건설과, 도시과, 수도과에서 도시관리기능을 담당하고 있다.

이처럼 도시정부의 행정조직의 구조를 통하여 보면 도시기반시설 및 관리의 업무가 중요한 위치를 차지하고 있음을 알 수 있다.

현행지방자치법에서 규정하고 있는 공익사업적 성격인 지역개발기능의 내용을 열거하면 다음과 같다.[18)]

① 지역개발사업

② 지방토목·건설사업의 시행

18) 地方自治法 제9조 제2항 제4호 참조.

③ 도시계획사업의 시행
④ 지방도·시군도의 신설·개수 및 유지
⑤ 주거생활환경개선의 장려 및 지원
⑥ 농촌주택개량 및 취락구조 개선
⑦ 자연보호활동
⑧ 지방하천·준용하천 및 소하천의 관리
⑨ 상수도·하수도의 설치 및 관리
⑩ 간이급수시설의 설치 및 관리
⑪ 도립, 군립 및 시립공원·녹지 등 관광·휴양시설의 설치 및 관리
⑫ 지방궤도사업의 경영
⑬ 주차장·교통표지 등 교통편의시설의 설치 및 관리
⑭ 재해대책의 수립 및 집행
⑮ 지역경제의 육성 및 지원

4. 교육·문화기능

교육·문화적 기능이라함은 교육·문화 예술 등 주민의 정신적 교양을 높이고, 문화의 발전과 향상을 도모하기 위한 사무와 체육에 관한 사무를 말한다.

교육행정기능은 지방자치단체의 가장 중요한 자치기능의 하나로서 특히 선진제국에서는 이를 자치단체의 책임하에 자주적으로 수행하고 있다. 이와같이 자치단체의 책임하에 자주적으로 교육을 실시하고 있는 이유는 중앙집권적인 교육정책이 자칫하면 민주적 교육을 저해할 우려가 있으므로, 공교육의 중립성의 원칙을 실현시키려는데 있다. 오늘날 이것은 교육의 가장 기본적인 원칙으로 간주되고 있다. 프랑스에서는 초등교육과 중등교육이 지방자치단체의 기능으로 되어 있다. 한편 미국에서는 특별지방자치단체가 초등교육을 담당하고 있으며, 특별구인 학교구는 여러 도시를 포괄하여 그 교육정책을 자주적으로 결정한다.[19]

---

19) 鄭世煜, 전게서, pp. 607~608.

교육은 자치단체의 기능 중 가장 중요한 기능 중의 하나라고 할 수 있는데, 우리나라에서는 초등학교의 의무교육을 중심으로 하여 중학교, 고등학교 등의 학교교육중심이 되어 있다. 현행 지방자치법은 이러한 학교교육 뿐만 아니라 유아원, 유치원, 도서관, 운동장, 체육관 등의 설치관리와 청소년교육, 주부교육, 노인교육 등 사회교육까지를 광범위하게 규정하고 있다.

체육은 정규 학교교육의 일환으로 실시되는 학교교육은 물론이거니와 지역주민의 체력단련과 향상을 위하여 실시되는 각종 사회체육까지 포함하고 있다.

문화적 사무는 지방문화재의 지정·관리, 미술관·음악당·공연장 등 공공문화시설의 설치 및 관리, 각종 문화·예술 행사의 개최 등 지방문화의 육성 발전과 주민의 문화적 교양향상을 위한 사무를 말한다.

교육·문화적기능을 담당하고 있는 기관은 교육·학예에 관한 경우 특별시·광역시 및 도에 자치단체의 장으로부터 독립한 교육위원회를 둔다. 시·도 교육위원회는 지방의회에 제출할 교육·학예에 관한 조례안, 예산안 및 결산을 심의하고, 기금의 설치운영, 사용료, 수수료, 분담금 및 가입금의 부과징수 등 지방자치법에 규정된 사항은 심의·의결한다. 시·도에 교육·학예에 관한 사무의 집행기관으로서 교육감을 둔다.

교육·학예·예술 등을 통해 널리 주민의 정신적 교육을 높이고, 문화의 발전과 체육진흥을 도모하기 위하여 현행 지방자치법에서 규정하고 있는 교육·체육·문화·예술의 진흥에 관한 사무를 다음과 같이 열거하고 있다.[20]

① 유아원, 유치원, 초등학교, 중학교, 고등학교 및 이에 준하는 각종학교의 설치·운영·지도

② 도서관, 운동장, 광장, 체육관, 박물관, 공연장, 미술관, 음악당 등 공공교육·체육·문화시설의 설치 및 관리

③ 지방문화재의 지정·보존 및 관리

④ 지방문화·예술의 진흥

---

20) 地方自治法 제9조 제2항 제5호 참조.

⑤ 지방문화 · 예술단체의 육성

5. 보안적 기능

보안적 기능은 개인 및 사회생활의 안녕과 질서를 외부로부터 보호하는 기능, 즉, 주민의 생명 · 신체 · 재산의 안전 및 사회생활의 질서를 확보하기 위한 사무를 말한다. 예컨대, 치안, 경비, 교통안전, 위험물 단속, 공장이나 항해의 안전 등 인적 또는 사회적 재해로부터의 방어기능, 수재나 화재의 소방을 비롯하여 재산 · 자원 등에 대한 자연적 재앙으로부터의 방재기능을 들 수 있다. 이를 요약하면 보안기능은 경찰, 민방위, 소방 등에 관한 사무를 말한다. 이 중에서 기본이 되는 것은 경찰행정인데 이는 생활의 안전을 지키기 위한 서비스 행정이면서도 그 반면에 힘의 행사를 내용으로 하는 권력적 행정이기도 하다.

영 · 미계 국가에 있어서 경찰기능은 모두가 자치사무로 되어 있는 것이 원칙적인데, 프랑스 등 대륙법계 국가에서는 경찰기능을 국가의 사무로 하고 있으면서도 이를 자치단체의 장의 통제하에 두고 있다. 일본에 있어서도 2차대전 이후에 민주적 지방자치제가 실시되면서 경찰 · 소방등의 기능이 시 · 정 · 촌으로 이양되었다가 그 후의 개정에 의하여 광역자치단체인 도 · 도 · 부 · 현의 기능으로 되었다.

우리나라는 지방행정에 관한 법제에 있어서 경찰처럼 권력의 행사를 수반하는 사무는 국가사무로 하는 것으로 생각하고, 자치단체는 그 내용에 있어서 주민의 복리를 증진하는 비권력적 사무만을 처리하는 것으로 생각하였다. 따라서 시 · 도지사가 경찰권을 행사하는 것은 국가기관의 지위에서 국가의 기관위임사무로서 집행하는 것으로 보아야 할 것이며, 시 · 군 · 자치구에서도 조례로서 보안적 기능에 관한 사항을 제정할 수 없다고 보아야 할 것이다.

이처럼 우리나라는 경찰사무를 국가사무로 하고 있어서 보안적 기능은 지역민방위와 소방사무 등으로 제한되어 있다. 따라서 자치단체가 보안기능을 담당하는 지방정부의 관리조직은 서울특별시의 경우 민방위관리 재난국(민방위과, 재난관리과, 비상계획과)과 소방본부(소방행정과, 방호과, 예방과, 구조구급과) 등에서 담당하고 있다. 광역시(부산)에서도 민방위재난관리국과 소방본부가 있어 서울특별시와 유사한 직제로 되어 있다. 일반시에서는 인구규모가 큰 도시(수원시)에서는 총무국내 민방위재난관리과에서, 인구규모가 적은 도시(속초시)에서는 민방위재난관리과에서 담당하고 있다.

현행 지방자치법에서 규정을 하고 있는 지방 민방위 및 소방에 관한 사무를 보면 다음과 같다.[21]

① 지역 및 직장민방위 조직의 편성과 운영 및 지도 · 감독

② 화재예방 및 소방

6. 일반행정 관리기능

일반행정관리기능은 자치단체의 존립유지를 직접적 목적으로 하는 조직 · 인사에 관한 기능, 행정기능을 수행하는데 소요되는 재원조달을 목적으로 하는 재정에 관한 기능, 행정기능의 수행을 계획 · 지도 · 촉진 · 조달하는 관리에 관한 기능, 주민들의 일반민원행정 등을 담당하는 기능 등을 그 내용으로 한다.

오늘날 행정기능의 전문화, 복잡화, 기술화, 다원화 경향이 날로 더하여 감에 따라 이러한 다양하고 복잡한 행정기능을 정한 방향으로 계획화하고 막대한 행정직원을 지도육성하는 일반행정관리기능의 중요성은 더욱 높아가고 있다.

일반적으로 일반행정관리기능을 담당하고 있는 지방정부의 행정업무는 서울특별시의 경우 기획관리실(기획감사실, 심사분석담당관, 예산총괄담당관, 예산 1-2담당관, 시정개발담당관, 법무담당관, 전산정보담당관), 내무국(총무과, 인사과, 자치행정과, 시민과, 사회진흥과), 재무국(회계과, 세무행정과, 세무운영과, 재산관리과), 감사실(감사담당관, 조사담당관, 민원조사담당관), 공보관 등에서 담당하고 있다.

광역시(부산)의 경우 기획관리실(법무담당관, 정보통신담당관, 예산담당

---

21) 地方自治法 제9조 제2항 제6호 참조.

관, 경영행정담당관, 기술심사담당관, 세무행정담당관, 회계재산담당관), 내무국(총무과, 자치행정과, 시민협력과, 인력개발과, 청사관리기획단), 감사실 등에서 담당하고 있다.

일반시의 경우 인구규모가 큰 도시(수원시)에서는 기획감사실(기획담당관, 공보담당관, 감사담당관, 전산담당관), 총무국(총무과, 시정과, 사회진흥과, 시민과, 문화예술과, 민방위재난관리과)에서 담당하고, 인구규모가 작은 도시(속초시)에서는 기획감사실, 문화공보실, 총무과, 세무과, 회계과에서 일반행정관리적 기능을 담당하고 있다.

이처럼 자치단체가 자치행정을 수행하는데 기본적으로 필요한 조직 및 행정관리 등에 관한 사무를 규정하고 있는 현행 지방자치법의 내용을 열거하여 보면 다음과 같다.[22]

① 관할구역내 행정구역의 명칭·위치 및 구조의 조정
② 조례 규칙의 제정·개폐 및 그 운영·관리
③ 산하 행정기관의 조직관리
④ 산하 행정기관 및 단체의 지도·감독
⑤ 소속 공무원의 인사·후생복지 및 교육
⑥ 지방세와 지방세외수입의 부과 및 징수
⑦ 예산의 편성·집행 및 회계감사와 재산관리
⑧ 행정장비관리, 행정전산화 및 행정관리개선
⑨ 공유재산관리
⑩ 호적 및 주민등록 관리
⑪ 지방자치단체가 필요로 하는 조사 및 통계의 작성

---

22) 地方自治法 제9조 제2항 제1호 참조.

제 2 절 지방행정의 기능배분 현황

Ⅰ. 세출구조별 기능배분

지방정부의 기능과 사무는 여러 측면에서 분류해 볼 수 있겠으나 여기서는 기능별 세출구조의 입장에서 살펴보기로 한다. 우선 기능을 일반행정기능, 사회개발기능, 경제개발기능, 민방위기능, 지원기능의 5가지로 구분하여 보면 〈표 Ⅲ.2.1〉과 같다.

먼저, 전국적으로 보면, 자치단체의 유지·관리와 관계 있는 일반행정기능이 약 10.4%로서 비교적 높은 비중을 차지하고 있다. 특히 광역자치단체인 시·도는 14.6%로 상대적으로 높은데 비해, 기초자치단체인 시·군 및 자치구의 경우 7.5%~8.3%로서 경상적 경비 부문에 비중이 상대적으로 낮음을 알 수 있다.

주민복지증진과 관련되 사회개발기능이 42.8%이다. 자치단체별로 보면 시·도는 54.3%인데 비해 기초자치단체인 시·군 및 자치구의 경우 36.1~45.2%로서 광역자치단체와 큰 차이가 없음을 알 수 있다.

산업경제진흥 및 지역개발과 관련된 경제개발기능이 27.4%이다. 이를 자치단체별로 보면 시·도는 28.2% 그리고 기초자치단체인 시·군 및 자치구는 자치단체 특성에 맞게 끔 차이가 많음을 알 수 있다.

특별시와 광역시·도의 지원기능의 비중이 높은 것을 볼 수 있는데, 이는 특별회계에 대한 전출금과 자치구에 대한 조정교부금의 지원비가 높은 데서 기인한다. 또한 시·군·자치구의 일반행정비의 비중이 높은 것은 시 공무원의 인건비, 사무비 및 일반경상비 등 경상적 성격의 경비가 아직도 높은데서 기인하는 것이다.

〈표 Ⅲ.2.1〉 지방행정의 세출기능별 구성비('12 총계예산규모 세출예산기준)

(단위: %)

	전국	시 · 도	시	군	자치구
합계	100	100	100	100	100
일반행정기능	10.4	14.6	7.8	8.3	7.5
일반공공행정	8.6	12.4	6.4	5.7	7.0
공공질서 및 안전	1.8	2.2	1.4	2.6	0.5
사회개발기능	42.8	41.0	45.2	36.1	42.0
교육	6.4	14.2	1.7	1.0	2.2
문화 및 관광	4.8	4.4	5.7	6.4	2.2
환경보호	10.1	7.1	15.3	11.3	3.5
사회복지	20.2	14.5	21.1	15.6	32.0
보건	1.3	0.8	1.4	1.8	2.1
경제개발기능	27.4	28.2	29.2	38.5	8.3
농림해양수산	6.5	3.0	7.1	20.3	0.1
산업 · 중소기업	2.1	2.6	2.0	1.9	0.4
수송 및 교통	10.1	15.2	9.3	4.7	5.7
국토 및 지역개발	8.4	6.5	10.8	11.6	2.1
과학기술	0.3	0.9	0.0	0.0	0.0
민방위기능	1.6	2.9	0.2	0.2	0.3
민방위관리	0.1	0.1	0.2	0.1	0.3
소방관리	1.5	2.8	0.0	0.1	0.0
지원 및 기타 기능	17.8	13.3	17.6	16.9	41.9
예비비	2.0	1.4	3.2	1.9	1.0
기타	15.8	11.9	14.4	15.0	40.9

자료: 행정안전부, 「지방자치 예산규모」(2012).

Ⅱ. 사무성격별 기능배분

지방자치단체는 그 지방의 공공사무와 법령에 의하여 그 자치단체에 소속된 사무를 처리하도록 되어 있다. 그 지방의 공공사무가 자치단체의 고유사무인데 대하여 법령에 의하여 그 단체에 소속된 사무는 단체위임사무이다. 또한 자치단체에서 시행하는 국가행정사무 또는 상급자치단체 사무는 법령에 다른 규정이 없는 한 자치단체의 수장에게 위임하여 처리하도록 하는 사무를 기관위임사무라 한다.

이들 세 가지 사무를 기준으로 각급 지방자치단체가 담당하고 있는 사무를 한국지방행정연구원이 조사한[23] 지방행정기능 분석에 관한 연구(Ⅱ) 보고서에 의하여 구분하여 보면 〈표 Ⅲ.2.2〉와 같다. 단 광역시는 부산의 경우이며, 시는 김해시의 경우이고, 자치구는 부산 북구의 경우이다.

먼저 부산광역시의 경우 지난 1992년 조사시 직할시 일 때 기능배분의 내용을 보면, 고유사무의 비중이 47.4%인데 비해 단체위임사무와 기관위임사무가 각각 12.6%와 40.0%로서 위임사무의 비중이 52.6%가 되고 있다.

시의 경우 고유사무 41.1%, 단체위임사무 6.2% 그리고 기관위임사무가 52.7%를 나타내고 있다.

자치구의 경우 고유사무 37.4%, 단체위임사무 6.9%, 그리고 기관위임사무가 55.6%를 보여주고 있다.

이처럼 고유사무의 비중을 자치단체별로 보면 광역시와 일반시 그리고 자치구의 경우 각각 47.4%, 41.1% 그리고 37.4%로서 매우 낮음을 알 수 있다. 자치단체가 그 자체의 존립유지와 공공복지에 관한 자치사무의 비중이 50% 수준이 되지 않는다는 것은 그 만큼 지방자치제 실시에 한계가 있음을 알 수 있다.

직접적으로 당해 자치단체의 이해와 관계가 있고, 전국적으로도 이해관계가 있는 단체위임사무의 경우, 자치단체별로 보면 광역시와 일반시 그리고 자치구는 각각 12.6%, 6.2%와 6.9%로 나타나고 있다.

지방적 이해관계가 없는 국가사무 중 법령이나 일반통첩에 의하여 자치단체의 장에게 처리가 위임된 기관위임사무의 경우, 자치단체별로 보면 광역시와 일반시 그리고 자치구는 각각 40.0%, 52.7% 그리고 55.6%나 되고 있다. 이는 그만큼 지방자치에 한계가 있음을 간접적으로 나타내는 기능배분임을 알 수 있다.

---

23) 한국지방행정연구원은 이미 1985년에 수행한 바 있는 지방행정기능 분석에 이어서 1992년에 부산과 경남지역을 대상으로 지방행정기능을 재조사하였다.

〈표 Ⅲ.2.2〉 지방행정의 사무성격별 구성비

(단위: 사무수, %)

구분			고유사무		단체위임사무		기관위임사무	
			건수	%	건수	%	건수	%
광역시	계	2520	1195	47.4	318	12.6	1007	40.0
	일반행정	573	435	75.9	23	4.0	115	20.1
	사회복지	451	151	34.8	176	39.0	118	26.2
	산업경제	660	33	5.0	74	11.2	553	83.8
	지역개발	489	369	75.5	24	4.9	96	19.6
	문화및체육	219	152	69.4	20	9.1	47	21.5
	민방위	128	49	38.3	1	0.8	78	60.9
시	계	1550	654	41.1	98	6.2	838	52.7
	일반행정	524	298	56.9	14	2.7	212	40.5
	사회복지	306	94	30.7	29	9.5	183	59.8
	산업경제	260	32	12.3	12	4.6	216	83.1
	지역개발	303	194	64.0	9	3.0	100	33.0
	문화및체육	99	36	36.4	34	34.3	29	29.3
	민방위	98	-	-	-	-	98	100.1
자치구	계	1264	548	37.4	102	6.9	814	55.6
	일반행정	527	364	69.1	12	2.3	151	28.7
	사회복지	294	61	20.7	68	23.1	165	56.1
	산업경제	281	17	6.0	7	2.5	257	91.5
	지역개발	195	76	39.0	10	5.1	109	55.9
	문화및체육	81	29	35.8	5	6.2	47	68.0
	민방위	86	1	1.2	-	-	85	98.8

자료 : 한국지방행정연구원,「지방행정기능분석에 관한 연구(Ⅱ)(1992. 2).

Ⅲ. 기능배분의 문제점

1. 세출기능상의 문제점

지방자치단체의 기능과 사무배분의 문제점을 경제사회발전에 부응한 주민복지 증진이라는 관점에서 보면 다음과 같은 문제점을 지적할 수 있다.[24] 여기서 주민복지증진이라는 관점에서 고찰하는 것은 현대국가의 행정이념이 모든 국민의 인간다운 생활을 보장하는데 있으며, 지방자치단체로서의 지방정부 역시 주민의 생활을 보호하고, 복지를 촉진시키는 것을 그 존립 목적으로 하고 있기 때문이다.

첫째, 행정기능 가운데 일반행정기능의 구성비가 점차 낮아지는 편이다. 지방자치단체의 평균 10.4%나 차지하고 있다. 반면에, 투자적 경비의 비중이 상대적으로 높아 재정지출의 건전화에 바람직하다 하겠다.

둘째, 사회개발기능의 비중이 시·도의 경우 54.3%로 비교적 높다는 점이다. 이는 오늘날 선진국이 약 40%의 수준에 도달하고 있는 것과 비교하면 오히려 높은 수준을 보여준다. 그러나 사회보장적 비중은 아직도 14.3% 수준에 불과하다.

셋째, 지역경제와 산업의 개발촉진을 위해 지원하는 경제개발기능이 생산성이 낮은 농수산개발 등 1차산업에 비중이 높다. 시·도의 경우 농수산개발의 비중이 3.0% 밖에 안되나, 시·군의 경우 각각 7.1%와 20.3%나 차지하고 있다. 이는 도시적 산업인 상공업 부문의 기능이 상대적으로 위축됨을 나타낸다.

넷째, 민방위기능의 경우 거의 대부분이 지방행정기능 가운데 위임사무로 되어있다. 따라서 지역적 특수성과 지방행정의 전문성에 적합한 개발행정을 발전해 나가야할 필요가 큰 이들 행정부문이 그 실효를 거두지 못하고 있다.

다섯째, 지원기능의 비중이 너무 높다는 점이다. 자치단체의 평균이 17.8%나 되고 있는데, 이는 특별회계에 대한 전출금과 자치구에 대한 조정교부금의 비중이 높은 데서 기인한 것이다.

---

24) 李圭煥, 전게서, pp. 374~375.

2. 사무배분상의 문제점

(1) 사무구분의 불분명

첫째, 사무구분을 어렵게 하는 것은 현행 법령상의 규정이 불분명하기 때문이다.[25] 예를들면 법령상 사무처리 주체를 ① 국가, 자치단체(장), ② 장관, 시·도지사, 시장·군수, ③ 관리청, 소관청, 허가청, ④ 시·도지사, 시장·군수, ⑤ 시·도 등으로 매우 다양하게 표현하고 있어서 구체적인 사무의 성질이나 실제 수행하고 있는 내용을 명확하게 파악하지 않고는 객관적으로 분류하기 어렵다. 이와 관련하여 법령제정시 사무구분을 의식하지 않고 획일적으로 규정한 것도 그 하나의 원인이 된다.

둘째, 이론과 실제상의 차이를 들 수 있다. 즉, 이론적으로는 사무의 성질상 주민의 공공복지에 관한 것으로서 이해관계가 해당구역내에 한정된 사무를 자치사무로 분류하고 있으나 현실적으로는 중앙정부의 적극적인 지도감독을 받는 경우가 빈번하여 내용면에서의 분류를 어렵게 하고 있다. 또한 공공복지, 이해관계의 범위를 기준으로 사무를 구분함에 있어서도 그 용어를 자의적으로 해석함으로써 기준에 따른 구분도 이를 어렵게 한다.

셋째, 위임사무에 대한 경비부담이 명확하지 못하여 그 구분의 의미가 애매하다. 더욱이 재정력이 빈약한 자치단체는 자치사무까지 중앙정부의 보조를 받지 않으면 안되게 되었고 반대로 위임사무를 상당부분처리하고 있음에도 재정력이 좋다는 이유로 국고보조는 극히 적은 경우가 있어서 경비부담에 의한 사무구분도 그 의미를 잃게 되었다는 점이다.

(2) 계층간 기능배분의 불명확

지방자치단체의 기능과 사무에 관한 현행 헌법과 지방자치법상의 규정은 지방자치단체가 주민의 복리증진을 위해 매우 광범위한 사무를 처리할 수 있도록 예시적 포괄주의를 취하고 있다. 그러나 실제 운영상 국가와 지방자치단체, 특별시·광역시·도와 시·군·자치구간 구분이 불명확한 경우가 많다는 점이다. 따라서 계층간에 있어서 권한과 책임이 불

---

25) 韓國地方行政研究院, 「地方行政機能分析에 관한 研究(Ⅱ)」, pp. 67~68; 李圭煥, 전게서, pp. 375~377.

일치하며, 또한 기능배분이 불명확하므로 국가재정과 지방재정의 구성비, 국세수입과 지방세 수입의 비율 또는 지방교부세 비율을 각각 얼마로 할 것인가를 정할 기준이 없다.

(3) 위임사무의 확대

지방자치제가 발달한 나라에서는 위임사무가 극히 제한되고, 대부분의 지방사무가 고유의 자치사무로 되어있다. 그러나 우리나라의 현실은 자치단체가 처리하는 사무중 고유사무는 광역시의 경우 47.4%, 시 41.1%, 자치구는 37.4%를 점하고 있어 위임사무가 고유사무보다 많은 실정이다. 더욱이 자치단체가 기관위임사무를 처리함에 있어서는 마치 국가의 하급행정관청과 같이 국가기관의 지위에서 그 사무를 처리한다. 지방자치단체는 고유사무를 처리하기위해 존재한다기 보다는 국가의 위임사무를 집행하기 위한 중앙관청의 일선행정기관과 같은 역할을 하고 있다.

(4) 위임근거의 불명확

단체위임사무는 반드시 법령의 근거가 있어야 하며, 기관위임사무도 자치단체의 사무가 아니고 국가의 사무로서 자치단체의 수장에게 위임하여 처리케 함으로써 자치단체의 특별부담을 지게하는 것이므로 기관위임사무도 원칙상 그 위임근거가 법령상 명문의 규정이 있어야 한다. 사무배분을 규정한 각종 법령의 용어가 통일되어 있지 않을 뿐만 아니라 동일법령내에서도 용어를 혼용하고 있어 법령상의 사무구분이 극히 모호한 상태에 있다. 사무위임에 관한 법령의 근거가 비체계적이어서, 사무의 위임에 전혀 법령의 근거가 없는 경우도 있다.

(5) 감독범위의 불분명

기관위임사무는 국가적 사무이므로 적극적 감독을 받아야 하나, 고유사무는 법령상 명문규정이 있는 경우에 한하여 소극적 감독을 받아야 하고, 단체위임사무도 지역적 특성이 강한 사무는 소극적 감독만을 받아야 한다. 그럼에도 불구하고 고유사무 및 단체위임사무 등에 대하여도 적극적 감독을 하는 경우가 많다는 점이다. 따라서 기관위임사무와의 관계를 무의미하게 하고 있다.

(6) 권한과 책임의 불일치

사무위임은 원칙적으로 사무추진의 효율성, 행정의 능률성, 주민편익성 등을 종합적으로 고려하고 위임기관의 수행능력을 감안하여 각 사무별로 검토하여 위임하여야 한다. 그러나 위임기관 중심의 실적위주로 위임되는 경향이 있다. 이에 따라 실질적이고 권한있는 사무는 위임되지 않고 조사·확인등 부수적이거나 경미한 사무들만이 위임되는 경향이 있다. 어떤 경우는 사무의 기본적 결정권 등은 유보한 채 업무량이 많거나 행정책임만을 져야 하는 등의 번거로운 사무만을 위임하는 사례도 없지 않다.

(7) 경비부담의 문제점

자치단체의 실정을 고려하지 않고 각종 법령에 의하여 또는 전혀 법령상의 근거없이 국가사무를 위임하는 경향이 있어 자치단체의 행·재정에 큰 부담을 주고 있다. 사무를 위임하는 경우에 있어서 사무처리만을 의무로 과하고 소요경비를 부담치 않거나, 부담하는 경우에도 직접적 사업비만을 부담하고 인건비, 수용비 등 간접적 부수경비를 부담하지 아니하는 경우가 많다.

제 3 절 지방자치단체의 행정기능 정립

Ⅰ. 행정기능의 방향모색

1. 발전모색의 기본방향

현재의 상황과 여건변동을 고려한 지방행정수요의 장래 전망[26]과 향후

26) 중앙과 지방간의 행정기능배분에 관한 발천방안은 ① 중앙행정권한의 지방이양, ② 자치단체사무의 재배분, ③ 지방특별관서의 기능조정 중심으로 제2편 제3장 제4절에서 상세히 기술한 바 있다.

지역개발의 목표를 전제로한 개발 행정기능을 정립하고자 한다.[27] 따라서 지역개발의 목표를 제시해 보면 다음과 같다.[28]

(1) 인구의 지방정착 유도

지역간 균형개발과 안보적인 차원에서 대도시의 인구집중을 억제하는 한편, 지방에서도 도시적 생활을 영위할 수 있도록 인구의 지방정착을 유도한다.

(2) 지역경제의 기반강화와 성장촉진

점차 지방정부의 행·재정적 기능이 강화되고 지역경제의 역할이 증대될 것이므로 양자간의 관계는 보다 밀접하게 될 것이다. 따라서 지방행정은 경제개발에 역점을 두는 국가시책의 구현에 보조를 같이 하고, 지역주민의 경제적 생활수준을 향상시키기 위하여 지역경제의 기반강화와 성장촉진을 유도한다.

(3) 주민복지수준의 제고

생활수준의 향상에 부응한 주택, 상·하수도, 도로 등 주민생활기반시설의 확충을 통하여 복지사회건설의 기반을 촉진한다.

(4) 개발가능성의 전국적 확대

대규모의 공업단지개발을 지양하는 한편, 지방도시에도 적정규모의 공업을 배치하고 도시와 농촌의 연계 및 지역간 통합을 촉진하기 위한 교통망구축으로 개발가능성의 전국적 확대를 촉진한다.

(5) 국토자연환경의 보전

공업화와 도시화에 의한 환경오염을 최소화하고, 토지, 자연자원, 수자원 등의 주요 국토자원을 절약할 수 있는 산업구조와 국토이용구조를 유

---

27) 장래의 여건변동을 고려한 지방행정수요의 장래전망에 대하여는 제1편 제2장 제1절에서 상세히 고찰한 바 있다.

28) 李圭煥, 전게서, pp. 378~379.

도하고 개발에 따른 국토환경의 오염과 자연훼손을 최소화한다.

2. 개발행정기능 강화

이상의 지역개발의 목표를 달성하기 위하여 먼저 전국적으로 공통된 지방자치단체의 개발행정기능을 다음과 같이 설정할 수 있다.

(1) 경제성장을 촉진시키는 기능

이 기능은 국가경제 성장을 촉진시키기 위한 지방정부의 지원기능으로서 주로 산업개발에 관련된 것이다. 농림수산업의 상대적 비중저하에 따라 제조공업의 육성을 위한 개발행정이 강화되어야 한다. 공업가운데 중화학 공업과 같은 대단위 공업이나 첨단산업 등은 중앙정부와 직결되므로 지방정부로서는 중소영세공업과 농공단지 조성에 주력해야 한다. 경제성장을 촉진시키기 위한 행정적 기능은 민간부문활동의 확대라는 향후의 추세와 지방정부가 갖는 지위의 한계로 인하여 소극적일 수밖에 없을 것이며 국가시책을 추종하는 범주를 벗어나기 어려울 것이다. 따라서 이와 관련된 기능은 대부분이 국가의 위임사무로 되고 한정된 부분만이 지방정부의 고유사무가 될 것이다.

(2) 사회복지증진을 위한 기능

경제성장을 촉진하는 기능을 경제개발기능이라면 사회복지 증진을 위한 기능은 사회개발기능이다. 전자가 총량수준의 향상에 기본목표를 두고 있다면 후자는 부문간, 특히 개인간 형평성의 제고에 역점을 두고 있다. 사회복지는 크게 3개 부문에 걸쳐 초점을 갖는데 그 첫째가 공공시설의 확대 둘째, 주거생활과 같은 인간기본욕구의 충족 및 수준향상 셋째, 사회적 기회의 균등화라 하겠다. 사회복지부분은 대부분 주민의 욕구에 바탕을 두고 있으므로 이것은 지방정부의 주요 책임분야에 속한다고 할 수 있다. 따라서 이들 기능의 대부분은 대규모사업이 아닌 한 지방정부의 고유기능으로 설정되어야 하겠다.

(3) 지방적 공간개발을 위한 기능

국가적 공간개발이 주로 중앙정부의 소관이라면 지방적 공간개발은 지방정부의 기능에 속한다. 지방적 공간개발은 보유자원의 경제성 제고와 인위적 생산체계의 적정배치 및 사회간접자본시설의 확충을 통해 성취되어야 할 성질의 것이므로 자치단체차원에서 할 수 있고 또 해야할 과제들이 바로 지방적 공간개발을 위한 지방정부의 행정기능으로 설정된다.

보유자원의 경제성제고를 위한 행정기능은 토지의 이용·관리·부존자원, 특히 한계자원(marginal resources)의 개발·활용, 노동자원의 육성·활용 등에 관한 것이고, 생산체제의 적정배치를 위한 기능은 토지용도의 배정, 공장의 입지·육성, 시장체계의 개선 등에 관련된 것이다. 사회간접자본시설의 확충을 위한 기능은 교통통신망의 지역간 연계, 수자원공급망의 확대, 에너지수요의 충족 등에 관련되어 있다.

국토 및 지역개발에 관한 지방정부의 기능이 주로 국가위임사무라면 지방적 공간개발을 위한 정부기능은 자치단체의 고유사무가 되어야 하겠다.

(4) 레져(leisure)수요를 충족시키기 위한 기능

소득의 증대와 더불어 여가시간의 확대는 국민의 휴양 및 위락을 위한 레져 활동수요가 증대되며, 이의 충족을 위한 행정적 기능이 크게 강조될 것이다. 이러한 행정적 기능은 관광지의 개발과 관리, 위락시설의 확충, 자연환경의 보전, 관광망의 체계화 등의 사무를 주내용으로 해야 한다. 이들 기능 가운데 지방단위의 것은 자치단체의 고유사무로 적극적으로 발굴되어야 한다.

(5) 연계와 조화를 확보하기 위한 기능

장래의 모든 활동은 전문화를 통해 보다 다양화될 것이다. 그러나 지나친 다양화는 개별성의 심화로 나타나며 이는 부분간의 괴리와 불균형을 초래하여 전체로서의 조화를 잃게 된다. 이러한 추세를 연계성의 강화와 균형의 확보라는 방향으로 유도하는 기능은 1차적으로 자치단체가 가져야 한다. 자치단체가 담당해야 할 이들 기능으로서는 다음과 같은 것들이 주가 되어야 한다.

① 도시와 농촌간의 연계화를 위한 기능 또는 농촌의 도시화를 위한 기능
② 공업과 농업간의 연계화를 위한 기능 또는 농업의 공업화를 위한 기능
③ 소득의 적절한 분배를 위한 기능
④ 개발과 보존을 조화시키는 기능
⑤ 경제개발과 사회개발을 조화시키는 기능
⑥ 물질적 양과 삶의 질을 연계시키는 기능
⑦ 공공활동과 민간활동을 조화있게 결합시키는 기능
③ 국가정책과 지방정부정책을 조화시키는 기능

Ⅱ. 행정기능배분의 발전방향

자치단체의 사무중 위임사무가 증대되거나 많은 비율을 차지하는 현상은 여러 가지의 문제점과 부작용을 유발하는 바 그것을 요약하면 다음과 같다.[29)]

① 자치단체를 국가사무의 하청기관으로 전락시키고, 중앙의 광범위한 감사·통제의 대상이 되게 함으로써 결과적으로 지방자치의 발전을 저해한다.

② 광역적 사무의 처리, 균등한 서비스를 필요로 하는 행정사무에 대해 중앙과 지방간 협력관계의 정립을 저해하고, 오히려 중앙과 지방간의 반목 및 대립을 조장한다.

③ 위임사무에 대해서는 그 사무의 처리에 필요한 경비의 전부 또는 일부를 국가가 부담해야 함에도 불구하고 사무를 위임할 때, 사무처리 의무만을 부과하고 소요경비를 부담치 않는다면 결과적으로 자치단체의 재정적 궁핍을 가중시키는 요인이 된다.

④ 행정기관·행정사무의 할거주의를 조장함으로써 지방행정의 종합적 처리를 저해할 뿐만 아니라 지방적 창의성·적극성·자주성·자율성을 저해한다.

---

29) 상게서, pp. 381~382.

⑤ 이중행정 · 이중감사 · 재정적 낭비, 행정적 비능률을 초래한다.

⑥ 행정의 중앙전제화, 신중앙집권화의 명분을 제공한다.

이러한 제 문제점을 개선하기 위해서는 무엇보다도 단체위임사무는 폐지하여 고유사무로 돌리고, 기관위임사무중 전국적 통일성을 기할 필요가 있는 사무를 제외하고는 점차로 고유사무화함으로써 자치단체의 창의성 · 적극성 · 자주성 및 자율성을 기할 필요가 있다.

또한, 위임할 경우 그 근거를 분명히 하기 위하여 사무배분에 관한 법령상의 용어를 통일적으로 정비하는 동시에 명확한 규정을 두도록 해야 한다. 그리고 각종 특별법상 국가사무를 자치단체의 장에게 위임할 경우 위임의 근거의 명확화를 기하여야 한다. 비록 기관위임사무라 하더라도 그것이 자치단체에 대한 부담을 가져오는 이상 일반통첩과 같은 비합법적인 위임근거로 사무를 위임하는 관례를 폐지하고 법령으로 그 위임근거를 명시하도록 하여야 한다.

한편, 감사범위를 분명히 하기 위하여 고유사무나 단체위임사무에 대하여는 법령의 규정대로 적극적 감사를 삼가도록 해야 할 것이다. 국가감사권의 강화는 반비례적으로 자치권의 약화를 의미하는 것이므로 감사권에는 일정한 한계점을 설정하고 또 감사방법도 훈령 · 지시 · 허가 · 인가 · 파면 등의 권력적 감사를 피하고 일정한 기준의 설정, 계획의 수립, 기술적 원조, 조언, 권고 등 비권력적인 관여를 하도록 방향 전환을 하여야 할 것이다.

다른 한편, 경비부담의 문제점에 대한 개선방안으로는 위임사무에 필요한 경비부담관계를 명확히 하되 각 자치단체의 재정능력을 감안하여 전액 또는 일부를 국고 또는 상급자치단체가 보조하든가 지방교부세로 조정함으로써 자치단체가 받는 재정적 압박을 경감시킬 것 등이 요망된다.

제 3 장 지방자치단체의 계층구조와 자치구역

제 1 절 계층구조의 본질

Ⅰ. 계층구조의 개념

지방자치단체의 계층구조는 국가에 따라, 그 나라의 정치형태나 영토의 면적·인구·역사적 전통과 교통·통신의 발달정도 등에 따라, 각기 다른 형태를 띠고 있으나 크게 나누어보면 단층제와 다층제를 택하고 있다. 일정한 지역을 관할하는 보통지방자치단체의 수에 따라 계층구조를 분류하는 것이다.

여기서 단층제(single-tier system)란 일정한 지역내의 모든 행정사무를 종합적으로 처리하는 단일한 보통지방자치단체가 존재하는 경우를 말한다. 그리고 다층제(multi-tier system)란 동일한 지역 내의 여러 개의 자치단체가 존재하여 관할이 중첩되는 현상을 말한다. 즉, 기초자치단체 위에 상급자치단체가 존재하는 경우를 다층제 또는 중층제라 하고, 기초자치단체 위에 다른 자치단체가 존재하지 않고 직접적으로 중앙정부와 관계를 맺고 있는 경우를 단층제라고 한다.[1)]

다층제에 있어서는 주민들과 직접 접촉하는 가장 소구역을 기초로 하는 자치단체를 기초적 자치단체 또는 제1차적 자치단체라고 하며, 중앙정부와 기초적 자치단체의 중간에 위치하고 있는 넓은 구역의 자치단체를 중간자치단체 또는 광역자치단체, 제2차적 자치단체, 상급자치단체, 보완

1) 崔昌浩, 「地方自治學」 (서울: 三英社, 1995), p. 133.

적 자치단체라고 한다. 우리나라의 예를 들면 서울특별시 · 광역시 · 도 등은 광역자치단체에 속하며, 시 · 군 · 자치구는 이를 관할하는 시 · 도가 있기 때문에 기초적 자치단체에 속한다.

지방자치단체의 계층구조 가운데 가장 많은 국가에서 채택하고 있는 것은 2층제(two-tier system, double deck system)이며, 이밖에도 단층제 3층제 또는 5층제까지 택하고 있는 국가도 있다.[2] 일반적으로 지방자치가 발달한 영미계 국가나 스칸디나비아계 국가 등에서는 대개의 경우 2층제 혹은 단층제를 채택하고 있으며, 대륙계 국가나 중앙집권적 국가는 주로 다층제를 취하고 있다.

Ⅱ. 단층제와 2층제의 장 · 단점

다층제 중에서 가장 많이 채택되고 있는 2층제를 중심으로 하여 단층제와 비교해 보면 다음과 같은 장 · 단점이 있다.[3]

1. 단층제의 장 · 단점

(1) 단층제의 장점

단층제의 장점으로 다음과 같은 것을 들 수 있다.

① 이중행정과 이중감독의 폐단을 방지하고 신속한 행정을 도모할 수 있다. 2층제를 채택하는 나라에서 기초자치단체와 광역자치단체간의 사무배분이 명확하게 이루어지지 않을 경우에는 동일한 행정기능을 2개의 자치단체가 관장하는 이른바 이중행정의 폐해를 남게 된다. 특히 위임사무를 처리하는 경우에는 경유기관(tunnel agency) 또는 감독기관이 하나 더 늘어나 행정이 지연되게 된다.

---

2) 3층제를 채택하고 있는 국가로는 이탈리아, 벨기에, 그리이스, 레바논, 뤼니지, 말레이지아, 수단, 에쿠아도르, 이란, 태국 등이 있고, 4층제를 채택하고 있는 국가로는 콜롬비아와 에디오피아 등이 있고, 5층제를 채택하고 있는 대표적인 국가가 프랑스인 것이다. 이규환, 都市行政論(서울: 녹원출판사, 1995), p. 384.

3) 鄭世煜, 「地方行政學」(서울: 法文社, 1998), pp. 402~406; 李圭煥, 전게서, pp. 384~386; 崔昌浩, 전게서, pp. 133~134.

② 행정을 수행함에 있어 낭비를 제거하고 능률을 증진시킨다. 행정계층이 많을수록 사무처리가 지연될 뿐만 아니라 행정비용이 그만큼 증가하는 것이다.

③ 행정책임을 명확하게 한다. 단층제하에서 국가와 자치단체간에 행정기능이 적절히 배분된다면 다층제에 있어서와 같은 행정책임의 불명확이나 책임전가와 같은 문제가 제기될 여지가 없다.

④ 행정의 민주성을 확보할 수 있다. 이층제의 경우에는 기초자치단체는 상위자치단체의 하급기관으로서 기관위임사무를 처리하는데 급급하게 되고 지역주민의 요구나 복지에는 소홀하게 된다. 특히, 주민참여가 많은 제약을 받게 되며, 주민의 의사가 중앙정부에 전달되는데 까지 왜곡(distortion)과 누수(teakage)가 심하다. 그러나 단층제는 해당지역을 관할하는 자치단체가 유일함으로 상급자치단체의 기관위임사무를 처리하는 경우는 없으며, 주민복지증진을 통해서 주민으로부터 정당성을 부여받으려고 한다. 또한 단층제는 주민의 신변에 자치단체가 존재하기 때문에 주민참여나 주민통제가 용이하게 되어 주민요구에 대한 반응성(responsiveness)을 제고시킨다는 의미에서 민주성을 확보해 준다.

⑤ 지역적 특수성을 보장할 수 있다. 다층제에 비하여 각 기초자치단체의 자치권이나 지역의 특수성 및 개별성을 더욱 존중할 수 있다. 2층제의 경우 상급자치단체는 그 구역내의 모든 행정기능을 획일적으로 수행하기 때문에 농촌행정과 도시행정의 차이, 자치단체간의 규모나 행·재정적 능력의 차이 등이 경시될 우려가 있다. 그러나 단층제는 기초자치단체에 광범위한 자치권이 부여됨으로 지역실정에 부합되는 행정을 확보할 수 있다.

(2) 단층제의 단점

단층제는 이상과 같은 장점을 갖고 있지만 다음과 같은 단점을 갖고도 있다.

① 인구가 많고 영토가 넓은 나라에서는 채택하기 곤란하다. 국토가 넓은 나라에서는 몇 개의 소구역으로 나누어 기초자치단체로 하여금 관할하게 하고, 이를 상급자치단체가 종합, 조정하는 것이 필요하기 때문에

다층제가 불가피하다.[4)]

② 중앙집권화를 초래할 우려가 있다. 그것은 단층제를 채택하면 광역자치단체가 없으므로 기초자치단체의 능력으로 처리할 수 없는 사무를 곧 중앙정부가 처리하게 되어 중앙집권화를 강화하는 결과가 되기 때문이다. 또한 2층제를 취하는 경우 기초자치단체는 일차적으로 상급자치단체라는 여과장치(filter system)가 없이, 중앙정부에 바로 노출되기 때문에 중앙집권화의 가능성이 높다.

③ 광역적 행정이나 개발에 관한 사무의 처리에 부적합하다. 단층제는 주민참여를 통해 행정의 민주성을 확보할 수 있지만 치산·치수·도로·운수·관광개발·광역개발계획 등 광역적 행정과 인구분산·공해방지 등과 같은 도시행정에는 무력하다. 그 이유는 소구역을 기초로 하는 자치단체만으로 단층제를 채택할 때에는 사실상 대규모사업이나 광역행정을 수행할 수 없기 때문이다.

2. 2층제의 장·단점

(1) 2층제의 장점

2층제는 단층제에 상반되는 것이므로 이에 대한 장·단점 역시 대치되는 것이 많다. 따라서 양자를 대립시키면서 2층제의 장·단점을 고찰하고자한다. 먼저 2층제의 장점으로는 다음과 같은 것을 들 수 있다.

① 행정사무의 기능적 분업을 확보할 수 있다. 오늘날 행정사무는 과학과 기술의 발달과 이에 따른 지역주민의 유동성의 증대로 인해 새로운 행정수요가 발생하는데 기초자치단체가 이를 해결하는 데에는 한계가 있다. 따라서 상급자치단체와의 기능적 분업이 요구되고 있는데 2층제가 이를 보장해 준다.

② 기초자치단체가 그 본연의 기능을 제대로 수행하지 못할 때에는 광역자치단체가 이를 보완할 수 있다. 즉, 기초자치단체의 능력으로 적절히

4) 독일의 기초자치단체인 Gemeinde의 수가 약 8,500개나 되고, 프랑스의 경우 Commune의 수가 약 36,500개, 日本의 시·정·촌이 3,250개나 되고 있는데 이를 單層制로 하여 전국을 관할하는 중앙정부와 직결시킬 수는 없기 때문이다: 李圭煥, 전게서, p. 385.

처리할 수 없거나 처리하기 곤란한 사무 또는 처리가 비경제적이거나 행정의 질을 저하시킬 우려가 있는 사무에 대하여는 광역자치단체가 그 능력과 기능을 보충하여 이를 처리할 수 있다. 광역자치단체를 보완적 자치단체라고도 하는 이유는 바로 여기에 있다.

③ 국가의 감독기능을 유지할 수 있게 한다. 중앙정부는 모든 기초자치단체를 직접 감독할 수 없으므로 일정한 지역단위 감독기관을 필요로 한다. 오늘날 신중앙집권화의 경향이 더욱 현저해 짐에 따라 이러한 지역단위감독기관의 필요성은 더욱 커지고 있다. 대부분의 국가에서는 광역자치단체에게 이 감독권을 부여하여 국가기관의 지위에서 기초자치단체를 감독하도록 하고 있는 것이다.

④ 지방행정의 역사적 발전과정을 반영하고 있다. 지방행정제도의 역사는 이층제로 이루어졌다는 것인데 그 내용은 다음과 같다. 인류는 초기에 동·리와 같은 혈연적·지연적 공동체를 형성하여 생활을 영위해 나갔는데 이것은 오늘날 기초자치단체가 되었고, 그 후 중앙정부가 수립됨에 따라 전국을 통치하기 위해서 중앙정부에서 관리를 파견하여 통치권을 행사하게 했는데 이것이 오늘날 상급자치단체가 되었다. 이와 같이 두 계층을 거쳐 지방행정제도가 형성되었는데 2층제가 이를 반영하고 있다는 것이다.

(2) 2층제의 단점

이상과 같은 2층제는 장점뿐만 아니라 단점도 갖고 있는데 그 구체적인 내용은 다음과 같으며, 이는 대개의 경우 단층제의 장점에 대칭된다.

① 이중행정을 초래한다. 기초자치단체와 광역자치단체는 동일한 주민과 구역을 그 대상으로 하고 있다. 따라서 두 단체간에 명확한 기능배분이 이루어지지 않는 한 행정기능의 중첩현상 내지 이중감독·이중과세·이중규제와 같은 중복행정을 초래하여 낭비와 비능률을 야기시킨다.

② 책임의 전가나 회피가 잦다. 특히 광역자치단체와 기초자치단체간의 기능배분이 명확하지 않을 때에는 행정책임이 모호해진다. 따라서 권한사항에 대하여는 자기소관이라고 주장하는 반면 책임사항에 대하여는 자기소관이 아니라고 회피, 전가하는 폐단이 생기게 되며, 그 와중에서 주

민들은 많은 불편을 겪거나 불의의 손해를 입게 된다.

③ 지역적 특수성이 무시된다. 광역자치단체는 대개 그 구역 내의 성격이 서로 다른 도시자치단체와 농촌자치단체 그리고 인구·재정능력 등이 상이한 많은 자치단체를 포괄하게 된다. 그럼에도 불구하고 광역자치단체는 기초자치단체의 지역적 특수성이나 개별성을 고려하지 아니하고 그 구역내의 모든 행정기능을 획일적으로 처리하는 까닭에 각 지역의 특수성이 희생되는 경우가 많다.

④ 기초자치단체의 자율성이 침해된다. 지방자치단체는 독자적인 법인격을 갖고 있기 때문에 상호간에 계층관계가 존재하지 않는다고 하지만 현실적으로 여러 가지 이유에서 명령복종관계가 형성되는 것을 많이 볼 수 있다. 특히 기관위임사무가 이러한 예에 속하는데 이때 상급자치단체와 기초자치단체는 지휘 감독관계가 성립된다. 그런데 이층제의 경우 기초자치단체는 직접적으로 주민의 복지에 관한 사무보다는 대부분 기관위임사무를 처리하는데 역점을 두고 있기 때문에 기초자치단체는 그 자율성이 침해된다.

⑤ 중앙정부에 대한 주민의사의 전달과 주민에 대한 중앙정부행정의 침투가 느리고 또한 왜곡되기 쉽다. 그러므로 민주주의가 발달한 선진국일수록 행정계층을 통한 중앙정부와 주민간의 의사소통을 신속·원활히 할 수 있도록 계층의 수를 적게 하고 있는 것이다.

Ⅲ. 단층제와 2층제의 상호관계

이상에서 살펴본 바와 같이 단층제와 2층제는 각각 장·단점을 갖고 있기 때문에 어떤 것을 채택하는 것이 보다 지방행정 수행에 효율적인 것인가에 대한 견해도 상반되고 있다.

먼저, 단층제가 가장 이상적인 계층구조라는 주장으로서 1942년 영국의 도시 자치협회(Association of Municipal Corporation)안을 들 수 있다. 이 안에 의하면 행정사무는 일반적으로 상호관련성이 크기 때문에 이를 기초자치단체와 광역자치단체에 배분할 수 없고 단일한 자치단체에 맡김으로써 종합행정을 달성하는 것이 가장 바람직하다는 것이다.[5] 따라서 영국의 종전의 카운티 버러(County Borough)나 독일의 크라이스프라이 스타트(Kreisfrei Stadt)와 같은 단층제는 도시뿐만 아니라 농촌지역에도 광범위하게 적용될 수 있다는 것이다.

다음, 2층제가 가장 이상적인 계층구조라는 주장으로서 1954년 영국의 도협회(County Councils Association), 읍협회(Urban District Councils Association), 면협회(Rural District Councils Association), 전국교구협회(National Association of Parish Councils) 등의 각종 지방자치단체협회의 「지방자치단체의 재편성」에 관한 합동보고서를 들 수 있다. 이 보고서에 의하면 행정적 분업이 가능한 2층제가 가장 바람직한 것이기 때문에 농촌지역은 물론이며, 대도시에서도 카운티 버러(County Borough)와 같은 단층제를 폐지하고, 2층제가 광범위하게 채택되어야 한다는 것이다.[6]

따라서 다층제를 취하는 경우에도 민주성과 효율성을 조화시킬 수 있는 2층제가 가장 합리적인 것으로 보고 있으며, 실제에 있어서도 2층제를 채택하고 있는 국가가 확대되어가고 있다.

이상의 양 주장에서 알 수 있는 바와 같이 첫째, 단층제의 채택을 주장하는 설은 지방행정의 종합화를 추구하고자 하는 데에 의미가 있다. 그러나 이 설에 의하면 단층제는 행·재정적 능력이 미흡하고, 인구가 넓은 지역에 분산되어 있을 뿐만 아니라, 생산과 소비가 분리되어 있으며, 경제적·사회적인 일체성이 확보되어 있지 않은 농촌지역에 대해서도 그 적용을 주장하고 있다.

둘째, 2층제의 채택을 주장하는 설은 행정적 분업을 통해서 기초자치단체의 능력을 보완해주고 광역행정을 통해서 능률성을 확보한다는 의의가 있다. 그러나 이 설은 2층제의 이중행정의 폐해를 간과하고 있고, 행·재정능력을 보유하고 있으나 단층제를 요하는 대도시행정체제의 특징을 무시하고 있다.

이상의 논의를 통해서 우리가 알 수 있는 것은 단층제나 2층제를 취사

---

5) V. D. Limpan, *Local Goverment Area* 1934~1945(Oxford: Basil Blackwell, 1949), p. 103.

6) Peter G. Richard, "Delegation in Local Government Recent Developments," *Public Administration*(The Royal Institute of Public Administration, Autumn 1958), p. 271.

선택하여 일률적으로 적용하는 것은 불합리하며, 여러 가지 사정을 고려하여 적절히 혼합하는 것이 필요하다는 것이다. 예를 들면 농촌지역에는 2층제를 채택하고, 도시지역 특히 대도시지역에는 단층제를 채택하는 것이 그 하나의 방법이라 하겠다. 그리고 2층제를 채택하는 경우에도 기초자치단체와 광역자치단체간의 사무배분이 명확하게 이루어져 이중행정의 모순을 제거하고, 사무배분에 있어서도 기관위임보다 기초자치단체가 자율적으로 처리할 수 있도록 단체위임을 하는 것이 보다 더 능률적이라고 지적할 수 있다.

Ⅳ. 외국의 계층구조

1. 영국의 계층구조

영국의 지방자치단체의 계층구조는 잉글랜드(England)나 웨일즈(Wales), 스코틀랜드(Scotland), 북 아일랜드(Northern Ireland) 등에서 각기 다른 형태를 취하고 있으므로 일률적으로 설명하기에는 어려운 점이 있다. 여기서는 주로 잉글랜드와 웨일즈의 계층구조를 중심으로 살펴보기로 한다.

영국은 1972년 지방자치법(The Local Government Act)에 의하여 종전의 지역별 1~3층의 복잡한 계층구조를 통일하여 대도시지역(metropolitan area)이든 비대도시지역(non-metropolitan area)이든 모든 지역에서 광역자치단체로서 카운티(County)와 기초자치단체로서 디스트릭트(District)로 2계층화하였다.[7] 대 런던지역(Greater London Area)에도 대 런던 도시정부(the Greater London Council)와 기초자치단체로서의 런던버러(London Boroughs) 및 런던시(the City of London)의 2층제를 채택하였다.

그러나 1985년에 개정된 지방자치법에 의하여 1986년 4월 1일부터 대런던도시정부(the Greater London Council)와 6개의 대도시적 도(Metropolitan County)를 폐지함으로써 대도시지역은 다시 단층제가 되었고 비도

---

7) P. G. Richards, *The Reformed Local Government System*(London: George Allen & Unwin, 1973), pp. 62~64.

시지역에서만 도(County)와 군(District)으로 2층제로 39개의 도가 생겼다. 그 공식적인 폐지이유는 대도시의 상급자치단체는 경제적으로 낭비가 큰 불필요한 자치단체라는 것이다.[8] 이후 1996년 잉글랜드의 대도시지역에는 역시 단일계층인 46개의 Unitary Council이 새로 만들어짐으로써 대도시 지역은 단층제인 Metropolitan District Council과 Unitary Council이 공존하는 체제가 되었다. 그러나 농촌지역에는 지역적 특성을 고려하여 기존의 County Council과 District Council의 2층제가 유지되고 있다.

런던은 2000년에 다시 Great London Authority 라는 이름으로 부활되면서 2층제가 되었다. 2006년 7월 현재 잉글랜드와 웨일즈에서는 자치단

[그림 III.3.1] 잉글랜드의 계층구조(2010)

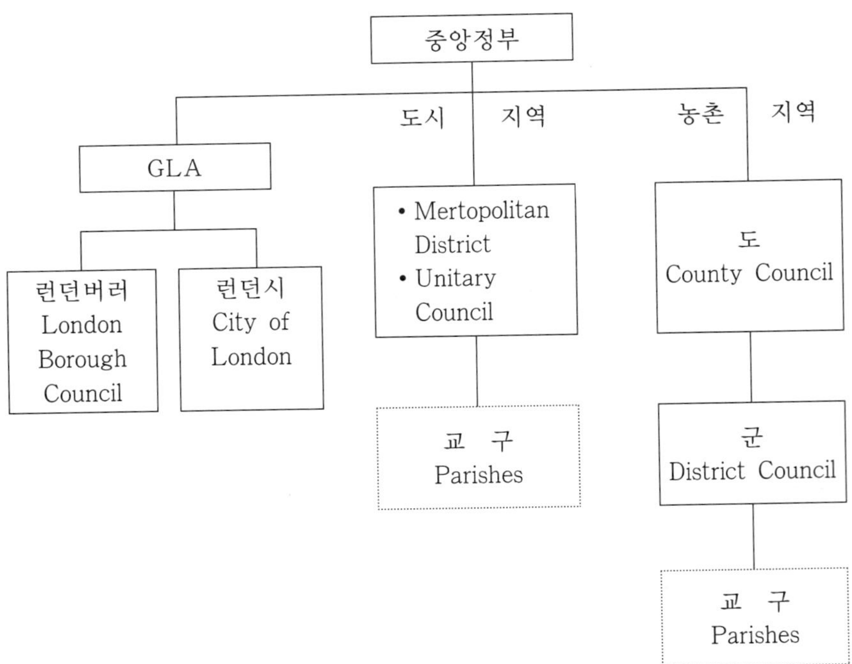

주: □는 지방자치 단계, ⬚는 비지방자치단체임.

8) Tony Byrne, *Local Government in Britain*(Harmondsworth: Penguin Books, 1985). p. 94.

체는 총 410개로, 잉글랜드의 경우 대도시지역에 82개의 단층제 자치단체(36 Metropolitan District Council, 46 Unitary Council)가 있으며, 농촌 지역에서는 272개의 자치단체(광역: 34 County Council, 기초: 238 District Council)로 구성되어 있으며, 웨일즈는 22개의 단층제(Unitary Council)자치단체가 있고, 런던광역시(GLA)아래 32개의 London Borough Council 과 1개의 City of London 으로 구성되어 있다(그림 Ⅲ.3.1 참조).

2. 프랑스의 계층구조

프랑스의 지방자치계층구조는 3층제로 되어 있고, 지방행정계층은 5층제로 되어있다는 것이 특징이다. 즉, 지방행정은 광역자치단체인 레죵(region)-도(departement)-군(arrondissemenit)-소군(canton)-시·읍·면(commune) 등 5계층으로 되어 있다. 이 가운데 법인격이 부여된 자치단체는 레죵-도- 꼼뮨의 3층제로 되어 있다(그림 Ⅲ.3.2 참조). 그러나 파리(Paris)는 2층제로 되어 있다. 파리시의 법적 성격은 1975년에 제정된 법률에 의하여 시·읍·면인 꼼뮨(commune)의 요소와 도인 데파르망(departement)의 요소를 모두 갖고 있는 이중적 지위를 가지고 있다.[9]

꼼뮨(commune)은 우리나라의 시·읍·면에 해당되는 기초자치단체로서 약 36,500개가 있으며, 이 중 96% 이상이 인구 5천명 이하로서 규모가 영세하기 때문에 사무조합, 도시공동체 등의 연합방식으로 중요한 지방사무를 처리한다.

도인 데빠르망(departement)은 꼼뮨의 경우와 같이 지방자치단체로서의 성격과 국가의 일선행정기관으로서의 성격을 동시에 갖고 있으나 꼼뮨과는 달리 후자의 성격이 더욱 강하다. 현재 95개의 도가 있다.

레죵(region)제도는 제2차대전후 산업화·도시화의 진전에 따라 광역행정의 수요가 많아지자 도의 합병없이 이러한 수요에 부응하기 위하여 발생한 제도이다. 레죵은 1982년 제정된 지방분권법에 의해 비로소 지방자치단체로서의 지위를 갖게 되었다.

9) 李圭煥, 전게서, p. 392.

[그림 Ⅲ.3.2] 프랑스의 계층구조

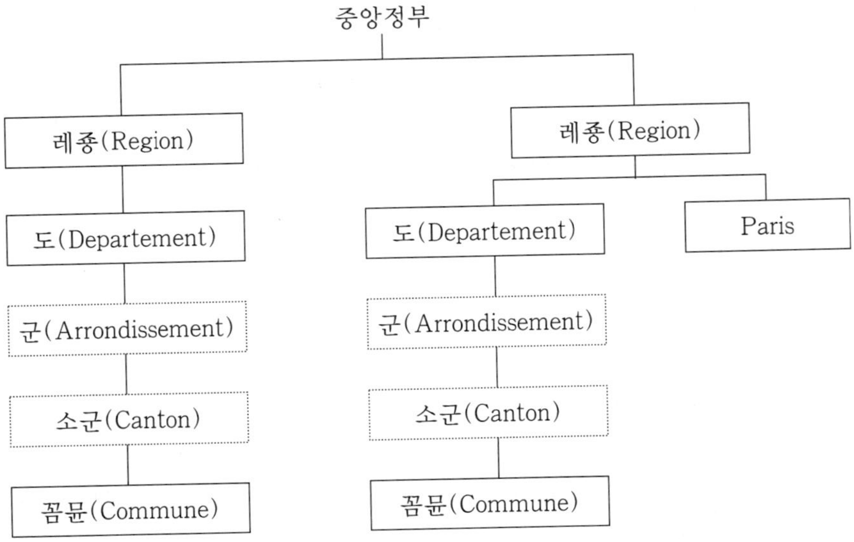

주: □는 지방자치 단계, ⬚는 비지방자치단체임.

군 또는 구에 해당되는 아롱디스망(arrondissement)은 중앙정부의 행정을 보조하기 위한 순수한 행정구역으로서 자치단체의 성격이 없으며, 중앙정부에서 임명하는 행정관인 군수는 도와 꼼뮨의 중간에서 연락 및 조종역할을 하고 있다. 또한, 소군인 깡똥(canton)은 도의회의원을 선출하기 위한 선거구이자 사법행정과 조세행정을 위해 형성된 꼼뮨의 연합체에 불과하다.

3. 독일의 계층구조

독일의 계층구조는 원칙적으로 중간자치단체인 군(Landkreis)과 기초자치단체인 시·읍·면(Gemeinde)의 2층제로 되어있다. 다만 시가운데 인구규모가 큰 게마인데는 특별시(Kreisfrei Stadt)가 되어 군과 동등한 지위를 갖기 때문에 예외적으로 단층제로 되어 있다(그림 Ⅲ.3.3 참조).

독일은 16개 주로 구성된 연방국가이므로 지방자치에 관한 사항은 연방정부의 소관사항이 아니라 주(Land)의 책임으로 되어 있다.[10] 따라서 연방정부에는 지방자치법이 없으며 지방자치부도 없다. 또한 주에 따라 지방행정제도가 다르기 때문에 지방자치제도와 지방자치단체의 종류 역시 대단히 다양하고 복잡하다.

독일의 행정계층구조는 보통 주(Land)-주행정관구(Regierungsbezirk)-군(Landkreis, Kreis)과 특별시(Kreisfrei Stadt)-시·읍·면(Gemeinde) 등의 4단계로 구분되며, 군과 특별시 그리고 Gemeinde로 구성되는 보통지방자치단체와 상급지방단체연합체·게마인데연합체(Gerneindeverband) 등의 특별자치단체가 있다.[11] 보통지방자치의 계층구조는 원칙적으로 군과 시·읍·면(Gemeinde)으로 구성되는 2층제이고, 대도시지역의 경우는 예외적으로 특별시(Kreisifrei Stadt)제도를 인정하는 단층제이다.[12]

[그림 Ⅲ.3.3] 독일의 계층구조

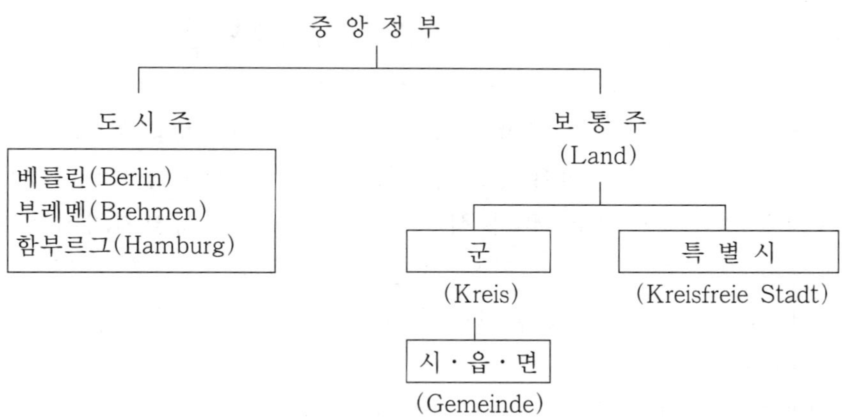

주: □는 지방자치단체임.

10) 16州 중에는 Berlin시, Brehmen시 및 Hamburg시가 포함되어 있다. 이들 시는 그 자체가 州이며, 또한 Gemeinde라고 할 수 있다. 崔昌浩, 「地方自治學」 (서울: 三英社, 1995), p. 798 참조.

11) 상게서, p. 798.

12) 李圭煥, "地方行政과 地域均衡發展에 관한 獨逸硏修記," 「地方行政硏修」 제7호 (내무부지방행정연수원, 1986. 12), p. 110.

[그림 Ⅲ.3.4] 미국의 계층구조

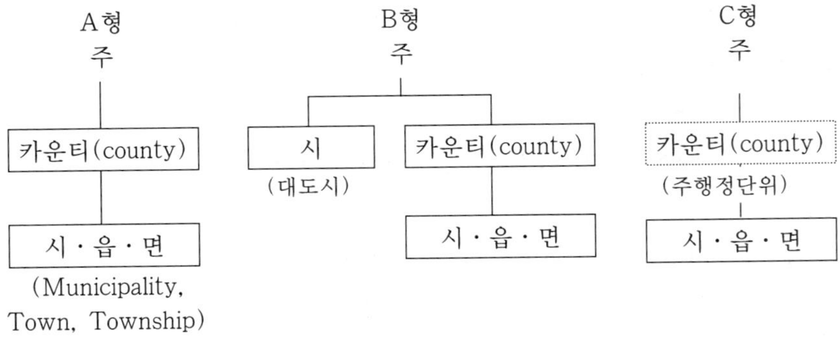

주: □는 지방자치단체, ⬚는 비지방자치단체임.

4. 미국의 계층구조

미국은 주 헌법과 주 법률로서 지방자치제도를 규정하고 있으므로 계층구조도 주에 따라 각각 다른 것이 특징이다. 그러나 일반적으로 도시지역은 군(county)-시 · 읍 · 면(municipality, town, township)의 2계층구조(two-tier system)로 구성되어 있으며, 대도시 가운데서도 군(county)을 상급자치단체로 가지고 있는 주가 상당히 많다. 그리고 농촌지역에는 자치단체화하지 않은 카운티를 유일한 기관으로 가지고 있는 주가 약 50%를 차지하고 있는데, 그렇지 않은 나머지 50%의 주는 도시지역처럼 2계층구조를 채택하고 있다.

대부분의 카운티는 주 정부의 직할기관으로 주 행정사무를 보조적으로 집행하고 있다는 점에서 다른 자치단체와 구별되고 있다. 이러한 카운티의 성질과 기능은 각 주에 따라 상이하게 나타나고 있다(그림 Ⅲ.3.4 참조). 그리고 대부분의 대도시에서는 카운티의 행정기능이 협소하므로 실제에 있어서는 단층제와 같은 양상을 보이고 있다.[13] 그러나 카운티의 중요성은 점차 증대되는 추세를 보이고 있다.[14] 한편, 일부 주에서는 대도시

13) Wallace S. Sayre, *American Government*, 15th edition(New York: Barnes & Noble, Inc., 1968), pp. 153~154.

가카운티로부터 분리·승격되어 카운티와 동등한 지위를 가지고 있어 단층제로 되어 있다.

5. 일본의 계층구조

일본의 자치단체 계층구조는 광역자치단체인 都·道·府·縣과 기초자치단체인 시·정·촌으로 나누어지는 2층제로 되어 있다. 이들 자치단체는 원칙적으로 동등한 법적 지위와 구조를 가지며, 자치단체간의 기능배분도 명확히 되어 있는 편이다. 동경도는 지방자치법에 의한 부·현인 동시에 대도시라는 특성이 있으므로 특별한 제도가 마련되어 있다. 都내에는 특별구가 설치되어 있으며, 그것은 특별자치단체의 성격을 가지고 있다. 일본의 경우, 일정한 지역을 관할구역으로 하여 종합행정을 다루고 있는 보통지방자치단체 이외에 특정한 목적을 수행하기 위한 특별지방자치단체인 특별구,[15] 지방자치단체조합, 재산구 및 지방개발사업단 등이 있다.

일본의 보통지방자치단체는 전술한 바와 같이 2계층으로 되어 있다(그림 Ⅲ.3.5 참조). 그러나 시 중에서 인구 50만 이상의 시에 대해서는 정령에 의하여 지정시로 지정하고, 이들 지정시에 대해서는 도·도·부·현에서 처리할 사무를 직접 처리토록 하고, 조례로서 하부에 구를 설치할 수 있도록 하는 등 일반시와는 달리 독립성을 인정하는 특례제도를 두고 있다.

이상의 외국지방자치단체의 계층구조를 살펴본 바와 같이 그 양상이 매우 다양하다. 현대 지방행정의 추세로 보아 가장 바람직한 것은 지방자치행정기능을 기초적 기능과 광역적 기능으로 분리시켜 기초자치단체와 광역자치단체로 하여금 각각 분담하게 함으로써 민주적 요구와 능률적 요구를 조화시킬 수 있도록 하는 2층제가 적당하다고 볼 수 있다. 그러나

---

14) J. S. Goodman, *The Dynamics Urban Government and Politics*(New York; Macmillan, 1980), pp. 15~20.

15) 동경도의 특별구는 특별자치단체로 분류되고 있으나 사실상 종합행정기능을 다루고 있음에 유의하여야 한다. 우리나라의 특별시와 광역시의 구가 보통지방자치단체로서 자치구임을 비교해 볼 필요가 있다 하겠다.

[그림 Ⅲ.3.5] 일본의 계층구조

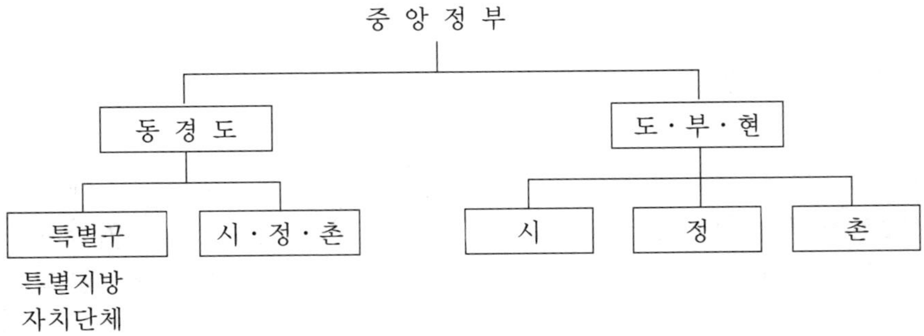

이때의 전제로서는 양계층간 사무배분에 관한 기준을 명확히 정립할 것이 요구된다.

제 2 절 자치구역의 본질

Ⅰ. 자치구역의 개념

자치단체의 구역(autonomous area or boundary)이란 지방자치단체의 통치권 또는 자치권이 미치는 지역적 범위를 의미한다. 국가가 영토를 구성요소로 하는 것과 마찬가지로 지방자치단체는 영토의 일부인 구역을 필요로 한다. 자치단체의 구역은 당해 자치단체의 기능을 지역적으로 한정시키되 그 지역내에 주소 거소·영업소를 가진 자연인·법인이나 단체 및 그 구역과 일정한 장소적 관계를 가진 물건으로 하여금 그 자치단체의 권능에 복종시키는 법적 효과를 낳는다.[16]

이와 같은 자치단체구역의 법적 권능은 두 가지 관점에서 파악할 수 있다. 소극적인 입장에 의하면 지방자치단체의 자치권은 그 구역내에서만

16) 鄭世煜, 전게서, p. 743.

효력이 있고 경계를 넘어서는 영향력을 미치지 못한다는 것이고, 적극적인 입장에 의하면 일정한 구역내에서는 다른 자치단체의 통치를 인정하지 않는 배타적 통치권을 행사함을 의미한다.

그러나 지방자치는 국정통일의 일환으로 인정되고 있으며, 대부분의 국가에서 2층제의 자치단체의 구조를 취하고 있기 때문에 적극설의 견해를 받아들이기 어렵다. 따라서 자치단체는 해당 구역내애서 국가나 상급자치단체와의 협조하에 주민의 공공복리에 관한 사항을 자율적으로 처리할 수 있다고 볼 수 있다.

자치단체의 구역은 국가가 행정상의 편의를 위하여 지방에 설정한 행정구역(adrrunistrative area)과 구별된다. 즉, 자치구역은 공동체의식, 행·재정능력, 주민참여 등을 고려하여 설정되는 것인데 반해, 행정구역은 국가나 지방자치단체가 행정상의 편의를 위해서 인위적으로 획정한 구역단위이다. 이와 같은 특성에 의해 자치단체와 행정구역을 개념적으로 구별할 수 있고, 지방자치가 발달한 선진국에서는 실제상으로도 양자의 차이를 인정하고 있다. 그러나 우리나라는 전통적으로 중앙집권적 체제를 유지해왔기 때문에 양자간의 개념적인 구별이 없었고, 특히 일제시대 이래 자치구역을 행정구역에 일치시켜 왔다.

자치구역은 그 구역내에서 수행하는 기능이 종합적인 것인가, 특정한 것인가에 따라 보통자치단체구역과 특별자치단체구역으로 나눌 수 있다. 전자는 서울특별시, 광역시, 도와 시·군·자치구의 구역을 말하고, 후자는 학교구, 급수구 등 특별구(special district, ad-hoc district)를 의미한다. 보통자치구역이라고 할 때에는 전자를 지칭하는 것이다.

Ⅱ. 자치구역의 관련성

자치단체의 구역은 지방정부의 기능, 계층구조, 행정이념 및 광역행정과 밀접한 관계를 갖고 있다.

(1) 행정기능과의 관계

자치구역의 넓이는 자치단체가 수행하는 행정기능과 밀접한 관련성이 있다. 이처럼 구역과 기능의 관련성에 대하여는 영국의 지방자치구역위원회(Local Government Boundary Commission)가 1948년에 발표한 보고서에서 적절히 지적되어 있다. 즉, 구역과 기능을 분리해서 논한다는 것은 잘못이며, 양자는 동시에 다루어야 한다고 주장하고 있다.[17] 이는 각 행정기능은 그에 알맞는 구역의 범위가 있기 때문이다. 예를 들면, 치안이나 질서유지와 같은 행정기능은 좁은 구역을 필요로 하지만 개발계획이나 주민복지에 관한 사무는 넓은 구역을 요구한다.

그러므로 자치단체가 수행하는 기능이 달라짐에 따라 구역도 가변적임을 특질로 한다. 특히, 오늘날 고도의 산업화와 도시화가 진전됨에 따라 도시를 중심으로 하는 새로운 기능의 요구는 행정구역의 창설을 불가피하게 한다. 그러나 자치단체가 집행하는 행정기능은 그 수가 워낙 많고 그 성질이 다양하기 때문에 보편적인 자치구역을 설정하는데 어려움이 있다. 따라서 구역을 정할 때에는 모든 행정기능을 통합·분석하여 타당한 규모를 택해야 하는데 최근에는 행정의 역할이 질서나 치안유지와 같은 소극행정에서 개발사업이나 복지행정과 같은 적극행정으로 변함에 따라 구역의 광역화에 대한 요구가 증대되고 있다.[18]

(2) 계층구조와의 관계

자치구역과 자치단체 계층구조와의 관계는 먼저 통솔범위의 원리(span of control principle)가 적용된다. 즉, 다층제를 택할 경우, 구역의 범위는 좁아지고 단층제일수록 그 범위가 넓어진다. 그 이유는 단층제의 경우에는 동일한 지역을 관할하는 자치단체가 하나뿐이고 자치단체가 수행하는 기능의 수는 많기 때문이다.

다음, 구역과 계층과의 관계는 주민과의 대화행정 및 민주행정기능과 광역적인 조정·개발행정기능의 요구와 밀접한 관계가 있다. 즉, 대화행정과 민주행정의 요구는 자치단체의 구역이 기초적, 소규모적일 것을 요구한다. 그러나 조정·개발행정을 위해서는 자치단체의 구역이 광역적일

---

17) W. A. Robson, *The Development of Local Government*(London: George Allen and Unwin, 1953), pp. 49~59.

18) 李圭煥, 전게서, p. 397.

것을 요구한다. 따라서 기초자치단체의 구역과 중간자치단체의 구역을 설치하여 2층제로 하거나, 또는 그 이상의 계층을 두게 된다. 그러므로 자치단체의 구역문제는 지방행정 계층구조의 문제와 분리해서 생각할 수 없다.[19]

(3) 행정이념과의 관계

자치구역은 민주성과 효율성이라는 행정이념과도 관계가 있다. 민주성을 추구하는 경우, 행정수행과정에 주민참여를 유도하고 민의를 수렴하여 주민의 일상생활에 관련된 행정기능을 수행할 것을 요구하게 된다. 따라서 소규모적인 자치구역을 선호하게 된다. 반면에 효율성을 추구하는 경우, 재원의 확보와 규모의 경제(scale of economy)를 달성하기 위해서 광역화를 지향하게 된다.

그러나 자치구역은 주민의 자기교육을 위한 수단인 동시에 효율적인 행정운영을 위한 도구가 되어야 하기 때문에 자치구역은 공동사회적인 기초에 입각해야 하는 동시에 행정의 능률적인 집행을 위한 것이어야 한다. 따라서 지방행정의 민주성과 능률성의 조화를 이루도록 자치구역을 정해야 한다.

(4) 광역행정과의 관계

광역행정이란 지방자치의 구역을 넘어 넓은 지역에 걸쳐서 일정한 행정사무를 종합적·통일적으로 처리하려는 행정기능의 수행방법을 말한다. 지방행정은 원칙적으로 당해 지방자치단체의 자치구역내에서만 수행되어야 하기 때문에 광역행정은 일종의 월권행정행위가 된다. 그러나 최근에는 교통·통신이 발달하고, 전국이 1일 생활권화함에 따라 주민의 생활권역이 확대되고, 지역개발이나 복지행정에 대한 수요증대로 지방행정기능의 영향이 광역도시권에까지 미치게 되었고, 그 결과 자치구역을 재조정해야 할 필요가 생겼다.

그러나 자치구역을 변경한다는 것은 많은 비용이 소요될 뿐만 아니라

---

19) 崔昌浩, 「地方自治制度論」(서울: 三英社, 1994), pp. 213~214.

행정상 혼란을 초래하게 되고, 주민의 저항과 반발에 직면하게 된다. 따라서 자치구역을 그대로 두고 새로운 행정수요에 대처하기 위해서 강구된 것이 광역행정체제이다. 특히, 급격한 도시화와 더불어 광역도시권이 형성되는 대도시에서는 중심도시와 주변지역의 자치단체간에 광역행정의 수요가 더욱 증가하고 있다. 이러한 광역행정수요에 대처하기 위해서는 특별구(ad hoc authority)나 연합제도(metropolitan federation)와 같은 새로운 광역행정체제를 모색하거나 편입(annexation), 합동(consolidation), 분리(separation)와 같은 구역변경에 의해 자치구역 그 자체를 확대·개편하는 방법을 강구해야 하는 것이다.

제3절 계층구조와 자치구역의 실태

Ⅰ. 계층구조의 현황과 문제점

1. 계층구조의 현황

우리나라의 지방행정계층구조는 1949년 지방자치법이 공포됨에 따라 행정계층과 자치계층의 2원적 운영을 해오고 있다. 1949년 지방자치제 도입이후 전국의 행정구역 및 조직은 특별시·도-시·군·구-읍·면·동으로 3층제의 행정구조를 형성하였으며, 자치계층은 광역자치단체로서 도와 기초자치단체로서 시·읍·면의 2층구조를 이루었고, 서울특별시에 대해서만 대도시인 동시에 수도라는 특수성을 고려하여 단층제로 하였다.

그러나 농촌지역에는 국가의 보통지방행정청으로서의 지위와 도의 하급행정기관으로서의 2중적 지위를 가지는 군이 도와 읍·면 사이에 설치되어 있었으므로 실제로는 3층제의 구조를 가지고 있었던 것이다. 군수는 주민이 선출한 것이 아니라 국가공무원으로 임명하였으므로 3층제라고 할지라도 모든 자치단체의 기관을 민선에 의하도록 하는 순수한 의미의 3층제에 비하여 관치적 색채가 매우 농후하였다. 또한 기초자치단체인 시·읍·면과 중간자치단체인 도간의 권한과 기능의 차이를 전혀 인정하지 않았고, 도시지역자치단체(시)와 농촌지역 자치단체(읍·면)간의 기능상의 구별도 하지 않았다.[20] 이와 같이 중앙정부-도-시·군-읍·면간의 기능배분이 매우 불분명하였기 때문에 2층제의 단점에서 설명한 바와 같은 2중 3중의 행정과 감독이 이루어지게 되었다. 또한, 국가사무중에서 자치단체에 위임되는 사무의 경비도 국가가 부담하지 않고 자치단체에게 전가하였고, 지방의회의 권한 행사에 혼란과 모순을 야기하는 등 지방자치의 원활한 운영을 크게 저해하였다.[21]

1961년 5.16군사혁명 이후 읍·면은 지방자치단체로서 재정·인력·행정 운영능력의 미흡이라는 이유로 1961년 9월 1일 「지방자치에 관한 임시조치법」에 의거하여 지방자치단체의 자격을 상실하였고 대신 군이 지방자치단체로 됨으로써 계층구조는 도-시·군의 2층제가 되었다.

1963년에는 대도시행정의 능률적 운영을 위해 직할시제가 도입되어 부산시가 처음으로 도로 부터 분리되어 도와 동격의 법적 지위를 갖는 직

[그림 III.3.6] 우리나라의 계층구조(2012년 1월 현재)

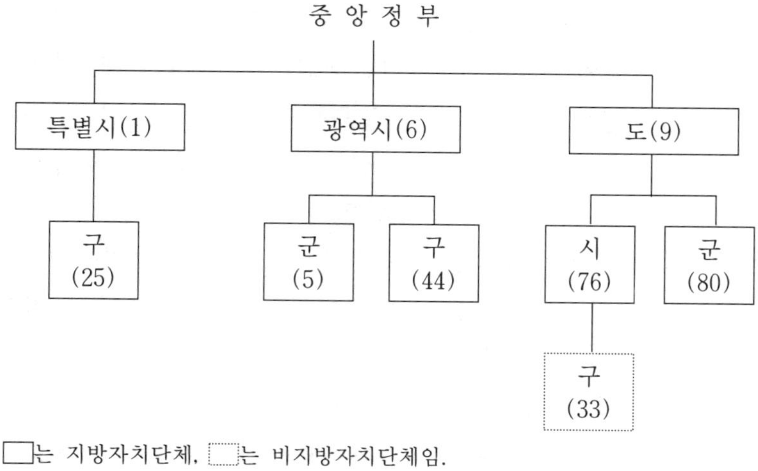

주 : □는 지방자치단체, ⬚는 비지방자치단체임.

20) 구 지방자치법은 다만 「지방자치단체는 지방의 공공사무와 법령에 의하여 그 단체에 소속된 사무」(제3조 제2항) 및 「시·읍·면장에게 위임」된 사무(제102조)를 처리한다고 일괄적으로 규정하였을 뿐 자치단체간의 권한과 기능을 전혀 구별하지 않았다.

21) 鄭世煜, 전게서, pp. 413~414.

할시가 되었고, 그후 1981년에 대구시와 인천시, 1987년 광주시, 1989년에 대전시, 1997년 울산시가 광역시로 승격되었다.

1988년 개정된 「지방자치법」에 의해 우리나라 지방자치단체 계층구조는 상급자치단체로서 특별시·광역시·도와 기초자치단체로서 시·군·자치구가 인정되어 2층구조를 전국에 걸쳐 통일되었다(그림 Ⅲ.3.6 참조). 다만, 지방행정계층은 시·도-시·군·자치구-읍·면·동의 3계층구조를 이루고 있으나 인구 50만 이상인 시의 경우, 구를 두어 도-시-구-동의 4층 구조의 행정계층이 되고 있다.

2. 계층구조의 문제점

현행 우리나라 지방자치계층구조는 2층제를 채택하고 있는 바, 이는 다음과 같은 긍정적인 면을 가지고 있다.[22]

첫째, 시·도 및 시·군·자치구의 2층제는 복잡·다양한 행정기능의 분업적 처리에 적합한 제도이다. 광역단체인 시·도는 광역적·통일적·보완적 사무를 담당하고, 기초단체인 시·군·자치구는 이들 광역단체와 경합되지 않는 보다 주민과 일상적으로 관련되는 사무를 처리한다.

둘째, 특별시·광역시의 구를 자치단체화하여 주민의 행정참여를 확대하고, 주민이 도시정부에 보다 쉽게 접근하도록 하였다. 인구 100만 이상인 특별시·광역시는 광역단체인 시청만으로 주민의사를 행정에 수렴한다는 것이 현실적으로 대단히 어려운 일이다.

셋째, 자치능력이 미약한 읍·면 대신 시·군 및 자치구를 기초자치단체화함으로써 지방자치기능이 제대로 발휘될 수 있도록 하였다. 이는 오늘날 외국에서 시도하고 있는 기초자치단체의 광역화 추세에 부합된다.

한편, 우리나라에는 자치 2계층 외에 행정보조계층이 1~2개나 있어 결과적으로 지방행정계층이 과다하여 여러 가지 폐해를 자아내고 있다.[23]

첫째, 주민과 자치단체간의 관계가 소원하다. 즉 기초자치단체라는 것

---

22) 崔順植, 「現代地方自治論」(서울: 尙文社, 1988), pp. 97~99.

23) 崔昌浩, "地方行政 階層構造 改編을 통한 自治區域과의 調和," 「國會報」(國會事務處, 1994, 7월호), pp. 127~128.

이 원래 주민의 일상생활문제를 직접 처리하기 위한 자치단체인데, 이러한 기초자치단체와 주민 사이에 구·읍·면·동·리 등이 중첩적으로 개재함으로써 기초자치단체와 주민간의 직접적인 접촉이나 대화·협조가 저해되고 있는 것이다.

둘째, 중간계층은 단순한 중계·경유기관화하고 있다. 원래 각 지방행정계층간에는 역할의 분담이 뚜렷해야 하는데, 계층수가 많다 보니 중간계층들은 상위계층에서 내려오는 명령이나 지시를 단순히 하위계층에 이첩해주거나, 하위계층에서 올라오는 보고나 건의를 단순히 상위계층에 전달해주는 경우가 많은 것이다.

셋째, 상·하 계층간의 중복행정이 행해지고 있다. 즉, 지방행정의 계층구조는 각 계층간 업무 분담과 분업화를 그 전제로 하는 것인데, 우리나라의 경우 종래의 각 법령들이 최근의 지방분권화 지향에 따르지 못해 사무의 지방이관이 잘 안되고 있는 데다가, 지방이 담당하고 있는 사무의 성격(고유·위임사무)도 모호하며, 또한 지방의 사무처리에 대한 상급계층의 감독이 중첩적으로 행해지고 있다. 특히 말단의 지방행정계층에서는 그 감사 대비에 여념이 없는 실정인 것이다.

넷째, 행정의 지체와 낭비가 일어나고 있다. 즉, 하나의 문서를 처리하려면 복잡한 과정을 거쳐야 하는 것인데, 지방행정의 계층수가 많다 보면 이러한 문서처리의 과정이 각 계층에서 계속 반복해서 이루어져야 하기 때문에 막대한 시간과 노력과 비용이 소요되게 되는 것이다. 한 건의 문서가 중앙에서 시발하여 도→군→읍·면→리에 이르고, 다시 읍·면→군→도를 거쳐 중앙에 도달하려면 상당한 시간이 걸리는 것이 우리의 실정인 것이다.

다섯째, 행정의 파생업무가 기하급수적으로 창조되고 있다. 즉, 중앙에서 지시 1건이 하달되면 이것이 각 계층을 따라 관할구역수로 나누어지면서 계속 건수가 급증하여 말단에 이르고, 그것이 다시 말단에서 기안과 보고를 거듭하면서 중앙에 이르다 보면 문서의 파생수가 놀라울 만큼 늘어나는 것이다. 거기에다가 각 지방행정계층이 상급계층의 지시량에다가 이른바 자체계획량을 가산하여 침소봉대격으로 지시하면서 그 시행시한을 단축할 때에는 말단계층의 업무량은 무척 증가하게 되는 것이다.

여섯째, 상·하계층간의 의사전달에 왜곡현상이 일어나고 있다. 즉, 중앙의 시책이나 지침이 여러 계층을 거처 주민에 이르는 과정에서 시책이나 지침의 오해와 왜곡이 발생하며, 반대로 지역의 실정이나 주민의 의사가 여러 계층을 거쳐 중앙에 이르는 과정에서 수많은 장애가 발생하는 것이다.

이상과 같은 문제점 해결을 위한 그 개편대안으로 2층제의 계층구조는 그대로 두면서 ① 주민이 보다 지방정부에 쉽게 접근할 수 있도록 현재의 군의 규모를 축소하여 군의 수를 늘리며, ② 도의 규모도 행정능률향상과 주민편의를 감안하여 도의 수를 늘리는 것이 필요하다고 주장하는 학자도 있다.[24]

Ⅱ. 자치구역의 현황과 문제점

1. 자치구역의 현황

2012년 1월 현재 우리나라의 자치구역은 서울특별시, 부산·대구·인천·광주·대전·울산 등 6개 광역시와 9개 도를 포함하여 16개 시·도와 74개 시, 85개 군, 69개 자치구를 포함하여 228개의 기초자치단체와 그 아래 33개 구, 216개 읍, 1,198개의 면, 2,068개 동의 지방행정구역으로 나누어져 있다(표 Ⅲ.3.1 참조).

16개 시·도 자치단체의 면적과 인구의 분포를 보면, 1개 시·도당 평균면적은 6,263.2km^{2}이고, 인구는 3,170.9천명이다. 7개 특별시·광역시만을 보면 1개 광역도시자치단체의 평균면적과 인구는 각각 770.1km^{2}와 3,317.7천명이고, 최고와 최하간의 범위는 면적의 경우, 최고 울산, 최하 광주로 각각 1,060.0km^{2}와 501.2km^{2}로 배 이상의 차이를 나타내고 있다. 인구의 경우, 최고 서울 10,249.7천명과 최하 울산 1,135.5천명으로 약 9.3배의 차이를 나타내고 있다(표 Ⅲ.3.2 참조).

---

24) 김안제교수는 현재의 91개 군을 210개로, 현재의 9개 도를 22개로 늘리는 것을 제시하고 있다. 김안제, "地方行政階層構造 및 行政區域의 改編方向,"「地方行政構造改編에 관한 討論會論文」(行政改革委員會, 1988. 7), pp. 24~41.

〈표 Ⅲ.3.1〉 전국 행정구역 현황

(2012년 1월 현재)

구분 / 시도별	시·도·구					읍·면·동				면적(㎢)	인구(명)	세대
	계	시	군	구 자치	구 일반	계	읍	면	동			
총계	228	74	85	69	33	3,482	216	1,198	2,068	100,211.78	50,734,284	20,033,142
서울	25	-	-	25	-	424	-	-	424	605.21	10,249,679	4,192,752
지방계	203	74	85	44	33	3,058	216	1,198	1,644	9,960.657	40,484,605	15,840,390
부산	16	-	1	15	-	214	2	3	209	768.43	3,550,963	1,381,257
대구	8	-	1	7	-	139	3	6	130	883.68	2,507,271	940,770
인천	10	-	2	8	-	145	1	19	125	1,032.41	2,801,274	1,077,563
광주	5	-	-	5	-	94	-	-	94	501.24	1,463,464	549,105
대전	5	-	-	5	-	77	-	-	77	539.97	1,515,603	566,324
울산	5	-	1	4	-	56	4	8	44	1,060.00	1,135,494	412,561
경기	31	27	4	-	20	545	32	109	404	10,170.01	11,937,415	4,579,405
강원	18	7	11	-	-	193	24	95	74	16,866.39	1,536,448	648,649
충북	12	3	9	-	2	154	15	88	51	7,433.26	1,562,903	627,006
충남	16	8	8	-	2	213	25	145	43	8,629.92	2,101,484	868,768
전북	14	6	8	-	2	241	14	145	82	8,067.23	1,874,031	754,479
전남	22	5	17	-	-	295	33	196	66	12,252.46	1,914,339	805,051
경북	23	10	13	-	2	331	36	202	93	19,029.56	2,699,195	1,114,901
경남	18	8	10	-	5	318	20	177	121	10,533.16	3,308,765	1,286,678
제주	0	-	-	2	-	43	7	5	31	1,848.85	576,156	227,873

자료: 행정자치부, 「행정구역 및 인구현황」(2012.1.1).

〈표 Ⅲ.3.2〉 시·도 자치구역의 면적과 인구

구분	면적(㎢)			인구(千人)		
	평균	최고	최하	평균	최고	최하
7개 시	770.13	울산: 1,060.00	광주: 501.24	3,317.7	서울:10,249.7	울산: 1,135.5
9개 도	10,331.33	경북: 19,029.56	제주:1,848.85	3,056.7	경기:11,937.4	제주: 576.2
16개 시도	6,263.24	경북: 19,029.56	광주: 501.41	3,170.9	경기:11,937.4	제주: 576.2

자료: 한국도시행정연구소, 「지방행정구역연감(2012)」.

〈표 Ⅲ.3.3〉 시 구역의 면적과 인구

(2012년 1월 현재)

구 분	시수	면적(㎢)			인구(千人)		
		평 균	최 고	최 하	평균	최 고	최 하
전국	74	518.44	안동 1,521.82	구리 33.30	308.5	창원 1,091.881	계룡 42,942
경기	27	265.37	포천 826.48	구리 33.30	430.5	수원 1,088,489	과천 71,955
강원	7	686.34	삼척 1,186.48	속초 105.42	159.0	원주 320,536	태백 50,172
충북	3	673.43	충주 983.67	제천 153.45	336.0	청주 661,946	제천 13,689
충남	8	592.34	공주 940.37	계룡 60.70	194.9	천안 571,377	계룡 42,942
전북	6	516.39	남원 752.64	전주 206.03	255.4	전주 645,894	남원 87,455
전남	5	505.16	순천 907.44	목포 50.12	209.8	여수 292,750	나주 88,243
경북	10	976.79	안동 1,521.82	경산 411.76	214.3	포항 517,088	문경 76,727
경남	8	530.50	밀양 798.57	통영 239.17	349.6	창원 1,091,881	밀양 109,329
제주	2	924.42	제주 977.98	서귀포 870.87	219.0	제주 422,790	서귀포153,36

자료: 한국도시행정연구소, 「지방행정구역연감」(2012).

한편, 74개 보통시의 구역을 보면, 시당 평균면적은 518.4㎢이고, 평균 인구는 308.5천명이다. 면적의 차이는 1,521.8㎢의 안동시와 33.3㎢의 구리시간의 1,488.5㎢이다. 인구는 1,091.9천명의 창원시와 42.9천명의 계룡시간 1,049천명의 차이를 나타내고 있다. 시의 경우, 자치구역의 면적과 인구 등 규모에 있어 심한 격차를 보이는 것은 도시화의 상이한 속도에서 오는 불가피한 현상도 있지만 무리한 도·농통합시의 출현에 기인한 것이다(표 Ⅲ.3.3 참조). 다만 시·도간에 면적 대 인구의 비율이 일정하지 못한 것은 구역조정의 여지를 나타내고 있는 점이다.

보통시의 면적과 인구의 격차를 경기도내에 있는 27개 시를 중심으로 살펴보면, 시 간 면적 및 인구의 불균형성을 볼 수 있다. 즉, 시 간의 격차가 심할 뿐만 아니라 대부분이 면적과 인구의 비례성을 갖고 있지 못한 것이 특색이다.

이러한 면적과 인구의 非比例性은 〈표 Ⅲ.3.4〉의 평균치와 표준편차로부터 다음과 같은 변이도를 산정해 보면 쉽게 알 수 있다.

먼저 시별 면적, 인구 및 인구밀도의 표준편차를 구해 보면 다음과 같다. 〈표 Ⅲ.3.4〉를 근거하여 돗수분포표에서 평균과 표준편차를 다음 공식으로 정산해 보면,

〈표 Ⅲ.3.4〉 경기도 시별 면적·인구 및 인구밀도

(2012년 1월 현재)

구 분		면적 (㎢)	인구	인구밀도	설치년도
수 원		121.02	1,088,489	8,994.29	1945. 8.15
성 남		141.72	979,323	6,910.27	1973. 7. 1
의정부		81.54	430,400	5,278.39	1963. 1. 1
안 양		58.46	615,642	10,531.00	1973. 7. 1
부 천		53.44	872,452	16,325.82	1973. 1. 1
광 명		38.50	355,226	9,226.65	1981. 7. 1
동두천		95.66	96,253	1,006.20	1981. 7. 1
안 산		149.06	715,586	4,800.66	1986. 1. 1
과 천		35.86	71,955	2,006.55	1986. 1. 1
구 리		33.30	194,881	5,852.28	1986. 1. 1
평 택		457.38	426,886	933.33	1986. 1. 1
오 산		42.77	193,892	4,533.37	1989. 1. 1
시 흥		135.03	401,149	2,970.81	1989. 1. 1
군 포		36.36	287,294	7,901.38	1989. 1. 1
의 왕		54.01	149,607	2,769.99	1989. 1. 1
하 남		93.04	148,397	1,594.98	1989. 1. 1
고 양		267.41	961,239	3,594.63	1992. 2. 1
남양주		458.06	578,485	1,262.90	1995. 1. 1
양 주		310.22	200,360	654.86	2004.10.19
화 성		689.48	516,765	749.50	2001. 3. 1
이 천		461.29	204,566	443.47	1996. 3. 1
용 인		591.34	896,044	1,515.28	1996. 3. 1
파 주		672.61	378,790	563.16	1996. 3. 1
광 주		430.96	265,222	615.42	2001. 3. 1
포 천		826.48	157,967	191.13	2004.10.19
안 성		553.47	180,743	326.56	1998. 4. 1
김 포		276.65	256,994	928.95	1998. 4. 1
계(27시)		7,164.99	11,624,607	–	–
평 균		265.37	430,541	1,622.42	–
전국	계(74)	39,401.44	23,444,100	–	–
	평균	518.44	308,475	595.0	–

자료: 행정안전부,「지방자치단체 행정구역 및 인구 현황」(2012. 3).

$$a = \frac{\sqrt{(x_1 - M)^2 f_1 + (X_2 - M)^2\ f^2 \cdot \cdots \cdot (x_n - M)^2}}{\Sigma fi}$$

면적의 표준편차 $a = \sqrt{\frac{1,543,093.23}{27}} = 239.06$㎢ $(M = 265.37)$

인구의 표준편차 $a = \sqrt{\frac{2,410,850,993,574}{27}} = 298.8$천명 ($M = 430.5$명)

인구밀도의 표준편차 $a = \sqrt{\frac{542,542,128.02}{27}} = 4,482.7/\text{km}^2$ ($M = 1,622.4$)

여기서 시별 면적, 인구 및 인구밀도의 변이도를 산정해 보면,

변이도 $= \frac{a}{M}$ (a: 표준표차, M: 평균값)

면적의 변이도 $= \frac{239.06}{265.37} = 0.9009$ 인구의 변이도 $= \frac{298.8}{430.5} = 0.6941$

인구밀도의 변이도 $= \frac{4,482.7}{1,622.4} = 2.7630$

[그림 Ⅲ.3.7] 경기도 시별 면적과 인구와의 비교

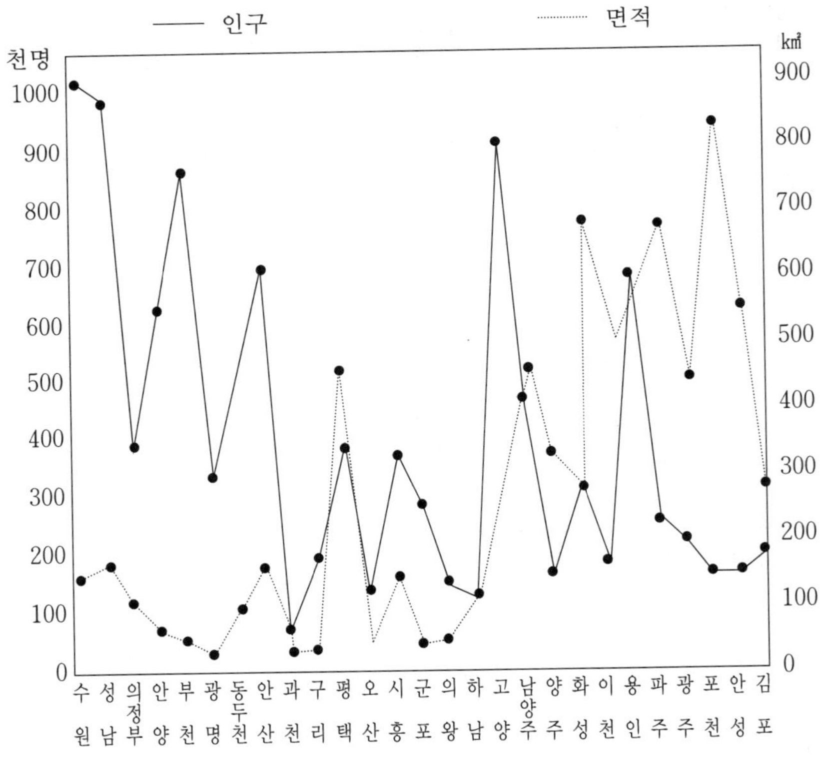

계산 결과는 면적과 인구의 변이도가 0.90과 0.69이며, 특히 인구밀도의 변이도는 2.76으로 가장 높게 나타나고 있다. 변이도가 0에 가까울수록 시별 면적이나 인구의 불균형성이 낮다는 점을 감안할 때 경기도의 경우 인구밀도가 가장 불균형적이고, 면적 및 인구 역시 시별 불균형이 격심함을 알 수 있는 바, 이는 시 간에 면적 대 인구비율의 비비례성을 나타내는 것으로 지방자치단체의 구역조정의 여지를 설명하고 있는 것이다(그림 Ⅲ.3.7 참조).

2. 자치구역 문제점

경기도내에 있는 지방자치단체의 예에서 볼 수 있는 바와 같이 시의 자치구역면적 및 인구에 있어 심한 격차를 보이는 것은 도시화 과정에서 나타나는 불가피한 현상뿐만 아니라 통합시의 출현의 결과이다. 그러나 주민편의나 행정능률상 많은 문제점을 내포하고 있을 뿐만 아니라 지방자치의 원활한 운영을 확보하기 위해서도 이에 대한 점진적인 개선이 이루어져야 한다.[25]

(1) 사회 · 경제적 변화와의 괴리

현행 자치구역이 가지는 가장 근본적인 문제점은 역시 그동안 급속히 진행되었던 사회 · 경제적 변화가 제대로 반영되지 않고 있는 점이라 하겠다. 지난 수십년간 우리 사회는 여러 가지 면에서 큰 변화를 경험하였다. 산업화와 도시화로 인해 인구의 도시집중화 현상이 가속화되어가고 교통과 통신의 발달로 거리와 공간 개념도 크게 달라졌다.

이러한 변화에 비해 우리의 자치구역 또는 행정구역은 그 골격이 갖추어진 조선조 말과 일제 초기부터 큰 변화없이 그대로 유지되어 왔다.

이와 같이 자치구역 또는 행정구역이 이러한 변화들을 제때 반영하지 못하고 있는 가운데 다음과 같은 문제점이 나타나고 있다.

첫째, 생활권과 행정권의 괴리현상이 생긴다. 교통의 발달로 생활권과

25) 李圭煥, 전게서, pp. 406~408 ; 金秉準, 「韓國地方自治論」(서울: 法文社, 1998), pp. 62~64.

경제권이 하나의 자치단체를 넘어 확장될 뿐만 아니라 지역개발 등으로 단일 자치단체의 경계가 되고 있는 하천과 같은 것이 오히려 새로운 생활권의 중심이 되기도 한다. 이러한 경우 하나의 생활권을 둘·셋의 자치단체가 관할하게 되니 생활권 중심의 종합적인 행정이 제대로 이루어질 수 없게 된다.

둘째, 도시화와 산업화로 인해 광역행정수요가 급증하고 있지만 기존의 정태적인 행정구역 또는 자치구역으로서는 이에 부응하고 있지 못하고 있다. 이러한 광역문제와 관련하여서는 자치구역이 부적절하여 자치단체들이 이들 문제에 대해 적절히 대응하지 못하는 경우, 이들 문제에 대한 처리기능이 중앙정부의 기능으로 넘어가게 된다는 점에 유의할 필요가 있다. 즉, 분권적 체제의 유지를 위해서도 구역을 재조정하여 이들 문제에 보다 적절히 대응할 필요가 있다는 것이다.

셋째, 도시화와 산업화는 또한 도시지역과 농촌지역의 경제력 격차를 심화 시켜 농촌자치단체와 도시자치단체간의 심각한 재정적 불균형을 초래하고 있다. 지방세의 중요한 세원인 지가의 가격상승폭이 비교가 되지 않을 만큼 차이가 발생함으로써 생기는 당연한 현상이라 하겠다.

(2) 자치단체간의 불균형

자치단체간 인구와 재정력의 격차가 너무 크다는 점이다. 인구와 산업이 유입되는 도시 및 그 주변의 자치단체와 인구가 유출되고 있는 농촌지역 자치단체간의 불균형이 심화되어 개발능력상의 차이를 심화시킴으로써 형평성의 문제를 야기할 뿐만 아니라 행정효율까지 떨어뜨리고 있다는 것이다. 즉, 농촌지역 자치단체는 인적·물적 자원이 부족해 주민의 개발욕구에 부응하지 못하는 문제가 발생하고, 대도시 지역 자치단체는 그 거대성으로 인해 근접성(accessibility)과 대응성(responsiveness) 및 행정적 효율성을 상실하게 된다는 것이다.

같은 광역자치단체인 서울특별시와 광역시간에도 인구 및 재정력·예산규모면에서 큰 차이가 나타나고, 도의 경우 경기도와 제주도간에는 비교를 할 수 없을 정도이다. 즉 2012년 양 도간의 인구를 비교해 보면, 11,937.4천명 대 576.2천명으로 20배 이상의 차이가 남을 알 수 있다.

(3) 오버 바운디드 시티(over-bounded city)현상

지방자치단체의 관할구역이 합리적 기준을 결한 채 획정되고 있어 많은 지방도시의 경우 행정구역이 시가화구역보다 훨씬 더 넓은 오버 바운디드 시티 현상을 나타내고 있다. 지금까지의 관례로 보면 도시적 형태를 갖춘 인구 2만이상의 면은 그 구역전체가 읍으로 승격되고, 그 읍이 인구 5만이상으로 증가하면 시로 승격되어 왔다. 그러므로 시의 행정구역은 시가화된 중심부 지역만이 아니라 주변의 농촌지역까지도 포함하고 있어 행정기능의 2원성을 면치 못하고 있다. 따라서 도시행정의 전문화를 확보하지 못하며, 또한 잔여군부(rump county)의 문제도 야기시키고 있다. 도·농 통합시는 더욱 이러한 문제를 야기시키고 있다.

(4) 구역의 부적시성

교통·통신의 발달과 경제거래권의 확대 및 그 동안 많은 대규모 토목공사는 주민생활권의 다원화와 광역화를 초래하였다. 그 결과 종래의 행정구역과 상치하는 생활권이 나타나고 있다. 이처럼 행정구역이 주민의 생활권과 일치하지 않는 곳이 많아 주민의 일상생활에 불편을 주고 있다.

교통·통신과 같은 사회간접시설의 확충에 따라 시장권과 취업권 및 문화·교육권 등이 기존의 행정구역과 상이한 곳이 발생함에 따라 주민의 공간적 활동영역이 다원화되고, 이로 인한 시간적 및 경제적 손실은 물론 행정상의 애로를 초래하는 경우가 많아지고 있다.

(5) 구역의 광역성과 구역규모의 불균형

우리나라의 기초자치단체인 시·군은 그 구역이 너무 광역화되어 있어 주민통제와 주민참여에 애로가 있다. 지방자치는 원래 주민들의 혈연적·지연적 공동체의식에 입각하여 그들의 공동 관심사를 자율적으로 처리해 나가는 것을 의미하기 때문에 될 수 있는 한 소규모적인 것이 바람직하다. 그러나 우리나라의 시·군은 자치구역이라기보다는 행정편의를 위해서 형성된 것이기 때문에 그 면적이 지나치게 넓어 자치구역으로서의 특성을 살리지 못하고 있다. 따라서 지방자치의 뜻을 살리고 풀뿌리 민주주의(grass-root democracy)를 실현하기 위해서는 그 규모가 조정되어야 한다.

자치단체의 행정구역의 규모불균형은 더욱 심각한 문제라 하겠다. 광역시간에도 울산(1,060.0㎢)과 광주(501.2㎢)가 심한 불균형을 나타내지만 일반시의 경우 안동시(1,521.8㎢)와 구리시(33.3㎢)는 45배 이상의 차이를 보여주고 있다. 자치단체간의 이러한 불균형은 지역발전의 불균형을 초래하여 국토의 균형발전을 저해할 뿐만 아니라 주민들간의 지역감정을 더욱 악화시킬 우려가 있다. 따라서 자치단체의 능력의 균형화를 위해서도 자치구역은 개편되어야 한다.[26]

제 4 절 계층구조와 자치구역의 발전방향

Ⅰ. 개편의 필요성과 기준

1. 개편의 필요성

오늘날 자치단체의 계층구조와 자치구역개편은 다음과 같은 이유에서 필요하다. 먼저 계층구조개편의 필요성을 보면 다음과 같다.

서울특별시와 광역시는 종전의 경우 단층제이던 것이 현행 법령상으로는 농촌 지역에서와 같이 2층제를 채택하고 있다. 그러나 실제로는 대도시에는 3층제(시-자치구-동), 기타 지역에도 3층제(도-시-동 또는 도-군-읍·면)내지 4층제(도-시-구-동 : 부천시, 수원시 등)로 되어 있다. 이처럼 경유기관이 많아 중앙정부와 주민간의 의사소통이 신속하지 못하며, 그 내용이 왜곡되기 쉽다. 또한 행정계층간에 권한과 책임이 불명확하여 하급기관에 대한 지시와 감독이 중첩되는 등 많은 문제점이 제기되고 있다.

따라서 행정계층의 수를 되도록 줄여 자치단체의 계층구조에 일치하게 함으로써 2층제에 입각한 우리나라의 지방자치제도가 그 실효를 거둘

---

26) 李圭煥, "시·군의 도· 농 통합적 행정구역 개편방안,"「國會報」제333호 (國會事務處, 1994, 7), pp. 117~123 참조.

수 있도록 할 필요성이 있는 것이다.

다음은 구역개편의 필요성을 지적해보면 다음과 같다.[27]

① 산업화·도시화에 따르는 사회·경제적 여건의 변화에 적응하기 위하여 필요하다. 산업화와 도시화는 우리의 생활환경과 구조를 완전히 변화시켰으며, 과학·기술의 발달, 교통·통신의 발달, 간척사업, 댐건설, 공업단지의 건설, 신도시개발, 고속도로의 건설 등 일련의 건설사업은 국토공간의 지리적 조건과 경제권·생활권을 크게 바꾸어 놓았다. 따라서 조선시대 말기와 일정시대 초기의 농업사회에 바탕을 둔 구역을 새로운 국토공간구조에 맞도록 개편하여야 한다.

② 공동사회와 공동생활권의 확대라는 상반되는 요구를 적절히 조화시킬 수 있는 규모로 기초자치단체의 구역을 개편할 필요가 있다. 예컨대, 통일전 서독에 있어서는 본래 공동사회를 그 단위로하여 구역을 설정하였으므로 그 구역이 좁고 인구도 적었으나, 생활권의 확대추세에 적응하기 위하여 그 구역을 넓게 개편하였던 것이다. 1975년에 개편된 영국의 디스트릭트(district)도 인구 60,000명의 규모로 구역이 확대되었다.

이런 관점에서 보면 우리나라 기초자치단체인 74개 시의 평균인구 308.5천명과 평균면적 518.4km^2, 85개 군의 평균인구 66.2천명과 평균면적 665.94㎢로 구역은 너무 넓고 인구가 과다하다고 생각된다. 따라서 공동사회의 요구에 따라 기초자치단체 특히, 군 구역의 축소개편론이 제기되고 있다.

③ 교통·통신이 별로 발달되지 않았던 시대에는 구역설정기준이 산맥·하천·해안선 등이 많이 이용되었으나 오늘날에는 오히려 개발구역(development area)을 중심으로 설정기준을 정할 필요가 있다. 종합적인 개발대상이 되고 있는 지역을 중심으로 구역을 개편함이 필요한 것이다. 이러한 의미에서 구역개편은 특히, 광역적 개발기능을 담당하는 광역자치단체에 요망된다.

④ 지방자치단체간에 구역 및 인구규모면에서 격차가 심할 경우에 이를 완화하기 위하여 필요하다. 자치단체간의 구역 및 인구규모의 격차는

27) 鄭世煜, 전게서, pp. 755~757; 李圭煥, "도·농 통합형 구역개편과 계층구조," 「行政區域改編의 方向」(韓國地方自治學會 研究發表會, 1994, 4), pp. 54~62.

재정규모의 격차에도 반영되어 지역개발의 불균형을 낳게 됨으로써 결국 국토개발의 불균형을 심화시키는 요인이 되고 있다. 그러므로 자치단체의 행·재정능력의 격차를 완화시키기 위해서도 구역은 적정규모로 개편되어야 한다.

⑤ 지방행정의 계층구조가 3-4층제로 다층화되어 있을 때에는 주민참여 내지 통제가 제약되고, 행정의 지체 및 비능률을 초래하는 등 많은 문제점이 제기되므로 계층의 수를 줄이기 위하여 구역개편이 필요하다. 우리나라는 자치계층구조는 2층제로 되어 있으나 행정계층구조는 3-4층제로 되어 있어 다층제 문제점이 심각하게 나타나고 있으므로 도·시·군의 규모와 군의 하급조직의 구역을 개편하여 지방행정계층을 줄여야 할 것이다.

2. 개편의 기준과 원칙

우리나라의 지방행정계층은 현재 주민과 중앙정부사이에 3-4개의 행정계층이 존재하는 다층구조하에서는 중간계층의 형식화와 행정지시 및 보고의 다원화 그리고 행정과정의 지연화를 초래하고 있다. 또한 대도시의 행정구역이 합리적 기준을 결한채 획정되어 있어 광역도시권이 형성되어있는 대도시로서는 관할구역의 다양화현상(jurisdictional proliferation)과 이로써 제기되는 기능적인 분화현상(functional fragmentation)이 나타나고 있다. 이에 그 개편의 기준과 원칙을 제시하면 다음과 같다.[28]

먼저, 개편의 원칙으로는 첫째, 능률성의 제고 둘째, 민주성의 확보 셋째, 실현성의 보장 등을 들 수 있다.

28) 개편기준으로 밀스포(A.C.Millspaugh)는 ① 공동체의식, ② 행정능률 ③ 행정편의 ④ 재원조달단위를 지적하고 있다. Arthur C. Millspaugh, *Local Democracy and Crime Control*(Washington D.C.: Brooking Inc, 1936), pp. 71~78; 리프만(V.D. Lipman)은 면적·인구 등의 양적 척도, ② 지리와 전통, ③경제 및 사회생활의 거점을 지적하고 있다. V.D. *Lipman, Local Government Area*(Oxford: Basil Blackwell, 1949), pp. 305~331; UN보고서는 ① 기초자치단체인 경우 주민의 공동체 의식과 주민참여, ② 중간자치단체의 경우 행정사무의 능률적 처리에 기준을 두어야 한다고 지적하고 있다. 최창호, 「지방자치구역론」(서울: 법문사, 1981), p. 81; 김안제교수는 ① 등질성, ② 거점성, ③ 계획성을 개편의 기준으로 보고 있다. 김안제, 「환경과 국토」(서울: 박영사, 1982), p. 519 참조.

다음, 개편의 기준으로는 첫째, 주민편의성의 제고(① 정부정책과 주민과의 밀착, ② 주민일상생활비용의 최소화, ③ 주민활동의 당해지역화) 둘째, 행정능률의 향상(① 행정사무처리시간의 신속, ② 행정예산의 절약, ③ 상·하행정기관간의 협력조정용이) 셋째, 지역개발의 촉진(①규모의 경제, ② 지역단위의 제기능 통합, ③ 지방단위 투자 가능성의 확실) 등을 고려해서 개편하여야 한다.

Ⅱ. 계층구조와 자치구역 정립

1. 개편의 기본방향

계층구조와 자치구역의 발전방안을 모색하기 위한 개편의 기본방향을 다음과 같이 설정코자 한다.

① 현행의 문제점을 시정하고, 장래 행정수요에 부응하는 체제로 개편한다.

② 주민과 정부간 하의상달이나 상의하달이 신속하고, 정확성을 기할 수 있도록 한다.

③ 행정의 능률성과 개발의 효율성 및 국민생활의 편의성이 확보되도록 개편한다.

④ 가능한 지방정부의 관할구역과 주민생활권이 일치되도록 행정구역을 개편한다.

⑤ 대도시의 특수성에 입각한 자주적 개발이 가능하도록 계획된 변화를 유도할 수 있는 체제로 개편한다.

2. 계층구조와 자치구역의 발전방향

현행 계층구조와 행정구역의 문제점을 시정하고 장래 행정수요에 부응하기 위해서는 대폭적인 개편이 바람직하다. 그러나 정치·행정적 및 경제·사회적 혼란이 야기되리라는 우려에서 최소화할 수밖에 없을 것이다. 예컨대, 행정계층구조가 너무 다층화되어 있는 문제점을 시정하기 위해서 읍·면을 폐지한다고 할 때, 먼저 도와 시·군의 구역조정이 불가피하며 이는 많은 시간과 경비가 소요되기 때문에 현실적으로 실현되기 어려운 제약이 따른다.[29)]

지방자치제가 실시된 현실에서 자치단체 상호간의 구역조정이나 계층구조개편이 대단히 어렵다는 것이 사실이지만 주민의 편의증진과 지역개발의 투자성 제고 및 자치행정의 효율성 확보라는 관점에서 공동의 이익을 위해 상호협의에 따라 부분적인 구역조정은 계속적으로 이루어지도록 해야 할 것이다.

따라서 원칙적으로 현재의 제도를 그대로 유지하고 지방자치단체의 경우 다음의 사항으로 개편토록 한다.[30)]

대도시의 특수성을 고려한 개발의 촉진과 도시행정의 효율성을 확보하기 위하여 대도시 특례화에 있어, 특별시 및 광역시의 경우는 현 체제를 그대로 유지하되 광역시 승격의 인구기준을 100만 이상으로 법정화하도록 하고, 인구 50만 이상 100만 이하의 대도시는 도의 지시, 감독, 보고 등에서 상당부분을 배제하는 가칭 특정시 또는 지정시 제도를 도입함이 타당할 것으로 생각한다.

또한, 도시를 중심으로 교통망의 확장으로 생활권이 팽창되고 있는 현실에서 행정구역의 확대로 도시생활권과 행정권을 접근시킴이 바람직하다. 그러나 지나친 행정구역의 확장은 주변지역의 저항과 전통성을 해친다는 점을 감안하여 도시권행정체제를 모색함으로써 광역행정문제를 해소토록 한다.

자치구역과 행정구역을 일치시키며, 계층구조를 2층제로 하기 위해서는 먼저 읍·면·동부터 폐지하고, 군과 도의 행정구역도 축소하는 방향으로 개편되어야 할 것이다.

---

29) 金安濟, "地方自治行·財政制度의 懸案과 發展戰略," 「第2回 國家發展 및 政策開發을 위한 政·學 세미나 發表論文」(社團法人 世界平和敎授 協議會, 1989. 4), pp. 4~5.

30) 李圭煥, "道區域의 合理的 改編方案," 「地方行政硏究」 제8권 제2호, (韓國地方行政硏究院, 1993), pp. 79~84 참조.

제 4 장 지방자치단체의 기구와 공무원제도

제 1 절 지방행정기구의 본질

Ⅰ. 행정기구의 의의

지방정부에 있어서 지방자치단체장으로서 시·도지사와 시장·군수·구청장은 자치단체의 행정사무를 처리하기 위하여 필요한 행정기구를 설치하는데, 이때 행정기구란 보조기관, 소속행정기관 및 하부행정기관을 망라한다. 여기서 보조기관이란 자치단체의 장에 소속하여 그 직무를 보좌하는 공무원을 의미한다. 소속행정기관은 농촌지도소, 지방공무원교육원, 보건소, 사업소 및 소방서 등이 있으며, 하부행정기관은 보통시에 있어서 구와 동이 이에 해당된다. 시·도에 있어서는 대통령령이 정하는 범위 안에서 당해 지방자치단체의 조례로 정하고, 시·군 및 자치구에 있어서는 대통령령이 정하는 기준에 따라 시·도지사의 승인을 얻어 당해 지방자치단체의 조례로 정한다.

그러나 각 자치단체는 행정기관의 설치운영에 있어 그 합리화를 도모하고 다른 자치단체와의 균형을 유지하여야 한다.[1] 이를 위해서 자치단체의 내부기구를 실제로는 중앙정부에서 엄격하게 규제하고 있는 것이 사실이다. 이처럼 자치단체의 내부의 기구를 법령이나 중앙정부의 승인으로서 통제하고 있는 경우에는 기구의 팽창을 방지하고 전국적인 균형을 유지한다는 장점도 있다. 그러나 지역적 특수성을 무시한 획일적인 행정기

1) 地方自治法 제112조 제1항 및 2항 참조.

구가 되기 쉽고 자치단체의 조직의 자율성인 자치조직권을 침해한다는 점에서 단점이 되고 있다.[2)]

Ⅱ. 외국의 지방행정기구

1. 영국의 지방행정기구

영국의 지방행정은 런던광역시(GLA)를 제외하고는 많은 자치단체가 의회중심이기 때문에 지방의회는 의결기관인 동시에 집행기관이므로 의회와 대립되는 의미에서 시장이나 집행기관은 없다. 물론 지방자치단체를 대표하는 시장이나 의장이 없는 것은 아니나 이들의 지위는 어디까지나 상징적인 것에 불과하고, 행정상의 실권은 지방의회의 분업기관인 각 상임위원회에서 행사하고 있다.

시장은 1년 임기로 의회에서 선출하는데, 의회의장과 치안판사를 겸할 수 있고, 모든 위원회의 위원으로서 그 의회에 참석할 수 있다.

(1) 전체회의(The Whole Council)

지방의회는 지방자치단체의 주요한 정책을 결정하며, 지방정책을 지도・감독하고 있다. 지방의회는 보통 100명 이상의 의원으로 구성되는 큰 회의체이므로 회의운영의 효율을 기하기 위하여 많은 기능을 위원회에 위임하고 있다. 대부분의 지방의회는 연간 4~5회 정도의 회의를 개최하고 있어 각 행정실・국의 행정수행상황을 충분히 지도・감독할 수 없으므로 상임위원회가 실질적인 의사결정・지도감독기능을 수행하고 있다.

전체회의는 대체로 다음과 같은 기능을 수행하고 있다.[3)]

---

2) 자치단체의 내부구조를 이와 같이 중앙정부에서 엄격하게 규제하고 있는 나라는 거의 없다. 일본에 있어서는 도・도・부・현에 대하여는 국(도), 부(도・부・현)의 명칭과 분장사무를 지방자치법에 예시하고 도・도・부・현의 조례로서 국・부의 수를 증감할 수 있게 하는 동시에 국・부 이하의 조직은 전적으로 지사의 권한에 위임하고 있고, 시정촌의 部・課組織은 전적으로 市・町・村의 條例에 맡기고 있다. 李圭煥, 「都市行政論」(서울: 녹원출판사, 1995), p. 413; 정재길 역, 「일본의 지방자치법」(서울: 교학사, 1992), p. 98; 조창현, 「한국지방자치단체의 자주조직권에 관한 연구」(명지대학교 대학원 박사학위 논문, 1998), pp. 44~45.

① 분과위원회가 결정한 정책사항의 승인
② 분과위원회가 보고한 각종 정책제안에 대한 검토와 분석
③ 분과위원회에 위임할 정책·사무의 결정

(2) 분과위원회(The Committee)

분과위원희는 지방의회의 위임을 받아 각 행정실·국의 업무집행에 관한 의사결정과 지도·감독을 위하여 기능별로 설치된 지방의회 내의 소규모 회의체이다. 이들 위원회는 사실상 지방자치단체의 대부분의 사무를 처리하고 있다.

위원회의 종류로서는 교육, 사회복지, 주택, 환경위생, 경찰, 기획관리 등의 상임위원회(standing committee)가 있으며, 이들 위원회 이외에도 공해, 하천관리 등 특정문제를 다루기 위한 특별위원회(special committee), 또는 두 개이상의 자치단체에 걸친 업무를 협의·처리하기 위한 공동위원회(joint committee) 등이 있다.

상임위원회의 수는 자치단체에 따라 다양하나 대체로 도(County)와 대도시권(Metropolitan Areas)내 시에서는 10개 내외이며, 비대도시권(Non-Metropolitan Areas)내 시에서는 6개 내외이다. 각 위원회의 위원수는 보통 15~25명 규모이며, 이 가운데 2/3는 의원이며, 나머지 1/3은 전문지식을 가진 비의원으로 구성된다.

위원회는 주 1회 정도의 정기회의를 개최하며, 필요한 경우 임시회의를 개최할 수 있다. 위원회는 각 행정실·국장으로부터 자치단체의 예산과 사업계획에 대하여 보고를 받고 이에 대한 지시를 한다.

영국의회의 위원회 및 실무부서의 기구표를 보면 [그림 Ⅲ.4.1]과 같다.

(3) 행정실·국(Departments)

위원회에서 결정한 정책·사업·지시 등을 집행하는 행정실·국이 존재하고 있으며, 각 행정실·국에는 직업공무원이 배치되어 사무를 처리하고 있다.

---

3) 崔順植, 「現代地方自治論」(서울: 尙文社, 1988), pp. 150~160.

지방자치단체의 행정기구는 자치단체간에 상당한 차이가 있으나 일반적으로 각 행정실·국의 정점에 수석행정관(chief executive officer)을 두어, 각 실·국의 업무를 종합적으로 조정·지도하도록 하고 있으며, 그 밑에 각 실·국장(directors)이 있어 소관업무를 지도·감독하고 있다. 행정실·국장은 소관업무를 집행하는데 위원회와 매우 밀접한 협조관계를 유지하고 있으며, 그 임면에 있어 당해 위원회의 의사가 강하게 반영되고 있다.

영국의 지방자치단체의 내부행정조직에 있어서 주요한 특징의 하나는 각 행정실·국간의 독립성이 강하고 또한 이들간에 공무원의 인사이동이 거의 없다는 점이다. 따라서 각 실·국간의 업무를 조정하는데 많은 어려움을 겪게 되므로 이를 시정하기 위하여 1960년대부터 지방행정의 종합조정기능을 강화할 목적으로 정책기획위원회와 각 행정실·국장을 조

[그림 III.4.1] 영국의 시 행정기구

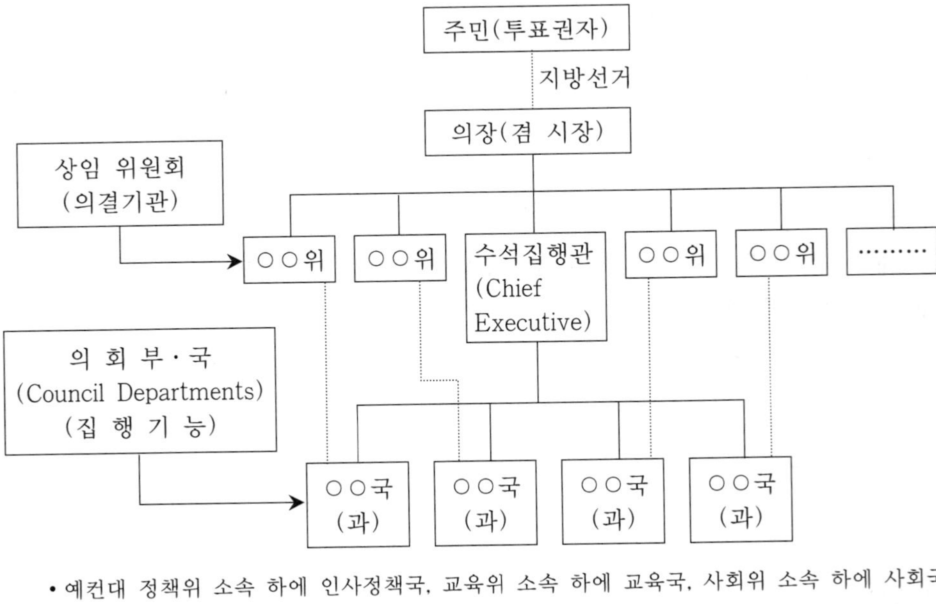

• 예컨대 정책위 소속 하에 인사정책국, 교육위 소속 하에 교육국, 사회위 소속 하에 사회국으로 되어있음.
• 수석집행관, 부서 책임자는 해당 상위에서 임명.
자료: 정세욱, 「지방행정학」(서울: 법문사, 1998), p. 434.

정 · 지도하는 수석집행관제도를 채택하여 운영하고 있다.

2. 프랑스의 지방행정기구

(1) 도(departement)정부

도는 중앙행정을 위한 국가의 하부조직인 동시에 지방사무의 중심체라는 이중성을 가지며, 행정구조로는 도의회와 집행부를 갖는다. 도의회는 각 소군(Canton)에서 한명씩 선출하는데, 위원수는 도내 소군의 수에 따라 20명 내지 68명으로 규모가 다양하나, 이들의 임기는 6년이고, 3년마다 반씩 개선한다. 또 도의원은 국회의원이나 콤뮨의원을 겸하고 있는 경우가 많고, 도의회는 의원 중에서 상원의원을 선출하여 보낸다.[4] 도의회의 기능은 도의 조례의 제정, 기타 도행정에 관한 사항의 제정, 예산안의 심의, 도유재산과 토지의 처분에 대한 승인, 도 기금지출의 승인 등 다양하다.

(2) 콤뮨정부

프랑스의 지방행정에서 가장 기초적인 자치단위인 콤뮨은 국가헌법에 명시된 법인체이며, 기초적 지방행정단위로서, 그 규모와 인구에 관계없이 동일한 기구를 가지고, 유사한 기능을 수행한다. 콤뮨의 권한과 의무는 법률로서 규정되어 있는데, 그 법적근거는 1957년의 콤뮨행정법(Code of Communal Administration)이다. 콤뮨행정법에 의해 모든 콤뮨은 콤뮨헌장(The Communal Charter)을 가지고, 이에 따라 콤뮨을 대표하는 기관으로서는 콤뮨의회와 콤뮨 장인 시장(maire)이 있다. 의원수는 콤뮨에 따라 9 내지 37인으로 다양하나, 임기는 다같이 6년이다. 다만, 의회를 구성하는 방법으로는 인구 12만 이상의 콤뮨은 비례대표제에 의하여 의원을 직선하고, 인구 12만 이하인 콤뮨은 단순 다수득표제에 의하여 직선으로 의원을 선출하는 차이가 있다. 이렇게 구성되는 콤뮨의회가 당해 콤뮨에 관한 사항을 규정하는 다양한 권한을 행사하는데, 그러한 사항으로는 재정에

---

4) 프랑스의 의회는 양원제를 채택하고 있는데, 하나는 Assemblee National(하원)이고, 다른 하나는 Senat(상원)이다. 전자는 국민의 직접 · 보통 · 평등 비밀선거에 의하여 공선하고, 후자는 콤뮨 수에 의하여 도의회에서 간접적으로 선거된다.

관한 사항, 인사에 관한 사항, 콤뮨재산의 관리에 관한 사항, 공공시설에 관한 사항, 공공복지에 관한 사항이 포함된다. 이러한 제기능을 수행하기 위해 시의회는 필요에 따라 상임위 및 특별위원회를 설치한다. 각 시의회는 의원 중에서 의장을 선출하는데, 선출된 의장은 당해 콤뮨의회를 대표한다.

콤뮨 장은 법적으로 콤뮨행정을 책임지는 자치단체의 장으로서[5] 그는 성격상 정책입안자 겸 콤뮨의 정치적 지도자일 뿐만 아니라 경찰권도 가지는 강력한 존재이다. 더욱이 프랑스와 같은 대륙형의 지방자치제에서는 의결기관보다는 집행기관이 보다 강력한 권한을 갖는 우월적 존재임이 특징적이다. 그 이유는 ① 콤뮨의회가 협소한 범위 내에서의 지방사무에 관여하는데 지나지 않음에 반하여, 집행기관은 국가의 위임사무와 지방사무를 동시에 집행하고 있다는 점과, ② 지방자치단체의 집행기관은 국가적 성격과 지방적 성격을 이중적으로 겸유하고 있다는 데 있다.

따라서, 콤뮨 장은 콤뮨의회의 의결사항을 집행하는 이외에 도의 위임사무를 처리하므로, 그의 업무는 고유사무와 위임사무로 구분된다. 고유사무로는 연중 예산안의 작성과 제출, 의회에 회부할 안건의 작성, 공공사업의 실시와 감독, 직원의 감독, 시민의 보호, 복지와 위생, 질서유지 등의 업무가 포함되는데 이러한 자체사무를 집행함에 있어, 그는 콤뮨의회에 대하여 책임을 지는데, 이런 위임사무의 범주에는 통계·기타 정보의 수집, 병역명부의 작성, 호적사항, 법률의 공시, 증명서 발급과 조회에 대한 회신, 건축허가 등의 인가사무 등이 포함된다.

각 콤뮨에는 콤뮨 장밑에 사무총장을 두어 콤뮨의 일반행정을 지휘·감독한다. 따라서 각 콤뮨의 부·국장은 사무총장에게 보고하는 동시에, 사무총장은 그의 행정활등에 대해 직접 콤뮨 장에게 책임을 지게 함으로써, 콤뮨의 행정은 콤뮨장-사무총장-부·국장의 계통을 취하고 있다. 그러나 중앙집권적 지방행정체제하에서 지방자치단체의 자치적 기능이 제한되어 있는 프랑스에서는 콤뮨에 대한 도의회 및 도지사로부터 여러

---

5) 프랑스의 지방제도의 경우, 콤뮨의 장은 콤뮨의회에서 간선하고, 도의 수장인 지사는 중앙정부에 의해 임명된 오랜전통을 가지고 있었다. 그러나 지방제도의 개혁에 따라 하위단위 콤뮨 장은 의회간선제로 유지되고 있으나, 파리시를 비롯한 대도시의 시장과 도지사의 선임은 住民直選制로 변경되어 있다.

가지 엄격한 통제가 가해지고 있다.

우선, 콤뮨 장은 인사권과 재정권을 가지는 강력한 존재임에도 불구하고, 그는 도의회에 대하여 책임을 진다. 즉, 도의회는 재정의 결산을 검토하고, 도의회에 대한 월권행위여부를 조사하기도 한다. 이 결과에 따라 도의회는 도지사에게 콤뮨 장에 대한 강권을 발동하도록 요청할 수 있고, 또 콤뮨 장의 위법적 결정사항이 취소되도록 행정재판소에 재소할 수도 있는데, 이 결과는 심한 경우 사무의 정지가 명해지던가, 내무장관에 의해 콤뮨 장의 직이 파면될 수도 있다. 전자의 경우 상급기관의 통제와 재정적 통제의 형태를 취하고 있다. 즉, 상급기관이 요구한 사항의 수행을 콤뮨이 거부 또는 무시할 경우, 상급기관은 콤뮨의 영향력을 발할 수 있고, 더욱이, 콤뮨 장의 장기결근 또는 업무상의 태만이 있을 때에는 콤뮨 장의 직을 정지시키는 권한이 부여되어 있다.

또한, 콤뮨의회의 의결 모두 그 효력을 발하기 전에 그 합법성 여부를 검토받기 위해 도지사에게 제출되며, 콤뮨의 입법이 국법이나 행정규정에 저촉될 경우, 상급기관은 이에 이의를 제기하고, 콤뮨 장이 의안을 새로 제출하게 하거나, 또는 그 입법을 무효화할 수 있다.

행정적 통제의 또다른 측면으로는 지방자치단체의 인사에 있어 지방공무원의 모집을 위한 시험을 국가가 관장함으로써, 또 충분한 이유가 있을 때에는 콤뮨의회 자체를 해산시키기도 함으로써, 국가는 지방자치단체에 대해 강력한 통제력을 행사하고 있다. 재정적 통제로서는 자치단체는 예산집행에 대하여 도의 출납관이나 회계검사원의 요청이 있을 때, 언제나 회계검사에 응하지 않으면 안되고, 또 심계원(Cour des Comptes)에 의해 매년 정기적으로 결산을 검사받게 된다.

(3) 파리시 정부

위와 같은 지방제도를 가지는 프랑스의 지방행정에 있어, 파리시의 경우를 실례로 보면 다음과 같다.

파리시는 지방행정체제하의 상급관청인 세느도내의 여러 콤뮨 중 최대콤뮨으로 되어 있다. 세느도에는 자체의 도의회가 있음은 물론, 도의 기초단체로 도내 각 콤뮨과 콤뮨의회와 함께 파리시 정부가 병설되어 있다.

세느도는 도정을 위해 도의회 이외에 경찰권을 맡는 경시청이 있고, 경시청장의 임명권은 내무부장관이 가진다. 특히 종례에는 내무부장관에 의해 임명되는 세느도의 지사가 파리시의 시장도 겸하게 하였다가, 1977년의 제도개혁에 의해 파리시장을, 그리고 1982년부터는 도지사도 직선하게 되었다.[6)]

파리시의 의결기관인 시의회는 임기 6년의 공선의원 90명으로 구성되며, 그 운영은 주로 위원회 방식을 활용한다. 의장은 매년 의회에서 선출하나, 실권이 별로 없고, 중요한 안권은 위원회에서 처리된다. 위원회는 상임위원회(재정, 경찰, 교육, 미술, 도로, 사회복지, 보건위원회 등), 특별위원회, 행정위원회 및 주로 광역행정문제를 처리하기 위해 시의원과 도의원의 혼성으로 구성하는 혼합위원회 등 4종이 있고, 이 이외에 재정위원회와 예산, 인사위원회가 별도로 조직되어 있다.[7)]

3. 독일의 지방행정기구

(1) 광역자치 단체

Kreis는 Gemeinde의 연합체인 동시에 그 자체가 지방자치단체로서, 그 구역 안에는 Kreisfreie Stadt(특별시)를 제외하고 많은 Gemeinde가 있다. 연방기본법에서는 Gemeinde는 모든 자치권을 보장받고 있는데 비하여, Kreis는 그러한 권한보장을 받지 못하고 있다. Kreis는 기초자치단체인 Gemeinde에 대한 보완적 역할을 행한다. Kreis는 지방자치단체인 동시에 국가의 하급행정기관이다. 따라서 Kreis는 연방 및 주의 위임사무도 처리한다.[8)]

Kreis의 사무는 의무적 사무와 임의적 사무로 구분된다.

의무적 사무로는 Gemeinde가 제1차적 권한을 가지는 사항을 제외한

---

6) 특히 이때까지 파리시장을 별도로 선거하지 않은 이유 중에 하나는 파리시나 시장의 권한비대를 우려한 때문인데 1975년에 와서는 새로이 파리시장을 직접공선하자는 주장에 따라 법 개정과 제도 개혁이 추진되었고, 1977년 3월 13일의 지방선거에서 150년만에 처음으로 파리시장선거가 실시되었다.

7) 한원택, 「지방행정론」(서울: 법문사, 1998), pp. 411~415.

8) 崔昌浩, 「地方自治學」(서울: 三英社, 1996), pp. 800~802.

공공질서유지, 중등 및 직업학교, 주택, 보건·위생, 각종사회보험 등을 들 수 있다. 임의적 사무로는 Gemeinde의 구역을 넘는 광역적 사무, Gemeinde의 능력으로서는 처리할 수 없는 분야의 관계된 보완적 사무, Gemeinde 사이의 조정적 사무가 있다. 광역적 사무로는 근교교통기관의 정비·경영, 에너지 및 용수의 배급 등을 들 수 있고, 보충적 사무로는 박물관, 도서관, 보육원, 병원, 폐기물 처리 등이 있으며, 조정적 사무는 주로 Gemeinde에 대한 재정적 원조의 형태를 취하고 있다. 그리고 Kreis의 내부조직은 주에 따라 다양하다. 그 유형은 Gemeinde의 경우와 대체로 비슷하다. Kreis에는 일반적으로 주민대표기관으로서 의결기관인 의회(Kreistag), 합의제 행정기관인 이사회(Kreisausschaβ), 집행기관으로서 국가의 행정관청도 되는 수장(Landrat) 또는 실질적인 집행기관인 관리인(Oberkreisdirektor) 등 여러 기관이 있다.

가. 의회(Kreistag)

소속 Gemeinde의 주민들에 의하여 선출된 의원에 의하여 구성되며, 그 의원중에서 선출되는 수장이 그 의장이 된다. 의원의 임기는 5년이다. 의회는 Kreis의 최고기관으로서 중요사항에 대한 기본적 결정을 행한다.

나. 이사회(Kreisausschaβ)

일반적으로 의회가 선출하는 의원 및 수장으로 구성되며, 임기는 의회의원의 그것과 같다. 이사회는 의회의 회의의 준비를 행하며, 관리인이 행하는 일상적 업무처리 및 의회가 배타적으로 보유하고 있는 권한 이외의 사항을 결정하는 권한을 가진다.

다. 수장(Landrat)

집행기관의 장으로서 의회 의장 및 이사회 장이 됨과 아울러 국가의 하급관청이 된다. 그 선임에는 주민직선방식(Bayern주), 의회선출방식(기타주), 주의회의 동의를 얻어 국가가 임명하는 방식(Schleswig-Holstein주), 주의회의 동의를 얻어 지사가 임명하는 방식(Schleswig-Pfalx주, Saarland 주) 등 여러 가지 방식이 있다.

라. 관리인(Oberkreisdirektor)

일반적으로 의회에 의하여 선출되는데, 그가 국가의 하급행정관도 되기 때문에 주 정부의 인준을 필요로 한다. 관리인은 의회에 출석하며 일상적 행정사무, 이사회에 의하여 위임된 사무, 의회와 이사회의 회의준비 및 결정사항의 집행의 업무를 수행한다.

(2) 기초자치단체

독일의 지방자치단체로서 게마인데(Gemeinde)는 연방기본법이 정하는 기초적 지방자치단체로서 광범위한 자치권을 보장받고 있다. Gemeinde 가운데 일정한 인구 이상의 도시적인 단체를 시(Stsdt)라고 호칭하고 있으나 그것은 법적 명칭이 아니다.

Kreis의 하급 자치단체인 Gemeinde와, Kreis로부터 독립한 Kreisfreie Stadt는 주로부터의 자치행정감독, 위임사무의 처리, 기능배분, 내부조직, Kreis에의 분담금지불 등에 있어서 차이가 있다. 일반적으로는 인구 4~8만이상의 Stadt가 Kreisfreie Stadt로 승격하나, 근래에는 각 주에서 인구 2만 정도의 Stadt에 대해서도 Kreisfreie Stadt에 유사한 지위를 부여하고 있어서 그 기준이 희미해지고 있다. Gemeinde는 가장 광범위한 기능을 수행하고 있는데, 즉 지역사회의 대부분의 사항을 관장하는 권한이 보장되고 있어서, ① 행정서비스의 제1차적 급부주체로서 주민의 교육, 사회, 교통·운수, 소방 등 광범위한 서비스 업무를 수행하고, ② 도로·가로수·공원 등 각종시설을 건설·유지·관리하며, ③ 토지이용계획·건축계획을 책정·실시한다. 뿐만 아니라 Gemeinde는 주로부터 많은 사무를 위임받아 처리한다. 이것은 Gemeinde가 국가적 통치기기구의 일환으로 존재하고 있음을 뜻하는 것이다. Kreis로부터 독립한 Kreisfreie Stadt는 Kreis와 Gemeinde의 기능을 함께 수행하기 때문에 그 소관은 더욱 넓다고 할 수 있다.

Gemeinde에는 전통적으로 의결기관과 집행기관이 명백하게 구별되지 아니한 것이 특색이다. 즉, 의결기관이 입법기능외에 집행기능을 동시에 수행하는 경우도 있고, 두 기관이 구별은 되지만 집행기관이 일정한 범위 안의 입법기능을 수행하는 경우도 있는 것이다.

독일 Gemeinde의 내부조직은 주에 따라 다양한 바, 그 유형을 정리해 보면 다음과 같다.

가. 이사회형(Magistravefassung)

주민에 의하여 선출되는 대의원회가 중요사항을 결정하고, 그 대의원회가 선출하는 의장으로서의 수장 밑에 명예직 · 겸임의 위원으로 구성되는 이사회(참사회: Magistrat)가 집행기능을 수행하는 형이다. 이사회 위원도 대의원회에서 선출하며 보통 6~12명이다. 현재는 Hessen주 및 Schleswig-Holstein주의 큰 Gemeinde와 Bremerhaven시에서만 이형을 채택하고 있다.

나. 수장형(Bürgermeisterverfassung)

의회에 의하여 선출되는 수장이 의회의 의장인 동시에 집행기관으로서 중요한 기능을 수행하는 형이다. 수장은 의회의 위법한 의결에 대하여 거부권을 행사할 수 있으며, 중앙정부로부터 위임된 사무도 집행한다. 현재는 Rheinland-Pfalz주 및 Saarland주와 Schleswig-Holstein주 및 Hessen주의 작은 Gemeinde에서 이 형을 채택하고 있다.

다. 남독일의회형(Süddeutsche Ratsverfassung)

법적으로는 평의회(Rat)가 입법기관인 동시에 집행기관인 형이다. 그러나 민선의 수장이 평의회 의장으로서 평의회의 명에 의하여 집행기관을 수행하며, 평의회의 위법한 의결에 대한 거부권, 긴급처분권 등 강력한 권한을 행사 한다. 현재 Bayern주 및 Baden-Württenberg주에서 이 형을 채택하고 있다.

라. 북독일의회형(Norddeutsche Ratsverfassung)

의결기관인 동시에 집행기관인 평의회와 평의회 의원의 호선에 의하여 선출되는 평의회 의장인 수장이 있으나, 실질적인 집행권은 평의회에 의하여 선출되는 관리인(Gemeindedirektor)이 있는 형이다. 현재는 Nordrhein-Westfalen주 및 Niedersachsen주에서 이 형을 채택하고 있다.

마. 총회형(Gemeindeversammlung)

주민으로 구성되는 총회가 입법기능과 집행기능을 함께 수행하는 형이다. 현재는 Baden-Württenberg주, Hessen주, Niedersachsen주 등 인구 200명이하의 Gemeinde에서 이형을 채택하고 있는데, 그 수는 점차 감소되어 가고 있다.

4. 미국의 지방행정기구

미국의 지방정부는 그 지방 자체의 헌법이라고 할 수 있는 시헌장(City Charter)을 가짐으로써 지방자치단체가 되는데, 이런 시헌장은 자치단체가 되고자하는 지방이 그 지방이 소속된 주 의회에 청원함으로써 얻을 수 있다. 이와 같이 각기 주 의회로부터 부여받은 시헌장에 따라 구성되는 미국의 도시정부는 위원회형(commission form) 또는 의회·지배인형(council·manager form)에 있어서는 시장(mayor)이라고 불리우는 지방자치단체의 장은 시의회의원 선거시 시장으로서 특정되어 선출되거나 의원의 호선에 의해 선출되고 있다. 이때 시장은 의회회의를 주재하고 당해 자치단체를 의전적으로 대표할 뿐 행정집행책임자는 아니며, 실질적인 행정집행은 행정 각 부국의 국장 또는 시지배인에 의하여 운영되고 있다.

그러나 시장·의회형(mayor·council form)에 있어서 자치단체장인 시장은 주민직선에 의하여 선출되며, 시장은 당해 자치단체를 대표하며 행정집행권한이 부여되고 있는데, 그 권한의 범위는 강시장형(strong mayor system)이냐 약시장형(weak mayor system)이냐에 따라 차이가 있다.

본문에서는 미국의 지방정부형태중 가장 많은 유형을 채택하고 있는 강시장·의회형으로서 뉴욕시의 행정기구를 고찰해 보고자 한다.

뉴욕시는 시장·의회제하의 강시장제(수석행정관형)를 택하고 있는 완전자치단체의 도시이다. 따라서 자치단체의 의결기관과 집행기관이 대립되어 있는데, 시의회는 임기 4년의 공선의원 35명으로 구성되어(35명의 의원 중 25명은 시내의 25개 주 상원의원 선거구에서 각 1명, 나머지 10명은 5개 구(Borough)에서 각각 2명씩 선출한다), 조례제정, 예산의 심의 및 결정 등 고유의 제한된 기능을 수행할 뿐 시정에 대한 포괄적인 권한은 시장 관장하의 수석행정관(또는 사무총장)이 행사한다.

시정의 행정체계는 시장→ 부시장→수석행정관→부·국장 선으로 되어있으나 핵심기구는 시 이사회(Board of Estimate)이다. 시 이사회는 시의 이사기관으로, 시정부의 재정, 과세, 특허, 지역제, 도시계획, 공공사업, 시유재산에 대한 정책을 결정한다. 이사회의 구성은 시장, 시의회의장, 회계검사관, 5명의 구청장을 포함하는 8명의 이사로 구성되며, 이들은 모두 임기 4년의 민선대표들이다. 시장은 이사회의 회장이 되며, 필요에 따라서는 이사회내의 각종 행정위원회를 설치할 수 있는 권한이 있고, 시의 모든 국장, 부장, 위원, 직원의 임명권이 있으며, 그의 보좌기관으로 2명의 부시장과 1명의 수석행정관을 둔다.

따라서 뉴욕시의 경우, 시정에 대한 권한과 책임이 이사회에, 그리고 최종적으로는 시장에게 집중되어 있으며, 그는 시의회의 의결에 대해 1차 거부권도 가지고 있다. 구청장은 공선대표이고, 이사회의 구성원이며, 구정을 위해 각종 자문위원회 등을 가지고 있으나 구청장의 행정권과 구의 자치권은 극히 제한되어 있어 청소, 위생, 보건관계 등 일반업무를 수행할 뿐, 구의 행정이 거의 시 본청에 의해 관장된다. 구청장의 주임무는 시 이사회의 이사로서 정책결정에 참여하는 활동이다.

다만, 뉴욕시에서 시장을 보좌하고 시정운영을 원활히 하기 위해 효율적으로 활용하고 있는 특징적인 것이 수석행정관 제도이다. 수석행정관 제도는 활용여하에 따라 막료기능과 계선기능도 하는 강력한 존재가 되거나 또는 일정한 분야에 대한 조언과 자문을 하는 막료적 역할에 그칠 수도 있는데, 뉴욕시에서는 수석행정관이 예산권이나 인사권을 가지지 않는 상황에서 다분히 시장의 보조역 내지 막료의 기능에 주력하게 되어 있다. 시헌장에 의하면 수석행정관은 시장의 감독하에 다음과 같은 기능을 할 것을 규정하고 있다.

① 법무국, 조사국, 예산국, 행정위원회를 제외한 시장 관할하의 전 행정기관을 통제하고 조정한다.

② 시장의 관할하에 있는 제 기관의 장을 회의, 토론, 보고의 목적을 위해 단독으로 또는 합동으로 소집한다.

③ 시장이 요구하는 연차보고와 그 이외의 시정보고를 준비한다.

④ 수석행정관의 기능을 수행하는데 필요한 정보와 보고를 시장관할하에 있는 전 기관으로부터 획득하고, 요구하며, 준비한다.

⑤ 시장의 관할하에 있는 제 기관이 직무에 관하여 계속적으로 연구한다.

⑥ 시장의 관할하에 있는 제 기관을 위하여 관리기준을 설정한다.

⑦ 시와 제 기관의 관리에 영향을 미치는 긴급한 정책결정에 관하여

분석하고, 시장에게 보고한다.

⑧ 행정관리문제에 대하여 시민단체 및 공공단체와 연락을 가진다.

5. 일본의 지방행정기구

일본의 지방자치단체의 조직은 크게 의결기관으로서의 지방의회와 집행기관으로서의 자치단체의 수장과 각종 위원회로 구성되어 있다. 도·도·부·현의 경우는 9개의 각종 위원회(교육위원회, 선거관리위원회, 감독위원회, 인사위원회, 공안위원회, 지방노동위원회, 수용위원회, 해구어업조정위원회, 내수면어장 관리위원회 등)를 갖고 있고, 시·정·촌은 5개의 위원회(교육위원회, 선거관리위원회, 인사위원회 또는 공평위원회, 농업위원회, 고정자산평가심사위원회)를 갖고 있다.[9]

그리고 도·도·부·현의 행정기구는 일본 지방자치법 제158조에 그 근거를 마련하고 있는바, 都는 10국, 道는 9부, 400만 이상의 인구를 갖고 있는 부·현은 8부, 250~400만 인구를 갖고있는 부·현은 8부, 100~250만 인구를 갖고 있는 부·현은 7부, 100만 이하의 부·현은 6부를 두도록 규정하고 있으며, 이들 부국의 명칭은 〈표 Ⅲ.4.1〉에 있는 바와 같다.

그러나 실제 동경도의 행정기구를 보면 지방자치법에서 규정하고 있는 10국 보다 더 많은 국으로 구성되어 있음을 알 수 있다. 즉, 현재 동경도는 지사와 3인의 부지사 아래 2실(기획심의실, 정보연락실), 2본부(동경프론티어 추진본부, 다마도시 정비본부), 1대학(도립대학), 1시장(중앙도매시장), 1원(양육원), 13국(총무국, 재무국, 주세국, 생활문화국, 도시계획국, 환경보전국, 복지국, 위생국, 노동경제국, 주택국, 건설국, 항만국, 청소국)으로 구성되어 있으며, 지방공영기업으로 교통국, 수도국, 하수도국이 있다.[10]

---

9) 崔昌浩, 전게서, p. 819.

10) 조창현, 전게논문, p. 44.

〈표 Ⅲ.4.1〉 도도부현 지사부국 기구의 기준

(일본 지방자치법 제158조 근거)

都	道	府·縣			
		400만 이상	250~400만	100~250만	100만 미만
10국	9부	8부	8부	7부	6부
총무국	총무국	총무국	총무국	총무국	총무국
재무국	민생부	민생부	민생부	민생부	민생노동부
주세국	위생부	위생부	위생부	위생부	위생부
민생국	상공부	상공부	상공부	상공부	상공부
위생국	농림부	농림부	농림부	농림부	농림부
노동국	노동국	노동국	노동국	노동국	토목부
경제국	토목부	토목부	토목부	토목부	
건설국	건축부	건축부	건축부		
건축국	개척국				
항만국					

자료: 「일본의 지방자치법령」, 1995 개정.

제 2 절 지방공무원제도의 본질

Ⅰ. 지방공무원의 개념

지방자치단체의 지방행정을 담당하는 인력을 지방공무원이라고 간단히 정의할 수 있으나 나라마다 지방행정의 범위와 수행방법이 다르기 때문에 그의 구체적인 내용은 상이하다. 즉, 지방행정이 관치인가 혹은 자치인가 혹은 자치행정에 있어서도 주민자치인가 또는 단체자치인가에 의해서 지방공무원의 개념이 달라진다. 이러한 지방공무원에 대한 정의는 국가공무원과의 비교를 통해서 명확하게 할 수 있다.[11]

11) 李圭煥, 전게서, pp. 428~429.

(1) 임명주체와 사무귀속 기준

임명주체와 사무귀속을 기준으로 하여 국가공무원과 지방공무원을 구별하는 견해가 있다. 즉, 국가에 의해서 임명되며, 국가사무를 집행하는 공무원이 국가공무원인 데 대하여, 지방자치단체에 의해서 임명되고 지방사무를 집행하는 공무원이 지방공무원이다. 그러나 지방공무원 중에는 임명이 아닌 선거에 의해서 선임되는 공무원도 있고, 지방공무원이 국가사무를 혹은 국가공무원이 지방사무를 처리하는 경우도 있기 때문에 이 견해는 타당성이 작다 하겠다.

(2) 임명주체 · 사무귀속 및 보수분담주체 기준

임명주체 · 사무귀속뿐만 아니라 보수분담주체를 기준으로 하여 국가공무원과 지방공무원을 구별하는 견해이다. 즉, 국가에 의해서 임명되고, 국가사무를 집행하며, 국가가 보수를 지급하는 공무원은 국가공무원이고, 행정자치부나 자치단체가 임명권을 가지고, 지방사무를 집행하며, 지방재정에서 그 보수가 지급되는 공무원은 지방공무원이다. 이 견해가 지방공무원과 국가공무원을 구별하는 종합적인 기준을 제공하고 있기 때문에 타당하다 하겠다.

Ⅱ. 지방공무원의 종류

이상과 같은 의미를 갖는 지방공무원은 국가공무원과 마찬가지로 그 종류는 크게 경력직 공무원과 특수경력직 공무원으로 구분된다.[12)]

(1) 경력직 공무원

실적과 자격에 의하여 임명되고, 특별한 사유가 없는 한 정년까지 그 신분이 보장받는 공무원으로서, 이에는 다음과 같은 공무원이 포함된다.

① 일반직공무원: 기술 · 연구 또는 행정일반에 대한 업무를 담당하는 공무원

12) 崔昌浩, 전게서, p. 516.

② 특정직공무원: 지방소방공무원과 기타 특수분야의 업무를 담당하는 공무원으로서 법률에 의하여 특정직 공무원으로 지정된 공무원

③ 기능직공무원: 기능적인 업무를 담당하는 공무원, 이들은 다시 그 담당하는 기능에 따라 여러 가지로 구분된다.

(2) 특수경력직 공무원

경력직 이외의 공무원으로서, 이에는 다음과 같은 공무원이 포함된다.

① 정무직공무원: ㉠ 선거에 의하여 취임하거나, 임명에 있어서 지방의회의 동의를 요하는 공무원, ㉡ 기타 법률 또는 조례에 의하여 정무직으로 지정된 공무원

② 별정직공무원: ㉠ 비서관, 비서, ㉡ 기타 법령에 의하여 별정직으로 지정된 공무원

③ 전문직공무원: 지방자치단체와의 채용계약에 의하여 일정한 기간 연구 또는 기술업무에 종사하는 과학자, 기술자 및 특수분야의 전문가

④ 고용직공무원: 단순한 노무에 종사하는 공무원

제 3 절 지방행정기구와 공무원실태

Ⅰ. 지방행정기구의 현황

지방자치단체의 행정기구에 대하여는 「지방자치법」 제6장 집행기관에서 규정하고 있으며, 이에 근거한 「지방자치단체의 행정기구와 정원기준 등에 관한 규정」에서 구체적 내용을 다루고 있다.

1. 지방자치단체장의 보조기관

지방자치단체의 보조기관에 대하여는 「지방자치법」에 규정하고 있으며, 사무를 분장하기 위하여 필요한 행정기구의 설치는 대통령령으로 정하는 기준에 따라 조례로 정한다.[13] 「지방자치단체의 행정기구와 정원기

준 등에 관한 규정」 제2조 8항에서 '보조기관'은 지방행정기관의 의사 또는 판단의 결정이나 표시를 보조함으로써 행정기관의 목적달성에 공헌하는 기관으로 정의되고 있다.[14)]

(1) 특별시 · 광역시 · 특별자치시 · 도 · 특별자치도

「지방자치법」 제110조에서는 특별시 · 광역시 및 특별자치시에 부시장, 도와 특별자치도에 부지사를 두고, 특별시의 부시장은 3명, 광역시와 특별자치시의 부시장 및 도와 특별자치도의 부지사는 2명(인구 800만 이상의 광역시나 도는 3명)을 초과하지 아니하는 범위에서 대통령령으로 정하고, 정무직 또는 일반직 국가공무원으로 보하되, 2명이나 3명을 두는 경우에 1명은 대통령령으로 정하는 바에 따라 정무직 · 일반직 또는 별정직 지방공무원으로 한다고 규정하고 있다. 부시장, 부지사는 지방자치단체의 장을 보좌하여 사무를 총괄하고, 소속직원을 지휘 · 감독하며, 자치단체의 장이 사고가 있는 때는 당해 자치단체의 부단체장이 그 권한을 대행한다.

「지방자치단체의 행정기구와 정원기준 등에 관한 규정」 제9조에서

〈표 Ⅲ.4.2〉 시 · 도의 실 · 국 · 본부 설치기준

구분		실 · 국 · 본부
서울특별시		14개 이내
광역시	인구 300만 이상~500만 미만	12개 이내
	인구 300만 이상~500만 미만	11개 이내
	인구 200만 미만	10개 이내
도	경기도	18개 이내
	인구 300만 이상 ~ 400만 미만	11개 이내
	인구 200만 이상 ~ 300만 미만	10개 이내
	인구 100만 이상 ~ 200만 미만	9개 이내

자료: 「지방자치단체의 행정기구와 정원기준 등에 관한 규정」, 제9조 제1항 별표 1.

13) 지방자치법 제112조 참조.

14) 위의 규정에는 지방자치단체장을 직접 보조하는 기관(의회사무기구 · 소속기관 · 합의제행정기관과 하부행정기관은 제외한다)인 '본청', 지방행정기관이 그 기능을 원활하게 수행할 수 있도록 그 기관장이나 보조기관을 보좌하는 역할을 하는 '보좌기관'에 대하여도 각각 규정하여 구분하고 있다.

실 · 국 · 본부의 설치기준을 정하고 있고, 구체적인 실 · 국 · 본부의 설치와 그 분장사무는 해당 지방자치단체의 조례로 정하도록 하였다.

시 · 도 본청에 두는 실장 · 국장 · 본부장 · 담당관과 과장 등 보조 · 보좌기관의 직급기준 등은 「지방자치단체의 행정기구와 정원기준 등에 관한 규정」 제10조에 규정하고 있다. 실 · 국장 중 기획업무를 담당하는 실장은 「국가공무원법」 제2조의 2에 따라 고위공무원단에 속하는 일반직 공무원으로 임명하되, 서울특별시는 실장 · 본부장 중 4명의 범위에서 1급 또는 2급 일반직 지방공무원으로 임명할 수 있으며, 실 · 국장 중 부산광역시는 1명은 2급, 2명은 2급 또는 3급으로, 경기도는 1명을 2급 또는 3급 일반직 지방공무원으로 임명하되, 담당관 중 기획업무를 담당하는 담당관에 대하여는 서울특별시는 2급 또는 3급 일반직 지방공무원으로, 부산광역시 · 경기도는 3급 일반직 지방공무원으로, 그 밖의 광역시 · 도는 3급 또는 4급 일반직 지방공무원으로 임명한다.

보조기관이나 보좌기관의 직급에 대해서는 〈표 Ⅲ.4.3〉에 열거된 직위 중 그와 유사한 직위의 직급기준을 적용하며, 서울특별시의 담당관 중 1명은 1급 일반직 지방공무원으로, 7명은 2급 또는 3급 일반직 지방공무원으로, 4명은 3급 일반직 지방공무원으로 임명할 수 있고, 부산광역시의 담당관 중 4명은 3급 일반직 지방공무원으로 임명할 수 있으며, 인천광역시의 담당관 중 1명(비상기획업무를 수행하는 담당관으로 한정한다)은 3급 또는 4급 일반직 지방공무원으로 임명할 수 있고, 경기도의 담당관 중 4명(1명은 비상기획업무를 수행하는 담당관으로 한정한다)은 3급 일반직 지방공무원으로, 1명은 3급 또는 4급 일반직 지방공무원으로 임명할 수 있으며, 강원도의 담당관 중 1명(비상기획업무를 수행하는 담당관으로 한정한다)은 3급 또는 4급 일반직 지방공무원으로 임명할 수 있고, 경기도의 행정(2)부지사 밑에 두는 소방담당 본부장은 소방준감으로, 소방담당 과장은 지방소방정으로 임명한다. 다만, 비상기획업무, 여성정책업무 및 공보업무를 수행하는 담당관의 경우에는 같은 직급 상당의 별정직 지방공무원으로 임명할 수 있다.

과장과 담당관의 직급기준에도 불구하고 서울특별시의 실 · 국 · 본부의 정책조정기능을 강화하기 위하여 서울특별시의 과장과 담당관은 5명

〈표 Ⅲ.4.3〉 시·도에 두는 보조·보좌기간의 직급기준 등

<table>
<tr><th>구분</th><th colspan="2">실·국장</th><th>과장</th><th>담당관</th><th>소방담당 본부장</th><th>소방담당 과장</th></tr>
<tr><td rowspan="2">서울특별시</td><td>실·본부장</td><td>국장</td><td rowspan="2">4급 일반직 지방공무원</td><td rowspan="2">4급 일반직 지방공무원</td><td rowspan="2">소방정감</td><td rowspan="2">지방소방 준감</td></tr>
<tr><td>1급 또는 2급 일반직 지방공무원</td><td>2급 또는 3급 일반직 지방공무원</td></tr>
<tr><td>부산광역시</td><td colspan="2">3급 일반직 지방공무원</td><td>4급 일반직 지방공무원</td><td>4급 일반직 지방공무원</td><td>소방감</td><td>지방소방 준감</td></tr>
<tr><td>대구·인천·광주·대전·울산광역시</td><td colspan="2">3급 일반직 지방공무원</td><td>4급 일반직 지방공무원</td><td>4급 일반직 지방공무원</td><td>소방준감 (인청광역시는 소방감)</td><td>지방소방 준감</td></tr>
<tr><td>경기도</td><td colspan="2">3급 일반직 지방공무원</td><td>4급 일반직 지방공무원</td><td>4급 일반직 지방공무원</td><td>소방감</td><td>지방소방 준감</td></tr>
<tr><td>도(경기도 및 제주특별자치도는 제외한다)</td><td colspan="2">3급 일반직 지방공무원</td><td>4급 일반직 지방공무원</td><td>4급 일반직 지방공무원</td><td>소방준감 (전라남도·경상북도는 소방감)</td><td>지방 소방정</td></tr>
</table>

자료: 「지방자치단체의 행정기구와 정원기준 등에 관한 규정」 제10조 제1항 별표 2.

의 범위에서 3급 또는 4급 일반직 지방공무원으로 임명할 수 있고, 10명의 범위안에서 과장이나 담당관 밑에 4급 일반직 지방공무원을 둘 수 있다.

(2) 시·군·구

「지방자치법」 제110조에서는 시의 부시장, 군에 부군수, 자치구에 부구청장을 두며, 그 정수는 1명으로 하고, 일반직 지방공무원으로 보하되, 그 직급은 대통령령으로 정하며 시장·군수·구청장이 임명하도록 하였다. 부시장, 부군수, 부구청장은 지방자치단체의 장을 보좌하여 사무를 총괄하고, 소속직원을 지휘·감독하며, 자치단체의 장이 사고가 있는 때는 당해 자치단체의 부단체장이 그 권한을 대행한다.

「지방자치단체의 행정기구와 정원기준 등에 관한 규정」 제13조에서 시·군·구 본청에 두는 실·국이나 실·과·담당관의 설치기준을, 제14

〈표 Ⅲ.4.4〉 시 · 군 · 구의 기구설치 및 직급기준

<table>
<tr><th colspan="3">구 분</th><th>실 · 국</th><th>실 · 과 · 담당관</th></tr>
<tr><td rowspan="12">시</td><td colspan="2">계룡시</td><td></td><td>11개 이내</td></tr>
<tr><td colspan="2">인구 10만 미만</td><td></td><td>17개 이내</td></tr>
<tr><td colspan="2">인구 10만 미만(지방자치법 제7조 제2항 제1호의 도농복합형태의 시)</td><td>2개 이내</td><td></td></tr>
<tr><td colspan="2">인구 10만 이상 15만 미만</td><td>2개 이내</td><td></td></tr>
<tr><td colspan="2">인구 15만 이상 20만 미만</td><td>3개 이내</td><td></td></tr>
<tr><td colspan="2">인구 20만 이상 30만 미만</td><td>4개 이내</td><td></td></tr>
<tr><td colspan="2">인구 30만 이상 50만 미만</td><td>5개 이내</td><td></td></tr>
<tr><td colspan="2">인구 50만 이상(구를 설치하지 아니한 시)</td><td>6개 이내</td><td></td></tr>
<tr><td colspan="2">인구 50만 이상 70만 미만(구를 설치한 시)</td><td>4개 이내</td><td></td></tr>
<tr><td colspan="2">인구 70만 이상 90만 미만(구를 설치한 시)</td><td>5개 이내</td><td></td></tr>
<tr><td colspan="2">인구 90만 이상 100만 미만(구를 설치한 시)</td><td>6개 이내</td><td></td></tr>
<tr><td colspan="2">인구 100만 이상(구를 설치한 시)</td><td>7개 이내</td><td></td></tr>
<tr><td rowspan="8">군</td><td colspan="2">울릉군 · 옹진군</td><td></td><td>10개 이내</td></tr>
<tr><td colspan="2">증평군</td><td></td><td>11개 이내</td></tr>
<tr><td colspan="2">인구 3만 미만</td><td></td><td>11개 이내</td></tr>
<tr><td colspan="2">인구 3만 이상 5만 미만</td><td></td><td>12개 이내</td></tr>
<tr><td colspan="2">인구 5만 이상 10만 미만</td><td></td><td>14개 이내</td></tr>
<tr><td colspan="2">인구 10만 이상 15만 미만</td><td></td><td>16개 이내</td></tr>
<tr><td colspan="2">인구 15만 이상</td><td></td><td>18개 이내</td></tr>
<tr><td colspan="2">인구 15만 이상(광역시 관할구역 안의 군)</td><td>3개 이내</td><td></td></tr>
<tr><td rowspan="6">구</td><td rowspan="2">특별시의 자치구</td><td>인구 50만 미만</td><td>5개 이내</td><td></td></tr>
<tr><td>인구 50만 이상</td><td>5개 이내</td><td></td></tr>
<tr><td rowspan="4">광역시의 자치구</td><td>인구 10만 미만</td><td>2개 이내</td><td></td></tr>
<tr><td>인구 10만 이상 15만 미만</td><td>3개 이내</td><td></td></tr>
<tr><td>인구 15만 이상 50만 미만</td><td>3개 이내</td><td></td></tr>
<tr><td>인구 50만 이상</td><td>4개 이내</td><td></td></tr>
</table>

자료: 「지방자치단체의 행정기구와 정원기준 등에 관한 규정」 별표 3.

조에서 실장 · 국장 · 담당관과 과장 등 보조 · 보좌기관 등의 직급기준을 규정하고 있다. 시 · 군 · 구의 일반행정담당 보조기관으로는 인구규모가 큰 경우는 부단체장-실 · 국-담당 · 과-제로 되어 있고, 인구규모가 작은 경우는 부단체장-실 · 과-계로 구성되어 있다.

시 · 군 · 구 본청의 실 · 국이나 과 · 담당관과 자치구가 아닌 구의 과 · 담당관의 설치에 관한 구체적인 사항은 대통령령이 정하는 기준에 따라 시장과 도지사의 승인을 얻어 해당 지방자치단체의 조례로 정하도

록 하였다. 시·군·구 본청의 실장·국장과 과장·담당관의 직급과 실·과·담당관의 사무분장 등에 관한 사항은 해당 지방자치단체의 규칙으로 정하도록 하였다. 특별시장·광역시장·도지사는 관할 시·군·구 조직간의 균형을 유지하기 위하여 기구의 설치·운영에 관한 지침을 작성하여 시장·군수·구청장에게 시달할 수 있다.

실·국 및 실·과·담당관의 설치기준에 따라 실·국을 둘 수 없는 시·군·자치구의 경우에는 2명의 범위에서 실장(과장급)·과장을 4급 또는 5급으로 임명할 수 있다. 직급기준에도 불구하고, 인구가 100만명 이상인 시의 경우에는 1명, 2개 이상의 지방자치단체가 하나로 합쳐져 관할 인구가 100만명 이상이 된 시의 경우에는 2명의 범위에서 실장(국장급)·국장을 3급 또는 4급 일반직 지방공무원으로 임명할 수 있다.

2. 지방자치단체장의 소속기관

지방자치단체는 보조기관 이외에 전문직 또는 특수직 사무를 처리하기 위하여 소속행정기관을 둘 수 있다. 소속기관은 직속기관·사업소와 출장소를 포함한다.[15] 직속기관은 「지방자치법」(이하 "법"이라 한다) 제113조에 따른 것으로 지방농촌진흥기구·지방공무원교육훈련기관·보건환경연구원·보건소·지방소방학교·소방서와 공립의 대학·전문대학을 말한다.

사업소는 특정 업무를 효율적으로 수행하기 위하여 필요하면 대통령령으로 정하는 바에 따라 그 지방자치단체의 조례로 설치할 수 있다. 5명 이상의 정원이 필요한 경우에 한하여 설치할 수 있으며, 유사한 기능을 수행하는 사업소를 중복하여 설치할 수 없다. 출장소는 원격지 주민의 편의와 특정지역의 개발 촉진을 위하여 필요하면 대통령령으로 정하는 바에 따라 그 지방자치단체의 조례로 설치할 수 있다. 사업소와 출장소의 조직과 공무원의 직급은 지방자치단체간의 균형을 유지하여야 하고, 사업소와 출장소의 장과 그 보조·보좌기관의 직급, 하부조직과 그 분장사무

15) 지방자치단체의 행정기구와 정원기준 등에 관한 규정 제2조 4. 참조.

에 관하여는 해당 지방자치단체의 규칙으로 정한다.[16)]

3. 지방자치단체장의 하부행정기관

지방자치단체장의 하부행정기관으로 자치구가 아닌 구에 구청장, 읍에 읍장, 면에 면장, 동에 동장을 둔다.[17)] 자치구가 아닌 구의 구청장은 시장의, 읍장·면장은 시장이나 군수의, 동장은 시장(구가 없는 시의 시장을 말한다)이나 구청장(자치구의 구청장을 포함한다)의 지휘·감독을 받아 소관 국가사무와 지방자치단체의 사무를 맡아 처리하고 소속직원을 지휘·감독한다.[18)] 지방자치단체는 조례로 정하는 바에 따라 자치구가 아닌 구와 읍·면·동에 그 소관 행정사무를 분장하기 위하여 필요한 행정기구를 둘 수 있다.[19)]

자치구가 아닌 구의 구청장, 읍장·면장·동장은 일반직 지방공무원으로 보하되, 시장·군수 및 자치구의 구청장이 임명한다.[20)] 자치구가 아닌 구의 구청장은 4급의 일반직 지방공무원, 읍·면·동장은 5급 일반직 지방공무원으로 보하게 되어 있다.

〈표 Ⅲ.4.5〉 구청장, 읍·면·동장의 직급기준

구분	자치구가 아닌 구의 구청장	읍장·면장·동장
직급	4급	5급

자료: 「지방자치단체의 행정기구와 정원기준 등에 관한 규정」 제14조 관련.

Ⅱ. 지방공무원의 현황

특별시·광역시·특별자치시·도·특별자치도·시·군·읍·면·동에 근무하는 공무원의 전국 자치단체별 정원은 다음 〈표 Ⅲ.4.6〉에 있는

16) 지방자치법 제114조, 제115조, 지방자치단체의 행정기구와 정원기준 등에 관한 규정 제20조 참조.
17) 지방자치법 제117조.
18) 지방자치법 제119조.
19) 지방자치법 제120조.
20) 지방자치법 제118조.

바와 같다. 전국의 총 지방청 공무원 정원은 2012년 12월 31일 현재 283,477명으로 나타나고 있다.

지방청에 근무하는 공무원 가운데 국가직은 80명이고, 283,397명이 지방직이다. 직종별로는 일반직이 68.3%를 차지하며, 정무, 별정, 고위공무원, 연구, 지도, 소방, 기능, 경찰, 교원이 31.7%로 구성되어 있다.

〈표 Ⅲ.4.6〉 지방공무원의 정원

<table>
<tr><th rowspan="2"></th><th>2011년</th><th colspan="9">2010년</th></tr>
<tr><th>합계</th><th>합계</th><th>시도</th><th>시</th><th>군</th><th>구</th><th>읍</th><th>면</th><th>동</th></tr>
<tr><td>계</td><td>283,477</td><td>281,779</td><td>81,809</td><td colspan="3">152,742</td><td colspan="3">47,228</td></tr>
<tr><td>서울</td><td>46,833</td><td>46,523</td><td>16,056</td><td></td><td></td><td>24,073</td><td></td><td></td><td>6,394</td></tr>
<tr><td>부산</td><td>16,362</td><td>16,325</td><td>6,614</td><td></td><td colspan="2">7,592</td><td colspan="3">2,119</td></tr>
<tr><td>대구</td><td>11,146</td><td>10,999</td><td>5,042</td><td></td><td colspan="2">4,427</td><td colspan="3">1,530</td></tr>
<tr><td>인천</td><td>13,157</td><td>13,305</td><td>6,246</td><td></td><td colspan="2">5,485</td><td colspan="3">1,574</td></tr>
<tr><td>광주</td><td>6,721</td><td>6,669</td><td>3,094</td><td></td><td></td><td>2,714</td><td></td><td></td><td>861</td></tr>
<tr><td>대전</td><td>6,895</td><td>6,838</td><td>3,223</td><td></td><td></td><td>2,794</td><td></td><td></td><td>821</td></tr>
<tr><td>울산</td><td>5,346</td><td>5,265</td><td>2,369</td><td></td><td colspan="2">2,278</td><td colspan="3">618</td></tr>
<tr><td>경기</td><td>44,237</td><td>43,435</td><td>8,730</td><td colspan="2">28,134</td><td></td><td colspan="3">6,571</td></tr>
<tr><td>강원</td><td>16,359</td><td>16,303</td><td>4,041</td><td colspan="2">9,647</td><td></td><td colspan="3">2,615</td></tr>
<tr><td>충북</td><td>12,255</td><td>12,119</td><td>2,894</td><td colspan="2">6,945</td><td></td><td colspan="3">2,280</td></tr>
<tr><td>충남</td><td>16,819</td><td>17,464</td><td>3,880</td><td colspan="2">10,260</td><td></td><td colspan="3">3,324</td></tr>
<tr><td>전북</td><td>16,035</td><td>16,080</td><td>3,794</td><td colspan="2">9,108</td><td></td><td colspan="3">3,178</td></tr>
<tr><td>전남</td><td>20,008</td><td>19,463</td><td>3,935</td><td colspan="2">11,133</td><td></td><td colspan="3">4,395</td></tr>
<tr><td>경북</td><td>24,005</td><td>23,783</td><td>4,611</td><td colspan="2">13,804</td><td></td><td colspan="3">5,368</td></tr>
<tr><td>경남</td><td>22,286</td><td>22,229</td><td>4,821</td><td colspan="2">12,785</td><td></td><td colspan="3">4,623</td></tr>
<tr><td>제주</td><td>5,013</td><td>4,979</td><td>2,459</td><td>1,563</td><td></td><td></td><td colspan="3">957</td></tr>
</table>

자료: 2012 행정안전통계연보, 2011년판 각 시도 통계연보를 기초로 작성함.

〈표 Ⅲ.4.7〉 지방공무원 직종별 정원(2012년 1월 1일 기준)

계	정무	별정	일반	고위 공무원	연구	지도	소방	기능	경찰	교원
283,477	250	3,587	193,659	39	3,051	4,481	37,373	39,620	127	1,290

자료: 2012 행정안전통계연보.

〈표 Ⅲ.4.8〉 지방공무원 직급별 정원(일반직)(2012년 1월 1일 기준)

계	1급	1~2급	2급	2~3급	3급	3~4급	4급	4~5급	5급	6급	7급	8급	9급
193,659	11		24	39	282	24	2,404	254	15,776	51,013	60,097	44,882	18,853

자료: 2012 행정안전통계연보.

Ⅲ. 지방행정기구와 공무원제도의 문제점

지방행정의 기구와 공무원제도 문제점을 지방자치단체를 중심으로 지적해보면 다음과 같다.[21]

첫째, 기구의 편제와 인력의 배치에 있어 하위계층이 너무 빈약하여 국가 또는 상급기관으로부터 과도하게 위임해오는 업무를 효율적으로 처리하기 어려운 실정이다. 하위계층으로 내려갈수록 기구가 줄어들어 시민과 가장 밀접한 관계를 맺고있는 동의 경우에는 평균 16명의 직원이 중앙-시·도-시·구-동의 단계를 거쳐 하향적 업무수령과 상향적 업무보고라는 막대한 업무량을 담당해야 할 입장에 있다.

그 동안 지방행정수요는 급증·확대되어 온 데 반하여 지방정부의 기구는 오히려 축소 또는 답보상태를 벗어나지 못하였다. 이로 인해 시·구·동 등 지역주민과 일상적으로 접촉하고 있는 일선기관의 업무량은 증대하였고, 이에 따른 행정의 체증현상으로 지방행정의 내실화를 기하지 못한 채 사무의 형식적 처리에 급급하게 만들었던 것이다.

둘째, 지방행정의 기능은 종래의 권력행정기능과 관리행정중심에서 개발행정기능으로 그 중점이 변환되었는 데도 불구하고, 행정기구는 아직도 내무행정위주로 편성되어 있다.

또한, 그나마 개발행정기능이 분산 또는 중복되어 체계있는 개발행정이 이루어지지 못하고 있다.

특히 지방 및 지역개발을 종합적·체계적으로 다룰 수 있는 기구가 미비하고 주택개량, 도시계획, 교통기획, 관광개발, 지역경제활성화 등에 관한 행정기능과 사무가 중복되거나 책임소재가 불명확한 경우가 많다.

21) 李圭煥, 전게서, pp. 444~446.

셋째, 행정수요와 행정기구가 균형을 이루지 못하고 있다. 지방 및 지역개발행정의 확대, 수도권인구 억제시책에 따른 인구와 공장의 지방분산, 사회개발 및 복지부문의 중요성, 산업 특히, 도시적 산업인 상공업진흥을 위한 지원행정의 강화, 자연보존활동의 강조, 민간부문활동과 인구이동의 증대로 인한 주민과 지방정부간의 접촉 증가 등으로 지방자치단체의 행정수요는 질적으로 다양하고 복잡해졌으며, 양적으로 비대해졌으나, 공급적 측면에서의 기구와 인력은 이에 부응하지 못하고 있다.

넷째, 인력의 지역간·조직간의 불균형적 배치로 인하여 행정계층상의 비능률을 가져오고 있다. 경기도내 지방자치단체의 인력 및 시세를 보면 정원 1인당 시민의 수에 있어서 광명시의 413인에서 동두천시 182인으로 약 2.3배의 차이를 나타내고 있다. 이는 전국적 차원에서 비교해 볼 때 더욱 격심한 차이를 보일 것이다.[22] 공무원 1인당의 업무량을 유사한 성질의 경우 동일해야 한다는 원칙에서 본다면 지역간, 조직간의 인력배치는 재조정되어야 할 것이다.[23]

다섯째, 지방공무원은 국가공무원에 비해 이직률이 더 높고, 자질이 점차 저하되어가고 있다. 사회적 지위의 상대적 저하, 인사상의 차별, 보수의 미약, 업무의 과중, 책임과 의무의 강요, 장래에 대한 기대감의 약화 등은 지방공무원의 이직을 촉구하고, 이에 따라 공무원의 능력과 자질은 낮아지고 있다. 지방행정의 전문성은 더욱 요구되고 있는 현실에서 이러한 공무원의 질적 저하와 빈번한 이직은 지방행정의 수준을 약화시키고, 업무수행상의 혼란과 비능률을 초래하게 된다.

여섯째, 행정의 다양화 및 전문화현상으로 인하여 전문인력의 필요성이 증대되고 있으나 전문인력의 확보는 미흡한 수준에 머물러 있다. 특히, 지역개발 관련부서의 행정업무를 대부분 행정직이 담당하고 있으며, 그 나머지는 기술직인 토목, 건축, 농림직이 담당하고 있다. 이른바 종합행정이라 일컬을 수 있는, 지역개발행정을 전문지식이 부족한 이들이 처리함

---

22) 전국 77개시 가운데, 공무원 1인당 주민수가 가장 많은 도시는 경기도 광명시로서 413인이며, 가장 적은 도시는 경상북도 문경시의 93인으로 양도시의 차이는 4.4배가 되고 있다. 행정자치부, 「지방행정총람」(2006).

23) 한원택, 「지방행정론」(서울: 법문사, 1998), pp. 537~538.

으로 인해 업무수행의 효율성을 저하시킬 뿐만 아니라 그 대상인 시민의 복지향상에 커다란 문제점이 되고있는 것이다.

제 4 절 지방행정기구와 공무원제도의 발전방향

Ⅰ. 개편의 필요성과 기준

1. 개편의 필요성

지방자치단체의 행정기구와 공무원제도는 지방행정체제의 핵심을 이루는 바, 이들의 개편 필요성은 여러 가지로 지적할 수 있겠으나 본절에서는 다음과 같이 크게 두 가지로 지적코자 한다.[24]

(1) 장래의 행정환경적 여건에 부응하는 행정기구와 공무원

지방정부의 발전지향적인 행정체제, 그 중에서도 행정기구와 공무원은 향후의 행정환경적 변화에 적절히 대응하고 올바르게 수용할 수 있을 뿐만 아니라 나아가 이들 변화를 보다 건전한 방향으로 유도해갈 수 있는 기구의 편제와 인력의 배치가 되어야 하는 것이다. 특히, 지방자치제의 실시와 지방행정기능의 확대라는 큰 변혁을 제대로 수용·처리하고 정착·발전시킬 수 있는 내생변수로서의 기능을 충분히 수행할 수 있도록 장치화되어야 할 필요성이 있는 것이다.

(2) 주민의 복지와 지역개발을 촉진하는 행정기구와 공무원

지방주민의 복지와 지방지역단위의 개발을 보다 더 촉진할 수 있는 행정체제로 개편되어야 한다는 것이다. 행정기구를 개편하는 궁극적 목표가 주민복지의 증진과 지역발전의 제고에 있는 만큼 이들 목표의 구현을 가

---

24) 李圭煥, 전게서, pp. 446~447; 李圭煥, "자치기반확충을 위한 지방행정발전방안," 「수도권대책과 지역균형발전을 위한 정책토론회 발표논문」(國土開發研究院, 國務總理室 地域均衡發展企劃團 共同, 1989. 5. 20~30), p. 166.

능케 하는 방향으로의 제도개편이 있어야 할 것이다.

이처럼 지방행정기구와 인력이라는 지방행정체제는 현실적 과제로부터 출발하여 장래의 환경적 변화를 충분히 고려하면서 지방자치기반확충과 주민복지 및 지역개발의 촉진을 가능케 하는 방향으로 개편·발전시킬 필요성이 있는 것이다.

2. 개편의 기준과 원칙

자치단체의 조직·기구는 부여된 행정기능을 올바로 수행하고 지역적 특성을 제대로 부각시킬 수 있는 내용의 기구로 발전시켜 나가야 한다. 지방공무원의 인력관리는 자치적 성격을 살리면서 행정의 능률과 안정을 확보해야 한다. 따라서 이러한 기본원칙하에 다음과 같은 기준으로 개편되도록 함이 바람직할 것이다.[25]

① 지방자치환경의 장래변동에 능동적으로 대처할 수 있는 기구와 인력을 갖추도록 한다.

② 중앙정부와 지방정부 그리고 자치단체 계층간의 의사전달 뿐만 아니라 대 주민과의 의사교환도 활발히 할 수 있는 기구와 인력을 갖추도록 한다.

③ 주민복지와 지역경제 및 지역개발을 보다 효율적으로 추진할 수 있는 기구와 인력을 갖추도록 한다.

④ 행정장비가 기계화되고 행정관리가 과학화 되도록 한다.

⑤ 시간적 단계성에 따라 점진적으로 개편·발전시켜 나간다.

Ⅱ. 지방행정기구와 공무원제도의 발전방향

1. 지방정부의 조직·기구

지방정부에 부여된 자치기능과 사무를 올바로 수행하고, 지역적 특성을 제대로 살릴 수 있는 내용의 체제로 조직·기구를 발전시켜, 여건변화

25) 李圭煥, 전게서, pp. 447~448.

를 능률적으로 수용하고 대처할 수 있는 체제로 발전되어야 한다. 이를 위해서는 먼저, 자치기반구축을 위하여 주민복지와 지역경제 및 지방발전을 보다 효과적으로 추진할 수 있도록 지방정부의 조직·기구가 정비되어야 한다. 따라서 토지와 주택, 상·하수도 및 청소 등의 주거환경, 도로, 교통, 주민건강과 사회복지, 지역산업개발, 자원의 개발과 보전 등에 역점을 두는 기구가 되어야 할 것이다.

다음은, 지방자치단체와 같은 대상의 업무를 관장하는 중앙정부의 지방특별관서가 많아서 행정의 중복과 혼란을 초래하는 경우가 많다. 예를 들면, 지역개발 및 건설에 관한 사무, 병사 및 원호에 관한 사무, 농림수산에 관한 사무 등이 그 대표적인 예이다. 지방행정의 이원화는 투자의 낭비와 행정의 비능률을 가져옴으로 지방특별관서의 난립을 지양하거나 자치단체와의 기능조정을 통하여 책임과 권한의 한계를 명확히 하고 이중행정에 따른 낭비를 방지토록 한다. 지방자치제가 실시되고 있는 현실에서 지방자치기반확충을 위해서는 지방자치특별관서 가운데 지방국토관리청을 흡수하여 현 건설국을 지역개발국과 상·하수도국 및 도로국으로 분리한다. 또 보훈지청을 흡수하여 보건사회국을 보건국과 사회복지국으로 분리하고, 지방병무청과 지방노동청을 흡수하여 병무국과 노동국을 신설하는 등 지방특별행정기관의 기능조정과 더불어 지방행정기구의 정비가 이루어져야 할 것이다.

2. 지방정부의 공무원제도

장래 지방정부의 인력관리는 자치적 성격을 살리면서 행정의 안정과 능률을 확보해야 한다는 원칙에 따라 이루어져야 한다. 아울러 자치단체간 어느 정도의 균형화도 고려해야 할 것이다.

주민직선으로 선임된 자치단체장의 전횡에 의한 인사는 지나친 정치성과 정실성의 개입으로 인사의 혼란과 비전문화를 초래하기 쉽고, 국가에 의한 지나친 관여와 법령에 의한 경직된 제도화는 지방자치의 자율성을 제약하고 자치단체장의 무능화를 가져오기 때문에 적당한 수준에서의 제도정립이 크게 요망되고 있다.

인사의 권한과 책임은 자치단체장이 보유하도록 함을 대원칙으로 한다. 지방공무원의 전문성 확보와 신분상 안전보장 및 인사질서의 확립이란 필요성을 충족할 수 있는 장치를 제도적으로 정립해 나가도록 함이 바람직하다. 이를 위해서는,

① 국가사무의 지방위임 내지 지방자치사무화에 따라 중앙인력을 단계적으로 지방정부에 재배치한다.

② 광역자치단체보다는 대민접촉이 많은 기초자치단체에 공무원수의 상대적 비중을 점차 높여나간다.

③ 지방계층의 상위기관은 직종을 세분화하여 전문화시키고, 하위기관은 대분류하여 지나친 전문화를 지양한다.

④ 지역간 및 부서간의 인력조정을 업무량을 기준으로 하여 재조정해 나간다.[26]

⑤ 인사의 권한과 책임은 자치단체의 장에게 점차 위임시켜 나간다.

⑥ 지방자치단체로부터 기술직·연구직 국가공무원의 행정지원요청이 있는 경우 국가차원의 전문인력의 파견제도를 구축한다.

26) 황성돈, "신인사행정의 기본원칙과 방향," 「2000년대를 대비한 정부조직의 혁신방안」(한국행정학회, 하계학술대회 발표논문집, 1997), p. 66.

제 5 장 광역행정체제

제 1 절 광역행정의 본질

Ⅰ. 광역행정의 개념

도시와 주변지역간에는 경제, 문화, 교육뿐만 아니라 교통, 상 · 하수도, 주택, 위생, 공해, 편익시설이용 등 제반 생활분야에서 상호의존하는 일정한 지역적 범위(regional or spatial sphere)가 존재하게 되는데, 이런 공간적 범위를 도시권(urbanized region, metropolitan area)이라 한다.[1)]

따라서 도시권의 광역행정(regional administration)이란 지방자치단체의 행정구역에만 국한되지 않고 그 구역을 넘는 도시권 전체에서 발생하는 일정한 행정수요를 처리하기 위하여, 도시권내에 있는 여러 지방자치단체가 행정사무를 종합적, 통일적으로 처리하는 지방행정을 의미한다고 정의할 수 있다.

산업이 발달하고 도시인구가 급증함으로써 생활권이 자치단체의 행정구역을 넘게 되어 일정한 행정업무는 한 자치단체만으로 해결할 수 없으며, 그 주변지역에 까지 광역적으로 그 기능이 미치게 되었다. 특히 대도시화가 되면 도시내부만으로서는 해결할 수 없는 언더바운디드 시티[2)]

---

1) 도시권은 파악하는 입장에 따라 다양하게 불리어지는데, 즉 중심도시에서 보면 세력권 혹은 영향권이라 할 수 있고, 주변지역의 입장에서 보면 의존권이 되며, 제 3자의 입장에서 보면 관계권이라 할 수 있다. 山鹿誠次, 「都市地理學」(東京: 1969), p. 77.

2) Under-bounded city란 인구의 도시집중으로 인하여 점차 시가화구역이 넓어져 행정구역이 시가화구역, 즉 도시적 인구집중지대 보다 좁은 도시를 말한다. Kingsley Davis, *The World's Metropolitn Area*(Berkely: University of Califonia, 1959), p. 8.

(under-bounded city)의 성격을 지니게 되고, 따라서 행정기능이 주변지역까지 광역적으로 확대되어 광역행정수요가 나타나고 있다.

이처럼 광역행정은 행정기능을 수행함에 있어 행정대상의 구역을 확대시킴으로써 행정의 효과성을 높이거나 또는 지방자치단체의 일정한 자치구역을 주민의 생활권으로 확대시킴으로써 자치의 효율성을 높이려는 데 그 기본원리로 하고 있다. 따라서 광역행정은 행정업무를 통일적·종합적으로 처리함으로써 행정의 능률성·효과성을 도모하려고 하는 목적과 주민의 자치권을 옹호하려고 하는 사상이 동시에 내포되어 있다. 이러한 광역행정방법은 프랑스의 경우 과도한 중앙집권적 체제에 대항하기 위해 프랑스혁명 이후에 폭넓게 채택되었다.

미국에서는 일찍이 1930년대에 대공황의 진행과정에서 이를 극복하기 위한 수단으로 광역주의(regionalism)가 주장되기 시작한 이래, 그 내용이 이론적·실천적으로 계속 축적되어 왔다. 특히, 전통적인 주정부 연방제도의 비합리성을 구제하기 위한 대안으로 채택되어 T.V.A.와 같은 초 주적인 개발사업으로 전개되었다.[3)]

영국에서는 급격한 사회 및 경제구조의 변화에 부응하기 위해 지방자치단체의 구역을 광역적으로 재편성함으로써 중앙집권화의 경향에 대처하게 되었던 것이다.[4)]

우리나라에서도 광역행정제의 실시를 위해 지방자치법에서 그 근거를 마련하고 있는 바, 사무의 위탁[5)], 지방자치단체조합의 설립[6)], 행정협의회의 구성[7)] 등이 그것이다.

Ⅱ. 광역행정의 촉진요인

일반적으로 지방자치단체가 처리하는 사무 중에는 ① 지방자치의 구

3) Alan K. Campbell and Roy W. Bahl (eds), *State and Local Government*(New York: The Free Press, 1976), pp. 70~80.

4) W. Thomhill, *The Case for Regional Reform*(London: Thomas Nelson and Sons, 1972), pp. 73~78.

5) 地方自治法 제151조 제1항 참조.

6) 地方自治法 제159조 제1항 참조.

7) 地方自治法 제152조 제1항 참조.

역내에 한정시켜 처리하기 곤란한 사무, ② 2개 이상의 자치단체에 걸치는 행정이 많아 그 구역을 엄격히 분리할 때에는 행정능률을 저해하거나 행정목적을 효과적으로 달성할 수 없는 사무, ③ 국가전체에 큰 영향을 미치는 사무 등은 지방자치의 구역을 초월하여 통일적·종합적 차원에서 처리함으로써 행정목표를 보다 효과적으로 달성함과 동시에 능률을 증진할 수 있다. 그런데 현대의 행정국가에서 광역주의에 근거를 두는 광역행정방식이 특히 필요하게 되는 데는 여러 가지 요인으로 설명할 수 있지만 일반적으로 광역행정을 촉진시키는 요인은 다음과 같다.

가. 사회 및 경제권역의 확대와 균질화

교통과 과학기술의 발달 및 경제의 발전에 따라 지역주민의 경제권·생활권·교통권이 크게 확대되고, 인간의 유동성이 증대되어 서로 괴리된 생활권·경제권·교통권·행정권 등을 일치시킴으로써 행정의 효율성과 주민의 편의를 높여야 할 필요성이 증대되었다.[8]

이와 같은 사회·경제권의 확대와 균질화 경향에 부응하여 행정구역 역시 확대일로에 있으며, 이는 필연적으로 행정수요의 광역화를 초래하게 된다. 이는 어떤 면에서는 시간거리의 개념이 행정에 도입된 것으로도 볼 수 있다.

나. 도시화의 급격한 진전

대도시화에 따라 중심도시는 위성도시 및 근교지역을 흡수하여 일종의 집합도시(conurbation)를 이룸으로써 광역도시권이 형성되는 것이다. 이러한 광역도시권내에서는 특히, 지역간의 기능적 의존성이라는 측면에서 볼 때, 광역권내의 인구, 교통, 상·하수도, 도로, 경찰 등 각종 행정문제의 양적인 증대와 질적인 변화에 따라 특정한 지방자치단체의 관할구역 외에 인접자치단체에까지 관계되는 광역권 전체를 대상으로 하는 행정처리방식이 요구된다.

다. 행정서비스의 균질화

대도시나 중심도시는 행정 및 재정력과 기술이 중소도시나 주변지역에 비해 높아 양자간의 격차가 심하다. 따라서 대도시에 인접해있는 지방자치단체를 중심도시의 행정권에 흡수시킴으로써 지방자치단체간의 행·

8) 鄭世煜, 「地方行政學」 (서울: 法文社. 1998), pp. 768~769.

재정력 격차를 완화할 수 있다. 이렇게 함으로써 지역 주민의 복지향상, 행정서비스의 균질화를 도모할 수 있을 뿐 아니라 2중 행정·2중 과세의 폐단을 제거할 수 있다. 또한 행정의 효율화와 경제성을 제고시키기 위해서도 광역행정의 필요성이 인정되고 있는 것이다.

라. 개발행정과 계획행정의 요청

지역개발의 근간이 되는 수자원의 개발, 치산·치수, 주요도로의 정비, 공업용지의 확보 등의 사업은 현재의 행정구역에 구애됨이 없이 광역권을 토대로 하여 종합적·통일적으로 계획하여 실시하지 않으면 안 되는 것이다.

이와 같이 지역개발을 위해서는 현재의 행정구역을 초월한 광역적 처리라는 차원에서 행정문제를 처리하는 광역행정처리방식이 요청되는 것이다.

마. 지방분권과 중앙집권의 조화 요청

광역행정이 지방자치를 옹호한다는 논리는 바로 그 지방의 경제·사회·문화에 관한 지역적 특수성과 주민의 편의에 부응하여 중앙정부에 의한 획일적·권력적 행정처리로부터 자치행정사상을 보호하는 것을 의미한다. 한편, 광역행정의 촉진요인이 되고 있는 중앙집권과 지방분권의 조화와 균형의 모색은 신중앙집권화의 경향에 따르는 것이다. 따라서 광역행정은 지방분권주의와 중앙집권주의를 조화시키기 위하여서도 요구된다.[9]

Ⅲ. 광역행정체제의 유형

광역행정의 가장 큰 애로는 한마디로 관할구역의 다원화(jurisdictional proliferation)와 이로써 제기되는 기능적인 분화현상(functional fragmentation)이다. 광역행정을 효율적으로 수행하기 위해서는 도시권과 행정구역이 일치됨이 가장 바람직한 것이지만 현실적으로 양자를 합치시킴이 쉽지가 않다. 따라서 양자를 그대로 두고 광역행정의 내용을 기획, 집행, 심사하고 예산을 독립적으로 편성하는 등 총괄할 수 있는 새로운 광역행

9) 상게서, p. 769.

정체제의 설립으로 양자간에 개재된 제 문제의 해결과 광역도시권 개발의 효율화를 기하고자 함이 세계적인 추세인 것 같다.[10]

광역도시권내 관할구역의 다원화문제를 해결하기 위하여 외국에서 채택하고 있는 광역행정체제는 여러 가지가 있으나 조직의 성질별로 나누어 보면 크게 ① 협조형식, ② 단일정부형식, ③ 2단계형구조의 특별구, ④ 2단계형구조의 연합제도로 구분할 수 있다.[11]

1. 협조형식의 행정체제

여기서 협조형식이란 우리나라의 도시권 행정협의회, 일본의 수도권정비위원회, 미국의 로스엔젤스의 레이크우드 시스템(Lakewood System)으로 대표되는 City-County의 행정협정 등에서 볼 수 있는 것처럼 정부단위의 변경을 가함없이 광역행정을 처리하는 방법이다.

협조형식의 대표적 유형인 로스엔젤스의 레이크우드 시스템(Lakewood System)방식 즉, 행정협정(계약행정)방식을 간단히 소개하고자 한다. 미국의 로스엔젤스지역의 광역행정문제는 중심구역과 약소자치단체 또는 대도시권을 둘러싸고 있는 군이 중심지 및 약소자치단체와 수의계약을 맺어 행정사무 집행주체의 일원화를 시도하는 방식이다.

로스엔젤스의 군 구역내에는 중심시인 로스엔젤스시를 비롯하여 약 70여개의 도시가 있는데, 군은 이들 도시 이외의 지역을 대상으로 하여 행정을 실시하며, 시가 되면 군의 관할에서 벗어난다. 그러나 이러한 중소도시들은 대개의 경우 재정부담의 과중으로 독자적인 행정을 수행하기 어려워 로스엔젤스군과 계약을 맺어 도시사무의 일부를 군에다 위탁처리하고 있다.

이 경우 위탁에 상응하는 부담을 한다. 이러한 사무위탁방식을 Lakewood System이라 하는데, 이는 1954년 Lakewood시에서 제일 먼저 이런

---

10) 李圭煥, "首都圈에 있어 廣域行政體制의 方向,"「道政硏究」 창간호(경기도, 1988), pp. 53~59.

11) J. C. Bollens and H.J. Schmandt, *The Metropolis: Its People, Politics and Economic Life*(New York: Harper & Row, Publishers, 1982), pp. 302~370.

방식으로 실시되었다는 점에서 유래하고 있다.

로스엔젤스군내 새로 시가 된 도시는 도시적 사무의 반이상을 위탁하고 있는데 반해, 구 도시나 큰 도시는 건축기준사무, 도시계획, 용도규제사무, 도로건설사무 등 토지이용사무나 치안유지, 소방 등의 도시고유사무에 대해서는 위탁하고 있지 않다.

이처럼 계약행정은 군과 시 모두 이롭다. 행정구역을 법적으로 합병하지 않고서도 기능상의 합병(functional consolidation)이 가능하다. 즉, 행정구역을 재편성하지 않고 구역과 기능의 조정이 실현된다. 대도시권이 하나의 군내에 한정되는 경우는 군이나 중심도시에다 기능을 위탁함으로써 대도시권의 광역적 행정수요는 용이하게 처리할 수 있다. 직원의 이중배치나 청사설치 및 비품의 이중투자를 피하면서도 사무의 능률적 처리가 가능하게 되며, 납세자인 주민의 입장에서도 그만큼 부담이 줄어든다.

협조형식의 하나인 「City-County」의 행정협정의 예에서 고찰한 바와 같이, 협조방식은 기존의 지방행정구조의 개혁이나 정부단위의 변경없이 구역과 기능을 조정하려는 시도인데, 그 장점으로서는 다음과 같다.[12)]

① 구역을 변경하지 않고서도 광역행정이 요청하는 구역의 확대와 동일한 효과를 가져오고,

② 광역행정이 필요로 하는 기술 및 능률을 기할 수 있으며,

③ 관계 지방자치단체의 독자성, 자주성을 유지할 수 있다.

그러나 이러한 협조방식의 체제가 성공하려면 각 자치단체가 보다 큰 전체 지역에 철저해야 하고 할거주의(sectionalism)나 편협한 지방적 정신이 완고해서는 안 된다. 특정한 행정기능을 위하여 여러 지방자치단체간에 협력관계가 필요하다. 따라서 이 방식은 복잡한 대도시권역의 행정체계를 그만큼 혼잡하게 한다는 단점이 있다.

2. 단일정부형식의 행정체제

여기서 단일정부형식이란 편입(annexation), 합동(consolidation), 분리

---

12) 李圭煥, 전게서, p. 552.

(separation)와 같이 도시권 전역에 걸쳐 단일정부가 행정권 기능을 담당케 하려는 방식이다.

역사적으로 보아 가장 많이 사용되는 해결방식은 편입을 통한 병합(territorial annexation)이다. 도시가 행정구역을 넘어서 발전할 때에 이 구역문제를 해결하는 종국적 수단은 도시화된 구역을 흡수 또는 통합하여 새로운 경계를 획정하는 것이다. 즉, 단일정부형식은 병합의 방식을 통하여 사회적·경제적으로 밀접한 관계에 있는 주변지역을 대도시의 관할구역에 편입 또는 합병함으로써 광역행정문제를 해결하는 방식으로서 이의 장점은 다음과 같다.

① 중심지는 새로이 합병된 지역에 대하여 충분한 통제권을 갖는 것이고,

② 대도시권으로 하여금 경제적·사회적인 면에서 뿐만 아니라 정치적으로 통일체를 만들며,

③ 정부기구가 간소화되며, 권한이 하나의 지방정부에 집중되기 때문에 그 정부는 결과에 대해 책임을 질 수 있다.

그러나 합병에는 많은 문제점이 있다. 즉, 지역간의 이해의 대립, 감정의 상위 등에 기인하는 저항과 합병에 의하여 선진지역 중심의 시책이 실시됨으로써 후진지역의 발전 및 개발이 뒤질 가능성이 큰 것이다.

대도시권은 부단히 확대되고 있으므로 합병은 또 합병을 필요하게 된다. 반대로 구역의 빈번한 변경을 피하고 상당히 항구성 있는 행정구역을 설정한다면 그것은 필연적으로 지나치게 시가화구역보다 행정구역을 팽창시키는 소위 오버 바운디드 시티[13](over-bounded city)현상을 가져오게 된다. 따라서 행정의 경비는 증대하고 도시구역내에 농촌을 편입시켜 이원행정이 이루어지는 불합리성을 낳게 된다.

---

13) Over-bounded City란 Under-bounded City의 상대적 개념으로서 행정구역이 시가화 구역보다 훨씬 더 넓은 도시를 말한다. 이런 도시일수록 행정의 이중성, 즉 도시행정과 농촌 행정을 함께 수행해야 하는 어려움이 있다. Kingsley Davis, *The World Metropolitan*(Berkely: Univ of California, 1959) pp. 8~10.

3. 특별구형식의 행정체제

2단계형구조(two-tier system)의 광역행정체제 방식으로는 특별구(ad-hoc-district, special district)와 연합체(Metropolitan Federation)가 그 대표적인 예이다.

여기서 특별구란, 특정의 행정목적을 수행하기 위하여 행정구역을 초월하여 설치하는 일종의 특별자치단체로서, 이 방식의 원형은 미국에 있어서 학교구이며, 대도시권에서 흔히 볼 수 있는 실예는 상·하수도특별구이다.

후술하는 연합체는 기존의 자치단체를 포괄하는 일반적 상급자치단체를 설치하는 것인데 반해, 특별구는 광역적 성격을 가진 특수한 행정수요, 예컨대 도시계획, 교통, 도로, 상·하수도, 쓰레기처리, 주택 등과 같은 특정한 기능을 광역적으로 처리하기 위한 특별자치단체로서 특수한 기관을 설치하는 것이다.[14)]

이러한 특별구의 대상이 되는 행정기능을 주관하는 기구를 특별관청(ad-hoc authority)이라 한다.

특별구의 예로서 보스톤·리죤안이 그것이다. 이에 의하면 공원과 상·하수도의 책임은 대도시특별구위원회(Metropolitan District Commission)에 이관되고, 이 위원회는 보스톤시는 물론 그 주변 15마일 이내의 City와 Town에 이르기까지 관할권을 가지고 있으며, 또 대도시교통청(Metropolitan Transit Authority)과 대도시특별구위원회 계획국(Planning Division of the Metropolitan District Commission)이 설치되어 대도시권역 전체를 각기 관할하고 있다.[15)]

이 특별구는 종래의 자치단체는 그대로 존속시킨다는 것과 그때 그때의 필요에 따라 구역전체의 관심사를 일원적으로 처리할 수 있는 반면에 정부단위를 더욱 복잡케 한다는 문제점이 있다. 우선 이 특별구가 지닌

---

14) J. C. Bollens and H. J. Schmandt, *op, cit.*, pp. 44~45.

15) 특수한 광역행정사무를 처리하기 위하여 일반행정구역 또는 자치구역과는 별도로 구역을 설치하는 특별구에는 단일목적 특별구와 다목적특별구가 있는데 보스톤 대도시특별구위원회는 후자의 예라 하겠다. Charles R. Adrian, *State and Local Government* (2nd ed.)(1967), pp. 227~250.

장점을 보면 다음과 같다.

① 새로운 행정단위이긴 하나 기존 자치단체의 권한에는 별 영향이 없어 창설이 용이하며,

② 개개의 도시권행정기능에 따라 특별구를 설정하는 것이기 때문에 행정기능에 보다 알맞는 합리적인 구역을 설정할 수 있고,

③ 특별구는 독립된 행정단위이기 때문에 기존의 자치단체의 재원과는 별도의 재정수입을 갖는다. 즉, 특별구는 주민에게 세금을 부과하지 않고 운영하는 사업에서 수입을 얻는다.

그러나 이 특별구방식의 단점은 기존의 자치단체위에 새로운 행정기관을 중첩케 하고, 지방단체의 난립을 초래함으로써 주민의 지방행정에 대한 관심을 잃게 하며, 민중통제를 약화시킨다는 점이다. 또한 특별구는 각각 독립된 입장에서 활동하기 때문에 행정상의 분열과 복잡성을 초래하여 지방행정 전체로서의 조정 및 통합이 어렵게 된다는 문제점을 갖고 있다.

4. 연합체형식의 행정체제

대도시권을 하나의 정치적 단위로 설정하여 그 권역내의 모든 자치단체의 존립권한을 그대로 보유하는 방식으로서 연합도시를 연방으로 하고 그 구역내의 종래의 자치단체는 지방으로 하는 연방적 도시제라 할 수 있다. 그리하여 도시권내 중심도시는 그 구역전체에 관한 행정기능을 집행하고 연합에 참가하는 소자치단체는 순전히 지방적인 사무만을 처리한다.

2단계형구조(two-tier system)의 행정체제로는 워싱톤 대도시권광역의회(The Metropolitan Washington Council of Government; COG), 몬트리올 도시공동체(Communautė Urvaine do Montrėal), 토론토 대도시권정부(The Metropolitan Toronto Government)가 그 예이다.

이 가운데 연합제도의 대표적 예라 할 수 있는 캐나다의 토론토 대도시권정부를 보고자 한다. 1953년 몬타리오 주정부는 토론토 대도시권 정부법을 제정하여 토론토시와 그 시를 둘러싸고 있는 12개 도시들로 하나의 연합정부체제(federated system of government)를 설치하였다.[16] 1967년

에 와서 본래의 13개 시를 6개 시로 통합하였다. 당초 연합정부는 25명의 위원으로 구성되었으나 이후 32명으로 늘어났는데, 토론토시가 12명의 대표를 확보하고 5개의 주변도시들은 20명의 대표를 보내게 되었다. 이후 1988년부터는 토론토대도시권의회로 되면서 각 지역대표는 지역별 주민직선으로 선출한 상임직 정치인들로 구성되었다.[17]

재원은 대도시권정부와 지분단체와의 공동기채 및 지분단체의 분담금에 의해서 충당되고 있다. 이 대도시권정부가 담당하는 기능은 교육, 재산평가, 상·하수도, 간선도로, 교통, 보건, 복지, 공원, 공공주택, 도시계획 등으로 되어 있다. 물론 이 기능이 전부 대도시권정부로 이관되고 6시에는 이런 기능이 전혀 없다는 것은 아니다. 이 중에는 분담하는 것도 있다. 대표적으로 상·하수도기능인데 대도시권정부는 취수장의 건설 및 유지, 정수장, 수원지와 주요 급수관에 대한 책임을 지고 도매가로 급수하면 이를 받아 각 시가 자율적으로 결정한 가격으로 이를 주민에게 공급하는 것이다. 이처럼 대도시권정부는 급수, 오물처리, 도시계획, 도로 등의 도시권 전체에 걸쳐 계획적·통일적 처리를 필요로 하는 사무를 담당하며, 지분단체는 그 고유의 존립을 잃지 않고 존속하기 때문에 각 지분단체에 고유한 문제를 처리할 수가 있다. 각 지분단체가 고유의 재원과 조직으로 처리할 수 없는 문제를 연합체가 처리하고, 또 필요에 따라 수시로 연합체에 사무를 이양할 수가 있다.

토론토의 대도시권 연합정부에서 보는 바와 같이 연합제도는 수개의 자치체가 사회적·경제적으로 밀접한 관계에 있는 경우, 이러한 자치체가 연합하여 자기네들의 기존의 위치와 자치권을 유지하면서 동시에 도시권 전체를 중심으로 하나의 정치적 단위를 설정하는 방법이다. 이 방식은 지분단체인 기초자치단체의 독자성을 박탈하는 것이 아니기 때문에 합병과 같이 지방적 감정에 자극을 주지 않고 도시권의 행정통합을 실현할 수 있다. 그리고 지분단체는 종전대로 자주적 행정을 처리하기 때문에 분권화

---

16) J. C. Bollens and H. J. Schmandt, *op. cit.*, pp. 474~478; W.W. Crouch, "Metropolitan Government in Toronto," in *Public Administration Review*(Spring, 1954), pp. 85~95.

17) 李圭焕 外, 「廣域行政體制의 새로운 模型設定 관한 硏究」(明知大學校 地方自治硏究所, 1994), pp. 261~265.

가 가능하고 중앙의 부담과중을 배제할 수 있다.

그러나 반면에 이 방식은 기능의 중복(duplication of activities)을 초래하여 정력과 경비의 낭비를 가져오기 쉽다. 또한 행정기관의 다원화는 권한의 대립(conflict of authority)과 분쟁을 초래하여 도시권행정의 발전을 저해한다. 당초에는 합리적으로 권한의 배분이 되었다고 하더라도 중앙과 지분단체의 중간위치에 속하는 중간적 권한의 발생은 불가피하고 여기에서도 권한의 경합과 대립을 가져온다.

제 2 절 광역행정처리 실태

Ⅰ. 구역재편성 방법

도시권은 중심시와 산업・경제, 교통・도로, 교육, 문화, 정보 등의 기능들이 일상적으로 상호밀접한 관계를 맺는 주변지역 일원의 공간적 범위로서, 이는 지역주민의 입장으로 보아 직・주간의 통근시간 및 거리의 가능범위 내에서, 기업의 입장으로 보아 실질적인 노동력확보권(labor catchmentarea)인 통근권의 가능범위내에서 형성된다. 이런 도시권은 우리나라의 오늘날 교통수단으로서 중심시로부터 대체로 40~50km의 반경에 들어가는 공간적 범위라 할 수 있다.

이와 같은 공간적 범위를 갖는 도시권의 광역행정문제를 처리하기 위하여 우리나라가 실제 채택하고 있는 광역행정체제의 방식은 합병・분리, 사무위탁방식, 자치단체조합 그리고 행정협의회 등 5가지 방식을 사용하고 있다.[18]

(1) 합병방식

우리나라 광역행정처리방식으로 가장 많이 이용되어온 것이 합병방식이었다. 서울시의 경우를 보면 경기도 밑에 있던 경성부 당시인 1919년의

18) 李圭煥, 전게논문, pp. 60~62.

행정구역의 면적은 36km²에 불과했으나 1936년, 1943년, 1949년, 1973년 등 크게 다섯 차례를 통해 경기도지역을 편입시킴으로써, 현행행정구역은 17배가 넘는 605.8km²나 되고 있다. 이는 지금까지 서울시의 인구밀도가 1km²당 1만명에 이르면 주변 경기도 군부지역을 편입시켜 왔던 것이다.

이와 같은 병합방식이 서울시 뿐만 아니라 우리나라에서 가장 많이 이용되고 있는 것은 지방자치의 전통이 강한 외국의 경우와는 달리, 지방자치단체의 구역변경에 대한 결정권을 지닌 중앙정부가 피편입지역의 행정단위의 불이익을 감수시키는 설득력이 강하다는 것과 피편입지역주민들의 저항이 적기 때문이다. 그러나 이 방식에는 피편입지역에서 전통적 지역명칭을 시에 양보하는 불이익이 따르고, 잔여군부(rump county)문제가 생긴다.

(2) 분리 방식

대도시광역행정문제를 처리하기 위해 대도시를 도에서 분리하여 광역시로 승격시키는 시·도분리(city-county separation)방식을 사용하거나 군에서 읍을 분리하여 시로 승격시키는 시·군분리방식을 이용하여 왔다. 전술한 바와 같이 해방후 경성부가 경기도로부터 분리되어 서울특별시로 승격되었고, 1981년에는 인천시가 직할시로 승격되면서 주변지역을 편입하였으며 또한 경기도로 부터 분리되었다. 이 방식도 역시 잔여도부 및 잔여군부의 문제가 심각하게 제기되고 있다.

Ⅱ. 사무위탁제도

(1) 사무위탁의 의의

지방자치단체가 다른 지방자치단체와 협의하여 그의 사무의 일부를 다른 지방자치단체 또는 그 지방자치단체의 장에게 위임하여 처리하는 것을 사무의 위탁이라고 부르고 있다.[19] 그러나 그 법적인 성질은 어디까지나 공법상의 계약에 해당되며, 그 계약의 내용이 사무의 위탁이라고 보

19) 地方自治法 제151조 제1항 참조.

는 것이 보다 더 정확하다. 지방자치법상에 의하면 지방자치단체의 사무를 다른 지방자치단체나 그 장에게 위임할 수 있도록 규정하고 있지만 사무의 위탁이 지방자치단체간의 협력방식이라는 점을 감안한다면 다른 지방자치단체의 장에게 위임된 사무라도 결국 지방자치단체의 대표기관으로서 그 장에게 위임된 것이라고 보아 법적인 주체는 어디까지나 그가 소속된 지방자치단체라고 보는 것이 보다 정확한 해석이 된다.[20]

(2) 사무위탁의 종류

지방자치법의 규정상 사무위탁의 종류를 명확히 구분하지는 않았지만 지방자치단체는 그의 업무를 다른 지방자치단체에게 위탁하면서 그 처리방식을 상호간의 합의로 결정할 수 있다. 지방자치단체가 그의 사무를 다른 지방자치단체로 하여금 수행하게 되는 사무위탁의 방식에는 위임과 대리가 있다.

위임의 방식으로 사무를 위탁할 때는 당해 업무의 수행에 관한 권리와 의무는 수임지방자치단체로 이전되고, 수임자는 자신의 명의로 업무를 수행한다. 위임자는 스스로 그 업무의 수행권한을 상실하며, 그에 대한 행정적인 책임은 수임자가 진다.

지방자치법 제151조 제5항에 위임된 사무의 관리 및 처리에 관한 조례 또는 규칙은 규약에 다르게 정하여진 경우를 제외하고는 수임지방자치단체에도 그대로 적용할 수 있다고 하여 이를 확인하고 있다. 업무수행의 주체는 여전히 위탁한 지방자치단체이며, 수탁지방자치단체는 위탁지방자치단체의 대리인으로서 위탁자의 명의로 그 업무를 수행한다. 수탁 지방자치단체가 수행한 행위의 결과는 직접 위탁 지방자치단체에 귀속되며 행정책임도 위탁 지방자치단체에 귀속된다. 다만 수탁 지방자치단체는 단순한 행정보조인이나 당사자와는 달리 위탁자의 의사에 반하지 않는 범위내에서 의사결정을 할 수 있다는 점이 다르다고 할 수 있다.[21]

---

20) 李圭煥, "地方政府間의 關係,"「政府間 關係; 理論과 實際」(서울: 法文社, 1997), pp. 307~308.

21) 이기우, "지방자치단체의 협력활성화 방안,"「사회와 교육」(1994), pp. 226~227.

(3) 사무위탁에 관한 운용현황과 문제점

가. 사무위탁의 절차

지방자치단체가 사무를 위탁하고자 하는 경우에는 관계지방자치단체간의 협의에 의하여 규약을 정하여 이를 고시하여야 한다.[22] 이 경우에 지방자치단체의 장은 사무위탁의 당사자가 시·도 또는 그 장인 경우에는 행정안전부장관 및 관계 중앙행정기관의 장에게, 시·군·자치구 또는 그 장인 경우에는 시·도지사에게 보고하여야 한다.[23]

특수한 사무위탁의 경우로, 도시계획법 제20조의 4에 의하면 국토해양부장관은 광역계획구역을 도시계획으로 결정할 수 있고, 광역계획을 입안할 자를 시장·군수 또는 도지사와 협의하여 정할 수 있도록 규정한 것은 여기서 말하는 사무위탁의 경우에 해당된다. 협의가 성립되지 않으면 같은 도의 경우에는 도지사가, 2이상의 시 도에 걸치는 경우에는 국토해양부장관이 입안할 자를 정하며, 국가계획과 관련하여 필요한 경우에는 국토해양부장관이 관할 시장·군수의 의견을 들은 후 관계 중앙행정기관의 장과 협의하여 직권으로 입안할 자를 정할 수 있도록 하고 있는데 이는 강제적인 사무위탁의 경우에 해당된다.

나. 규약의 내용

사무규약에는 사무를 위탁하는 지방자치단체 및 사무를 위탁받는 지방자치단체, 위탁사무의 내용과 범위, 위탁사무의 관리와 처리방법, 위탁사무의 관리·처리에 소요되는 경비의 부담 및 지출방법, 기타 사무위탁에 관하여 필요한 사항 등이 포함되어야 한다.[24]

다. 사무위탁의 변경 또는 해지

지방자치단체가 사무위탁을 변경 또는 해지하고자 하는 경우에 관계지방자치단체간의 협의를 거쳐 이를 고시하고, 사무위탁의 예에 따라 행정안전부장관 및 관계 중앙 행정기관의 장, 시·도지사에게 보고하여야 한다.

---

22) 地方自治法 제151조 제2항 참조.
23) 地方自治法 제151조 제1항 참조.
24) 地方自治法 제151조 제3항 참조.

라. 사무위탁의 유용성

사무위탁은 새로운 권리주체를 필요로 하지 않고 이에 따른 기관을 조직하지 아니함으로써 지방자치단체조합에 비하여 비용이 덜 드는 협력방식이라고 할 수 있다. 사무의 위탁에 관한 법적 규율이 그다지 까다롭지 않고, 당사자의 의사에 의한 구체적인 내용의 결정이 가능하여 융통성과 적응성이 강한 면이 장점이다.

마. 사무위탁에 의한 협력이 기대되는 분야

사무위탁의 방식이 유용한 분야는 한 지방자치단체가 문제되는 사무나 시설을 이미 운용하고 있을 때 다른 지방자치단체가 이를 이용하고자 하는 경우나, 다른 지방자치단체가 수행하는 것이 보다 효율적일 때나 부대비용이 적게 드는 경우, 어떤 업무를 수행하는 것이 다른 지방자치단체만이 경제적으로 혹은 사실상 가능할 때, 광역지방자치단체가 기초지방자치단체간에 위탁함으로써 업무의 수행의 현지성을 높이려는 경우 등이다.[25] 예를 들면 세금의 부과 및 징수, 도로의 건설 및 관리, 상수도, 쓰레기처리장, 화장장, 납골당, 박물관 등이 있다.

바. 운용현황 및 문제점

현재 사무위탁에 의한 협력은 광역지방자치단체와 기초지방자치단체간의 협력이 주종을 이루고 있고, 그밖에 공공시설(예컨대 화장장)의 이용에 관한 것에 일부 활용되고 있지만 전체적으로 보아 사무위탁의 활용도는 그다지 높은 편이 아니다. 현재 시행되고 있는 사무의 위탁은 지방자치법 제151조에 따르기보다는 관례에 따른 협약의 체결, 조례, 규칙의 제정을 통하여 시행중인 것이 대부분이다. 사무위탁에 의한 사무처리는 저렴하고 융통성과 적응성이 강한 협력방식인 데도 현재 활용도가 낮은 것은 지방자치의 역사가 짧고 중앙에 의존하는 행정행태에 기인하고 있다. 지방자치사무의 효율적인 처리를 위하여 이 제도를 보다 적극적인 활용이 요구된다.[26]

25) 이기우, 전게논문, pp. 227~228.
26) 李圭煥, 전게논문, pp. 308~309.

Ⅲ. 행정협의회제도

(1) 행정협의회의 의의

지방자치단체는 2개이상의 지방자치단체와 관련된 업무를 공동으로 처리하기 위하여 관계 지방자치단체간의 행정협의회를 구성할 수 있다.[27] 협의회는 2이상의 지방자치단체간의 결합이지만 별개의 법인격을 가지는 것은 아니며, 관계 지방자치단체의 독자성도 원칙적으로 제한하지 않는다는 면에서 지방자치단체조합에 비하면 상당히 느슨한 협력방식이다. 행정협의회는 법인격을 갖지 않기 때문에 권리와 의무의 귀속 주체가 될 수 없다.[28]

(2) 행정협의회에 대한 법적 규율

가. 행정협의회의 성립

지방자치단체가 행정협의회를 구성하고자 하는 경우에는 관계 지방자치단체간에 협의하여 규약을 정하여 관계지방의회의 의결을 거친 다음 이를 고시하여야 한다.[29] 여기서 협의는 행정협의회의 구성을 목적으로 하는 공법상의 행위이고, 규약은 협의의 형식이 되고, 관계 지방의회의 의결과 고시는 협의의 절차적인 요건으로서 효력발생요건이 된다고 할 수 있다. 행정협의회를 구성한 경우에는 관계 지방자치단체의 장은 행정자치부장관, 관계 중앙행정기관의 장 또는 시・도지사에게 보고하여야 한다.[30]

협의회의 규약에는 협의회의 명칭, 협의회를 구성하는 지방자치단체, 협의회가 처리하는 사무, 협의회의 조직과 위원의 선임방법, 협의회의 운영 및 사무처리에 필요한 경비의 부담 및 지출방법, 기타 협의회의 구성 및 운영에 필요한 사항 등이 포함되어야 한다.[31] 지방자치단체의 행정협의회의 구성여부는 관련 지방자치단체가 자유로이 결정할 수 있으며, 강

27) 地方自治法 제152조 제1항 참조.
28) 李圭煥, 전게논문, pp. 311~314.
29) 地方自治法 제152조 제2항 참조.
30) 地方自治法 제152조 제1항 참조.
31) 地方自治法 제154조 참조.

제적인 협의회의 구성은 지방자치법상 인정되고 있지 않다. 그러나 법률로 규정되어 있는 경우에는 구성이 가능하다. 현행 지방자치법은 공익상 필요한 경우에는 감독기관인 행정자치부장관이나 시・도지사가 행정협의회의 구성을 관계 지방자치단체에게 권고할 수 있도록 하고 있다. 여기서 권고는 비구속적인 행정작용으로서 관련 지방자치단체의 자발적인 협조가 있어야만 목적을 달성할 수 있다. 행정협의회의 기능이 관련 지방자치단체의 자발적인 협조에 의해서만 수행되어질 수 있다는 점에서 강제적인 구성은 효과를 가져오기 어렵다.

나. 행정협의회의 조직

행정협의회는 회장과 위원으로 구성되며, 회장과 위원은 관계 지방자치단체의 직원 중에서 선임한다. 그 선임방법에 대해서는 규약이 정하는 바에 의한다. 회장은 협의회를 대표하고 사무를 통할한다.[32]

다. 행정협의회의 작용방식

(가) 자료제출의 요구

행정협의회는 그 사무를 처리하기 위하여 필요하다고 인정되는 경우에는 관계 지방자치단체의 장에 대하여 자료의 제출, 의견의 개진, 기타 필요한 협력을 요구할 수 있다.[33]

(나) 행정협의회의 결정의 구속력

행정협의회는 권리주체가 아니므로 그의 활동은 외부적으로 직접 효력은 발생하지 아니하고, 관련 지방자치단체나 그 주민에 대하여 직접 구속력을 갖지 아니한다고 보는 입법예가 적지 아니하다. 우리나라의 지방자치법에 의하면 협의회를 구성한 관계 지방자치단체는 협의회가 결정한 사항은 그에 따라 그 사무를 처리하여야 한다고 규정하여 행정협의회의 결정에 일반적인 구속력을 부여하고 있다.[34]

(다) 행정협의회에 의한 사무의 처리

협의회가 관계 지방자치단체 또는 그 장의 명의로 행한 사무의 처리는 관계지방자치단체 또는 그 장이 행한 것으로 본다고 규정함으로써[35] 협의

---

32) 地方自治法 제153조 제3항 참조.
33) 地方自治法 제155조 참조.
34) 地方自治法 제157조 제1항 참조.
35) 地方自治法 제157조 제3항 참조.

회가 관계 지방자치단체의 대리인으로서 집행력까지 갖는 것처럼 규정하고 있다. 그러나 협의회가 권리주체가 될 수 없고, 집행기관이 없는 단순한 협의체라는 점에서 관계 지방자치단체의 대리인으로서 업무를 처리할 권한을 인정한 지방자치법은 문제가 있으며 실효성이 의문시된다.[36)]

(라) 협의사항의 조정

협의회에서 합의가 이루어지지 아니한 사항에 대하여 관계 지방자치단체의 장으로부터 조정요청이 있는 경우에, 시·도간의 협의사항에 대하여는 행정자치부장관이, 시·군 및 자치구간의 협의사항에 대하여는 시·도지사가 이를 조정 할 수 있다. 다만 관계 시·군·자치구가 2개이상의 시·도에 걸치는 경우에는 행정자치부장관이 이를 조정할 수 있다.[37)]

조정기관이 조정하고자 하는 경우에는 미리 관계 지방자치단체의 장의 의견을 들어 관계중앙 행정기관의 장과 협의를 하여야 한다. 이와 같이 조정된 사안은 당해 지방자치단체가 조정된 바에 따라 처리하여야 할 법적인 구속을 받게 되어있다.[38)]

라. 행정협의회의 규약변경과 폐지

지방자치단체가 행정협의회의 규약을 변경하거나 협의회를 폐지하고자 하는 경우에는 시·도지사 또는 행정자치부장관, 관계 중앙행정기관의 장에게 보고하여야 한다. 관련 지방자치단체간의 협의를 거쳐 관계 지방의회의 의결을 거쳐 이를 고시하여야 한다.[39)]

(3) 행정협의회의 운용현황

현재 우리나라에서 지방자치단체간의 협력형태로 대부분 행정협의회가 선호되고 있다. 행정협의회는 1966년 8월 26일 내무부가 작성한 도시권 행정협의회 설치요강에서 비롯되며, 1966년 11월 15일 대구에서 행정협의회가 구성된 것을 시초로 2012년 1월 현재 전국적으로 총 64개의 행정협의회가 구성되어 170여개의 지방자치단체가 관련되어 있다.

---

36) 이기우, 전게논문, pp. 228~229.
37) 地方自治法 제156조 제1항.
38) 地方自治法 제156조 제2항 및 제157조 제1항 참조.
39) 地方自治法 제158조 참조.

행정협의회가 다루는 업무에는 대개 도시계획의 수립 및 변경, 주택단지 및 공업단지의 조성, 공공시설의 설치 및 관리운영, 공해 및 환경오염 방지 및 감시 등 광역개발과 광역행정수행상 필요상 사무를 예시적으로 규정하고 있다. 여기서 행정협의회의 결정이 비구속적인 단순한 정치적인 의미만을 갖는 경우에는 협의회의 기능에 속하는 업무는 사실상 관련 지방자치단체의 업무가 상실되는 것이므로 많은 문제점을 안고 있다. 그토록 광범한 업무에 대하여 행정협의회가 구속하는 결정을 할 수 있고, 관련 지방자치단체의 관계기관이 그 결정에 따라 업무집행을 해야한다면 관계 지방자치단체의 자기 책임성은 현저히 약해지고, 관련 지방자치단체의 관계 기관과 주민이 행정협의회의 결정에 반발하는 것은 너무나 당연한 것이다.

행정협의회의 운영현황을 살펴보면 2010년의 경우, 전국의 64개 행정협의회가 개최한 총 회의수는 44회였고, 협의 안건수는 197건이다. 1981년부터는 내무부가 작성시달한 「도시권 행정협의회 활성화지침」에 의거하여 다소 감소하다가 최근에는 다시 증가되고 있다.

이들 운영실적은 당초에 행정협의회에 기대하는 지방자치단체나 행정자치부의 기대수준에 미치지 못하는 것으로 평가된다.[40]

〈표 Ⅲ.5.1〉 행정협의회 운영실적

실적년도	'84	'88	'90	'94	'98	'00	'02	'04	'10
권역수	52	52	56	52	55	55	56	56	64
개최횟수	68	41	51	50	24	45	36	46	44
협의안건수	189	128	161	154	113	212	35	358	197

자료: 행정안전부 내부자료(2012).

(4) 행정협의회의 문제점

행정협의회의 운용실적이 기대에 미치지 못하는 원인으로 여러 가지가 지적되고 있다. 제도상의 미비점으로 지방자치단체의 장만으로 구성되어 지방의회의 참여가 배제되어 있거나, 협의사항에 대한 기속력이 결여되어 있다는 것, 협의사항이 불이행되었을 때 강제수단이 결여되었다거나

40) 이기우, 전게논문, pp. 231~232.

협의회의 사무국의 기능이 미약하다는 것 등이 일반적으로 제시되는 문제점이다.

행정협의회의 근본적인 문제점은 우리나라에서 지방자치단체간의 협력의 수요를 거의 대부분 행정협의회의 방식으로 해결하려고 하고 행정협의회의 기능에 지나친 기대를 하고 있는 것이다. 행정협의회는 지방자치단체간의 협력의 초등단계로서 지방자치단체간의 대화의 창구로 이용될 수 있고, 관련 지방자치단체간의 자발적인 협력을 유도하기 위한 매우 유용한 제도가 될 수 있다. 그것은 행정협의회에서의 협의가 관련 지방자치단체의 자기책임성을 해치지 않고 어디까지나 스스로 의사결정을 하고 이에 기초하여 사무를 처리한다. 행정협의회의 결정에 강제력을 부여하고 이를 더욱 강화하려 한다면 관련 지방자치단체는 행정협의회를 통한 협력을 가능한 한 피하려고 할 것이며 행정협의회의 성격상 그러한 기능을 수행하기에 적합하지도 않다. 행정협의회의 기능을 강화하려고 하는 개선방안은 문제의 해결에 도움을 주기보다는 역효과를 가져올 가능성도 있다.[41]

Ⅳ. 지방자치단체조합

(1) 지방자치단체조합의 의의

지방자치단체조합이란 지방자치법 제159조에 따라 2 이상의 지방자치단체가 하나 또는 둘이상의 사무를 처리하기 위하여 결합한 공법상의 사단법인이다. 따라서 지방자치단체조합은 관련 지방자치단체와는 별개의 권리주체로서 권리와 의무의 귀속주체가 된다. 이 점에서 별개의 법인격체를 형성하지 않는 사무의 위탁이나 행정협의회에 의한 협력의 방식과는 다르다. 다만 지방자치단체조합의 구성원은 관계되는 지역의 개개의 주민을 구성원으로 하는 것이 아닌 공법상의 법인인 지방자치단체를 구성원으로 하는 단체라는 것이다. 지방자치단체조합은 관련 지방자치단체의 업무에 속하는 사무를 관련 지방자치단체와 독립하여 자기책임하에

41) 상게논문, pp. 233~234.

처리하는 권리와 의무를 갖는다. 지방자치단체조합이 처리하는 업무는 자치사무이건 위임사무이건 상관이 없지만 조합규약에 정해진 사무에 대해서만 업무수행권이 인정된다. 지방자치단체에 위임되는 사무는 항상 개개의 특정된 사무여야 되고 포괄적인 사무의 규정은 관련 지방자치단체 의무를 침해하고 관계 주민에게 혼란을 줄 수 있으므로 허용되지 않는다.

지방공기업법 제50조는 여러 지방자치단체가 상호규약을 정하여 공동으로 지방공사를 설립할 수 있도록 규정하고 있는 바 이것도 지방자치단체조합의 하나라고 볼 수 있다.

(2) 지방자치단체조합에 관한 법적 규율

가. 조합의 설립

지방자치단체조합의 설립에 대하여 지방자치법은 관련 지방자치단체가 자유로운 의사에 의한 임의설립과 행정자치부장관의 명령에 의한 강제설립을 예정하고 있다. 후자는 전자에 의한 설립이 이루어지지 못한 경우에만 허용된다는 점에서 보충적인 설립방식이다. 지방자치법상에는 두 가지 방식만을 예정하고 있으나 특별법의 제정에 의한 목적조합의 설립이 배제되는 것은 아니다. 왜냐하면 이 경우에 지방자치단체조합의 설립을 규정하는 특별법은 지방자치법상의 지방자치단체조합에 관한 규정에 우선하는 효력을 갖기 때문이다.

(가) 임의설립

2이상의 지방자치단체는 하나 또는 둘 이상의 사무를 처리하기 위하여 필요한 경우에는 규약을 정하여 지방자치단체조합을 설립할 수 있다.[42] 조합의 규약에 포함되어야 할 사항으로는 조합의 명칭, 조합을 구성하는 지방자치단체, 사무소의 위치, 조합의 사무, 조합회의의 조직 및 위원의 선임방법, 집행기관의 조직 및 선임방법, 조합의 운영 및 사무처리에 필요한 경비의 부담 및 지출방법, 기타 조합의 구성 및 운영에 관한 사항 등이 포함되어야 한다.[43] 규약의 법적 성질은 사단법인의 정관에 해당된다고 할 수 있다.

---

42) 地方自治法 제159조 제1항 참조.
43) 地方自治法 제162조 참조.

지방자치단체조합의 규약은 관련 지방자치단체의 지방의회의 의결을 거쳐야 하며 감독기관의 승인을 받아야 한다. 여기서 지방의회의 의결과 감독기관의 승인은 지방자치단체조합의 규약이 효력을 발생하기 위한 효력발생요건이다. 지방자치단체조합의 설립은 그 업무에 속하는 사무에 관한 한 권한의 변경이 생기므로 법률에 명문의 규정이 없지만 이를 고시하는 것이 바람직하다. 입법론으로서는 효력발생요건으로서 설립의 고시를 추가하는 것이 요구된다.

(나) 강제설립

지방자치단체조합은 관련 지방자치단체들이 자기의 업무를 수행하기 위한 것이므로 그 설립여부를 자기가 결정하도록 하는 것이 바람직하다. 그런데 경우에 따라서는 지방자치단체 조합을 설립할 절실한 필요가 있음에도 불구하고 관련 지방자치단체들이 지방자치단체조합을 설립하지 않거나 설립에 성공하지 못한 경우에 이를 강제적으로 설립할 필요가 있는 경우가 있을 수 있다. 지방자치법 제159조 제2항은 이러한 필요성에 부응하여 행정안전부장관이 공익상 필요한 경우에 지방자치단체조합의 설립을 명할 수 있도록 하고 있다. 행정자치부장관의 명령에 의한 지방자치단체조합설립의 강제는 지방자치단체의 자치조직권에 대한 중대한 침해이므로 불가피한 공익을 달성하기 위하여 필요한 경우에 한하여 인정된다. 즉, 이 경우에 특히 비례의 원칙이 존중되어야 한다. 이에 따라 행정안전부장관은 관련 지방자치단체들에게 설립명령을 하기 전에 그들이 자발적으로 이를 설립하도록 적정한 시간적인 여유를 주어야 하고 그 설립을 권고하여야 한다. 그것이 성과가 없는 경우에만 최종적으로 설립명령을 할 수 있다고 보는 것이 타당하다.

나. 지방자치단체조합의 조직과 기관

지방자치단체조합의 기관으로는 의결기관으로서 조합회의를 두고, 집행기관 및 대표기관으로서 조합장을 둔다.[44]

(가) 조합회의

조합회의는 조합구성원인 관련 지방자치단체의 대표자인 조합위원으

44) 地方自治法 제160조 제1항 참조.

로 구성된다. 조합위원의 선임에 대해서는 조합의 규약으로 정한다.[45] 조합회의는 조합의 규약이 정하는 바에 따라서 조합의 중요사항을 심의·의결한다.[46] 조합회의에 회장단을 두는지의 여부, 그 구성, 선임방법, 사무직원과 의결방법, 권한 등에 대해서는 현행법에 의하는 한 조합의 규약으로 정할 수 밖에 없으나 입법론으로는 이를 법률로서 명백히 정하는 것이 바람직하다. 관계 지방자치단체의 장이나 지방의회의원은 조합회의의 위원을 겸할 수 있다.[47]

(나) 조합장

지방자치단체조합의 집행기관으로 조합장을 둔다. 조합장은 조합을 대표하며 조합의 사무를 통할한다.[48] 조합장의 선출방식은 조합규약에 의하도록 하고 있으나 입법론으로서는 이를 법률로 정하는 것이 바람직하다. 조합장의 권한과 의무, 업무수행의 방식, 조합회의에 대한 관계 등도 조합규약에 의할 수밖에 없으나 명확화를 위하여 법률로서 규정하는 것이 바람직하다.

다. 지방자치단체조합의 권한

지방자치단체 조합이 어떠한 권한을 갖는지에 대하여 지방자치법은 별다른 규정이 없다. 지방자치단체조합은 공법상의 법인으로서 최소한 그에 종사하는 사무직원을 임명할 수 있는 인사권을 가지며, 그에 소요되는 수입과 지출, 재산을 관리할 수 있는 재정권을 갖는다고 보아야 한다. 지방자치단체조합도 자기책임하에 업무수행을 하는 일종의 자치단체라는 점을 감안한다면 법률에서 조례제정권을 명시하여 조합의 업무수행에 관한 프로그램을 일반적·추상적인 규범으로 정할 수 있게 하는 것이 필요하다. 현행법의 해석론으로서는 지방자치단체조합은 법률의 특별한 위임이 없어도 조례를 정할 수 있으나 주민의 권리를 제한하거나 의무를 부과하는 조례는 별도의 법적인 근거가 있어야 한다.[49]

---

45) 地方自治法 제162조 제5항 참조.
46) 地方自治法 제161조 제1항 참조.
47) 地方自治法 제160조 제3항 참조.
48) 地方自治法 제160조 제1항 및 제161조 제3항 참조.
49) 이기우, 전게논문, pp. 234~235.

라. 지방자치단체조합의 규약변경 및 해산

지방자치단체조합의 규약을 변경하거나 해산하는 경우에는 각 관계 지방자치단체의 지방의회의 의결을 요하고 감독기관의 승인을 필요로 한다. 조합해산으로 인한 재산의 처분은 관계 지방자치단체간의 협의에 의한다.[50)]

마. 지방자치단체조합에 대한 감독

시·도가 구성원인 조합은 행정자치부장관의, 시·군·자치구가 구성원인 조합은 1차로 시·도지사의, 2차로 행정자치부장관의 감독을 받는다. 조합의 구성원인 시·군·자치구가 두 개 이상의 시·도에 걸치는 경우에는 행정자치부장관의 감독을 받는다.[51)] 감독기관의 조합에 대한 감독수단에 대해서는 조합의 해산명령, 규약변경명령만을 규정하고 있을 뿐이며 그밖의 감독수단에 대하여는 규정된 것이 없다.

바. 지방자치단체조합과 관련 지방자치단체의 관계

지방자치단체조합은 원칙적으로 관련 지방자치단체와는 독립하여 이전된 업무를 처리한다. 관련 지방자치단체는 지방자치단체조합에 대하여 조합의 결성, 규약의 변경, 해산을 통하여 간접적으로 영향력을 행사할 수 있으나 직접적인 업무감사나 영향력의 행사는 인정될 수 없다. 그러한 감독은 앞에서 살펴본 감독기관에서 행한다. 다만 관련 지방자치단체는 그들이 파견한 조합회의 조합위원을 그를 파견한 지방의회의 의결에 구속하는 것으로 조합의 의사결정에 간접적인 영향력을 행사할 수 있다.

(3) 지방자치단체조합의 활용분야

지방자치단체조합은 독립된 법인격과 자치권을 가진 행정주체로서 자신의 의사결정기관과 집행기관을 가지고 있다는 점에서 다른 방식에 비하여 사무의 처리에 매우 유용한 협력형태이다.

(4) 목적조합의 운용현황과 문제점

우리나라에서 지방자치단체조합은 매우 적다. 경기도에 1970년에서

50) 地方自治法 제164조 제1항 및 제2항 참조.

51) 地方自治法 제163조 제1항 참조.

1974년 사이에 존재한 시 · 군 통신조합이 유일한 것이었으나 1991년 서울특별시, 인천광역시, 경기도로 구성된 수도권매립지운영관리조합이 설립되었다. 동조합규약의 주요내용은 다음과 같다.52)

수도권매립지운영관리조합의 사무는 매립지의 설치에 관한 협의 및 운영 · 관리이다. 조합회의의 위원정수는 7인이며, 서울특별시 3인, 인천광역시 2인, 경기도 2인이며, 각 구성 지방자치단체의 폐기물담당국장과 시 · 도의회에서 선출된 의원 4인이 위원이 된다. 위원의 임기는 폐기물 담당 국장은 재직기간, 의원인 위원은 2년으로 한다. 조합에는 조합장과 부조합장을 두며 조합장은 서울특별시, 인천광역시, 경기도의 부단체장을 순서대로 2년의 임기로 하며 부조합장은 조합장이 아닌 부단체장으로 한다.

지방자치단체조합업무의 효율적인 수행을 위해 사무직원의 선임을 관계 지방자치단체의 공무원 파견에 의존하지 않고 조합장이 임명하여 계속적인 근무를 하도록 하는 것이 바람직하다. 조합의 경비는 폐기물 반입료, 지방자치단체의 부담금 및 기타 수입으로 한다. 매립지의 설치 및 운영 · 관리비용은 1992년까지는 인구비율로, 1993년부터는 폐기물반입량의 비율로 부담한다.

지방자치단체조합에 의한 지방자치단체간의 협력이 아직 미흡한 이유는 지방자치단체조합의 운영경험과 사전지식이 결여되어 관심이 부족했던 점 외에도 법률규정상 미비점 때문에 조합의 구성을 어떻게 해야 할지에 대한 것이 막연했던 것에도 원인이 있다.

그러나 2000년 7월부터 이 조합은 폐지되었고, 환경부 산하의 「수도권매립공사」가 설립되어 이 업무를 담당하게 되었다.

V. 광역행정의 문제점

도시기능의 확대와 더불어 팽창되는 도시권은 동적이며 자연적이고 발전적인데 반해, 정적이며 제도적이고 고정성을 갖는 각 자치단체의 공간적 통솔범위인 행정구역과는 불일치하기 마련이다. 이처럼 도시권은 행

52) 이기우, 전게논문, pp. 238~239.

정상으로 관할구역의 다원화현상을 보이고 있다. 도시권에는 여러 지방자치단체가 그 권한과 책임에 있어 서로 독립하고 있기 때문에 권역전체의 통일적 행정이 불가능하다. 따라서 도시권은 관할구역의 다원화로 다음과 같은 문제점이 나타나고 있다.[53]

(1) 권한의 대립(conflict of authority)

대도시권은 다수의 지방정부를 내포하고 있는 고로 특정한 행정기능에 대한 권한문제로 여러 단체간에 대립이 발생한다. 대부분의 지방관리는 그들의 권한을 빼앗기지 않으려고 함으로써 능률적인 지방행정에 역행된다.

(2) 서비스의 중복(duplication of services)

대도시권내 여러 지방정부가 같은 기능을 상호 조정과 계획성없이 개별적으로 처리하고 있다. 권역전체를 통해서 통일적인 행정처리의 기준이 필요함에도 불구하고 각 지방정부단위는 서로 다른 기준을 갖고 있고, 또한 지방적인 좁은 시야에서 행정을 하기 때문에 전체로서는 많은 행정낭비와 비능률을 가져온다.

(3) 불충분한 서비스(inadequacy of services)

도시권의 주변지역은 사회·경제적으로 중심시와 일체적 관계에 있는 고로 행정수요에 있어서는 중심시와 차이가 없다. 그러나 주변지역의 지방정부는 이러한 행정수요를 중심시와 같은 높은 수준에서 만족시킬 수 없다.

(4) 지역계획의 결여(lack of regional planning)

대도시권은 하나의 경제적 통일체이다. 그러므로 권역내의 각 지방의 이해관계를 조정하여 권역전체의 발전을 보장할 수 있는 지역개발계획이 필요하다. 그럼에도 불구하고 권역이 행정상으로 분리되어 있어 종합적인

53) 李圭煥, 전게석사학위 논문, pp. 36~38.

관점에서 지역개발계획을 수립하고 그것을 집행할 수 있는 주체가 없다.

(5) 재정상 문제(financial problems)

대도시권 전체로서는 충분한 재정적 자원을 갖고 있을지 모르나 권역 내의 각 지방정부는 개별적으로는 필요한 행정기능을 수행하는 데 충분한 재원이 없다. 중심시에서 주변부에로의 이주로 인하여 중심시에 있어서 세원의 감소를 가져오는 미국과 같은 선진국과는 달리 우리나라에서는 주변농촌지역의 재정자립도가 상대적으로 낮다.

(6) 신중앙집권화(new centralization)

대도시권의 광역행정사무에는 전국적 성질을 가지는 행정사무, 지방적 성질을 가지는 특수행정사무, 중앙정부와 지방자치단체의 중간적 성질을 가지는 행정사무 등이 상호 연결되기 때문에 지방자치단체간의 능력만으로는 효율적으로 처리할 수 없는 사무가 증대되고 있다. 이를 해결하기 위하여 중앙정부가 관여하는 필요성이 확대되면서 신중앙집권화를 초래할 가능성이 높아지고 있다.

제 3 절 광역행정체제의 발전방향

Ⅰ. 현행제도의 개선방안

1. 사무위탁의 활성화

광역문제의 해결방식으로 지방자치단체간의 합의만 있으면 쉽게 활용할 수 있는 사무위탁은 우리나라의 경우 활성화되고 있지 못한데 반해 일본의 경우는 가장 많이 활용되는 사무의 공동처리 방식이다. 사무위탁은 자치단체간 독자적 행정의 필요성과 대조적으로 인근자치단체에 특정사무를 의존할 필요성이 있는 경우에도 발생한다.

지방자치법 제151조에 의하면 지방자치단체 또는 그 장은 소관사무의 일부를 다른 지방자치단체 또는 그 장에게 위탁하여 처리할 수 있도록 규정하고 있다. 상・하수도, 쓰레기 처리장, 화장장, 납골당, 박물관 등 규모의 경제를 고려할 수 있는 분야나 세금부과 및 징수, 도로건설 및 관리 등 서비스 제공분야를 중심으로 사무를 위탁함으로써 지방자치단체간의 상호협력체제를 공고히 할 수 있고 사무처리와 관련하여 지방자치단체간의 상호갈등과 마찰을 미연에 방지할 수 있다. 일본의 경우 사무위탁의 사무종류로 후생복지, 교육, 환경위생, 방재 등의 사무를 지방자치단체간에 위탁하여 처리하고 있다.

이를 위하여 지방자치법 및 관계법령을 보완하여 주체, 효과, 절차, 관리 및 집행의 방법, 경비 및 재원부담, 변경 및 폐지에 대한 규정을 법령을 통해 정비하도록 하여야 한다. 그리고 특정사무에 대해서 점진적으로 활용하면서 추진 상황에 따라 점차 확대해 나가는 것도 광역행정문제의 효율적인 해결방법이다.

2. 행정협의회의 효율화

(1) 합리적인 협의회 권역구성

행정협의회의 설치권역을 기능적 상호의존성과 공간적 균질성, 규모의 경제성 등을 고려하여 합리적으로 구성하여야 한다. 필요한 광역행정수요에 적절히 대처할 수 있도록 현재 형식적이고 비능률적으로 구성되어 있는 행정협의회를 광역행정의 주체로서의 역할을 할 수 있도록 하여야 한다. 이와 함께 분야별 행정협의회를 구성하여 적극적으로 광역행정문제를 해결하여야 한다.

(2) 효과적인 집행력을 위한 이행수단의 법제화

행정협의회의 특성상 합의된 내용에 대한 구속력이 미약하기 때문에 이행에 대한 담보능력은 그만큼 적다. 따라서 운영의 효과성을 위하여 합의 내용을 집행권을 부여하여 효율적으로 처리할 수 있도록 하여야 한다.

이를 위해서는 합의된 내용이 해당 지방자치단체가 의사결정한 것으로 하고 재정적인 분담을 하도록 하여야 한다. 즉, 협의회 합의내용의 집행을 위하여 실질적인 이행강제권과 비용부담에 대한 강제적인 분담규정을 명문화하여야 한다.

(3) 민주적인 참여의 보장

협의회의 참여자가 해당 지방자치단체의 장으로 되어 있기 때문에 합의된 내용이라도 지방의회의 의결을 구해야 하는 사항이거나 지방의회와 마찰을 유발할 수 있는 경우가 많다. 이러한 경우에는 효율적으로 집행이 불가능하므로 지방의회가 행정협의회에 참여한다면 합의내용의 집행에 대한 효과성은 그만큼 높아질 수 있다. 또한 해당지역의 발전을 위한 광역행정문제해결이니만큼 지역 주민이 참여할 수 있도록 하여야 한다. 공청회, 청문회, 의견청취와 같은 사전적인 참여통로를 개방하여 광역행정에 대한 지역주민의 인식을 제고시키고 갈등을 최소화할 필요가 있다.

(4) 광역계획권의 부여

수도권과 같은 광역권에 있어서는 도시계획, 주택단지 및 공업단지 조성, 도로・교통문제, 상・하수도, 환경오염문제 등 전반적인 차원에서 계획권을 부여하여야 한다.[54] 즉, 전반적인 계획권, 효율적인 집행을 위한 사업추진 및 국고보조금 등 재정문제에 대한 결정권한 및 국가보조 등을 부여하도록 한다.

(5) 운영의 내실화 및 활성화

현재 연 2회의 정기회와 임시회, 실무협의회를 활성화하고 내실화하여 한다. 이에 대한 방안으로 정기회의와 수시회의로 분류하여 정기회의 연 2회의 의무회의로 하고 수시회를 통하여 적시대처가 가능하도록 운영하여야 한다.

또한, 실무협의회를 상설기구화하여 상근직원을 두고, 중심자치단체에 실무국과를 설치・운영하도록 한다.[55] 그리고 분야별 실무협의회의 운영

54) 유재원, "수도권 광역행정의 실태와 개선방향," 「수도권 광역행정의 효율적 수행방안모색」(국민회의 제6차 정책토론회의, 1996), pp. 55~56.

55) 李圭煥, 「都市行政論」(서울: 녹원출판사, 1995), pp. 348~352.

및 기능을 강화하여 실무적이고 전문적인 지식을 축적하여 실질적인 문제해결기구화하여야 한다. 또한, 실무협의회에는 지역주민과 전문가를 참여시켜 실무자, 전문가, 지역주민 등 이해관계자를 참여시켜 행정협의회의 합의내용에 대한 지지기반을 확보할 필요가 있다.

3. 지방자치단체조합의 활성화

(1) 지방자치단체조합 설치의 활성화

수도권을 비롯한 대부분의 광역권에서 해결해야 할 광역행정문제로는 상·하수도, 환경문제, 교통문제, 주택문제 등이 있는데, 현재 지방자치단체간의 협조가 제대로 이루어지지 않고 있기 때문에 비효율적으로 처리되고 있다. 따라서 이러한 문제를 효율적으로 처리하기 위해서는 일부사무 또는 복합사무조합의 설치를 통해서 운영하는 것이 바람직하다.

(2) 법적 지위의 보장

현행 지방자치단체조합제도가 특별지방자치단체의 한 종류로서 그 법적 지위를 인정받기 위해서는 지방자치법 체계의 정비와 함께 조합의 법적 권능이 확대되지 않으면 안된다.

먼저, 조합의 독자영역의 설정 및 기능의 확대가 필요한데, 지방자치단체조합에 특별지방자치단체로서의 법인격이 부여되면 보통지방자치단체와 유사한 법적지위를 지니게 된다. 현행 지방자치단체조합은 조합회의의 설치, 조례제정권의 부여, 자체직원의 채용, 조합에 대한 지도·감독범위의 설정 등에 있어서 권능을 보다 확대하고 조합고유의 자치권이 보장되어야 한다.

또한, 현행 지방자치법 제2조 '지방자치단체의 종류'에 대해서는 많은 문제점이 있어 부분적으로 개정되어 있으나, 특별지방자치단체의 설치·운영에 관한 구체적인 사항을 정하고 있지 않다. 따라서 지방자치법상에서 대통령령이 그 세부기준으로 되어 있으므로 이에 대한 법령의 제정이 시급하다.[56]

---

56) 하상군, "한국의 지방자치단체조합에 관한 연구" (단국대학교대학원 박사학위논문,

(3) 복합적 사무처리조합의 설치근거명시

특정 단일의 공공사무를 처리하기 위한 일부사무조합 뿐만 아니라 상호 관련된 복수의 사무를 공동으로 처리하는 복합적 사무처리조합에 대한 설치근거조항을 명시하는 것이 필요하다. 즉, 단일사무조합의 중복적인 설치보다는 복합적 사무처리조합의 설치는 광역행정의 효과적인 면에서 합리적인 경우가 있다. 복합적 사무의 처리조합은 특성상 단일의 사무를 처리하는 조합과는 다른 조직을 구성해야 하는 바 규약이 정하는 바에 의해 조합의 대표인 조합장을 대신하여 이사들로 구성하는 합의제 집행기관인 이사회를 둘 수 있도록 하는 제도적 뒷받침이 필요하다.

(4) 조합회의에 대한 지위의 보완

현행법상 지방자치단체조합은 조례제정권이 없어 독자적인 의사결정 및 집행기능의 발휘가 불가능하고 구성 자치단체의 의사에 좌우됨으로써 본래의 목적인 적시성, 경제성, 효율성 등의 이점을 활용하지 못하고 있다. 이를 위해서는 지방자치단체조합의 의결기관으로서의 조합회의의 성격 및 지위를 보완해야 한다. 또한, 조합회의의 구성이 해당 자치단체의 폐기물담당국장과 시·도의회에서 선출한 위원으로 구성되고 있는데 이는 조합의 의결기관으로서의 분명한 법적 지위가 인정되지 못하고 있는 것이다.

(5) 지방자치단체조합의 설치에 대한 유인책 제시

현재 지방자치단체조합은 하나도 없는데, 이는 중앙·지방정부의 노력부족과 법제적인 미비점이 주요원인이다. 따라서 지방자치단체조합을 활성화하기 위해서 지방자치단체조합의 합리적인 설치·운영에 보조금을 지급하는 등의 유인책도 필요하다.

1996), p. 138.

Ⅱ. 광역행정체제의 모색

지방자치단체간의 수평적 관계는 처리사무의 성격에 따라 다양하지만 우리나라에서는 세 가지의 협력방식만이 법적으로 제도화되어 있다. 이것은 우리나라의 지방자치단체가 상호관계를 형성하는 데 있어서 경직성을 보여주는 것이므로, 현재의 자치단체 형편을 고려하여 새로운 협력관계를 모색해서 행정의 효율성제고와 자율성의 확립방향을 찾아야 한다. 예를 들면, 쓰레기매립시설, 문화·위락시설 등을 공동으로 설치·관리하는 협력관계의 모색 또는 지방자치단체간의 이해가 상충하여 상호간 조정이 필요한 경우에 공동기관을 설치하고 이를 처리하도록 하는 방안 등이다.

(1) 기본방향 및 필요성

G.D.H. Cole은 광역행정체제로서는 도시권의 사회·경제적 기반의 공통성을 고려하여 광역도시권개발계획을 작성할 것을 제안하고 있다. 이러한 광역행정체제는 민주주의의 전통이 약하고 관료적 통제가 강한 국가에서는 특히 절실한 의의를 갖는다.[57]

광역행정체제는 자주재원에 의한 자율성을 지니는 체제가 바람직한데, 자체수입으로 외부행정체제로부터 독립하여 도시권행정에 대한 행동지침과 사업계획을 세울 수 있으며, 종래의 자치단체는 그대로 존속시키면서 도시권 기능별로 관할구역(catchment area)을 설정할 수 있고, 도시권 전체의 관심사를 일원적으로 처리할 수 있는 특별구를 광역행정체제로 구상함이 필요하다 하겠다.[58]

실제로 경기도 소속 지방공무원을 대상으로 설문조사한 연구보고서에서도 이와 같은 특별구에 대한 필요성이 높은 것으로 나타나고 있다.[59]

〈표 Ⅲ.5.2〉에서 나타나듯이, 설문조사 중에서 특별구방식이 35.8%로 가장 높은 지지를 나타내고 있다.

---

57) G. D. H. Cole, *Loml and Regianal Government*(1947), pp. 116~117.

58) 李圭煥, 전게서, pp. 565~566.

59) 상게서, p. 567.

〈표 Ⅲ.5.2〉 광역행정수행을 위한 행정체제방식에 대한 인식

설문내용/응답수	분포도(수)	구성비(%)
① 도시권행정협의회	143	30.1
② 자치단체의 조합구성	112	23.6
③ 기능별 특별구	170	35.8
④ 사무위탁방식	43	9.0
⑤ 기타	7	1.5
합계	475	100.0

(2) 특별구의 특성 및 종류

가. 특별구의 의의

2단계형구조(two-tier system)의 행정체제형식에서 광역행정수요에 대응할 수 있는 새로운 자치단체로 특별구(ad hoc district, special district)가 있다. 특별구란 특정의 행정목적을 수행하기 위하여 행정구역을 초월하여 설치하는 일종의 특별지방자치단체로서 이에 대한 원형은 미국에 있어서의 학교구이며, 대도시권에서 흔히 볼 수 있는 사례는 상・하수도 특별구이다.

특별구는 광역적 성격을 가진 특수한 행정수요, 즉, 도시계획, 교통・도로, 상・하수도, 쓰레기처리, 주택 등과 같은 특정한 기능을 광역적으로 처리하기 위한 특별지방자치단체로서 특수한 기관을 설치하는 것이다.[60]

이러한 특별구의 대상이 되는 행정기능을 주관하는 기구를 특별관청(adhoc authority)이라 한다.

나. 존립근거 및 특성

특별구의 존립근거 및 특성은 다음과 같다.[61]

첫째, 각종 세금을 관장하고 있는 시나 군의 이름으로 특정기능에 대한 재원조달을 강구하는 것보다는 특정기능을 담당하고 있는 특별구 명의로 그 특정기능에 대한 요금을 부과함으로써 재원조달은 가능하고, 보

60) J. C. Bollens and H. J. Schmandt, *op. cit.*, pp. 44~45.

61) Chafes R. Adrian, *State and Local Government*(New York: McGraw-Hill, 1976), p. 227.

다 쉽게 조달할 수 있다.

둘째, 특정기능에 책임을 지고 있는 특별구의 기관(ad hoc authority)은 그 특별기능의 중요도가 당해 권역에서 크면 클수록 그 분야의 전문가들과 고위층으로부터 보다 많은 지지를 받을 수 있다.

셋째, 특별구가 전적으로 그 특별구의 자주재원으로 운영될 경우 기업식운영이 가능하고 정치적 영향을 피할 수 있으며, 편협적 지역간 이해관계에 관련되지 않아 능률적으로 운영될 뿐만 아니라 지역간에 보다 융통성을 가지고 특정한 기능을 수행할 수 있다.

따라서 우리나라 대도시권에 적용가능한 특별구의 업무는 다음과 같다.[62]

① 보건위생기능: 상·하수도, 오염, 공해처리, 광역방역대책

② 교통기능: 도로, 지하철(전철), 버스터미널

③ 주택건설기능: 택지조성, 공영주택건설

④ 공원, 묘지관리기능

⑤ 도시계획기능: 도시계획, 토지구획정리, 도시수목관리

(3) 장·단점

가. 특별구의 장점

① 주민이 요구하는 필수적 공공업무기능을 가능하게 하고,

② 재정적 부담은 수익자의 부담으로 하며,

③ 일반행정기관이 처리하기 어려운 광역적 기능을 특별구의 독자적 획정으로 쉽게 처리할 수 있으며,

④ 도시권내 많은 지방자치단체를 통합하는 것은 정치적으로 실현가능성이 적은데 비해, 특별구의 설치로 이러한 어려움을 덜 수 있고,

⑤ 채무와 비용이 해당 지방자치단체의 재정에 영향을 미치지 않으며, 특별구의 기채는 오히려 시장성이 강하다는 점이다.

나. 특별구의 단점

① 구역의 설정이 아무리 간단하더라도 도시권의 발전속도에 미치지

62) 李圭煥, 전게서, p. 568.

못하며,

② 그러한 속도에 따라 증설하게 되면, 특별구의 남설이 되어 지역주민의 관심이 희박해진다.

③ 복잡다기한 기능마다 구역을 설정하면 1개 지역에 수개 구역이 중복되고, 이러한 중복된 특별구의 설치는 오히려 일반지방자치단체와의 협력관계를 저해하여 지역주민에 의한 민중통제를 약화시키고, 경비상의 낭비만을 초래할 가능성이 있다는 점이다.

(4) 도입 방안

특별구에 대한 경험이 전무한 우리나라의 경우, 성급한 도입은 실패가능성이 높기 때문에 복합기능의 특별구보다는 단일기능의 특별구를 설치하는 것이 바람직하다. 구체적인 대상사무에 있어서도 이해관계가 복잡한 것보다는 단순한 사무로부터 시작하는 것이 바람직하다.

가. 법적근거 및 권한

현행 헌법에서는 지방자치단체의 종류를 법률로 정하도록 하고 있으며, 지방자치법상에도 특별지방자치단체의 세부적 사항은 대통령령에 위임하고 있다. 따라서 지방자치법에 의한 특별지방자치단체의 설치가 바람직하며, 현재 대통령령인 지방자치법 시행령이 불비의 상태이므로 이에 대한 입법적인 마련이 필요하다.

나. 수행업무 및 관할구역

수행업무는 전술한 정도의 단일목적의 기능을 수행하는데 적합한 특별구이어야 하며, 그 관할구역은 실질적으로 융통성이 최대한 보장되어야 하는데 구역설정의 기준은 기존의 행정구역내 또는 구역과 일치시키거나 구역을 벗어나서도 설치할 수 있도록 허용하는 것이 바람직하겠다.[63]

다. 조직 구성

① 의결기관

먼저, 선출방법으로 주민들에 의한 직선, 중앙정부에 의한 임명, 일반

---

63) Kathrn A. Fester, "Specialization in Government, The Uneven Use of Special Districts in Metropolitan Areas," *Urban Affairs Review*, Vol. 31, No. 3 (1996. 1), pp. 285~287.

자치단체들에 의한 간선 등이 있는데, 특별자치단체의 특성을 위해서는 구성자치단체들에 의한 간선이 바람직하다. 또한, 의사결정의 신속성과 효과성, 통일성을 위해 기초자치단체들간의 구성인 경우는 5~6인, 광역자치단체들간의 구성인 경우는 10명 내외가 적당하다.

② 집행기관

집행기관의 장은 의결기관에서 임명하며, 전문가를 외부에서 임명할 수 있도록 한다. 집행기관의 장은 예산편성 및 집행, 직원인사권 및 운영 전반에 대해서 책임을 진다.

라. 재원조달

자체수입에 의한 재원조달을 특성으로 하는 특별구는 응익의 원칙(user charges)을 활용하며, 수입공채(revenue bonds)를 도입한다.

마. 특별구 도입의 정책적 제언

현행 우리나라 지방자치법상의 지방자치단체조합도 특별행정기관이지만, 지방자치단체조합과의 차이점은 지방자치단체조합이 자치단체간의 협의에 의하여 설립되기 때문에 자치단체가 구성원이 되는 반면, 특별구는 처음부터 지방행정체제 또는 지방자치단체를 정하고 주민을 구성으로 하는데 큰 차이가 있다.

따라서 지방자치단체조합은 대규모의 광역적 처리시설이나 사업의 수행을 중심으로 하고, 특별구방식은 상시적인 광역적 행정업무(교육, 환경, 위생 등)를 중심으로 하는 방안도 바람직하다고 하겠다. 또한, 현재 특별지방행정기관에서 처리하고 있는 업무중에서 광역적인 업무의 경우에도 특별구로 이양함으로써 중앙정부의 업무부담이 감소될 수 있을 것이다.

제 4 편

지방자치단체의 재정과 경영관리

제1장 지방재정제도와 지방예산

제1절 지방재정의 본질

Ⅰ. 지방재정의 개념

지방재정(local finance)이란 지방자치단체의 경제활동을 말한다. 지방자치단체가 그의 목적달성에 필요한 제기능을 수행하기 위해, 재원을 조달하고 지출하며 관리하는 체계적이고 계속적인 경제활동의 총체가 지방재정인 것이다. 공공경제로서의 지방재정은 지방의 기업과 가계로 구성되는 민간경제와 더불어 지방경제를 구성하게 된다. 이와 같이 지방재정은 지방자치단체의 활동이나 기능과 밀접한 관계를 갖고 있기 때문에 지방재정이나 예산은 자치단체 활동의 계수적인 표현이라고 볼 수 있다.[1)]

종전에는 재정(public finance)이라 하면 국가재정만을 의미하며, 자치단체가 필요로 하는 재원은 중앙정부가 보조·지원하였기에 자치단체의 자체재원으로서의 지방재정의 존재는 무시되었다. 그러나 국가재정에 있어서 지방재정의 비중이 높아져 가고 지방재정이 국가경제나 지역경제에 미치는 영향력이 증대됨에 따라 지방재정에 대한 관심이 고조되고 있다.

2012년 1월 현재, 우리나라의 보통지방자치단체의 수는 광역자치단체로는 1개 특별시, 6개 광역시, 9도 등 16개와 기초자치단체로는 74시, 85군, 69자치구 등 228개로 합계 244개에 이르고 있다. 이들은 모두 지방자치단체로서 재정의 자주권을 가진 독립적 단체이다. 따라서 본 장에서는 1개

1) 李圭煥, 「都市行政論」(서울: 녹원출판사, 1995), p. 450.

특별시, 6개 광역시, 74시, 85군, 69자치구의 재정을 연구대상으로 고찰하고 있다.

Ⅱ. 지방재정의 특징

1. 일반적 특징

지방자치단체는 중앙정부와는 별도로 지방자치단체로서의 전통적인 자율과 행정적인 자주성을 갖고 성장하는 것을 원칙으로 하고 있다. 그 때문에 행정적 자립성은 재정적 자립성을 수반하게 되며, 동시에 지방재정은 자체의 고유한 특성을 지니게 된다. 국가재정이 국민경제의 안정과 번영을 이룩하려는 방향으로 전개되는 것이라면, 지방재정은 지역적 경제개발이나 지역주민의 복지증진에 주된 목표를 두고 있다. 따라서 지방재정은 그 자체에 몇 가지 특징을 가지고 있다.[2)]

(1) 지방재정의 다양성

지방재정은 국가재정과 같은 단일한 주체의 재정이 아니라 다수의 지방자치단체의 재정을 총칭하는 데에 그 특징이 있다. 2012년 1월 현재 보통지방자치단체의 수는 1개 특별시, 6개 광역시, 9개 도, 74개 시, 85개군, 69개 자치구로 합계 244개에 이르고 있으므로 지방재정은 이 244개 단체에 의한 다양성을 띠게 되는 것이다.

이러한 지방재정의 다양성은 자치단체의 재정운영상태를 파악하기 곤란하게 할 뿐 아니라, 각 자치단체에 나타나는 현상들을 개별적 방법으로 분석하더라도 전체를 이해할 수는 없게 한다. 다양성을 가져오게 한 원인들을 보면 다음과 같다.[3)]

가. 자연조건의 차이

위치 · 지형 · 지질 · 기후 · 풍토 등의 자연적 조건에 따라 각 자치단체는 이에 상응하는 일정한 특징을 가지고 있다. 각 자치단체간의 이러한

2) 심정근 외, 「地市財政學」(서울: 博英社, 1997), pp. 8~10.
3) 鄭世煜, 「地方行政學」(서울: 法文社, 1998), pp. 645~646.

자연적 조건의 차이는 바로 그 자치단체의 재정수요와 재정력의 차이로 나타나는 것이다.

나. 역사적 조건의 차이

지방자치단체의 기초가 되는 지역사회는 역사적으로 형성된 것으로서 풍속·관습·전통 등이 각각 상이하다. 이러한 차이점은 각 자치단체의 행정·재정운영상의 고유한 특징으로 나타나게 된다. 특히 도시와 농촌, 신개발도시와 古都 등을 비교해 보면, 지방행정·재정이 역사적 요인에 순응하여 각각 다양하게 운영됨을 알 수 있다.

다. 경제적 여건의 차이

오늘날 자본주의가 발달함에 따라 모든 지역은 그 산업입지조건에 따르는 특유한 산업구조를 형성하게 되었다. 그 결과 제1차 산업을 중심으로 하는 순수한 농어촌 자치단체로부터, 제2차 산업을 중심으로 하는 중화학공업도시 자치단체, 제3차 산업인 레저(leisure)산업 중심의 자치단체에 이르기까지 그 경제적 조건은 전혀 다르게 되었다. 이러한 차이는 자치단체의 행정수요에 질적·양적인 영향을 미치게 되며, 지역간·자치단체간에 재정력의 격차를 낳게 한다.

라. 자치단체규모의 차이

자치단체구역에 있어 그 면적의 광협과 인구의 다소 및 그 증감추이는 그 자치단체의 기본적 성격의 결정요인으로 간주되고 있다.

같은 광역자치단체인 도의 경우 경기도와 제주도간에는 면적은 5.5배, 인구규모는 20배, 예산규모는 6.5배의 차이가 나타나며, 같은 기초자치단체인 군의 경우 경기도 양평과 강원도 양구군 간에는 인구규모가 6배, 예산규모가 3배 이상 차이가 나고 있다.

마. 행정기능의 차이에 따르는 다양성

보통지방자치단체와 특별지방자치단체는 그 행정·재정의 범위와 양태가 각각 상이하다.

(2) 지방재정의 의존성

지방자치단체의 세입은 지방세, 세외수입, 지방교부세, 국고보조금, 조정교부금 등 다양한 수입원으로 구성되어 있다. 지방재정의 상당부분이 중앙정부가 징수하여 지원하는 이전재원에 의존하고 있기 때문에 중앙정부가 지방재정교부금이나 국고보조금을 어떻게 배분하는가에 따라 지방재정은 영향을 받는다. 세출예산의 운영에 있어서도 지방정부는 행정자치부가 시달하는 예산편성지침에 따라 예산을 편성하여야 하고, 세출예산에 관한 보고를 하여야 한다. 세입면에서도 엄격한 조세법률주의를 채택하고 있기 때문에 지방세의 세목·세율·과세표준·비과세감면 등 세부적 사항까지 중앙정부가 법률로서 정한다.

또 지방자치단체가 지방채를 발행하는 경우에는 행정자치부의 기채승인을 받아야 한다. 이처럼 지방재정은 국가재정에 크게 의존할 뿐만 아니라 재정활동에 대하여 사전·사후적 통제를 받고 있다.

(3) 지방재정의 지역성

지방자치단체의 활동범위는 관할구역내에 한정되기 때문에 재정의 범위도 그 지역적 경계를 초월할 수 없다. 재정정책의 결정시 지역적 경계를 초월하여 발생하는 경제적 효과를 중시하지 않으며, 다른 지역의 주민들이 부담하게 된 비용이나 편익을 충분히 고려하지 않기 때문에 자원배분의 효율성이 국가재정에 비해 떨어질 수 있다.

그러나 지역주민이나 기업의 지역 간 이동에 특별한 제약이 없기 때문에 이들 경제주체들은 다소 제한적이기는 하지만 진입과 탈퇴를 통한 의사표현이 가능하다.

따라서 자원배분의 효율성이 국가재정보다 높아지는 측면도 있다. 다만 지역 간 이동이 자유로운 상황하에서 소득재분배 및 경기활성화 정책을 지방정부가 추진하는 데는 그 효과에 한계가 있고, 지방자치단체 상호간의 조세경쟁, 재원경쟁, 기업유치경쟁으로 인한 복잡한 조정의 필요성이 제기된다.[4)]

(4) 지방재정의 응익성

다수의 소규모 지방자치단체로 구성된 지방재정은 재정지출과 비용부

---

4) 金鐘淳, 「地方財政學」(서울: 三英社, 1997), pp. 32~33.

담의 연계성이 국가재정보다 강하다. 특히, 지방재정의 정책목표가 자원배분기능에 집중되기 때문에 재원조달도 응능주의를 근간으로 하는 국가재정과는 달리 응익주의적 요소가 상당히 가미되어 있다. 즉, 지역주민이 소비하는 공공서비스의 크기에 따라 비용부담의 크기가 결정되는 부분이 상대적으로 크다.

(5) 지방재정의 정치성

지방자치단체의 정책결정자는 지역주민과 밀접한 관계에 있고, 지방의회의원들도 유권자의 지지에 보다 민감하기 때문에 재정지출의 우선순위가 장기적 투자효과분석에 기초하여 결정되기 보다는 정치적 요인에 의해 결정될 가능성이 높다.

즉, 정치적 조직력이 강한 이익집단의 무리한 요구와 정경유착의 가능성이 국가재정의 경우보다 크다 하겠다.[5]

2. 민간경제 및 국가재정에 대한 특징

(1) 민간경제에 대한 특징

공공경제로서의 재정은 민간경제에 비해 공공성과 강제성 및 계획성이 보다 강하다는 특징을 지니고 있다.

공공성이란 공공욕구를 충족시키기 위하여 공공재(public goods)를 생산・제공하는 활동에 소요되는 재원을 취득하고 소비하는 일체의 행위가 재정이라는 것이다. 따라서 이러한 공공성으로 인하여 재정은 일반적으로 자유시장의 원리를 적용받지 아니하고 단순한 이윤추구에 그 목적을 둘 수 없게 된다.

재정의 강제성은 정부의 수입이 강제적으로 징수되는 조세 등에 기초하고 있으며 일체의 지출이 법규에 따라 이루어짐을 의미한다.

재정이 갖는 계획성은 재정이 반드시 예산의 수립을 전제로 하며, 재정의 운영은 수립된 예산을 통하여 계획적으로 그리고 질서있게 행하여

---

5) 상게서, p. 33.

진다는 성격을 뜻한다.

(2) 국가재정에 대한 특징

지방재정과 국가재정과의 대비에서 나타나는 특징으로는 지방정부간의 다양성과 국가에 의한 제약성을 들 수 있다.

국가재정은 국가라는 하나의 주체로 되어 있으나 지방재정은 서로 독립된 지방자치단체라는 여러 개의 주체에 의해 개별적으로 관장되고 있다. 이들 지방자치단체는 계층에 따라 그리고 인구와 면적의 규모에 따라 모두 상이하므로 이들의 지방재정 역시 규모와 재정력에 있어 서로 많은 차이를 보이게 된다. 지방자치단체는 상호독립해서 운영되고 있으므로 서로 간에 수지의 융통이 되지 않는다. 즉, 어떤 단체의 재정이 흑자일지라도 그 잉여금을 다른 적자단체에 융통해서 그 적자를 보전할 수 없는 것이다.[6)]

지방재정은 그 자체에 몇 가지 현상적인 특징을 갖고 있다.[7)] 하나는 재정의 수요와 수준이 계속적으로 증가해 간다는 것이다. 이것은 지방정부의 복지행정기능이 양과 질에 있어 높아지고, 지역주민의 욕구가 점차 커져가고 있는 데서 연유한다. 또 하나의 특징은 지방재정이 정부간 관계의 중요한 이슈(issue)라는 것이다. 즉, 지방정부에 할당되는 재원의 크기는 중앙정부가 지방정부에 부여한 책임의 크기와 연관되어져 있다는 것이다. 다른 하나는 지방정부가 그가 가진 자원(resources)을 최대로 활용할 수 있는 능력과 의지를 가지고 있는가 하는 것이 중요하다는 사실이다.

Ⅲ. 지방재정의 기능

지방재정은 그 역할에 있어서 많은 변화를 겪고 있는데 종전에는 사무처리의 경비로만 사용되었으나, 이제는 소득의 재분배를 통한 배분적 정의의 실현, 시장실패를 시정하기 위한 자원의 최적배분, 경제의 성장 및

---

6) 李相熙, 「地方財政論」(서울: 啓明社, 1992), p. 25.

7) Anmarie H. Walsh, *The Urban Challenge to Government: An International Comparison of Thirteen Cities*(New York: A Praeger Publishers, 1969), pp. 123~124.

안정 등의 수단으로 사용되고 있다.

이러한 지방재정의 기능은 재정의 일반적 기능이지만 특히, 지방재정에서는 자원배분기능이 가장 중요하게 작용한다.[8] 지방재정도 국가재정과 마찬가지로 공공재정이라는 의미에서 이러한 기능들을 조세의 징수, 지방채의 발행, 이전지출 및 재정투융자 등을 통해서 수행하고 있다.

(1) 자원배분의 기능

자유주의경제는 원칙적으로 경쟁적이며, 자유로운 시장기능의 작동으로 인하여 각종 자원의 적절한 배분이 실현되고 있다. 즉, 시장메커니즘하에서는 가격기능에 의해 자동적으로 효율적인 자원배분이 이루어지며, 이를 애덤 스미스(Adam Smith)는 '보이지 않는 손(invisible hand)'이라고 부르고 있다. 효율적인 자원배분이란 특정사회에서 재화와 용역이 사회적으로 바람직한 생산과 소비수준을 유지하는 것을 말한다.

특정재화가 바람직한 생산수준, 즉 적정 소비수준을 충족시켜 주지 못할 때에는 자원배분이 잘 되어 있다고 볼 수 없다. 또한, 사회적 최적수준보다 과잉 생산된 경우에도 자원배분상태를 파레토 최적상태(Pareto Optimality)라고 부른다. 파레토 최적상태란 다른 사람의 후생을 감소시키지 않고서는 어느 한 사람의 후생을 증가시키는 것이 불가능하도록 자원이 배분되어 있는 상태이다. 자원배분은 재화와 용역뿐만 아니라 생산요소(노동과 자본)의 경우에도 마찬가지로 적용된다. 또한, 민간재와 공공재간의 배분문제도 여기에 해당된다. 그러나 비용체감산업과 같은 독점적 요인이나 외부효과로 인해 시장실패 현상이 발생하는 경우에는 효율적인 자원배분이 이루어지기 어렵다. 가령 외부경제가 발생하는 재화의 경우 시장기능에 맡길 때에는 과소공급되며, 외부불경제가 발생하는 재화(예: 공해)는 과잉공급된다.

따라서 시장실패 현상을 교정하기 위해 정부의 개입이 필요하다. 대표적인 정부개입방법이 곧 재정이다. 재정의 자원배분 기능이란 재정을 통해 시장실패를 교정하고 사회적 최적생산과 소비수준이 이루어지도록 하

---

8) R. A. Musgrave, *The Theory of Public Finance*(New York: McGraw-Hill, 1959), chap. Ⅰ.

는 것을 말한다. 특히, 공공재는 외부효과가 크고 소비의 비경합성과 비배제성이라는 특성을 갖고 있기 때문에 정부가 재정을 통해 공급하지 않으면 안된다. 국방, 치안, 사회간접자본시설과 같은 공공재뿐만 아니라 교육, 주택 등의 준공공재까지도 정부재정을 통해 공급하게 된다.

그런데 공공재는 외부효과가 어느 지역까지 미치느냐의 범위에 따라 중앙정부와 지방정부의 역할이 구별된다. 국방, 고속도로 건설과 같이 파급효과가 전국적인 범위에 미치는 경우에는 당연히 중앙정부가 공급 및 비용부담을 담당하여야 한다.

경찰·소방업무, 교육, 지방도로 건설 등은 광역자치단체에서 공급하는 것이 적절하다. 반면에 공원, 주차장 건설 등은 그 효과의 파급범위가 해당지역에 국한되므로 시·군과 같은 기초자치단체가 맡는 것이 바람직하다. 이렇게 파급효과의 범위가 지역적으로 한정되어 지방정부가 공급하는 공공재를 지방공공재(local public goods)라고 한다. 지방공공재를 공급하는 것은 지방재정의 중요한 기능이다. 재정의 세 가지 기능을 비교할 때 특히, 지방재정이 역점을 두는 기능은 지방공공재를 공급하는 면에서의 자원배분기능이다.[9]

(2) 소득재분배의 기능

총량적 경제성장을 추구하는 현대사회는 특정계층에 의한 부의 편중현상이 나타나고 있다. 이는 부익부 빈익빈 현상을 초래하여 지역주민들의 균등한 복지수준의 달성을 어렵게 할 뿐만 아니라 계층 간의 위화감을 가져 올 수 있기 때문에 배분적 정의(distributive justice)의 실현을 위하여 공공부문이 재정정책을 통해 적극적으로 개입하고 있다.

재정에 의한 소득재분배는 세입면에서는 조세제도에 의하며, 세출면에서는 이전적 지출과 저소득층에 대한 사회복지지출을 통하여 이루어진다. 세입면에서는 누진세(progressive tax)제도를 도입하고 또한, 세출면에서는 생활보호대상자·실업자 등에 대해 이전지출(transfer)이 이루어지고 있다.

9) 심정근 외, 전게서, pp. 47~48.

(3) 경제안정화의 기능

자치단체는 재정정책을 통해서 경제발전을 촉진하는 기능을 수행하는데 경제의 안정화기능에는 두 가지 측면을 생각할 수 있다. 그 하나는 재정이 제도적으로 구조화되어 있는 경기의 자동조정기능이다. 이것은 호황기에는 세수입이 자연증가하여 새로 흡수된 양만큼 수요가 감소하기 때문에 경기과열을 억제하게 되며, 반면에 불황기엔 세수가 자연적으로 감소되므로 구매력의 저하를 방지하는 것이다. 이와 같이 정부가 그때 그때 별도로 어떤 시책을 강구하지 않아도 일정한 경제안정조정효과는 재정제도 그 자체에서 발생하게 되는 것이다.

다른 하나는 지방정부가 재량적 재정정책을 채택하고 있는 경우이다. 이 재량적 재정정책을 통한 경제안정화 기능은 현대재정을 논할 때 필요불가결한 것이다. 재정운용 및 정책당국자는 어느 나라를 막론하고 예산편성시 이 기능을 어떻게 유효적절하게 활용할 것인가 고심하고 있다. 즉, 불황기에는 민간부문 경제활동이 침체될 경우, 지방재정은 세출규모를 확대하든지 또는 공공부문의 주도사업의 집행을 앞당겨서 수행한다든지 하여 경기회복에 자극을 주고, 세입면에서 수요의 확대를 촉진할 수 있도록 감세를 하는 것이다. 호황기에서는, 재정규모를 억제하든지 세출을 지연시킴으로써 경기의 과열화를 방지한다.

이처럼 경제안정화기능은 지방재정이 외부환경인 지역경제의 경기변동에 관여하는 것이다. 그러나 자치단체의 재정지출을 통해 지역경제의 경기변동에 관여하는 데에는 국가재정과 달리 한계가 있다.

제 2 절 지방재정의 세입 · 세출구조

Ⅰ. 지방재정의 세입구조

1. 지방세입의 의의

세입 또는 공공수입(public revenue)은 회계연도 중에 지방정부로 유입되는 일체의 수입을 말한다. 공공경제가 사회적 가치를 창조한다는 전제 하에서 경비의 재원으로 조달되는 화폐 및 이에 준하는 가치물이 공공수입이다.

지방정부의 세입원은 크게 두 가지로 나눌 수 있는 데, 그 하나는 일반세입(general revenue)이고, 또 하나는 공익세입(utility revenue)이다. 일반세입은 공경제적 세입, 즉 파생적 수입인 데 대하여 공익세입은 사경제적 수입, 즉 본원적 수입의 성격을 갖는다.[10)]

일반세입은 일반적 용도에 사용할 목적으로 강제적으로 징수되며, 이는 일반회계의 계정으로 다루게 된다. 그리고 공익세입은 특정한 사업을 실시하여 이로부터 들어오는 수입이며, 특별회계의 계정으로 처리하는 단독 회계이다.

일반적으로 정부예산은 국민의 조세부담과 직접적인 관련이 있는 일반회계, 기업활동의 성격을 띤 공기업특별회계 및 그 밖의 특별한 정부기능수행을 목적으로 구분계리되고 있는 기타 특별회계 그리고 지방자치단체의 교육비특별회계 등으로 대분류하는데, 이들 회계가 정부의 모든 재정활동을 포괄하는 것으로 볼 수는 없다. 왜냐하면 재정활동에 속하는 활동들이 부분적으로 예산 외로 처리되고 있기 때문인데 기금활동이 그 예라고 할 수 있다.

국가의 재정활동은 중앙재정부문과 지방재정부문으로 분류되며, 이들은 다시 예산과는 별도로 설치·운용되는 기금과 일반행정업무 및 특별한 사업을 위한 예산으로 대별될 수 있다. [그림 Ⅳ.1.1] 에서 보는 바와 같이 지방자치단체의 재정은 기금과 예산으로 구성되어 있다. 따라서 여기서 지방예산이라 함은 기금을 제외한 모든 지방자치단체의 재정활동을 의미한다.

지방자치단체의 활동은 크게 '일반행정 및 재정활동'과 '특정사업활동'으로 구분할 수 있는데, 전자의 경우는 강제적으로 부과·징수되는 조세에 의하여 그 비용이 조달되는 것을 원칙으로 한다. 후자는 세금이 아닌 다른 특정한 세입으로 그 경비를 충당하는 것이 관례이다. 그러므로 지방

10) Robert L. Lineberry and Ira Sharkeornsky, *Urban Politics and Public* Policy (New York: Harper and Row Publishers, 1971), p. 207.

[그림 Ⅳ.1.1] 재정제도의 분류체계

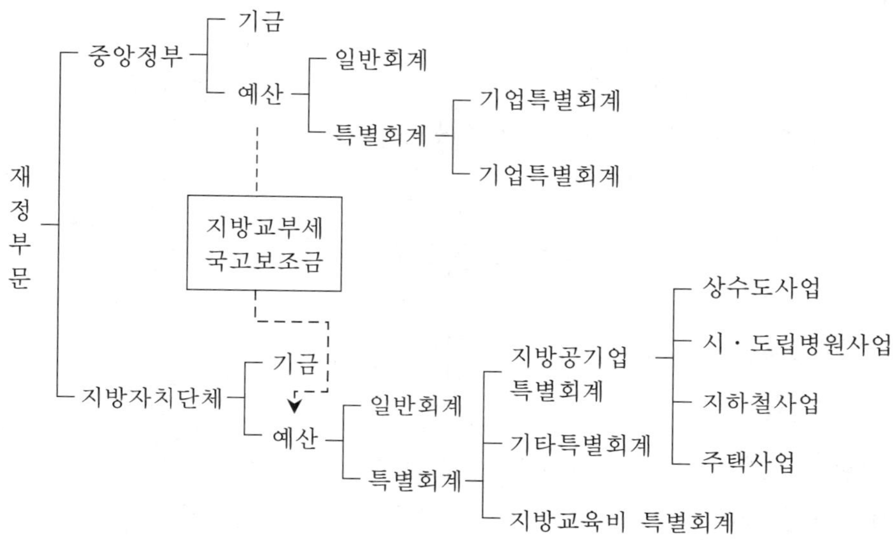

자치단체는 행정기관으로서의 기능을 수행함에 있어서 그 활동이 일반행정 및 재정의 영역에 속하는 것인지에 따라 제각기 다른 재원조달방법을 마련하게 되는 것이다.

2. 지방세입의 분류

지방세입은 ① 자주재원과 의존재원 ② 일반재원과 특정재원 ③ 경상수입과 임시수입으로 각각 분류할 수 있다.

(1) 자주재원과 의존재원

자주재원이란 자치단체가 법령의 범위 안에서 독자적으로 부과·징수할 수 있는 재원이고, 의존재원이란 국가나 광역자치단체가 결정하여 자치단체의 수입이 되는 재원을 의미한다.[11] 지방정부의 대표적 세입원에는

11) 鄭世煜, 전게서, pp. 659~660.

지방세, 세외수입, 지방교부세, 국고보조금, 지방채가 있고, 이 가운데 지방세와 세외수입은 자주재원으로, 지방교부세 · 국고보조금 · 지방채는 의존재원으로 나누어진다.

전체의 세입규모에서 자주재원의 구성비를 재정자립도라 하고, 의존재원의 구성비를 재정의존도라 한다. 이는 다음의 공식으로 표시할 수 있다.

$$\text{지방재정자립도}(\%) = \frac{\text{자주재원}}{\text{자주재원} + \text{의존재원}} \times 100$$

$$\text{지방재정의존도}(\%) = \frac{\text{의존재원}}{\text{자주재원} + \text{의존재원}} \times 100$$

일반적으로 지방재정자립도는 일반회계를 대상으로 계산하지만, 특별회계도 포함하여 계산하는 것이 타당하다.

이론상 자주재원이 전체의 세입규모에서 차지하는 비중이 클수록 자치단체의 세입구조는 안정적이 되며, 자치단체가 지방자치의 정신에 입각하여 자주적으로 처리할 수 있게 된다는 의미에서 소망스럽다고 할 수 있다. 또한 의존재원은 지방자치단체가 힘들여 직접 징수한 것이 아니고 중앙정부로부터 받은 것이기 때문에 자치단체는 재원의 귀중함을 인식하지 못하고 비효율적으로 지출하기 쉬우며, 주민들도 자기들이 납부한 세금이 아니라는 그릇된 인식을 갖게 되어 지출에 대한 통제와 감시를 소홀히 할 우려가 있다.

(2) 일반재원과 특정재원

지방재원을 그 비도를 기준으로 분류할 때에는 일반재원과 특정재원으로 나누어진다. 일반재원이란 자치단체가 어떠한 경비로서도 지출할 수 있는 수입을 뜻하며, 특정재원이란 지출해야 하는 비도가 특정되어 있는 수입을 의미한다. 일반적으로 지방세 · 세외수입 · 지방교부세를 일반재원으로, 국고보조금과 지방채를 특정재원으로 각각 분류하고 있다. 지방자치단체의 재원 중에서 일반재원이 차지하는 비중이 클수록 재정운영의 자주성이 제고되어 지방재정을 신축성 있게 운영할 수 있으며 재정수입의 변동에 대한 적응력이 증대된다. 반면에 특정재원의 구성비가 높을수록 자치단체는 사업선택의 여지가 축소되고 탄력성이 감소되며 지방재정의 경직도는 높아진다.[12)]

(3) 경상수입과 임시수입

지방재정세입을 그 규칙성과 안정성을 기준으로 분류할 때에는 경상수입과 임시수입으로 나눌 수 있다. 경상수입이란 매년 규칙적 · 안정적으로 확보할 수 있는 수입을 뜻하며, 임시수입이란 매년 불규칙적 · 임시적으로 확보되는 수입을 의미한다. 경상수입은 원초적 수입(recettes originaires)이라고 할 수 있는 것으로서 지방세, 사용료 · 수수료, 보통교부세 등이 있으며, 임시수입은 특별교부세 · 부동산매각수입 · 지방채수입 등이 있다.

이와 같이 경상수입과 임시수입을 분류하는 의의는 이를 지방재정의 건전성을 판단하기 위한 기준으로 사용하려는 데 있다. 경상적 경비가 경상수입의 범위 내에서 충당되는 경우에는 재정이 건전하다고 할 수 있다. 그러나 경상수입이 부족하여 그것만으로 경제적 경비를 충당하지 못하고 임시수입까지 사용하는 경우에는 재정건전성의 기반이 그만큼 약화된다. 따라서 재정의 건전성을 도모하려면 가능한 한 경상수입을 증대시키는 방안을 강구해야 할 것이다.

Ⅱ. 지방재정의 세출구조

1. 지방세출의 의의

세출이란 지방자치단체가 그의 목적을 달성하기 위하여 지방재정수입을 기초로 하여 1년 동안 지출하는 공공경비(public expenditure)를 말한다. 이러한 지방정부의 세출은 지역주민의 복리를 증진하고 그들의 정치적

---

12) 상게서, p. 661.

욕구를 만족시켜 주는 데 목적이 있다. 따라서 공공경비라는 것은 지방자치단체가 이러한 목적달성을 위한 그의 임무를 수행하는 데 필요한 화폐를 지출하는 것이다.

세출은 일반적으로 다음과 같은 세 가지의 경제적 기능을 수행하는 것으로 이해되고 있다.[13)]

① 할당(allocation)의 기능: 이는 공공경비가 가용재원을 사적 및 사회적 욕구를 만족시키게끔 제 부문에 할당시키는 기능을 말한다.

② 분배(distribution)의 기능: 이는 공공의 지출이 소득을 분배하고 조정하는 역할을 하게 됨을 뜻한다.

③ 안정(stabilization)과 성장(growth)의 기능: 이는 공공경비의 조달과 지출행위는 국가 내지 자치단체의 경제적 및 재정적 안정을 도모하고 한편으로는 경제의 성장을 가져온다는 것을 의미한다.

2. 지방세출의 분류

지방정부의 세출분류기준에는 여러 가지가 있으며, 분석의 목적에 따라 상이한 기준을 선택하여 분류할 수 있다. 즉, 공공경제가 갖는 성질에 따라 운영적 비용과 자본적 비용으로 구분하고,[14)] 지출의 계속성에 따라 경상비와 임시비, 지출결과의 생산성 유무에 따라 생산적 경비와 비생산적 경비, 주민의 소득증대에 미치는 효과에 따라 이전적 경비와 비이전적 경비, 자본형성에 미치는 영향에 따라 투자적 경비와 소비적 경비, 지출의 의무성에 따라 의무적 경비와 임의적 경비, 지출의 주체에 따라 국비와 도비 및 시·군비, 지출의 대상에 따라 인건비와 물건비 등으로 나눌 수 있다. 현재 우리나라에서는 예산편성을 용이하게 하고, 의회의 심의를 돕고, 주민들이 이해하기 쉽게 세출을 기능별 또는 성질별로 분류함으로써 지방정부의 행정활동을 이해하는 데 도움을 준다.

---

13) David L. Sills(ed.), *International Encyclopedia of the Social Science*, Vol. 13 (New York: The Macmillan Co. and the Free Press, 1968), pp. 157~162.

14) Werner Z. Hirsch, *The Economics of State and Local Government*(New York: McGraw-Hill Book Co., 1970), p. 167.

(1) 기능별 분류

세출의 기능별 분류는 정부의 활동내역과 성격을 파악하는데 유용하다. 이는 정부가 어떠한 사무를 어느 정도의 경비로 수행하고 있는가를 보여 주는 것으로, 목적별 분류라고도 한다. 우리나라의 지방정부의 기능별 분류는 1985년까지는 일반행정비, 사회복지비, 산업경제비, 공익사업비, 민방위 운영비, 지원 제비 등 6개 부문이었고, 1986년부터 1995년까지는 의회비와 문화 및 체육비를 추가하고 공익사업비를 지역개발비로 바꾸어 8개 부문으로 분류하다가 1996년부터 현재까지는 일반행정비, 사회개발비, 경제개발비, 민방위비, 지원 및 기타 경비의 5개 부문으로 분류하였다. 현재 세출예산의 기능별 분류는 2010년 개정된 지방자치단체예산편성 운영기준에 따라 13개 분야 51개 부문으로 대폭 확대되었다.

가. 일반공공행정

일반공공행정 분야는 직접 주민에게 어떤 형태의 서비스를 제공하기 위한 비용이라기보다는 다양한 지방행정분야의 임무를 수행하는 지방자치단체의 조직(지방의회 포함)을 유지 · 운영하는데 소요되는 일반관리적 사무 분야이다.

이는 입법 및 선거관리, 지방행정 · 재정지원, 재정 · 금융, 일반행정 부문으로 구분된다.

나. 공공질서 및 안전

공공질서 및 안전 분야는 기존의 일반행정비에 포함되어 있던 것을 별도로 구분해낸 분야로 경찰, 재난방재 · 민방위 부문으로 구성된다.

다. 교육

교육 분야는 기존 사회개발 분야로 분류되던 것으로 유아 및 초중등교육, 고등교육, 평생 · 직업교육 부문으로 구분된다.

라. 문화 및 관광

문화 및 관광 분야는 역시 기존 사회개발 분야로 분류되던 것으로 문화예술, 관광, 체육, 문화재, 문화 및 관광일반 부문으로 구분된다.

마. 환경보호

환경보호 분야 세출예산은 상하수도 · 수질, 폐기물, 대기, 자연, 해양, 환경보호일반 부문으로 사회적 필요에 따라 그 영역이 확대되었다.

바. 사회복지

사회복지 분야 역시 기존 사회개발 분야로 분류되던 것으로 기초생활보장, 취약계층지원, 보육·가족 및 여성, 노인·청소년, 노동, 보훈, 주택, 사회복지 일반으로 그 구성 부문이 대폭 확대되었다.

사. 보건

보건 분야 역시 기존 사회개발비로 분류되던 것으로 그 수요의 확대에 따라 별도의 분야로 구분되어 보건의료, 식품의약안전 부문으로 구성된다.

아. 농림해양수산

농림해양수산 분야 세출예산은 농업·농촌, 임업·산촌, 해양수산·어촌 부문으로 구성된다.

자. 산업·중소기업

산업·중소기업 분야는 기존의 경제개발 분야에 포함되어 있던 것으로, 산업금융지원, 산업기술지원, 무역 및 투자유치, 산업진흥·고도화, 에너지 및 자원개발, 산업·중소기업일반 부문으로 구성된다.

차. 수송 및 교통

수송 및 교통 분야 역시 기존 경제개발 분야에 포함되어 있던 것으로, 도로, 도시철도, 해운·항만, 항공·공항, 대중교통·물류 등 기타 부문으로 구성된다.

카. 국토 및 지역개발

국토 및 지역개발 분야 역시 기존 경제개발 분야에 포함되어 있던 것으로, 수자원, 지역 및 도시, 산업단지 부문으로 구성된다.

타. 과학기술

과학기술 분야 세출예산은 기술개발, 과학기술연구지원, 과학기술일반 부문으로 구분된다.

파. 예비비

예비비는 지방자치법 제129조 및 지방재정법 제43조의 규정에 의한 예측할 수 없는 예산 외의 지출 또는 예산초과지출액에 충당하기 위한 자금이다.

(2) 성질별 분류

성질별 분류는 정부가 구입하는 재화와 서비스에 대한 정보를 제공하는 분류로서, 지출단위로 나타나기 때문에 품목별 분류라고 하며, 세출예산편성의 기초가 될 뿐만 아니라 예산집행의 회계적 기초가 된다. 성질별 분류에 따르면 인건비, 물건비, 경상이전비, 자본지출비, 융자 및 출자금, 자치단체 내부 거래비, 보전재원비 등으로 나누어진다.

가. 인건비

인력고용에 사용되는 비용으로 급여, 상여금, 수당 등을 포함한다.

나. 물건비

일반수용비, 판공비, 공공요금 등이 포함된다.

다. 경상이전비

한 자치단체로부터 국가 또는 다른 자치단체, 가계, 기업 등의 민간에 이전되는 비용으로, 민간이전에는 사회보장적 수혜금, 연금, 의료보험 부담금, 민간보조금 등이 포함된다.

라. 자본지출비

직접 또는 간접적으로 자본형성과 관련되는 비용으로 자본형성비, 무형고정자산, 민간에 대한 자본이전, 자치단체에 대한 자본이전, 기업회계 등에 대한 자본이전, 해외자본이전, 국가기관 등에 대한 자본이전 등을 포함한다.

마. 보전재원비

보전재원비에는 차입금 상환, 지방채 상환, 유가증권 매입 등이 포함된다. 자치단체간 내부거래는 회계간, 계정간 전출금 및 예탁금, 적립금, 예수금전대차관상환, 이자로 구분된다.

제 3 절 지방재정의 실태

Ⅰ. 중앙정부의 재정규모

정부의 재정기능 중 상당부문은 지방행정조직에 의해서 보다 합리적으로 수행할 수 있으며, 따라서 전국적인 재정부문의 효율성 증대를 위해서는 중앙과 지방의 합리적 기능분담이 매우 중요한 과제이다.

그러나 중앙과 지방간의 재정기능조정이나 역할분담은 단순히 경제적 효율성에만 의해서 결정되는 것은 결코 아니다. 특히 우리나라는 안보적 특수상황과 오랫동안 중앙집권적 권력구조로 지방의 독자적 재정기능수행은 매우 어려운 상태에 놓여있다. 또한, 7차에 걸친 경제사회발전 5개년

〈표 Ⅳ.1.1〉 국가예산규모(일반회계)

(단위: 백만원, %)

구분		2011년도 예산		2012년도 예산		증감	
		금액	구성비	금액	구성비	금액	증감률
세입	내국세	151,363,200	72.1	166,145,400	74.5	14,782,200	9.8
	관세	11,365,700	5.4	11,611,100	5.2	245,400	2.2
	교통세	12,366,800	5.9	13,686,300	6.1	1,319,500	10.7
	교육세	4,601,800	2.2	4,769,600	2.1	167,800	3.6
	종합부동산세	1,068,100	0.5	1,063,100	0.5	△5,000	△0.5
	세외수입	29,164,668	13.9	25,862,878	11.6	△3,301,790	△11.3
합 계		209,930,268	100.0	223,138,378	100.0	13,208,110	6.3
세출	일반공공행정	46,669,908	22.2	50,872,982	22.8	4,203,074	9
	공공질서 및 안전	12,864,004	6.1	13,286,659	6.0	422,655	3.3
	외교·통일	2,324,336	1.1	2,505,312	1.1	180,976	7.8
	국방	31,579,978	15.0	33,132,864	14.8	1,552,886	4.9
	교육	40,842,212	19.5	45,076,594	20.2	4,234,382	10.4
	문화 및 관광	1,806,026	0.9	2,011,940	0.9	205,914	11.4
	환경	2,949,597	1.4	2,944,397	1.3	△5,200	△0.2
	사회복지	23,691,806	11.3	24,602,678	11.0	910,872	3.8
	보건	5,660,625	2.7	5,875,755	2.6	215,130	3.8
	농림수산	5,123,748	2.4	7,117,711	3.2	1,993,963	38.9
	산업·중소기업및에너지	4,441,641	2.1	4,671,112	2.1	229,028	5.2
	교통 및 물류	14,616,800	7.0	16,740,828	7.5	2,124,471	14.5
	통신	386,192	0.2	360,775	0.2	△25,417	△6.6
	국토 및 지역개발	10,515,605	5.0	6,855,499	3.1	△3,660,106	△34.8
	과학기술	4,057,789	1.9	4,683,273	2.1	625,484	15.4
	예비비	2,400,000	1.1	2,400,000	1.1	0	0

자료: 기획재정부, 「2012 나라살림(예산개요)」(2012.2).

계획으로 인한 정부주도형 경제개발전략은 필연적으로 재정기능의 중앙집권화를 심화시켜 왔으며, 그 결과로 지방재정기능은 상대적 열세의 기반 위에 있는 것으로 평가되고 있다. 지방자치단체의 역할과 재정부문을 정확히 파악하기 위해서는 국가재정과 지방재정을 포괄적으로 검토·분석해 볼 필요성이 있다.

먼저, 국가 일반회계 예산규모를 중심으로 세입구조와 세출구조를 보면 지방재정과는 많은 차이를 보여주고 있다. 국가예산의 일반회계 세입구조를 2012년 예산을 기준으로 볼 때, 세입총액 223조 1,383억원 중 그 구성비를 보면 내국세가 74.5%, 관세수입 5.2%, 교통세 6.1% 등 국세수입이 88.4%를 차지하고 있으며, 이 이외의 세외수입이 11.6%를 점하고 있다. 다음, 국가예산의 세출내역을 보면, 국방비지출이 14.8%, 교육비지출이 20.2%, 일반공공행정지출이 22.8%로서 이 세 지출항목이 57.8%를 구성하고 있으며, 이 이외 지출내역으로는 사회복지지출이 11.0%, 교통 및 물류비용 7.5%, 공공질서 및 안전비용이 6.0%, 농림수산비용이 3.2% 등으로 구성되어 있다.

이처럼 국가예산의 세입항목과 세출항목은 지방재정과는 상이한 내용을 보이나 이의 검토 분석은 지방재정의 구성을 이해하는 데 도움이 되고 있다.

Ⅱ. 중앙재정과 지방재정의 비교

지방자치단체의 역할과 재정부문을 보다 정확히 파악하기 위해서는 중앙정부재정과 지방재정을 비교해 볼 필요가 있다.

먼저, 납세자의 조세부담과 직결되는 일반회계의 재정규모를 살펴보면, 1990년의 경우 재정의 총규모는 42조 9,467억원이었으며, 이 때 지방재정은 15조 4,910억원으로 총재정의 36%를 차지하고 있다. 2012년 예산을 기준으로 볼 때 중앙정부재정은 223조 1,079억원이고, 지방재정은 112조 2,957억원으로 총재정규모의 35%로 그 비중이 감소되었다. 동 기간 중 중앙정부재정은 713%가 신장하였으나, 지방재정은 689%나 신장하였다

(표 Ⅳ.1.2 참조).

지방재정의 비중이 최근에 감소되고 있는 것은 우리나라의 지방재정이 규모의 영세성, 자체재원의 빈약, 재정제도의 결함, 지방자치기능의 미흡 등 그 동안 문제점으로 지적되어 온 것으로부터 개선되고 있지 못함을 나타내는 현상이라 하겠다. 경제가 성장하고 생활수준이 향상됨에 따라 지역주민들의 교육, 교통, 상・하수도, 주택, 보건위생 등 기본적인 공공서

〈표 Ⅳ.1.2〉 중앙정부재정과 지방재정의 비교(일반회계)

(단위: 억원)

구분	재정규모(일반회계 순계)					조세				
	중앙정부재정(A)		지방재정(B)		B/(A+B)	국세(C)		지방세(D)		D/(C+D)
		신장률%		신장률%	%		신장률%		신장률%	%
1990	274,557	-	154,910	-	36	268,475	-	63,674	-	19
1995	514,981	88	366,673	137	42	567,745	111	153,160	141	21
2000	926,022	237	576,532	272	38	929,347	246	206,006	224	18
2005	1,364,585	397	997,142	544	42	1,274,657	375	359,774	465	22
2009	2,049,475	646	1,449,206	836	41	1,645,407	513	451,678	609	22
2010	2,052,235	647	1,350,250	772	40	1,709,387	537	491,598	672	22
2011	2,099,103	665	1,276,740	724	38	1,876,361	599	508,130	681	21
2012	2,231,079	713	1,222,957	689	35	2,057,575	666	537,953	745	21

자료: 행정안전부, 「2012년도 지방자치단체 예산개요」(2012.5).
주: 2010년까지는 결산액, 2011년은 최종예산액, 2012년은 당초예산액.

〈표 Ⅳ.1.3〉 조세총액 중 국세와 지방세의 비교

(단위: 억원)

구분 / 연도별	조세총액	국 세		지 방 세	
		세 액	비 율	세 액	비 율
1990	332,260	268,474	80.8	63,786	19.2
1995	720,914	567,745	78.8	153,169	21.2
2000	1,132,963	929,347	82.0	203,616	18.0
2008	2,127,857	1,673,060	78.6	454,797	21.4
2009	2,097,085	1,645,407	78.5	451,678	21.5
2010	2,200,985	1,709,387	77.7	491,598	21.7
2011	2,384,491	1,876,361	78.7	508,130	21.3
2012	2,595,528	2,057,575	79.3	537,953	20.7

자료: 행정안전부, 「2012년도 지방자치단체 예산개요」(2012.5).
주: 2004년까지는 결산액, 2011년은 최종예산액, 2012년은 당초예산액.

비스의 질적, 양적인 확대를 요구하는 경향에 지방자치단체들이 적극적으로 부응하고 있지 못함을 나타내는 결과이기도 하다.

이러한 지방재정의 팽창에 따라 재원의 자체조달이란 측면에서도 점차 개선되고 있음을 볼 수 있다. 〈표 Ⅳ.1.3〉에서와 같이 조세총액에서 지방세가 차지하는 비중은 1990년의 19.2%에서 점진적으로 상승하여 2012년 당초세입예산규모로 볼 때 국세와 지방세의 구성비가 79.3 : 20.7로 개선되고 있음을 알 수 있다.

이는 외국과 비교해 볼 때 일본, 미국에 비해 낮은 편이나 영국, 독일, 프랑스, 이탈리아에 비해 외형상 높은 편이다(표 Ⅳ.1.4 참조). 그러나 외국의 많은 나라에서는 국세를 지방자치단체와 공동으로 분배하는 공동세가 국세에 포함되어 있음을 유의해야 할 것이다.

〈표 Ⅳ.1.4〉 국가별 국세와 지방세의 비교

구 분	연 도	국 세	지 방 세
한 국	2009	78.5%	21.5%
일 본	2009	53.4%	46.6%
미 국	2009	47.8%	52.2%
독 일	2009	51.5%	48.5%
이탈리아	2009	78.0%	22.0%
영 국	2009	93.4%	6.6%
프 랑 스	2009	70.4%	29.6%

자료: 행정안전부, 「2012년도 지방자치단체 예산개요」 (2012.5)

주) OECD, Revenue Staticstics(2011). 연방형국가의 경우 州정부의 세입을 지방세에 Social Security Funds를 제외했을 때의 중앙 지방간 상대적 비중임.

Ⅲ. 지방정부의 재정규모

지방재정의 회계별 총규모는 당초예산기준으로 볼 때 2007년에 111조 9,864억원, 2009년에 137조 5,349억원, 2010년에 139조 8,565억원, 2011년에 141조 393억원, 2012년에 151조 950억원으로 증가하였다. 지방재정을 회계별로 보면 일반회계가 특별회계보다 훨씬 더 높은 비중을 점하고 있음을 알 수 있다(표 Ⅳ.1.5 참조).

〈표 Ⅳ.1.5〉 회계별 예산규모 변동추이(세입순계)

(단위: 억원)

연도별	계		일 반 회 계		특 별 회 계	
	당초예산	최종예산	당초예산	최종예산	당초예산	최종예산
2007	1,119,864	1,280,366	865,209	998,147	254,655	282,219
2008	1,249,666	1,444,536	984,446	1,153,125	265,220	291,410
2009	1,375,349	1,567,029	1,094,510	1,257,759	280,839	309,270
2010	1,398,565	1,497,797	1,134,229	1,217,960	264,336	278,837
2011	1,410,393	1,562,568	1,151,767	1,276,740	258,626	285,828
2012	1,510,950	−	1,222,957	−	287,994	−

자료: 행정안전부, 「2012년도 지방자치단체 예산개요」(2012.5).

우리나라의 지방재정규모를 일본의 지방재정과 비교하여 보면 다음과 같다.

〈표 Ⅳ.1.6〉 자치단체별 총규모(순계, 일반+특별회계)(2012)

(단위: 억원)

단체별	예산규모	구성비	일반회계	구성비	특별회계	구성비
계	1,510,950	100%	1,222,957	80.9%	287,994	19.1%
소계	970,664	64.2%	782,710	51.8%	187,954	12.4%
특별시	198,902	13.2%	151,533	10.0%	47,369	3.1%
광역시	274,837	18.2%	202,265	13.4%	72,572	4.8%
특별자치도	29,279	1.9%	24,250	1.6%	5,030	0.3%
도	467,646	31.0%	404,663	26.8%	62,983	4.2%
소계	540,286	35.8%	440,247	29.1%	100,040	6.6%
시	322,196	21.3%	242,801	16.1%	79,395	5.3%
군	148,679	9.8%	136,918	9.1%	11,761	0.8%
자치구	69,412	4.6%	60,527	4.0%	8,884	0.6%

자료: 행정안전부, 「2012년도 지방자치단체 예산개요」(2012.5).

(1) 중앙정부와 지방자치단체의 일반회계 순계 재정규모 비교

〈표 Ⅳ.1.7)에서 보면 2005년의 우리나라의 지방예산구성비는 38.2%, 일본의 지방예산구성비는 50.5%로 현격한 차이를 나타내며 우리나라에서의 지방예산이 중앙정부예산에서 차지하는 비중이 아주 낮음을 보여주고 있다. 2012년의 구성비를 보면 우리나라는 41.7%, 일본은 48.3%로 그 차이가 많이 줄었음을 알 수 있을 뿐만 아니라 중앙정부예산에서 차지하는 비중도 많이 늘었음을 알 수 있다.

〈표 Ⅳ.1.7〉 중앙정부와 지방자치단체의 일반회계 순계 재정규모 비교

(단위: 억원, 억엔)

구분	한 국			일 본		
	중앙정부	지 방 자치단체	지방예산 구 성 비	중앙정부	지 방 자치단체	지방예산 구 성 비
2005	1,352,135	836,437	38.2%	821,829	837,687	50.5%
2010	2,012,835	1,466,618	42.2%	922,992	821,200	47.1%
2011	2,099,303	1,495,965	41.6%	924,116	825,054	47.2%
2012	2,231,384	1,593,028	41.7%	903,339	842,764	48.3%

주: 한국은 일반회계 당초예산 총계, 일본은 지방재정계획상의 보통회계 총계를 기준.
자료: 행정안전부, 「2012년도 지방자치단체 예산개요」(2012.5).

(2) 일반회계 세입순계 증가율 추이

〈표 Ⅳ.1.8〉의 지방자치단체 세입의 재원별 비교를 보면, 2012년 우리나라의 지방세 구성비는 33.8%, 일본은 39.9%이며, 세외수입은 8.4%와 6.5%로서 우리나라의 지방자치단체 세입에서의 자주재원이 차지하는 비중이 일본보다 더 낮음을 알 수 있다.

Ⅳ. 지방재정의 세입구조실태

1. 일반회계 세입구조

지방자치단체의 일반행정수요를 충족하기 위해 조달되는 일반회계세입은 규모에 있어서는 부족함을 면치 못하고 있지만 구조적인 측면에서는 비교적 건전한 방향으로 변화되어 왔다. 〈표 Ⅳ.1.9〉에 있는 일반회계 세입구조 추이에서 보면 지방세와 세외수입의 규모가 커졌음을 알 수 있다. 이는 지방교부세와 보조금의 상대적 약화를 가져와 재정자립도의 신장을 가져왔다. 이러한 재정자립도의 신장은 주로 세외수입의 증대에서 기인하는 것이라 할 수 있다. 이처럼 지방자치단체의 일반회계 세입의 대종을 이루어야 할 지방세의 비중이나 신장률이 상대적으로 저조하고, 부차적 수입으로서의 세외수입의 비중이 크다고 하는 것은 건전치 못한 세

입구조라고 볼 수 있다.

〈표 Ⅳ.1.8〉 자치단체 일반회계 순계 세입 재원별 비교

(단위: 억원, 억엔)

구분	한국				일본	
	2012년도	구 성 비	2011년도	구 성 비	2012년도	구 성 비
계	1,593,028	100%	1,495,965	100%	842,764	100%
지방세수입	537,953	33.8%	497,434	33.3%	336,569	39.9%
세외수입	134,001	8.4%	129,727	8.7%	54,516	6.5%
지방교부세	292,122	18.3%	274,105	18.3%	181,400	21.5%
조정교부금 및 재정보전금	65,868	4.1%	59,161	4.0%	-	-
지방양여세 등	-	-	-	-	23,890	2.8%
보 조 금	547,373	34.4%	518,964	34.7%	130,435	15.5%
지방채 및 예치금회수	15,713	1.0%	16,572	1.1%	115,954	13.8%

주) 한국은 일반회계 당초예산 총계, 일본은 지방재정계획상의 보통회계 총계를 기준.
자료: 행정안전부, 「2012년도 지방자치단체 예산개요」(2012.5).

〈표 Ⅳ.1.9〉 일반회계 세입구조(세입순계)

(단위: 억원)

재원별 \ 연도별	2007	2008	2009	2010	2011	2012
계	1,469,751	1,657,825	1,844,884	1,724,267	1,662,059	1,593,028
지 방 세 수 입	435,316	458,351	450,565	500,799	508,130	537,953
세 외 수 입	340,762	370,304	418,708	306,323	167,072	134,001
지 방 교 부 세	252,294	310,813	284,299	281,916	304,498	292,122
조정교부금및재정보전금	71,900	67,348	73,127	67,751	71,820	65,868
보 조 금	349,786	424,858	543,513	535,796	565,567	547,373
지방채 및 예치금회수	19,693	26,150	74,672	31,683	44,972	15,713

주: 총계, 2010년까지 결산액, 2011년도 최종예산액, 2012년도 당초예산액.
자료: 행정안전부, 「2012년도 지방자치단체 예산개요」(2012.5).

〈표 Ⅳ.1.10〉 자치단체별 세입구조(총계, 일반+특별)

(단위: 억원)

구분	시·도 본청		시		군		자치구	
연도	2011	2012	2011	2012	2011	2012	2011	2012
계	958,057	1,026,972	474,121	521,742	247,289	254,803	175,201	185,600
지방세	340,106	371,650	101,916	108,840	19,313	19,425	36,098	38,035
세외수입	181,769	198,861	119,982	136,726	35,260	35,522	33,337	34,230
지방교부세	85,488	91,746	90,442	96,970	95,222	100,583	2,930	2,858
조정교부금 및 재정보전금	-	-	25,079	29,495	5,037	5,296	29,528	31,577
보조금	305,373	320,462	131,461	142,829	90,949	92,979	73,246	78,797
지방채 및 예수금회수	45,319	44,232	5,238	6,879	1,449	994	60	101

자료: 행정안전부,「2012년도 지방자치단체 예산개요」(2012.5).

또한, 지방교부세의 신장이 매우 저조한 비중을 차지하고 있다는 점이다. 부족재원을 보전하여 지방자치단체의 일반재원의 폭을 넓혀 가용재원의 능력을 제고시키는 데 중요한 역할을 하는 지방교부세의 재원신장이 낮은 것은 지방재정에 큰 압박을 주게 된다.

자치단체별로 보면 서울특별시의 경우 상대적으로 자주재원인 지방세와 세외수입의 비중이 높아 재정자립도가 높음을 알 수 있으며, 자치단체별로 재원의 구성비가 다양함을 알 수 있다(표 Ⅳ.1.10 참조).

2. 지방세 수입구조

지방자치단체의 지방세 세입구조를 보면, 일반목적적인 보통세의 비중이 특정목적적인 목적세의 비중보다 훨씬 크다는 것을 알 수 있다.

세목별로 보면, 취득세의 비중이 27.5%로서 가장 많은 비중을 차지하고 있으며 지방소득세 17.1%, 재산세 15.7%, 자동차세 12.1%로서 지방세의 주된 재원이 되고 있음을 알 수 있다(표 Ⅳ.1.11 참조). 기초자치단체인 시·군의 경우에는 지방소득세와 자동차세가 시·군세 전체의 29.0%와 28.3%를 차지하고 있어 이들 두 세목이 전체 지방세의 57%를 차지하고

〈표 Ⅳ.1.11〉 세목별 지방세수입(2012년)

(단위: 억원)

세목별 \ 단체별		계	특별·광역시세	도 세	특별자치도세	시 세	군 세	자치구세	구성비(%)
계		537,953	226,971	138,918	5,762	108,841	19,426	38,036	100.0
보통세	소 계	472,164	197,026	106,748	4,914	106,652	19,182	37,642	87.8
	취 득 세	147,971	69,112	77,417	1,441	-	-	-	27.5
	등 록 면 허 세	11,762	173	6,178	105	-	-	5,306	2.2
	주 민 세	3,100	1,022	-	33	1,427	330	288	0.6
	재 산 세	84,241	17,690	-	696	30,862	4,331	30,663	15.7
	자 동 차 세	65,036	28,125	-	671	29,371	6,870	-	12.1
	레 저 세	10,696	3,378	6,723	596	-	-	-	2.0
	담 배 소 비 세	27,822	11,935	-	386	12,610	2,890	-	5.2
	지 방 소 비 세	29,586	12,660	16,430	496	-	-	-	5.5
	지 방 소 득 세	91,950	52,931	-	490	32,382	4,761	1,385	17.1
목적세	소 계	58,293	26,735	30,606	794	158	-	-	10.8
	지역자원시설세	7,926	3,723	3,985	60	158	-	-	1.5
	지 방 교 육 세	50,367	23,012	26,621	734	-	-	-	9.4
과년도수입		7,497	3,210	1,564	54	2,031	243	394	1.4

자료: 행정안전부, 「2012년도 지방자치단체 예산개요」(2012.5).

있음을 알 수 있다.

3. 세외수입 구조

일반회계세입 가운데 큰 비중을 차지하고 있는 세외수입의 재원내역을 보면, 경상적 세외수입보다는 임시적 세외수입의 비중이 더욱 높게 나타난다. 이는 그만큼 세외수입의 안정적인 확보가 이루어지고 있지 못함을 의미한다.

세부 항목별로 보면, 서울특별시와 광역시는 재산매각수입과 이월금, 전입금, 수수료 수입을 주된 재원으로 하고, 도와 시·군·자치구는 징수교부금과 이월금이 주종을 이루고 있다(표 Ⅳ.1.12 참조).

세외수입 가운데 이월금과 과년도수입 및 전입금은 회계연도나 회계상호간의 이전금이고, 징수교부금은 전액 위탁사무의 비용에 충당되는 것

〈표 Ⅳ.1.12〉 2012년도 세외수입의 단체별·세목별 규모

(단위: 억원)

세목별 \ 단체별		일반회계 단체별 세외수입 총계예산규모							
		계	특별·광역시	도	특별자치도	시	군	자치구	구성비(%)
계		134,001	27,964	20,321	1,677	41,108	17,824	25,108	100.0
경상적 세외수입	소계	43,752	8,366	2,609	759	14,420	5,106	12,493	32.7
	재산임대수입	2,562	1,207	139	2	626	204	383	1.9
	사용료수입	9,835	2,507	456	213	2,954	866	2,839	7.3
	수수료수입	8,995	541	254	143	4,321	760	2,975	6.7
	사업수입	6,362	3,021	104	218	1,637	1,159	223	4.7
	징수교부금수입	10,076	404	652	13	2,846	523	5,638	7.5
	이자수입	5,924	686	1,003	170	2,036	1,594	435	4.4
임시적 세외수입	소계	90,248	19,598	17,712	918	26,688	12,718	12,615	67.3
	재산매각수입	6,855	2,700	605	4	1,676	716	1,154	5.1
	순세계잉여금	44,821	3,360	7,205	650	16,223	9,657	7,726	33.4
	이월금	1,026	86	20	-	278	271	372	0.8
	전입금	14,929	6,679	5,043	109	2,046	656	396	11.1
	예탁금및예수금	36	-	25	-	1	-	10	-
	융자금원금수입	755	121	598	13	4	18	2	0.6
	부담금	8,544	2,111	3,084	17	2,654	344	337	6.4
	잡수입	10,847	4,334	1,127	120	2,828	905	1,534	8.1
	과년도수입	2,435	206	6	6	981	151	1,084	1.8

자료: 행정안전부, 「2012년도 지방자치단체 예산개요」(2012.5).

이며, 기부금은 정상적인 세입원이 아니며, 또한 지방채는 일종의 부채적 세입이므로 근원적인 세외수입으로서는 재산임대수입과 사용료 및 수수료수입을 들 수 있다.

경상적 세외수입 가운데 이러한 재산임대수입과 사용료·수수료수입은 광역자치단체일수록 이들 세입의 비중이 높게 나타난다. 그러나 이들 세입이 차지하는 비중은 낮은 수준에 있으며, 이는 지방자치단체의 재산관리와 서비스행정을 통한 응익적 세입의 폭을 확대해야 할 과제가 되고 있다.

V. 지방정부의 세출구조 실태

2010년 개정된 기능별 세출예산의 내용을 보면 다음과 같다(표 Ⅳ.1.13 참조).

종전의 일반회계 세출기능은 일반행정비, 사회개발비, 경제개발비, 민방위비, 지원 및 기타 경비 등 5가지로 구분하였으나 2010년 개정된 세출기능은 14가지로 세분되어 있다.

서울특별시의 경우, 2012년 일반회계 예산 가운데 사회복지비가 30.5%로 가장 비중이 높고, 그 다음이 일반공공행정비 19.9%, 교육비 12.6%, 국토 및 지역개발비 6.2%, 수송 및 교통비 4.9% 순으로 나타나고 있다.

광역시와 도의 경우, 사회복지비가 22.8%로 가장 비중이 높고, 그 다음이 일반공공행정비 14.4%, 농림해양수산비 11.1%, 수송 및 교통비 10.6% 순으로 나타나고 있다.

시 · 군 · 자치구의 경우, 사회복지비 27.8%로 역시 가장 높은 비중을 차지하고 있고, 그 다음이 농림해양수산비 10.5%, 수송 및 교통비 7.4%, 국토 및 지역개발비 7.3% 순으로 나타나고 있다(표 Ⅳ.1.13 참조).

〈표 Ⅳ.1.13〉 자치단체별 일반회계 세출구조

(단위: 백만원)

지방자치단체	세출기능	2010	2011	2012
서울특별시	일반공공행정	4,614,940	4,797,973	4,544,251
	공공질서 및 안정	177,812	157,558	172,065
	교육	2,672,289	2,832,263	2,887,550
	문화 및 관광	756,852	555,032	593,895
	환경보호	981,844	721,047	800,764
	사회복지	5,772,911	6,227,240	6,982,182
	보건	467,314	453,836	471,938
	농림해양수산	29,863	21,015	20,620
	산업중소기업	273,286	221,210	243,548
	수송 및 교통	1,835,838	1,084,932	1,112,073
	국토및지역개발	1,704,785	1,265,608	1,405,114
	과학기술	270	234	208
	예비비	287,622	290,362	224,054
	기타	3,106,549	3,199,853	3,404,433
	계	22,682,175	21,828,162	22,862,696
광역시·도 (특별자치도 포함)	일반공공행정	6,998,909	7,458,556	8,055,236
	공공질서및안정	1,553,321	1,655,269	1,931,740
	교육	4,431,007	4,850,704	5,370,472
	문화 및 관광	2,474,486	2,608,885	2,885,907
	환경보호	3,158,148	3,478,147	3,551,432
	사회복지	11,203,567	11,886,196	12,736,126
	보건	701,323	760,346	837,555
	농림해양수산	5,716,133	5,911,749	6,189,841
	산업중소기업	1,661,165	1,840,125	1,964,338
	수송 및 교통	6,139,371	5,513,904	5,916,015
	국토및지역개발	3,180,787	3,090,639	3,227,981
	과학기술	174,386	146,114	149,047
	예비비	439,106	590,964	627,195
	기타	1,866,924	2,107,023	2,274,815
	계	49,698,632	51,898,621	55,767,698
시·군·자치구	일반공공행정	5,884,766	5,680,299	5,869,365
	공공질서및안정	1,054,064	1,156,978	1,468,076
	교육	981,648	1,241,545	1,448,950
	문화 및 관광	4,651,319	4,570,450	4,781,462
	환경보호	5,065,745	5,340,760	5,569,602
	사회복지	19,530,475	20,983,300	22,461,225
	보건	1,443,886	1,507,860	1,629,319
	농림해양수산	8,008,509	7,966,544	8,442,365
	산업중소기업	1,385,475	1,402,294	1,529,202
	수송 및 교통	6,170,346	5,781,147	5,982,267
	국토및지역개발	5,831,154	5,660,499	5,951,645
	과학기술	24,872	20,018	12,774
	예비비	1,322,132	1,348,340	1,419,090
	기타	12,906,639	13,298,049	14,127,103
	계	74,281,034	75,958,080	80,672,448

자료: 행정안전부, 「2012년도 지방자치단체 예산개요」(2012.5).

제 2 장 지방자치단체의 수입

제 1 절 지 방 세

Ⅰ. 지방세의 의의

지방세는 지방자치단체가 그 행정을 수행하는 데 소요되는 일반경비에 충당하기 위하여 그 자치단체내의 주민 등으로부터 강제적으로 부과·징수하는 화폐수입으로서 지방정부세입의 주종을 이룬다.

이러한 지방세는 지방정부 수입의 기본이 되는 가장 안정적인 자주재원이지만 이는 국세와 밀접한 관계를 갖고 있다. 즉, 국가의 법률에 의해 지방세의 종목과 세율이 결정되고, 한 국가의 일정한 세원은 분배와 관련되기에 국세의 범위와 크기가 지방세의 규모에 직접적인 영향을 미친다.

지방세는 과세주체가 지방자치단체라는 점에서 국세와 구별되고, 개별적인 대가없이 강제적으로 징수한다는 점에서 세외수입과 구별된다. 또한, 지방세는 지방정부에서 독립적으로 사용할 수 있는 것이므로 자주재원의 성질을 띠고 있으며, 용도지정이 없으므로 일반재원의 성질을 갖고 있다. 지방세에 관한 핵심적인 문제는 일반조세와 같이 지방세를 누가, 얼마만큼 부담하며, 그 효과는 어떠한 것인가 하는 것이다.

지방세는 국세나 여타의 지방수입과 다른 몇 가지 특색을 갖고 있는데, 이는 지방세의 의의를 보다 명확하게 설명해주는 자료가 된다. 그 가운데 대표적인 몇 가지를 들면 다음과 같다.[1]

1) 鄭世煜, 「地方行政學」 (서울: 法文社, 1998), pp. 662~663.

첫째, 지방세는 자치단체가 과세권에 근거하여 강제적으로 부과·징수하는 것을 그 특질로 한다. 이러한 의미에서 지방세는 공유재산의 매각대금, 사업장 수입·기부금과 같이 주민과의 계약이나 주민의 자유의사를 그 전제로 하는 세외수입과 구별된다. 이와 같이 지방세는 주민재원의 일부를 강제적으로 지방자치단체에 이전시키는 수단이므로 그 부과·징수는 반드시 법률의 근거를 요하지만(조세법률주의), 일단 지방세에 관한 국회에서 제정된 이상에는 주민 개인의 승낙이란 별도의 의사표시를 요하지 않는다.

둘째, 지방세는 납세자 개개인에 대한 직접적인 반대급부의 성격을 갖지 않는다는 것이다. 이러한 의미에서 지방세는 ① 자치단체가 주민에게 제공하는 특별한 급부에 대한 반대급부로 징수하는 사용료·수수료 등과 같은 응익적 성질을 갖는 세외수입과 구별되며, ② 특정한 사업의 경비에 충당하기 위하여 그 사업과 관계있는 자로부터 징수하는 수익자부담금(user charges)과도 구별된다.

셋째, 지방세는 지방정부가 공적 욕구의 충족에 필요한 일반적 경비를 얻기 위한 재원조달의 목적으로 징수하는 것이고, 원칙적으로 특정한 목적이나 사업을 위해서 징수하는 것은 아니다. 그러나 목적세와 같이 특정의 사용목적을 가지고 과징하는 예외도 있다.

넷째, 지방세의 부과나 징수는 모두 금전으로 표시하고 납부함이 원칙이라는 것이다. 옛날에는 물품이나 노역 등으로 이루어지기도 했으나 화폐경제가 발달한 오늘날에 있어서는 금전으로 납부하는 것이 원칙으로 되어 있다.

Ⅱ. 지방세의 원칙

지방세에서 특히 강조되어야 할 중요한 원칙은 다음과 같다.[2)]

2) 상게서, pp. 663~665; 권형신 외, 「韓國의 地方財政」(서울: 도서출판 해남, 1998), pp. 66~67.

(1) 안정성(stability)의 원칙

지방세의 규모는 다년간에 걸쳐서 충분하고 안정적인 수입을 보장하여야 한다.

(2) 균형성(equality)의 원칙

지방자치단체간의 세수입은 균형을 이루어야 한다는 것으로 지역간 재정력의 균형화를 이룰 수 있어야 한다.

따라서 지방세의 세원은 특정한 자치단체에만 편재되어서는 안되며, 골고루 분포되어 있어야 한다. 이를 흔히 보편성의 원칙이라고도 한다.

(3) 신축성(flexibility)의 원칙

지역의 행정수요와 사회적, 경제적 기반의 변화에 탄력적으로 적응할 수 있어야 한다는 것을 의미하는 것으로, 지방세는 행정수요의 증가에 부응하는 신장성과 지방정부의 의사에 따라 세수입을 증감시킬 수 있는 신축성이 있어야 한다.

(4) 응익성(ability-to-pay)의 원칙

지방세는 지역주민의 공공재화나 공공서비스와 같은 공공재의 사용대가에 따라 부과되어야 한다는 것을 뜻한다. 지방세도 조세인 이상 공권력에 의해 강제적으로 징수하는 것을 원칙으로 하고 있으나 국세에 비해 수익자부담원칙이 보다 더 강조되어야 한다. 이처럼 지방세는 평등의 원칙에 따라 동일한 조건이면 동일하게 부과되어야 하며, 부담의 능력과 수익의 정도에 비례하여 부과되어야 한다.

(5) 지역성(locality)의 원칙

과세대상이 자치단체 구역내에 있는 사람, 법인, 동산, 부동산 등이어야 한다는 것을 의미하는 것으로, 지방세는 그 세원이 자치단체간에 마찰이 없도록 관할구역내에 한정되어 있어야 한다.

따라서 이를 국지성의 원칙이라고도 한다.

Ⅲ. 지방세의 체계

지방세에는 여러 가지 종류의 세목이 있다. 이것을 어떻게 분류하는가는 합리적인 조세체계를 구성하는 데 있어 선행과제이다. 학자들에 따라 다양한 분류방법이 제시되고 있으나 여기서는 특별히 이해할 필요가 있는 몇 가지 분류방법에 따라 분류하면 다음과 같다.

(1) 보통세와 목적세

조세수입의 용도·특정여부를 기준으로 보통세(ordinary tax)와 목적세(ear-marked tax)로 구분한다. 즉, 조세의 징수목적이 사전에 사용용도가 정해지지 아니한 일반적인 경비에 충당하기 위하여 과징하는 세를 보통세라하며, 충당하여야 할 경비를 특별히 정하고 그 경비의 지출에 의하여 직접이익을 받는 자에게 그 부담을 요구하는 세를 목적세라 부른다. 우리나라의 지방세에는 취득세, 등록면허세, 레저세, 담배소비세, 지방소비세, 지방소득세, 주민세, 재산세, 자동차세 등 9개 세목은 보통세이며, 지역자원시설세, 지방교육세 등 2개 세목은 목적세이다.

(2) 재산과세, 소득과세, 소비과세

이는 과세대상이 재산인가 소득인가 또는 소비인가에 따른 분류이다. 재산과세는 재산의 보유에 관련된 조세인 재산세와 재산의 거래 및 이전에 관련된 조세인 취득세, 등록분 등록면허서 등과 목적세인 지역자원시설세(특정부동산)가 있다.

소득과세는 소득원천에 대한 과세로서 지방소득세(소득분, 종업원분)가 있으며, 소비과세는 지출에 대한 과세로서 보통세인 지방소비세, 레저세, 담배소비세 등이 있다.

(3) 독립세와 부가세

독립세란 지방자치단체가 국가 또는 다른 지방자치단체와 독립해서 독자의 세원을 보유하고 독자의 과세표준에 의해서 과할 수 있는 세무를 말하고, 부가세란 국가 또는 다른 자치단체의 과세표준 또는 세액에 대해서 일정한 정률로서 이에 부가해서 과하는 세를 말한다.[3] 우리나라의 지방세는 독립세 중심으로 되어 있으며, 지방소비세, 자동차세(주행분), 지방교육세 등은 부가세이다. 지방소득세(소득분)은 국세인 소득세와 법인세를 과세표준으로 하는 부가세이다. 부가세제도는 세무행정의 간소화라는 장점이 있다. 그러나 지방세가 국세에의 부가세방식을 많이 따르게 되면 국가에 의한 일방적인 국세제도의 개정에 의해 그때마다 지방세가 영향을 받게 되고 지방자치의 입장에서는 바람직하지 못하다고 본다.

(4) 도세와 시 · 군세, 시세(특별시 광역시)와 구세

이는 지방세의 과세주체에 따른 구분으로 현행 지방세법에서 분류하고 있는 제도이다(그림 Ⅳ.2.1 참조).

이렇게 지방세를 구분하는 것은 조세법학이나 학술적인 이론에 근거한 것이 아니라 지방자치단체의 재원의 효율적인 배분측면에서 도의 재원으로 할 것과 시 · 군의 재원으로 할 것 등을 각 세목의 세입실태의 지방자치단체별 재정형편을 고려하여 인위적으로 구분한 것이라고 볼 수 있다. 특히, 서울특별시와 광역시의 경우 지방세목 11개 가운데 자치구세는 등록면허세와 재산세 등 2개의 세목이고 나버지 9개 세목이 특별시(광역시)세로 되어 있다.

(5) 종가세와 종량세

과세표준을 화폐단위로 표시한 과세물건의 가치(가격)로 하느냐 혹은 과세물건의 수량 · 용적 등(산출단위)으로 하느냐에 따라 종가세(ad valorem tax)와 종량세(unit tax)로 구분된다.[4] 과세표준을 화폐단위로 표시하면 과세의 공평을 기할 수 있으나 과세물건의 가치평가가 힘들고, 반면에 과세표준을 물건의 수량 · 용적 등으로 표시하면 과세는 간단하지만 그 부담이 불공평하게 될 우려가 있다. 종량세의 예는 담배소비세, 자동차세(배기량) 등이다.

---

3) 李相熙, 「地方財政論」(서울: 啓明社, 1992), p. 192.
4) 심정근 외, 「地方財政學」(서울: 博英社, 1997), pp. 155~156.

(6) 정액세와 정률세

세율이 과세표준에 관계없이 일정한 금액으로 정해져 있는 조세를 정액세라 하고, 세율이 과세표준의 일정비율로 정해져 있는 조세를 정률세라 한다. 정률세는 다시 과세표준의 대소와 관계없이 세율이 일정한 비례세와 과세표준의 크기가 증가함에 따라 세율이 증가하는 누진세로 나눈다. 현재 지방세 중에 주민세 균등할은 정액세의 예이고, 취득세와 등록면허세(등록분)는 비례세이며, 재산세 등은 누진세의 예라고 할 수 있다.

[그림 Ⅳ.2.1] 우리나라의 지방세체계

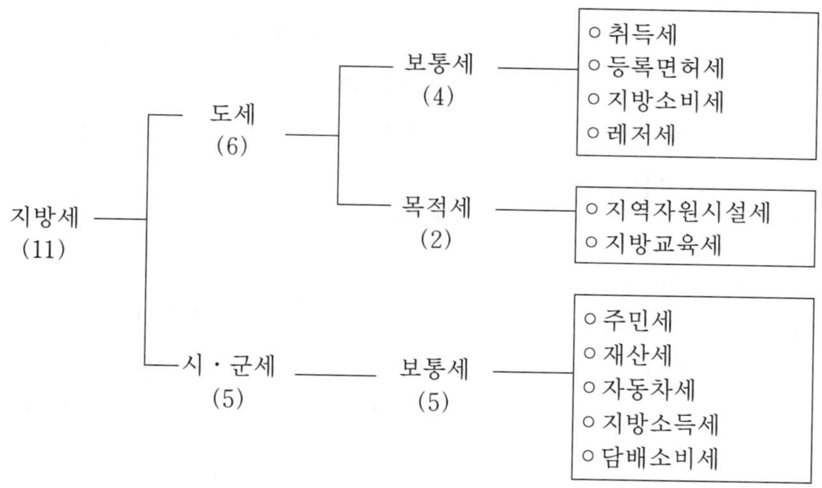

Ⅳ. 지방세제의 문제점

(1) 지방세원의 빈약

우리나라는 지방세원이 매우 빈약하다. 이와 같이 지방세원이 빈약하여 국가에의 의존도가 높을 때에는 자치단체의 부담과 책임의 원칙이 지켜질 수 없게 되어 국가에 의한 지방재정의 보호가 불가피해진다. 특히, 자치단체의 장들은 지방세를 더 많이 징수하여 주민들의 반발을 사느니보다는 차라리 국가로부터 보조금이나 지방교부세를 더 받는 편이 훨씬 현명한 방법이라고 생각하기 쉽다.[5] 이러한 국고에의 의존경향은 자치단체가 스스로 재원을 조달하려는 노력을 게을리하게 하여 지방행·재정의 건전화를 저해하고 있다. 지방세원을 확충하려면, 첫째 세원이 전국적으로 분산되어 있는 국세를 지방으로 이양하고, 둘째 지방세율을 합리적으로 조정하며, 셋째 새로운 세원을 계속 발굴해야 한다.

(2) 세원의 지역적 편재

지방세에 관한 가장 중요한 문제의 하나는 바로 세원이 대도시, 특히 서울을 비롯한 수도권에 지나치게 편재하고 있는 점이다. 지방세의 보편성의 원칙에 상치되는 것으로서 그 동안 우리나라는 급격한 경제성장에 힘입어 특정지역에 인구와 산업이 집중됨으로써 지역간 경제력의 극심한 격차를 초래하였다. 그 결과 자치단체간에 세원의 격차가 심각하여 지역간의 위화감을 가져올 뿐만 아니라 행·재정력의 격차로 행정수준의 차이를 가져오고 있는 실정이다.

(3) 지방세수의 신장성 저조

급증하는 지방재정수요에 능동적으로 대처하기 위해서는 지방세도 비례적으로 신장되어야 한다. 그러나 현행 지방세제하에서는 실질적인 신장률이 극히 저조한 바 그 이유는 다음과 같다.

첫째, 지방세에는 자산과세 중심으로 배분되어 있으며, 신장성이 높은 소득과세의 배분이 극히 빈약하기 때문이다. 따라서 세수의 안정성의 요구는 상당히 충족되어 있으나, 소득에 대한 탄력성계수가 낮으므로 신장성이 낮은 것이다. 주로 자산과세에 의존하고 있는 현행 지방세제는 도시화·산업화에 따른 지역발전에도 불구하고 그 지역의 풍부한 경제력과 직결되지 못하며, 오히려 개발에 수반되는 불이익만 자치단체의 책임으로 떠맡고 있는 실정이다.

둘째, 지방세의 세목 중 상당한 비중을 차지하는 정액세를 물가상승률에 따라 조정하지 못하여 실질적인 세수의 감소를 초래했기 때문이다.

---

5) 李相熙, 전게서, pp. 292~296 참조; 鄭世煜, 전게서, pp. 671~675 참조.

셋째, 자산과세의 주된 과세객체인 부동산의 과세 시가 표준액을 물가에 연동시켜 조정하지 못했기 때문이다.

넷째, 각종 조세감면제도를 채택하고 있어서 불공평 세제가 시정되지 않고 있기 때문이다. 수출진흥, 특정사업의 육성, 기타 일정한 정부의 역점사업을 지원하기 위하여 채택된 세제상의 특혜조치는 지방세에도 그대로 적용되어 그만큼 세수의 감소를 초래하였다. 특히, 도시와 농촌간의 소득격차를 완화하기 위하여 농민의 부담경감을 지향하는 세제상의 조치는 농촌지역 자치단체의 세수의 신장을 크게 둔화시키게 되었다.

(4) 획일적 세제와 과세자주권의 결여

우리나라 지방세제는 부담의 균형을 도모하기 위하여 세목 · 세율 · 과세방법 등을 법률로 획일적으로 정하고 있으며, 자치단체에 의한 법정외 세목의 설정을 일체 금지하고 있다. 또한, 일부 세목에서 표준세율과 제한세율을 채택하고 있으나 그 신축성의 범위는 극히 제한되어 있다. 또 지방자치단체의 과세 자주권은 거의 인정되지 않고 있다. 각 자치단체마다 경제적 조건이 상이하고 재정수요도 각각 다름에도 불구하고 동일한 세제를 획일적으로 채택함으로써 경제사회의 발전과 행정수요의 변화에 대응하여 자체재원을 조정하거나 성장세원을 흡수할 수 있는 탄력성이 거의 결여되어 있다.

V. 지방세의 발전방향

지방세원을 확충하는 방안으로는 ① 현행 조세부담수준을 초과하지 않는 범위내에서 국가와 지방간의 세원을 재분배하는 방법, ② 기존 세원배분의 범위내에서 지방세제를 합리적으로 개편함으로써 현행지방세제의 재원조달기능을 강화하는 방법, ③ 아직 어느 세목의 대상도 아닌 신세원을 개발 · 발굴하는 방법 등이 있다.

1. 국가와 지방간의 세원 재배분

우리나라에 있어서 중앙과 지방의 세원배분은 최근에 많이 개선되었지만 아직도 국세와 지방세 비율이 약 80:20으로 되어 있다. 이와 같이 세원 배분에 있어 중앙이 월등하게 우위를 점하고 있는 상태에서 국세·지방세의 조정을 통한 지방세원의 증대를 위해서는 현행 국세와 지방세 체계상 세원분포의 보편성, 응익성의 원리, 세수의 안정성 등을 고려하여 재배분되어야 할 것이다.

국세 세원의 지방이양에는 첫째로, 세원의 분리를 전제로 한 독립된 특정세목의 전부를 이양하는 방안과 둘째로, 세원의 중복을 전제로 한 국세의 특정세목의 일부를 이양하여 공동으로 이용하는 방안이 있다. 독립된 일부 세목의 전부를 이양하는 경우란, 예를 들면 국세인 전화세를 지방세로 이양하는 경우이고, 세원의 중복을 전제로 국세의 세원을 공동으로 이용하는 경우란, 예를 들면 소득세 또는 부가가치세의 일부분을 이양하는 경우라 하겠다.

이러한 관점에서 현행 국세 가운데 지방세로 이양 가능한 세목을 선정해 보면 아래와 같다.

① 소득세 중에서 양도소득세

② 현행 부가가치세의 5%인 지방소비세의 세율을 인상하는 방안

③ 주세 중에서 탁주, 약주, 소주에 해당하는 부문

④ 전화세 등

국세와 지방세의 조세체계 개편에는 지방교부세의 재원을 축소시켜 자치단체간의 부익부·빈익빈 현상을 초래할 수도 있고, 이런 세원들이 특정 자치단체에 편재되어 있다는 문제점을 간과할 수 없다.

2. 현행 세제의 개선

(1) 재산관련세의 세율구조 개선

지방세는 대부분 탄력성이 낮은 재산과세를 중심으로 한 세목으로 구성되어 있기 때문에 과세표준의 평가방법, 세율구조 등을 합리적으로 개

선함으로써 지방세수입을 증대할 수 있을 것이다.

현행 재산세는 비현실적인 과세단위의 결정으로 인하여 담세능력에 따른 세부담의 누진효과가 제대로 반영되지 못하고, 최저세율 적용단계에서 응능자부담원칙이 적절하게 반영되지 못하는 문제점을 안고 있어 과세단위를 합리적으로 조정할 필요가 있다. 세율 구조조정 외에 과표 현실화도 요구된다 하겠다.

(2) 탄력세율제도의 적극적 활용

탄력세율제도는 각 지방자치단체가 특수한 재정수요를 충족하기 위하여 자율적으로 탄력세율의 범위 안에서 세율을 정할 수 있도록 하여 세수확보에 신축성을 부여한 제도이다. 현행 지방세법에서 탄력세율의 적용이 보장된 세목으로는 취득세, 등록면허세, 재산세, 자동차세, 주민세, 담배소비세, 지역자원시설세, 레저세 등 8개 세목이 해당된다. 8개 세목 중 탄력세율을 적용하기 위해서 대통령령의 개정이 필요한 담배소비세와 자동차세(주행분)를 제외한 6개 세목은 자치단체가 자율적으로 탄력세율을 적용할 수 있다.

이렇게 탄력세율제도는 지방자치단체가 일정한 범위 내에서 자율적으로 지방세를 증대시킬 수 있도록 지방세법에 보장되어 있는 제도이며, 그 지방세수 증대효과가 상당히 큼에도 불구하고 거의 활용되고 있지 못하다. 따라서 각 지방자치단체들은 현행법상 보장되어 있는 제도적 장치인 탄력세율제도를 적극적으로 활용하여야 할 것이다.

(3) 지방세 비과세 · 감면의 개선

지방세의 비과세 · 감면의 축소는 지방세 재원의 확충방안의 하나로서 비교적 저항이 적은 방안이라 할 수 있다. 지방세의 비과세 · 감면이 대부분 지방세법과 자치단체의 감면조례 및 조세감면 규제법에 의해 이루어지는데 주로 국가정책목적을 달성하기 위한 것이고 지역의 잠재력과 특수성에 대한 고려는 미약하다. 지방세의 비과세 · 감면규모는 2010년 결산기준으로 14조 8,000억원으로 지방세 징수액 대비 23.2%로 국세 14.6%에 비해 높은 수준으로 취약한 지방세원을 감안할 때 과다한 편이다. 따라서 앞으로 지방세의 비과세·감면제도는 이를 대폭 축소·조정하는 방향으로 나아가되 비과세·감면이 불가피할 경우 국가로부터 별도의 재정보전을 받는 방안이 바람직하다고 본다.

중앙의 정책에 따른 비과세·감면의 결정은 지방세수에 많은 영향을 주며, 지역경제활성화를 위한 자치단체 역할 등에 제약요인으로 작용할 수 있어 그 적정성이나 세수보전방법에 대한 종합적인 검토가 요구된다 하겠다.[6)]

3. 지방소득세 및 지방소비세 확대

주민의 욕구증대와 더불어 자치단체의 재정적 부담이 더욱 늘어날 것이며, 이에 의한 주민의 조세부담증가는 주민자치의 실현이라는 측면에서 볼 때 당연히 치러야 할 비용이기도 하다. 기본적으로 이러한 비용은 국세의 지방세 이양, 현행 세제개편에 따른 지방세 증대방안을 통하여 조달되어야 하겠지만 신세원의 개발도 추가적 재원조달을 보완하는 방안이 될 것이다.

(1) 지방소득세의 확대

재산과세 위주로 형성되어 있는 현행 지방세 체계로서는 지방재정수요의 자연증대에 상응하는 지방세수입의 확보가 어렵다는 점에서 소득탄력성이 높은 지방소득세가 2010년 도입되었으며, 지방소득세는 주민세(소득할, 법인세할)와 사업소세(종업원할)를 통합하여 신설된 것으로 소득세·법인세의 부가세 형식에서 벗어나 소득을 과표로 한다.

지방소득세제는 스웨덴, 캐나다, 스위스, 핀란드, 이탈리아, 노르웨이, 일본, 미국 등에서 채택하여 활용하고 있는데, 이들 국가의 경우 지방세수입의 평균 54% 수준이 지방소득세에 의존하고 있다.[7)]

---

6) 李圭煥 외, 「地方稅 非課稅·減免의 問題點과 改善方案」(光州·全南發展硏究院, 1995. 11), pp. 163~169 참조.

7) 원윤희, "地方財政擴充을 위한 地方稅制改編方案," 「地方財政擴充方案」(서울특별시議政會, 1998, 12), pp. 41~43.

일본에서도 소득과세의 비중이 매우 높게 나타나고 있는데, 광역자치단체인 도·도·부·현의 경우 소득 및 이윤에 대한 과세인 도·도·부·현민세와 사업세의 비중이 전체 세수의 65.3%를 점하고 있다. 기초자치단체인 시·정·촌의 경우 소득과세인 시·정·촌민세 등이 44.8%를 점하고 있어, 전체적으로 지방세에서 소득과세의 비중은 약 54%이다.

(2) 지방소비세의 확대

지방소비세는 2010년 도입되었으며, 국세인 부가가치세의 5%를 재원으로 하고, 점차 확대될 전망이지만 2012년의 경우 약 3조원의 지방세수 확충효과가 있었다.

4. 신세원 개발과 법정외 세목의 설치

지방세 신세원개발은 자치단체의 세수증대를 통한 자립기반강화 측면뿐만 아니라 지방자치단체 주민의 결정에 따라 독자적인 세목을 설정할 수 있는지 여부는 재정운용의 자율성 측면에서 매우 중요한 의의를 갖지만 조세법률주의 관점에서 반론이 제기되고 있다.[8]

지방세의 신세원으로서는 여러 가지가 고려될 수 있겠으나 대표적으로 거론되고 있는 것은 수익자부담금의 일종인 관광세, 공해세 등이며, 이밖에도 수자원이나 지하자원과 부존자원으로부터 부가가치에 대한 지방정부가 세금을 부과하는 방안도 거론되고 있다. 또한, 특별소비세 대상 세원 중 과세장소와 과세유흥장소에 속하는 업종들인 경마장, 증기탕, 골프장, 카지노, 스키장, 카바레, 나이트클럽, 요정에 대한 과세도 검토해 볼 만 하다.

---

8) 상게논문, p. 47 참조.

〈표 Ⅳ.2.1〉 지방자치단체의 신세원 발굴노력

구 분	내 용	해당자치단체
관 광 세	• 각종 관광자원을 이용하는 관광객에게 관광지 입장료의 10%를 부과 • 관광자원이나 호텔의 유기장, 유흥업소 수입의 일부를 관광세로 징수	강원, 제주, 충북 경북
광 고 세	• 1942~'46년에 운영되다 폐지된 광고세 부활 추진 • 지역방송·옥외시설물 등 광고료에 10% 광고세 부과	서울, 대전, 충남 대구, 경북
상속증여세할주민세	• 상속세의 10%를 주민세로 부과	경기, 경북
入 島 稅	• 섬에 들어오는 관광객을 상대로 입도세 징수	제주, 홍도, 울릉도 등
온 천 세	• 골프장, 온천 등이 있는 지역에서 부과	경기, 경남
내륙컨테이너세	• 내륙컨테이너에 대한 지역개발세 부과	의왕
컨테이너세 부과	• 신흥공업항 처리능력향상을 위한 재원조달	울산, 여천
시멘트 제조세	• 시멘트 1부대 가격에 25~30%의 시멘트 제조세 부과	동해, 삼척, 단양, 문경
入 道 稅	• 타시도에서 전입하는 사람들에게 입도세 부과	경기
재산세 부과	• 군부대의 군용시설 점용지에 대한 재산세 부과 • 사회복지사업재단에 대한 재산세 부과	의정부, 철원 홍천
취득세 부과	• 옥상과 옥외에 설치된 대형광고물에 취득세 부과	원주

자료: 원윤희, 전게논물, p. 47.

제 2 절 세외수입

Ⅰ. 세외수입의 의의

세외수입이란 일반적으로 지방자치단체의 자체수입 중 지방세수입을 제외한 수입으로서 지방세와 대응되는 개념이라 하겠다. 세외수입은 매우 복잡하고 다양한 수입구조를 지니고 있으며, 일반회계와 특별회계를 포함해서 행정적 용어로 사용되고 있다.

세외수입의 징수성격은 지방세와는 달리 수익자부담적 수입과 비권력적 수입이 많으며, 그 예로서 재산임대수입, 사용료 및 수수료 수입, 부담금, 기부금 등이 있다. 물론 당해 연도의 수입과 무관한 이월금 수입이나 과년도 수입도 포함되어 있다.

지방세외수입은 크게 다섯 가지로 분류될 수 있다. 즉 ① 이용자 수입(사용료, 수수료, 임대수입 등), ② 차입수입(지방채, 융자금 등), ③ 회계적 수입(이월금, 전입금, 과년도 수입 등), ④ 이전적 수입(징수교부금, 기부금 등), ⑤ 기타(이자수입, 부담금, 잡수입 등) 등으로 나눌 수 있다.[9)]

또한, 세외수입은 회계성질별로 볼 때 일반회계 세외수입은 수입의 규칙성을 기준으로 하여 경상적 세외수입과 임시적 세외수입으로 구분할 수 있고, 특별회계 세외수입은 사업수입과 사업외 수입으로 구분된다. 여기서 경상적 세외수입은 법령 또는 지방자치단체의 조례로서 정하여 회계연도마다 계속적으로 반복하여 확보될 수 있는 예측가능한 수입인 데 반하여 임시적 세외수입은 회계연도별 정례적인 수입이 아니고, 특수한 여건에 의해 불규칙적으로 확보되는 수입으로서 그 예측이 어렵다.

일반적으로 경상적 세외수입을 실질적 세외수입, 임시적 세외수입을 명목적 세외수입이라고도 한다. 이러한 세외수입은 광의(廣義), 협의(狹義), 최협의(最狹義)로 구분할 수 있다(그림 Ⅳ.2.2 참조).

첫째, 세외수입을 광의로 구분할 때에는 지방자치단체의 수입 중에서 지방세수입, 지방교부세, 국고 및 도비보조금, 조정교부금, 지방채 수입을 제외한 모든 수입을 의미한다. 이와 같이 광의로 구분할 때에는 실질적 세외수입인 재산임대수입, 사용료, 수수료, 사업장 생산수입, 징수교부금, 이자수입 등 경상적 세외수입뿐만 아니라 명목적 세외수입인 재산매각수입, 이월금, 기부금 및 기금, 전입금, 융자금, 부담금, 잡수입, 과년도 수입 등 임시적 세외수입도 포함된다. 일본에서는 세외수입이란 용어 대신 기타의 수입이라고 하는데, 이는 우리나라의 광의의 세외수입에 해당한다.

---

9) 李圭煥, "地方自治團體의 稅外收入擴充方案," 「地方財政擴充方案」(서울특별시 議政會, 1998, 12), pp. 5~10; 李圭煥, 전게논문, p. 6; 李相熙, 전게서, pp. 306~307.

[그림 Ⅳ.2.2] 세외수입의 종류

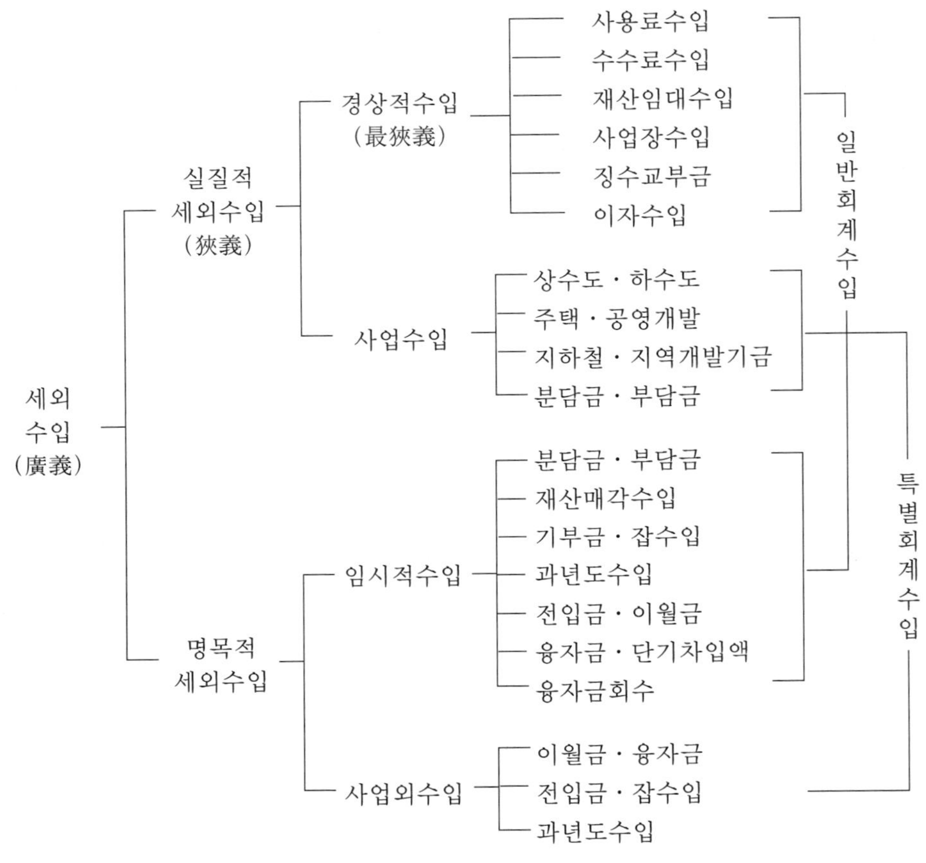

둘째, 세외수입을 협의로 구분할 때에는 광의의 세외수입 중에서 재산매각수입, 이월금, 전입금, 융자금, 기부금, 분담금, 잡수입, 과년도 수입등과 같은 임시적 세외수입을 제외한 수입을 의미한다. 따라서 협의의 세외수입은 실질적 세외수입, 즉 일반회계의 경상적 세외수입과 특별회계의 사업수입의 합계를 말한다.

셋째, 세외수입을 최협의로 구분하면, 그것은 협의의 세외수입 중에서 특별회계의 사업수입을 제외한 수입, 즉 일반회계의 재산임대수입, 사용료, 수수료, 징수교부금, 이자수입 등 경상적 수입을 의미한다.[10]

Ⅱ. 세외수입의 특질

세외수입은 지방자치단체의 수입원으로서 중요한 위치를 차지하고 있으며 지방세, 지방교부세, 조정교부금 및 보조금 등에 비하여 다음과 같은 특징이 있다.[11]

첫째, 신장성이다. 노력에 따라 신장가능성이 크다. 즉, 세외수입은 법령에 저촉되지 않는 한 비교적 자유로운 영역이다. 따라서 자치단체의 노력여하에 따라서는 계획적인 확대·개발이 용이하여 지방자치단체의 주요한 잠재수입원이 될 수 있다.

둘째, 응익성이다. 수익자부담원칙에 따르고 있다. 즉, 세외수입은 공물사용 또는 역무제공 등에 대한 반대급부 또는 대가이므로 강제로 부과징수하는 세금과 같은 조세저항이 비교적 적다는 점이다.

셋째, 다양성이다. 종류가 많고 그 수입근거와 형태도 다양하다. 그 수입근거를 보면 법률, 대통령령, 부령, 조례, 규칙 또는 사법상의 계약 등 다양하고, 그 종류에 있어서도 행정서비스에 수반해서 생기는 부담금, 사용료 및 수수료, 경제활동에 의한 재산임대수입 및 기부금 또는 다른 특별회계와의 관계에서 생기는 전입금, 회계연도의 단년도주의에 따라 발생하는 이월금 등 다양하다.

넷째, 분포성이다. 세외수입은 지역별·연도별로 차이가 크다. 지역여건이나 경제환경 및 자치단체의 노력정도에 따라 수입규모가 달라지기 때문에 자치단체간과 회계연도별로 분포가 다른 것이 특징이다. 따라서 지방재정의 세입부문에서 불안정한 요소로 작용하는 경향이 많아 합리적인 예측과 계획성 있는 재정운영을 어렵게 하는 요인으로 작용하고 있다.

다섯째, 비도의 지정이다. 비도(費途)가 지정된 경우가 많다. 세외수입을 일반적으로 일반재원으로 분류하고 있으나 개개의 세입근거를 따지고 들어가면 대부분 세출예산과 연결되는 경우가 많다. 예컨대, 하천사용료

10) 鄭世煜, "地方財政에 있어서 稅外收入의 增大方案," 「地方財政」 제17권 5호(한국지방재정공제회, 1998), p. 7.

11) 李圭煥, 전게논문, p. 7.

는 하천관리, 공원사용료는 공원관리 및 개발에 관한 비용에 사용되어야 한다. 이처럼 세외수입은 지방자치단체의 독자적인 노력과 절차에 의한 수입이기는 하나, 그 수입원에 따라 그 비도가 특정지어 있는 것이 많다.

여섯째, 징수형태이다. 세외수입은 징수형태로는 현금으로 징수하는 것 외에 수입증지로 징수하는 것이 있다. 수입증지는 주로 건당 수입금액이 적은 제증명 등에 대한 수수료 등의 징수시에 이용되고 있다.

Ⅲ. 세외수입의 실태

2010년 우리나라 지방자치단체 세입예산총계규모 213조 1,288억원 중 세외수입 예산규모는 28.1%로서 59조 8,780억원이며, 이 중 일반회계 세외수입은 30조 5,204억원, 특별회계 세외수입은 29조 3,576억원이다. 일반회계 세외수입 가운데 경상적 세외수입의 비중은 13.9%인 4조 2,313억원인 데 비해, 임시적 세외수입은 86.1%인 26조 2,891억원이나 차지하고 있다(표 Ⅳ.2.2 참조).

따라서 지방세외수입은 일반회계 세외수입보다는 특별회계 세외수입의 비중이 크고 또 경상적 수입보다는 임시적 세외수입의 비중이 훨씬 큼을 알 수 있다. 특히 2000년대에 들어서 세외수입이 급증하고 있는데 이는 대부분 임시적 세외수입, 그 중에서도 이월금과 순세계잉여금의 증가가 두드러져, 이월금은 세외수입에서 44.7%를, 순세계잉여금은 20.7% 수준에 이르고 있다. 2010년의 경우 일반회계 세외수입 항목별 비중을 보면, 이월금(44.7%), 순세계잉여금(20.7%), 잡수입(7.5%) 순으로 모두 임시적 세외수입으로서 이 세 항목이 전체 세외수입의 73%를 차지하고 있음을 알 수 있다. 이처럼 세외수입 중 임시적 세외수입의 비중이 높은 것은 연도별로 그 수입이 매우 불규칙적임을 나타내는 것으로 세입의 합리적 예측과 계획성 있는 재정운영을 어렵게 하는 요인으로 작용하고 있다.

경상적 세외수입 가운데는 징수교부금수입(3.4%), 사용료수입(3.1%), 수수료수입(3.0%), 이자수입(2.0%), 사업수입(1.6%)의 순으로 구성되어 있다.

지방세외수입도 지방세와 마찬가지로 도시와 농촌간의 세외수입의 격

〈표 Ⅳ.2.2〉 일반회계 · 단체별 세외수입 결산기준(2010)

(단위: 억원, %)

항목별 \ 단체별		계	특별·광역시	도	시	군	자치구	구성비(%)
계		305,204	42,972	38,744	106,064	67,520	49,902	100.0
경상적세외수입	소계	42,313	7,455	3,585	13,790	5,321	12,159	13.9
	재산임대수입	2,323	1,004	80	673	201	363	0.8
	사용료수입	9,511	2,447	652	2,914	896	2,600	3.1
	수수료수입	9,079	583	478	4,145	900	2,970	3.0
	사업수입	4,952	2,507	375	980	906	183	1.6
	징수교부금수입	10,403	475	968	3,062	630	5,266	3.4
	이자수입	6,043	436	1,031	2,014	1,785	775	2.0
임시적세외수입	소계	262,890	35,516	35,159	92,273	62,199	37,742	86.1
	재산매각수입	10,391	3,388	1,286	2,735	926	2,055	3.4
	순세계잉여금	63,169	2,135	12,998	18,920	14,852	14,262	20.7
	이월금	136,527	12,424	11,574	54,301	41,968	16,257	44.7
	전입금	11,516	3,492	1,726	4,538	1,271	487	3.8
	예탁금및예수금	3,900	1,857	342	865	210	625	1.3
	융자금원수입	574	90	462	5	14	2	0.2
	부담금	10,533	1,496	3,214	4,498	772	550	3.4
	잡수입	22,871	10,369	3,467	4,751	1,971	2,310	7.5
	지난년도수입	3,405	260	85	1,656	211	1,191	1.1

자료: 행정안전부, 「지방자치단체예산규모」(2011) (결산기준).

차가 현저함을 알 수 있다. 즉, 2010년 지방자치단체 세입총계규모 가운데 세외수입을 차지하는 비중을 자치단체별로 비교해보면, 자치자치단체 가운데 도시자치단체인 시와 자치구의 경우 각각 34.8%와 16.4%인 데 비해 농촌자치단체인 도의 경우 12.7%에 불과하며, 군의 경우 22.1%에 불과함을 알 수 있다.

이처럼 세외수입의 재원도 도시지역에 편재되어 있다는 점은 다른 한편으로 보면 지역간 지방재정의 불균형을 심화시킬 우려가 있는 것이다. 대도시 지역일수록 특별회계를 통한 세외수입의 운영이 현저하고, 세외수입이 대도시 또는 도시지역에 편중되어 있는 것이 문제점으로 대두되고 있다.

Ⅳ. 세외수입의 문제점

지방자치단체의 자주재원의 주종을 이루고 있는 세외수입은 역무제공에 대한 반대급부적 특성을 지닌 것으로 지방재정의 자립기반의 확충을 위해서는 개발의 여지가 가장 많은 분야이다. 그러나 세외수입은 그 종류가 매우 많으며 종류별로 다양한 특성을 지니고 있으므로 그에 따른 문제점 또한 적지 않다.[12)]

(1) 세외수입 운영의 계획성 결여

지방세외수입 운영의 실태를 보면, 일반회계 세외수입보다는 특별회계 세외수입의 비중이 크고, 또 일반회계 중에서도 경상적 세외수입보다는 임시적 세외수입의 비중이 크다는 점을 알 수 있다. 이와 같이 일반회계보다 특별회계의 세외수입이 매우 높은 이유는 일반회계에는 지방세 수입이 계상되어 있으나 특별회계는 그것이 없으며, 특별회계의 주된 수입원인 사업수입이 바로 세외수입이기 때문이다.

또한 경상적 세외수입보다 임시적 세외수입의 비중이 월등히 높은 것은 지방재정의 안정성이 그만큼 취약함을 의미한다. 특히 순세계잉여금의 비중은 전국적으로는 전체 일반회계 세외수입의 20.7%나 되고 있고, 군 일반회계의 경우 순세계잉여금의 비중이 28.6%를 넘고 있다. 순세계잉여금은 지방자치단체의 전년도 결산에 따른 이월금에서 명시이월금, 사고이월금, 계속비이월금, 보조금사용잔액을 제외한 금액으로서, 1999년도부터 지방세외 수입에 포함되며, 이의 발생원인은 주로 무리한 사업계획과 방만한 예산편성으로 인하여 발생하는 것이 상당히 많은 것으로 분석된다. 이는 세외수입 부문이 계획적이고 합리적으로 운영되지 못하고 있음을 나타내는 바람직하지 못한 현상이다.

---

12) 상게논문, pp. 10~14 참조; 박연수, "우리나라 地方稅外收人의 實態," 「地方財政」 제17권 5호 (한국지방재정공제회, 1998), pp. 24~27.

(2) 사용료 및 수수료 요율의 미조정

수수료의 종류는 법령에 의한 국가위임사무 수수료와 조례에 의한 지방자치단체 수수료로 구분된다.

이와 같이 사용료·수수료는 징수근거와 종류가 다양하며, 관리상의 어려움 등으로 요율이 장기간 방치되어 있는 실정이다. 이처럼 요율이 장기간 조정되지 못한 이유는 다음과 같다.

첫째, 사용료·수수료에 대한 인식부족, 둘째 물가 또는 공공요금과 관련하여 사용료·수수료 요율 인상의 지나친 억제, 셋째 사용료·수수료의 요율조정에 대하여 중앙정부나 지방자치단체의 노력미흡 등으로 지적할 수 있다.

사용료의 경우, 요율이 적기에 조정되지 못함으로써 평균 수지율은 58.5%에 불과하고, 자치단체별로는 시·도가 평균 59.9%, 시·군·구가 56.7%에 불과한 실정이다.

수수료의 경우, 요율이 미조정됨에 따라 수수료의 평균원가 보상률은 55.5%이며, 86%에 이르는 908종이 원가 이하의 수수료를 징수하고 있다.

따라서 사용료·수수료의 적절한 요율조정이 이루어지지 못함으로써 이에 따른 적자액 보전이 일반재원으로 충당됨은 물론 공공서비스에 대한 과도한 수요를 유발하고, 이는 다시 자원의 효율적 배분과 부담의 형평성을 저해하고 있다.

(3) 요율체계의 불균형성

요율수준이 어떤 합리적인 기준없이 행정편의에 따라 자의적으로 정해지거나, 동일한 서비스에 대한 사용료가 지역여건의 차이를 적절히 반영하지 못하고, 일률적으로 변경 조정되는 경우가 많다. 이에 따라 서비스 종류별 원가보상수준과 요율수준이 매우 불균형하고 다양하다.

유사한 역무에 대한 요율수준이 각각 다른 개별법에 규정됨으로써 종류별로 불균형하고, 수혜에 비하여 저렴한 경우가 많다. 지방자치단체간 요율 불균형의 예로서 납골당 사용료의 경우 자치단체간 작게는 4배, 크게는 6배의 차이를 보이고 있다.

이것은 지방자치단체간 지역여건을 감안하여 요율을 자체적으로 조정하기 때문에 나타난 결과이나 지나친 불균형으로 바람직하다고는 할 수 없다.

또한, 같은 유형의 사용료·수수료라 하더라도 그 업무를 취급하는 기관에 따라 그 요율이 다르다. 예를 들면, 주민등록 등·초본, 호적 등·초본, 토지대장등본, 지적도등본, 주민등록열람, 호적열람, 토지대장열람, 지적도열람 등 유사한 행정서비스가 합리적 근거없이 제각기 요율이 결정되어 업무처리의 통일성, 요율의 형평성 측면에서 문제가 제기되고 있다.

(4) 무료제공 서비스의 과다

중앙부처가 지방자치단체에 업무처리를 위임하면서 각종 수수료를 무료로 제공하도록 규정하고 있어서 지방자치단체의 업무처리를 위한 인력과 경비가 고려되지 못하고 있으며, 현재 무료로 제공되는 수수료는 820여종에 이르고 있다.

무료로 제공되고 있는 수수료 가운데에는 사권설정 등 특혜를 수반하거나 현지조사, 비용의 적정부담 등이 필요하여 유료화하는 것이 타당함에도 불구하고 무료화하는 것은 부담의 공평을 저해하게 되고, 효율적인 자원배분을 왜곡하며, 지방자치단체의 수입원을 확보하지 못하는 등의 문제점이 있다.

(5) 부담금 운영의 불합리

현행 부담금제도는 관련 법령과 종류가 많아서 지방자치단체가 효과적으로 관리하는 데 애로가 많다. 특히, 부담금의 귀속주체가 부담금별로 다르며 국가와 지방간의 객관적 배분기준이 결여되어 있고, 일부 부담금의 수입측정에 문제점이 드러나고 있다.

아울러 부담금의 부과대상에 대한 철저한 실태조사가 이루어지지 않아 세원이 탈루·은닉되는 사례가 나타나고 있다.

현재 부담금의 종류에는 환경개선부담금, 학교용지부담금, 전력산업기반기금부담금, 원인자 및 손괴자부담금, 물이용부담금, 소음부담금, 개발부담금, 교통유발부담금, 배출부담금(수질오염, 대기오염, 오수분뇨 및 축산폐수), 수질개선부담금, 카지노사업자납부금, 원인자부담금, 농지조성비, 대체조림비 및 분할납부이행보증금 등 19종이 있으나 이 중에서 개발부담금, 수질개선부담금을 제외한 나머지 부담금은 지방자치단체에 징수수수료 명목으로 5~10% 정도만 배분되고 있을 뿐이다.

(6) 과태료 운영의 불합리

행정상 의무위반행위에 대한 제재로서 과하는 과태료는 지방재정법 제28조에 의하여 사무를 위임받은 지방자치단체의 수입으로 귀속되고 있다. 그러나 이의가 제기된 과태료의 경우에는 이를 관할법원에 이송하여 재판을 받도록 되어 있고, 재판결과 확정된 과태료는 국고에 귀속되고 있어서 수입금의 귀속주체에 대한 일관성 결여 및 자치단체의 세입결손의 원인이 되고 있다.

(7) 경영수익사업의 경영능력 미흡

지방자치단체는 지방재정확충을 위하여 1979년부터 본격적으로 민간경제를 침해하지 않는 범위내에서 경영수익사업을 실시하여 공익성과 수익성을 동시에 추구하고 있다. 현재 경영수입사업으로 시행하고 있는 주요개발분야는 토지개발이용(주택조성 · 공유수면매립 · 하천부지개발 등), 관광유원지개발 · 운영(공원 · 유원지 · 해수욕장 · 야영장 운영 등), 지역부존자원의 효율적 활용(하천 · 해사 등 골재채취 · 석산개발 등), 공유재산관리(각종 회관 · 체육시설 · 주차장관리운영 등), 농림수산 소득증대(화훼재배 · 양묘장 운영 · 지역특산물직판장 운영 등)의 5개 분야이다.[13]

그러나 최근 지방자치단체의 활동영역이 계속해서 확장되면서 민간부문과 겹쳐서 공익성과 수익성간 부조화와 민간영역과의 마찰이 자주 발생하고 있다. 민간부분에서 하면 더욱 잘 할 수 있는 분야까지도 공공행정에서 담당하는 경우도 있다. 또한 일부 자치단체에서는 경영수익사업을 추진하면서 사전 타당성 검토없이 무리하게 투자하여 실패하는 사례들이 나타나고 있다.

13) 李圭煥, "地方經營收益事業의 活性化 方案," 「地方財政」 제17권 5호(한국지방재정공제회, 1998), pp. 51~57 참조.

V. 세외수입의 발전방향

(1) 사용료 · 수수료 수입의 증대

가. 사용료 · 수수료의 요율 현실화

공공서비스 수준과 서비스 사용료 수입수준과는 직접적인 비례관계에 있다. 주민들이 높아지는 공공서비스 욕구는 그 효과 및 수혜를 직접 · 간접으로 받는 주민들의 부담으로 해결될 수밖에 없으며, 따라서 응익의 원칙에 따라 사용료 · 수수료 요율을 현실화해야 하는 것이다. 공공서비스의 요율체계는 자치시대에 걸맞게 지방여건에 알맞고 독립채산을 보장하는 범위 안에서 지방의회 의결을 거쳐 자율적으로 조정 · 운영되어야 할 것이다.[14]

기존의 사용료 · 수수료 부과대상 서비스에 대하여 주민부담, 물가영향, 사용료 · 수수료의 성격, 원가보상률, 지역실정 등을 고려하면서 단계적으로 요율 현실화를 추진하도록 해야 할 것이다. 예컨대 원가보상률이 40%인 사용료 · 수수료에 대하여 연차적으로 50%, 60%, 70%, 80%씩 상향조정해 나가는 방법이다.

다만, 요율현실화 과정에서 일부 서비스에 대하여는 정부가 사회적 형평 차원에서 보조금 형식으로 공급비용의 일부를 부담하거나 증서 · 쿠폰 할인 등의 방법으로 저소득층의 서비스 이용을 보장해 주는 방법도 병행할 필요가 있을 것이다.

나. 무료제공서비스의 유료화

중앙정부가 지방자치단체에 업무처리를 위임하면서 각종 수수료를 무료로 제공하도록 규정하고 있는 것이 820여종에 이르고 있다. 물론 모든 무료수수료를 유료화시켜야 한다는 것은 아니지만 불합리한 무료서비스는 자원배분의 효율성과 재정확충 차원에서 유료화시키는 것이 합리적이다. 예컨대, 무료수수료 가운데 사권설정이 가능한 수수료, 특수이익을 수반하는 수수료, 현지조사에 따르는 수수료, 비용의 적정부담이 요구되는

---

14) 李圭煥, "地方自治團體의 稅外收人 擴充方案," 전게논문, pp. 15~19.

수수료 등은 유료화시키는 것이 바람직하다.

또한, 지방자치단체의 민원에 대한 행정행위 가운데 수수료수입의 법적 근거가 마련되지 않아 그 징수가 불가능한 경우도 적지 않다. 따라서 수수료 징수가 정당하다고 인정되면 수수료징수조례나 관계되는 개별법령을 개정하여 법적 근거를 마련하고 그 수입증대를 도모하여야 할 것이다.

다. 공기업 등에 대한 도로사용료 징수

한국전력공사, 한국통신공사, 도시가스 등 공기업에서 사용하고 있는 도로사용료는 현재 감면되고 있다. 예컨대 ① 한국전력공사가 사용하는 송전지하케이블, 전주·전선, ② 한국통신공사에서 사용하는 공중전화부스 등 도로설치물, ③ 도시가스의 지하가스관, ④ 송유관, ⑤ 열수송시설 등이다.

이 외에도 검토할 사항으로는 ① 허가받은 점용과 불법점용간의 차등부과, ② 도로상공에 부착된 간판, 플래카드 등에 대한 도로점용료, ③ 도로에 접하지 않은 대지위에 건축하는 경우보다 도로의 혜택을 많이 받는 접도건물에 대한 접도사용료, ④ 주택가 노상주차에 대한 도로점용료, ⑤ 어업면허에 대한 공유수면 점용료 등이다.

라. 국가위임사무 수수료 수입의 지방자치단체 수입화

지방자치단체가 수행하는 국가위임사무에 대한 수수료는 그 사무의 근거법령에 의하여 국고로 귀속되고 있는데, 이는 사무는 위임처리하면서 그 비용은 부담하지 않는 모순을 야기하므로 그 수수료 수입은 지방자치단체의 수입으로 귀속시키는 방안을 모색하여야 할 것이다.

마. 수수료 징수의 단일법제화

현행 수수료는 지방자치법에 일반적인 근거가 규정되어 있을 뿐 대부분의 수수료는 개별법령에 규정되어 있어서 법령은 운영하는 관계부처에 의존하지 않을 수 없다. 따라서 개별법령에 규정된 수수료를 흡수·수용하여 유사 수수료간의 형평을 유지하고, 사회여건과 물가인상 등에 부응하여 요율을 적기에 조정할 수 있도록 하는 수수료제도의 일원화를 위하여 단일법제화하는 방안이 바람직할 것이다.

참고로 일본은 수수료 징수의 단일법제화를 위하여 지방공공단체 수수료령을 이미 1955년에 제정하여 시행해오고 있으며 모두 196종을 규정하고 있다. 이에 우리나라도 '지방자치단체 수수료 징수 규정'(가칭)을 대통령령으로 제정하여 운영하는 것이 바람직할 것이다.

(2) 재산 및 이자수입의 증대

가. 재산수입의 증대

공유지 관리를 부동산 신탁회사 등 민간에게 위탁시키는 토지신탁관리제도가 도입·활용될 필요가 있다. 국유지 신탁제도가 1994년에 우리나라에 도입되었고, 일본의 경우 1986년에 공유지 신탁제도가 도입되었다. 그러나 현행 우리나라 지방재정법상 공유지 신탁은 인정되지 않고 있다. 일본에서 활성화되고 있는 공유지 신탁제도는 자치단체가 소유하고 있는 토지에 신탁은행 등에 신탁하고 일정한 목적사업(백화점, 레저시설 등)에 활용시켜 그 수익을 자치단체가 배당받는 제도이다. 토지의 소유권을 보유한 채, 그 활용도를 높이는 방법이다.

공유지의 신탁개발 및 활용방안으로 적절한 대상사업은 ① 입체주차장, ② 테니스장, ③ 주택전시장, ④ 골프연습장, ⑤ 노후건물의 재건축, ⑥ 오피스텔, ⑦ 인텔리전트 빌딩, ⑧ 체육 및 휴양시설 등을 들 수 있다.

나. 자금관리방식의 개선으로 이자수입 증대

지방재정의 운영과정에서는 수입과 지출흐름의 시간적 격차로 인하여 일시적인 자금부족과 여유자금이 발생하는 것이 보편적인 현상이다. 따라서 가능한 한 현금보유를 최소화하고 자금투자를 확대하여 이자수입을 극대화하는 것이 필요하다. 지출에 충당하기 이전에 일시적으로 발행하는 여유자금을 최적투자상품에 투자하여 가능한 한 많은 이자수입을 확보하면 지방재원이 확충되는 것이다.

(3) 부담금운영의 합리화

부담금이란 특정한 공익사업으로 인하여 특별한 혜택을 받은 자 또는 비용을 유발하는 자에게 그 사업에 필요한 경비를 부담하도록 하는 제도로서 수익자 또는 원인자 부담원칙에 따라 경비부담과 혜택(지역·사람)이 일치하여야 하는 것이 원칙이다.

그러나 현행 부담금제도는 지방재정조정제도와 연계되어 복잡하게 운영되고 있는 실정으로 부담금으로 충당되는 특별회계의 국가사업은 자치단체간 재정조정기능을 수행하고 있어 수익자부담원칙에 부합하는 것이라고 보기 어렵다.

따라서 부담금은 수익자(원인자)에 의한 경비부담으로만 충당하고, 자치단체간의 재정조정은 국고보조금사업 등에 의해 수행하는 것이 바람직하다고 할 수 있다.

부담금제도의 기본취지에 비추어 볼 때 지방자치단체로부터 제공되는 서비스와 관련이 있거나 토지 등과 같이 지역성이 높은 부담금에 대하여는 부과·징수 권한을 지방자치단체로 이양하는 방안의 검토가 필요하다. 그렇지 않으면 지방자치단체에 귀속되는 부담금의 배분비율을 점진적으로 상향조정해 나가는 것이 필요할 것이다.

(4) 과태료·범칙금 운영의 합리화

행정상의 질서위반으로 부과되고 있는 과태료는 지방자치단체에 귀속되어야 하나 이의 제기된 과태료는 이를 관할법원에 이송하여 재판받도록 되어 있고 재판 결과 확정된 과태료는 국고에 귀속되고 있어서 수입금의 귀속주체에 대한 일관성 결여 및 자치단체 세입결손의 원인이 되고 있다. 따라서 과태료 귀속주체의 일관성 확보와 자치단체의 재원확보차원에서 관계법령의 개정이 조속히 이루어져야 한다.

교통범칙금이 국고로 전입되고 있는데 이것 역시 지방자치단체 세외수입으로 전환되어야 한다.

이처럼 교통범칙금이 국고로 전입되어 교통난 개선과는 무관한 곳에 사용되고 있다는 비난을 받고 있다. 이는 해당 자치단체의 교통사업 특별회계로 이관되든지 일반회계로 처리되어 지방교통 재원화가 조속히 이루어져야 할 것이다.

외국의 경우를 보면, 거의가 지방정부의 세외수입으로 되어 있다. 일본·미국 뿐만 아니라 프랑스에서는 전국 도로를 통해서 도로경찰이 징수한 범칙금을 도 단위의 위반수에 따라 계산해서 해당 도의 기초자치단체들에게 교부금으로 배분하는데, 주로 도로교통과 대중교통수송을 위하여 사용하고 있다.

(5) 경영수익사업의 활성화

경영수익사업을 활성화시키기 위하여 우선 사업영역을 확대해야 한다. 사업영역을 확대하기 위하여는 사업내용을 명확히 할 필요가 있다. 경영수익사업이 민간기업의 경영원리를 어느 부분까지 도입해야 하느냐 하는 것은 결국 경영수익사업의 영역과 직결되는 문제라 하겠으며, 이것은 공공성과 수익성의 조화에 관한 문제이다.[15]

사업영역의 확대를 위하여는 지방자치단체가 현재 추진하고 있는 각종 사업에 대하여 실태조사를 실시하여 수익성이 높은 사업에 대하여는 제반여건을 감안하여 경영수익사업으로 추진하는 것이 바람직하다.

이와 같이 신규사업을 지속적으로 발굴해 나가야 할 것이다. 지방자치단체의 신규경영수익사업으로서 발굴하여 사업영역을 확대해 볼 만한 것으로 예시해 보면 다음과 같다.

① 공공(체육)시설, 각종 고지서 및 행정홍보물 등에서의 상업광고 수입
② 관상(官商) 복합건물 건설 · 임대사업
③ 장의(葬儀) · 예식장 · 묘원 · 납골당 직영사업
④ 장애자 및 노약자 재활을 위한 수용 또는 치료시설 운영
⑤ 컴퓨터강좌, 어학강좌 등 사회교육 프로그램 운영
⑥ 보건소의 건강진단사업
⑦ 공유지활용, 구릉지 · 간척지 · 저습지의 택지화, 주말농장운영
⑧ 음식물찌꺼기를 이용한 가축용 사료 생산사업 또는 퇴비화사업
⑨ 소규모 대중골프장(public course)건립 · 운용
⑩ 향토음식판매장, 상설수렵장, 심신수련장 운영

15) 李圭煥, "지방경영수익사업의 활성화 방안," 전게논문, pp. 58~62 참조.

제 3 절 지 방 채

Ⅰ. 지방채의 의의

지방정부의 경비는 원칙적으로 지방세, 세외수입, 지방교부세, 보조금 및 조정교부금 등에 의하여 충당·조달되어야 한다. 그러나 대규모적인 건설사업, 지방공기업의 설비투자, 재해복구 등의 경우에는 경상적 수입으로서 필요한 경비를 조달할 수 없는 경우가 많다. 이러한 경우 지방자치단체는 차입에 의하여 필요한 자금을 조달하지 않을 수 없으며 지방채의 필요성이 여기에 있다. 따라서 지방채는 「지방자치단체의 차입금」이라고 할 수 있다. 이러한 지방채를 좀 더 구체적으로 정의해 보면 「지방채란 지방자치단체가 재정수입의 부족을 보충하기 위하여 자금을 차입하는 채무로서 그 이행이 다년도에 걸쳐서 이루어지는 것이며, 증서차입 또는 증권발행의 형식을 취하는 것」이라고 할 수 있다.

우리나라 지방재정법 제7조와 제8조는 지방채와 차입금을 구분하여 증권발행의 경우만을 지방채라고 하고 있다.

지방채(local debt, public bonds)란 지방자치단체가 재정수입의 부족액을 보전하여 경비에 충당하기 위하여 정부 또는 민간부문(자본시장·금융기관)으로부터 증서차입 또는 채권(local bonds)발행의 방법에 의하여 자금을 조달하는 데 따르는 채무로서 그 상환이 1회계연도를 넘는 이른바 장기차입금을 의미한다.[16] 지방자치단체가 지하철, 공원, 교량, 하수종말처리장, 상·하수도 등과 같은 대규모의 건설사업을 시행하거나 또는 재해복구사업을 수행할 때 경상수입만으로는 도저히 그 재원소요를 충당할 수 없는 경우가 발생한다. 물론 지방세의 징수액을 늘리거나 비축자금(적립금)을 사용하거나 또는 부동산매각대금으로 재원을 염출할 수도 있지만 차입으로 자금을 조달하여 사용하는 것이 일반적이다.

---

16) 鄭世煜, 전게서, pp. 700~706; 李圭煥, "地方債의 本質," 「地方財政」 제12권 6호(韓國地方財政共濟會, 1993), pp. 17~18.

Ⅱ. 지방채의 특질

지방채는 다음과 같은 특질을 가진다.[17]

① 지방채는 지방자치단체가 부담하는 채무이다.

② 지방채는 2개년 이상에 걸쳐 상환된다. 따라서 일시차입금은 여기에 포함되지 않는다. 일시차입금은 당해 연도내에 세출예산을 집행하기 위하여 일시적인 자금의 부족을 보전하려는 것으로서 그 채무를 당해 회계연도의 수입으로 상환하므로 지방채와는 다르다.

③ 지방채는 채권발행 또는 증서차입의 형태를 취한다. 유가증권의 형태를 가지는 지방채는 시장에서 유통성을 가지지만 증서차입의 경우는 그 유통성이 없다.

④ 지방채의 재정상의 효용은 본질적으로 장기의 자금을 조달하는 데 있다. 따라서 기채에 의해서 자금의 이전이 이루어진다는 의미에서 자치단체의 채무이지만 채무부담을 하는 시점에 있어서는 자금의 이전이 발생하지 않는 채무부담행위와 구별된다.

⑤ 지방채는 장래에 채무를 남기는 것이므로 기채를 함에 있어서는 장래의 재정운영에 미치는 영향을 신중히 고려해야 한다.

⑥ 지방채는 지방자치단체의 신용(과세권)을 그 실질적인 담보로 하므로 별도의 담보를 제공하지 않는다.

이러한 지방채의 특질에서 다음과 같은 이점을 기대할 수 있다.[18]

가. 매입의 임의성

공채의 매입여부는 응모자의 자유의사에 의함이 원칙이다. 따라서 법령에 의하여 강제적으로 징수되는 지방세와 근본적으로 다르다. 그러나 예외적으로 지방자치단체가 그 권력에 의하여 강제적으로 공채를 인수시키는 이른바 강제공채도 있다.

나. 단기 흡수성

지방채는 지방세와는 달리 임의매입을 그 특질로 하는 까닭에 조건만

---

17) 鄭世煜, 전게서, p. 701; 李圭煥, 전게논문, pp. 19~20.

18) 鄭世煜, 전게서, pp. 701~702.

갖추어지면 단기간내에 많은 수입을 확보할 수 있다.

다. 장기 분할성

지방채는 원금상환과 그 이자지급의무를 장래의 납세자에게 부담시킨다는 의미에서 장기간에 걸쳐 분할시킬 수 있다.

이러한 특질과 이점을 지닌 지방채와 국채 및 지방세와의 차이를 비교해 보면 다음과 같다.[19]

(1) 국채와의 차이

지방채는 과세권을 담보로 한다는 점에서는 국채와 같으나 다음과 같은 차이가 있다. 첫째, 국채는 경기조절수단 또는 통화신용창출수단으로 발행한다. 이에 비하여 지방채는 대부분 재원부족을 보충하는 것을 직접적인 목적으로 한다.

둘째, 국채(특히 내국채)의 경우는 그 채권을 내국인들이 보유하게 되고 그 원리금은 외부에 유출되는 일이 없다. 그러나 지방채는 일정한 행정구역을 단위로 하는 지방자치단체가 발행하는 것이므로 다른 지방자치단체로부터 자금을 도입할 수 있어 당해 지역으로 보아서는 외국채의 발행과 유사한 효과를 가진다.

(2) 지방세와의 차이

첫째, 지방세는 법령에 의하여 강제로 부과하고 징수되는 데 비하여 지방채는 그 구입여부가 원칙적으로 구입자의 자유의사에 달려 있다. 부분적으로는 각종 인·허가나 면허 및 등록의 과정에서 첨가·소화시키고 있기는 하나 그것은 어디까지나 이자율이 낮기 때문이며 본질적으로는 구입자의 선택에 맡기고 있다.

둘째, 지방세 수입은 지방채 수입보다 확실하지만 수입의 증가를 위해서는 세법 개정 등의 절차를 거쳐야 하므로 단기적으로 추진하기가 어렵다. 이에 비하여 지방채는 조건만 갖추어지면 비교적 단기간에 많은 수입을 확보할 수 있다.

---

19) 李相熙, 전게서, pp. 563~566; 鄭世煜, 전게서, p. 702.

셋째, 지방세는 과세시점의 주민이 부담한다. 이에 비하여 지방채는 상환시점의 납세자가 장기간에 걸쳐 부담한다. 지방채의 원리금도 상환시점에서 새로이 지방채를 발행하여 충당할 수 있으나 종국적으로는 지방세 수입에 의하여 충당할 수밖에 없다. 이러한 의미에서 지방채는 지방세의 선 사용 또는 지방세징수의 연기라고 할 수 있다.

Ⅲ. 지방채의 기능

지방자치가 본격화되면서 그 동안 잠재되어 있던 각종 개발수요가 폭발적으로 증가하고 있다. 새로운 정책과제들을 수행해야 할 지방자치단체들은 민간부문의 재원을 공적 투자사업에 끌어들이기 위한 수단의 하나로 지방채를 적극 활용하고 있다.

지방채의 기능은 다음과 같이 정리해 볼 수 있다.

가. 재원조달기능

지방자치단체가 수행하는 사업 중에는 초기에 많은 재원의 투입을 필요로 하면서 그 편익은 장기적으로 불규칙하게 나타나는 것이 있다. 대규모 투자사업을 위한 자본적 지출이나 예측할 수 없는 자연재해의 복구비용은 경상수입만으로 감당하기 어렵다. 이러한 경우 세율인상을 생각해 볼 수 있으나 여기에는 세법개정, 조세저항, 경제활동의 위축 등의 문제가 수반되고, 다른 부문의 지출삭감이나 국고보조금에 의존하는 것도 한계가 있으므로 지방채에 의한 재원조달이 타당성을 지니게 된다. 그리고 지방자치단체가 세외수입을 늘리기 위하여 수익사업을 하는 경우 그 재원을 지방채로 마련하고 분양금이나 사용료 수입으로 상환할 수 있다. 이러한 지방채는 수익채(revenue debt)라고 할 수 있다.

나. 부담의 공평화기능

지하철·도로·상하수도·하수종말처리장 등과 같은 내구적 공공재(durable public goods)의 편익은 미래 세대에게도 배분된다. 이러한 시설의 비용을 모두 지방세로 충당한다면 편익과 부담간에 대응성이 없어져 세대간 불공평이 발생한다. 이러한 불공평은 지방채에 의한 자금조달로 어느 정도 해소시킬 수 있다. 그리고 특정사업을 완료한 후 다른 지역으로 전출하거나 다른 지역에서 전입해 오는 사람간에도 불공평이 발생한다. 현재의 주민이 다른 지역으로 이주해도 장래의 원리금 지급을 위한 세부담을 면할 수 없다는 주장도 있으나 현실적으로는 타당성이 없다.

다. 적자재정의 보전기능

지방채는 재정적자가 누적되어 지방재정에 압박을 줄 때 이를 보전하는 수단으로 이용되기도 한다. 그리고 과거에 발행한 지방채의 상환일정을 바꾸거나 높은 이자율로 발행한 지방채를 낮은 이자율의 지방채로 상환하기 위하여 발행하기도 한다. 이러한 지방채를 임의상환 지방채라고 할 수 있다.20)

Ⅳ. 지방채 운용의 문제점과 발전방향

(1) 적채기준의 탄력적 적용

기채승인제도는 본래 자치단체간의 재원배분에 있어 공평을 기하고 지방채의 남발을 억제하여 건전재정을 운용하게 한다는 것인데, 실제 지방채발행 현황을 보면 재정력이 양호한 자치단체에 편중되어 있다. 현재 지방채를 발행할 수 있는 단체의 기준은 거의 모든 단체가 충족하고 있어 자치단체간의 부익부 빈익빈 현상을 초래하는 원인이 될 뿐 현실성이 없다. 따라서 적채기준을 광역자치단체와 기초자치단체, 도시지역과 비도시지역으로 구분하여 차등적용할 필요가 있다.21)

(2) 총액한도제의 개선

종전에는 지방자치단체는 지방채발행계획을 제출할 때부터 행정안전부와 교섭해야 하고 승인액의 범위 내에서 다시 지방의회의 의결을 얻어야 하며, 기채사업에 따라서는 관계 중앙행정기관의 실질적인 승인을 받아야 했다. 그러나 2006년 1월 지방재정법 개정으로 기채승인제도는 폐지되었지만 조합이 발생하는 경우, 대통령령이 정한 범위를 초과하여 발행하는 경우, 외채 발행의 경우는 여전히 승인을 필요로 한다. 현재 지방채

20) 심정근, 전게서, pp. 209~210.
21) 상게서, p. 225.

와 관련한 시스템은 총액한도제로 되어 있다.

(3) 차입선의 다양화

차입금 형태의 지방채가 전체의 62% 내외를 차지하고 있고 증권발행 형태의 지방채는 38% 수준을 유지하고 있다.[22] 증서차입채 중에서도 민간자금의 비중은 감소추세에 있고 정부자금의 비중은 다소 증가하고 있다. 그러나 정부관리기금은 대부분 특정사업을 지원하기 위하여 운용되고 있는데, 지방자치단체에서는 이러한 기금의 활용이 아직도 저조한 편이다. 현재 지방자치단체가 활용하고 있는 기금은 농수산물가격안정기금·국민주택기금·관광진흥기금 등 일부에 한정되고 있다.

그리고 정부가 기금을 통하지 않고 직접 지방채를 인수할 수 있는 정부특별회계(3~7%, 장기)가 마련되어 있는데, 자금의 규모와 용도(환경관련사업·주택사업·상하수도 사업 등)가 제한되어 있어 지방채의 인수에는 한계가 있다.

따라서 재정력이 비교적 양호한 광역자치단체에서는 차관자금 및 민간자금으로부터의 차입을 늘리고, 재정력이 취약한 기초자치단체에서는 정부자금으로부터의 차입을 늘리는 등 자치단체별 차입선의 다양화를 모색해야 한다.

(4) 발행금리의 단계적 현실화

지방채의 활성화에 있어 가장 큰 장애요인의 하나는 비현실적인 발행금리라고 할 수 있다. 지방채의 이자율이 경쟁상품인 국채나 회사채의 발행금리에 비하여 월등하게 낮기 때문에 소화가 잘 되지 않고 있다. 지방자치단체가 상환부담을 줄이기 위하여 이자율을 낮게 책정한다는 것은 당연하다고 하겠으나, 그 결과 첨가소화라고 하는 무리한 방법을 동원하지 않을 수 없게 된다. 낮은 이자율의 지방채를 강제 소화시킨다는 것은 경제논리에도 부합되지 않을 뿐만 아니라 준조세라는 비난에서도 벗어날 수 없다. 물론 지방채는 안전성이 높고, 장기채인 경우 상속수단으로서 매

---

22) 상게서, p. 226.

력적인 금융상품이므로 시장금리만큼 높을 필요는 없다고 본다.

발행금리의 현실화 수준은 일차적으로 국채의 발행금리 수준으로 하고, 그 다음에는 국채의 발행금리와 회사채의 발행금리의 중간수준을 유지하게 하는 것이 바람직하다고 본다.

(5) 지방채 인수단의 구성

지방채의 유통성은 근복적으로 지방채의 이자율이 높아지고 지방채의 발행규모가 커져야 제고될 수 있다. 그러나 단기적으로 고려해 볼 수 있는 것은 지방채 인수단의 구성이다. 지방채 인수단은 자금의 원활한 조달뿐만 아니라 지방채 수요기반을 확충한다는 의미에서 가장 긴요하다. 지방채는 국채와 달리 지역성이 강하므로 지방채 인수단은 농협・증권사・투신사・지방은행 및 시중은행의 각 지역 지점으로 구성해야 한다.

(6) 지역개발금고의 설립

지방채 전담 금융기관으로서 지역개발금고를 설립할 필요가 있다. 지방채의 상품성을 높인다는 것은 사실 재정력이 취약한 자치단체로서는 어려운 일이다. 일본의 공영기업 금융공고는 지방자치단체의 공영기업에 안정된 자금을 공급하고 있고, 미국의 지방채 전담은행은 지방정부와 특별구의 지방채의 발행 및 관리업무를 전담하여 차입을 원활하게 함으로써 비용절감 등의 긍정적 효과를 거두고 있다.

지역개발금고는 재정력이 취약한 자치단체에게 저리의 자금을 안정적으로 공급하고 시장공모채의 공동발행을 조정하는 데 기여할 수 있을 것이다. 지방채를 인수하는 공공자금에는 한계가 있다. 지역개발금고를 설립하면 정부자금의 지원을 점진적으로 축소시킬 수 있다.

지역개발금고의 설립을 위한 재원은 지방재정공제회가 보유하고 있는 공채기금, 지방자치단체의 출연금, 정부의 재정자금 등으로 조성할 수 있을 것이다.

제 4 절 지방교부세

Ⅰ. 지방교부세의 의의

지방교부세(local revenue-sharing)란 지방자치단체의 재정적 불균형과 재원의 부족을 보완하기 위하여 중앙정부가 법정률을 교부하는 지방재정조정제도이다. 이러한 지방교부세는 그 규모가 법으로 정해져 있고 사용목적이 제한되어 있지 않다는 점에서 국고보조금과는 구별된다.

국가가 갖고 있는 자금의 일부를 행정수요에 충당할 재원이 부족한 지방자치단체에 할애해 줌으로써 모든 지방자치단체의 행정적 서비스 수준을 어느 수준 이상으로 유지시키기 위한 재정조정제도이다. 지방교부세제도는 지방교부세법의 규정에 의하여 중앙정부로부터 지방행정기관의 건전한 발전을 기하고자 하는 데 목적을 두고 있다. 그리고 지방교부세의 규모는 원칙적으로 내국세총액의 19.13%로 규정되어 있으나 이러한 기준에 특별한 합리적 근거가 있는 것은 아니다. 최근 지방교부세 법정교부율의 상향적 조정이 학계, 실무계 등에서 폭넓게 거론되고 있다.

정부간 재정조정에는 대체로 세 가지의 형태를 생각할 수 있다. 첫째는 중앙정부로부터 지방정부로의 재원재배분인 수직적 조정, 둘째는 역으로 지방정부로부터 중앙정부로의 재원재배분인 수직적 역조정, 셋째는 지방정부 상호간의 직접적 재원재배분인 수평적 조정이 그것이다.

이와 같은 세 가지 형태의 재정조정 가운데 가장 중요한 것은 수직적 재정조정으로서 우리나라나 일본의 지방교부세, 영국의 레이트 원조교부금, 미국의 주·지방재정원조법 등 어느 것이나 이 형태의 재정조정으로서 사무배분과 세원배분과의 근본적인 변혁이 없는 한 앞으로도 수직적 재정조정이 재정조정의 주체를 이루게 될 것이다.[23)]

지방교부세제도는 두 가지의 주된 기능을 수행함을 목적으로 하고 있

23) 李相熙, 전게서, p. 358.

다. 하나는 자치단체 상호간의 규모 및 경제력의 격차로 나타나는 재정적 차이를 완화함으로써 재원의 균형화를 기하고자 함이고, 다른 하나는 행정의 수행에 필요한 경비의 부족을 보전함으로써 행정서비스의 일정수준을 확보하려는 것이다.

Ⅱ. 지방교부세의 기능

지방교부세에는 자체수입이 부족한 지방정부가 최소한의 행정수준을 유지하는 데 필요한 재원을 확보하고, 지역간의 재정력 격차를 해소하기 위한 제도로서 다음과 같은 기능을 수행한다.[24]

가. 지방자치단체의 자주성 보장기능

지방교부세의 기본적인 특징의 하나는 그것이 지방자치단체의 자치행정권을 침해해서는 안된다는 데에 있다. 지방교부세가 의존재원이면서도 일반재원으로 분류되는 이유는 바로 여기에 있다. 중앙정부가 자치단체에게 그 사무를 처리하는 데 필요한 재원을 충분히 교부했다 하더라도 만약 중앙정부가 이러한 재정지원에 여러 가지 조건이나 제약을 붙인다면 지방자치단체의 자치행정권 내지 자주성은 명목적인 데에 그치게 되고, 실질적으로는 재정적인 측면에서 국가의 간섭을 받게 되어 지방자치단체의 자주성은 사실상 저해될 것이다. 국고보조금이 지방행정의 자주성을 저해하는 역기능을 하는 점이 있는 것과는 대조적인 지방재정조정제도이다.

이론상 지방교부세는 지방자치단체의 자주성의 보장이라는 견지에서 보조금과 구별되며, 다음과 같은 특질을 가진다.

첫째, 지방교부세는 국가로부터의 단순한 교부금이 아니고 본래 지방자치단체의 공유적인 독립재원이다. 이러한 독립재원으로서의 특질은 지방교부세의 교부율이 법령으로 고정되어 있는 점에서 파악할 수 있다.

둘째, 지방교부세는 그 비도의 제한이 없다는 점이다. 본래는 지방자치단체가 지방세를 모두 징수해야 하지만 어떤 세원은 자치단체간의 불균형이 심각하므로 그 일부를 일단 국세로서 징수토록 하고, 이것을 풀

---

24) 鄭世煜, 전게서, pp. 683~684.

(pool)화하여 일정한 기준에 따라 지방자치단체에 배분하는 방법에 의하지 않을 수 없다. 따라서 거시적 재원배분의 이론에 입각할 때 지방교부세는 변형된 지방세로서의 성질을 가진다고 할 수 있다.

나. 지방자치단체간의 재원의 균형화기능

지방교부세제도는 자치단체간의 재원을 조정하여 균형화를 도모함을 그 목적으로 한다. 자본주의 경제의 발전은 지역적인 재원의 편재와 지방자치단체간의 재정력의 현저한 격차를 낳는다. 따라서 이를 조정하여 지방자치단체간의 재정력의 평준화를 도모하는 것이야말로 바로 지방교부세의 본질적 기능으로 간주되고 있다.

지방교부세는 경제의 불균형 발전에 따른 지역간 세원의 편재를 조정해서 자치단체간의 재정력 균등화를 도모하는 역할을 수행한다. 또한 지방교부세는 재원의 균형화를 목적으로 하는 것이지만 그것은 어디까지나 지방자치단체의 자주성을 침해하지 않는 방법이 필요한 것이다.

다. 지방자치단체의 재원보장기능

지방교부세제도의 특징의 하나는 재원보장기능에서 찾을 수 있다. 지방자치단체에 대한 지방교부세의 재원확보기능은 각 자치단체에 대하여 산정한 기준재정수요액이 기준재정수입액을 초과할 때에 이를 보전하는 방식으로 구체화된다. 기준재정수요액이란 자치단체가 합리적이고 타당한 수준으로 자주적으로 그 사무를 처리하고 재산을 관리하는 데 있어 필요로 하는 경비이고, 기준재정수입액이란 지방자치단체가 표준적인 상태에서 징수할 수 있다고 판단하여 산정한 세수입액(일반재원수입액)이다. 다만 기준재정수입액에 있어서는 징수할 수 있다고 판단되는 세수입의 전액이 아니고 그 80%에 해당하는 금액으로 하고 있다.[25]

Ⅲ. 지방교부세의 종류

지방교부세는 보통교부세, 특별교부세, 분권교부세 그리고 부동산교부세 등 네 가지 종류가 있다.

---

25) 지방교부세법 제2조 제4항 참조.

보통교부세는 용도를 제한하지 않고 지방자치단체가 자주적으로 사용할 수 있는 일반재원이고, 특별교부세는 일반적인 재정수요가 아닌 특수한 사정으로 발생한 재정수요에 충당하거나 재정수입의 감소를 보충해 주기 위해 교부되는 특정재원이다.

분권교부세는 2005년 국고보조사업의 일부가 지방자치단체로 이양됨에 따라 이양사업을 추진하기 위한 재원을 지방교부세로 이전하기 위하여 분권교부세가 신설되었다. 분권교부세의 재원은 내국세 총액의 1만분의 94에 해당하는 액으로 한다(동법 제42조 제2항).

부동산교부세는 종합부동산세가 국세로 전환됨에 따른 자치단체의 재원감소분을 보정하고 재정형평성을 제고하기 위하여 교부세 재원 외에 종합부동산세 전액과 종합부동산예산액과 결산차액의 정산액을 지방자치단체에 교부한다.

참고로 현재 2012년도 우리나라 지방세 교부상황을 살펴보면 총 규모는 31조 9,664억원이며 보통교부세가 29조 1,884억원, 특별교부세가 1조 2,162억원, 분권교부세가 1조 5,618억원으로 구성되어 있다. 종합부동산세에 의한 부동산교부세와 지방재정상 부득이한 수요가 있는 경우 법정분 외에 지급하는 증액교부금은 별도로 운영되고 있다.

목적세 및 종합부동산세 등을 제외한 내국세 총액의 19.13%인 지방교부세 가운데 이 중 전체의 100분의 96은 보통교부세 그리고 나머지 100분의 4는 특별교부세로 하고 있다.

첫째, 보통교부세의 교부방법은 각 지방자치단체의 기준재정수입액과 기준재정수요액을 비교하여 부족재원을 추계하고, 이를 기초로 하여 그 수입이 수요에 미달하는 부족분을 교부하도록 하는 것이다. 이를 산식으로 표시하면 다음과 같다.

기준재정수요액 - 기준재정수입액 = 재정부족액 = 보통교부세 요구액

둘째, 특별교부세는 크게 세 가지의 재정지출사유에 대해서 교부된다. 즉, ① 보통교부세의 산정기간 이후에 발생한 재해 또는 그 외의 예기치 못했던 사태에 대처할 수 있도록 하기 위한 경우, ② 지방자치단체의 청

사 또는 공공복지시설의 신설, 복구, 확장, 보수 등의 사유로 인하여 특별한 재정수요가 있을 경우 특별교부세를 교부하게 된다.

셋째, 분권교부세는 국고보조사업을 이양받는 자치단체에게 한시적으로 교부하는 재원이나 용도지정없이 자치단체 일반예산으로 사용하며, 분권교부세의 재원은 내국세 총액의 1만의 83에 해당한다.

Ⅳ. 지방교부세의 문제점

지방교부세제도는 여러 지방의 다양한 경제력이나 기타 재정여건의 차이를 극복하여 모든 국민에게 일정한 서비스 수준을 공급하는 데 목적이 있다. 이상의 목적을 달성하기 위한 바람직한 지방교부세제도는 지방간의 경제력, 공공재 생산에 있어서의 비용, 공공서비스의 필요 정도 그리고 재정자립의지 등의 차이를 잘 반영하고 있어야 한다. 그러나 현실적으로 지방교부세는 아래와 같은 문제점을 내포하고 있다.[26]

(1) 기준재정수요액 산정의 문제점

가. 단위비용의 비현실성

현재 기준재정부족액이 교부세 산정의 기초가 되고 있지만 실제로는 모든 교부대상 자치단체들이 이 기준재정부족액에도 미달되는 교부세를 교부받고 있다는 사실이다. 기준재정수요가 실제의 표준적 재정수요를 과소평가하게 되는 근본이유는 연도가 지날수록 단위비용이 비현실화되는 데 있는 것으로 판단된다.

나. 재정수요 반영의 불충분

기본재정수요액은 있어야 할 재정수요를 나타내는 것이지만 지방교부세의 총액이 적기 때문에 지방자치단체의 현실적 재정수요와는 거리가 있다. 최근 들어 자치단체의 재정운영에 투자적 경비의 비중이 높아져 감에 따라 보통교부세의 산정에 있어서도 그러한 필요재원을 어떤 방법으

26) 심정근 외, 전게서, pp. 243~245; 李圭煥, "地方交付稅의 問題點과 改善方案,"「中央行政論集」제9권 (중앙대학교 국가정책연구소, 1995), pp. 220~224.

로 정산할 것인가의 문제가 대두되고 있다.

(2) 기준재정수입액 산정의 문제점

가. 지방세 징수노력 유발기능 결여

지방교부세의 목적 중의 하나가 교부세 배분액을 자치단체의 조세징수액과 연계시킴으로써 자치단체의 징세노력을 유발하는 것인데 우리나라의 현행 지방교부세제도는 자치단체의 징세노력에 따라 교부금 배분액이 증가하는 것이 아니라 오히려 감소하여 교부세가 자치단체의 징세노력을 유발하기 보다는 저해하는 결과를 나타내고 있다.

나. 기준재정수입액 산정의 불합리

기준재정수입액 산정은 매년 각 자치단체의 지방세 징수실적과 세수여건 등을 충분히 고려하여 행정자치부 세입부서에서 전망추계한 지방세 징세목표액을 기초로 하여 이 중 목적세 수입분을 제외한 보통세 수입액의 80/100에 해당하는 금액을 각 단체별 기준재정수입액으로 한다. 따라서 현재와 같은 기준재정수입액을 지방세 목표액으로 산정할 경우 지방교부세를 많이 받기 위해 지방세 목표액을 낮게 책정한다든지 혹은 자체사업의 확대를 위해 지방세 목표액을 높게 책정할 경우 지방교부세의 배분에서 이익 또는 불이익을 받게 되는 경우가 발생한다.

(3) 지방교부세의 수평적 재정균형화 기능의 미흡

지방교부세의 주요한 목적 중의 하나가 중앙정부와 지방정부간의 수직적 재정불균형과 자치단체간의 수평적 재정불균형을 조정하는 데 있는데 우리나라의 현행 교부세제도는 지방자치단체의 공공지출수요와 자체수입간의 차액을 보전함으로써 중앙정부와 지방자치단체간에 수평적인 재정균형화 기능이 미흡하다.

V. 지방교부세의 발전방향

(1) 법정교부세율의 인상

지방교부세는 증대되고 있는 재정수요에 대처하고, 안정적이고 자주적인 재정운영을 확보하기 위해 매우 중요한 재원이다. 따라서 지방재정의 건전화를 달성하기 위해서는 지방세원의 충실과 더불어 지방교부세의 안정적 확보가 필요하다. 현행 교부세 재원은 내국세의 19.13%를 기준으로 하되 특별수요가 있을 경우에는 증액 교부할 수 있도록 되어 있으나 교부세 산정방법에 의해 산출되는 기준재원 부족액을 모두 보전하지 못하고 있는 상황이다. 따라서 지방교부세율의 상향조정이 요청된다 하겠다.[27]

더욱이 지방자치제 실시 이후 국가기능·사무 가운데 지방이양 또는 위임된 기능·사무가 적지 않음을 감안할 때 지방교부세율의 점진적인 인상이 요구된다 하겠다.

(2) 단위비용 산정체계 개선

각급 자치단체별로 산정된 단위비용이 각급 단체의 규모나 성격 및 그로 인한 비용의 차이를 반영하지 못하고 있다. 이와 같은 현상은 각 자치단체의 예산집행상 차이가 현행 단위비용 산정방법에 반영이 안 된 결과이다. 행정서비스의 표준적 공급수준을 설정하여 그에 따라 단위비용을 산정하지 못한 데서 비롯된 것이다. 각급 단체 상호간의 단위비용의 차이를 합리적으로 설정하기 위한 개선안은 교부세제도의 측정항목별로 표준적 행정서비스 공급수준을 설정하고 그 공급수준을 유지하기 위한 경비수준을 각 자치단체의 다양한 비용여건을 감안하여 단위비용으로 산정하는 방향으로 되어야 할 것이다.

(3) 지방자치단체의 지방세 징수노력의 반영

지방의 자체적인 조세 징수노력을 유발하기 위하여 현재 중앙정부에 의해 결정되는 지방세의 세목과 세율을 자치단체의 특성과 필요에 따라 자주적으로 결정할 수 있도록 해야 할 것이다. 특히, 지방교부세 배분액과 지방자치단체의 조세징수노력이 연결되어야 할 것이다. 이를 위해서 각 지방자치단체의 징수노력에 맞춰 유보율 수준의 차등화 방안을 도입해야 할 것이다.

---

27) 심정근 외, 전게서, pp. 245~247; 李圭煥, 전게논문, pp. 224~226 참조.

(4) 지방재정력 측정을 위한 재정지수 개발

지방재정의 기초적인 통계의 작성, 지방재정력의 측정을 위한 객관적인 지표의 개발노력이 증대되어야 할 필요가 있다. 또한, 지방재정제도의 장기적인 발전을 위한 재정정책의 수립을 위해서 지역총생산을 위시한 기초통계를 작성하고, 이러한 기초통계를 바탕으로 적합한 재정력지수를 개발하며, 실증분석을 통하여 공공지출의 수요에 대한 소득 및 가격탄력성 등 기본적인 경제통계치를 추정하는 작업에 대한 새로운 인식과 노력이 이루어져야 할 것이다.

제 5 절 국고보조금

Ⅰ. 국고보조금의 의의

국고보조금(grant-in-aid, subsidies)은 국가가 지방자치단체에 대해 일정한 행정수준을 유지하거나 특정한 사업을 수행하는 데 필요한 경비의 전부 또는 일부를 교부해 주는 것으로 지원금융의 성격을 띠고 있다.[28] 따라서 국고보조금은 지방자치단체 입장에서 보면 의존재원이자 특정재원의 성격을 띠고 있다. 중앙부처가 자기의 일을 지방정부로 하여금 하게 할 때나 국가적 입장에서 장려할 필요가 있을 때 그에 필요한 비용의 전부 또는 일부를 당해 지방자치단체에 지원해 주는 것이 국고보조금이다. 이러한 국고보조금은 특정한 사업이라는 목적과 조건하에서 이루어지는 것이므로 용도제한이 없는 지방교부세와는 본질적으로 다르다.

국고보조금은 지방자치를 제약하는 제도이지만 그것은 국가가 지향하는 의도를 지방단위에 실현시키기 위한 행정지도의 필요성으로 인하여 그 존재의의가 있는 것이다. 즉, 특정행정을 일정한 수준으로 확보하고, 국가의 종합적인 계획이나 시책을 실현시키고, 새로운 사무를 보급·장려하고 특별한 재정수요에 대응하여, 국민의 편리를 위해 사무를 위탁·처

28) 권형신 외, 「한국의 지방재정」(서울: 도서출판 해남, 1998), p. 378; 鄭世煜, 전게서, p. 691.

리할 뿐만 아니라 한 지역 또는 한 부문에의 투자가 다른 영역에 긍정적 효과를 파급하게 하는 데 국고보조금제도의 실시근거를 두고 있다.

이러한 국고보조금은 다음과 같은 특질을 지닌다.[29]

첫째, 국고보조금은 그 비도가 정해져 있는 특정재원임을 그 특질로 한다. 따라서 자치단체의 수입 중에서 지방세(목적세 제외)·지방교부세(특별교부세 제외)와 같이 비도에 여하한 제약도 없는 일반재원과 구별된다.

둘째, 국고보조금은 국가로부터 교부되는 의존재원임을 그 특질로 한다. 따라서 지방세·사용료·수수료 등과 같이 자치단체 자신이 징수하는 자주재원과 구별된다.

셋째, 매년 경상적으로 수입되는 경상재원임을 그 특질로 한다. 지방정부의 수입 중에는 재산매각수입·기부금·이월금과 같은 임시수입도 있다. 경상·임시의 구분은 절대적인 것은 아니지만 국고보조금은 일반적으로 경상수입으로 분류되고 있다.

Ⅱ. 국고보조금의 종류

(1) 지출목적이나 경비의 성질에 따르는 구분

국고보조금은 의무적 성질을 가지는 부담금·교부금과 임의적 성질을 가지는 보조금의 세 가지로 구분할 수 있다.

가. 부담금

부담금이란 지방자치단체 또는 그 기관이 법령에 의하여 처리하여야 할 사무로서 국가와 지방자치단체 상호간에 이해관계가 있고, 또한 그 원활한 사무처리를 위하여 국가가 그 경비를 부담하지 않으면 안될 때에 그 전부 또는 일부를 부담하는 것을 말한다.[30] 부담금은 국가가 의무적으로 지출하는 것이므로 그 내용을 명확히 하고 안정성을 확보할 필요가 있다. 따라서 국가의 재정사정이나 각 부처의 방침에 따라 임의로 변경되어서는 안되기 때문에 그 부담할 경비의 종목 및 부담비율을 대통령령으로 정

---

29) 李相熙, 전게서, pp. 504~505.

30) 地方財政法 제21조 제1항 참조.

하도록 하였다.[31]

나. 교부금

교부금이란 본래 국가가 스스로 수행하여야 할 사무(예: 국민투표, 대통령 또는 국회의원의 선거, 외국인등록, 징병 등)를 지방자치단체 또는 그 기관에 위임하여 수행하는 경우에 그 소요되는 경비에 충당하기 위하여 교부되는 보조금이다. 지방자치단체는 그 경비를 부담할 의무가 없으며 국가가 당연히 그 전액을 부담하여야 한다.[32] 이러한 교부금의 규모는 지방자치단체가 당해 사무의 처리를 위하여 필요로 하는 전액이어야 하지만, 현실적으로는 그 일부에 그치는 경우도 있어 지방재정의 압박요인이 되고 있다.

다. 보조금

보조금은 국가적인 견지에서 일정한 시책을 추진 장려·조장하거나 또는 지방자치단체의 재정사정상 특히 필요하다고 인정될 때 국가가 교부하는 것[33]으로서 보통 전자를 장려적 보조금, 후자를 지방재정보전금이라고 한다. 보조금은 지방자치단체가 그 경비의 전액을 부담하여야 할 사무에 대하여 국가가 시책상 필요하다고 인정하거나 또는 자치단체의 재정형편상 지원이 필요한 경우에 교부한다는 의미에서, 자치단체가실시하여야 할 사무로서 국가와 자치단체간에 이해관계가 있을 때에 국가가 그 경비를 부담하는 부담금과 구별된다.

(2) 보조형태에 의한 구분

국고보조금은 보조형태에 따라 정액보조금과 정률보조금으로 구분된다.[34]

가. 정액보조금

정액보조금이란 특정한 사무 또는 사업의 실시에 대하여 일정한 금액의 보조금을 교부하는 유형을 의미한다. 정액보조금은 특정한 사무·사업에 대한 장려적 효과와 재정지원적 효과를 주고 있다. 정액보조금의 단위

31) 地方財政法 제22조 제1항 참조.
32) 地方財政法 제21조 제2항 참조.
33) 地方財政法 제23조 제1항 참조.
34) 鄭世煜, 전게서, pp. 693~694; 李相熙, 전게서, pp. 512~513.

또는 일정액이 적정하면 지방자치단체가 자주적인 판단에 따라 탄력적으로 사무·사업 보조의 목적을 달성할 수 있는 장점이 있다. 그러나 정액보조금의 단가 또는 일정액이 낮거나 부족할 때에는 지방자치단체로 하여금 실질적인 지방비부담의 증가를 초래하여 지방재정의 압박요인이 된다. 따라서 정액보조금은 주로 자치단체의 임의적인 사무·사업에 대한 장려적 보조금에는 적합하지만 부담구분에 따르는 부담금에는 적당하지 않다.

나. 정률보조금

정률보조금(비례적 보조금)이란 지방자치단체가 지출하는 경비의 일정비율의 금액을 국가가 보조하는 것을 의미한다. 정률보조금은 국고보조금의 일반적인 유형으로 간주되고 있다. 정률보조금의 보조율은 객관적인 근거나 기준에 따라 결정되는 것이 아니고 국가의 일방적인 판단에 의해서 결정된다. 보조율결정의 변수로는 국가의 재정사정, 지방자치단체의 지방경비부담능력, 지방주민의 요구의 정도, 당해 사무 사업에 대한 국가의 관심도 또는 장려·조장하려는 정도 등을 들 수 있다.

(3) 교부조건에 의한 구분

국고보조금은 그 교부의 결정에 붙이는 조건에 따라 세목지정 보조금과 포괄적 보조금으로 구분된다.[35]

가. 세목지정 보조금

이는 보조금의 교부조건으로 행정비에 충당하라는 데 그치는 것이 아니라, 급여·수용비·시설비에 지출하라고 지정하거나 몇 건·몇 사람의 실적을 올리라고 지정하는 것을 의미한다. 이와 같이 지나치게 세부적인 보조조건을 붙이면 중앙정부가 지방자치에 깊이 관여하게 되고 회계절차의 복잡화를 초래하며, 정세의 변동에 따르는 지방재정운용의 탄력성이 없어져 보조금을 비효율적으로 사용하게 된다.

나. 포괄적 보조금

이는 보조금을 교부함에 있어 그 총액 및 비도의 범위만을 지정하고, 보조금으로 충당할 경비의 세목·수량·단가·지방비 부담비율·대상사

---

35) 상게서, pp. 519~520.

업의 구성비율 등은 자치단체의 자유로운 선택에 맡김으로써, 예산의 효율적인 집행을 도모하고 지방재정의 자주성을 강화하려는 데 그 취지가 있다.

Ⅲ. 국고보조금의 문제점

(1) 지방정부의 자주성 저해와 지방비 부담과중

국고보조금의 문제는 지방자치단체의 행정이 중앙의 지배체제하에 놓여지게 됨으로써 지방자치단체의 자유로운 활동이 저해된다는 것이다.[36] 국고보조금은 중앙정부의 지시성 사업에 대한 재원으로서 보조조건이 지나치게 획일적일 때는 해당지역의 조건을 정확히 반영시키지 못하게 된다. 2011년도의 국고보조사업의 지방비율 부담율이 36%나 되고 있다.

(2) 다른 재정정책수단과의 연계성 결여

우리나라 국고보조금제도의 운영에 있어서 중앙정부 시책에 따른 사업과 지역 특수성을 반영하는 지방자치단체의 재정계획과의 조화 및 구체적 연계가 이루어지지 못하고 있는 실정이다.

또한, 국고보조금제도와 함께 중앙정부와 지방자치단체간 재정조정제도를 구성하고 있는 지방교부세의 배분과도 상호연계가 제대로 되어 있지 않아서 지방자치단체의 재정운영에 있어서 효율성 증진을 제약하고 있다.

(3) 적정보조율 산정의 문제

차등보조율제도를 채택하고 있으나 재정력이 높은 자치단체는 국고보조금을 확보하여 개발을 촉진하고 지역경제를 활성화시켜 유효수요를 유발하게 되며, 이로 인해 고용기회가 확대되고 소득원이 창출되는 효과를 가져와 세입원이 늘어난 데 비하여, 재정력이 취약한 자치단체에서는 재정사정으로 국고보조금 확보가 어려워 개발이 지연되고, 지역경제가 침체

36) 심정근 외, 전게서, pp. 250~252; 李圭煥, 「都市行政論」(서울: 녹원출판사, 1995), pp. 466~467.

되는 등 악순환이 계속되어 지방재정은 빈익빈·부익부 현상으로 지역간 격차가 두드러지게 나타나고 있다.

또한, 국고보조금사업의 건수가 지나치게 많으며, 사업규모가 영세한 경우가 많다는 점 그리고 지방비 부담비율이 임의적으로 결정되고 있다는 점도 중요한 문제점으로 지적되고 있다.

Ⅳ. 국고보조금의 발전방향

첫째, 국고보조금제도의 개선을 위해서는 무엇보다 동 제도의 취지를 살릴 수 있도록 제도를 정비하여야 하며 다른 재정정책수단과의 연계를 강화해야 한다.[37]

2011년 현재 국고보조금의 운영규모는 30조원이 되고 있다. 보조금의 규모는 용도와 지역에 따라 차이가 있으나 기초자치단체의 경우 50만원 미만의 보조금도 상당수에 이른다. 지나친 보조금의 영세화는 중앙의 불필요한 통제와 예산의 낭비를 초래하며 보조금의 본래의 기능을 수행할 수 없다. 보조금 가운데 성질이 유사한 것은 통·폐합되어야 하며, 영세보조금은 폐지되어야 한다.

둘째, 지역간 재정격차를 심화시키는 것을 개선하기 위해서 성과가 높을 것으로 예상되는 국고보조사업에 재정력이 약한 자치단체도 참여할 수 있도록 정부가 승인한 사업의 지방분담금은 자치단체가 지역개발기금 등에서 외부차입할 수 있도록 하는 방안을 적극적으로 고려할 필요가 있다.

셋째, 장기적 안목에서 중앙과 지방정부간의 기능 및 역할분담이 재정립되어야 한다. 특히, 중앙정부사무와 지방사무의 구분기준, 중앙·지방정부간 경비분담원칙 등이 명확하게 설정되어야 한다.

넷째, 보조금사업의 선정, 재정부담의 배분 그리고 사업운영에 있어 통제위주의 중앙정부 주도를 지양하면서 지방정부의 입장과 여건이 적절하게 반영될 수 있는 통로의 마련이 필요하다. 따라서 국고보조금제도가 중

37) 심정근 외, 전게서, p. 252; 李圭煥, 전게서, p. 495.

앙정부의 일방적인 재정원조가 아닌 상호간 재정조정제도로서 정착되어야 할 것이다.

다섯째, 국고보조금이 자치단체에서 현재보다 융통성 있게 활용될 수 있도록 보조대상을 확대한 포괄보조금제도(block aid)를 토입하며, 기존 보조금의 정비과정에서 확보되는 재원이 지방사업을 위한 기금에 활용되는 방안을 모색하여야 한다.

여섯째, 지방재정의 운영측면에서 지방예산의 편성·확정에 지장을 초래치 않도록 국고보조사업의 선정, 국고보조금의 배정 등 제반절차를 간소화하고, 국고보조금과 관련된 시간계획(time schedule)을 현재보다 앞당기는 방안이 강구되어야 할 것이다.

제 6 절 조정교부금

Ⅰ. 조정교부금의 의의

조정교부금제도는 각 특별시·광역시별로 자치구 간 세원 분포의 불균형으로 인한 재정불균형을 해소하고, 자치구 간 행정의 일정한 수준을 확보하기 위해 시세 중 일부세목을 일정한 기준에 따라 자치구에 교부하는 제도이다.

따라서 조정교부금제도는 본질적으로 특별시·광역시와 자치구 간의 수직적 형평 보다는 자치구 상호간의 수평적 형평이 더 큰 비중이 있는 것이다. 즉, 조정교부금제도의 주요 의의는 지방교부세와 마찬가지로 ① 자치구 간 재정력의 형평화와 ② 자치구에 대한 재원보장 등이다.[38)]

이처럼 조정교부금이 광역자치단체와 기초자치단체간의 수직적 형평 보다는 자치구 상호간의 수평적 형평에 더 큰 비중이 있기 때문에 자치구 재원인 조정교부금은 단순히 기준재정수요액과 기준재정수입액의 차이에 따른 교부가 아니라 각 자치단체의 일반재원의 부족분에 별도의 제한 없

---

38) 李圭煥, “대도시 조정교부금제도의 의의와 필요성,” 「지방재정」 제18권 제5호 (한국지방재정공제회, 1999), pp. 23~24.

이 지방재정 목표를 달성하기 위한 방법으로 배분되어야 할 것이다.

자치구 재정조정제도는 지방자치법 제173조의 규정에 따라 특별시·광역시와 그 관할구역내의 자치구 간의 재원조정을 하기 위한 제도이다. 즉, 조정교부금은 각 자치구의 기준재정수입액과 기준재정수요액을 산정하여 기준재정수입액이 기준재정수요액에 미달하는 자치구에 부족재원을 교부율에 의하여 지원하여 주는 것이다.

따라서 지방자치법은 특별시장 및 광역시장이 시세수입 중의 일정액을 확보하여 당해 지방자치단체의 관할구역안의 자치구 상호간의 재원을 조정하도록 하고 있는 것이다. 이에 따라 지방자치법 제173조와 동법시행령 제117조에 의거하여 특별시 및 광역시에서는 「자치구 재원조정에 관한 조례」를 설치·운영하고 있다.[39]

자치구 재정조정제도인 조정교부금제도는 중앙정부의 지방교부세제도와 유사한 재정조정제도라 하겠다. 그러나 자치구 재정조정제도인 조정교부금제도의 운영책임은 특별시장 및 광역시장에게 있고, 또 그 구체적인 조정방법은 조례에서 규정하도록 함으로써 지방자치단체에 그 운영의 자율성과 신축성을 부여하고 있다.

참고로 일본의 경우 都區재정조정제도에서는 단순히 재원부족이 생기는 단체에 대해서 조정재원을 부여하는 것 뿐만 아니라 재원이 초과하는 단체로부터는 그 추과액을 都에 납부하게 하는 소위 역교부세제도를 두고 있다.

Ⅱ. 조정교부금의 재원과 교부방법

(1) 조정교부금의 조정재원

자치구 조정교부금의 재원은 특별시·광역시의 시세수입 중 취득세와 등록세의 합산액에 조례가 정하는 일정한 비율(조정율)을 곱하여 얻은 금액이다. 취득세와 등록면허세(등록분)를 조정교부금의 재원이 된다고 해서 조정세라고도 한다.

---

39) 상게논문, p. 25.

이 조정교부금의 재원은 시와 자치구 간의 배분비율, 즉 조정율을 어느 수준에서 결정할 것인가에 따라 달라지는데 일반적으로 대도시에 있어서의 시와 자치구간의 기능배분과 또 지방세를 중심으로 한 자체재원의 배분구조가 어떻게 되어 있느냐에 따라 그 적정성의 위치가 달라지겠지만 가능한 한 자치구의 재원부족액을 충분히 보전할 수 있는 선에서 결정되어야 할 것이다.[40)]

특히, 자치구의 지방세를 중심으로 한 자체재원의 배분구조를 세입측면에서 조세구조가 도와 시·군과 비교하여 볼 때 크게 차이가 남을 알 수 있다. 특별시·광역시와 자치구 간, 도와 시·군 간 세원배분 내역을 보면, 시·군에는 총 11개 지방세목 중 5개 세목이 배분된 반면, 자치구에는 등록면허세, 재산세 등 2개 세목만이 배분되어 세목 면에서 많은 차이가 있다.

또한, 자치구는 지방교부세의 교부대상단체에서도 제외되어 있어 대신 특별시장 및 광역시장에게 당해 시세수입의 일정액을 확보케 하여 자치구 상호간의 재원을 조정하도록 하고 있다.

현행 조정교부금은 지방교부세처럼 법정교부율로 정해진 것이 아니라 지방자치단체의 조례에서 규정하도록 함으로써 자율성과 신축성을 보여주고 있다. 실제 대도시별 교부율을 보면, 서울 50%, 부산 55%, 대구 56%, 인천 40%, 광주 70%, 대전 56%, 울산 58% 수준이다.

2010년도 69개 자치구의 조정교부금 총액규모는 3조 5,471억원으로 자치구 총 세입규모 18조 2,335억원의 19%를 점하고 있다.

이처럼 대도시의 자치구 재원조정기능을 하는 조정교부금의 조정재원은 현 자치구의 세입구조 하에서 지방교부세와 마찬가지로 자치구 간 재정력의 형평화와 자치구에 대한 재원 보장을 하는데 중요한 역할을 하고 있음을 알 수 있다.

조정세인 취득세·등록면허세(등록분)의 합산액인 조정재원의 총액과 자치구의 재원부족액의 합산액이 현저하게 차이가 생겨 과부족의 금액이 큰 때에는 조례의 개정을 통해서 조정율을 조정하거나 시비보조금의 교

40) 상게논문, pp. 25~26.

부 등을 통해서 조정할 수 있기 때문에 중앙정부의 지방교부세 운영보다는 신축적으로 운영할 수 있는 것이다.

(2) 조정교부금의 교부방법

자치구에 대한 조정교부금의 산정방법은 지방교부세의 산정방법에 준해서 자치구의 행정수행에 요하는 재정수요액이 자치구가 부과하는 구세와 세외수입 등 자체수입액인 재정수입액을 초과하는 자치구에 대해서 그 재원부족액만큼 교부된다.

조정교부금의 산정방법은 거의 지방교부세의 산정방법과 비슷하지만 다만, 산정에 관련되는 요소 가운데는 구체성이 강한 것이 많고, 신축성이 더 있다는 특색이 있다.

조정교부금은 특별시・광역시가 재정적 결함이 생기는 자치구에 교부하는데 보통교부금(90%)과 특별교부금(10%)으로 구분・운영된다.

보통교부금의 교부방식은 기준재정수요와 기준재정수입으로 산정되는 지방교부세의 보통교부세 교부방식과 유사하다. 즉, 각 자치구의 기준재정수입액과 기준재정수요액을 산정하여 수입액이 수요액에 미달하는 자치구에 대해 부족재원을 교부율에 의하여 지원한다. 이를 위해 자치구청장은 조정교부금의 산정에 필요한 자료를 작성하여 시장에게 매년 제출하여야 한다. 특별교부금은 지방교부세의 특별교부세와 그 용도와 유사하다.

Ⅲ. 조정교부금의 문제점

(1) 조정재원의 규모 미흡

일부 자치구의 재정자립도가 평균 40%대이지만 20% 수준의 자치구도 적지 않다. 현행 제도로는 조정재원이 자치구 재원부족액에 계속적으로 현저하게 미달할 때 시장은 조정재원을 상향조정하도록 조례를 개정하여 충분한 조정재원을 확보할 책임이 있다. 인천광역시의 경우, 1995년까지는 조정재원이 취득세 및 등록세의 36%였으나 1996년부터 50%로 상향조정되는 등 조정재원을 확충하기 위한 노력은 있었으나 그 후 시 본청

재원의 축소를 반대하는 분위기 때문에 2012년 다시 40%로 하향되어 조정재원확보가 어렵다.[41]

(2) 조정교부금 산정방식의 문제

타당성있는 기준재정수요를 산정할 수 있도록 측정항목, 측정단위, 단위비용 등에 문제점이 있다. 각 측정항목별로 설정되고 있는 측정단위로는 의원정수, 공무원수, 가구수, 주민수 등 13~22 종의 통계가 배정되고 있으나, 해당 측정항목과의 상관도가 낮아 타당성이 적은 측정단위가 사용되고 있거나 자치구에서 쉽게 구할 수 없는 통계로 지정되고 있기 때문에 적절하지 않은 통계자료로 대체하는 등 문제점이 나타나고 있다.

단위비용은 현실성을 위하여 매년 다시 계산되어야 할 것이나 일부 시에서는 매년도 물가상승율을 단순히 적용시켜 기준재정수요가 현실에 맞지 않는 경우가 빈번히 발생하고 있다.

(3) 특별교부금의 배정방식의 문제

조정교부금 총액의 90%가 보통교부금으로 각 자치구에 일정한 배정방식에 따라 배정되고 잔여분 10%는 특별교부금으로 시 자체에서 임의로 결정하는 기준에 따라 교부되고 있다. 특별교부금은 사실상 시비 보조금과 같이 지정된 용도를 위하여 시의 재량에 따라 교부되고 있기 때문에 진정한 자주재원으로 보기는 어렵다.

Ⅳ. 조정교부금의 발전방향

(1) 조정교부금 재원의 확대

조정재원의 총액규모를 안정적으로 확보하기 위하여 일정기간별로 그 적정성을 검토 받는 것이 필요하나 매년 변경되는 것은 바람직하지 않다. 총액규모가 조례로 정하고 그 배분방식이 정형화되어 있어야 자치구 입장에서 재정의 계획적 운영이 가능하고 교부금 배정과 관련한 불필요한

41) 김수근, "대도시 재정조정의 과제와 개선방향,"「지방재정」제18권 제5호 (한국지방재정공제회, 1999), pp. 7~9.

교섭과 시간, 노력의 낭비를 제거할 수 있기 때문이다.

현행 재원이 취득세와 등록면허세가 부동산 거래와 직접적 관계가 있기 때문에 부동산 경기의 부침에 따라 민감하게 영향을 받는다는 점이다. 따라서 취득세·등록세의 일정비율보다는 시 본청세 전체의 일정비율로 규정하도록 관련법을 개정할 수도 있을 것이다.

장기적으로는 시본청과 자치구 간의 지방세 세목 재배정이 검토되어야 할 것이다.

(2) 교부금 산정방식의 개선

교부금 배분방식의 개선에서는 기준재정수요 산정방법의 개선이 가장 우선적인 과제가 되고 있으며, 그 내용으로는 기준재정수요 산정에 이용되고 있는 측정항목의 개선, 측정항목별로 지정되고 있는 측정단위의 재선정 그리고 단위비용의 현실화 등이 검토되어야 한다.[42]

측정항목의 개선방향은 자치구 재정수요를 정확하게 측정할 수 있도록 자치구의 예산과목과 조화가 되는 방향이면서도 가능한 한 항목 및 세항·목 수가 단순화되는 방향이 바람직하다.

단위비용의 산정은 표준적인 자치구를 설정하여 표준자치구의 표준적 예산을 매년 편성하고 그 예산내역을 측정항목별로 분석하여 산정하는 것이 바람직하다.

(3) 역교부세제도 및 총액보전주의 채택

기준재정수입액이 기준재정수요액을 초과하는 자치단체에 대해서는 초과액을 역교부세로 징수하여 부족한 자치단체에 특별교부금으로 교부함으로써 자치구 간 재정불균형을 시정하는 방안을 검토할 수 있다. 이는 독일의 주정부 간 역교부금제도와 일본의 동경도의 都區간 재정조정납부금제도와 유사한 것이다.

또한, 일본의 경우 都區간 재정조정방식은 총액보전주의를 채택하고 있는데, 기준재정수요액이 기준재정수입액을 초과하는 자치단체에 대해

---

42) 상게논문, pp. 12~14.

서는 부족액을 일반회계지원을 포함해서 총액을 보전하고 있다.

(4) 특별교부금의 비율 축소

보통교부금 산정방식으로 포착할 수 없는 재정수요, 재해, 기타 예상할 수 없었던 특별재정수요 등에 특별교부금을 배정하고 있으나 가능한 이들 수요를 정형화하고 자치구에서 예견할 수 있는 투명한 방식으로 보통교부금 산정방식에 포함시키고, 특별교부금의 비중을 현행인 총액의 10%에서 점진적으로 그 비율을 축소해 나가야 할 것이다.

특별교부세의 배정방식 자체를 상당한 정도 정형화함으로써 조정교부금의 원래 목적에 부합되는 목적으로 사용될 수 있도록 제도화하는 방법도 검토되어야 할 것이다.

제 3 장 지방자치단체의 지출

제 1 절 지방자치단체의 예산과정

2012년 1월 현재, 우리나라의 지방행정조직은 1개 특별시, 6개 광역시, 9개도, 74개 시, 85개 군 그리고 69개 자치구 등 244개의 자치단체로 구성되어 있으며, 이들 행정단위는 각기 독립된 법인격을 갖고 자기책임하에 자주적인 재정운영을 하는 것을 원칙으로 하고 있다. 그러므로 재정제도상으로도 이들 자치단체는 각각 독립된 예산회계를 설정하여 운영하고 있는 것이다. 그러나 각급 자치단체의 예산을 합리적이고 동일한 기준에 의하여 편성·집행할 수 있도록 하기 위하여 행정자치부는 예산편성지침을 작성하고 있다.

지방자치단체의 예산과정은 일반적으로 중앙예산과 마찬가지로 크게 4단계로 구분될 수 있다. 즉, 예산의 편성, 예산의 심의, 예산의 집행 그리고 회계검사 및 결산으로 구성되어 있다. 그러나 예산과정은 1년에 모두 완료되는 것이 아니고 적어도 3년에 걸쳐 중첩적으로 진행된다. 따라서 예산과정을 '뒤섞인 과정'(scrambled process)이라고도 부른다.[1)]

---

1) Robert D. Lee and Ronald W. Johnson, *Public Budgeting System*, 3rd ed. (Baltimore: University Park Press, 1983), pp. 59~63.

Ⅰ. 예산의 편성

1. 예산편성의 의의

지방예산의 편성이란 지방자치단체가 차기 회계연도에 수행하고자 하는 시책이나 사업계획 및 이러한 제 활동을 위하여 필요로 하는 재화의 획득과 지출에 대한 예정적 계산인 예산안을 작성하는 것이다. 이처럼 예산편성이란 지방자치단체가 시책이나 사업계획을 수립・분석한 다음 선정된 사업계획(program)에 자금을 배정하는 예산과정의 첫번째 단계이다.[2)]

특히, 우리나라에서는 행정안전부가 작성하는 예산편성지침으로부터 예산안이 확정되기까지 이르는 모든 과정을 포함하기 때문에 예산편성에는 전문적・제도적 기술을 요하고, 시간이 많이 소요된다고 볼 수 있다. 이는 주어진 여건하에서 한정된 재원으로 최대의 지출효과를 확보하기 위한 기반조성이 예산편성에 의해 가능하게 되고, 이와 함께 향후 1년 동안의 당해 자치단체의 재정운용방향과 지방행정의 기본목표가 제시되기 때문이다.

지역주민의 욕구상승과 지역문제의 해결에 소요되는 재정수요의 무한성과 재원조달의 한계성을 고려하여 지방예산을 편성하되, 다음 사항에 대한 검토가 있어야 할 것이다.[3)]

① 주민의 기대욕구에 적절히 대처하되 주민의 기초수요(basic needs) 충족에 우선점을 둔다.

② 지역경제의 지속적인 발전과 성장잠재력을 배양시켜 지방재정의 자립 기반을 조성한다.

③ 건전재정지출을 유지하기 위하여 급증하는 재정수요를 정상적인 세입범위내에서 합리적인 우선순위를 통하여 선정토록 한다.

④ 국가정책의 기본방향과 효율적 연계가 가능하도록 한다.

---

2) 심정근 외, 「地方財政學」(서울: 博英社, 1997), p. 259.
3) 권형신 외, 「韓國의 地方財政」(서울: 도서출판 해남, 1998), p. 256.

2. 예산편성의 절차

지방자치단체의 장이 예산안을 편성할 때에는 중·장기지방재정계획과 재정투융자 심사결과를 기초로 하여야 한다. 지방자치단체의 장은 법령 및 조례가 정하는 범위 안에서 합리적인 기준에 의하여 그 경비를 산정하여 예산에 계상하여야 하고, 모든 자료에 의하여 엄정하게 그 재원을 포착하고 경제의 현실에 맞게끔 그 수입을 산정하여 이를 예산에 계상하여야 한다.4) 이와 같이 예산편성권은 집행부의 권한으로 비록 지방의회가 사용할 각종 경비에 대해서도 지방자치단체의 장이 지방의회의 의견을 들어 예산안을 편성하도록 되어 있다. 지방자치단체의 예산편성 절차는 [그림 Ⅳ.3.1]이 보여 주는 바와 같이 중·장기지방재정계획의 수입 및 지출, 예산편성지침의 시달, 예산요구서의 작성·제출, 예산요구서의 사정 및 예산안 편성, 예산안의 의회제출 및 고시라는 과정을 거쳐서 완료된다.

[그림 Ⅳ.3.1] 예산안의 편성절차

행정안전부장관	예산편성지침 시달(전년도 7월 31일)
↓ 지방자치단체장	예산편성지침 시달(전년도 9월 10일)
↓ 각 산하기관 (실·과, 사업소)	예산안 편성요구서 제출(지정된 기일: 일반적으로 9월 30일)
↓ 기획(관리)실	예산요구액 사정
↓ 지방지차단체장	예산안 지방의회 제출 (시·도: 회계연도 개시 50일 전, 시·군·자치구: 40일 전)

4) 地方自治法 제127조 참조.

(1) 예산편성지침의 시달

행정안전부에서는 기획재정부의 예산편성기본지침과 대통령의 국정연설 자료 및 공약사업 그리고 행정안전부 및 해당 중앙부처의 의견을 수렴하여 예산편성지침을 작성한 다음 전년도 7월 31일까지 지방자치단체에 예산편성지침을 일괄적으로 시달한다. 예산편성지침에는 ① 국가재정운용의 기본방향, ② 지방재정의 여건과 전망을 통한 지방재정운용방향과 국가, 특히 행정안전부의 역점시책사업의 추진방침, ③ 예산편성의 기준과 단위당 정부단가 등이 포함된다.

지방자치단체의 장은 지방예산편성과정에 주민의 참여할 수 있는 절차를 마련하여 시행할 수 있다.[5]

(2) 예산요구서의 작성 · 제출

예산편성방침을 통보받은 각 부서장 및 기관장은 이를 기준으로 지정된 기일까지 소관부서의 예산요구서와 부속서류를 작성하여 제출하여야 한다. 예산요구서는 예산총칙, 세입세출예산, 계속비, 명시이월비와 채무부담행위로 구성된다.[6] 그러나 대부분의 지방자치단체는 사업예산 총액과 연도별 지출 예산을 사전에 확정하는 계속비 예산을 편성하지 않고, 매회계연도별 사업비를 각 연도 예산안에 편성하고 있다.[7]

(3) 예산요구서의 사정 및 예산안 편성

예산요구서가 제출되면 예산주관부서는 예산요구부서의 설명을 듣고 난 다음, 지방자치단체장의 재정운용방침, 재정상황, 사업의 우선순위 등을 고려하면서 예산요구액을 사정하게 된다.

(4) 예산안의 제출

이와 같은 과정을 거쳐 편성된 예산안은 지방자치단체의 장이 지방의회에 제출한다. 제출기일은 시 · 도는 회계연도 개시 50일 전인 11월 11일

5) 地方財政法 第39조 참조.
6) 地方財政法 第40조 참조.
7) 金鍾淳, 「地方財政學」 (서울: 三英社, 1997), p. 149.

까지, 시 · 군 · 구는 회계연도 개시 40일 전인 11월 21일까지 제출하여야 한다.8)

Ⅱ. 예산의 심의

1. 예산심의의 의의

예산심의란 지방자치단체 장이 제출한 예산안에 담겨 있는 정책과 사업계획을 지방의회가 사전에 검토하고 재정규모를 확정하는 예산과정의 두 번째 단계를 말한다.

지방의회는 이와 같은 예산심의를 통하여 집행부가 제안한 정책을 수정 · 보완 · 개정하는 정책결정기능을 수행함과 동시에 집행부에 대한 통제권을 행사한다.9)

지방자치단체장이 편성한 지방예산안은 이에 대해 의결권을 갖고 있는 지방의회의 심의 · 의결을 거쳐 확정되는데, 이러한 예산심의는 지방자치단체의 재정활동을 사전에 심의 · 조정하는, 즉 지방의회가 집행기관에 대해 재정통제 또는 감독을 하는 제도이다.

이러한 지방의회의 예산심의권은 단순히 예산안이라는 안건을 절차에 의해 심의 · 통과시키는 제도상의 권한만을 의미하는 것이 아니다. 지방의회가 지역경제에 직접적인 영향을 미치는 주민의 조세부담과 복지문제 및 지역발전 과제를 결정하는 예산안을 심의하면서 지방자치단체의 집행기관에 부여된 재정집행권의 행사과정과 결과에 대한 감독과 시정을 할 수 있는 권한까지도 포함한다고 볼 수 있다.

따라서 예산심의권은 다음연도 재정활동이 당면할 중요하고도 기본적인 과제가 무엇인가를 충분히 인식하고 정책과 사업의 타당성 · 공정성을 확보하는 동시에 공익과 주민의 요구를 조화시키는 방향으로 행사되어야 할 것이다.

그러므로 예산안이 어떠한 정책목표하에 어떠한 내용으로 편성되었는

8) 地方自治法 제127조 참조.
9) 金鍾淳, 전게서, p. 154.

가에 대해 지방의회는 지역대표기관으로서 어떠한 방법과 절차에 의해 예산안을 심사하는 것이 재정에 대한 주민적 합의와 재정운영의 효율성을 증대시키는 것인가에 깊은 관심을 가져야 한다. 이는 지방의회 자체의 존립과 민주정치의 발전과 관련한 중요한 과제가 되는 것이다.[10]

예산심의의 유형은 정부형태에 따라 달라지는바, 대통령제의 경우, 예산항목별로 세밀한 심의를 하여 매년 수정·삭감이 이루어진다. 반면에 내각책임제의 경우, 예산안에 담겨져 있는 정책적 내용을 심의하지만 대부분의 경우 수정·삭감이 없이 통과된다. 또 국가별로도 차이가 있어 영국의 의회는 제출된 예산안에 대한 삭감권만 인정된다. 반면, 미국의 의회는 상당한 재량권을 보유한다. 즉, 행정부가 요구하지 않은 예산안을 입안·의결하는 것이 가능하고, 예산법안에 예산집행을 구속하는 조항을 포함할 수도 있다. 따라서 대부분의 주에서 주지사에게 특정한 항목을 지정하여 거부권을 행사할 수 있는 품목별 거부권(line-item veto power)을 허용하여 예산과 관련된 집행부와 의회의 균형을 도모하고 있다.

우리나라의 지방의회는 예산심의과정에서 세입예산과 세출예산의 삭감, 비목의 삭제는 제한이 없지만 집행기관의 동의 없이 집행부가 제출한 예산 각 항의 전부를 증가하거나 새로운 비목을 설치할 수 없다.[11]

2. 예산심의의 과정

(1) 제안설명

예산안에 대한 심사가 시작되면 지방자치단체장은 본회의에 출석하여 예산안이 작성된 배경과 그 속에 내포되어 있는 재정·경제정책의 방향 및 예산의 기본내용과 관련된 제안설명을 한다.

(2) 소관상임위원회와 예산결산특별위원회 심의

상임위원회가 있는 지방의회의 경우에는 소관상임위원회에서 예비심사를 거친 후 본회의의 의결로 구성된 예산결산특별위원회에 회부하여

---

10) 권형신 외, 전게서, p. 270.
11) 地方自治法 제127조 제3항 참조.

종합심사를 받게 된다.

그러나 상임위원회가 설치되어 있지 않은 시·군·자치구에서는 예비심사를 거치지 않고 예산결산위원회에 바로 회부하여 종합심사를 하게 된다.

각 상임위원회에서는 소관부서장(해당 실·국·과장)의 정책설명을 듣고, 이에 대한 전문위원의 예비검토보고를 받은 후에 정책질의와 토론을 한다. 이 때 상임위원회는 집행부에 자료제출과 수정예산의 편성을 요구할 수도 있고, 공청회를 개최할 수도 있다. 예산결산특별위원회의 종합심사는 집행부의 설명 및 전문위원의 보고를 들은 후에 종합정책질의 및 심사로 진행되며, 필요에 따라 계수조정소위원회를 구성하여 예산안에 대한 계수조정을 함으로써 예산안의 심사가 완료된다.

(3) 본회의 의결 및 이송

종합심사를 거친 예산안은 본회의에 부의된다. 본회의에서는 예산결산특별위원장이나 위원장이 지명한 의원이 종합심사의 결과를 보고한다. 그 후 의원들의 정책질의와 찬반토론을 거쳐 의결함으로써 익년도 예산안은 확정된다. 예산안의 의결기한은 광역의회의 경우 회계연도 개시 15일 전에, 기초의회는 회계연도 개시 10일 전까지이다.[12]

의장은 확정된 예산안을 3일 이내에 당해 지방자치단체 장에게 이송하게 되고, 지체없이 그 내용이 행정안전부장관(시·도의 경우), 또는 시·도지사(시·군·자치구의 경우)에게 보고된 후 고시된다.

Ⅲ. 예산의 집행

1. 예산집행의 의의

예산의 집행이란 확정된 예산안에 따라 수입과 지출을 구체적으로 실행하는 모든 행위를 의미하는 예산과정의 세번째 단계이다. 의결된 예산

12) 地方自治法 제127조 제2항 참조.

안에 따라 세입을 확보하고 지출을 집행하는 일체의 행위가 여기에 해당된다. 이는 단순히 예산으로 정해진 금액을 수납하고 지출하는 것만을 뜻하는 것이 아니라 수입의 조정, 납입의 통지, 수납, 예산의 배정, 지출원인행위의 실행, 지방채의 발행, 일시차입금의 차입, 세출예산의 배정·이용전용, 계약의 체결 등을 모두 포함하는 것이다.[13)]

이러한 예산집행은 그 공정성의 확보와 관련하여 지방의회의 의도와 재정한계를 엄수하기 위해 지방자치법 및 지방재정법 등에서 규정된 기준에 의거하여 이루어지고 있다. 또한 예산의 집행을 통하여 지방자치단체의 재정활동이 구체화되므로 효율적인 예산집행이 이루어질 수 있도록 예산집행 후의 여건변화에 적응할 수 있는 신축성의 유지방안과 경비절감방안이 강구되어야 할 것이다.

한편, 지방자치단체의 예산집행권은 원칙적으로 예산을 종합적으로 편성하고 의회제출권자인 지방자치단체의 장의 전속권한이나, 예외적으로 지방공기업 예산의 집행권은 그 관리자에게 부여될 수 있다.[14)]

예산집행의 효율성 여부를 판단하는 기준, 즉 예산집행의 목표는 다음과 같다.

① 균형성: 예산상의 불균형, 특히 적자를 예방한다.

② 합법성: 예산은 합법적으로 명시된 공공목적을 위해서만 집행될 수 있고, 특정활동을 위한 지출도 승인된 세출예산액을 초과하지 않아야 한다.

③ 능률성: 예산의 낭비를 방지하여 최소한의 예산으로 공공사업의 수행을 효과적으로 지원하여야 한다.

④ 일치성: 행정활동과 지출이 국민에게 직접적으로 책임지는 선거직 공무원들이 결정한 입법부의 의도와 일치하여야 한다.

⑤ 효과성: 추진하는 사업의 목표달성에 효과적으로 기여하여야 한다.

13) 金鍾淳, 전게서, p. 160.
14) 권형신 외, 전게서, p. 286.

2. 예산집행의 절차

(1) 예산의 배정

각 실·과장은 예산성립 후 즉시 세입예산 월별집행계획서, 세출예산 월별집행계획서를 작성하여 세입주관과와 예산주관과에 제출하여야 한다.

이 때 예산주관과장은 세입주관과장이 작성하여 제출한 자금수급계획서를 기준으로 하여 세출예산 월별·분기별 배정계획서를 소속행정기관의 각 실·과는 물론 지방의회 사무기구, 보조기관 및 하부행정기관에 예산을 월별 또는 분기별로 배정하고,[15] 경리관 및 지출원과 세입주관과에 송부하여야 한다. 이러한 예산배정은 배정계획서에 의거한 지출원인행위를 할 수 있도록 통지하는 행위이다.

(2) 수입과 지출

우리나라 예산은 세출예산 이외에도 세입예산을 포함하기 때문에 예산의 집행과정은 지출원인행위와 출납 이외에도 세입의 징수 및 수납을 포함한다.

가. 지출원인행위와 출납

예산이 배정되면 지방자치단체의 장 또는 그 위임을 받은 공무원인 경리관은 지출의 원인이 되는 계약 또는 기타의 행위를 법령·조례 또는 규칙이 정하는 바에 의하여 배정된 예산의 범위 내에서 할 수 있다. 그리고 지출원인행위를 실행한 경리관은 지방자치단체의 장이 임명한 공무원(지출원)에게 지출원인행위 관계서류를 송부하여야 한다.

지출원이 지출원인행위에 의하여 지출할 때에는 현금의 지급에 대신하여 당해 지방자치단체의 금고에 대하여 지급명령을 발하게 되는데 지출원은 불법·부당한 지출에 대해서는 거부해야 하는 책무가 있다. 경리관에 의한 지출원인행위가 있는 경우에도 지출원은 법령·조례·규칙 또는 계약·기타 정당한 사유로 그 지방자치단체에 대하여 채권을 가진 자에게 지급하기 위한 경우 외에는 지급명령을 발할 수 없다.[16]

---

15) 地方財政法 施行令 제35조 및 地方自治團體 財務會計規則 제18조 참조.

16) 地方自治法 施行令 제53조 참조.

나. 세입의 징수와 수납

세입의 징수란 지방자치단체가 수납하여야 할 모든 세입을 조사결정하여 이를 납부할 자에게 통지하는 행위를 말한다. 수납이란 징수통지에 의하여 납부의무자가 납부하는 것을 수령하는 행위이다. 이와 같은 징수업무를 담당하는 공무원을 징수관이라고 하고, 수납사무를 담당하는 기관으로 수입금출납원이 있다.

그러나 징수관과 수입금출납원은 겸할 수 없도록 되어 있다.

(3) 예산불성립시의 예산집행

회계연도가 시작될 때까지 예산안이 의결되지 못한 경우에도 업무의 영속성을 유지하고, 긴급한 상황에 대처할 수 있도록 준예산, 조기집행 그리고 선결처분을 허용하고 있다.

가. 예산불성립시의 예산집행

지방의회가 법정기일 안에 예산안을 의결하지 못한 때는 전년도 예산에 준하여 집행할 수 있다. 그러나 준예산으로 집행된 예산은 당해연도의 예산이 성립하면 그 성립된 예산에 의하여 집행된 것으로 본다.[17)]

준예산을 집행할 수 있는 경우는 ① 법령이나 조례에 의하여 설치된 기관 또는 시설의 유지·운영에 필요한 경비, ② 법령 또는 조례상 지출의무의 이행에 필요한 경비, ③ 이미 예산으로 승인된 사업의 계속에 필요한 경비로 한정되어 있다.

나. 조기집행

지방자치단체의 예산이 성립된 후 회계연도가 개시되기 전이라도 ① 교통이나 통신이 불편한 지방에서 지급하는 경비, ② 여비, ③ 외국에서 지급하는 경비, ④ 선박운항에 소요되는 경비, ⑤ 지방자치단체의 소속행정기관 및 하부행정기관에서 필요한 부식물의 매입경비, ⑥ 업무추진비 및 특별활동비, ⑦ 지역경제정책상 조기집행을 필요로 하는 공공사업비 등의 사항에 관하여는 회계연도 개시 전이라도 조기배정할 수 있다.[18)]

---

17) 地方自治法 제131조 및 地方財政法 제37조 참조.
18) 地方財政法 施行令 제36조 참조.

다. 선결처분

지방자치단체의 장은 지방의회가 성립되지 아니한 때(의원의 구속 등의 사유로 의결정족수에 미달하게 된 때를 말한다)와 지방의회의 의결사항 중 주민의 생명과 재산보호를 위하여 긴급하게 필요한 사항으로서 ① 지방의회를 소집할 시간적 여유가 없을 때와 ② 지방의회에서 의결이 지체되어 의결되지 아니한 때에는 선결처분할 수 있다. 선결처분은 다음 회기의 지방의회에 보고하여 승인을 얻어야 하고, 승인을 얻지 못할 때에는 그 효력은 상실된다.[19]

3. 예산집행의 신축성

예산이 성립된 후에 여건이나 정세변동에 탄력적으로 적응할 수 있도록 지방재정법에서는 예산집행의 신축성을 확보할 수 있는 방안을 규정하고 있는데 그 내용을 보면 다음과 같다.

(1) 예산의 이 · 전용과 이체

가. 예산의 이용

예산성립 후에 생긴 사정변경 등으로 부득이 세출예산의 각 소관 및 입법과목(장 · 관 · 항) 상호간의 경비를 융통하는 것인데, 이러한 이용은 원칙적으로 금지되고 있으나, 예산집행상의 필요에 의해 미리 지방의회의 의결을 얻었을 때는 가능하다.[20]

나. 예산의 전용

세출예산의 행정과목인 각 세항이나 목간의 경비를 상호 융통하여 사용하는 것인데, 이러한 전용의 대상이 될 수 없는 비목으로는 ① 봉급, ② 시설비, ③ 공공요금, ④ 상환금 등이다.[21]

다. 예산의 이체

지방자치단체의 기구 · 직제 또는 정원에 관한 법령이나 조례의 제정

---

19) 地方自治法 제109조 참조.
20) 地方財政法 제47조 제1항 참조.
21) 地方財政法 제49조 참조.

또는 개폐로 인하여 관계기관간의 직무권한, 기타의 변동이 있을 때에는 그 예산을 상호 이체할 수 있도록 되어 있다.[22]

(2) 예산의 이월

가. 명시이월

명시이월은 세출예산 중 경비의 성질상 당해연도내에 그 지출을 끝내지 못할 것이 예상될 때에는 그 취지를 예산에 명시하여 미리 지방의회의 의결을 얻어 이를 익년도에 이월하여 사용하는 것이다.[23] 따라서 이 제도는 회계연도 독립의 원칙에 대한 예외로서 인정되고 있다.

나. 사고이월

사고이월은 세출예산중 당해연도내에 지출원인행위를 하고 불가피한 사유로 인하여 그 연도내에 지출하지 못한 경비와 지출원인행위를 하지 아니한 그 부대경비의 금액을 익년도에 이월하여 사용하는 것이다.[24]

다. 계속비의 체차이월

사업의 성격상 여러 해에 걸쳐 계속적으로 집행할 필요가 있는 경비는 계속비를 편성하도록 되어 있다. 그런데 당해연도 세출예산에 포함된 계속비의 연부액을 회계연도 종료시까지 집행하지 못하는 경우 불용액으로 처리하지 않고 다음 회계연도에 순차적으로 이월하여 집행할 수 있도록 되어 있다.[25]

(3) 예비비

세출예산의 편성시 지방자치단체의 장은 예측할 수 없는 예산외의 지출 또는 초과지출에 충당하기 위하여 지방자치단체는 예비비로서 상당한 금액을 세입세출예산에 계상하여야 한다. 과거에는 전체 예산의 100분의 1 이상을 예비비로 편성하도록 되어 있었으나 1994년 지방재정법 개정으로 편성규모에 관한 제약은 없어졌다.

---

22) 地方財政法 제47조 제2항 참조.
23) 地方財政法 제50조 제2항 참조.
24) 地方財政法 제50조 제2항 참조.
25) 地方財政法 제50조 제3항 참조.

Ⅳ. 결　　산

1. 결산의 의의

심의과정이 예산에 대한 사전심사인 것과는 달리 결산은 예산집행결과에 대한 사후심사를 말한다. 결산이란 예산집행을 종료한 집행부가 세입·세출예산의 집행실적을 확정적 계수로 표시하는 것을 뜻하는데, 의회는 결산에 대한 승인권을 보유하고 있다.[26] 따라서 지방의회의 결산승인권은 예산심의권과 함께 지방자치단체에 대한 중요한 재정적 통제수단이 된다.

예산을 집행하려면 예산안에 대한 지방의회의 사전심의와 의결을 거쳐야 하듯이, 예산을 집행한 다음에는 그 집행실적을 결산서로 작성하여 지방의회의 사후심사와 승인을 받아야 한다. 예산의 심의·의결과 결산의 심사·승인이라는 2개의 절차에 의하여 주민대표인 지방의회의 지방재정에 대한 통제가 그 실효성을 확보하게 되며, 따라서 주민들에 대한 지방재정보고의 성격도 갖게 된다.[27]

그러나 지방의회는 결산의 검사·심의과정에서 비록 위법·부당한 수입이나 지출이 발견되어도 그 자체를 무효로 하거나 취소할 수 없다. 위법·부당한 사실이 발견되면 지방자치단체장에게 정치적·도의적 책임을 추궁하는 외에 다른 수단은 없다. 그러나 결산심사를 통해 그 심사결과의 감사활용과 익년도 예산안 심사에의 반영을 가능하게 하므로 결산제도는 미래의 지방재정계획의 수립과 예산편성에 대한 유효적절한 통제수단이 된다. 따라서 결산의 기능은 다음과 같다.

첫째, 당초의 목표·계획·예산이 집행기관에 의해서 얼마나 제대로 추진되었나 하는 것을 확인하는 것이다.

---

26) 金鐘淳, 전게서, p. 171.

27) 지방재정운영의 투명성을 제고하기 위하여 지방자치단체는 연 1회 이상 세입·세출예산의 집행상황, 지방채의 현재액 등을 주민에게 공개하도록 되어 있다. 地方財政法 제60조 참조.

둘째, 결산내역은 향후 지방재정운용에 참고자료가 되므로 계획적인 재정운영에 도움을 준다는 점이다.[28]

2. 결산절차

지방자치단체 장은 출납폐쇄후 3개월 이내에 결산서 및 증빙서류를 작성한후, 지방의회가 선임한 검사위원의 검사의견서를 첨부하여 다음 연도 지방의회의 승인을 받아야 한다. 승인을 얻은 후 5일 이내에 시·도는 행정안전부장관에게, 시·군·자치구는 시·도지사에게 각각 보고하고 그 내용을 고시하여야 한다.[29]

(1) 세입·세출결산의 제출

지방자치단체의 장은 예산안의 제출시에 세입·세출결산을 작성하여 지방의회에 제출하여야 한다. 지방의회에 제출하는 세입·세출결산은 세입·세출결산보고서, 공기업 특별회계보고서, 물품증감 및 현재액보고서, 계속비 결산보고서 등을 포함한다.

계속비의 결산보고서는 그 계속비 연부액의 최종지출이 속하는 연도의 세입·세출의 결산보고서와 함께 제출한다.

이러한 결산서는 세입·세출예산과 동일한 구분에 의하여 작성하되, 세입에 관해서는 총세출예산액, 전년도 이월액, 예비비 사용액, 전용 등 증감액, 초과지출액, 예산현액 지출액, 익년도 이월액, 불용액 등이 명시되어야 한다.[30]

(2) 결산검사위원의 선임 및 결산검사

결산검사위원은 시·도는 9인이내, 시·군·자치구는 5인이내로 하고, 당해 지방의회의 의원이나 공인회계사 등 재무관리에 대한 전문지식과 경험을 가진 자 중에서 지방의회가 선임한다. 결산검사위원의 검사사항은

---

28) 권형신 외, 전게서, p. 296.
29) 地方自治法 제134조 참조.
30) 地方財政法 제51조 참조.

세입 · 세출의 결산, 계속비 · 명시이월비 및 사고이월비의 결산, 채권 · 채무의 결산, 재산 및 기금의 결산, 금고의 결산 등이다. 검사위원은 결산검사종료 10일 이내에 검사의견서를 당해 지방자치단체의 장에게 제출하여야 하며, 지방의회는 결산심의시 필요한 경우 검사위원을 출석시켜 설명을 들을 수 있다.[31]

(3) 지방의회의 심의 · 승인

지방자치단체 장은 출납폐쇄(2월말) 후 3개월(5월말) 이내에 결산서를 증빙서류와 결산검사위원의 검사의견서를 첨부하여 다음 연도에 지방의회에 제출하며, 지방의회는 상임위원회의 예비심사와 예산결산특별위원회의 종합검사를 거쳐 본회의의 승인절차를 거치게 된다.[32]

(4) 결산잉여금의 처리

지방자치단체는 매 회계연도에 있어서 세입 · 세출결산상 잉여금이 있을 때에는 '다른 법률에 의한 것'과 '세출예산의 이월금에 해당하는 금액을 공제한 잉여금'은 그 잉여금이 생긴 연도의 다음 연도까지 세출예산에 구애됨이 없이 지방채의 원리금의 상환에 이용할 수 있다.[33] 그 외의 잔액은 다음연도의 세입에 이입하되, 조례가 정하는 바에 의하여 그 잉여금의 일부 또는 전부를 재산 또는 기금에 편입할 수 있다.[34]

제 2 절 지방예산제도의 개혁방안

Ⅰ. 현행 지방예산제도의 문제점

쉬크(Allen Schick)는 예산제도의 발달과정에서 예산제도는 통제 위주

31) 李圭煥, "地方自治國體 決算制度의 發展方向," 「地方財政」 제17권 제6호 (韓國地方財政共濟會, 1998), pp. 47~49 참조.

32) 地方自治法 제134조 제1항 참조.

33) 地方財政法 제52조 참조.

34) 地方財政法 施行令 제39조 참조.

의 전통적인 품목별예산제도에서 관리 위주의 성과주의예산제도로 그리고 계획 위주의 기획예산제도(PPBS)로 발달하여 왔다는 것이다.[35]

현재 우리나라가 채택하고 있는 예산제도는 중앙정부나 지방자치단체 모두 이들 예산제도의 전부 또는 일부를 채택하고 있으며, 그 결과 많은 장점도 있지만 다음과 같은 문제점도 있음을 지적할 수 있다.[36]

(1) 조직별 · 품목별 예산편성의 한계

지방재정의 발전은 예산운영제도에 의해 성공적으로 이루어진다. 운영면에서 가장 핵심적인 것은 예산의 편성이다. 그런데 우리나라의 지방자치단체는 예산편성을 행정조직 단위별로 인건비, 물건비, 자본지출 등의 경비구분을 토대로 하여 예산요구 및 사정이 이루어지고 있다. 이러한 조직별 · 품목별 예산편성방식은 예산 요구 및 집행의 책임소재를 명확히 하여주므로 예산통제가 용이하고 예산집행의 효율화도 확보할 수 있는 장점이 있는 반면에, 다음과 같은 문제점을 지니고 있다.

첫째, 예산편성과 사정이 전체적인 사업목적의 달성, 즉 비용을 지출결과 얻어진 최종산물(end products)이 무엇인지를 알기 어렵다.

둘째, 결과적으로 이러한 예산편성은 지방재정정책과 밀접하게 연계되지 못함으로써 사업계획과 예산의 불일치를 초래하게 된다.

셋째, 조직의 미분화 또는 지나친 세분화로 인한 기능 또는 사업의 명백한 표출이 어렵다.

(2) 단년도 위주의 예산편성

자치단체 예산의 40% 이상, 특히 도시자치단체의 경우 60% 수준이 개발투자사업비로 지출되고 있다. 이러한 투자사업은 계획, 집행, 사업효과 등이 단년도에 그치지 않고 수년 동안 지속되는 것이 많아 중 · 장기적 시점에서 예산을 편성해야 할 필요가 있다. 그러나 현재의 예산편성은 주

---

35) Allen Schick, "The Road to PPB; The Stages of Budget Reform," in *Public Administration Review*, Vol. 26(Dec.)(1966) pp. 243~258.

36) 李圭煥, "地方政府의 豫算制度 改革方案,"「行政硏究」 제6권 (中央大學校 行政大學院, 1996), pp. 32~36.

로 1회계연도에 그치고 있어서 사업의 계속성 확보가 어려울 뿐만 아니라 다음과 같은 문제점을 지니고 있다.

첫째, 자치단체가 장기적인 주요사업계획과 정책을 입안하는 데 있어서 준거해야 할 가용재원의 한계가 없다.

둘째, 자치단체가 예산편성 이전에 성안 또는 결정되는 공공투자사업이나 기타 재정지원을 수반하는 주요정책이 독자적인 타당성은 있다 하더라도 가용재원의 한계를 전제로 하여 전체예산의 범위 내에서 타 사업이나 타 부문과 비교하여 우선 순위를 검증할 수 없는 경우가 많다.

셋째, 주민의 입장에서 자치단체가 수행하는 재정지원사업의 일반성을 예측하기 어렵고 매년 사업부서의 과다한 예산요구와 실제 예산반영액과의 격차로 인하여 자치단체를 불신하는 경향이 있다.

넷째, 전년도 답습방식에서 탈피하여 예산의 경직요인을 완화할 중장기적 정책 대안을 모색하고 이를 관계기관과 주민에게 설득시키기 어렵다.

(3) 계획과 예산의 연계성 결여

정책의 구체화 수단인 계획과 지방정부의 기능적 도구인 예산은 상호 밀접한 관계를 가지고 있다. 예산은 행정목표를 구체적인 사업계획으로 전환시키는 관건이라 할 수 있으며, 공공계획의 재정적 측면이며 계획집행에 필요한 자원을 마련하는 수단이다.

그러나 지역종합개발계획이나 장기종합발전계획 등의 행정계획은 기본적으로 행정수요에 대한 장기의 예측에 기인하는 데 대하여, 예산은 재정수지에 대한 단년도 예측에 기인된 계획이기 때문에 예산과 계획에서 갭이 생기는 요인이 되고 있다.

이처럼 계획과 예산의 괴리는 낭비와 비효율적 재정운용의 주요한 원인이 되고 있으며, 아무리 훌륭한 계획이라도 실행수단으로서 예산의 뒷받침이 없다면 그 계획은 지상계획(paper plan)에 지나지 않을 것이다

(4) 특별회계 설치의 남용

기업적 성격을 지닌 공공의 사업에 대해 경영의 원리에 따라 능률성을

확보코자 할 때 특별회계의 계정을 두게 된다. 지방자치단체는 현재 수도사업, 지하철 운수사업, 병원사업 등 공기업회계를 포함하여 10여개의 특별회계가 설치되어 있고, 그 예산규모로는 총예산의 40~50% 수준을 차지하고 있으며, 매년 그 비중이 높아가고 있는 경향을 보이고 있다.

사업시행에 있어 특정수입, 특정지출에 충당함으로써 일반회계와 구분경리할 필요가 있어 개별법령에 근거하여 설치하는 특별회계사업이 많고 예산규모가 많아짐으로 해서 종합적 재정운용이 어려운 실정에 있다.

특별회계사업의 예산편성이 사업주관부서에 의해 실질적으로 편성되고 예산담당부서에서는 형식적 편성에 그치고 있어 재정운용의 합리성을 기하기 어렵다.

따라서 일반회계와 특별회계를 통합하여 하나의 세출과목구조로 하고 사업목적에 따라 재조정하여야 하며 재정운용의 계획화, 통합화를 위해 선행되어야 할 필요한 조치라 하겠다.

(5) 세출기능상의 문제

지방자치단체의 세출기능에는 다음과 같은 문제점이 있다.

첫째, 일반행정비는 직접 주민에게 어떤 형태의 서비스를 공급하기 위한 기능이라기보다는 지방정부의 유지관리를 위한 기능이다. 외국의 경우는 흔히 이 기능의 비중이 10% 수준을 점하고 있으나 우리나라의 기초자치단체는 30% 수준에 육박하고 있는데 이는 세출기능 분류상 오류로 인한 부분도 적지 않음을 인정한다 하더라도 아직도 이러한 소비적 성격이 강한 지출부문의 비중이 높은 것은 세출의 건전한 구조를 보여주는 것이 아니라고 하겠다.

둘째, 사회개발비용 가운데 사회복지비의 비중이 아직도 낮은 수준이다. 복지국가를 지향하는 이념에 미루어 보거나 선진외국의 경우 30~40% 수준에 비추어 볼 때 그 기능과 비중이 취약함을 알 수 있다.

셋째, 공익사업 기능 속에는 개발행정기능이 많이 포함되는데 예산과목구조에서 이들 기능이 체계적으로 구분되어 있지 못하고 중복·분산되는 부분이 많아 재정 운영상의 비효율을 초래하고 있다.

넷째, 투자비규모가 50~60% 수준이 되고 있는데 이는 합리적인 성질별 과목 구분원칙과의 연계미흡으로 투자비규모의 계상이 실제보다 과다하여, 각 기능에 대해서 투자비, 경상비의 구성을 알기 어려워 예산운영의 개선을 위한 제반작업을 어렵게 하고 있다.

(6) 예산제도의 내실있는 운영노력 미흡

재정운용의 효율성을 제고하기 위한 각종 제도의 도입과 이들 제도의 내실있는 운영능력의 부족이다. 한정된 재원을 가지고 확대일로에 있는 재정수요에 대처하기 위해서는 자원의 효율적 배분이 필연적인 과제 중의 하나이다. 이러한 관점에서 지방자치단체가 한때 도입한 새로운 제도로 영기준예산제도, 투자심사제도 및 중기재정계획제도 등이 있다

첫째, 지방정부는 중기재정계획을 단기적 시계에서 뒷받침해주는 투자심사와 ZBB를 도입하면서 중기재정계획과 투자심사제도에 대하여는 훈령으로 '88년부터는 지방재정법(33조)에서 그 운영을 법적으로 제도화하고 전담기구를 설치한 바 있으나 ZBB는 아무런 제도적 보장이 없어 극히 형식적 도입에 그치고 말았다. 즉, 1982년 예산편성지침에서 우선 투자사업에 대하여 영기준예산제도를 적용하도록 예산개혁을 단행한 바 있다. 그러나 이 제도에 대한 충분한 사전지식과 경험없이 도입된 영기준예산제도는 당초의 목적달성에 실패하였다.

둘째, 투자심사제도의 경우, 대도시를 중심으로 도입·운영하고 있으나 실무적인 투자심사기법 등의 개발미비와 정책결정자들의 인식부족 및 전문인력의 부족 등 제도운영의 여건이 미흡하였다. 따라서 각종 대단위 사업이 사전에 충분히 타당성 검토 없이 선정, 집행되어 투자효과를 저하시키고 자원배분의 합리성이 확보되지 못하고 있는 실정이다.

셋째, 중기재정계획제도는 지난 1988년에 지방재정법을 개정하여 중·장기지방재정계획을 수립할 수 있는 법적 장치를 마련하여 계획과 예산을 연결시킬 수 있게 하였다. 나아가 '91년 12월에는 지방재정법을 개정하여 지방자치단체의 장이 예산을 편성할 때에는 중·장기지방재정계획을 기초로 하도록 하여 중기재정계획의 위상을 높였고(제36조 제3항), 행정안전부장관으로 하여금 각 지방자치단체의 지방재정계획을 기초로 종합적인 지방재정계획을 수립하고, 국무회의에 보고토록 함으로써 국가재정계

과의 협력·조정을 도모할 수 있게 하였으며(제33조 제2항 및 제3항), 각 자치단체별로 지방재정계획심의위원회를 두도록 하여 보다 충실한 중기 지방재정계획을 수립할 수 있도록 하였다(제33조 제5항). 그러나 아직도 상위계획을 뒷받침하고 전년도예산을 보완하는 실질적인 재정계획으로서의 활용이 미흡한 실정이다.

Ⅱ. 자본예산제도의 도입·확대

1. C.B.의 개념 및 발전

자본예산(capital budgeting)이란 정부, 특히 지방자치단체의 예산제도로서 예산을 자본예산과 경상예산으로 나누어 경상적 지출은 경상적 수입에 의하여 충당하며 균형되어야 하나, 자본적 지출은 그 많은 부분을 공채의 발행에 의하여 충당하는 복식예산(double budget)을 말한다.[37]

고전경제학자들은 공채발행을 죄악시하였고 균형예산을 강조하였다.[38] 그러나 1929년의 대공항을 계기로 불황극복을 위한 정부투자 확대를 위해서는 공채발행이나 적자예산이 불가피하게 되었다. 특히, 지방정부가 도로, 교량, 공공건물, 공항, 상·하수도, 문화시설 등을 건설 혹은 구입하고 기계, 설비, 토지 등을 구입하는 데 있어서 소요되는 재원이 막대하므로 이러한 재정투자소요를 충당하기 위해서 조세수입에만 의존하기에는 한계가 있기 때문에 부득이 공채를 발행하지 않을 수가 없게 되었다.

이처럼 전통적인 균형예산의 관념을 떠나서 불경기의 극복 또는 공공사업의 확충을 위하여 공채를 통해 적자예산을 편성하고, 경기가 회복된 후 또는 투자사업을 통해 수익이 발생된 후 흑자예산으로 상환케 하는, 즉 균형예산의 수정과 궤를 같이하는 제도가 C.B.인 것이다.

자본예산제는 본래 스웨덴을 위시한 스칸디나비아 제국에서 발달하였으나 미국의 도시정부에서 발달한 자본예산과는 그 실시의 동기가 다르

---

37) Robert D.Lee and Ronald W. Johnson, *op. cit.*, pp. 240~242.

38) 李圭煥, "地方債의 本質,"「地方財政」 제12권 제6호 (韓國地方財政共濟會, 1993), pp. 26~27.

다. 즉, 1937년의 예산제도개혁에 의하여 자본예산을 채택한 스웨덴이 이 제도를 도입한 것은 국민의 경제적 복지에 대하여 정부가 큰 관심과 책임을 느끼게 된 데서 비롯하였다.

현재 미국의 도시정부에서 운용되는 자본예산제도는 1930년대의 공황을 배경으로 1940년대에 확립되었으며, 제2차 대전의 산물이라 할 수 있다. 그것은 1920년대의 무계획적으로 방만하게 실시하던 공공사업계획은 불경기에 직면하여 미국의 도시를 파산상태에 몰아넣었다. 1930년대에는 연방정부의 보조금에 힘입어 도시정부는 각종 대형투자사업에 큰 관심을 갖게 되었다. 제2차 세계대전 중에는 도시개발계획의 실시를 중단하다가 종전과 함께 다시 공공사업과 시설확충에 착수하게 되었다.

그러나 미국의 도시정부는 조세의 세목과 세율에 제한이 있었고, 정부의 재정상 통제를 받아야 하는 관계로 조세수입에만 의존할 수 없이 부득불 적자재정과 공채발행에 의존하지 않을 수 없었다. 이러한 여건하에서 미국 도시정부에 있어서 자본예산제도의 발달이 촉진되었던 것이다.

미국의 도시정부에서 이처럼 자본예산제도가 발달된 원인을 살펴보면 다음과 같다.[39]

첫째, 공공시설의 확충을 추진하는 데 있어서 재원의 한정으로 적자재정과 공채발행에 의존하지 않을 수 없었던 점이다.

둘째, 공공시설의 신설 또는 확장의 경비를 조세수입에만 의존하지 않고 수익자 부담의 원칙에 의하여 공채의 발행으로 다음 세대에도 부담의 균등화를 기하도록 할 수 있었던 점이다.

셋째, 장기계획의 필요성을 절실히 느끼게 되었던 것 등을 지적할 수 있다.

이와 같은 원인에 의하여 미국의 많은 도시들이 공공시설비를 자본예산으로 편성하는 것이 재정계획과 예산편성에 도움이 된다는 것을 알 수 있었던 것이다. 이러한 자본예산제도를 연방정부가 아닌 도시정부에서 채택한 이유는 대부분의 자원개발이나 도시개발과 관련된 공중시설의 확충 책임이 도시정부에 있으며, 연방정부는 보조금을 통하여 이러한 사무처리

39) 李圭煥, "美國都市政府의 資本豫算制度 運用," 「地方財政」 제13권 제5호 (韓國地方財政共濟會, 1994), pp. 37~39.

를 지원할 정도에 지나지 않는다는 사실에서 찾아 볼 수 있다.

2. C.B.의 필요성과 수립과정

자본예산제도는 중앙정부의 예산제도라기보다는 지방자치단체의 예산제도로서 더 적절한 제도라 할 수 있다. 그것은 C.B.가 경제안정이나 성장보다는 도시 및 지역개발에 보다 큰 비중을 두기 때문이다. 우리나라의 지방자치단체에 C.B. 도입의 필요성과 그 가능성은 매우 크다고 할 수 있으며, 그 논거는 다음과 같다.

첫째, 지역개발의 촉진에 있다. 지방화시대를 맞아 지방경제를 활성화하고 지역개발에 큰 관심을 갖지 않을 수 없다. 또한 고용기회를 창출하고 소득을 증대시키며 경기를 부양해야 한다. 지방재정은 이러한 지역경제 및 지역개발에 직접적인 영향을 주기 위해서는 재정운용을 이러한 방향으로 이끌어가야 할 것이다. 따라서 지방자치단체는 예산구조를 경상계정과 분리하여 자본계정을 별도로 관리할 필요가 있는 것이다.

둘째, 자본축적에서 찾을 수 있다. 우리나라 지방자치단체는 도로, 교량, 공공건물, 공항, 상・하수도 등의 취득・건설에 대한 수요는 매우 높다. 이러한 공공시설의 건물・취득을 위해서는 지방재정의 확충이 불가피하며, 이는 곧 자본예산의 전제라 할 수 있는 자본 투자계획을 통해서 효율적으로 진행시킬 수 있는 것이다.[40]

셋째, 재원확보에 있다. 지방재정수요는 더욱 팽창할 것이 예상되지만 실제의 가용재원은 한정되어 있다. 지방세, 세외수입 등과 같은 경상적 수입만으로는 부족재원을 충당하는 데 한계가 있으므로 공채발행이나 차입금과 같은 적자예산이 불가피하다. 따라서 공채발행으로 특정재원을 충당하는 자본예산제도가 절실하다 하겠다.

넷째, 예산의 신축성 확보에 있다. 전통적인 경상예산만으로는 자율적이고 융통성 있는 지방재정을 운영할 수 없고, 자치행정의 목표와 효과를 달성할 수 없게 된다. 따라서 총괄적이고 장기적인 재정균형을 보장하는

---

40) 李圭煥, "地方政府의 豫算制度改革方案," 전게논문, pp. 47~48.

자본예산제의 도입이 요망되고 있다.

다섯째, 중·장기적인 개발계획과 재정계획을 올바로 수립하고 집행케 하는 데 있다. 지역 종합개발계획이 과거 그 어느 때보다 필요하며, 이들 계획에 포함되는 사업 가운데 상당부분은 물리적 계획으로서 자본예산의 대상이 되는 자본형성 및 취득부문에 해당되기 때문이다.

다음은 자본예산제도의 수립과정을 보면 다음과 같다.[41]

자본예산제가 편성되기 위해서는 먼저 자본투자계획(Capital Improvement Program: CIP)이 수립되어야 한다. CIP를 작성하기 위한 수립절차를 보면 크게 3단계로 구분할 수 있는데, 제1단계는 향후 15~20년간의 장기적인 종합개발계획(comprehensive development planning)을 구상하는 것이며, 제 2단계는 이 장기 계획에 기초하여 종합적인 5~10개년 시설개발계획과 관련된 기본계획을 작성하는 것이고, 제3단계는 지방정부의 세입·세출에 관한 재정분석을 하고, 이에 입각하여 자본투자계획과 중기재정계획을 작성하는 것이다.

이러한 과정을 보다 구체적으로 보면 다음과 같다.[42]

첫째, 자본투자계획을 수립함에 있어서 첫단계는 15~20년 앞을 전망하여 장기종합개발계획(master plan)을 수립하는 것이다.

둘째, 이러한 마스터 플랜에 준거하여 종합적인 물리적 사업, 즉 시설개발계획(physical plan)을 작성하는데 보통 계획기간은 5~10년이다. 이때 자치단체의 각 사업부서장은 자기 소관사업에 관한 사업계획서를 작성하여 기획관리실에 제출하며, 기획관리실은 이에 따라 사업의 타당성, 소요경비 및 재원 등을 검토하여 우선 순위를 정한다.

셋째, 자치단체의 현재 세입과 세출에 대한 재정분석을 하여 중·장기 재정계획을 수립한다. 이 경우 새로운 공공시설이 준공된 후 이를 보수하고 유지하는 데 소요경비에 대한 검토도 하며, 또한 자치단체의 부채상황, 장래의 재원 등도 아울러 고려하여야 한다.

넷째, 이와 같은 재정분석에 입각하여 당해 자치단체가 투자해야 할 공공투자사업에 대한 우선순위를 설정하여 자본투자계획(CIP)을 완성한

---

41) Robert D.Lee and Ronald W. Johnson, *op. cit.*, p. 240.

42) 李圭煥, 전게논문, pp. 48~49.

다. 이 경우 사업에 따라 가용재원이 다르다는 점을 고려해야 한다. 예컨대, 도로사업, 지하철사업, 상·하수도사업 등은 수익자 부담으로 공채사업이 가능하지만 어떤 사업은 국고 보조금으로 충당해야 할 것들도 있다.

끝으로, 이와 같은 CIP가 일단 확정되면 5개년계획의 제1차연도분은 자치단체의 당해연도 예산에 포함되게 되어 자본예산제의 자본계정에 해당되는 것이다. 많은 경우에 있어서 5개년계획은 1년씩 연장되고 새로운 검토와 수정이 이루어지는 소위 '연동식 계획'(rolling plan)이 되어 종래의 고정식 계획보다 신축성 있는 장점을 갖게 된다.

이처럼 자본예산제도는 자본투자사업을 효율적으로 추진하기 위한 연동식 계획으로서 장기종합개발계획, 부문별 시설개발계획 및 투자계획으로 구성되어 있으며, 자본예산은 CIP에 의하여 편성되는 당해 회계연도의 자본적 지출에 관한 예산을 말한다.[43]

3. C.B.의 도입·확대방안

자본예산은 경상계정과 자본계정을 구분함으로써 자본적 지출에 대한 특별한 예산사정과 분석을 가능케 하여 자치단체의 지출을 구분하는 데 편리한 장치가 될 수 있다. 이와 같은 사정은 보통의 예산절차에서는 볼 수 없는 전문적 지식·기술의 제공과 주민의 폭넓은 참여를 가능케 한다. 따라서 자본예산제도는 정치가, 공무원뿐만 아니라 일반납세자인 주민에게 지방정부의 재정구조를 명확하게 파악할 수 있게 한다.

자본예산제도 및 자본투자계획(CIP)은 장기적인 공공사업계획과 연결되어 조직적인 자원개발과 자원보전을 위한 효과적인 수단이 될 수 있어 재정계획의 수립에 편의를 제공하여 장기적인 관점에서 지방정부의 지출을 규제하는 데 기여하고, 이로써 지방정부의 공신력을 제고하는 데 유용하다. 뿐만 아니라 지방정부는 자본예산제도를 활용함으로써 불경기에는 적자재정정책을 통하여 유효수요를 창출하고 고용효과를 증대시키며 경기회복에 크게 기여할 수 있다.[44]

---

43) John L. Mikesell, *Fiscal Administration*(Homewood, Illinois: The Dorsey Press, 1982), pp. 96~97.

이처럼 자본예산제도를 운용함으로써 많은 장점을 갖고 있는 이 제도는 현재의 우리나라 지방정부에서 약간의 자본예산적 요소가 포함되어 있다고 볼 수 있다. 즉, 현행 일반회계는 경상예산적 성격이 강한 반면에 특별회계는 자본예산적 성격이 짙다고 할 수 있다. 특히 공기업특별회계는 주로 자산의 형성과 그 운영을 다루고 있어 자본예산과 비슷한 특색을 갖고 있다.

또한, 자본예산제도의 기본적 재원이 되고 있는 공채를 인정하고 있는 점이다. 즉, 현행 지방자치법에서는 자치단체의 장은 그 자치단체의 항구적 이익이 되거나 또는 비상재해 복구 등의 필요가 있을 때에는 행정자치부 장관의 승인을 얻는 범위 내에서 지방채를 발행할 수 있도록 규정하고 있다.

자본예산제도를 우리나라 지방자치단체에 도입하기 위해서는 무엇보다 먼저 장기종합개발계획의 수립이 필요하다. 앞서 자본예산의 수립과정에서 살펴본 바와 같이 자치단체는 향후 15~20년을 내다보는 자기 지역 내의 지역개발을 위한 각종 사업을 체계적이고 효과적으로 추진할 수 있도록 장기적 종합계획을 수립해야 하는 것이 첫번째 과제이다.

다음은 장기종합개발계획에 준거하여 10년을 목표로 하는 물리적 시설개발계획을 수립하고 따라서 이를 실천할 중장기재정계획을 작성하여야 한다. 이때 자본의 형성과 취득에 대한 재정계획은 사업별·시간별 우선순위에 따라 구체화시켜야 한다. 이것이 바로 자본투자계획(CIP)이다.

끝으로 자본예산을 편성하는 것이다. 이는 CIP가 일단 확정되면 5개년계획의 제1차년도분이 1년을 회계연도로 하는 상례적인 예산편성을 자본예산제도로 전환하는 것이다.

자본예산제도의 적용과정을 도식화하면 다음과 같다(그림 Ⅳ.3.2 참조).

앞서 고찰한 바와 같이 자본투자계획(CIP)의 연동화를 통해 자본예산이 편성됨을 알 수 있다. 지방정부가 CIP를 수립하는 경우에는 될 수 있는 대로 신뢰도가 높은 객관적인 지표에 의해서 정확히 추계를 해야 하는 것은 당연하지만 그 수입·지출전망의 전제조건으로 된 제요소를 명확히

---

44) Jesse Bulkhead, *Government Budgeting*(New York: Wiley, 1956), p. 185.

[그림 Ⅳ.3.2] 자본예산제의 운영과정

장 기 종 합 개 발 계 획

자 본 투 자 계 획

(공공투자사업) (백만弗)

연도	소방서 건립	도서관 건립	하수도관 확장	공원개발
20×0	185	-	15	15
20×1	10	-	20	25
20×2	-	20	30	35
20×3	-	100	50	45
20×4	-	-	75	55
20×5	-	-	40	30

자본예산(20×0년) (단위: 100만弗)	경상예산(20×0년) (단위: 100만弗)
소방서 건립---------185	공무원 인건비-------640
하수도관 확장--------15	물건비--------------140
공원개발-------------15	경상이전비-----------20

자본적 경비 215,000,000	경상적 경비 800,000,000
총예산 규모 1,015,000,000	

자료: John L. Mikesell, *op.cit.*, p. 101.

하여 연도진행과 병행해서 여건의 변동에 따라 예측과 실적의 괴리를 수정해 나가는 연동화계획방식은 자본예산 제도를 제고하는 좋은 도구가 되고 있는 것이다. 여기서 연동화계획이란 CIP의 집행과정에서 매년계획 내용을 수정·보완하되 계회기간을 계속하여 1년씩 늦추어가면서 동일한 연한계획을 유지해 나가는 계획의 조정제도이며, 이러한 조정방법은 CIP의 운영에는 불가피한 요소가 되는 것이다.

전반적인 자본예산제도의 도입이 어려운 경우에는 현재의 예산구조 가운데 특정 재원으로 특정지출에 충당되는 부분, 특히 특별회계 등의 해당부분을 하나로 모아 자본예산화하는 단계적 접근방법이 바람직하다 하겠다.[45]

제 3 절 합리적 재정지출방안

부족재원의 확충방안으로서 지방세, 세외수입 등 자체재원 증대와 지방재정조정제도의 개선과 병행하여 지방자치단체는 행·재정에 내재되어 있는 비효율·소비요인을 제거하고 재정수요 팽창을 억제하여 재정지출의 절감과 합리화를 이루어야 한다. 재정지출의 효율화와 관련하여 일반적 경비절감의 고려사항은 첫째, 지방자치단체를 둘러싸고 있는 내·외환경의 변동으로 인해 불요불급한 경비지출은 폐지, 동결, 감축한다.

둘째, 지방자치단체의 기구 및 사업을 재검토하여 가능한 한 민간부문으로 이양한다.

셋째, 행정서비스 적정화와 사회적 공평에 비추어 수익자부담을 지향한다.

넷째, 경상비를 최대한 억제키 위해 공무원 증원을 신중히 하고, 자치단체기구의 합리적 조정을 모색한다.

다섯째, 지방예산의 계획기능을 강화하여 무리한 계획사업의 재정지출 팽창을 지양한다.

이러한 합리적 재정지출을 효율적으로 수행할 수 있는 방안으로는 재정운용계획(중장기재정계획), 경상적 지출의 효율화, 투자적 경비지출의 효율화 등을 들 수 있다.

45) 李圭煥, 전게박사학위논문, pp. 106~108.

Ⅰ. 지방재정의 계획적 운용

1. 중기재정계획제도의 정착

도시 및 지역개발계획은 각종 행정수급에 대처하면서 종합행정의 실현을 확보하기 위한 것으로 재원의 확보가 없는 개발계획은 단순한 기대적, 종합적인 시책의 나열에 불과한 것이 된다. 따라서 재정계획은 지방자치단체가 중·장기적인 전망 하에 예정되는 제 시책이나 구상을 조정하고 통합할 수 있는 것이다. 도시 및 지역개발계획은 중·장기재정계획이 뒷받침 될 때 비로소 그 실효성이 확보될 수 있는 것이다. 이 같은 관점에서 중장기 재정계획을 발전·정착시켜야 할 필요성은 다음과 같다.46)

① 지방재정에 있어 광범위한 수요증대에 대해 한정된 재원으로 대처하기 위해서는 수요증대의 장기적 전망 하에서 재정운용이 이루어져야 한다.

② 예정 외 경비의 발생을 지방재정에 충격없이 받아들이기 위해 장기적 전망에 입각한 재정운용이 필요하다.

③ 단년도 예산제도가 갖는 전년도 답습적 예산제도를 지양하고, 수요와 재정공급을 중·장기에 걸쳐 예측하기 위해 계획적 재정운용이 필요하다.

④ 지방재정 환경변화에 효율적으로 대처할 수 있도록 변화를 반영할 수 있는 연동계획적 성격을 띠는 중·장기적 재정운용이 필요하다.

이상의 재정계획의 필요성을 중심으로 지방정부의 중기재정계획제도의 발전을 위해서는 제도적, 기법적, 운영적 측면에서 다음과 같은 기본방향하에 개선을 위한 전략이 모색되어야 할 것이다.47)

첫째, 제도적 측면에서는 중·장기에 걸친 정책목표와 방향이 설정되고 개발계획이 합리적으로 수립되어 중·장기 재정운용을 가능케 하는 종합계획체제가 운영되어야 한다. 특히, 사업계획과 예산이 연계되도록

---

46) 李圭煥, 「地方財政의 計劃的 運用」(都市 및 地域計劃研究所, 1984), pp. 33~36.

47) 李圭煥, 「한국도시행정론」(서울: 법문사, 2004), pp. 335~337.

해야 하며, 중기재정계획제도를 보완하는 관련제도의 운영이 강화되어야 할 것이다.

둘째, 기법적 측면에서는 재정수요 및 재정수입의 예측기법, 단위사업의 투자효과분석 등 계획수립의 기법이 개발되어야 할 것이다.

셋째, 중기재정계획제도의 실효성을 확보하기 위해서는 관련기구 및 인력의 확보 등 운영측면에서의 개선이 이루어져야 할 것이다.

2. 자본투자계획의 도입

지방재정의 효율적 운용을 위하여 중기재정계획제도를 도입·운영해 오고 있으나 아직 제도정착이 미흡한 현실에서 성공적으로 중기재정계획을 운영·발전시키기 위해서는 관련제도의 도입 또는 보완운영이 강화되어야 할 것이다. 이러한 보완제도에는 자본투자계획[48](Capital Improvement Program: C.I.P.)과 사업별 예산편성방식 등의 도입이 그 대상이 될 것이다.

C.I.P. 제도를 도입·운영하고 있는 미국의 많은 도시정부들은 C.I.P.를 통하여 재정계획과 예산편성에 다음과 같이 기여했던 것이다.[49]

① 공공시설의 확충을 추진하는 데 있어서의 재원부족을 적자재정과 지방채발행으로 충당할 수 있었다는 점, ② 공공시설의 신설·확장경비를 조세수입에만 의존하지 않고 수익자부담의 원칙에 의하여 공채의 발행으로 다음 세대에도 부담의 균등화를 기할 수 있었다는 점, ③ 장기계획의 필요성을 절실히 인식하게 되었다는 점 등이다.

C.I.P.제도는 무리한 기채사업을 남발하고 경제적 안정을 해칠 우려가 있다는 결함을 갖고 있다. 그러나 지방정부의 자산상태와 재정구조를 이해하는 데 용이하고 자본지출의 분석을 가능케 하며, 지방정부의 공신력을 높이고 경기회복에 기여한다는 장점을 갖고 있다. 따라서 부족된 재원으로 개발을 촉진할 필요가 있는 지방정부에서는 도입의 필요성이 큰 제

---

48) 자본투자계획제도에 관한 구체적인 내용은 다음을 참조할 것. Robert D. Lee and W. Johnson, *op. cit.*, pp. 240~245; John L. Mikesell, *op. cit.*, pp. 96~97.

49) Jesse Burkhead, *op. cit.*, pp. 184~185.

도이다.[50)]

C.I.P.는 지방정부내에 투자를 요하는 투자사업에 대하여 치밀한 사업계획을 작성하는 것이다. 이 계획은 당해년도 예산을 심의하는 과정에서 그리고 지역주민이 지방정부의 활동을 이해하는 데 매우 중요한 정책자료로서 활용될 수 있다. 또한 공공시설의 위치를 정하고 그 투자시기를 결정함으로써 민간투자와 함께 지방의 종합적 계획의 유용한 도구가 될 수 있다.

3. 사업별 예산편성방식의 도입

현행 품목별 예산제도 중심하에서 예산편성이란 행정조직 단위별로 인건비, 물건비 등의 경비구분을 토대로 하여 예산요구 및 사정이 이루어지고 있다.

이러한 예산편성방식은 ① 예산편성과 사정이 전체적인 사업목적의 달성 또는 경비지출의 효율적 배분보다는 지엽적인 경비지출의 통제에 치중하게 되고, ② 조직의 미분화 또는 지나친 세분화로 인한 기능 또는 사업의 명백한 표출이 어려운 문제점 등을 지니고 있다.

현행 예산편성제도가 갖고 있는 문제점을 개선하기 위한 제도로는 전술한 바 있는 계획 예산의 연계, 경상·자본계정의 분리 등의 제도외에도 총원가 산정방식에 의한 사업별 예산편성제도의 도입이다.

현행 예산제도는 사업목표의 효과적 달성보다는 경비지출의 타당성을 더 중시하는 경향이 있다. 그러나 사업시책체계에 따라 예산을 분류, 편성, 집행하는 사업별 예산편성방식을 실시하게 되면 중기재정계획제도를 운영하는데 효율적인 뒷받침이 될 것이다. 또한, 사업별 예산편성방식을 실시하게 되면 사업별로 비용편익분석(cost-benefit analysis)이 가능하게 되어 예산집행자들에게 비용의식을 제고시킴과 동시에 사업별 목표관리가 가능하게 된다. 그리고 지역주민에게는 비용부담과 수혜정도를 비교가능케 하여 재정운영의 이해도를 증진시킬 수 있다. 또한, 단년도 예산편성

---

50) 金圭定, 전게서, pp. 838~839.

의 문제점을 보완하여 중·장기적 관점에서 사업의 계속성을 확보하기가 용이하다. 따라서 계획과 예산을 연계시킬 수 있는 바탕이 된다.

Ⅱ. 경비지출의 효율화

1. 감축관리

행정단위별 경비를 최소화하여 작은 사업규모별로 행정목적을 달성토록 하는 것은 자치단체의 당연한 의무이다. 특히, 행정지원적 성격의 경상비지출은 사무처리의 간소화 및 능률화 등 행정관리개선을 통해 최소한도의 수준에 그쳐야 하며, 관료적인 이해관계로 인한 기구확장이나 인원증원 등은 억제되어야 할 것이다. 이런 점에서 무성장관리(zero-growth)나 감축관리(cut-back management)와 같은 관리기법은 지방재정운영의 지침이 된다고 할 수 있다.[51]

한정된 재원으로 지방재정 환경의 급격한 변화에 따른 행·재정수요에 효과적으로 대응하기 위한 새로운 관리전략으로서 감축관리가 불가피하다. 감축관리는 역기능적이거나 불필요한 기구·정책만을 정비하는 것이 아니라 자원난, 인플레이션, 세입결함 등으로 말미암아 기능, 기구, 정책까지도 정비해야 하는데 어려운 점이 있다. 이 때 감축규모나 감축대상과 아울러 능률과 형평을 어떻게 조화시킬 것이냐 하는 문제가 제기되는데 이는 감축관리의 가장 중요한 요소이다.

정부의 서비스에 가장 많이 의존하는 계층이 영세민, 신체장애자, 노약자 등인데 일반적으로 이들에 대한 서비스전달의 단위원가가 가장 높다. 따라서 생산성 기준에 의거한 맹목적 예산절감은 이들 계층에서 가장 큰 영향을 미친다. 즉, 감축이 불가피할 때 흔히 정치영향이 가장 약한 계층의 예산을 삭감하는 경향이 있으며, 이를 합리화시키기 위해 생산성이라는 기준이 사용된다. 따라서 감축관리 선정에는 지나친 능률을 강조해서는 안되고 형평도 이에 못지않게 중요하다는 점을 염두에 두어야 한다.

51) 李圭煥, "美國의 減縮管理와 그 推進戰略,"「地方財政」제12권 제2호 (韓國地方財政共濟會, 1993), p. 38.

2. 투자심사분석제도

(1) 투자심사분석제도의 성격

지방자치단체의 자체재원이 빈약한 여건하에서 제한된 자원을 효율적으로 배분, 지출하여 지방행정 서비스 효율성을 제고시키는 것은 앞으로 지방재정이 해결해야 할 중요한 과제의 하나이다. 이러한 관점에서 장기적 공공수요를 예측하고, 이에 기초하여 중점사업과 투자의 우선순위를 결정하는 가운데 이러한 투자계획이 연도별 지방예산과 국고보조금 산정에 적절히 반영될 수 있는 체계적 재정운영이 요망된다. 합리적 투자지출을 기하기 위한 방안을 구체적으로 지적해 보면 다음과 같다.

① 투자지출의 효율화를 기하기 위한 방안으로서 비용·편익분석, 경비·효과분석 등 과학적 분석방법이 광범위하게 활용되어야 할 것이다.

② 투자사업에 대한 사전적 타당성 조사의 체계적 실시와 더불어 사업집행과정에서의 효율성 제고를 위한 점검체계(monitoring system)와 사후적 평가체계의 수립이 필요하다.

③ 투자비의 효율화 노력을 뒷받침하기 위해서는 투자관련 예산회계제도의 전반적 개혁이 수반되어야 할 것인 바, 이와 같은 내용들을 고루 함축하고 있는 투자심사분석제도를 고찰할 필요가 있다.[52]

지방자치단체가 지역내에서 발생하는 행정수요에 효율적으로 대처하는 과정에서 직면하게 되는 가장 큰 문제는 한정된 재원으로 무한히 증가하는 수요에 어떻게 대처할 것인가에 있다. 이와 같이 재원이 부족한 상황에서 선택될 수 있는 가장 효과적인 방법중 하나가 개별투자사업에 대해 사전에 정밀 분석하여 사업의 우선순위를 결정함으로써 한정된 재원에 의한 투자효과 극대화를 도모할 수 있는 것이 투자심사분석이다. 지방자치단체가 투자사업에 대해 심사분석과정을 거침으로써 다음과 같은 효과를 거둘 수 있다.

첫째, 경제성이 없는 투자를 억제하고 투자사업의 부실화를 사전에 예방할 수 있다.

52) 투자심사분석제도에 관한 구체적인 내용은 다음을 참조할 것. 李圭煥, 전게박사학위논문, pp. 77~83 및 pp. 130~133.

둘째, 각종 후보사업 중 가용재원의 범위 내에서 투자우선순위에 입각한 사업선정을 가능케 한다.

셋째, 공공기관 또는 상위 예산담당기관으로부터의 투융자 자금의 우선배정 또는 외자도입의 지원자료로 제시할 수 있다.

넷째, 각종 요금·가격, 세율의 결정에 필요한 기준을 제공한다.

다섯째, 결재권자에게 투자사업결정에 필요한 자료를 체계적으로 분석하여 제시할 수 있다.

(2) 투자심사분석의 방법

투자의 타당성을 검토하고 투자사업의 우선순위를 결정하는 기법으로 가장 널리 이용되고 있는 방법이 사업의 편익과 비용을 측정, 비교하는 비용·편익분석(cost-benefit analysis)이다.

편익과 비용을 비교하기 위해서는 먼저 일정기간을 설정하고, 다음에 이들을 일정시점을 기준으로 가치통일을 해야 한다. 사업을 착수하는 현재 시점과 장래 사업이 완료되거나 어떤 기준에 의해 설정되는 목표시점으로 통일하는 것이 일반적이며 대개의 경우 현재시점으로 환산하고 있다.

$$P_b = \sum_{t=0}^{n} \frac{B^t}{(1+r)^t}, \quad P_c = \sum_{t=0}^{n} \frac{C^t}{(1+r)^t}$$

여기서 Pb와 Pc는 현재가치로 환산된 총편익과 총비용
그리고 Bt와 Ct는 t년도 발생하거나 투입된 편익과 비용
n: 총년도수, r: 연이자율

여기서 각년도의 편익과 비용이 매년 동일한 값을 가진다고 할 때 이를 각각 B와 C라 하면 위 산식은 다음과 같이 될 수 있다.

$$P_b = B\sum_{t=0}^{n} \frac{1}{(1+r)^t} = B\frac{(1+r)^{n+1} - (1+r)}{r(1+r)^n}$$

$$P_c = C\sum_{t=0} \frac{1}{(1+r)^t} = C\frac{(1+r)^{n+1} - (1+r)}{r(1+r)^n}$$

따라서 지출결정을 위한 방식은 여러 가지 있겠으나 상술한 비용·편익분석의 결과를 가지고 결정하는 방법에 국한하여 설명하기로 한다.

첫째, 편익·비용비(B/C ratio)를 구하여 판단하는 방법이다. 현재 또는 장래의 가치로 환산한 총편익을 총비용으로 나눈 값이 1보다 크면 일단 그 사업은 투자성을 갖고 있으며, 만일 여러 개의 사업 가운데 선택하는 것이라면 이 비의 값이 큰 것일수록 투자의 우선순위가 높은 것이 된다.

둘째, 순이익(net profit wealth)를 계산하여 결정하는 방법이다. 총편익에서 총비용을 뺀 값, 즉 순이익(B-C)의 값이 0보다 크면 그 사업은 투자타당성이 있는 것이며, 복수 사업일 때는 그 값이 큰 것일수록 우선순위는 높아지게 된다.

셋째, 내부수익률(IRR)을 기준으로 판단하는 것이다. 내부수익률이란 한 시점의 가치로 환산된 총편익과 총비용의 비가 1이 되는 (B/C=1), 즉 편익과 비용의 값이 일치되는 (B=C)의 경우의 이자율(r)을 말하며, 어떤 사업의 내부수익이 클수록 그 사업의 투자성은 높아지게 된다. 즉, 내부수익률이 실제의 차용이자율보다 높은 사업만을 선정하고 그 가운데에서도 내부수익률이 큰 사업부터 우선시키는 것이다.

제 4 장 지방재정운용과 경영관리

제 1 절 지방재정운용전략

Ⅰ. 재정운용의 정책적 과제

행정여건변화에 따라 재정수요는 급증하는데 비해 이를 뒷받침할 재원은 한정되어 있다. 특히, 도시중심으로 인구내파현상이 두드러지고 과대도시화로 인한 집적의 불경제(agglomeration diseconomy)를 누적시켜 주택, 교통, 상・하수도, 공원, 도로, 주차장 등 생활편익시설 확충의 필요성뿐만 아니라 사회복지시책의 확대, 소득증대사업의 실시 등 지역개발사업과 주민복지증진을 위하여 필요한 재정수요는 보다 광범위해지고 있다. 따라서 재정수요는 팽창일로에 있는데 비해서 이를 뒷받침할 가용재원은 재정수요를 따르지 못하고 있는 것이 현실이다.

이처럼 급속히 팽창하고 있는 지방재정수요를 충족시킬 수 있는 정책적 대안으로는 ① 주민의 조세부담증가, ② 차입, 지방채발행 등 적자재정운용, ③ 재정수요증가를 적정수준으로 조정하고 기존 가용재원의 투자우선순위를 재조정하는 세 가지 방안을 생각할 수 있다.[1)]

(1) 조세의 추가부담

주민의 조세부담의 증대를 통한 재정수요충족의 정책대안에는 상당한 제약이 예상된다. 그 이유는 부담률의 증가가 불경기를 초래할 가능성이

1) 李圭煥, "地方財政支出의 合理化 方案,"「地方財政」 제13권 제4호 (韓國地方財政共濟會, 1994), pp. 49~51.

클 뿐만 아니라 주민들의 조세저항이 대두될 우려가 있기 때문이다. 조세부담수준을 높이기에 앞서 우선 조세체계와 행정을 개선하여 세부담의 형평성을 제고시키는 것이 필요한 것이다. 특히, 조세배분이 국세 위주로 되어 있어 지방재정이 취약한 현실에서 중앙정부 중심으로만 세원을 확대하는 것은 수혜계층과 비용부담계층을 직접 연결시키지 못하기 때문에 조세저항이 클 것이다.

(2) 적자재정운용

재정적자에 의한 재원조달은 은행으로부터의 차입과 지방채 발행 등 두 가지가 있다. 특히, 중앙은행 차입은 이를 상환하지 않을 경우 발권력 행사와 같은 결과가 되어 직접적인 인플레요인이 되어 물가안정 기반을 해치므로 바람직하지 못하다.

지방채 발행은 긍정적 측면과 부정적 측면을 모두 갖고 있다. 긍정적 측면에서 보면, 공공투자의 혜택은 후대에까지도 미치므로 당대와 후대가 그 비용을 분담해야 된다는 점이다. 뿐만 아니라 지방정부가 지방채를 통하여 민간저축을 흡수하고 이를 재정에서 지출한다면 경기조절효과와 자원의 효율적인 배분을 유도하는 기능을 가지게 된다는 점이다.[2)]

부정적 측면에서 보면, 고금리체계 하에서는 이자부담이 커 발행초기에만 단기적으로 재원동원효과를 얻을 뿐이므로 재정수요가 과잉상태에 있는 현실에서는 일단 공채를 발행하게 되면 누적되어 갈 가능성이 매우 크다는 점이다. 또한 공채발행을 통하여 투자하려는 사업이 민간기업의 자금부족으로 투자를 못하고 있는 사업보다 투자효율성이 낮다면 자원배분의 효율성만 저해하게 된다는 점이다.[3)]

(3) 재정지출의 우선순위 조정

재정지출 조정방안은 현재 제기되고 있는 재정수요증가를 적정수준으로 조절하고, 불가피한 추가재원에 대하여는 기존예산의 재정지출 우선순위를 재조정하여 대응하는 방법이다.

---

2) 石原信雄, 「理代 地方財政運用論」 (東京 : ぎさるせい, 1976), p. 243.
3) 恒松制治 外, 「都市財政概論」 (東京: 有輩閣, 1975), p. 157.

장기적이고 종합적인 안목에서 재정수비범위의 우선순위를 책정하고 예산편성 시에 가용재원의 한계를 제시하여 우선순위에 따라 재정지출을 재조정함으로써 무리한 재정규모의 팽창을 억제하고 재원의 합리적 지출활동을 통해 예산의 효율성을 제고할 수 있을 것이다. 새로운 재정수요증가를 가용재원 범위 내에서 합리적으로 조절되도록 유도하는 사전 조정기능을 충분히 수행하지 못할 경우 예산편성은 기 결정된 사업을 놓고 그에 대한 지급의 완급을 조정하거나 사업시행방법상의 문제를 지적하는데 그치게 됨으로써 재원배분의 합리화를 도모하는데 어려움이 있다.

이상의 재정수요를 충족시키는 수단으로서 제시된 정책대안 가운데 재정지출의 우선순위 조정방안이 보다 선행되어야 한다. 왜냐하면 신규재정지출수요와 기존의 재정지출수요를 총망라하여 우선순위를 조정해야하며, 그 다음으로 재정지출효과와 조세부담비용의 우선순위도 동시에 검토되어야 하기 때문이다.

따라서 한정된 재원 하에서 광범위한 재정수요의 증대가 요구되는 지방정부의 재정 운용은 재정수요의 증가를 적정수준에서 조절하고, 불가피한 추가재원은 기존의 재정지출 우선순위를 재조정하여 재정수요를 충족하는 정책대안을 제시할 수 있다. 그 구체적 재정운용방안은 장기적인 전망 하에서 중장기적 정책방향의 설정과 이를 기초로 하여 재정배분의 합리화를 기할 수 있게끔 재정과 관련되는 시책 및 사업내용이 상호일관성을 갖도록 작성되어야 하는 바, 바로 이러한 배경 하에서 효율적인 재정운용개선을 위한 제도적 모색이 요구되는 것이다.

Ⅱ. 재정운용제도의 기본적 '틀'

1. 구조적 접근의 한계

지방정부규모가 급격히 팽창한 요인으로는 전술한 바와 같이 여러 가지가 있다. 그중 외생적 요인으로는, 생활수준향상과 더불어 새로운 행정서비스를 요구함에 따라 공공재의 범위가 확대되었고, 또 질적인 면에서도 더욱더 높은 질의 행정서비스를 요구하게 되었으며, 주민단체 · 이익단체 등의 압력이 행정기관에 대하여 계속적인 사업확대를 요구하였기 때문이다.

다음, 내생적 요인으로는, 행정기관 내부에 있어서도 주민복지증진 욕구에 부응하는 사회복지적 행정이념이 정당화되어 재정지출이 당연시되었으며, 공무원 또는 자치단체간의 경쟁적 사업추진으로 인하여 재정팽창을 가져오고 있음을 알 수 있다.

이러한 지방행정수요의 급증과 지방재정수요의 격증에도 불구하고 우리나라의 지방재정은 세입면에서 구조적 문제점을 가지고 있을 뿐만 아니라 지방예산제도 등 운용면에 있어서도 많은 문제점을 지니고 있어 재정활동의 효율성을 저하시키고 건전한 재정운용을 어렵게 하는 요인이 되고 있다.

구조적 문제점은 근본적으로 재정수입의 증대에서 문제해결의 접근방법을 찾아야 하는 한계가 있다. 지방세 수입의 증대, 중앙정부지원의 확대 등의 방법이 가능할 것이나 근본적으로 재정수요와 공급의 갭을 메우기 위해서는 신세원의 발굴, 국세와 지방세간의 조세체계개편 등과 같은 장기적인 대책이 종합적으로 강구되어야 할 것이다.

이처럼 지방재정의 구조적인 문제의 해결접근은 중앙정부와 지방정부의 기능배분의 재조정을 전제로 하고 있으며, 또한 지방세입의 증대는 주민의 추가부담과 더불어 조세저항과도 직결된다는 점에서 정치적 결단없이는 용이하게 달성할 수 없다. 더욱이 재정활동의 합리성을 확보하는 근본적인 대책이 될 수 없다. 왜냐하면 재정활동에 있어 자원배분의 합리화 등은 재정지출측면에서 운용의 효율화를 통하여 성취되어야 할 과제이기 때문이다.[4)]

2. 운용적 접근의 재정관

이상에서 지방재정의 효율화 또는 건전화를 위한 제도모색의 접근방법으로는 구조적 접근에는 한계가 있음을 알 수 있다. 따라서 여기서는

4) 李圭煥, 전게논문, p. 52.

재정활동에 있어 자원배분과 관련하여 지방재정의 효율적 운용을 위한 몇 가지 방안을 우선 고찰해 보고자 한다. 이를 위해서는 무엇보다도 건전재정운용에 대한 새로운 재정관의 정립이 요구된다. 종래 건전재정이란 궁극적으로 재정지출을 줄이고 재정수입을 늘림으로써 달성될 수 있을 것으로 본 재정관에서는 지방재정은 세입의 범위 내에서 필요한 서비스를 공급하기 위한 단순한 재원배분활동의 개념으로 인식되어 온 것이 사실이다.

이러한 재정관에 입각한 재정운용은 결과적으로 재정의 능률성, 생산성을 크게 고려하지 못하여 재정지출의 합리화를 기하지 못하였다. 즉, 재정운용에 경영적 개념이 간과되었다. 최근 지방재정규모가 팽창함에 따라 징세액의 급증을 초래하였는데 이의 주요 부담자인 주민들은 지방정부의 징세 및 세출에 큰 관심을 갖게 되었다. 이들은 특히 재정의 세입·세출의 less taxation, more services를 지방정부에 요구하게 되었고, 또한 예산집행관서 역시 이를 받아들이지 않을 수 없게 되었으며 less taxation의 압력과 more services의 요구, 양자를 충족시키는 길은 한정된 자원을 경제적으로 활용하는 길밖에 없게 되었다.

이러한 경제성, 능률성을 바탕으로 한 경영적 시각에 입각한 재정운용은 다음과 같은 기준을 고려하여 추구되어야 할 것이다.

첫째, 가능한 한 주민의 비용부담을 절감하면서도 주민에 대한 서비스 공급량과 질을 향상시길 수 있는 방법을 모색하는 것이고,

둘째, 앞서 방법의 모색이 어려울 경우, 동일한 수준의 비용부담으로 서비스 공급의 양과 질을 최대화시키거나, 동일한 수준의 서비스공급을 유지하면서도 비용부담을 최소화시켜 투입(input)대 산출(output)의 비율이 최적해가 되도록 하여야 한다.[5)]

Ⅲ. 재정운용 개선을 위한 전략

지방정부의 효율적 운용을 위한 합리적인 접근방법으로서 다음과 같

5) 李圭煥, 「都市財政의 計劃的 運用에 관한 硏究」(中央大學校大學院 博士學位論文, 1987), pp. 9~10.

은 몇 가지 대안을 검토해 볼 수 있을 것이다.

1. 감축관리(cut-back management)

감축관리는 역기능적이거나 중복·과다하거나 불필요한 기능, 구조, 인력, 정책 그리고 사업 등을 의식적으로 정비하는 결정과 집행을 의미하지만 예산의 절감과 관련하여 감축관리란 자원소비를 낮추고 조직활동을 줄이는 방향으로 조직의 변혁을 유도하는 것이라고 설명할 수 있다.[6]

감축관리가 제기된 배경에는 1970년대의 석유파동을 계기로 고도경제성장에서 안정성장의 시대로 이행하는 데서 오는 수입의 정체와 성숙화사회에의 급속한 진입에 따른 의무적 지출 등에 의한 재정여건의 악화 등으로 「작은 정부」에의 움직임이 각 국에서 일어나게 되었고, 정부기구의 축소와 예산의 절감이 중요한 과제로 등장하게 되면서부터이다.

우리나라도 이러한 시대조류에 부응하여 최근 들어 중앙 및 지방정부 기구정비를 단행하고, 지방정부에 있어서도 경상적 경비 및 경상사업 등의 표준화와 아울러 예산의 비능률요소 제거와 절감노력을 하고 있다.

이와 같이 예산의 절감은 감축관리의 목표이며 결과인 것이 사실이나 감축관리는 예산의 절감뿐만 아니라 기능, 기구, 인력, 정책 등의 정비도 그 대상으로 하고 있다. 따라서 감축관리의 실천에는 공무원의 심리적인 저항, 조직의 환경변화에 대한 적응력, 조직의 동태적 보수주의[7](dynamic conservatism), 감축의 반대를 위한 정치적 연합, 법적인 제약, 많은 비용소요 등의 저해요인이 있다.[8]

그러나 현행 여건 하에서 지방정부의 경직성을 타개하고 한정된 재원으로 지방재정 환경의 급격한 변화에 따른 행·재정수요에 효과적으로 대응하기 위하여 감축관리는 불가피한 지방재정의 건전화 전략의 하나라

---

6) 李圭煥, "美國의 減縮管理와 그 推進戰略," 「地方財政」 제12권 제2호 (韓國地方財政共濟會, 1993), p. 58.

7) 조직은 동태적 실체인바 조직의 목표가 달성되었거나 환경적 요인으로 목표의 달성이 불가능한 경우 조직은 새로운 목표를 발견하거나 환경의 개조를 시도하고자 하는데 이러한 현상을 동태적 보수주의라고 부른다.

8) 李圭煥, 전게논문, pp. 67~68.

고 할 것이다.

2. 공공재(public goods)의 범위조정

1970년대 중반 이후 미국과 일본에서 국가와 지방자치단체의 심각했던 재정위기를 배경으로 거기에 대응할 자치단체의 행·재정개혁론으로 대두된 것이 「행정수비범위이론」 혹은 「행정한계론」 또는 「공·사분담론」이다.

행정수비이론은 행정의 책임분야를 재검토하고 행정이 예산으로 담당해야 할 분야를 다시 수정하는 것과 본래 개인이나 가정 및 사회에서 해결되어야 할 것에 대해서는 주민자치의 영역에 위임하거나 민간부문의 시장 메카니즘에 맡겨 두는 것을 말한다.[9)]

시장경제가 파레토 최적조건(Pareto Optimality)을 얻는데 실패한 영역은 개인간의 역할이 불가능한 공공재분야이다. 책이나 자동차 등은 개인에 의해 매입되고 개별적으로 소비될 수 있는 민간재(private goods)인데 반해 이 공공재(public goods)란 사회전체가 공동으로 그리고 비분할적으로 소비하는 그러한 재화이며,[10)] 소비에 있어서 비경쟁성, 외부성[11)](externalities)을 특성으로 한다. 따라서 주민들 사이에서 소비되는 모든 재화의 물적 속성이나, 사인간의 계약관계, 즉 시장 메카니즘의 적용여부에 따라 공공재와 민간재를 구분하고 있다.[12)]

---

9) 成懶龍夫, "行政守備範圍論 と 地方財政,"「都市問題」(東京: 東京市政調査會, 1982. 11月號), pp. 45~46.

10) John F. Due and Ann F. Firedlaender, *Government Finance*(Homewood, Illinois: Richard D. Irwin, 1981), p. 25.

11) 외부성이란 어떤 재화에 부과된 가격에 반영되지 않은 어떤 기업의 생산기능간 또는 개인의 효용기능간의 상호작용에 일어나는 현상인데 혜택을 받는 측이 그러한 혜택을 제공하는 기업이나 개인에게 보상하고 또는 손해를 받는 측이 그러한 손해를 끼친 측에게서 보상을 받도록 하는 시장구조가 없기 때문에 정부 개입의 필요성이 생기는 것을 말한다. 따라서 정부의 개입이 필요시 되는 이유는 개인의 가치와 사회적 가치를 동일화하기 위해서 적절한 세금을 부과하거나 보조금을 지불하는 방식이다. *Ibid.*, p. 63.

12) Richard A. Musgrave, "Approach to a Fiscal Theory of Political Federalism," *Public Finance: Needs, Sources and Utilization* (National Bureau of Economic Research, Princeton, N. J.: Princeton University Press, 1961).

공공재의 범위조정문제는 소득수준의 향상과 급속한 산업화와 도시화로 인하여 주민의 기본생활수요도 급격하게 늘어남에 따라 지방재정기능의 확대가 불가피한 현실에서 더욱 중요한 과제가 아닐 수 없다.

공공재의 범위를 축소하는 가장 중요한 방법 중의 하나는 서비스를 지방정부에서 세금에 의해 공급하지 아니 하고 민간부문에서 공급하는 것이다. 실제로 미국의 여러 주에서는 오랫 동안 경찰, 소방, 응급치료, 도로, 공원, 위락시설 및 쓰레기수거 등의 지방서비스 공급을 민간부문에 의존하고 있다.[13)]

민영화(privatization)를 통한 위탁공급이 능률적인 이유는 민간기업의 경우 이윤추구라는 인센티브를 가진다는데 있다. 따라서 가격개념이 적용되는 일부 수익성 사업에 대하여 이를 민영화시키거나 민간자본을 유치토록 하는 것이 바람직하다.

공공재의 범위조정과 관련한 또 한 가지의 방법은 특정사업의 공사화이다. 오늘날 지방자치단체의 활동은 일반적으로 크게 일반행정활동과 기업활동으로 구분되는데 기업활동에 의한 서비스의 공급을 독립된 법인체인 공사가 담당케 함으로써 기업성을 제고시키면서 자치단체의 행정수비범위를 그만큼 축소시킬 수 있는 것이다.

3. 수익자부담(user charges)

서비스의 공급으로 인한 수익자가 그 공급비용의 일부 또는 전부를 부담하게 하는 수익자부담의 원칙은 광의의 행정수비범위 이론의 영역에 포함된다고 할 수 있다.

지방재정의 합리화, 효율화에 대해서는 「선택과 부담」이라는 슬로건하에 수익과 부담의 명확화란 관점에서 수익자부담금 제도가 상당한 관심을 끌고 있다. 최근 수익자부담의 개념은 협의의 원인자부담, 개발자부담, 오염자부담[14)]등 협의의 수익자부담 개념을 넘어 사용자부담을 포함시키

---

13) Robert W. Poole, *Cutting Back City Hall*(New York: A Free Life Editions Book, Universe Books, 1980), pp. 27~32.

14) John F Due and Ann Friedlaerder, *op, cit.*, pp. 85~86.

는 것이 지배적인 생각이다.[15]

토지구획정리사업, 도시계획사업, 도시재개발사업 등 지방자치단체가 시행하는 사업 중에는 자치단체의 막대한 재원부담을 요하는 반면, 그 지역의 일부 주민에게 지가상승 등 엄청난 이익을 주는 것이 적지 않다. 이러한 사업을 조세 등 일반재원으로 충당하는 경우에는 특정한 주민에게는 엄청난 불노소득을 주는 반면, 주민전체의 세부담은 과중해지는 모순을 낳게 된다. 따라서 주민상호간 부담의 공평을 기하고, 불노소득적 개발이익을 그 지역사회에 환원시키기 위하여 이 제도는 매우 중요하다.

수익자부담은 이익을 받은 자가, 사용자부담은 일정한 서비스를 공급받은 자가 대가(fees)를 지불하는 것이기 때문에 공정성(justice)을 확보할 수 있다.

그러나 부담금과 대상이 잘못 선정되거나 기준이 잘못될 경우 오히려 사회적 형평(social equity)을 상실할 우려가 있는 것이다.

4. 일몰법(Sunset Act) 도입

감축관리의 전략의 하나이기도 한 일몰 또는 일출(Sunrise)기준의 개발이 재정운용개선을 위한 전략이다. 미국의 연방의회는 대부분의 연방정부 사업들에 대하여 10년마다 그 사업의 존속여부를 다시 검토받아야 한다는 일몰법을 통과시켰으며, 주 정부차원에서는 1976년 Colorado주에서 최초로 일몰법을 제정하였고, 그 후 많은 주에서 이를 입법화하였다.[16]

우리나라의 경우 일몰법을 도입한다면 사업심사의 타당성을 미국처럼 입법부인 국회나 지방의회가 할 수는 없을 것이다. 입법부에 이런 권한을 두는 것은 미국처럼 강력한 권한을 입법부가 행사하기 어렵기 때문에 심사주체를 행정부에 두어 중앙의 경우 재경부, 행정자치부, 감사원으로 구성된 임시기구(task force)를, 지방의 경우 예산담당부서를 중심으로 작업반을 구성·운영하는 방법을 모색하는 것이 바람직할 것이다.

---

15) Joseph J. Seneca and Michael K. Jaussig, *Environment Economic*(Englewood Cliffs, N. J.: Prentice-Hall Inc., 1979), pp. 234~236.

16) 李圭煥, 전게논문, pp. 70~71.

이때 검토의 대상은 모든 사업 또는 기관으로 하는 것이 좋다. 어떤 기관의 일부사업이 폐지되는 경우에는 기구축소를 수반하게 된다. 폐지하거나 축소하는 경우 유의해야 할 점은 외형적으로는 없어졌으나 실질적으로 어떤 다른 형태로 잔존하는 일이 없도록 해야 한다는 것이다.

일몰법은 행정의 팽창을 영구화시키지 않는다는 점에서 감축관리의 유력한 기법이라 하겠다. 특히 기존의 시책이나 기구뿐만 아니라 사업 · 사무도 필요한 경우 일출시키며, 재검토 결과 일몰을 시킬 경우 방만한 행정운영을 막을 수 있어 재정운용에 큰 영향을 미칠 수 있을 것이다.

제 2 절 지방공기업

Ⅰ. 지방공기업의 의의

1. 지방공기업의 개념

지방자치단체가 수행하는 행정활동에는 인 · 허가, 등록 등 일반행정에서부터 수도, 교통, 병원, 주택 등 비교적 기업성이 강한 활동에 이르기까지 여러 가지가 있다. 일반행정사무는 일반적인 공공수요를 충족하기 위한 것으로 그 사업비와 사업효과 사이에 직접적 연계성은 그다지 크지 않으며, 그 재원은 원칙적으로 조세에 의해서 충당된다.

이에 비해서 기업성이 강한 활동은 대부분 주민에게 서비스를 제공하는 행위로서 그 서비스를 제공받는 수익자로부터의 대가 징수에 의하여 경비를 충당하는 것을 기본원칙으로 하고 있다. 따라서 공기업(public enterprise, public corporation)이란 정부가 수행하는 사업 가운데 기업적인 성격을 지닌 것을 말한다.[17] 지방자치단체가 지방주민의 복지증진을 목적으로 직접 경영하는 이와 같은 기업활동을 지방공기업이라 한다.

국가공기업은 민간자본의 부족, 국방상 및 전략상의 고려, 독점적 서비

17) 李圭煥, 전게서, p. 531.

스, 정치적 신조 등의 원인에 의해 발달하지만,[18] 지방공기업의 경우는 ① 주민복지증진의 적극화, ② 지방주민 자본의 부족, ③ 민간독점화의 방지, ④ 경영행정의 강화라는 이유로 그 중요성이 크게 강조되고 있다.[19]

지방공기업은 원칙적으로 지방자치단체를 그 경영주체로 하고 있으므로 지방자치단체가 출자하되 독립된 법인에 의해서 경영되는 지방공사, 지방공단, 민관공동출자회사 등은 행정기관형이 아닌 간접경영방식으로서 넓은 의미의 지방공기업이라 할 수 있다.

2. 지방공기업의 특색

지방공기업은 다른 부문과의 대비에서 몇 가지 상대적 특색을 갖고 있다.[20]

첫째, 일반행정과의 대비에서 오는 특색으로서 일반행정이 보편적 목적을 달성하기 위해 지방세수입으로 그의 경비를 충당하는 것인데 비하여 지방공기업은 특정목적을 위해 기업사업의 수입, 즉 요금수입을 그 경비에 충당하는 것이다. 따라서 지방공기업의 수입은 재화와 서비스를 받는 자로부터 응익의 원칙에 따라 징수하는 요금으로 확보되며, 이 수입으로 지방공기업을 운영하게 된다.

둘째, 민간기업과의 비교에서 찾아 볼 수 있다. 민간기업은 소유경영자가 개인이나 사법적 임의단체이지만 공기업은 공법적 강제단체인 국가나 자치단체이고, 전자의 경영목적은 이윤의 극대화에 있음에 반해 후자의 목적은 공익의 충족에 두고 있다. 위험부담의 한계에 있어 민간기업은 기업 그 자체에 국한하지만 공기업은 기업만이 아니고 국가 또는 자치단체도 부담하여야 한다.

셋째, 국가공기업과의 대비에서 나타나는 특색이다. 국가공기업의 경우는 국민경제의 성장과 안정을 위해 비교적 규모가 큰 전국적인 사업에

---

18) W. Friedmann, *The Public Corporation: A Comparative Symposium*(Toronto; The Carewell Co., 1954), pp. 542~544.

19) 李相熙, 전게서, pp. 442~446.

20) 상게서, pp. 641~648 참조.

대해 상당히 독립성을 띤 조직체로 하여금 운영케 하는 데 반하여, 지방공기업은 주민생활의 편익을 도모하기 위해 당해 지역에 국한된 소규모의 사업에 대해 자치단체로 하여금 경영케 하는 것이다.

Ⅱ. 지방공기업의 범위

지방공기업은 경제의 발전추세에 따라 점차 확대·발전되어 가는 경향이 있다. 이와 관련하여 문제가 되는 것은 지방자치단체가 지방공기업으로 수행할 수 있는 사업의 범위가 어디까지이냐 하는 것이다.

2012년 현재 지방공기업법에서 규정하고 있는 지방공기업의 범위는 동법 제2조의 8개 사업, 동법시행령 제2조의 7개 사업으로 하고 있다(표 Ⅳ.4.1 참조).

〈표 Ⅳ.4.11〉 지방공기업의 법적용범위

지방공기업법 제2조	동법 시행령 제2조
(1) 수도사업(간이상수도사업 제외)	(1) 도축장 사업
(2) 공업용수도사업	(2) 통운(도선)사업
(3) 궤도사업(도시철도사업 포함)	(3) 자동차 터미널 사업
(4) 자동차운송사업	(4) 체육장 사업
(5) 지방도로사업	(5) 문화예술사업
(6) 하수도사업	(6) 공원사업
(7) 주택사업	(7) 경상경비 5할이상을 경상수입으로 충당할 수 있는 사업
(8) 토지개발사업	

우리나라의 지방자치단체에서 특별회계의 형태를 띤 지방공기업은 8개의 당연적용사업과 7개의 임의적용사업으로 되어 있다. 반드시 지방공기업으로 해야 하는 당연적용사업은 수도사업, 공업용수도사업, 궤도사업, 자동차운송사업, 지방도로사업, 하수도사업, 주택사업, 주차장사업, 토지개발사업이며, 이들 각 사업의 적용기준은 〈표 Ⅳ.4.2〉에 있는 바와 같다.

한편, 선택적으로 공기업화 할 수 있는 임의적용사업으로는 도축장사업, 통운사업, 자동차터미널사업, 체육장사업, 문화예술사업, 공원사업, 경상경비의 5할이상을 경상수입으로 충당할 수 있는 사업 등이 있다.

〈표 Ⅳ.4.2〉 지방공기업의 법적용기준

기준 / 사업명	직 원 수	사 업 규 모
(1) 수도사업	30인이상	1일 생산능력 1만5천톤이상
(2) 공업용수도사업	20인이상	1일 생산능력 1만톤이상
(3) 궤도사업	100인이상	보유차량 50량이상
(4) 자동차운송사업	50인이상	보유차량 50대이상
(5) 지방도로사업	10인이상	도로관리연장 50킬로미터 이상 또는 유료터널·교량 3개소이상
(6) 하수도사업	30인이상	하수처리장시설구비
(7) 주택사업	10인이상	주택관리연면적 또는 주택건설면적 10만평방미터이상
(8) 토지개발사업	10인이상	조성면적 10만평방미터이상

1999년 1월 지방공기업법 5차 개정에서 종전의 당연적용사업 15개 가운데 가스, 청소·위생, 매장 및 묘지, 시장, 관광, 주차장사업을 제외하였으며, 2005년 7월 10차 개정에서 의료사업을 제외시킴으로써 8개 사업으로 축소되었다.

Ⅲ. 지방공기업의 경영형태

우리나라 지방공기업법은 지방직영기업(정부조직형태의 공기업)뿐만 아니라 공사·공단, 민·관 합작방식 등을 포함하여 그 적용범위가 상당히 넓은 편이다.

(1) 지방직영기업

지방공기업 중에서 가장 오랜 역사를 가진 경영형태로서 지방자치단체가 자신의 공무원에 의해 직접 경영하는 형태이다. 지방직영기업은 지방정부의 행정기구형태로 조직되며 자치단체장의 직접적인 통제를 받는다. 즉, 지방자치단체의 사업본부, 사업단(소), 국·과 조직과 같이 관료제적 방식으로 운영되며, 매년 지방의회의 의결을 얻어 확정되는 예산에 의해 운영된다. 아울러 지방공기업법의 적용을 받고 동법에 규정한 것을 제외한 것은 지방자치법 및 지방재정법 · 기타 관계법령을 적용받는다.

그러나 지방직영기업은 자주적 경영의 결여, 채산성 유지 곤란, 행정구역을 초월한 업무수행의 한계성, 책임의식의 희박, 관리능력의 한계 등의 문제를 안고 있다.[21]

⑵ 지방공사 · 지방공단

지방공사 · 공단은 전액 자치단체가 출자함으로써 자치단체의 소유이다. 다만, 현행 제도상 자본금의 1/2을 초과하지 아니하는 범위 안에서 자치단체외의 자(민간)가 출자하여 설립되는 지방공사가 있을 수 있으므로 민 · 관이 공동 출자할 수 있는 조직은 지방공사뿐이다.

또한, 지방공사 · 공단은 법인으로서 법적 독립체이며, 요금수입으로 자금을 충당하기 때문에 지방자치단체와는 독립된 재정구조를 지닌다. 이러한 지방공사 · 공단의 직원은 공무원이 아니며, 그 직원의 임용과 보수에 관한 규정은 자체적으로 제정한다.

그러나 지방공사는 일종의 독립된 사업을 경영하는 회사형태로 불하가 가능하나, 지방공단은 특정사무를 지방정부로부터 위 · 수탁받은 일종의 공공기관으로 불하가 불가능하다. 또한, 경영자의 명칭이 공사의 경우 사장, 부사장, 이사로 불리나, 공단의 경우는 이사장, 부이사장, 이사로 불리는 차이점이 있다.

⑶ 민 · 관 공동출자기업

이는 지방자치단체가 자본금의 50% 미만을 출자하고 나머지 출자분은 민간에서 출자토록 한 경영형태이다. 일반적으로 주식회사 형태로 설립할 수 있는데, 이때 지방자치단체의 출자범위는 재단 및 사단법인인 경우 자본금의 1/2 이상 출자토록 하고, 주식회사의 경우 자본금의 1/2 이내에서 출자토록 하고 있다. 현재 우리나라의 경우 민법의 적용을 받는 재단 및 사단법인형태는 존재하지 않으며, 상법의 적용을 받는 주식회사만이 존재하고 있다. 자치단체는 자기의 출자분에 대해서만 책임을 진다.

---

21) 심정근 외, 「地方財政學」 (서울: 博英社, 1997), pp. 401~402.

또한 임원은 주주총회에서 선출하며, 공무원이 아닌 직원의 인사규정은 자체적으로 제정할 수 있다.

흔히 제3섹터라고 불리는 민·관 출자기업에 대해서는 다음 절에서 구체적으로 살펴보기로 한다.

Ⅳ. 지방공기업의 현황

우리나라 지방공기업은 1980년 1월 4일 지방공기업법 개정시 지방공

〈표 Ⅳ.4.3〉 시도별, 사업별 공기업

(2012. 1월 기준)

시도별	합계	직영기업					공사·공단 등					주식 회사
		소계	상수도	하수도	공영 개발	지역 개발 기금	소계	지하철	도시 개발 공사	시설 환경 경륜 주차 공단	기타 공사	
계	413	241	113	79	33	16	134	7	16	82	29	38
서울	33	2	1	-	-	1	29	2	1	25	1	2
부산	11	3	1	1	-	1	6	1	1	4	-	2
대구	8	3	1	1	-	1	4	1	1	2	-	1
인천	18	4	1	1	1	1	13	1	1	9	2	1
광주	10	3	1	1	-	1	4	1	1	1	1	3
대전	8	3	1	1	-	1	4	1	1	1	1	1
울산	7	3	1	1	-	1	4	-	1	3	-	-
경기	105	71	31	28	11	1	30	-	1	15	14	4
강원	33	23	15	3	4	1	8	-	1	4	3	2
충북	21	16	8	5	2	1	3	-	1	2	-	2
충남	28	23	10	7	5	1	4	-	1	1	2	1
전북	19	15	9	4	1	1	2	-	1	1	-	2
전남	26	16	7	5	3	1	3	-	1	-	2	7
경북	36	25	14	10	-	1	7	-	1	4	2	4
경남	42	28	11	10	6	1	9	-	1	5	3	5
제주	6	3	1	1	-	1	2	-	1	-	1	1

자료: 행정안전부 지방재정세제부(2012).

사 · 공단제도가 신설되면서 시작되어 2012년 현재 직접경영사업 241개와 간접경영사업 172개 등 모두 413개에 달하고 있어 매년 그 증가추세가 현저함을 보여주고 있다.

사업별 공기업형태를 보면 직접경영사업 241개 가운데 상수도 113, 하수도 79, 공영개발 33, 지역개발기금 16개로 되어 있고, 간접경영사업 172개 가운데는 도시개발공사 16, 시설 · 주차 · 체육관리공단 82, 지하철 · 도선 · 시장관리공사 7, 지자체가 50% 이상 출자한 법인이 29, 주식회사 형태가 38개로 되어 있다(표 Ⅳ.4.3 참조).

참고로 일본의 경우 지방공기업수는 11,729개나 되며, 이 중 지방공영기업이 3,483개, 지방공사가 8,246개로 되어 있다. 지방공사의 법인형태도 재단법인으로 되어 있는 것이 3,658개, 사단법인이 536개, 주식회사 2,320, 유한회사 72, 공법인 1,660개로 되어 있다(표 Ⅳ.4.4 참조).

〈표 Ⅳ.4.4〉 일본의 지방공영기업 현황

(1) 기업수

계	지방공영기업	지방공사(지자체 출자비율별)			
		소 계	전액출자	50%이상	50%미만
11,729개	3,483개	8,246	3,832	1,945	2,469

(2) 사업별 내역

지방공영기업			지 방 공 사		제3섹터
계	3,483		계	8,246	4,414
상수도	1,983	56.9%	지역 · 도시개발	2,202	301
간이수도	30	0.9	주택 · 도시서비스	221	109
공업용수도	136	3.9	관광 · 레저	917	702
교 통	80	2.3	농림수산	1,090	991
전 기	34	1.0	상 공	518	410
가 스	71	2.0	사회복지 · 보건의료	685	397
병 원	744	21.4	생활위생	217	92
하수도	91	2.6	운수 · 도로	444	358
기 타	314	9.0	교육 · 문화	979	344
			공해 · 자연환경보전	80	46
			기 타	893	664

※ 직영기업 중 수도, 공업용수도, 궤도, 자동차운송, 지방철도, 전기, 가스사업은 당연적용사업임.

(3) 지방공사의 법인형태

구 분	계	재단법인	사단법인	주식회사	유한회사	공 법 인
계	8,246	3,658	536	2,320	72	1,660
도·도·부·현	2,963	1,694	391	742	4	132
지정도시	480	273	7	178	0	22
시·정·촌	4,803	1,691	138	1,400	68	1,506

※ 공법인형 지방공사는 3개분야(지방주택공급공사, 지방도로공사, 토지개발공사)에 한하여 지자체가 50%이상 출자해야 함.

한편, 우리나라 지방공기업 경영성과를 2005년 결산기준으로 살펴보면, 지방공기업 총경영수지는 당기순이익 540억원 적자로 나타났다. 이 중 지방자치단체 직영기업은 4,773억원 흑자 경영을 하였는데 반해, 지방공

〈표 Ⅳ.4.5〉 지방공기업 경영성과(2005)

(금액: 억원)

사업별 \ 구분		총수입			총비용			당기순이익	총수지비율(%)	단체수(개)		
		계	영업수익	기타	계	영업비용	기타			계	흑자	적자
계		96,015	86,411	9,604	96,555	86,743	9,812	△540	99.4	307	167	140
직영기금	소계	51,004	45,156	5,848	46,231	41,669	4,562	4,773	110.3	205	116	89
	상수도	29,384	27,208	2,176	27,819	25,215	2,604	1,565	105.6	104	60	44
	하수도	7,401	6,059	1,342	8,409	7,405	1,004	△1,008	88.0	45	10	35
	공영개발	10,970	9,689	1,281	7,196	6,242	954	3,774	152.4	41	32	9
	지역개발기금	3,249	2,200	1,049	2,807	2,807	-	442	115.8	15	14	1
지방공사·공단	소계	45,011	41,255	3,756	50,324	45,074	5,250	△5,313	89.4	102	51	51
	지하철	14,587	13,278	1,309	20,591	17,668	2,923	△6,004	70.8	5	-	5
	도시개발	15,515	14,782	733	14,491	13,430	1,061	1,024	107.1	13	11	2
	시설(환경·경륜·주차)공단	7,834	7,166	668	7,934	7,249	685	△100	98.7	35	25	10
	기타공사	2,574	2,338	236	2,337	2,111	226	237	110.1	15	11	4
	의료원	4,501	3,691	810	4,971	4,616	355	△470	90.6	34	4	30

자료: 행정자치부 공기업과(2005).

사 · 공단 등 간접경영사업에서 5,313억원의 적자경영을 한 것으로 나타났다. 물론 지하철 공사에서 6,004억원의 적자가 전체 지방공사 · 공단의 경영적자에 결정적 영향을 미쳤음을 알 수 있다(표 Ⅳ.4.5 참조).

또한, 2005년말 기준으로 분석대상인 지방공사 · 공단 102개 기업 중 경영흑자를 내고 있는 기업을 51개인데 비해 경영적자를 내고 있는 기업도 51개나 되고 있다. 특히 만성적자경영을 하고 있는 의료원과 지하철을 살펴보면 34개 지방공사 의료원이 470억원의 적자경영을 하였고, 5개 지하철 공사가 6,004억원의 적자경영을 하였다.

Ⅴ. 지방공기업의 문제점

공공성과 기업성을 조화시키기 위해서 설립된 지방공기업이 그 취지를 제대로 잘 살리지 못하고 있는 바 그 문제점들을 살펴보면 다음과 같다.[22]

(1) 적정영역설정의 곤란 및 법적용 영역의 협소

지방자치제가 본격화되면서 부족한 지방재원을 확충하기 위하여 어떤 자치단체에서는 주유소, 볼링장 경영, 아스콘 · 레미콘사업에 이르기까지 지방공기업으로 운영하려는 시도가 이루어지고 있어 지방공기업의 적정영역에 관한 문제가 새로이 제기되고 있다.

또한, 지방공기업은 상 · 하수도, 공영개발, 의료원에 집중되어 있을 뿐 공업용 수도사업, 자동차 운송사업, 가스사업, 지방도로사업과 같이 아직도 지방공기업법이 적용되지 않는 사업이 많다. 그 범위가 협소한 실정이다. 그리고 자치단체별로 각각 지방공기업을 운영하고 있어 광역적인 지방공기업의 서비스공급 및 경영이 활성화되지 못하고 있다.

(2) 경영의 자율성 및 전문성 결여

가. 경영의 자율성 결여

직접경영사업의 경우 관리자에게 조직권 · 인사권이 부여되어 있지 않

---

22) 박연수, "우리나라 地方公企業의 役割과 責任," 「地方公企業 構造調整 및 經營革新 워크샵」(行政自治部, 地方自治經營協會, 1998, 9), p. 49.

아 경영의 자율성과 독립성이 결여되어 있고, 행정기관의 주관하에 각종 법률·제도의 적용을 받고 있어 조직체질이 상당히 경직되어 있는 실정이다.[23]

지방공사·공단의 경우, 고도의 지식과 기술 등을 집적시켜 경영능력을 제고하기 위해서는 그만큼 자율성이 요구된다. 그럼에도 지방공사·공단의 설립 및 정관변경에 대한 중앙정부의 허가권, 지방공사·공단 외의 출자·출연법인에 대한 출자·출연시의 중앙정부의 승인권, 사장·이사장외 부사장·부이사장, 이사 및 감사 임면시의 지방자치단체장의 승인권, 공사·공단의 사채·공단채 및 외국차관에 대한 중앙정부 또는 시·도지사의 승인권 등으로 자율성이 크게 제약되어 있다.

나. 경영의 전문성 결여

지방공기업의 최고관리자나 경영자에게 전문성이나 기업적 소양이 적은 사람을 임명하는 경우가 많다. 지방직영기업 운영의 전문화를 위하여 필요한 경우 지방직영기업 소속 공무원에 대한 전문직렬을 둘 수 있도록 되어 있으나,[24] 상수도사업의 경우 기업행정직과 수도토목직이 소외되고, 간부직도 대부분 일반행정직과 시설·공업직이 배치됨으로써 현 근무자의 승진기회 제약 등으로 사기가 저하되고, 전문직렬에 우수인력이 지원하지 않는 결과를 초래하고 있다. 또한 잦은 인사이동으로 장기계획의 수립을 어렵게 하고 경험과 기술축적을 어렵게 만드는 등 많은 문제점을 야기하고 있다.

(3) 요금체계의 불합리

지방공기업법은 요금의 적정성과 원가보상주의 및 사업의 계속성을 유지할 수 있어야 한다고 명시하고 있다. 그럼에도 우리나라 지방공기업은 원가보상주의에 따라 요금수준을 결정하여 봤지만, 지방공기업의 적자는 해소되지 않고 그 적자폭이 계속 확대되고 있어 요금의 수입조달기능이 미흡한 실정이다.

---

23) 李圭煥, "地方公企業의 設立과 發展方向,"「江東開發公社 設立을 위한 公聽會」(강동구, 1998. 11), pp. 14~16.

24) 地方公企業法 제10조의 2 참조.

현행 지방공기업의 요금체계는 사용자 부담원리보다 물가억제와 사회적 분배측면을 강조하여 요금체계의 비효율성과 불공평성이 발생되고 있다.

(4) 투자비 조달의 곤란

지방공기업은 그 동안의 누적된 적자와 생산원가보다 낮은 요금수준으로 인해 시설확대와 서비스 질의 개선을 위한 투자가 사실상 원만히 이루어 질 수 없었다. 더욱이 상・하수도, 의료원, 지하철사업 등은 상・하수도관의 노후화, 수질개선의 필요성, 의료수준의 제고를 통한 경쟁력 회복, 지하철 서비스의 양적 확대와 질적 개선의 필요성 등으로 막대한 투자가 소요되어야 함에도 불구하고 당기순손실이 발생하는 경영수지에다 부채비율 역시 높아 재무구조가 매우 취약하여 자체적으로 투자비를 조달하는 것이 어려운 실정이다.

(5) 기업회계처리의 미비

지방공기업회계는 1970년 지방공기업법이 시행된 이후 오랜 역사를 갖고 있으나, 아직도 정상적인 운영을 못하고 있는 실정이다.

지방공기업의 회계처리에서 문제로 지적할 수 있는 것은 ① 기업회계처리의 미숙, ② 기업회계방식(복식부기)과 일반관청회계방식(단식부기)의 혼재, ③ 발생주의의 자의적인 처리, ④ 사업장별 원가계산의 미흡, ⑤ 일반회계와 공기업특별회계간의 불명확한 계산 등이다.

(6) 경영평가기능의 미흡

지방공기업을 전문적으로 평가할 수 있는 전문평가기관이 부족한 실정이다. 현재 지방공기업에 대한 경영평가는 지방자치경영협회에서 주로 담당하고 있으나 인력과 예산 부족으로 인해 객관적이고 심도있는 평가가 이루어지고 있다고는 할 수 없다. 지방공기업에 대한 경영평가 가운데 자체평가는 그 신뢰성이 낮아 경영평가의 의의를 약화시키고 있다. 경영평가에 대한 인식이 왜곡되어 경영평가의 취지를 살리지 못하고 있다. 즉, 지방공기업 경영자들은 경영평가를 일과성 과정이나 감사의 일환으로 인식함으로써 평가자료의 제공에 소극적인 태도를 보이고 있고, 경영평가의 결과를 경영합리화에 어떻게 이용할 것인가 보다는 평가점수를 몇점 받느냐에 더 큰 관심을 가지고 있기 때문이다.

Ⅵ. 지방공기업의 발전방향

지방공기업의 발전을 위해서는 공기업의 적정영역을 설정함과 동시에 영역을 확대하여야 하고, 조직 및 인사권 등 자율성과 인력의 전문성을 제고하여야 하며, 나아가 요금의 현실화 등 요금체계의 개선, 정책금융기관으로서의 지역개발금고 설립, 경영평가기능의 강화, 단계별 민영화 등이 추진되어야 할 것이다.[25]

(1) 적정영역의 설정, 광역화 및 간접경영의 확대

가. 적정영역의 설정

지방공기업의 경영원칙이 공공성과 기업성의 조화인데 방식별 적정영역은 ① 지방직영기업은 기업성 보다는 공공성의 성격이 강한 사업영역에 적합하고, ② 지방공사 · 공단은 공공성이 기업성에 비하여 상대적으로 강하게 유지되어야 할 사업영역, 그러나 지방공단은 지방공사보다 공공성의 성격이 강한 사업영역에 적합하며, ③ 민 · 관공동출자사업(제3섹터)은 기업성의 성격이 강하지만 공공성도 어느 정도 보장되는 사업영역에 적합하다는 것이다.

향후 우리나라는 지방공기업법의 적용범위를 확대해 나가야 할 것이다. 이를 위해 지방공기업법 시행령의 법적용기준을 완화하여 법적용사업수를 확대하거나, 현재 시행되고 있지 않는 법적용범위의 확대를 모색하여야 할 것이다. 아울러 현재 특별회계를 운영되고 있으나 일반행정관리방식으로 처리되고 있는 사업을 지방공기업으로 전환하거나, 지방자치단체가 운영하고 있는 경영수익사업의 지방공기업화도 검토해 보아야 할 것이다.

---

25) 李圭煥, 전게논문, pp. 24~30.

나. 광역화 방안

교통・통신의 발달과 도시화로 생활권이 확대되면서 지방행정도 자기 관할구역을 초월하여 광역화되어가고 있다. 또한 시・도와 시・군・구가 동일 지역에서 규모의 차이는 있지만 유사한 내용의 사업을 각각 시행함으로써 중복적인 양상을 띠는 경우가 있다. 따라서 상・하수도, 쓰레기처리, 공해대책, 교통대책, 도시계획 등 광역행정수요가 더욱 늘어나고 있는 추세이다. 상・하수도의 경우 수계별로 조합 또는 공사를 통해 광역처리 방식으로 해결함이 바람직하다.

다. 간접경영의 확대

지방공기업은 최근 지방공사・공단 및 민・관공동출자사업 등의 간접경영방식이 현저하게 신장세를 보여주고 있으나 아직까지는 직접경영방식이 상대적으로 큰 비중을 차지하고 있다. 그 동안 직접 경영방식은 많은 장점에도 불구하고 관리자의 경영에 대한 책임의식이 부족하여 경영악화에 안이하게 대처한다는 문제점이 지적되고 있다.

지방직영기업으로 운영되면서 한시적인 조직운영으로 조직의 안정성이 결여되어 있고, 전문성이 부족하다는 지적을 받고 있는 사업으로서 공영개발사업이나 상수도 사업의 경우 공사화하는 것이 직원들에게 근무의 안정감 확보와 함께 장래에 대한 기대감을 줌으로써 공익성과 기업성이 조화되는 경영체제가 될 수 있을 것이다.

(2) 경영의 자율성 및 전문성 제고

가. 자율적 책임경영체제의 확립

지방공사・공단의 자율경영확대를 위해서는 공사・공단의 업무추진에 대한 상급기관의 승인・인가조건의 철폐 또는 완화가 이루어져야 할 것이다.

자율적 책임경영체제를 확립하기 위해서는 사업경영에 대한 정기적인 사후평가작업은 반드시 필요하다. 경영평가단을 구성하여 매년 경영내용과 실적을 평가하고 평가결과에 따라 포상제 등 차등 인센티브제도를 도입함으로써 공기업의 합리적인 경영을 유도하여야 할 것이다.[26]

---

26) 정채융, "地方公企業 構造調整 및 經營革新의 方向과 日標,"「地方公企業 構造調整

나. 인력의 전문성 제고

최고경영자 또는 관리자의 전문성 제고를 위하여 이들의 자격을 기업행정직이나 기술직 출신 및 사기업 경영경험이 있는 자로 한정하여 전문성, 기업성을 확보하여야 한다. 현행은 특별한 자격요건이 없으나 예컨대, ① 관련업무·연구능력 5년 이상인 자로 경험과 지식이 풍부한 자, ② 상장회사 임원경력 3년 이상인 자로 기업경영능력이 뛰어난 자 등으로 자격요건을 한정할 필요가 있다.

순환보직제로 인한 잦은 인사이동을 지양하여 해당업무에 대한 전문성을 제고하여야 할 것이며, 기업행정직과 수도·토목직 등 기술직은 최고 5급까지만 승진할 수 있도록 되어 있는 현행규정을 개정하여 이들도 능력 있고 열심히 하면 최고경영책임자 또는 최고관리자까지 승진할 수 있도록 제도적 장치를 마련하여야 할 것이다.

(3) 요금체계의 합리화

지방자치단체가 지방공기업을 통하여 제공하는 서비스도 사용자부담에 의한 재원조달이 가능한 분야라는 점에서 사용자부담의 원칙이 강화되어야 할 것이다. 따라서 지방공기업의 요금은 기업의 계속성을 유지하고 투자재원의 조달을 위하여 원가를 보상할 수 있는 수준이어야 한다.

효율구조에는 필연적으로 다가올 시설확장과 재투자에 대비한 여유분까지도 고려해야 한다. 그리고 요금을 산정할 때 물가상승에 따른 원가상승분을 반영할 수 있도록 물가연동제가 도입되어야 할 것이다.

(4) 투자재원 조달체계의 개선

많은 지방공기업들이 당기순손실이 발생하는 경영수지에다 부채비율 역시 높아 재무구조가 매우 취약하다 보니 외부자금의존율이 높고, 순수한 자체자금은 빈약한 실정으로서 채무부담이 가중되면서 원가상승의 주요요인이 되고 있다.

따라서 투자재원조달방안으로서 첫째, 기본사업자금의 확보와 정부차

및 經營革新 워크샵」(行政自治部, 地方自治經營協會, 1998, 9), p. 16.

원의 재정지원이다. 선행투자수요 등 사업추진의 원활한 착수를 위해서는 중앙정부 및 지방정부(일반회계)차원에서 자본금과 같은 종자돈(seed money)을 마련하는 대책이 요구된다. 정부의 재정자금과 각종기금에서 장기저리운영자금이 정책적 차원에서 활용될 수 있는 조치가 있어야 한다.

둘째, 지방채 활용과 지역개발금고의 설립추진이다. 저리의 장기융자 활용과 함께 사업수익으로 원리금 상환이 가능한 한 실제금리의 지방채 발행도 바람직하다. 나아가 지방공기업의 성공적인 사업수행을 위해서는 원활한 재원조달이 필수적이므로 이러한 재원조달 전담기구로서 일본의 공영기업금융공고와 유사한 지역개발금고의 설치가 긴요한 실정이다.

셋째, 토지소유자 참여로 재원부담을 경감토록 한다. 전면매수 공영개발방식을 지양하고 개발사업에 토지소유자를 참여시킴으로써 개발비용의 절감과 용지매수에 따른 마찰을 동시에 해소할 수 있다.

(5) 기업회계방식의 정착

회계직 종사자는 회계에 관한 전문지식을 갖춰야 한다. 복식부기 등 기업회계를 알고 대차대조표와 손익계산서를 만들 수 있는 회계 전담직원이 정규직으로서 배치되어야 한다.

또한, 회계실무의 개선을 통해 사업별, 사업지구별 원가계산이 철저히 이루어져야 한다. 공영개발사업의 경우, 사업장별로 계획이 입안되고 집행되는바 모든 수익·비용과 손익은 사업장별로 집계·유지되어야 하고, 그 결과도 사업장별로 성공여부를 따져야 한다.

회계업무의 전산화 추진이 요구된다. 공기업회계업무의 전산화는 사무자동화 효과 뿐 아니라 당해 공기업의 예산, 원가, 요금, 체납자, 자산, 부채 등 경영회계정보를 다양하고 체계적으로 추출하여, 신속하게 활용할 수 있게 해준다.

(6) 경영합리화 노력의 확립

지방공기업의 경영합리화를 위해서 첫째, 업무내용의 과학화·계량화 및 목표설정의 합리화를 도모한다. 공기업경영에서는 각종 분석지표가 모두 계량적으로 표시된다. 공기업직원과 공기업을 경영하는 사람들에게는 계량감각의 정착과 계량에 입각한 경영의 과학화 그리고 새로운 경영기법의 도입 등이 더욱 크게 요구된다. 그리고 경영목표의 설정이 보다 합리화 될 필요가 있다.

둘째, 중・장기적 관점에서 자율적으로 경영계획이 추진되면서 업무능력이 축적되어야 한다. 단기적 시각에서 실적에 대한 집착과 지방재정확충의 측면만을 너무 강조하는 것은 바람직스럽지 못한 것으로 생각된다. 대부분 나름대로 중・장기 투자계획 및 재정계획을 수립하고 있으나 자율적・독자적이기 보다는 주로 상부지침에 따르고 있다.

셋째, 업무방향을 고객지향화해야 한다. 공기업은 경쟁제한과 법적인 독점권 보장으로 인해 고객에 소홀할 수 있다. 공기업이 누구를 위해 존재하는가를 항상 염두해 두어야 할 것이다. 환경보전, 소비자보호, 작업장 안전, 보건 등의 문제에 대해 민간사기업을 선도해 나가는 책임의식을 가져야 할 것이다.

넷째, 낭비를 줄이고 원가절감의 노력이 요구된다. 사무능률의 극대화, 낭비축소, 인력운영의 효율화 등은 원가 절감의 첩경이며, 경쟁력을 확보하는 관건이다.

(7) 경영평가기능의 강화

지방공기업의 규모가 크게 확대되고 또한, 지방공기업의 중요성이 증대되고 있는 현실에 비추어 볼 때 지방공기업에 대한 전문평가기관의 육성이 시급한 실정이다. 따라서 지방자치경영협회를 지방공기업 전문평가기관으로 육성 발전시키는 한편, 외부의 전문평가기관을 육성시킬 필요가 있다. 지방공기업경영의 객관적・전문적 평가를 위하여 지방자치 경영협회에 대한 예산 및 인력의 확대가 요구되고, 공인회계사, 해당 분야 전문가 등 외부전문가를 원활히 활용할 수 있도록 인력풀제가 도입되어야 할 것이다.

경영평가의 사후관리는 경영평가제도의 성패를 좌우할 수 있는 가장 중요한 요인이므로 이에 대한 제도적 장치의 마련이 시급하다. 특히, 경제적・인사상의 보상으로 제도화하는 것이 바람직하다.

반면 경영평가가 나쁘거나 경영합리화의 노력이 미흡한 경우에는 책임자에 대한 인사상의 불이익은 물론 경영지도를 병행하여 근원적인 문제점을 개선하여야 할 것이다.

(8) 단계별 민영화 추진

자치선진국에서 지방공기업 경영형태의 일반적인 변화추세를 보면, 직영기업 → 전액출자 · 출연공사 · 공단 → 민간부분 참여허용 → 민간참여폭 확대 → 완전민영화(주식회사형, 재단법인형)의 추세를 보여주고 있다.

지방공기업의 민영화는 정부실패로 인한 비효율성이 크게 나타나고 있거나, 민영화할 경우 해당 지방공기업의 경영수지와 재무구조가 개선되어 경영합리화가 달성될 뿐만 아니라 앞으로 경영상의 문제점이 크게 개선될 여지가 있는 지방공기업을 그 대상으로 할 수 있을 것이다.

이런 관점에서 우리나라 지방공기업 중 민영화의 대상으로 가장 먼저 손꼽히는 사업이 의료원 사업이 아닐까 생각된다. 의료원 사업의 경우, 민간의료시설이 크게 발전하고, 국민들의 의료수준에 대한 욕구가 높아졌기 때문에 민간의료기관과의 경쟁에서 우위를 차지한다는 것은 불가능하고, 경영적자가 계속 누적되어 일반회계의 부담을 가중시키고 있을 뿐만 아니라 당분간 경영의 개선이 곤란하다는 점에서 민영화의 필요성이 제기되고 있다.

제 3 절 제 3 섹터

Ⅰ. 제3섹터의 개념

제3섹터(the third sector)란 공기업의 한 유형으로서[27] 공 · 사혼합기업 또는 민 · 관 공동출자기업이라고도 한다. 그러나 이것을 한마디로 정의하

27) 우리나라 지방공기업법을 보면 지방공기업은 직접경영사업을 하는 지방직영기업 외에 간접경영사업방식으로 지방공사, 지방공단 뿐만 아니라 民官共同出資로 설립된 주식회사까지도 지방공기업으로 보고 있어 그 적용범위가 상당히 넓은 편이다. 여기서 민관공동출자형식의 주식회사를 우리는 흔히 제3섹터라고 하고 있다.

기란 쉽지 않지만 일반적으로 공익을 추구하는 공공부문(the public sector)인 제1섹터와 이윤 또는 이익을 추구하는 민간부문(the private sector)인 제2섹터와 결합된 형태라고 말할 수 있다. 즉, 국가나 지방자치단체와 민간사업자가 공동출자하여 설립한 법인으로서, 공익과 이윤을 동시에 추구하는 부문이라 할 수 있다.[28]

이러한 제3섹터의 개념은 법률상의 개념도, 학문상의 개념도 아니고 논자에 따라 다르게 사용되고 있지만 공공부문과 민간부문이 공공서비스를 공동생산·공동공급하는 소위 제3섹터라는 용어는 1970년대초부터 미국과 일본에서 나타나기 시작하였다. 그러나 그것이 의미하는 내용은 양국에 있어서 약간의 차이를 보이고 있다.

즉, 넓은 의미로 보면 공공서비스공급의 양적 확대와 질적 효율을 강조하는 방안으로 제3섹터를 의미하지만 다음과 같은 약간의 차이를 발견할 수 있다.

먼저, 미국에서의 제3섹터는 공공부문(제1섹터)도 아니고, 민간부문(제2섹터)도 아닌 독립섹터로서 재단, 교회, 자선단체, 노동조합 등 비영리단체를 말한다. 이러한 '제3섹터'는 실업자·고령자 등의 약자구제, 교육, 레크리에이션, 의료서비스, 신기술개발, 도시재개발, 공해방지, 불량청소년선도, 인종차별 폐지 등 많은 분야에서 중요한 역할을 담당하고 있다.[29]

다음, 일본에서의 제3섹터는 미국의 제3섹터 개념에서 유래하였으나 그것의 내용에는 차이를 보이고 있다. 1973년 2월「경제사회 기본계획서」에서 처음으로 제3섹터라는 용어를 공식적으로 사용하였고, 1983년 3월 나카소네 수상이 "각종 규제의 완화에 의한 민간활동의 활성화방안"을 강구·지원토록 각성에 지시하여 민·관공동출자의 제3섹터 공기업 설치를 적극 전개하였다. 일본 자치성은 지방공공단체가 25% 이상 출자하여 민법이나 상법에 의하여 설립한 법인을 제3섹터로 보고 있으며, 일본에서는 '제3섹터공기업'이라고 흔히 불리고 있다.[30]

---

28) 李圭燦, "第3섹터의 意義,"「地方財政」제15권 제2호 (韓國地方財政共濟會, 1996), p. 18.

29) Amitai Etzioni, "The Third Sector and Domestic Missions," in *Public Administration Review*, Vol.33.(1973, Dec.), pp. 314~320.

30) 심정근 외, 전게서, pp. 440~441.

그 내용을 보면 첫째, 제3섹터를 공공부문과 민간부문이 공동으로 출자한 사업 경영형태로 규정하고 있으며 둘째, 공사, 협회, 기금, 주식회사 등 그 명칭에 관계 없이 민법·상법에 근거한 법인으로 하나의 자치단체가 25%이상 출자하고 있는 법인으로서, 주로 도시 및 지역개발을 목적으로 하는 사업들이다.

이상의 논의에서 제3섹터를 미국에서는 공공부문에 보다 가까운 것으로, 주로 공익적 활동을 하는 제 단체를 지칭하는데 비해, 일본에서는 상대적으로 공공부문보다 민간부문에 더 가까운 것으로 주로 민·관공동출자 사업체를 가리킨다는 점에서 양국간에 차이가 있었다.

Ⅱ. 제3섹터의 필요성

종래 전통적인 경제주체인 정부와 기업 이외에 양자의 결합에 의한 형태의 공기업이 등장하게 된 것은 당사자인 지방자치단체와 민간출자자가 각기 자기 입장에서 이유가 있다.31)

(1) 공공부문의 측면

제3섹터는 대체적으로 지방자치단체의 주도로 설립된다고 볼 수 있는데, 그 설립목적은 일반적으로 지방공사와 유사하다.

① 지방자치단체의 행정시책 운영상의 필요성이다. 지방자치단체의 업무 가운데 특히, 경제와 복지분야에서 그 역할이 확대되고 다양화됨에 따라 행정의 고유영역과 민간이 담당할 영역의 경계가 모호해지고 이에 따라 그 중간영역에서 서비스를 제공할 주체가 필요하게 되었다.

② 민간기업의 활용에 의한 자금조달을 하기 쉽고, 민간의 사업능력, 경영능력을 도입할 수 있다.

③ 지방자치단체에 적용되는 예산·회계·인사상의 각종 제약으로부터 벗어나서 탄력적·효율적인 운영을 도모할 수 있다는 장점을 갖기 때문이다.

31) 李相熙, 「地方財政論」 (서울: 啓明社, 1992), pp. 700~701; 李圭煥, 전게논문, pp. 19~21.

(2) 민간부문의 측면

제3섹터의 다른 일방의 설립자라고 할 수 있는 민간출자자측은 공공부문의 입장과는 달리 자기사업과의 관계에서 이윤을 추구하면서 제3섹터의 설립·경영에 참여하는 것이다.

① 국가·지방자치단체 등 공공부문을 담보함으로써 투자의 안전을 보장받을 수 있다는 기대이다. 즉, 신용에 있어서 지방자치단체의 우대조건, 공급우선권 등을 기대할 수 있고 정보상의 이점이 있으며, 각 사업상의 각종위험의 분산을 도모할 수 있다는 이점을 기대하는 것이다.

② 정부의 규제가 있는 분야 또는 정부의 권력적 개입이 있으면 사업이 추진되기 쉬운 분야에서는 행정개입을 받는 편이 사업의 추진을 수월하게 할 수도 있다. 즉, 민간은 각종의 규제완화 혹은 절차상의 원만함에 매력을 느끼고, 또 공공기관이 출자하고 있다고 하는 신용력으로 용지의 취득이나 분쟁의 조정이 비교적 용이하다고 생각하는 것이다.

③ 민간은 공사혼합기업의 본래의 사업과 밀접한 관계가 있거나 본래의 사업을 추진하는 과정에서 파생되는 부대사업에서 이득을 얻을 수 있는 기회가 제공되는 경우, 제3섹터에 관심을 가지게 되는 것이다.

Ⅲ. 제3섹터의 유형

1. 지방공기업법상의 제3섹터

지방공기업법은 제3섹터에 의한 공·사혼합의 지방공사의 설립에 관한 근거규정을 두고 있다. 즉, 개정된 지방공기업법 제77조의 3(지방공사, 공단 외의 출자·출연법인)에 의하면, 지방자치단체는 자본금 또는 재산의 50% 미만을 출자 또는 출연하여 지방자치단체 외의 자와 공동으로 상법에 의한 주식회사 또는 민법에 의한 재단법인을 설립·운영할 수 있다. 이러한 공사를 제3섹터라고 하고 있다. 이 경우 지방자치단체가 자본금 또는 재산의 25% 이상을 출자 또는 출연하는 경우는 사전에 행정자치부 승인을 얻어야 한다.

이러한 규정에 의하면 민·상법에 의한 법인에 출자할 수 있는 제도를 인정함으로써 일본에서처럼 본격적인 제3섹터가 비로소 가능하게 되었다. 한편, 자본금 또는 재산의 50% 이상 출자 또는 출연하는 경우는 지방공사 또는 공단의 형태로 추진토록 하고, 민·상법법인에게는 50% 이상의 출자 또는 출연을 못하게 하고 있다.

지방공기업법은 제3섹터로 민간이 자본참여한 지방공사에 대하여는 지방공기업법에 규정된 것 외에는 상법중 주식회사에 관한 규정을 준용토록 되어 있어, 어느 정도 주식회사의 성격도 갖고 있다고 볼 수 있다.[32]

2. 지방자치법상의 제3섹터

지방자치법에서는 주민의 복지증진과 사업의 효율적 수행을 위하여 지방공기업을 설치·운영할 수 있다고 규정함과 동시에 지방공기업의 설치·운영에 관한 사항은 따로 법률로 정하도록 함으로써 지방자치법에 설립 근거를 마련하고 있다(지방자치법 제146조 참조).

이와 관련하여 지방재정법 제18조에서는 그 출자허용 대상을 지방공기업법에 의한 지방공사·지방공단과 '지방자치단체가 지방공기업법 제2조의 규정에 의한 사업을 지방자치단체 외의 자와 공동으로 하고자 하는 경우' 등으로 명백히 함으로써 지방공사·공단 이외의 민·상법에 의한 제3섹터인 민·관공동출자사업의 설립을 허용하였다.

3. 사법상의 제3섹터

지방자치단체는 민간금융기관, 민간기업, 국가의 공사·공단, 기타의 연고기관과 공동출자해서 사법상의 기업을 설치할 수 있다. 공·사혼합기업에서 민간의 출자비율이 50% 이상을 초과하지 않은 경우에는 전술한 바와 같이 혼합출자지방공사로서 지방공기업법이 적용될 것이므로 사법이 적용되는 공·사혼합기업은 지방자치단체의 출자비율이 50%에 미달하는 경우가 될 것이다.

그리고 이 경우 그 기업의 형태는 민법의 규정에 의한 공익법인으로서

---

32) 李相熙, 전게서, pp. 703~704.

재단법인이나 사단법인의 형식을 가지는 것과 상법의 규정에 의한 주식회사, 유한회사 등의 형식을 가질 것이다.

민법상의 제3섹터는 공익성과 비영리성을 특징으로 하며, 사단법인의 형태이든 재단법인의 형태이든 그 선택은 자유이지만, 일반적으로 일정한 목적을 장기간에 걸쳐 공익사업을 수행하는 경우에는 재단법인의 성격에 적합하고, 탄력성 있는 운영을 필요로 하는 공익적 사업의 경우에는 사단법인의 성격에 보다 적합한 것으로 평가되고 있다.

상법상의 제3섹터의 대표적인 주식회사는 전형적인 물적회사로서, 널리 자본을 모집하는 것에 적합한 기업형태로서 민법법인에 비해 운영상의 제약이 적기 때문에 지역개발사업과 같이 공익성 뿐만 아니라 수익성도 동시추구하는 제3섹터에 이 형태가 보다 적합한 것으로 판단된다.

Ⅳ. 제3섹터의 현황

우리나라에서 제3섹터라는 용어를 처음 쓰기 시작한 것은 1980년대 후반부터 일본의 지방공사제도를 도입·설명하는 과정에서 나타났다.[33] 정부에서는 본격적인 지방자치제 실시와 다양해지고 복잡해지는 지방행정수요를 충족시키기 위한 방안의 하나로 일본의 제3섹터제도와 여건을 분석하여 우리나라 실정에 맞는 '제3섹터공기업지방공사' 설립을 지방공기업법을 근거로 1990년부터 추진하였다. 1992년 12월에는 지방공기업법(제53조 제2항)을 개정하여 지방자치단체 출자를 50% 이상을 제한한 동법에 25% 이상 50% 미만을 출자한 경우 민법과 상법에 의하여 법인을 설립할 수 있도록 한 규정을 삽입하여 민간부문이 적극 참여할 수 있도록 하였다.

이처럼 1990년대에 들어와서 지방자치제가 본격적으로 실시됨에 따라 지방공공서비스에 대한 수요가 다양화·개별화되고 있어, 민간부문의 활

33) 우리나라에서 제3섹터라는 명칭이 논의된 것은 80년대 후반부터이지만, 이와 유사한 제도는 1962년부터 존재하여 왔다. 즉, 우리나라 최초의 제3섹터인 지방공·사혼합기업은 1962년에 설립된 부산위생주식회사이다. 부산시 일원의 분뇨수거 및 처리를 목적으로 부산시가 34.4%를 출자하고, 민간이 65.6%를 출자하여 설립한 주식회사형 제3섹터이다. 李圭煥, 전게논문, p. 32 참조.

용 필요성이 과거 어느 때보다 커졌으며, 또한 각 지방자치단체들은 지방사업을 보다 효율적으로 추진하고 부족한 재원을 확충하기 위한 수단으로 민·관이 공동출자해 사업에 참여하는 제3섹터방식의 구성에 많은 관심을 보이게 되었다.

이에 따라 당시 내무부는 지방공기업법을 지난 1992년 개정하여 제3섹터의 도입을 위한 제도적 장치를 마련하였고, 또한 각 지방자치단체들은 내무부의 방침에 따라 민자유치를 위해 이미 자치단체 직영체제나 공기업형태의 운영을 통해 수익성이 입증된 지역특화사업, 주차장, 농수산물 도매시장, 역개발사업 등을 중심으로 제3섹터로 전환시킨 바 있다.[34]

2012년 현재 간접 경영사업 172개 가운데, 지방공사가 52개, 지방공단이 82개이며, 주식회사형 공기업, 즉 제3섹터는 38개가 되고 있다. 제3섹터 가운데 지방자치단체가 25~50% 출자한 주식회사는 (주)경남무역을 비롯하여 27개이고, 지방자치단체가 25% 미만 출자한 회사는 (주)제주항공을 비롯하여 11개이다(표 Ⅳ.4.6 참조).

〈표 Ⅳ.4.6〉 주식회사형 제3섹터 설립현황(2012 현재)

출자규모	회사수	회 사 명
지자체 25~50% 미만출자	27	서울관광마케팅(주), (주)벡스코, 부산관광개발(주), (주)엑스코, (주)광주광역정보센터, 재단법인 대전컨벤션뷰로, 안산도시개발(주), (주)강원심층수, 와인코리아(주)농업회사법인, 농업회사법인(주)속리산유통, (주)삽교호함상공원, (주)홍주마트, 농업회사법인(주)고창황토배기유통, (주)무안황토랑유통공사, 청해진미완도전복(주), 농협회사법인 고흥군유통주식회사, 농업회사법인 화순농특산물유통회사, 농업회사법인 영광군유통주식회사, 경북통상(주), (주)울진로하스코리아, (주)울진농수산물유통농업회사법인, (주)경남무역, 가온소프트(주), 농업회사법인 합천유통(주), 토요애유통(주), 마산해양신도시(주), (주)제주국제컨벤션센터
지자체 25% 미만출자	11	강남모노레일(주), 인천대교(주), 한국씨이에스(주), 수완에너지(주), (주)아름다운인제관광, (주)청주테크노폴리스, 지앤아이(주), (주)탑글로리, (주)완도수산물유통, (주)케이씨피드, (주)제주항공

자료: 행정안전부 지방재정세제국(2012).

34) 상게논문, pp. 32~33.

V. 제3섹터의 문제점 및 발전방안

(1) 규율체계의 조정

가. 규율체계의 문제점

우리나라의 지방공기업법은 일본의 지방공영기업법과는 달리, 지방직영기업 뿐만 아니라 지방공사·공단 및 지방공사형 제3섹터까지도 규율하고 있다. 그러나 본래 민간의 자본과 경영기법을 최대한 도입하기 위해 설립되고 있는 제3섹터는 지방공기업과는 본질상 다르다고 할 수 있다.[35] 그럼에도 불구하고 제3섹터를 지방공기업 체계에서 동일하게 규율함은 지방경영사업에의 민간참여를 저해하는 결과를 초래할 가능성이 있다.

또한 현행법령에 의하면 지방공사와 출자·출연법인은 지방자치단체의 출자비율에 의해 정해진다. 즉, 자치단체가 50% 이상 출자하였을 경우 지방공기업법의 적용을 받게 된다. 그러나 출자비율 50%를 기준으로 지방공기업법 적용여부를 획일적으로 구분하는 것은 문제가 있다. 즉, 지역기업의 출자능력이 취약한 농·어촌의 경우 지역경제활성화를 위해 공공성이 크지 않은 사업을 자치단체의 주도로 추진하려 해도 지방자치단체의 출자 비율이 50%를 초과한다는 이유만으로 지방공기업법을 적용받게 되는 것이다.

나. 지방공기업법적용의 배제

제3섹터는 지방공기업과는 설립목적, 운영방식 등에서 큰 차이를 보이고 있으므로 지방공기업법의 적용을 배제함이 바람직하다. 이 경우 전액자치단체출자 지방공사와 제3섹터형 지방공사와의 구분이 모호해지는 문제가 발생한다. 이것은 양자를 사업영역으로 구별함으로써 해소할 수 있다. 즉, 지방공사는 소수의 강제법적용사업에 한정하여 설립토록 하며, 지방공기업법이 규정하지 않는 사업은 출자·출연법인으로서 출자비율에 관계없이 설립할 수 있도록 하는 것이다.

이와 같이 지방공기업법의 적용대상을 지방직영기업과 지방공단 및

---

35) 심정근 외, 전게서, pp. 453~454.

공공사업을 수행하는 지방공사로 한정한다면, 출자·출연법인의 경우 규율법률이 민·상법으로 통일되며, 출자비율에 제한이 없어지므로 전액 자치단체출자 또는 제3섹터형으로 설립할 수 있게 된다.

(2) 설립의 다양화

가. 설립상의 문제점

제3섹터의 조직형태를 보면, 38개 법인 중 27개가 자치단체 출자규모가 25~50% 미만의 주식회사이고, 11개가 25% 미만의 주식회사로서 모두가 상법의 적용을 받는 공기업이다. 민법의 적용을 받는 재단법인 또는 사단법인의 형태는 전무한 실정으로서 이것은 지방자치단체들이 수익성이 낮은 분야에의 투자를 기피하는 결과로 보이는 바, 지방자치단체가 수익성에 지나치게 집착함을 보여주고 있다. 특히, 일본의 광역자치단체가 공공성 위주의 제3섹터를 설립하는 것을 보면 우리에게 시사하는 바가 적지 않다.

한편, 지금까지 설립된 38개의 제3섹터의 사업영역을 보면, 무역관련분야 8개, 농축임산물 생산·유통분야 7개, 관광분야 5개, 샘물판매분야 3개, 정보산업분야 3개, 컨벤션센터 분야 3개, 교통관리분야 4개, 도시 및 지역개발분야 2개, 기타 3개로서 일부 사업분야에 편중되어 있다. 따라서 근래에 들어 도시민을 중심으로 수요가 증가하고 있는 환경, 체육, 문화, 예술, 복지분야에의 대응이 전무한 실정이다.

나, 사업영역과 조직형태의 다양화

우리나라의 제3섹터 방식은 일부 사업영역에 한정되어 있으나 현행 지방공기업법에 의하면, 지방자치단체는 각 지역의 여건에 맞는 사업을 다양하게 실시할 수 있게 되어 있으므로 사업영역의 다각화가 이루어져야 한다. 우선, 도시지역은 교통, 주택, 여가활용 등의 문제가 중요하므로 도시재개발, 주택건설, 운수·터미널, 주차장, 체육, 청소·위생, 문화·예술 등의 분야에서 제 3섹터의 유효성이 클 것이다.[36]

농어촌 및 산간지역은 지역경제활성화의 문제가 중요하므로 농특산물

---

36) 상게서, p. 455.

가공・유통, 관광・레저, 도축장, 건설자재 생산・공급, 광천수 생산・공급 등의 분야에서 제3섹터의 유효성이 클 것이다.

한편, 우리나라 제3섹터가 취할 수 있는 조직형태는 지방공기업법상의 지방공사, 민법상의 재단법인 그리고 상법상의 주식회사이다. 조직형태의 결정은 공공주도형(지방공사)으로 할 것인가, 민간주도형(사법인)으로 할 것인가 하는 정책적 판단이 이루어진 후 민간주도형일 경우 다시 공공성 위주(재단법인)인가, 수익성 위주(주식회사)인가가 결정되어야 한다. 제3섹터는 그 제도의 취지에 비추어 볼 때, 일단 지방공사가 아닌 사법인의 형태로 설립함을 원칙으로 하는 것이 타당하다.

따라서 공공성이 큰 사업이거나 설립목적이 공공서비스 공급의 효율화일 경우에는 재단법인이 적합할 것이며, 수익성 위주거나 설립목적이 지방재정의 확충일 경우에는 주식회사가 적합할 것이다. 다만 공공성이 압도적이거나 민간의 투자여력이 극히 미흡할 경우에는 공공주도형인 지방공사의 형태가 불가피할 것이다.

(3) 민간참여 지원장치의 강화

가. 지원장치의 미흡

일본은 제3섹터사업을 포함한 지역발전을 도모하는 각종 민활사업의 추진을 뒷받침해 주기 위해 민활법, 리조트법 등을 제정하여 다양한 세제지원을 해 주고 있다. 그러나 우리나라의 경우 세제, 특히 법인세 등 국세의 지원장치가 미미하여 민간참여가 적극적으로 이루어지지 않고 있는 실정이다. 제3섹터에 대한 조세특례를 인정하는 것은 비슷한 수준의 공공성을 지닌 공기업 및 공공법인과의 형평을 위해 필요하다고 할 수 있다.

한편, 일본은 제3섹터 등 각종 지역활성화 사업의 지원을 위해 다양한 금융지원(무이자융자, 장기저리융자)과 재정지원(보조금 지급, 채무보증, 융자알선, 교부세 지원 등)을 해 주고 있다. 이에 비해 우리나라는 지역 개발기금 외에는 별다른 지원제도가 없으며, 그것도 상・하수도사업, 공영개발사업 등 직영기업에 순위가 뒤쳐져 실제지원이 이루어진 경우는 거의 없는 형편이다.

나. 조세 및 금융지원의 강화

제3섹터에 민간참여를 촉진시키기 위해서는 지원장치의 강화가 시급하다. 세제면에 있어서 제3섹터 설립 후 정상 영업궤도에 도달하기까지 일정기간 동안 제3섹터에게도 법인세 감면혜택을 주는 것이 요망된다. 그리고 특별감가상각 인정, 지방세중 사업소세·재산세 감면 등의 조치도 고려할 필요가 있다.[37]

한편, 제3섹터에 투자하려는 민간기업은 금융기관으로부터의 융자를 통해 자금을 조달하는 것이 일반적인데, 이때 자치단체는 원리금 지급보증을 해 줌으로써 민간투자를 용이하게 할 수 있을 것이다.

37) 상게서, p. 457.

참고문헌

Ⅰ. 著　　書

1. 國 內 書

姜信澤, 「社會科學硏究의 理論」(서울 : 博英社, 1982)
권형신 外, 「韓國의 地方財政」(서울 : 도서출판 해남, 1998)
金圭定, 「新版 行政學原論」(서울 : 法文社, 1998)
———, 「新行政學原論」(서울 : 法文社, 1998)
김병준, 「韓國地方自治論」(서울 : 法文社, 1998)
金甫炫, 金庸來, 「地方行政의 理論과 實際」(서울 : 法文社, 1983)
金安濟, 「地域開發과 地方自治行政」(서울 : 大明出版社, 1995)
———, 「環境과 國土」(서울 : 博英社, 1982)
김영종, 「地方自治論」(서울 : 受珍社, 1997)
金　源, 「都市行政論」(서울 : 博英社, 1983)
金鍾淳, 「地方財政學」(서울 : 三英社, 1997)
김종표. 「現代地方行政論」(서울 : 일신사, 1988)
盧隆熙 譯, 「開發途上國의 都市化 政策」(서울 : 法文社, 1980)
——— 外, 「都市行政論」(서울 : 大學校出版部, 1981)
朴東緖, 「韓國行政論」(서울 : 法文社, 2004)
自完基, 「行政學」(서울 : 博英社, 1985)
孫在植, 「現代地方行政論」(서울 : 博英社, 1985)
손희준 외, 「지방재정론」(서울 : 대영문화사, 2006)
심정근 外, 「地方財政學」(서울 : 博英社, 1997)
안용식 외, 「지방행정론」(서울 : 대영문화사, 2006)
梁柱東, 「現代國語大辭典」(서울 : 도서출판 일중당, 1984)
劉鍾海, 「現代行政學」(서울 : 博英社, 1985)
兪　焄, 「行政學原論」(서울 : 法文社, 1994)
李圭煥 「都市開發과 都市行政」(內務部 地方行政硏修院, 市長・郡守課程敎材, 1989)
———, 「都市行政論」(서울 : 녹원출판사, 1995)
———, 「한국도시행정론」(서울 : 법문사, 2004)
———, 「地方財政의 計劃的 運用」(都市 및 地域計劃硏究所, 1984)
———, 「중기재정계획제도의 문제점과 개선방안」(한국법제연구원, 2004)
——— 外, 「廣城行政體制의 새로운 模型設定에 관한 硏究」(明知大學校 地方自治硏究所, 1994)

——— 外,「地方自治와 議會運營」(한국지방자치학회, 1998)
——— 外,「政府間關係 : 理論과 實際」(서울 : 法文社, 1997)
——— 外,「地方稅 非課稅·減免의 問題點과 改善方案」(光州, 全南發展硏究院, 1995. 11)
——— 外,「한국행정의 과제와 개혁」(서울: 아세아문화사, 1998)
李相熙,「地方財政論」(서울 : 啓明社, 1997)
林容柱,「新地方行政論」(서울 : 예지각, 1987)
鄭世煜,「地方行政學」(서울 : 法文社, 1998)
정재길 譯,「日本의 地方自治法」(서울 : 교학사, 1992)
趙 淳,「經濟學原論」(서울 : 法文社, 1995)
趙昌鉉,「地方行政論」(서울 : 博英社, 1996)
崔順植,「現代地方自治論」(서울 : 尙文社, 1988)
崔仁基 外,「地方議會論」(서울 : 法文社, 1995)
崔昌浩,「地方自治制度論」(서울 : 三英社, 1994)
———,「地方自治學」(서울 : 三英社, 1995)
韓國地方自治學會,「韓國地方自治論」(서울 : 三英社, 1995)
韓垣澤,「都市·地方行政論」(서울 : 法文社, 1992)
———,「地方行政論」(서울 : 法文社, 1998)

2. 外 國 書

Abrams, Charles, *Man's Struggle for Shelter in Urbanizing World* (Boston: M.I.T. Press, 1964).
———, *The Language of Cities* (New York : The Viking Press, 1971).
Adrian, Chafes R., *State and Local Government* (New York : McGraw-Hill, 1976).
Alderfer, A. F., *American Local Government and Administration* (New York: Macmillan, 1956).
Afford, Robert R., *Bureaucracy and Participation* (New York : Rand Mcnally and Co., 1969).
Allison, Linclon, *Environmental Planning : A Political and Philosophical Analysis* (London : George Allen and Unwin Ltd., 1975).
Almond, G. A. and G. B. Powell Jr., *Comparative Politics : A Developmental Approach* (Boston : Little and Brown, 1966).
Arnold, David S.(ed.), *Urban Transportation in the Practice of Local Government Planning* (Internal City Management Association, 1979).
Bell, Gwen(ed.), *Urban Environments and Human Behavior : An Annotated Bibliography* (Dowden, Penn. : Hutchinson and Ross, Inc., 1973)
Bens, Charles, *Citizen Participation in Metro Toronto* (Toronto : Bureau of

Municipal Research, 1974).

Bollens, J.C. and. H.J. Schmandt, *The Metropolis : Its People, Politics and Economic Life* (New York : Harper & Row, Publishers, 1982).

Bormage, Arthur W., *Introduction to Municipal Government and Administration*, 2nd ed. (1957).

Breese, Gerald, *Urbanization in Newly Developing Countries* (N.J. : Prentice-Hall, 1966).

Burkhead, Jesse, *Government Budgeting* (New York : Wiley, 1956).

Byrne, Tony, *Local Government in Britain* (Harmondsworth : Penguin Books, 1985).

Caiden, Gerald E., *Administration Reform* (Chicago : Aldine Publishing Co., 1969).

Campbell, Alan K., and Roy W. Bahl (eds.), *State and Local Government* (New York : The Free Press, 1976).

Chandler, Ralph C. and Jack C. Piano, *The Public Administration Dictionary* (New York : John Wiley & Sons, Inc., 1982).

Clark, Colin, *The Conditions of Economic Progress*, 2nd ed. (London : 1951)

Cohen, Persy S., *Modern Social Theory* (New York : Basic Books, 1968).

Cole, G.D.H., *Local and Regional Government* (1947).

Davis, Kingsley, *The World Metropolitan Area* (Berkely : Univ of California, 1959).

Diamond, O., & McLoughlin, J.B.(ed.), *Process in Planning*, Vol.1 (Pergamon Press, 1973).

Dimock, Marshall E. and Gladys O. Dimock, *Public Administration* (New York : Holt, Reinehart and Winston, 1958).

―――――――, *A Philosophy of Administration* (New York : Harper & Row Publishers, Inc., 1958)

Doxiadis, Constantinos A., *Ekistics* (London : Hutchinson & Co., Ltd., 1968).

Due, John F. and Ann F. Firedlaender, *Government Finance* (Homewood, Ill. : Richard D. Irwin, 1981).

Dyke, Veron Van, *Political Science: A Phisosophical Analysis* (California : Standford University Press, 1960).

Etzioni, Amitai, *Modem Organization* (Englewood Cliffs, N. J. : Prentice-Hall, 1964).

Faluid, Andress, *A Reader in Planning Theory* (New York : Pergamon Press, 1973).

Friedmann, W., *The Public Corporation: A Comparative Symposium* (Toronto : The Carewell Co., 1954).

Gaus, John M., *Reflection on Public Administration* (Alabama : The Univ. of Alabama Press, 1947).

Goodman, J. S., *The Dynamics of Urban Government and Politics* (New York : Macmillan, 1980).

Gottmann, Jean, *Megalopolis: The Urbanized Northeastern Seaboard of United*

States (Norwood, Mass. : The Plimton Press, 1961)

Grigsby, W., *Housing and Public Policy* (Pennsylvania : University of Pennsylvania Press, 1963).

Harris, G.M., *Comparative Local Government* (London : Hutchinson's University Library, 1948).

Hazard, John N., *The Soviet System of Government* (Chicago : University of Chicago Press, 1960).

Hirsch, Werner Z., *The Economics State and Local Government* (New York : McGraw-Hill Book Co., 1970).

Hirschman, Albert O., *The Strategy of Economic Development* (New Haven : Yale University Press, 1958)

Hitchner, Dell Gillete and Levine Carol, *Comparative Government and Politics* (2nd ed.) (New York: Harper & Row Publishers, 1981).

Hoover, Edgar M., *Anatomy of a Metropolis* (New York Doubleday, 1962).

Howard, E., *Garden Cities of Tomorrow* (Cambridgw, Mass.: M.1.T. Press, 1965).

Heady, Ferrel, *Public Administration, A Comparative Perspective* (Englewood Cliff, N.J.: Prentice-Hall, Inc., 1966).

Isard, Walter, *Location and Space Economy* (MIT Press, 1956).

Jackson, W.E., *Local Government in England and Wales*, 3rd edition(1963).

King, L.J. and Golledge R.G., *Cities, Space and Behaviors* (Englewood Cliffs, New Jersey : Prentice-Hall, 1978)

Lasswell, Harold, *Politics : Who Gets What, When and How* (Cleveland : The World Publishing Co., 1965).

Le Breton, P.P. and D.A. Henning, *Planning Theory* (Englewood Cliffs : Prectice-Hall, 1961).

Lee, Robert D. and Ronald W. Johnson, *Public Budgeting System*, 3rd ed. (Baltimore: University Park Press, 1983).

Limpan, V.D., Local *Government Area,* 1934~1945 (Oxford : Basil Blackwell 1949).

Lindblom, Charles and David Braybrooke, *A Strategy of Decision : Policy Evalution as a Social Process* (Glencoe, Illinoise : The Free Press, 1963).

Lineberry, Robert L. and Ira Sharkansky, *Urban Politics and Public Policy* (New York : Harper and Row Publishers, 1971).

Martin, R. C., *Grass Root* (Alabama, 1951).

Marx, Fritz Morstein, *The Administrative State* (Chicago : Chicago University of Press, 1950).

McGregor, Douglas, *The Human Side Enterprise* (New York : McGraw-Hill, 1960).

Mikesell, John L., *Fiscal Administration* (Homewood, Illinois : The Dorsey Press, 1982).

Mills, Edwin S., *Urban Economics* (Glenview, Illinois : Scott, Foresman and Company, 1972).

Millspaugh, Arthur C., *Local Democracy and Crime Control* (Washington D.C.: Brooking Inc., 1936). :

Mogälf, Melvin B., *Citizen Participation : A Review and Commentary of Federal Policies and Practices* (Washington D.C.: Urban Institute, 1970).

――――――, *Citizen Participation : The Local Perspective* (Washington D.C.: Urban Institute, 1970).

Morrow, Willam L., *Public Administration : Politics, Policy and Political System* (Random House, 1975).

Musgrave, R. A., *The Theory of Public Finance* (New York : McGraw-Hill, 1959).

Myrdal, Gunnar, *Rich Land and Pour : The Road to World Prosperity* (New York : Harper and Row, 1957)

Nigro, Felix A., *Modem Public Administration* (New York : Harper & Row Publishers, Inc., 1965).

Northam, R.M., *Urban Geography* (New York : John Willey and Sons, Inc., 1979).

Paulsen, D.F. and R.D. Dengardt(eds.), *Pollution Public Policy* (New York : Dodd, Mead and Co., 1973).

Pitts, Forrest(ed.), *Urban System and Economic Development* (Oregon : University of Oregon, 1962).

Poole, Robert W., *Cutting Back City Hall* (New York : A Free Life Editions Book, Universe Books, 1980).

Price, James L., *Organization Effectiveness* (Homewood : Irwin, 1968).

Renaud, Bertrand, *National Urbanization Policies in Developing Counties* (IBRD, 1979).

Rhodes, R., *Control and Power in Central-Local Relation* (Famborough, Aldershot : Gower, 1981).

Richards, P.G., *The Reformed Local Government System* (London : George Allen & Unwin, 1973).

Riggs, Fred W., *Administration in Developing Countries : The Theory Prismatic Society* (Boston: Houghton Mifflin Company, 1964).

――――――, *The Ecology Public Administration* (New Delli : Asia Publishing House, 1961).

Robinson, S. P., The *Administration Process : Intergrating Theory and Practice* (Englewood Cliffs, N. J. : Prentice Hall, 1976).

Robson, W. A., *The Development of Local Government* (London : George Allen and Unwin, 1953).

Sayre, Wallace S., *American Government*, 15th edition (New York : Branes & Noble,

Inc., 1968).

Schultze, Charles L., *The Politics and Economics of Public Spending* (Washington D.C. : The Brookings Institution, 6th Printing, 1973).

Seneca, Joseph J. and Michael K. Jaussig, *Environment Economic* (Englewood Cliffs, N. J. : Prentice-Hall Inc., 1979).

Sharkansky, Ira, *Public Administration: Policy-marking in Government Agencies,* 4th edition, (Chicago : Markham Publishing Company, 1978).

Sills, David L. (ed.), *International Encylopedia of the Social Science*, Vol.13 (New York : The Macmillan Co. and the Free Press, 1968).

Simon, Herbert A. (*et al.*), *Centralization vs. Decentralization in Organization : the Controller's Department* (New York : Controllership Foundation, Inc., 1954).

―――――――, *Public Administration,* (New York : Alfred A. Knopf, 1950).

Smith, Wallace F., *Housing : The Social and Economic Elements* (Berkeley : California University Press, 1971).

Taylor, G.R., *Satellite Cities : A Study of Industrial Suburbs* (New York : The Free Press, 1965).

Thompson, Wilbur R., *A Preface to Urban Economics* (Baltimore : The Johns Hopkins Press, 1965).

Thornhill, W., *The Case for Regional Reform* (London : Thomas Nelson and Sons, 1972).

Vanhove, Norbert and Leo H. Klaasssen, *Regional Policy : A European Approach* (Westmead, England : Saxon House, 1980).

Walsh, Anmarie H., *The Urban Challenge to Government : An International Comparison of Thirteen Cities* (New York : A Praeger Publishers, 1969).

Waterston, Albert, *Development Planning* (Baltimore : Johns Hopkins Press, 1965).

Weber, Max, *The City* (New York : The Free Press, 1966).

Wirth, Louis(ed.), *Community Life and Social Policy* (Chicago : Univ. of Chicago, 1956).

加藤一明 外, 「現代地方自治」 (東京 : 東京大學出版會, 1973)

吉富重夫, 「地方自治」 (東京 : 勁草書房, 1960)

石原信雄, 「現代 地方財政運用論」 (東京 : ぎさるせい, 1967)

市町村自治研究會, 「全國市町村要覽」 (1997. 11)

二稿正洪 · 河野榮, 「地方財政と 計劃 · 豫算」 (東京 : 第一法規出版社, 1983)

日本 自治省 地方財政調查會, 「地方財政分析」 (市町村 財政效率化の 指針) (東京 : ぎさるせい, 1985)

田成賴明, 「現代社會と 自治制度の 變革」 (東京 : 學陽書房, 1976)

村英一 · 星野光男, 「地方自治讀本」 (東京 : 東洋經濟新聞社, 1957)

恒松制治 外, 「都市財政概論」 (東京 : 有斐閣, 1975)

Ⅱ. 論　　文

1. 國內論文

金繁雄, "環境行政과 住民參與,"「國土計劃」, 第15卷 第1號 (大韓國土計劃學會, 1980. 9)

김수근, "대도시 재정조정의 과제와 개선방향,"「지방재정」제18권 5호 (한국지방재정공제회, 1999)

金安濟, "地方自治行·財政制度의 懸案과 發展戰略,"「第2回 國家發展 및 政策 開發을 위한 政·學 세미나 發表論文」(社團法人 世界平和敎授 協議會, 1989. 4)

———, "地方行政階層構造 및 行政區域의 改編方向,"「地方行政構造改編에 관한 討論會論文」(行政改革委員會, 1988. 7)

金海東 "韓國의 住民組織과 地方行政,"「行政論集」, 第23號 第1號 (서울大學校 行政大學院, 1985)

박연수, "우리나라 地方公企業의 役割과 責任,"「地方公企業 構造調整 및 經營革新 워크샵」(行政自治部, 地方自治經營協會, 1998. 9)

———, "우리나라 地方稅外收入의 實態,"「地方財政」, 第17卷 第5號 (韓國地方財政共濟會, 1998)

원윤희, "地方財政擴充을 위한 地方稅制改政編方案,"「地方財政擴充方案」(서울特別市議政會, 1998. 12)

유재원, "首都圈廣域行政의 實態와 改善方向,"「首都圈 廣域行政의 效率的 수행방안 摸索」(國民會議 第6次 政策討論會議, 1996)

李圭煥, "道區域의 合理的 改編方案,"「地方行政硏究」, 第8卷 第2號 (韓國地方行政硏究院, 1993)

———, "都·農 統合型 區域改編과 階層構造,"「行政區域改編의 方向」(韓國地方自治學會 硏究發表會, 1994. 4)

———, "都市開發과 住民參與,"「地方行政硏修」, 第13號 (內務部 地方行政硏修院, 1988. 6)

———, "都市計劃法 解說,"「地方自治와 議會運營」(韓國地方自治學會, 地方行政硏修院, 1998)

———, "都市圈開發을 위한 廣城行政體制에 관한 硏究" (서울大學校 環境大學院 碩士學位論文, 1977)

———, "都市圈에 있어 廣域行政體制의 方向,"「道政硏究」, 창간호 (경기도, 1988)

———, "都市財政의 計劃的 運用에 관한 硏究" (中央大學校 大學院 博士學位 論文, 1987)

———, "都市財政의 課題와 發展方向,"「韓國行政의 課題와 改革」(서울 : 아세아 문화사, 1998)

———, "美國都市政府의 資本豫算制度 運用," 「地方財政」, 第13卷 5號 (韓國地方財政共濟會, 1994)

———, "美國의 減縮管理와 그 維進戰略," 「地方財政」, 第12卷 2號 (韓國地方財政共濟會, 1993)

———, "대도시 조정교부금 제도의 의의와 필요성," 「지방재정」, 제18권 5호 (한국 지방재정공제회, 1999)

———, "市·郡의 都·農 統合約 行政區城 改編方案," 「國會報」, 第333號 (國會事務處, 1994. 7)

———, "우리나라 都市開發의 課題와 方向," 「中央大學校 行政大學院 高位政策課程 特講論文」 (1996)

———, "日帝下의 都市開發行政에 관한 考察," 「中央行政論集」, 第11卷 (中央大學校 國家政策硏究所, 1997)

———, "自治基盤擴充을 위한 地方行政發展方案," 「首都圈對策과 地域均衡發展을 위한 政策討論會 發表論文」 (國士開發硏究院 및 地域均衡發展企劃團, 1989. 5)

———, "대도시 조정교부금제도의 의의와 필요성," 「지방재정」, 제18권 5호 (한국지방재정공제회, 1999)

———, "第3섹터의 意義," 「地方財政」, 第15卷 2號 (韓國地方財政公濟會, 1996)

———, "中期地方財政計劃制度의 意義와 期待效果," 「地方財政」, 第16卷 2號 (韓國地方財政共濟會, 1997)

———, "地方經營收益事業의 活性化 方案," 「地方財政」, 第17卷 5號 (韓國地方財政共濟會, 1998).

———, "地方公企業의 設立과 發展方向," 「江東開發公社 設立을 위한 公聽會」 (강동구, 1998. 11)

———, "地方交付稅의 問題點과 改善方案," 「中央行政論集」, 第9卷 (中央大學校 國家政策硏究所, 1995)

———, "地方讓與金制度의 意義," 「地方財政」, 第11卷 2號 (韓國地方財政共濟會, 1992. 여름호)

———, "地方自治團體의 決算制度의 發展方向," 「地方財政」, 第17卷 6號 (韓國地方財政共濟會, 1998)

———, "地方自治團體의 稅外收人擴充方案," 「地方財政擴充方案」 (서울待別市 議政會, 1998. 12)

———, "地方財政支出의 合理化 方案," 「地方財政」, 第13卷 4號 (韓國地方財政共濟會, 1994)

———, "地方政府間의 關係," 「政府問 關係 ; 理論과 實際」 (서울 : 法文社, 1997)

———, "地方政府의 豫算制度 改革方案," 「行政硏究」, 第6卷 (中央大學校 行政大學院, 1996)

———, "地方債의 本質," 「地方財政」, 第12卷 6號 (韓國地方財政共濟會, 1993)

———, "地方行政과 地域均衡發展에 관한 獨逸 硏修記," 「地方行政硏修」 (內務部 地方

行政研修院, 1986. 12)
———, "統合的 都市圈開發行政體制의 摸索,"「都市問題」(大韓地方行政共濟會, 1984 10月號).
이기우, "地方自治團體의 協力活性化 方案,"「사회와 교육」(1994)
李漢彬, "開發型時觀論,"「行政論集」, 第4卷 第2號(서울大學校 行政大學院, 1966)
鄭世煜, "2000年代의 國家와 地方自治團體와의 關係,"「2000年代 地方行政의 座標」(韓國地方行政研究院, 세미나 綜合報告書, 1985).
———, "地方財政에 있어서 稅外收入의 增大方案,"「地方財政」, 第17卷 5號 (韓國地方財政共濟會, 1998).
정채용, "地方公企業 構造調整 및 經營革新의 方向과 目標,"「地方公企業 構造調整 및 經營革新 워크샵」(行政自治部, 地方自治經營協會, 1998.9).
조창현, "韓國地方自治團體의 自主組織權에 관한 研究" (명지대학교 大學院 博士學位論文, 1998).
崔昌浩, "地方行政階層構造 改編을 통한 自治區城과의 調和,"「國會報」, 第333號 (國會事務處, 1994. 7月號).
하상군, "韓國의 地方自治團體組合에 관한 研究" (단국대학교 大學院 博士學位 論文, 1996)
홍완식, "中央과 地方間의 機能配分에 관한 理論과 實際"「시정研究」, 第2號 (부산직할시, 1987)
황성돈, "新人事行政의 基本原則과 方向,"「2000年代를 대비한 政府組織의 革新方案」(韓國行政學會, 夏季學術大會 發表論文集, 1997)

2. 國外論文

Aleshire, Robert A., "Power to the People : An Assessment of Community Action and Model Cities Experience," in *Public administration Review*, Vol.32 (September 1972).
Arnstein, Sherry R., "A Ladder of Citizen Participation," in *Journal of the American Institute of Planners*, Vol.35, No.4(July, 1969).
―――――, "Eight Rungs on the Ladder of Citizen Participation," E.S. Cahn & B.A. Passtt(ed.), *Citizen Participation : Effecting Community Change* (Praeger Publishers, 1971).
Boone, Richard W., "Reflection on Citizen Participation Economic Opportunity Act," in *Public Administration Review*, Vol.32 (September 1972).
Carol, Hans, "The Hierachy of Central Functions within the City," *Annals of the American Geographer*, Vol.50 (1960).
Crouch, W.W., "Metropolitan Government in Toronto," *Public Administration Review*

(Spring, 1954).
Cunnigham, James V., "Citizen Participation in Public Affairs," in *Public Administration Review*, Vol.32 (October, 1972).
Dahl, Robert A., "Trends in the Comparative Study of Public Administration," *American Society for Public Administration* (April, 1961).
―――――――, "The Science of Public Administration," *Public Administration Review*, 7-1(1957).
Diamant, Alfred, "The Nature of Political Development," Reprinted in Jason L. Finkel and Richard W. Gable(eds.), *Political Development and Social Change* (New York : Wiley John, 1966).
Dimock, Marshall E., "The Criteria and Objectives of Public Administration," (eds.) J.M. Gaus, L.D. White and M.E. Dimock, *The Frontiers of Public Administration* (Chicago : University of Chicago Press, 1936).
―――――――, "The Meaning and Scope of Public Administration," in John M. Gaus, Lionard D. White and Marshall E. Dimock.(eds)., *The Frontiers of Public Administration* (Chicago : University of Chicago Press, 1936).
Doxiadis, C.A., "Ecumenopolis : Tomorrow's City," in *Britannica Encyclopedia* (New York : 1968).
Dunleavy, P., "The Limits to Local Government," in M. Boddy(eds.), *Local Socialism* (London : Macmillan, 1984)
Esman, Milton J., "The Politics of Development Administration," in John D. Montgomery and William J. Siffin (eds.), *Approaches to Development Politics, Administration and Change* (New York : McGraw-Hill, 1966).
Etzioni, Amitai, "The Third Sector and Domestic Missions," in *Public Administration* Review, Vol. 33 (1973, Dec.).
Foster, Kathrn A., "Specialization in Government, The Uneven Use of Special Districts in Metropolitan Areas," *Urban Affairs Review*, Vol.31, No.3 (1996.1).
Hart, David K., "Theories of Government Related to Decentralization and Citizen Participation, " in Public *Administration Review*, volume 32 (October, 1972).
Hauser, Philip, "Population Composition and Trend," in Daniel P. Moynihan(ed.), *Urban America : The Expert Looks at the City* (New York : Voice of America Forum Lectures, 1970).
Hawley, Amos H., "Human Ecology," *International Encyclopedia of the Social Sciences*, Vol.4 (New York : The Macmillan Co. and The Free Press, 1974).
Hinshaw, Mark, "Environmental Preferences of Future Housing Consumers," in *JAIP* (March, 1972).
Ilchman, Warren F., "Rising Expectations and Revolution in Development Administration," *Public Administration Review* (December, 1965).

Irland, Lloyd C., "Citizen Participation ; A Tool for Conflict Management on the Public Lands," in *Public Administration Review*, Vol.35, No.3 (May/June, 1975).

Jun, Jong S., "Management by Objectives in the Public Sector," *Public Administration Review* (Vol. 36, No.1, January/ February, 1976).

LaIpard, Eric E., "Historical Aspects of Urbanization," Philip M. Hauser & L. F Schnore(ed.), *The Study of Urbanization* (New York : Willey John & Sons, Inc., 1967).

Mckean, Roland N. and Melvin Anshen, "Limitations, Risks and Problems," in David Novick(ed.), *Program Budgeting : Program Analysis and the Federal Budget* (Cambridge, Mass. : Harvard University Press, 1965).

Montgomery, John D., "A Royal Invitation ; Variations on Three Classic Themes," in John D. Montgomery and William J. Siffin(eds.), *Approaches to Development : Politics, Administration and Change* (New York : McGraw-Hill, 1966).

Musgrave, Richard A., "Approach to a Fiscal Theory of Political Federalism," *Public Finance : Needs, Sources and Utilization* (National Bureau of Economic Research, Princeton, N.J. : Princeton University Press, 1961).

Panandiker, V.A. Pai, "Developmental Administration ; An Approach," in Nimrod Raphaeli (ed.), *Readings in Comparative Public Administration* (Boston : Allyn and Bacon, 1967).

Peterson, P., "A Unitary Model of Local Taxation and Expenditure Policies in the United States," in *British Journal Political Science* (1979. 9).

Pfiffner, John M. and Robert Presthus, *Public Administration*, 5th edition (New York : The Ronald Press Company, 1967).

Pyhrr, Peter A., "The Zero-Base Approach to Government Budgeting," in *Public Administration Review* Vol.37(1977, Jan.).

Richard, Peter G., "Delegation in Local Government Recent Developments," *Public Administration* (The Royal Institute of Public Administration, Autumn 1958).

Riggs, Fred W., "Bureaucracy and Political Development : A Paradoxical View," in Joseph LaPalombara(ed.), *Bureaucracy and Political Development* (Princeton : Princeton University Press, 1963).

Schick, Allen, "The Road to PPB : The Stages of Budget Reform," in *Public Administration Review*, Vol.26, No.4 (1966).

Schnore, Leo F., "The City as a Social Organism," *Urban Affairs, Quarterly* (Vol. 1, No. 3, 1966).

Sharpe, L.J., "Functional Allocation in the Welfare State," *Local Government Studies*, Vol.10, No.1.

Verba, Sidney, "Democratic Participation," in *The Annuals of the American Academy*

of Political and Social Science (September, 1967).
Ullman, Edward L., "A Theory of Location for Cities," *Hatt and Reiss, Cities and Society* (New York : The Free Press, 1957).
Weeks, Kent M., "Public Servants in the New Zealand Ombudsman System," *Public Administration Review*, Vol. 29. No.6 (November/ December, 1969).
Weidner, Edward W., "Development Administration : A New Focus for Research," in Ferret Heady and Sybil L. Stokes(eds.), *Papers in Comparative Public Administration* (Ann Arbor : Institute of Public Administration, The University of Michigan, 1962).
Wildavsky, Aaron, "The Political Economy and Efficiency : Cost Benefit Analysis, System Analysis and Program Budgeting," in *Public Administration Review*, Vol.24 (1965, Dec.).
Wirth, Louis, "Urbanism as a Way of Life," *American Journal of Sociology*, Vol. 44 (July, 1938).
成懶龍夫, "行政守備範圍論と地方財政," 「都市問題」(東京 : 東京市政調査會, 1982年 11月號)

Ⅲ. 기타 문헌

1. 국내 문헌

建設文通部, 「建設交通白書」, 1998. 2
————, 「韓國水資源 長期綜合計劃」(1991~2011)
서울特別市, 「서울6百年史」, 4卷 (1982)
————, 「市史資料Ⅱ」(1983)
統計廳, 「大都市住宅 및 住居環境 變化硏究」(2005)
————, 「將來人口推計」(2005)
韓國地方行政硏究院, 「2000年을 향한 地方行政座標」(1986. 12)
————————, 「地方行政機能分析에 관한 硏究(Ⅱ)」(1996. 12)
————————, 「地方行政機能分析에 관한 硏究」(1985. 10)
韓國行政問題硏究所, 「韓國政府의 豫算適用에 있어서 統合豫算과 PPBS의 適用에 관한 硏究報告書」(서울大學校 行政大學院, 1969)
行政自治部, 「地方財政年鑑」(2005)
————, 「韓國都市年鑑」(2005)
————, 「地方自治團體 豫算槪要」(2006)

2. 국외 문헌

Department of Housing and Urban Development, Citizen Participation for *Urban Management Module 13* (Washington D.C.: U.S. Government Printing Office, Aug. 1977).

Skeffington Committee, *People and Planning : Report of the Committee on Public Participation in Planning* (U.K. Ministry of Housing and Local Government, 1970).

UN, *Trend and Prospects in the Population of Urban Agglomerations, 1950, 2000, As Assessed in 1973, 1975* (Population Division, Department of Economic and Social Affairs, UN, November, 1975).

U.S. Environmental Protection Agency, *Mobil Source of Emission Factor* (Washington, D.C. : 1978).

부 록

지방자치법

지방자치법

법률 제6669호 일부개정 2002. 03. 25.
법률 제6927호 일부개정 2003. 07. 18.
법률 제7124호(주민투표법) 일부개정 2004. 01. 29.
법률 제7128호 일부개정 2004. 01. 29.
법률 제7362호 일부개정 2005. 01. 27.
법률 제7410호 일부개정 2005. 03. 24.
법률 제7670호 법제명변경 및 일부개정 2005. 08. 04.
법률 제7796호(국가공무원법) 일부개정 2005. 12. 29.
법률 제7846호 일부개정 2006. 01. 11.
법률 제7849호(제주특별자치도 설치 및 국제자유도시 조성을 위한 특별법) 일부개정 2006. 02. 21.
법률 제7935호 일부개정 2006. 04. 28.
법률 제7957호 일부개정 2006. 05. 24.
법률 제10344호 일부개정 2010. 06. 08.

제 1 장 총강(總綱)

제 1 절 총 칙

제 1 조(목적) 이 법은 지방자치단체의 종류와 조직 및 운영에 관한 사항을 정하고, 국가와 지방자치단체 사이의 기본적인 관계를 정함으로써 지방자치행정을 민주적이고 능률적으로 수행하고, 지방을 균형있게 발전시키며, 대한민국을 민주적으로 발전시키려는 것을 목적으로 한다.

제 2 조(지방자치단체의 종류) ① 지방자치단체는 다음의 두 가지 종류로 구분한다.

1. 특별시, 광역시, 도, 특별자치도
2. 시, 군, 구

② 지방자치단체인 구(이하 "자치구"라 한다)는 특별시와 광역시의 관할 구역 안의 구만을 말하며, 자치구의 자치권의 범위는 법령으로 정하는 바에 따라 시·군과 다르게 할 수 있다.

③ 제1항의 지방자치단체 외에 특정한 목적을 수행하기 위하여 필요하면 따로 특별지방자치단체를 설치할 수 있다.

④ 특별지방자치단체의 설치·운영에 관하여 필요한 사항은 대통령령으로 정한다.

제 3 조(지방자치단체의 법인격과 관할) ① 지방자치단체는 법인으로 한다.

② 특별시, 광역시, 도, 특별자치도(이하 "시·도"라 한다)는 정부의 직할(直轄)로 두고, 시는 도의 관할 구역 안에, 군은 광역시나 도의 관할 구역 안에 두며, 자치구는 특별시와 광역시의 관할 구역 안에 둔다.

③ 특별시 또는 광역시가 아닌 인구 50만 이상의 시에는 자치구가 아닌 구를 둘 수 있고, 군에는 읍·면을 두며, 시와 구(자치구를 포함한다)에는 동을, 읍·면에는 리를 둔다.

④ 제7조제2항에 따라 설치된 시에는 도시의 형태를 갖춘 지역에는 동을, 그 밖의 지역에는 읍·면을 두되, 자치구가 아닌 구를 둘 경우에는 그 구에 읍·면·동을 둘 수 있다.

제2절 지방자치단체의 관할 구역

제4조(지방자치단체의 명칭과 구역) ① 지방자치단체의 명칭과 구역은 종전과 같이 하고, 명칭과 구역을 바꾸거나 지방자치단체를 폐지하거나 설치하거나 나누거나 합칠 때에는 법률로 정한다. 다만, 지방자치단체의 관할 구역 경계변경과 한자 명칭의 변경은 대통령령으로 정한다.〈개정 2009.4.1〉

② 제1항에 따라 지방자치단체를 폐지하거나 설치하거나 나누거나 합칠 때 또는 그 명칭이나 구역을 변경할 때에는 관계 지방자치단체의 의회(이하 "지방의회"라 한다)의 의견을 들어야 한다. 다만, 「주민투표법」 제8조에 따라 주민투표를 한 경우에는 그러하지 아니하다.

③ 제1항에도 불구하고 다음 각 호의 지역이 속할 지방자치단체는 제4항부터 제7항까지의 규정에 따라 행정안전부장관이 결정한다.〈개정 2009.4.1, 2010.4.15〉

1. 「공유수면 관리 및 매립에 관한 법률」에 따른 매립지
2. 「지적법」 제2조제1호의 지적공부(이하 "지적공부"라 한다)에 등록이 누락되어 있는 토지

④ 제3항제1호의 경우에는 「공유수면 관리 및 매립에 관한 법률」 제28조에 따른 면허관청 또는 관련 지방자치단체의 장이 같은 법 제45조에 따른 준공검사 전에, 제3항제2호의 경우에는 「지적법」 제2조제2호에 따른 소관청(이하 "지적소관청"이라 한다)이 지적공부에 등록하기 전에 각각 행정안전부장관에게 해당 지역이 속할 지방자치단체의 결정을 신청하여야 한다. 이 경우 제3항제1호에 따른 매립지의 매립면허를 받은 자는 면허관청에 해당 매립지가 속할 지방자치단체의 결정 신청을 요구할 수 있다.〈개정 2009.4.1, 2010.4.15〉

⑤ 행정안전부장관은 제4항에 따른 신청을 받은 후 지체 없이 그 사실을 20일 이상 관보나 인터넷 등의 방법으로 널리 알려야 한다. 이 경우 알리는 방법, 의견의 제출 등에 관하여는 「행정절차법」 제42조·제44조 및 제45조를 준용한다.〈개정 2009.4.1〉

⑥ 행정안전부장관은 제5항에 따른 기간이 끝난 후 제149조에 따른 지방자치단체중앙분쟁조정위원회(이하 이 조에서 "위원회"라 한다)의 심의·의결에 따라 제3항 각 호의 지역이 속할 지방자치단체를 결정하고, 그 결과를 면허관청이나 지적소관청, 관계 지방자치단체의 장 등에게 통보하고 공고하여야 한다.〈개정 2009.4.1〉

⑦ 위원회의 위원장은 제6항에 따른 심의과정에서 필요하다고 인정되면 관계 중앙행정기관 및 지방자치단체의 공무원 또는 관련 전문가를 출석시켜 의견을 듣거나 관계 기관이나 단체에 자료 및 의견 제출 등을 요구할 수 있다. 이 경우 관계 지방자치단체의 장에게는 의견을 진술할 기회를 주어야 한다.〈신설 2009.4.1〉

⑧ 관계 지방자치단체의 장은 제3항부터 제7항까지의 규정에 따른 행정안전부장관의 결정에 이의가 있으면 그 결과를 통보받은 날부터 15일 이내에 대법원에 소송을 제기할 수 있다.〈신설 2009.4.1〉

⑨ 행정안전부장관은 제8항에 따라 대법원의 인용결정이 있으면 그 취지에 따라 다시 결정하여야 한다.〈신설 2009.4.1〉

제4조의2(자치구가 아닌 구와 읍·면·동 등의 명칭과 구역) ① 자치구가 아닌 구와 읍·면·동의 명칭과 구역은 종전과 같이 하고, 이를 폐지하거나 설치하거나 나누거나 합칠 때에는 행정안전부장관의 승인을 받아 그 지방자치단체의 조례로 정한다. 다만, 명칭과 구역의 변경은 그 지방자치단체의 조례로 정하고, 그 결과를 특별시장·광역시장·도지사에게 보고하여야 한다.

② 리의 구역은 자연 촌락을 기준으로 하되, 그 명칭과 구역은 종전과 같이 하고, 명칭과 구역을 변경하거나 리를 폐지하거나 설치하거나 나누거나 합칠 때에는 그 지방자치단체의 조례로 정한다.

③ 인구 감소 등 행정여건 변화로 인하여 필요한 경우 그 지방자치단체의 조례로 정하는 바에 따라 2개 이상의 면을 하나의 면으로 운영하는 등 행정 운영상 면(이하 "행정면"이라 한다)을 따로 둘 수 있다.

④ 동·리에서는 행정 능률과 주민의 편의를 위하여 그 지방자치단체의 조례로 정하는 바에 따라 하나의 동·리를 2개 이상의 동·리로 운영하거나 2개 이상의 동·리를 하나의 동·리로 운영하는 등 행정 운영상 동·리(이하 "행정동·리"라 한다)를 따로 둘 수 있다.

⑤ 행정동·리에 그 지방자치단체의 조례로 정하는 바에 따라 하부 조직을 둘 수 있다.
[본조신설 2009.4.1]

제5조(구역을 변경하거나 폐치·분합할 때의 사무와 재산의 승계) ① 지방자치단체의 구역을 변경하거나 지방자치단체를 폐지하거나 설치하거나 나누거나 합칠 때에는 새로 그 지역을 관할하게 된 지방자치단체가 그 사무와 재산을 승계한다.

② 제1항의 경우에 지역에 의하여 지방자치단체의 사무와 재산을 구분하기 곤란하면 시·도에서는 행정안전부장관이, 시·군 및 자치구에서는 특별시장·광역시장·도지사·특별자치도지사(이하 "시·도지사"라 한다)가 그 사무와 재산의 한계 및 승계할 지방자치단체를 지정한다.〈개정 2008.2.29, 2009.4.1〉

제6조(사무소의 소재지) ① 지방자치단체의 사무소의 소재지와 자치구가 아닌 구 및 읍·면·동의 사무소의 소재지는 종전과 같이 하고, 이를 변경하거나 새로 설정하려면 지방자치단체의 조례로 정한다. 이 경우 면·동은 제4조의2제3항 및 제4항에 따른 행정면(行政面)·행정동(行政洞)을 말한다.〈개정 2009.4.1〉

② 제1항의 조례는 그 지방의회의 재적의원 과반수의 찬성을 받아야 한다.

제7조(시·읍의 설치기준 등) ① 시는 그 대부분이 도시의 형태를 갖추고 인구 5만 이상이 되어야 한다.

② 다음 각 호의 어느 하나에 해당하는 지역은 도농(都農) 복합형태의 시로 할 수 있다.

1. 제1항에 따라 설치된 시와 군을 통합한 지역
2. 인구 5만 이상의 도시 형태를 갖춘 지역이 있는 군
3. 인구 2만 이상의 도시 형태를 갖춘 2개 이상의 지역의 인구가 5만 이상인 군. 이 경우 군의 인구가 15만 이상으로서 대통령령으로 정하는 요건을 갖추어야 한다.
4. 국가의 정책으로 인하여 도시가 형성되고, 제115조에 따라 도의 출장소가 설치된 지역으로서 그 지역의 인구가 3만 이상이고, 인구 15만 이상의 도농 복합형태의 시의 일부인 지역

③ 읍은 그 대부분이 도시의 형태를 갖추고 인구 2만 이상이 되어야 한다. 다만, 다음 각 호의 어느 하나에 해당하면 인구 2만 미만인 경우에도 읍으로 할 수 있다.

1. 군사무소 소재지의 면
2. 읍이 없는 도농 복합형태의 시에서 그 면 중 1개 면

④ 시·읍의 설치에 관한 세부기준은 대통령령으로 정한다.

제3절 지방자치단체의 기능과 사무

제8조(사무처리의 기본원칙) ① 지방자치단체는 그 사무를 처리할 때 주민의 편의와 복리증진을 위하여 노력하여야 한다.

② 지방자치단체는 조직과 운영을 합리적으로 하고 그 규모를 적정하게 유지하여야 한다.

③ 지방자치단체는 법령이나 상급 지방자치단체의 조례를 위반하여 그 사무를 처리할 수 없다.

제9조(지방자치단체의 사무범위) ① 지방자치단체는 관할 구역의 자치사무와 법령에 따라 지방자치단체에 속하는 사무를 처리한다.

② 제1항에 따른 지방자치단체의 사무를 예시하면 다음 각 호와 같다. 다만, 법률에 이와 다른 규정이 있으면 그러하지 아니하다.〈개정 2007.5.17, 2009.12.29〉

1. 지방자치단체의 구역, 조직, 행정관리 등에 관한 사무
   가. 관할 구역 안 행정구역의 명칭·위치 및 구역의 조정
   나. 조례·규칙의 제정·개정·폐지 및 그 운영·관리
   다. 산하(傘下) 행정기관의 조직관리
   라. 산하 행정기관 및 단체의 지도·감독
   마. 소속 공무원의 인사·후생복지 및 교육
   바. 지방세 및 지방세 외 수입의 부과 및 징수
   사. 예산의 편성·집행 및 회계감사와 재산관리
   아. 행정장비관리, 행정전산화 및 행정관리개선
   자. 공유재산관리(公有財産管理)
   차. 가족관계등록 및 주민등록 관리
   카. 지방자치단체에 필요한 각종 조사 및 통계의 작성
2. 주민의 복지증진에 관한 사무

가. 주민복지에 관한 사업
나. 사회복지시설의 설치·운영 및 관리
다. 생활이 곤궁(困窮)한 자의 보호 및 지원
라. 노인·아동·심신장애인·청소년 및 부녀(婦女)의 보호와 복지증진
마. 보건진료기관의 설치·운영
바. 감염병과 그 밖의 질병의 예방과 방역
사. 묘지·화장장(火葬場) 및 납골당의 운영·관리
아. 공중접객업소의 위생을 개선하기 위한 지도
자. 청소, 오물의 수거 및 처리
차. 지방공기업의 설치 및 운영

3. 농림·상공업 등 산업 진흥에 관한 사무
가. 소류지(小溜池)·보(洑) 등 농업용수시설의 설치 및 관리
나. 농산물·임산물·축산물·수산물의 생산 및 유통지원
다. 농업자재의 관리
라. 복합영농의 운영·지도
마. 농업 외 소득사업의 육성·지도
바. 농가 부업의 장려
사. 공유림 관리
아. 소규모 축산 개발사업 및 낙농 진흥사업
자. 가축전염병 예방
차. 지역산업의 육성·지원
카. 소비자 보호 및 저축 장려
타. 중소기업의 육성
파. 지역특화산업의 개발과 육성·지원
하. 우수토산품 개발과 관광민예품 개발

4. 지역개발과 주민의 생활환경시설의 설치·관리에 관한 사무
가. 지역개발사업
나. 지방 토목·건설사업의 시행
다. 도시계획사업의 시행
라. 지방도(地方道), 시군도의 신설·개수(改修) 및 유지
마. 주거생활환경 개선의 장려 및 지원
바. 농촌주택 개량 및 취락구조 개선
사. 자연보호활동
아. 지방1급하천, 지방2급하천 및 소하천의 관리
자. 상수도·하수도의 설치 및 관리
차. 간이급수시설의 설치 및 관리
카. 도립공원·군립공원 및 도시공원, 녹지 등 관광·휴양시설의 설치 및 관리
타. 지방 궤도사업의 경영
파. 주차장·교통표지 등 교통편의시설의 설치 및 관리
하. 재해대책의 수립 및 집행
거. 지역경제의 육성 및 지원

5. 교육·체육·문화·예술의 진흥에 관한 사무
가. 유아원·유치원·초등학교·중학교·고등학교 및 이에 준하는 각종 학교의 설치·운영·지도
나. 도서관·운동장·광장·체육관·박물관·공연장·미술관·음악당 등 공공교육·체육·문화시설의 설치 및 관리
다. 지방문화재의 지정·보존 및 관리
라. 지방문화·예술의 진흥
마. 지방문화·예술단체의 육성

6. 지역민방위 및 소방에 관한 사무
가. 지역 및 직장 민방위조직(의용소방대를 포함한다)의 편성과 운영 및 지도·감독
나. 화재예방과 소방

제10조(지방자치단체의 종류별 사무배분기준) ① 제9조에 따른 지방자치단체의 사무를 지방자치단체의 종류별로 배분하는 기준은 다음 각 호와 같다. 다만, 제9조제2항제1호의 사무는 각 지방자치단체에 공통된 사무로 한다.

1. 시·도
가. 행정처리 결과가 2개 이상의 시·군 및 자치구에 미치는 광역적 사무
나. 시·도 단위로 동일한 기준에 따라 처리되어야 할 성질의 사무
다. 지역적 특성을 살리면서 시·도 단위로 통일성을 유지할 필요가 있는 사무
라. 국가와 시·군 및 자치구 사이의 연락·조정 등의 사무
마. 시·군 및 자치구가 독자적으로 처리하기에 부적당한 사무
바. 2개 이상의 시·군 및 자치구가 공동으로 설치하는 것이 적당하다고 인정되는 규모의 시설을 설치하고 관리하는 사무

2. 시·군 및 자치구

제1호에서 시·도가 처리하는 것으로 되어 있는 사무를 제외한 사무. 다만, 인구 50만 이상의 시에 대하여는 도가 처리하는 사무의 일부를 직접 처리하게 할 수 있다.

② 제1항의 배분기준에 따른 지방자치단체의 종류별 사무는 대통령령으로 정한다.

③ 시·도와 시·군 및 자치구는 사무를 처리할 때 서로 경합하지 아니하도록 하여야 하며, 사무가 서로 경합하면 시·군 및 자치구에서 먼저 처리한다.

제11조(국가사무의 처리제한) 지방자치단체는 다음 각 호에 해당하는 국가사무를 처리할 수 없다. 다만, 법률에 이와 다른 규정이 있는 경우에는 국가사무를 처리할 수 있다.

1. 외교, 국방, 사법(司法), 국세 등 국가의 존립에 필요한 사무
2. 물가정책, 금융정책, 수출입정책 등 전국적으로 통일적 처리를 요하는 사무
3. 농산물·임산물·축산물·수산물 및 양곡의 수급조절과 수출입 등 전국적 규모의 사무
4. 국가종합경제개발계획, 국가하천, 국유림, 국토종합개발계획, 지정항만, 고속국도·일반국도, 국립공원 등 전국적 규모나 이와 비슷한 규모의 사무
5. 근로기준, 측량단위 등 전국적으로 기준을 통일하고 조정하여야 할 필요가 있는 사무
6. 우편, 철도 등 전국적 규모나 이와 비슷한 규모의 사무
7. 고도의 기술을 요하는 검사·시험·연구, 항공관리, 기상행정, 원자력개발 등 지방자치단체의 기술과 재정능력으로 감당하기 어려운 사무

제 2 장 주 민

제12조(주민의 자격) 지방자치단체의 구역 안에 주소를 가진 자는 그 지방자치단체의 주민이 된다.

제13조(주민의 권리) ① 주민은 법령으로 정하는 바에 따라 소속 지방자치단체의 재산과 공공시설을 이용할 권리와 그 지방자치단체로부터 균등하게 행정의 혜택을 받을 권리를 가진다.

② 국민인 주민은 법령으로 정하는 바에 따라 그 지방자치단체에서 실시하는 지방의회의원과 지방자치단체의 장의 선거(이하 "지방선거"라 한다)에 참여할 권리를 가진다.

제14조(주민투표) ① 지방자치단체의 장은 주민에게 과도한 부담을 주거나 중대한 영향을 미치는 지방자치단체의 주요 결정사항 등에 대하여 주민투표에 부칠 수 있다.

② 주민투표의 대상·발의자·발의요건, 그 밖에 투표절차 등에 관한 사항은 따로 법률로 정한다.

제15조(조례의 제정과 개폐 청구) ① 19세 이상의 주민으로서 다음 각 호의 어느 하나에 해당하는 사람(「공직선거법」 제18조에 따른 선거권이 없는 자는 제외한다. 이하 이 조 및 제16조에서 "19세 이상의 주민"이라 한다)은 시·도와 제175조에 따른 인구 50만 이상 대도시에서는 19세 이상 주민 총수의 100분의 1 이상 70분의 1 이하, 시·군 및 자치구에서는 19세 이상 주민 총수의 50분의 1 이상 20분의 1 이하의 범위에서 지방자치단체의 조례로 정하는 19세 이상의 주민 수 이상의 연서(連署)로 해당 지방자치단체의 장에게 조례를 제정하거나 개정하거나 폐지할 것을 청구할 수 있다.〈개정 2009.4.1〉

1. 해당 지방자치단체의 관할 구역에 주민등록이 되어 있는 사람
2. 「재외동포의 출입국과 법적 지위에 관한 법률」 제6조제1항에 따라 해당 지방자치단체의 국내거소신고인명부에 올라 있는 국민
3. 「출입국관리법」 제10조에 따른 영주의 체류자격 취득일 후 3년이 경과한 외국인으로서 같은 법 제34조에 따라 해당 지방자치단체의 외국인등록대장에 올라 있는 사람

② 다음 각 호의 사항은 제1항에 따른 청구대상에서 제외한다.〈신설 2009.4.1〉

1. 법령을 위반하는 사항
2. 지방세·사용료·수수료·부담금의 부과·징수 또는 감면에 관한 사항
3. 행정기구를 설치하거나 변경하는 것에 관한 사항이나 공공시설의 설치를 반대하는 사항

③ 지방자치단체의 19세 이상의 주민이 제1

항에 따라 조례를 제정하거나 개정하거나 폐지할 것을 청구하려면 청구인의 대표자를 선정하여 청구인명부에 적어야 하며, 청구인의 대표자는 조례의 제정안·개정안 및 폐지안을 작성하여 제출하여야 한다.
④ 지방자치단체의 장은 제1항에 따른 청구를 받으면 청구를 받은 날부터 5일 이내에 그 내용을 공표하여야 하며, 청구를 공표한 날부터 10일간 청구인명부나 그 사본을 공개된 장소에 갖추어두어 열람할 수 있도록 하여야 한다.
⑤ 청구인명부의 서명에 관하여 이의가 있는 자는 제4항에 따른 열람기간에 해당 지방자치단체의 장에게 이의를 신청할 수 있다.〈개정 2009.4.1〉
⑥ 지방자치단체의 장은 제5항에 따른 이의신청을 받으면 제4항에 따른 열람기간이 끝난 날부터 14일 이내에 심사·결정하되, 그 신청이 이유 있다고 결정한 때에는 청구인명부를 수정하고, 이를 이의신청을 한 자와 제3항에 따른 청구인의 대표자에게 알려야 하며, 그 이의신청이 이유 없다고 결정한 때에는 그 뜻을 즉시 이의신청을 한 자에게 알려야 한다.〈개정 2009.4.1〉
⑦ 지방자치단체의 장은 제5항에 따른 이의신청이 없는 경우 또는 제5항에 따라 제기된 모든 이의신청에 대하여 제6항에 따른 결정이 끝난 경우 제1항 및 제2항에 따른 요건을 갖춘 때에는 청구를 수리하고, 그러하지 아니한 때에는 청구를 각하하되, 수리 또는 각하 사실을 청구인의 대표자에게 알려야 한다.〈개정 2009.4.1〉
⑧ 지방자치단체의 장은 제7항에 따라 청구를 각하하려면 청구인의 대표자에게 의견을 제출할 기회를 주어야 한다.〈개정 2009.4.1〉
⑨ 지방자치단체의 장은 제7항에 따라 청구를 수리한 날부터 60일 이내에 조례의 제정안·개정안 또는 폐지안을 지방의회에 부의하여야 하며, 그 결과를 청구인의 대표자에게 알려야 한다.〈개정 2009.4.1〉
⑩ 제1항에 따른 19세 이상의 주민 총수는 전년도 12월 31일 현재의 주민등록표 및 재외국민국내거소신고표, 외국인등록표에 의하여 산정한다.〈개정 2009.4.1〉
⑪ 조례의 제정·개정 및 폐지 청구에 관하여 그 밖에 필요한 사항은 대통령령으로 정한다.

제16조(주민의 감사청구) ① 지방자치단체의 19세 이상의 주민은 시·도는 500명, 제175조에 따른 인구 50만 이상 대도시는 300명, 그 밖의 시·군 및 자치구는 200명을 넘지 아니하는 범위에서 그 지방자치단체의 조례로 정하는 19세 이상의 주민 수 이상의 연서(連署)로, 시·도에서는 주무부장관에게, 시·군 및 자치구에서는 시·도지사에게 그 지방자치단체와 그 장의 권한에 속하는 사무의 처리가 법령에 위반되거나 공익을 현저히 해친다고 인정되면 감사를 청구할 수 있다. 다만, 다음 각 호의 어느 하나에 해당하는 사항은 감사청구의 대상에서 제외한다.
1. 수사나 재판에 관여하게 되는 사항
2. 개인의 사생활을 침해할 우려가 있는 사항
3. 다른 기관에서 감사하였거나 감사 중인 사항. 다만, 다른 기관에서 감사한 사항이라도 새로운 사항이 발견되거나 중요 사항이 감사에서 누락된 경우와 제17조제1항에 따라 주민소송의 대상이 되는 경우에는 그러하지 아니하다.
4. 동일한 사항에 대하여 제17조제2항 각 호의 어느 하나에 해당하는 소송이 진행 중이거나 그 판결이 확정된 사항

② 제1항에 따른 청구는 사무처리가 있었던 날이나 끝난 날부터 2년이 지나면 제기할 수 없다.
③ 주무부장관이나 시·도지사는 감사청구를 수리한 날부터 60일 이내에 감사청구된 사항에 대하여 감사를 끝내야 하며, 감사결과를 청구인의 대표자와 해당 지방자치단체의 장에게 서면으로 알리고, 공표하여야 한다. 다만, 그 기간에 감사를 끝내기가 어려운 정당한 사유가 있으면 그 기간을 연장할 수 있다. 이 경우 이를 미리 청구인의 대표자와 해당 지방자치단체의 장에게 알리고, 공표하여야 한다.
④ 주무부장관이나 시·도지사는 주민이 감사를 청구한 사항이 다른 기관에서 이미 감사한 사항이거나 감사 중인 사항이면 그 기관에서 실시한 감사결과 또는 감사 중인 사실과 감사가 끝난 후 그 결과를 알리겠다는 사실을 청구인의 대표자와 해당 기관에 알려야 한다.
⑤ 주무부장관이나 시·도지사는 주민 감사청구를 처리할 때 청구인의 대표자에게 반

드시 증거 제출 및 의견 진술의 기회를 주어야 한다.
⑥ 주무부장관이나 시・도지사는 제3항에 따른 감사결과에 따라 기간을 정하여 해당 지방자치단체의 장에게 필요한 조치를 요구할 수 있다. 이 경우 그 지방자치단체의 장은 이를 성실히 이행하여야 하고 그 조치결과를 지방의회와 주무부장관 또는 시・도지사에게 보고하여야 한다.
⑦ 주무부장관이나 시・도지사는 제6항에 따른 조치요구내용과 지방자치단체의 장의 조치결과를 청구인의 대표자에게 서면으로 알리고, 공표하여야 한다.
⑧ 그 밖에 19세 이상의 주민의 감사청구에 관하여 필요한 사항은 대통령령으로 정한다.
⑨ 19세 이상의 주민의 감사청구에 관하여는 제15조제3항부터 제7항까지의 규정을 준용한다. 이 경우 "조례를 제정하거나 개정하거나 폐지할 것을"은 "감사를"로, "지방자치단체의 장"은 "주무부장관이나 시・도지사"로 본다.〈개정 2009.4.1〉

제17조(주민소송) ① 제16조제1항에 따라 공금의 지출에 관한 사항, 재산의 취득・관리・처분에 관한 사항, 해당 지방자치단체를 당사자로 하는 매매・임차・도급 계약이나 그 밖의 계약의 체결・이행에 관한 사항 또는 지방세・사용료・수수료・과태료 등 공금의 부과・징수를 게을리한 사항을 감사청구한 주민은 다음 각 호의 어느 하나에 해당하는 경우에 그 감사청구한 사항과 관련이 있는 위법한 행위나 업무를 게을리 한 사실에 대하여 해당 지방자치단체의 장(해당 사항의 사무처리에 관한 권한을 소속 기관의 장에게 위임한 경우에는 그 소속 기관의 장을 말한다. 이하 이 조에서 같다)을 상대방으로 하여 소송을 제기할 수 있다.
1. 주무부장관이나 시・도지사가 감사청구를 수리한 날부터 60일(제16조제3항 단서에 따라 감사기간이 연장된 경우에는 연장기간이 끝난 날을 말한다)이 지나도 감사를 끝내지 아니한 경우
2. 제16조제3항 및 제4항에 따른 감사결과 또는 제16조제6항에 따른 조치요구에 불복하는 경우
3. 제16조제6항에 따른 주무부장관이나 시・도지사의 조치요구를 지방자치단체의 장이 이행하지 아니한 경우
4. 제16조제6항에 따른 지방자치단체의 장의 이행 조치에 불복하는 경우

② 제1항에 따라 주민이 제기할 수 있는 소송은 다음 각 호와 같다.
1. 해당 행위를 계속하면 회복하기 곤란한 손해를 발생시킬 우려가 있는 경우에는 그 행위의 전부나 일부를 중지할 것을 요구하는 소송
2. 행정처분인 해당 행위의 취소 또는 변경을 요구하거나 그 행위의 효력 유무 또는 존재 여부의 확인을 요구하는 소송
3. 게을리한 사실의 위법 확인을 요구하는 소송
4. 해당 지방자치단체의 장 및 직원, 지방의회의원, 해당 행위와 관련이 있는 상대방에게 손해배상청구 또는 부당이득반환청구를 할 것을 요구하는 소송. 다만, 그 지방자치단체의 직원이 「지방재정법」 제94조나 「회계관계직원 등의 책임에 관한 법률」 제4조에 따른 변상책임을 져야 하는 경우에는 변상명령을 할 것을 요구하는 소송을 말한다.

③ 제2항제1호의 중지청구소송은 해당 행위를 중지할 경우 생명이나 신체에 중대한 위해가 생길 우려가 있거나 그 밖에 공공복리를 현저하게 저해할 우려가 있으면 제기할 수 없다.
④ 제2항에 따른 소송은 다음 각 호의 어느 하나에 해당하는 날부터 90일 이내에 제기하여야 한다.
1. 제1항제1호의 경우 : 해당 60일이 끝난 날(제16조제3항 단서에 따라 감사기간이 연장된 경우에는 연장기간이 끝난 날을 말한다)
2. 제1항제2호의 경우 : 해당 감사결과나 조치요구내용에 대한 통지를 받은 날
3. 제1항제3호의 경우 : 해당 조치를 요구할 때에 지정한 처리기간이 끝난 날
4. 제1항제4호의 경우 : 해당 이행 조치결과에 대한 통지를 받은 날

⑤ 제2항 각 호의 소송이 진행 중이면 다른 주민은 같은 사항에 대하여 별도의 소송을 제기할 수 없다.
⑥ 소송의 계속(繫屬) 중에 소송을 제기한 주민이 사망하거나 제12조에 따른 주민의 자격을 잃으면 소송절차는 중단된다. 소송

대리인이 있는 경우에도 또한 같다.

⑦ 감사청구에 연서한 다른 주민은 제6항에 따른 사유가 발생한 사실을 안 날부터 6개월 이내에 소송절차를 수계(受繼)할 수 있다. 이 기간에 수계절차가 이루어지지 아니할 경우 그 소송절차는 종료된다.

⑧ 법원은 제6항에 따라 소송이 중단되면 감사청구에 연서한 다른 주민에게 소송절차를 중단한 사유와 소송절차 수계방법을 지체 없이 알려야 한다. 이 경우 법원은 감사청구에 적힌 주소로 통지서를 우편으로 보낼 수 있고, 우편물이 통상 도달할 수 있을 때에 감사청구에 연서한 다른 주민은 제6항의 사유가 발생한 사실을 안 것으로 본다.

⑨ 제2항에 따른 소송은 해당 지방자치단체의 사무소 소재지를 관할하는 행정법원(행정법원이 설치되지 아니한 지역에서는 행정법원의 권한에 속하는 사건을 관할하는 지방법원본원을 말한다)의 관할로 한다.

⑩ 해당 지방자치단체의 장은 제2항제1호부터 제3호까지의 규정에 따른 소송이 제기된 경우 그 소송 결과에 따라 권리나 이익의 침해를 받을 제3자가 있으면 그 제3자에 대하여, 제2항제4호에 따른 소송이 제기된 경우 그 직원, 지방의회의원 또는 상대방에 대하여 소송고지를 하여 줄 것을 법원에 신청하여야 한다.

⑪ 제2항제4호에 따른 소송이 제기된 경우에 지방자치단체의 장이 한 소송고지신청은 그 소송에 관한 손해배상청구권 또는 부당이득반환청구권의 시효중단에 관하여 「민법」 제168조제1호에 따른 청구로 본다.

⑫ 제11항에 따른 시효중단의 효력은 그 소송이 끝난 날부터 6개월 이내에 재판상 청구, 파산절차참가, 압류 또는 가압류, 가처분을 하지 아니하면 효력이 생기지 아니한다.

⑬ 국가, 상급 지방자치단체 및 감사청구에 연서한 다른 주민과 제10항에 따라 소송고지를 받은 자는 법원에서 계속 중인 소송에 참가할 수 있다.

⑭ 제2항에 따른 소송에서 당사자는 법원의 허가를 받지 아니하고는 소의 취하, 소송의 화해 또는 청구의 포기를 할 수 없다. 이 경우 법원은 허가하기 전에 감사청구에 연서한 다른 주민에게 이를 알려야 하며, 알린 때부터 1개월 이내에 허가 여부를 결정하여야 한다. 위 통지에 관하여는 제8항 후단을 준용한다.

⑮ 제2항에 따른 소송은 「민사소송 등 인지법」 제2조제4항에 따른 소정의 비재산권을 목적으로 하는 소송으로 본다.

⑯ 소송을 제기한 주민은 승소(일부 승소를 포함한다)한 경우 그 지방자치단체에 대하여 변호사 보수 등의 소송비용, 감사청구절차의 진행 등을 위하여 사용된 여비, 그 밖에 실제로 든 비용을 보상할 것을 청구할 수 있다. 이 경우 지방자치단체는 청구된 금액의 범위에서 그 소송을 진행하는 데에 객관적으로 사용된 것으로 인정되는 금액을 지급하여야 한다.

⑰ 제1항에 따른 소송에 관하여는 이 법에 규정된 것 외에는 「행정소송법」에 따른다.

제18조(손해배상금 등의 지불청구 등) ① 지방자치단체의 장(해당 사항의 사무처리에 관한 권한을 소속 기관의 장에게 위임한 경우에는 그 소속 기관의 장을 말한다. 이하 이 조에서 같다)은 제17조제2항제4호 본문에 따른 소송에 대하여 손해배상청구나 부당이득반환청구를 명하는 판결이 확정되면 그 판결이 확정된 날부터 60일 이내를 기한으로 하여 당사자에게 그 판결에 따라 결정된 손해배상금이나 부당이득반환금의 지불을 청구하여야 한다. 다만, 손해배상금이나 부당이득반환금을 지불하여야 할 당사자가 지방자치단체의 장이면 지방의회 의장이 지불을 청구하여야 한다.

② 지방자치단체는 제1항에 따라 지불청구를 받은 자가 같은 항의 기한 내에 손해배상금이나 부당이득반환금을 지불하지 아니하면 손해배상·부당이득반환의 청구를 목적으로 하는 소송을 제기하여야 한다. 이 경우 그 소송의 상대방이 지방자치단체의 장이면 그 지방의회 의장이 그 지방자치단체를 대표한다.

제19조(변상명령 등) ① 지방자치단체의 장은 제17조제2항제4호 단서에 따른 소송에 대하여 변상할 것을 명하는 판결이 확정되면 그 판결이 확정된 날부터 60일 이내를 기한으로 하여 당사자에게 그 판결에 따라 결정된 금액을 변상할 것을 명령하여야 한다.

② 제1항에 따라 변상할 것을 명령받은 자가 같은 항의 기한 내에 변상금을 지불하지 아니하면 지방세 체납처분의 예에 따라 징수할 수 있다.

③ 제1항에 따라 변상할 것을 명령받은 자는 이에 불복하는 경우 행정소송을 제기할 수 있다. 다만, 「행정심판법」에 따른 행정심판청구는 제기할 수 없다.

제20조(주민소환) ① 주민은 그 지방자치단체의 장 및 지방의회의원(비례대표 지방의회의원은 제외한다)을 소환할 권리를 가진다.
② 주민소환의 투표 청구권자・청구요건・절차 및 효력 등에 관하여는 따로 법률로 정한다.

제21조(주민의 의무) 주민은 법령으로 정하는 바에 따라 소속 지방자치단체의 비용을 분담하여야 하는 의무를 진다.

제 3 장 조례와 규칙

제22조(조례) 지방자치단체는 법령의 범위 안에서 그 사무에 관하여 조례를 제정할 수 있다. 다만, 주민의 권리 제한 또는 의무 부과에 관한 사항이나 벌칙을 정할 때에는 법률의 위임이 있어야 한다.

제23조(규칙) 지방자치단체의 장은 법령이나 조례가 위임한 범위에서 그 권한에 속하는 사무에 관하여 규칙을 제정할 수 있다.

제24조(조례와 규칙의 입법한계) 시・군 및 자치구의 조례나 규칙은 시・도의 조례나 규칙을 위반하여서는 아니 된다.

제25조(지방자치단체를 신설하거나 격을 변경할 때의 조례・규칙의 시행) 지방자치단체를 나누거나 합하여 새로운 지방자치단체가 설치되거나 지방자치단체의 격이 변경되면 그 지방자치단체의 장은 필요한 사항에 관하여 새로운 조례나 규칙이 제정・시행될 때까지 종래 그 지역에 시행되던 조례나 규칙을 계속 시행할 수 있다.

제26조(조례와 규칙의 제정 절차 등) ① 조례안이 지방의회에서 의결되면 의장은 의결된 날부터 5일 이내에 그 지방자치단체의 장에게 이를 이송하여야 한다.
② 지방자치단체의 장은 제1항의 조례안을 이송받으면 20일 이내에 공포하여야 한다.
③ 지방자치단체의 장은 이송받은 조례안에 대하여 이의가 있으면 제2항의 기간에 이유를 붙여 지방의회로 환부(還付)하고, 재의(再議)를 요구할 수 있다. 이 경우 지방자치단체의 장은 조례안의 일부에 대하여 또는 조례안을 수정하여 재의를 요구할 수 없다.
④ 제3항에 따른 재의요구를 받은 지방의회가 재의에 부쳐 재적의원 과반수의 출석과 출석의원 3분의 2 이상의 찬성으로 전과 같은 의결을 하면 그 조례안은 조례로서 확정된다.
⑤ 지방자치단체의 장이 제2항의 기간에 공포하지 아니하거나 재의요구를 하지 아니할 때에도 그 조례안은 조례로서 확정된다.
⑥ 지방자치단체의 장은 제4항과 제5항에 따라 확정된 조례를 지체 없이 공포하여야 한다. 제5항에 따라 조례가 확정된 후 또는 제4항에 따른 확정조례가 지방자치단체의 장에게 이송된 후 5일 이내에 지방자치단체의 장이 공포하지 아니하면 지방의회의 의장이 이를 공포한다.
⑦ 조례와 규칙은 특별한 규정이 없으면 공포한 날부터 20일이 지나면 효력을 발생한다.
⑧ 조례와 규칙의 공포에 관하여 필요한 사항은 대통령령으로 정한다.

제27조(조례위반에 대한 과태료) ① 지방자치단체는 조례를 위반한 행위에 대하여 조례로써 1천만원 이하의 과태료를 정할 수 있다.
② 제1항에 따른 과태료는 해당 지방자치단체의 장이나 그 관할 구역 안의 지방자치단체의 장이 부과・징수한다.〈개정 2009.4.1〉
③ 삭제〈2009.4.1〉
④ 삭제〈2009.4.1〉
⑤ 삭제〈2009.4.1〉

제28조(보고) 조례나 규칙을 제정하거나 개정하거나 폐지할 경우 조례는 지방의회에서 이송된 날부터 5일 이내에, 규칙은 공포예정 15일 전에 시・도지사는 행정안전부장관에게, 시장・군수 및 자치구의 구청장은 시・도지사에게 그 전문(全文)을 첨부하여 각각 보고하여야 하며, 보고를 받은 행정안전부장관은 이를 관계 중앙행정기관의 장에게 통보하여야 한다.〈개정 2008.2.29〉

제 4 장 선 거

제29조(지방선거에 관한 법률의 제정) 지방선거에 관하여 이 법에서 정한 것 외에 필요한 사항은 따로 법률로 정한다.

제 5 장 지방의회

제 1 절 조 직

제30조(의회의 설치) 지방자치단체에 의회를 둔다.

제31조(지방의회의원의 선거) 지방의회의원은 주민이 보통·평등·직접·비밀선거에 따라 선출한다.

제 2 절 지방의회의원

제32조(의원의 임기) 지방의회의원의 임기는 4년으로 한다.

제33조(의원의 의정활동비 등) ① 지방의회의원에게 다음 각 호의 비용을 지급한다.

1. 의정 자료를 수집하고 연구하거나 이를 위한 보조 활동에 사용되는 비용을 보전(補塡)하기 위하여 매월 지급하는 의정활동비
2. 본회의 의결, 위원회의 의결 또는 의장의 명에 따라 공무로 여행할 때 지급하는 여비
3. 지방의회의원의 직무활동에 대하여 지급하는 월정수당

② 제1항 각 호에 규정된 비용의 지급기준은 대통령령으로 정하는 범위에서 해당 지방자치단체의 의정비심의위원회에서 결정하는 금액 이내로 하여 지방자치단체의 조례로 정한다.〈개정 2009.4.1〉

③ 의정비심의위원회의 구성·운영 등에 관하여 필요한 사항은 대통령령으로 정한다.

제34조(상해·사망 등의 보상) ① 지방의회의원이 회기 중 직무(제61조 단서에 따라 개회된 위원회의 직무와 본회의 또는 위원회의 의결이나 의장의 명에 따른 폐회 중의 공무여행을 포함한다)로 인하여 신체에 상해를 입거나 사망한 경우와 그 상해나 직무로 인한 질병으로 사망한 경우에는 보상금을 지급할 수 있다.

② 제1항의 보상금의 지급기준은 대통령령으로 정하는 범위에서 해당 지방자치단체의 조례로 정한다.

제35조(겸직 등 금지) ① 지방의회의원은 다음 각 호의 어느 하나에 해당하는 직을 겸할 수 없다.〈개정 2009.4.1〉

1. 국회의원, 다른 지방의회의 의원
2. 헌법재판소재판관, 각급 선거관리위원회 위원
3. 「국가공무원법」 제2조에 규정된 국가공무원과 「지방공무원법」 제2조에 규정된 지방공무원(「정당법」 제22조에 따라 정당의 당원이 될 수 있는 교원은 제외한다)
4. 「공공기관의 운영에 관한 법률」 제4조에 따른 공공기관(한국방송공사, 한국교육방송공사 및 한국은행을 포함한다)의 임직원
5. 「지방공기업법」 제2조에 규정된 지방공사와 지방공단의 임직원
6. 농업협동조합, 수산업협동조합, 산림조합, 엽연초생산협동조합, 신용협동조합, 새마을금고(이들 조합·금고의 중앙회와 연합회를 포함한다)의 임직원과 이들 조합·금고의 중앙회장이나 연합회장
7. 「정당법」 제22조에 따라 정당의 당원이 될 수 없는 교원
8. 다른 법령에 따라 공무원의 신분을 가지는 직
9. 그 밖에 다른 법률에서 겸임할 수 없도록 정하는 직

② 「정당법」 제22조에 따라 정당의 당원이 될 수 있는 교원이 지방의회의원으로 당선되면 임기 중 그 교원의 직은 휴직된다.〈신설 2009.4.1〉

③ 지방의회의원이 당선 전부터 제1항 각 호의 직을 제외한 다른 직을 가진 경우에는 임기개시 후 1개월 이내에, 임기 중 그 다른 직에 취임한 경우에는 취임 후 15일 이내에 지방의회의 의장에게 서면으로 신고하여야 하며, 그 방법과 절차는 해당 지방자치단체의 조례로 정한다.〈신설 2009.4.1〉

④ 지방의회의장은 지방의회의원이 다른 직을 겸하는 것이 제36조제2항에 위반된다고

인정될 때에는 그 겸한 직을 사임할 것을 권고할 수 있다.〈신설 2009.4.1〉

⑤지방의회의원은 해당 지방자치단체 및 공공단체와 영리를 목적으로 하는 거래를 할 수 없으며, 이와 관련된 시설이나 재산의 양수인 또는 관리인이 될 수 없다.

⑥ 지방의회의원은 소관 상임위원회의 직무와 관련된 영리행위를 하지 못하며, 그 범위는 해당 지방자치단체의 조례로 정한다.〈신설 2009.4.1〉

第36条(의원의 의무) ① 지방의회의원은 공공의 이익을 우선하여 양심에 따라 그 직무를 성실히 수행하여야 한다.

② 지방의회의원은 청렴의 의무를 지며, 의원으로서의 품위를 유지하여야 한다.

③ 지방의회의원은 지위를 남용하여 지방자치단체·공공단체 또는 기업체와의 계약이나 그 처분에 의하여 재산상의 권리·이익 또는 직위를 취득하거나 타인을 위하여 그 취득을 알선하여서는 아니 된다.

第37条(의원체포 및 확정판결의 통지) ① 체포나 구금된 지방의회의원이 있으면 관계 수사기관의 장은 지체 없이 해당 의장에게 영장의 사본을 첨부하여 그 사실을 알려야 한다.

② 지방의회의원이 형사사건으로 공소(公訴)가 제기되어 그 판결이 확정되면 각급 법원장은 지체 없이 해당 의장에게 이를 알려야 한다.

第38条(지방의회의 의무 등) ① 지방의회는 지방의회의원이 준수하여야 할 지방의회의원의 윤리강령과 윤리실천규범을 조례로 정하여야 한다.

② 지방의회는 소속 의원들이 의정활동에 필요한 전문성을 확보하도록 노력하여야 한다.

제3절 권 한

第39条(지방의회의 의결사항) ① 지방의회는 다음 사항을 의결한다.

1. 조례의 제정·개정 및 폐지
2. 예산의 심의·확정
3. 결산의 승인
4. 법령에 규정된 것을 제외한 사용료·수수료·분담금·지방세 또는 가입금의 부과와 징수
5. 기금의 설치·운용
6. 대통령령으로 정하는 중요 재산의 취득·처분
7. 대통령령으로 정하는 공공시설의 설치·처분
8. 법령과 조례에 규정된 것을 제외한 예산 외의 의무부담이나 권리의 포기
9. 청원의 수리와 처리
10. 외국 지방자치단체와의 교류협력에 관한 사항
11. 그 밖에 법령에 따라 그 권한에 속하는 사항

② 지방자치단체는 제1항의 사항 외에 조례로 정하는 바에 따라 지방의회에서 의결되어야 할 사항을 따로 정할 수 있다.

第40条(서류제출요구) ① 본회의나 위원회는 그 의결로 안건의 심의와 직접 관련된 서류의 제출을 해당 지방자치단체의 장에게 요구할 수 있다.

② 위원회가 제1항의 요구를 할 때에는 의장을 경유하여야 한다.

第41条(행정사무 감사권 및 조사권) ① 지방의회는 매년 1회 그 지방자치단체의 사무에 대하여 시·도에서는 10일의 범위에서, 시·군 및 자치구에서는 7일의 범위에서 감사를 실시하고, 지방자치단체의 사무 중 특정 사안에 관하여 본회의 의결로 본회의나 위원회에서 조사하게 할 수 있다.

② 제1항의 조사를 발의할 때에는 이유를 밝힌 서면으로 하여야 하며, 재적의원 3분의 1 이상의 연서가 있어야 한다.

③ 지방자치단체 및 그 장이 위임받아 처리하는 국가사무와 시·도의 사무에 대하여 국회와 시·도의회가 직접 감사하기로 한 사무 외에는 그 감사를 각각 해당 시·도의회와 시·군 및 자치구의회가 할 수 있다. 이 경우 국회와 시·도의회는 그 감사결과에 대하여 그 지방의회에 필요한 자료를 요구할 수 있다.

④ 제1항의 감사 또는 조사와 제3항의 감사를 위하여 필요하면 현지확인을 하거나 서류제출을 요구할 수 있으며, 지방자치단체의 장 또는 관계 공무원이나 그 사무에 관계되는 자를 출석하게 하여 증인으로서 선서한 후 증언하게 하거나 참고인으로서 의견을 진술하도록 요구할 수 있다.

⑤ 제4항에 따른 증언에서 거짓증언을 한 자는 고발할 수 있으며, 제4항의 출석요구

를 받은 증인이 정당한 사유 없이 출석하지 아니하거나 증언을 거부하면 500만원 이하의 과태료를 부과할 수 있다.

⑥ 제5항에 따른 과태료 부과절차는 제27조를 따른다.

⑦ 제1항의 감사 또는 조사와 제3항의 감사를 위하여 필요한 사항은 「국정감사 및 조사에 관한 법률」에 준하여 대통령령으로 정하고, 제4항과 제5항의 선서·증언·감정 등에 관한 절차는 「국회에서의 증언·감정 등에 관한 법률」에 준하여 대통령령으로 정한다.

제42조(행정사무처리상황의 보고와 질문응답) ① 지방자치단체의 장이나 관계 공무원은 지방의회나 그 위원회에 출석하여 행정사무의 처리상황을 보고하거나 의견을 진술하고 질문에 응답할 수 있다.

② 지방자치단체의 장이나 관계 공무원은 지방의회나 그 위원회가 요구하면 출석·답변하여야 한다. 다만, 특별한 이유가 있으면 지방자치단체의 장은 관계 공무원에게 출석·답변하게 할 수 있다.

③ 제1항이나 제2항에 따라 지방의회나 그 위원회에 출석하여 답변할 수 있는 관계 공무원은 조례로 정한다.

제43조(의회규칙) 지방의회는 내부운영에 관하여 이 법에서 정한 것 외에 필요한 사항을 규칙으로 정할 수 있다.

제 4 절 소집과 회기

제44조(정례회) ① 지방의회는 매년 2회 정례회를 개최한다.

② 정례회의 집회일, 그 밖에 정례회의 운영에 관하여 필요한 사항은 대통령령으로 정하는 바에 따라 해당 지방자치단체의 조례로 정한다.

제45조(임시회) ① 총선거 후 최초로 집회되는 임시회는 지방의회 사무처장·사무국장·사무과장이 지방의회의원 임기 개시일부터 25일 이내에 소집한다.

② 지방의회의장은 지방자치단체의 장이나 재적의원 3분의 1 이상의 의원이 요구하면 15일 이내에 임시회를 소집하여야 한다. 다만, 의장과 부의장이 사고로 임시회를 소집할 수 없으면 의원 중 연장자의 순으로 소집할 수 있다.

③ 임시회의 소집은 시·도에서는 집회일 7일 전에, 시·군 및 자치구에서는 집회일 5일 전에 공고하여야 한다. 다만, 긴급할 때에는 그러하지 아니하다.

제46조(부의안건의 공고) 지방자치단체의 장이 지방의회에 부의할 안건은 지방자치단체의 장이 미리 공고하여야 한다. 다만, 회의 중 긴급한 안건을 부의할 때에는 그러하지 아니하다.

제47조(개회·휴회·폐회와 회의일수) ① 지방의회의 개회·휴회·폐회와 회기는 지방의회가 의결로 정한다.

② 연간 회의 총일수와 정례회 및 임시회의 회기는 해당 지방자치단체의 조례로 정한다.

제 5 절 의장과 부의장

제48조(의장·부의장의 선거와 임기) ① 지방의회는 의원 중에서 시·도의 경우 의장 1명과 부의장 2명을, 시·군 및 자치구의 경우 의장과 부의장 각 1명을 무기명투표로 선거하여야 한다.

② 의장과 부의장의 임기는 2년으로 한다.

제49조(의장의 직무) 지방의회의 의장은 의회를 대표하고 의사(議事)를 정리하며, 회의장 내의 질서를 유지하고 의회의 사무를 감독한다.

제50조(의장의 위원회 출석과 발언) 지방의회의 의장은 위원회에 출석하여 발언할 수 있다.

제51조(부의장의 의장 직무대리) 지방의회의 부의장은 의장이 사고가 있을 때에는 그 직무를 대리한다.

제52조(임시의장) 지방의회의 의장과 부의장이 모두 사고가 있을 때에는 임시의장을 선출하여 의장의 직무를 대행하게 한다.

제53조(보궐선거) ① 지방의회의 의장이나 부의장이 궐위(闕位)된 경우에는 보궐선거를 실시한다.

② 보궐선거로 당선된 의장이나 부의장의 임기는 전임자의 남은 임기로 한다.

제54조(의장 등을 선거할 때의 의장 직무 대행) 제48조제1항, 제52조 또는 제53조제1항에 따라 선거를 실시하는 경우에 의장의 직무를 수행할 자가 없으면 출석의원 중 연장자가 그 직무를 대행한다.

제55조(의장불신임의 의결) ① 지방의회의

의장이나 부의장이 법령을 위반하거나 정당한 사유 없이 직무를 수행하지 아니하면 지방의회는 불신임을 의결할 수 있다.
② 제1항의 불신임의결은 재적의원 4분의 1 이상의 발의와 재적의원 과반수의 찬성으로 행한다.
③ 제2항의 불신임의결이 있으면 의장이나 부의장은 그 직에서 해임된다.

제 6 절 위원회

제56조(위원회의 설치) ① 지방의회는 조례로 정하는 바에 따라 위원회를 둘 수 있다.
② 위원회의 종류는 소관 의안과 청원 등을 심사·처리하는 상임위원회와 특정한 안건을 일시적으로 심사·처리하기 위한 특별위원회 두 가지로 한다.
③ 위원회의 위원은 본회의에서 선임한다.

제57조(윤리특별위원회) 의원의 윤리심사 및 징계에 관한 사항을 심사하기 위하여 윤리특별위원회를 둘 수 있다.

제58조(위원회의 권한) 위원회는 그 소관에 속하는 의안과 청원 등 또는 지방의회가 위임한 특정한 안건을 심사한다.

제59조(전문위원) ① 위원회에는 위원장과 위원의 자치입법활동을 지원하기 위하여 의원이 아닌 전문지식을 가진 위원(이하 "전문위원"이라 한다)을 둔다.
② 전문위원은 위원회에서 의안과 청원 등의 심사, 행정사무감사 및 조사, 그 밖의 소관 사항과 관련하여 검토보고 및 관련 자료의 수집·조사·연구를 한다.
③ 위원회에 두는 전문위원의 직급과 정수 등에 관하여 필요한 사항은 대통령령으로 정한다.

제60조(위원회에서의 방청 등) ① 위원회에서는 해당 지방의회의원이 아닌 자는 위원장의 허가를 받아 방청할 수 있다.
② 위원장은 질서를 유지하기 위하여 필요할 때에는 방청인의 퇴장을 명할 수 있다.

제61조(위원회의 개회) 위원회는 회기 중 위원장이 필요하다고 인정하거나 재적위원 3분의 1 이상의 요구가 있으면 개회한다. 다만, 폐회 중에는 본회의의 의결이 있거나 의장이 필요하다고 인정할 때, 재적위원 3분의 1 이상의 요구나 지방자치단체의 장의 요구가 있을 때에만 개회할 수 있다.

제62조(위원회에 관한 조례) 위원회에 관하여 이 법에서 정한 것 외에 필요한 사항은 조례로 정한다.

제 7 절 회 의

제63조(의사정족수) ① 지방의회는 재적의원 3분의 1 이상의 출석으로 개의(開議)한다.
② 회의 중 제1항의 정족수에 미치지 못할 때에는 의장은 회의를 중지하거나 산회(散會)를 선포한다.

제64조(의결정족수) ① 의결 사항은 이 법에 특별히 규정된 경우 외에는 재적의원 과반수의 출석과 출석의원 과반수의 찬성으로 의결한다.
② 의장은 의결에서 표결권을 가지며, 찬성과 반대가 같으면 부결된 것으로 본다.

제64조의2(표결의 선포 등) ① 지방의회에서 표결할 때에는 의장이 표결할 안건의 제목을 의장석에서 선포하여야 하고, 의장이 표결을 선포한 때에는 누구든지 그 안건에 관하여 발언할 수 없다.
② 표결이 끝났을 때에는 의장은 그 결과를 의장석에서 선포하여야 한다.
[본조신설 2009.4.1]

제65조(회의의 공개) 지방의회의 회의는 공개한다. 다만, 의원 3명 이상이 발의하고 출석의원 3분의 2 이상이 찬성한 경우 또는 의장이 사회의 안녕질서 유지를 위하여 필요하다고 인정하는 경우에는 공개하지 아니할 수 있다.

제66조(의안의 발의) ① 지방의회에서 의결할 의안은 지방자치단체의 장이나 재적의원 5분의 1 이상 또는 의원 10명 이상의 연서로 발의한다.
② 위원회는 그 직무에 속하는 사항에 관하여 의안을 제출할 수 있다.
③ 제1항 및 제2항의 의안은 그 안을 갖추어 의장에게 제출하여야 한다.

제67조(회기계속의 원칙) 지방의회에 제출된 의안은 회기 중에 의결되지 못한 것 때문에 폐기되지 아니한다. 다만, 지방의회의원의 임기가 끝나는 경우에는 그러하지 아니하다.

제68조(일사부재의의 원칙) 지방의회에서 부결된 의안은 같은 회기 중에 다시 발의하거나 제출할 수 없다.

제69조(위원회에서 폐기된 의안) ① 위원회에서 본회의에 부칠 필요가 없다고 결정된 의안은 본회의에 부칠 수 없다. 다만, 위원회의 결정이 본회의에 보고된 날부터 폐회나 휴회 중의 기간을 제외한 7일 이내에 의장이나 재적의원 3분의 1 이상이 요구하면 그 의안을 본회의에 부쳐야 한다.
② 제1항 단서의 요구가 없으면 그 의안은 폐기된다.

제70조(의장이나 의원의 제척) 지방의회의 의장이나 의원은 본인·배우자·직계존비속(直系尊卑屬) 또는 형제자매와 직접 이해관계가 있는 안건에 관하여는 그 의사에 참여할 수 없다. 다만, 의회의 동의가 있으면 의회에 출석하여 발언할 수 있다.

제71조(회의규칙) 지방의회는 회의의 운영에 관하여 이 법에서 정한 것 외에 필요한 사항은 회의규칙으로 정한다.

제72조(회의록) ① 지방의회는 회의록을 작성하고 회의의 진행내용 및 결과와 출석의원의 성명을 적어야 한다.
② 회의록에는 의장과 의회에서 선출한 의원 2명 이상이 서명하여야 한다.
③ 의장은 회의록의 사본을 첨부하여 회의의 결과를 그 지방자치단체의 장에게 통고하여야 한다.
④ 회의록은 의원에게 배부한다. 다만, 비밀로 할 필요가 있다고 의장이 인정하거나 지방의회에서 의결한 사항은 공개하지 아니한다.

제 8 절 청 원

제73조(청원서의 제출) ① 지방의회에 청원을 하려는 자는 지방의회의원의 소개를 받아 청원서를 제출하여야 한다.
② 청원서에는 청원자의 성명(법인인 경우에는 그 명칭과 대표자의 성명) 및 주소를 적고 서명·날인하여야 한다.

제74조(청원의 불수리) 재판에 간섭하거나 법령에 위배되는 내용의 청원은 수리하지 아니한다.

제75조(청원의 심사·처리) ① 지방의회의 의장은 청원서를 접수하면 소관 위원회나 본회의에 회부하여 심사를 하게 한다.
② 청원을 소개한 의원은 소관 위원회나 본회의가 요구하면 청원의 취지를 설명하여야 한다.
③ 위원회가 청원을 심사하여 본회의에 부칠 필요가 없다고 결정하면 그 처리결과를 의장에게 보고하고, 의장은 청원한 자에게 알려야 한다.

제76조(청원의 이송과 처리보고) ① 지방의회가 채택한 청원으로서 그 지방자치단체의 장이 처리하는 것이 타당하다고 인정되는 청원은 의견서를 첨부하여 지방자치단체의 장에게 이송한다.
② 지방자치단체의 장은 제1항의 청원을 처리하고 그 처리결과를 지체 없이 지방의회에 보고하여야 한다.

제 9 절 의원의 사직·퇴직과 자격심사

제77조(의원의 사직) 지방의회는 그 의결로 소속 의원의 사직을 허가할 수 있다. 다만, 폐회 중에는 의장이 허가할 수 있다.

제78조(의원의 퇴직) 지방의회의 의원이 다음 각 호의 어느 하나에 해당될 때에는 의원의 직에서 퇴직된다.
1. 의원이 겸할 수 없는 직에 취임할 때
2. 피선거권이 없게 될 때(지방자치단체의 구역변경이나 없어지거나 합한 것 외의 다른 사유로 그 지방자치단체의 구역 밖으로 주민등록을 이전하였을 때를 포함한다)
3. 징계에 따라 제명될 때

제79조(의원의 자격심사) ① 지방의회의 의원은 다른 의원의 자격에 대하여 이의가 있으면 재적의원 4분의 1 이상의 연서로 의장에게 자격심사를 청구할 수 있다.
② 피심의원(被審議員)은 자기의 자격심사에 관한 회의에 출석하여 변명은 할 수 있으나, 의결에는 참가할 수 없다.

제80조(자격상실의결) ① 제79조제1항의 피심의원에 대한 자격상실의결은 재적의원 3분의 2 이상의 찬성이 있어야 한다.
② 피심의원은 제1항에 따라 자격상실이 확정될 때까지는 그 직을 상실하지 아니한다.

제81조(궐원의 통지) 지방의회의 의원이 궐원(闕員)되면 의장은 15일 이내에 그 지방자치단체의 장과 관할 선거관리위원회에 알려야 한다.

제10절 질 서

제82조(회의의 질서유지) ① 지방의회의 의원이 본회의나 위원회의 회의장에서 이 법이나 회의규칙에 위배되는 발언이나 행위를 하여 회의장의 질서를 어지럽히면 의장이나 위원장은 경고 또는 제지하거나 그 발언의 취소를 명할 수 있다.

② 제1항의 명에 따르지 아니한 의원이 있으면 의장이나 위원장은 그 의원에 대하여 당일의 회의에서 발언하는 것을 금지하거나 퇴장시킬 수 있다.

③ 의장이나 위원장은 회의장이 소란하여 질서를 유지하기 곤란하면 회의를 중지하거나 산회를 선포할 수 있다.

제83조(모욕 등 발언의 금지) ① 지방의회의 의원은 본회의나 위원회에서 타인을 모욕하거나 타인의 사생활에 대하여 발언하여서는 아니 된다.

② 본회의나 위원회에서 모욕을 당한 의원은 모욕을 한 의원에 대하여 지방의회에 징계를 요구할 수 있다.

제84조(발언방해 등의 금지) 지방의회의 의원은 회의 중에 폭력을 행사하거나 소란한 행위를 하여 타인의 발언을 방해할 수 없으며, 의장이나 위원장의 허가 없이 연단(演壇)이나 단상(壇上)에 올라가서는 아니 된다.

제85조(방청인에 대한 단속) ① 방청인은 의안에 대하여 찬성·반대를 표명하거나 소란한 행위를 하여서는 아니 된다.

② 의장은 회의장의 질서를 방해하는 방청인의 퇴장을 명할 수 있으며, 필요하면 경찰관서에 인도할 수 있다.

③ 방청석이 소란하면 의장은 모든 방청인을 퇴장시킬 수 있다.

④ 방청인에 대한 단속에 관하여 제1항부터 제3항까지에 규정된 것 외에 필요한 사항은 회의규칙으로 정한다.

제11절 징 계

제86조(징계의 사유) 지방의회는 의원이 이 법이나 자치법규에 위배되는 행위를 하면 의결로써 징계할 수 있다.

제87조(징계의 요구) ① 지방의회의 의장은 제86조에 따른 징계대상 의원이 있어 징계 요구가 있으면 윤리특별위원회나 본회의에 회부한다.

② 제83조제1항을 위반한 의원에 대하여 모욕을 당한 의원이 징계를 요구하려면 징계 사유를 적은 요구서를 의장에게 제출하여야 한다.

③ 의장은 제2항의 징계요구가 있으면 윤리특별위원회나 본회의에 회부한다.

제88조(징계의 종류와 의결) ① 징계의 종류는 다음과 같다.

1. 공개회의에서의 경고
2. 공개회의에서의 사과
3. 30일 이내의 출석정지
4. 제명

② 제명에는 재적의원 3분의 2 이상의 찬성이 있어야 한다.

제89조(징계에 관한 회의규칙) 징계에 관하여 이 법에 규정된 것 외에 필요한 사항은 회의규칙으로 정한다.

제12절 사무기구와 직원

제90조(사무처 등의 설치) ① 시·도의회에는 사무를 처리하기 위하여 조례로 정하는 바에 따라 사무처를 둘 수 있으며, 사무처에는 사무처장과 직원을 둔다.

② 시·군 및 자치구의회에는 사무를 처리하기 위하여 조례로 정하는 바에 따라 사무국이나 사무과를 둘 수 있으며, 사무국·사무과에는 사무국장 또는 사무과장과 직원을 둘 수 있다.

③ 제1항과 제2항에 따른 사무처장·사무국장·사무과장 및 직원(이하 이 절에서 "사무직원"이라 한다)은 지방공무원으로 보한다.

제91조(사무직원의 정원과 임명) ① 지방의회에 두는 사무직원의 정수는 조례로 정한다.

② 사무직원은 지방의회의 의장의 추천에 따라 그 지방자치단체의 장이 임명한다. 다만, 지방자치단체의 장은 사무직원 중 별정직·기능직·계약직 공무원에 대한 임용권은 지방의회 사무처장·사무국장·사무과장에게 위임하여야 한다.

제92조(사무직원의 직무와 신분보장 등) ① 사무처장·사무국장 또는 사무과장은 의장의 명을 받아 의회의 사무를 처리한다.

② 사무직원의 임용·보수·복무·신분보장·징계 등에 관하여는 이 법에서 정한 것 외

에는 「지방공무원법」을 적용한다.

제 6 장 집행기관

제 1 절 지방자치단체의 장

제 1 관 지 위

제93조(지방자치단체의 장) 특별시에 특별시장, 광역시에 광역시장, 도와 특별자치도에 도지사를 두고, 시에 시장, 군에 군수, 자치구에 구청장을 둔다.

제94조(지방자치단체의 장의 선거) 지방자치단체의 장은 주민이 보통·평등·직접·비밀선거에 따라 선출한다.

제95조(지방자치단체의 장의 임기) 지방자치단체의 장의 임기는 4년으로 하며, 지방자치단체의 장의 계속 재임(在任)은 3기에 한한다.

제96조(겸임 등의 제한) ① 지방자치단체의 장은 다음 각 호의 어느 하나에 해당하는 직을 겸임할 수 없다.〈개정 2009.4.1〉

1. 대통령, 국회의원, 헌법재판소재판관, 각급 선거관리위원회 위원, 지방의회의원
2. 「국가공무원법」 제2조에 규정된 국가공무원과 「지방공무원법」 제2조에 규정된 지방공무원
3. 다른 법령의 규정에 따라 공무원의 신분을 가지는 직
4. 「공공기관의 운영에 관한 법률」 제4조에 따른 공공기관(한국방송공사, 한국교육방송공사 및 한국은행을 포함한다)의 임직원
5. 농업협동조합, 수산업협동조합, 산림조합, 엽연초생산협동조합, 신용협동조합 및 새마을금고(이들 조합·금고의 중앙회와 연합회를 포함한다)의 임직원
6. 교원
7. 「지방공기업법」 제2조에 규정된 지방공사와 지방공단의 임직원
8. 그 밖에 다른 법률이 겸임할 수 없도록 정하는 직

② 지방자치단체의 장은 재임(在任) 중 그 지방자치단체와 영리를 목적으로 하는 거래를 하거나 그 지방자치단체와 관계있는 영리사업에 종사할 수 없다.

제97조(지방자치단체의 폐치·분합과 지방자치단체의 장) 지방자치단체를 폐지하거나 설치하거나 나누거나 합쳐 새로 지방자치단체의 장을 선거하여야 하는 경우에는 그 지방자치단체의 장이 선거될 때까지 시·도지사는 행정안전부장관이, 시장·군수 및 자치구의 구청장은 시·도지사가 각각 그 직무를 대행할 자를 지정하여야 한다. 다만, 둘 이상의 동격의 지방자치단체를 통·폐합하여 새로운 지방자치단체를 설치하는 경우에는 종전의 지방자치단체의 장 중에서 해당 지방자치단체의 장의 직무를 대행할 자를 지정한다.〈개정 2008.2.29〉

제98조(지방자치단체의 장의 사임) ① 지방자치단체의 장은 그 직을 사임하려면 지방의회의 의장에게 미리 사임일을 적은 서면(이하 "사임통지서"라 한다)으로 알려야 한다.

② 지방자치단체의 장은 사임통지서에 적힌 사임일에 사임된다. 다만, 사임통지서에 적힌 사임일까지 지방의회의 의장에게 사임통지가 되지 아니하면 지방의회의 의장에게 사임통지가 된 날에 사임된다.

제99조(지방자치단체의 장의 퇴직) 지방자치단체의 장이 다음 각 호의 어느 하나에 해당될 때에는 그 직에서 퇴직된다.

1. 지방자치단체의 장이 겸임할 수 없는 직에 취임할 때
2. 피선거권이 없게 될 때(지방자치단체의 구역변경이나 없어지거나 합한 것 외의 다른 사유로 그 지방자치단체의 구역 밖으로 주민등록을 이전하였을 때를 포함한다)
3. 제97조에 따라 지방자치단체의 장의 직을 상실할 때

제100조(지방자치단체의 장의 체포 및 확정판결의 통지) ① 체포 또는 구금된 지방자치단체의 장이 있으면 관계 수사기관의 장은 지체 없이 영장의 사본을 첨부하여 해당 지방자치단체에 알려야 한다. 이 경우 통지를 받은 지방자치단체는 그 사실을 즉시 행정안전부장관에게 보고하여야 한다. 시·군 및 자치구가 행정안전부장관에게 보고하는 경우에는 시·도지사를 거쳐야 한다.〈개정 2008.2.29〉

② 지방자치단체의 장이 형사사건으로 공소가 제기되어 그 판결이 확정되면 각급 법원

장은 지체 없이 해당 지방자치단체에 알려야 한다. 이 경우 통지를 받은 지방자치단체는 그 사실을 즉시 행정안전부장관에게 보고하여야 한다. 시·군 및 자치구가 행정안전부장관에게 보고하는 경우에는 시·도지사를 거쳐야 한다.〈개정 2008.2.29〉

제2관 권 한

제101조(지방자치단체의 통할대표권) 지방자치단체의 장은 지방자치단체를 대표하고, 그 사무를 총괄한다.

제102조(국가사무의 위임) 시·도와 시·군 및 자치구에서 시행하는 국가사무는 법령에 다른 규정이 없으면 시·도지사와 시장·군수 및 자치구의 구청장에게 위임하여 행한다.

제103조(사무의 관리 및 집행권) 지방자치단체의 장은 그 지방자치단체의 사무와 법령에 따라 그 지방자치단체의 장에게 위임된 사무를 관리하고 집행한다.

제104조(사무의 위임 등) ① 지방자치단체의 장은 조례나 규칙으로 정하는 바에 따라 그 권한에 속하는 사무의 일부를 보조기관, 소속 행정기관 또는 하부행정기관에 위임할 수 있다.

② 지방자치단체의 장은 조례나 규칙으로 정하는 바에 따라 그 권한에 속하는 사무의 일부를 관할 지방자치단체나 공공단체 또는 그 기관(사업소·출장소를 포함한다)에 위임하거나 위탁할 수 있다.

③ 지방자치단체의 장은 조례나 규칙으로 정하는 바에 따라 그 권한에 속하는 사무 중 조사·검사·검정·관리업무 등 주민의 권리·의무와 직접 관련되지 아니하는 사무를 법인·단체 또는 그 기관이나 개인에게 위탁할 수 있다.

④ 지방자치단체의 장이 위임받거나 위탁받은 사무의 일부를 제1항부터 제3항까지의 규정에 따라 다시 위임하거나 위탁하려면 미리 그 사무를 위임하거나 위탁한 기관의 장의 승인을 받아야 한다.

제105조(직원에 대한 임면권 등) 지방자치단체의 장은 소속 직원을 지휘·감독하고 법령과 조례·규칙으로 정하는 바에 따라 그 임면·교육훈련·복무·징계 등에 관한 사항을 처리한다.

제106조(사무인계) 지방자치단체의 장이 퇴직할 때에는 그 소관 사무의 일체를 후임자에게 인계하여야 한다.

제3관 지방의회와의 관계

제107조(지방의회의 의결에 대한 재의요구와 제소) ① 지방자치단체의 장은 지방의회의 의결이 월권이거나 법령에 위반되거나 공익을 현저히 해친다고 인정되면 그 의결사항을 이송받은 날부터 20일 이내에 이유를 붙여 재의를 요구할 수 있다.

② 제1항의 요구에 대하여 재의한 결과 재적의원 과반수의 출석과 출석의원 3분의 2 이상의 찬성으로 전과 같은 의결을 하면 그 의결사항은 확정된다.

③ 지방자치단체의 장은 제2항에 따라 재의결된 사항이 법령에 위반된다고 인정되면 대법원에 소(訴)를 제기할 수 있다. 이 경우에는 제172조제3항을 준용한다.

제108조(예산상 집행 불가능한 의결의 재의요구) ① 지방자치단체의 장은 지방의회의 의결이 예산상 집행할 수 없는 경비를 포함하고 있다고 인정되면 그 의결사항을 이송받은 날부터 20일 이내에 이유를 붙여 재의를 요구할 수 있다.

② 지방의회가 다음 각 호의 어느 하나에 해당하는 경비를 줄이는 의결을 할 때에도 제1항과 같다.

1. 법령에 따라 지방자치단체에서 의무적으로 부담하여야 할 경비
2. 비상재해로 인한 시설의 응급 복구를 위하여 필요한 경비

③ 제1항과 제2항의 경우에는 제107조제2항을 준용한다.

제109조(지방자치단체의 장의 선결처분) ① 지방자치단체의 장은 지방의회가 성립되지 아니한 때(의원이 구속되는 등의 사유로 제64조에 따른 의결정족수에 미달하게 될 때를 말한다)와 지방의회의 의결사항 중 주민의 생명과 재산보호를 위하여 긴급하게 필요한 사항으로서 지방의회를 소집할 시간적 여유가 없거나 지방의회에서 의결이 지체되어 의결되지 아니할 때에는 선결처분(先決處分)을 할 수 있다.

② 제1항에 따른 선결처분은 지체 없이 지방의회에 보고하여 승인을 받아야 한다.

③ 지방의회에서 제2항의 승인을 받지 못하면 그 선결처분은 그때부터 효력을 상실한다.

④ 지방자치단체의 장은 제2항이나 제3항에 관한 사항을 지체 없이 공고하여야 한다.

제2절 보조기관

제110조(부지사·부시장·부군수·부구청장) ① 특별시와 광역시에 부시장, 도와 특별자치도에 부지사, 시에 부시장, 군에 부군수, 자치구에 부구청장을 두며, 그 정수는 다음 각 호와 같다.

1. 특별시의 부시장의 정수 : 3명을 넘지 아니하는 범위에서 대통령령으로 정한다.
2. 광역시의 부시장 및 도와 특별자치도의 부지사의 정수 : 2명(인구 800만 이상의 광역시나 도는 3명)을 초과하지 아니하는 범위에서 대통령령으로 정한다.
3. 시의 부시장, 군의 부군수 및 자치구의 부구청장의 정수 : 1명으로 한다.

② 특별시와 광역시의 부시장, 도와 특별자치도의 부지사는 대통령령으로 정하는 바에 따라 정무직 또는 일반직 국가공무원으로 보한다. 다만, 제1항제1호와 제2호에 따라 특별시와 광역시의 부시장, 도와 특별자치도의 부지사를 2명이나 3명 두는 경우에 1명은 대통령령으로 정하는 바에 따라 정무직·일반직 또는 별정직 지방공무원으로 보하되, 정무직과 별정직 지방공무원으로 보할 때의 자격기준은 해당 지방자치단체의 조례로 정한다.〈개정 2009.4.1〉

③ 제2항의 정무직 또는 일반직 국가공무원으로 보하는 부시장·부지사는 시·도지사의 제청으로 행정안전부장관을 거쳐 대통령이 임명한다. 이 경우 제청된 자에게 법적 결격사유가 없으면 30일 이내에 그 임명절차를 마쳐야 한다.〈개정 2008.2.29〉

④ 시의 부시장, 군의 부군수, 자치구의 부구청장은 일반직 지방공무원으로 보하되, 그 직급은 대통령령으로 정하며 시장·군수·구청장이 임명한다.

⑤ 시·도의 부시장과 부지사, 시의 부시장·부군수·부구청장은 해당 지방자치단체의 장을 보좌하여 사무를 총괄하고, 소속 직원을 지휘·감독한다.

⑥ 제1항제1호와 제2호에 따라 시·도의 부시장과 부지사를 2명이나 3명 두는 경우에 그 사무 분장은 대통령령으로 정한다. 이 경우 부시장·부지사를 3명 두는 시·도에서는 그 중 1명에게 특정지역의 사무를 담당하게 할 수 있다.

제111조(지방자치단체의 장의 권한대행 등) ① 지방자치단체의 장이 다음 각 호의 어느 하나에 해당되면 부지사·부시장·부군수·부구청장(이하 이 조에서 "부단체장"이라 한다)이 그 권한을 대행한다.

1. 궐위된 경우
2. 공소 제기된 후 구금상태에 있는 경우
3. 금고 이상의 형을 선고받고 그 형이 확정되지 아니한 경우
4. 「의료법」에 따른 의료기관에 60일 이상 계속하여 입원한 경우

② 지방자치단체의 장이 그 직을 가지고 그 지방자치단체의 장 선거에 입후보하면 예비후보자 또는 후보자로 등록한 날부터 선거일까지 부단체장이 그 지방자치단체의 장의 권한을 대행한다.

③ 지방자치단체의 장이 출장·휴가 등 일시적 사유로 직무를 수행할 수 없으면 부단체장이 그 직무를 대리한다.

④ 제1항부터 제3항까지의 경우에 부지사나 부시장이 2명 이상인 시·도에서는 대통령령으로 정하는 순서에 따라 그 권한을 대행하거나 직무를 대리한다.

⑤ 제1항부터 제3항까지의 규정에 따라 권한을 대행하거나 직무를 대리할 부단체장이 부득이한 사유로 직무를 수행할 수 없으면 그 지방자치단체의 규칙에 정하여진 직제 순서에 따른 공무원이 그 권한을 대행하거나 직무를 대리한다.

제112조(행정기구와 공무원) ① 지방자치단체는 그 사무를 분장하기 위하여 필요한 행정기구와 지방공무원을 둔다.

② 제1항에 따른 행정기구의 설치와 지방공무원의 정원은 인건비 등 대통령령으로 정하는 기준에 따라 그 지방자치단체의 조례로 정한다.

③ 행정안전부장관은 지방자치단체의 행정기구와 지방공무원의 정원이 적정하게 운영되고 다른 지방자치단체와의 균형이 유지되도록 하기 위하여 필요한 사항을 권고할 수 있다.〈개정 2008.2.29〉

④ 지방공무원의 임용과 시험·자격·보수·복무·신분보장·징계·교육훈련 등에 관하여는 따로 법률로 정한다.

⑤ 지방자치단체에는 제1항에도 불구하고

법률로 정하는 바에 따라 국가공무원을 둘 수 있다.

⑥ 제5항에 규정된 국가공무원은 「국가공무원법」 제32조제1항부터 제3항까지에도 불구하고 5급 이상의 국가공무원이나 고위공무원단에 속하는 공무원은 해당 지방자치단체의 장의 제청으로 소속 장관을 거쳐 대통령이 임명하고, 6급 이하의 국가공무원은 그 지방자치단체의 장의 제청으로 소속 장관이 임명한다.

제 3 절 소속 행정기관

第113조(직속기관) 지방자치단체는 그 소관 사무의 범위 안에서 필요하면 대통령령이나 대통령령으로 정하는 바에 따라 지방자치단체의 조례로 자치경찰기관(제주특별자치도에 한한다), 소방기관, 교육훈련기관, 보건진료기관, 시험연구기관 및 중소기업지도기관 등을 직속기관으로 설치할 수 있다.

第114조(사업소) 지방자치단체는 특정 업무를 효율적으로 수행하기 위하여 필요하면 대통령령으로 정하는 바에 따라 그 지방자치단체의 조례로 사업소를 설치할 수 있다.

第115조(출장소) 지방자치단체는 원격지 주민의 편의와 특정지역의 개발 촉진을 위하여 필요하면 대통령령으로 정하는 바에 따라 그 지방자치단체의 조례로 출장소를 설치할 수 있다.

第116조(합의제행정기관) ① 지방자치단체는 그 소관 사무의 일부를 독립하여 수행할 필요가 있으면 법령이나 그 지방자치단체의 조례로 정하는 바에 따라 합의제행정기관을 설치할 수 있다.

② 제1항의 합의제행정기관의 설치·운영에 관하여 필요한 사항은 대통령령이나 그 지방자치단체의 조례로 정한다.

第116조의2(자문기관의 설치 등) ① 지방자치단체는 그 소관 사무의 범위에서 법령이나 그 지방자치단체의 조례로 정하는 바에 따라 심의회·위원회 등의 자문기관을 설치·운영할 수 있다.

② 제1항에 따라 설치되는 자문기관은 해당 지방자치단체의 조례로 정하는 바에 따라 성격과 기능이 유사한 다른 자문기관의 기능을 포함하여 운영할 수 있다.

[본조신설 2009.4.1]

제 4 절 하부행정기관

第117조(하부행정기관의 장) 자치구가 아닌 구에 구청장, 읍에 읍장, 면에 면장, 동에 동장을 둔다. 이 경우 면·동은 제4조의2제3항 및 제4항에 따른 행정면·행정동을 말한다.〈개정 2009.4.1〉

第118조(하부행정기관의 장의 임명) ① 자치구가 아닌 구의 구청장은 일반직 지방공무원으로 보하되, 시장이 임명한다.

② 읍장·면장·동장은 일반직 지방공무원으로 보하되, 시장·군수 및 자치구의 구청장이 임명한다.

第119조(하부행정기관의 장의 직무권한) 자치구가 아닌 구의 구청장은 시장의, 읍장·면장은 시장이나 군수의, 동장은 시장(구가 없는 시의 시장을 말한다)이나 구청장(자치구의 구청장을 포함한다)의 지휘·감독을 받아 소관 국가사무와 지방자치단체의 사무를 맡아 처리하고 소속 직원을 지휘·감독한다.

第120조(하부행정기구) 지방자치단체는 조례로 정하는 바에 따라 자치구가 아닌 구와 읍·면·동에 그 소관 행정사무를 분장하기 위하여 필요한 행정기구를 둘 수 있다. 이 경우 면·동은 제4조의2제3항 및 제4항에 따른 행정면·행정동을 말한다.〈개정 2009.4.1〉

제 5 절 교육·과학 및 체육에 관한 기관

第121조(교육·과학 및 체육에 관한 기관) ① 지방자치단체의 교육·과학 및 체육에 관한 사무를 분장하기 위하여 별도의 기관을 둔다.

② 제1항에 따른 기관의 조직과 운영에 관하여 필요한 사항은 따로 법률로 정한다.

제 7 장 재 무

제 1 절 재정운영의 기본원칙

第122조(건전재정의 운영) ① 지방자치단체는 그 재정을 수지균형의 원칙에 따라 건전하게 운영하여야 한다.

② 국가는 지방재정의 자주성과 건전한 운영을 조장하여야 하며, 국가의 부담을 지방자치단체에 넘겨서는 아니 된다.

제123조(국가시책의 구현) ① 지방자치단체는 국가시책을 달성하기 위하여 노력하여야 한다.

② 제1항에 따라 국가시책을 달성하기 위하여 필요한 경비에 대한 국고보조율과 지방비부담률은 법령으로 정한다.

제124조(지방채무 및 지방채권의 관리) ① 지방자치단체의 장이나 지방자치단체조합은 따로 법률로 정하는 바에 따라 지방채를 발행할 수 있다.

② 지방자치단체의 장은 따로 법률로 정하는 바에 따라 지방자치단체의 채무부담의 원인이 될 계약의 체결이나 그 밖의 행위를 할 수 있다.

③ 지방자치단체의 장은 공익을 위하여 필요하다고 인정하면 미리 지방의회의 의결을 받아 보증채무부담행위를 할 수 있다.

④ 지방자치단체는 조례나 계약에 의하지 아니하고는 그 채무의 이행을 지체할 수 없다.

⑤ 지방자치단체는 법령이나 조례의 규정에 따르거나 지방의회의 의결을 받지 아니하고는 채권에 관하여 채무를 면제하거나 그 효력을 변경할 수 없다.

제 2 절 예산과 결산

제125조(회계연도) 지방자치단체의 회계연도는 매년 1월 1일에 시작하여 그 해 12월 31일에 끝난다.

제126조(회계의 구분) ① 지방자치단체의 회계는 일반회계와 특별회계로 구분한다.

② 특별회계는 법률이나 지방자치단체의 조례로 설치할 수 있다.

제127조(예산의 편성 및 의결) ① 지방자치단체의 장은 회계연도마다 예산안을 편성하여 시·도는 회계연도 시작 50일 전까지, 시·군 및 자치구는 회계연도 시작 40일 전까지 지방의회에 제출하여야 한다.

② 제1항의 예산안을 시·도의회에서는 회계연도 시작 15일 전까지, 시·군 및 자치구의회에서는 회계연도 시작 10일 전까지 의결하여야 한다.

③ 지방의회는 지방자치단체의 장의 동의 없이 지출예산 각 항의 금액을 증가하거나 새로운 비용항목을 설치할 수 없다.

④ 지방자치단체의 장은 제1항의 예산안을 제출한 후 부득이한 사유로 그 내용의 일부를 수정하려면 수정예산안을 작성하여 지방의회에 다시 제출할 수 있다.

제128조(계속비) 지방자치단체의 장은 한 회계연도를 넘어 계속하여 경비를 지출할 필요가 있으면 그 총액과 연도별 금액을 정하여 계속비로서 지방의회의 의결을 받아야 한다.

제129조(예비비) ① 지방자치단체는 예측할 수 없는 예산 외의 지출이나 예산초과지출에 충당하기 위하여 세입·세출예산에 예비비를 계상하여야 한다.

② 예비비의 지출은 다음 연도 지방의회의 승인을 받아야 한다.

제130조(추가경정예산) ① 지방자치단체의 장은 예산을 변경할 필요가 있으면 추가경정예산안을 편성하여 지방의회의 의결을 받아야 한다.

② 제1항에 관하여는 제127조제3항과 제4항을 준용한다.

제131조(예산이 성립하지 아니할 때의 예산집행) 지방의회에서 새로운 회계연도가 시작될 때까지 예산안이 의결되지 못하면 지방자치단체의 장은 지방의회에서 예산안이 의결될 때까지 다음의 목적을 위한 경비는 전년도 예산에 준하여 집행할 수 있다.

1. 법령이나 조례에 따라 설치된 기관이나 시설의 유지·운영
2. 법령상 또는 조례상 지출의무의 이행
3. 이미 예산으로 승인된 사업의 계속

제132조(재정부담을 수반하는 조례제정 등) 지방의회는 새로운 재정부담을 수반하는 조례나 안건을 의결하려면 미리 지방자치단체의 장의 의견을 들어야 한다.

제133조(예산의 이송·고시 등) ① 지방의회의 의장은 예산안이 의결되면 3일 이내에 지방자치단체의 장에게 이송하여야 한다.

② 지방자치단체의 장은 제1항에 따라 예산을 이송받으면 지체 없이 시·도에서는 행정안전부장관에게, 시·군 및 자치구에서는 시·도지사에게 각각 보고하고, 그 내용을 고시하여야 한다. 다만, 제108조에 따른 재의요구를 할 때에는 그러하지 아니하다.〈개정 2008.2.29〉

제134조(결산) ① 지방자치단체의 장은 출납 폐쇄 후 80일 이내에 결산서와 증빙서류를 작성하고 지방의회가 선임한 검사위원의 검사의견서를 첨부하여 다음 연도 지방의회의 승인을 받아야 한다.
② 지방자치단체의 장은 제1항에 따른 승인을 받으면 5일 이내에 시·도에서는 행정안전부장관에게, 시·군 및 자치구에서는 시·도지사에게 각각 보고하고 그 내용을 고시하여야 한다.〈개정 2008.2.29〉
③ 제1항의 검사위원의 선임과 운영에 관하여 필요한 사항은 대통령령으로 정한다.

제 3 절 수입과 지출

제135조(지방세) 지방자치단체는 법률로 정하는 바에 따라 지방세를 부과·징수할 수 있다.
제136조(사용료) 지방자치단체는 공공시설의 이용 또는 재산의 사용에 대하여 사용료를 징수할 수 있다.
제137조(수수료) ① 지방자치단체는 그 지방자치단체의 사무가 특정인을 위한 것이면 그 사무에 대하여 수수료를 징수할 수 있다.
② 지방자치단체는 국가나 다른 지방자치단체의 위임사무가 특정인을 위한 것이면 그 사무에 대하여 수수료를 징수할 수 있다.
③ 제2항에 따른 수수료는 그 지방자치단체의 수입으로 한다. 다만, 법령에 달리 정하여진 경우에는 그러하지 아니하다.
제138조(분담금) 지방자치단체는 그 재산 또는 공공시설의 설치로 주민의 일부가 특히 이익을 받으면 이익을 받는 자로부터 그 이익의 범위에서 분담금을 징수할 수 있다.
제139조(사용료의 징수조례 등) ① 사용료·수수료 또는 분담금의 징수에 관한 사항은 조례로 정한다. 다만, 국가가 지방자치단체나 그 기관에 위임한 사무와 자치사무의 수수료 중 전국적으로 통일할 필요가 있는 수수료에 관한 사항은 다른 법령의 규정에도 불구하고 대통령령으로 정하는 기준에 따라 조례로 정한다.
② 사기나 그 밖의 부정한 방법으로 사용료·수수료 또는 분담금의 징수를 면한 자에 대하여는 그 징수를 면한 금액의 5배 이내의 과태료를, 공공시설을 부정사용한 자에 대하여는 50만원 이하의 과태료를 부과하는 규정을 조례로 정할 수 있다.
③ 제2항에 따른 과태료의 부과·징수, 재판 및 집행 등의 절차에 관한 사항은 「질서위반행위규제법」에 따른다.〈개정 2009.4.1〉
제140조(사용료 등의 부과·징수, 이의신청)
① 사용료·수수료 또는 분담금은 공평한 방법으로 부과하거나 징수하여야 한다.
② 사용료·수수료 또는 분담금의 징수는 지방세 징수의 예에 따른다.
③ 사용료·수수료 또는 분담금의 부과나 징수에 대하여 이의가 있는 자는 그 처분을 통지받은 날부터 90일 이내에 그 지방자치단체의 장에게 이의신청할 수 있다.
④ 지방자치단체의 장은 제3항의 이의신청을 받은 날부터 60일 이내에 이를 결정하여 알려야 한다.
⑤ 사용료·수수료 또는 분담금의 부과나 징수에 대하여 행정소송을 제기하려면 제4항에 따른 결정을 통지받은 날부터 90일 이내에 처분청을 당사자로 하여 소를 제기하여야 한다.
⑥ 제4항에 따른 결정기간 내에 결정의 통지를 받지 못하면 제5항에도 불구하고 그 결정기간이 지난 날부터 90일 이내에 소를 제기할 수 있다.
⑦ 제3항과 제4항에 따른 이의신청의 방법과 절차 등에 관하여는 「지방세기본법」 제118조와 제121조부터 제127조까지의 규정을 준용한다.〈개정 2010.3.31〉
제141조(경비의 지출) 지방자치단체는 그 자치사무의 수행에 필요한 경비와 위임된 사무에 관하여 필요한 경비를 지출할 의무를 진다. 다만, 국가사무나 지방자치단체사무를 위임할 때에는 이를 위임한 국가나 지방자치단체에서 그 경비를 부담하여야 한다.

제 4 절 재산 및 공공시설

제142조(재산과 기금의 설치) ① 지방자치단체는 행정목적을 달성하기 위한 경우나 공익상 필요한 경우에는 재산을 보유하거나 특정한 자금을 운용하기 위한 기금을 설치할 수 있다.
② 제1항의 재산의 보유, 기금의 설치·운용에 관하여 필요한 사항은 조례로 정한다.
③ 제1항에서 "재산"이란 현금 외의 모든 재산적 가치가 있는 물건과 권리를 말한다.

제143조(재산의 관리와 처분) 지방자치단체의 재산은 법령이나 조례에 따르지 아니하고는 교환·양여(讓與)·대여하거나 출자 수단 또는 지급 수단으로 사용할 수 없다.

제144조(공공시설) ① 지방자치단체는 주민의 복지를 증진하기 위하여 공공시설을 설치할 수 있다.

② 제1항의 공공시설의 설치와 관리에 관하여 다른 법령에 규정이 없으면 조례로 정한다.

③ 제1항의 공공시설은 관계 지방자치단체의 동의를 받아 그 지방자치단체의 구역 밖에 설치할 수 있다.

제5절 보 칙

제145조(지방재정운영에 관한 법률의 제정) 지방자치단체의 재정에 관하여 이 법에 정한 것 외에 필요한 사항은 따로 법률로 정한다.

제146조(지방공기업의 설치·운영) ① 지방자치단체는 주민의 복지증진과 사업의 효율적 수행을 위하여 지방공기업을 설치·운영할 수 있다.

② 지방공기업의 설치·운영에 관하여 필요한 사항은 따로 법률로 정한다.

제8장 지방자치단체 상호 간의 관계

제1절 지방자치단체 간의 협력과 분쟁조정

제147조(지방자치단체 상호 간의 협력) 지방자치단체는 다른 지방자치단체로부터 사무의 공동처리에 관한 요청이나 사무처리에 관한 협의·조정·승인 또는 지원의 요청을 받으면 법령의 범위에서 협력하여야 한다.

제148조(지방자치단체 상호 간의 분쟁조정) ① 지방자치단체 상호 간이나 지방자치단체의 장 상호 간 사무를 처리할 때 의견이 달라 다툼(이하 "분쟁"이라 한다)이 생기면 다른 법률에 특별한 규정이 없으면 행정안전부장관이나 시·도지사가 당사자의 신청에 따라 조정(調整)할 수 있다. 다만, 그 분쟁이 공익을 현저히 저해하여 조속한 조정이 필요하다고 인정되면 당사자의 신청이 없어도 직권으로 조정할 수 있다.〈개정 2008.2.29〉

② 제1항 단서에 따라 행정안전부장관이나 시·도지사가 분쟁을 조정하는 경우에는 그 취지를 미리 당사자에게 알려야 한다.〈개정 2008.2.29〉

③ 행정안전부장관이나 시·도지사가 제1항의 분쟁을 조정하고자 할 때에는 관계 중앙행정기관의 장과의 협의를 거쳐 제149조에 따른 지방자치단체중앙분쟁조정위원회나 지방자치단체지방분쟁조정위원회의 의결에 따라 조정하여야 한다.〈개정 2008.2.29〉

④ 행정안전부장관이나 시·도지사는 제1항의 조정에 대하여 결정을 하면 서면으로 지체 없이 관계 지방자치단체의 장에게 통보하여야 하며, 통보를 받은 지방자치단체의 장은 그 조정결정사항을 이행하여야 한다.〈개정 2008.2.29〉

⑤ 제4항의 조정결정사항 중 예산이 수반되는 사항에 대하여는 관계 지방자치단체는 필요한 예산을 우선적으로 편성하여야 한다. 이 경우 연차적으로 추진하여야 할 사항은 연도별 추진계획을 행정안전부장관이나 시·도지사에게 보고하여야 한다.〈개정 2008.2.29〉

⑥ 행정안전부장관이나 시·도지사는 제1항의 조정결정에 따른 시설의 설치 또는 역무의 제공으로 이익을 받거나 그 원인을 일으켰다고 인정되는 지방자치단체에 대하여는 그 시설비나 운영비 등의 전부나 일부를 행정안전부장관이 정하는 기준에 따라 부담하게 할 수 있다.〈개정 2008.2.29〉

⑦ 행정안전부장관이나 시·도지사는 제4항부터 제6항까지의 규정에 따른 조정결정사항이 성실히 이행되지 아니하면 그 지방자치단체에 대하여 제170조를 준용하여 이행하게 할 수 있다.〈개정 2008.2.29〉

제149조(지방자치단체중앙분쟁조정위원회 등의 설치와 구성 등) ① 제148조제1항에 따른 분쟁의 조정과 제156조제1항에 따른 협의사항의 조정에 필요한 사항을 심의·의결하기 위하여 행정안전부에 지방자치단체중앙분쟁조정위원회(이하 "중앙분쟁조정위원회"라 한다)와 시·도에 지방자치단체지방분쟁조정위원회(이하 "지방분쟁조정위원회"라 한다)를 둔다.〈개정 2008.2.29〉

② 중앙분쟁조정위원회는 다음 각 호의 분쟁을 심의·의결한다.
1. 시·도 간 또는 그 장 간의 분쟁
2. 시·도를 달리하는 시·군 및 자치구 간 또는 그 장 간의 분쟁
3. 시·도와 시·군 및 자치구 간 또는 그 장 간의 분쟁
4. 시·도와 지방자치단체조합 간 또는 그 장 간의 분쟁
5. 시·도를 달리하는 시·군 및 자치구와 지방자치단체조합 간 또는 그 장 간의 분쟁
6. 시·도를 달리하는 지방자치단체조합 간 또는 그 장 간의 분쟁

③ 지방분쟁조정위원회는 제2항 각 호에 해당하지 아니하는 지방자치단체·지방자치단체조합 간 또는 그 장 간의 분쟁을 심의·의결한다.

④ 중앙분쟁조정위원회와 지방분쟁조정위원회(이하 "분쟁조정위원회"라 한다)는 각각 위원장을 포함한 11명 이내의 위원으로 구성한다.

⑤ 중앙분쟁조정위원회의 위원장과 위원 중 5명은 다음 각 호에 해당하는 자 중에서 행정안전부장관의 제청으로 대통령이 임명하거나 위촉하고, 대통령령으로 정하는 중앙행정기관 소속 공무원은 당연직위원이 된다.〈개정 2008.2.29〉
1. 대학에서 부교수 이상으로 3년 이상 재직 중이거나 재직한 자
2. 판사·검사 또는 변호사의 직에 6년 이상 재직 중이거나 재직한 자
3. 그 밖에 지방자치사무에 관한 학식과 경험이 풍부한 자

⑥ 지방분쟁조정위원회의 위원장과 위원 중 5명은 제5항 각 호에 해당하는 자 중에서 시·도지사가 임명하거나 위촉하고, 조례로 정하는 해당 지방자치단체 소속 공무원은 당연직위원이 된다.

⑦ 공무원이 아닌 위원장 및 위원의 임기는 3년으로 하되, 연임할 수 있다. 다만, 보궐위원의 임기는 전임자의 남은 임기로 한다.

제150조(분쟁조정위원회의 운영 등) ① 분쟁조정위원회는 위원장을 포함한 위원 7명 이상의 출석으로 개의하고, 출석위원 3분의 2 이상의 찬성으로 의결한다.

② 분쟁조정위원회의 위원장은 분쟁의 조정과 관련하여 필요하다고 인정하면 관계 공무원, 지방자치단체조합의 직원 또는 관계 전문가를 출석시켜 의견을 듣거나 관계 기관이나 단체에 대하여 자료 및 의견 제출 등을 요구할 수 있다. 이 경우 분쟁의 당사자에게는 의견을 진술할 기회를 주어야 한다.

③ 이 법에서 정한 사항 외에 분쟁조정위원회의 구성과 운영 등에 관하여 필요한 사항은 대통령령으로 정한다.

제151조(사무의 위탁) ① 지방자치단체나 그 장은 소관 사무의 일부를 다른 지방자치단체나 그 장에게 위탁하여 처리하게 할 수 있다. 이 경우 지방자치단체의 장은 사무 위탁의 당사자가 시·도나 그 장이면 행정안전부장관과 관계 중앙행정기관의 장에게, 시·군 및 자치구나 그 장이면 시·도지사에게 이를 보고하여야 한다.〈개정 2008.2.29〉

② 지방자치단체나 그 장은 제1항에 따라 사무를 위탁하려면 관계 지방자치단체와의 협의에 따라 규약을 정하여 고시하여야 한다.

③ 제2항의 사무위탁에 관한 규약에는 다음 각 호의 사항이 포함되어야 한다.
1. 사무를 위탁하는 지방자치단체와 사무를 위탁받는 지방자치단체
2. 위탁사무의 내용과 범위
3. 위탁사무의 관리와 처리방법
4. 위탁사무의 관리와 처리에 드는 경비의 부담과 지출방법
5. 그 밖에 사무위탁에 관하여 필요한 사항

④ 지방자치단체나 그 장은 사무위탁을 변경하거나 해지하려면 관계 지방자치단체나 그 장과 협의하여 그 사실을 고시하고, 제1항의 예에 따라 행정안전부장관과 관계 중앙행정기관의 장 또는 시·도지사에게 보고하여야 한다.〈개정 2008.2.29〉

⑤ 사무가 위탁된 경우 위탁된 사무의 관리와 처리에 관한 조례나 규칙은 규약에 다르게 정하여진 경우 외에는 사무를 위탁받은 지방자치단체에 대하여도 적용한다.

제 2 절 행정협의회

제152조(행정협의회의 구성) ① 지방자치단체는 2개 이상의 지방자치단체에 관련된 사무의 일부를 공동으로 처리하기 위하여 관

계 지방자치단체 간의 행정협의회(이하 "협의회"라 한다)를 구성할 수 있다. 이 경우 지방자치단체의 장은 시·도가 구성원이면 행정안전부장관과 관계 중앙행정기관의 장에게, 시·군 또는 자치구가 구성원이면 시·도지사에게 이를 보고하여야 한다.〈개정 2008.2.29〉
② 지방자치단체는 협의회를 구성하려면 관계 지방자치단체 간의 협의에 따라 규약을 정하여 관계 지방의회의 의결을 각각 거친 다음 고시하여야 한다.
③ 행정안전부장관이나 시·도지사는 공익상 필요하면 관계 지방자치단체에 대하여 협의회를 구성하도록 권고할 수 있다.〈개정 2008.2.29〉

제153조(협의회의 조직) ① 협의회는 회장과 위원으로 구성한다.
② 회장과 위원은 규약으로 정하는 바에 따라 관계 지방자치단체의 직원 중에서 선임한다.
③ 회장은 협의회를 대표하며 회의를 소집하고 협의회의 사무를 총괄한다.

제154조(협의회의 규약) 협의회의 규약에는 다음 각 호의 사항이 포함되어야 한다.
1. 협의회의 명칭
2. 협의회를 구성하는 지방자치단체
3. 협의회가 처리하는 사무
4. 협의회의 조직과 회장 및 위원의 선임방법
5. 협의회의 운영과 사무 처리에 필요한 경비의 부담이나 지출방법
6. 그 밖에 협의회의 구성과 운영에 관하여 필요한 사항

제155조(협의회의 자료제출요구 등) 협의회는 사무를 처리하기 위하여 필요하다고 인정하면 관계 지방자치단체의 장에게 자료 제출, 의견 개진, 그 밖에 필요한 협조를 요구할 수 있다.

제156조(협의사항의 조정) ① 협의회에서 합의가 이루어지지 아니한 사항에 대하여 관계 지방자치단체의 장이 조정(調整) 요청을 하면 시·도 간의 협의사항에 대하여는 행정안전부장관이, 시·군 및 자치구 간의 협의사항에 대하여는 시·도지사가 조정할 수 있다. 다만, 관계되는 시·군 및 자치구가 2개 이상의 시·도에 걸치는 경우에는 행정안전부장관이 조정할 수 있다.〈개정 2008.2.29〉
② 행정안전부장관이나 시·도지사가 제1항에 따라 조정을 하려면 관계 중앙행정기관의 장과의 협의를 거쳐 제149조에 따른 분쟁조정위원회의 의결에 따라 조정하여야 한다.〈개정 2008.2.29〉

제157조(협의회의 협의 및 사무처리의 효력) ① 협의회를 구성한 관계 지방자치단체는 협의회가 결정한 사항이 있으면 그 결정에 따라 사무를 처리하여야 한다.
② 제156조제1항에 따라 행정안전부장관이나 시·도지사가 조정한 사항에 관하여는 제148조제3항부터 제6항까지의 규정을 준용한다.〈개정 2008.2.29〉
③ 협의회가 관계 지방자치단체나 그 장의 명의로 한 사무의 처리는 관계 지방자치단체나 그 장이 한 것으로 본다.

제158조(협의회의 규약변경 및 폐지) 지방자치단체가 협의회의 규약을 변경하거나 협의회를 없애려는 경우에는 제152조제1항과 제2항을 준용한다.

제 3 절 지방자치단체조합

제159조(지방자치단체조합의 설립) ① 2개 이상의 지방자치단체가 하나 또는 둘 이상의 사무를 공동으로 처리할 필요가 있을 때에는 규약을 정하여 그 지방의회의 의결을 거쳐 시·도는 행정안전부장관의, 시·군 및 자치구는 시·도지사의 승인을 받아 지방자치단체조합을 설립할 수 있다. 다만, 지방자치단체조합의 구성원인 시·군 및 자치구가 2개 이상의 시·도에 걸치는 지방자치단체조합은 행정안전부장관의 승인을 받아야 한다.〈개정 2008.2.29〉
② 지방자치단체조합은 법인으로 한다.

제160조(지방자치단체조합의 조직) ① 지방자치단체조합에는 지방자치단체조합회의와 지방자치단체조합장 및 사무직원을 둔다.
② 지방자치단체조합회의의 위원과 지방자치단체조합장 및 사무직원은 지방자치단체조합규약으로 정하는 바에 따라 선임한다.
③ 관계 지방자치단체의 의회 의원과 그 지방자치단체의 장은 제35조제1항과 제96조제1항에도 불구하고 지방자치단체조합회의의 위원이나 지방자치단체조합장을 겸할 수 있다.

제161조(지방자치단체조합회의와 지방자치단체조합장의 권한) ① 지방자치단체조합회의는 지방자치단체조합의 규약으로 정하는 바에 따라 지방자치단체조합의 중요 사무를 심의·의결한다.
② 지방자치단체조합회의는 지방자치단체조합이 제공하는 역무에 대한 사용료·수수료 또는 분담금을 제139조제1항에 따른 조례의 범위 안에서 정할 수 있다.
③ 지방자치단체조합장은 지방자치단체조합을 대표하며 지방자치단체조합의 사무를 총괄한다.

제162조(지방자치단체조합의 규약) 지방자치단체조합의 규약에는 다음 각 호의 사항이 포함되어야 한다.
1. 지방자치단체조합의 명칭
2. 지방자치단체조합을 구성하는 지방자치단체
3. 사무소의 위치
4. 지방자치단체조합의 사무
5. 지방자치단체조합회의의 조직과 위원의 선임방법
6. 집행기관의 조직과 선임방법
7. 지방자치단체조합의 운영 및 사무처리에 필요한 경비의 부담과 지출방법
8. 그 밖에 지방자치단체조합의 구성과 운영에 관한 사항

제163조(지방자치단체조합의 지도·감독) ① 시·도가 구성원인 지방자치단체조합은 행정안전부장관의, 시·군 및 자치구가 구성원인 지방자치단체조합은 1차로 시·도지사의, 2차로 행정안전부장관의 지도·감독을 받는다. 다만, 지방자치단체조합의 구성원인 시·군 및 자치구가 2개 이상의 시·도에 걸치는 지방자치단체조합은 행정안전부장관의 지도·감독을 받는다.〈개정 2008.2.29〉
② 행정안전부장관은 공익상 필요하면 지방자치단체조합의 설립이나 해산 또는 규약의 변경을 명할 수 있다.〈개정 2008.2.29〉

제164조(지방자치단체조합의 규약변경 및 해산) ① 지방자치단체조합의 규약을 변경하거나 지방자치단체조합을 해산하려는 경우에는 제159조제1항을 준용한다.
② 지방자치단체조합을 해산한 경우에 그 재산의 처분은 관계 지방자치단체의 협의에 따른다.

제4절 지방자치단체의 장 등의 협의체

제165조(지방자치단체의 장 등의 협의체) ① 지방자치단체의 장이나 지방의회의 의장은 상호 간의 교류와 협력을 증진하고, 공동의 문제를 협의하기 위하여 다음 각 호의 구분에 따라 각각 전국적 협의체를 설립할 수 있다.
1. 시·도지사
2. 시·도의회의 의장
3. 시장·군수·자치구의 구청장
4. 시·군·자치구의회의 의장
② 제1항 각 호의 전국적 협의체가 모두 참가하는 지방자치단체 연합체를 설립할 수 있다.
③ 제1항에 따른 협의체나 제2항에 따른 연합체를 설립한 때에는 그 협의체의 대표자는 지체 없이 행정안전부장관에게 신고하여야 한다.〈개정 2008.2.29〉
④ 제1항에 따른 협의체나 제2항에 따른 연합체는 지방자치에 직접적인 영향을 미치는 법령 등에 관하여 행정안전부장관을 거쳐 정부에 의견을 제출할 수 있다.〈개정 2008.2.29〉
⑤ 제1항에 따른 협의체나 제2항에 따른 연합체의 설립신고와 운영, 그 밖에 필요한 사항은 대통령령으로 정한다.

제9장 국가의 지도·감독

제166조(지방자치단체의 사무에 대한 지도와 지원) ① 중앙행정기관의 장이나 시·도지사는 지방자치단체의 사무에 관하여 조언 또는 권고하거나 지도할 수 있으며, 이를 위하여 필요하면 지방자치단체에 자료의 제출을 요구할 수 있다.
② 국가나 시·도는 지방자치단체가 그 지방자치단체의 사무를 처리하는 데에 필요하다고 인정하면 재정지원이나 기술지원을 할 수 있다.

제167조(국가사무나 시·도사무 처리의 지도·감독) ① 지방자치단체나 그 장이 위임받아 처리하는 국가사무에 관하여 시·도에서는 주무부장관의, 시·군 및 자치구에

서는 1차로 시·도지사의, 2차로 주무부장관의 지도·감독을 받는다.
② 시·군 및 자치구나 그 장이 위임받아 처리하는 시·도의 사무에 관하여는 시·도지사의 지도·감독을 받는다.

제168조(중앙행정기관과 지방자치단체 간 협의조정) ① 중앙행정기관의 장과 지방자치단체의 장이 사무를 처리할 때 의견을 달리하는 경우 이를 협의·조정하기 위하여 국무총리 소속으로 협의조정기구를 둘 수 있다.
② 제1항에 따른 협의조정기구의 구성과 운영 등에 관하여 필요한 사항은 대통령령으로 정한다.

제169조(위법·부당한 명령·처분의 시정) ① 지방자치단체의 사무에 관한 그 장의 명령이나 처분이 법령에 위반되거나 현저히 부당하여 공익을 해친다고 인정되면 시·도에 대하여는 주무부장관이, 시·군 및 자치구에 대하여는 시·도지사가 기간을 정하여 서면으로 시정할 것을 명하고, 그 기간에 이행하지 아니하면 이를 취소하거나 정지할 수 있다. 이 경우 자치사무에 관한 명령이나 처분에 대하여는 법령을 위반하는 것에 한한다.
② 지방자치단체의 장은 제1항에 따른 자치사무에 관한 명령이나 처분의 취소 또는 정지에 대하여 이의가 있으면 그 취소처분 또는 정지처분을 통보받은 날부터 15일 이내에 대법원에 소(訴)를 제기할 수 있다.

제170조(지방자치단체의 장에 대한 직무이행명령) ① 지방자치단체의 장이 법령의 규정에 따라 그 의무에 속하는 국가위임사무나 시·도위임사무의 관리와 집행을 명백히 게을리하고 있다고 인정되면 시·도에 대하여는 주무부장관이, 시·군 및 자치구에 대하여는 시·도지사가 기간을 정하여 서면으로 이행할 사항을 명령할 수 있다.
② 주무부장관이나 시·도지사는 해당 지방자치단체의 장이 제1항의 기간에 이행명령을 이행하지 아니하면 그 지방자치단체의 비용부담으로 대집행하거나 행정상·재정상 필요한 조치를 할 수 있다. 이 경우 행정대집행에 관하여는 「행정대집행법」을 준용한다.
③ 지방자치단체의 장은 제1항의 이행명령에 이의가 있으면 이행명령서를 접수한 날부터 15일 이내에 대법원에 소를 제기할 수 있다. 이 경우 지방자치단체의 장은 이행명령의 집행을 정지하게 하는 집행정지결정을 신청할 수 있다.

제171조(지방자치단체의 자치사무에 대한 감사) ① 행정안전부장관이나 시·도지사는 지방자치단체의 자치사무에 관하여 보고를 받거나 서류·장부 또는 회계를 감사할 수 있다. 이 경우 감사는 법령위반사항에 대하여만 실시한다.〈개정 2008.2.29〉
② 행정안전부장관 또는 시·도지사는 제1항에 따라 감사를 실시하기 전에 해당 사무의 처리가 법령에 위반되는지 여부 등을 확인하여야 한다.〈신설 2010.6.8〉

제171조의2(지방자치단체에 대한 감사 절차 등) ① 주무부장관, 행정안전부장관 또는 시·도지사는 이미 감사원 감사 등이 실시된 사안에 대하여는 새로운 사실이 발견되거나 중요한 사항이 누락된 경우 등 대통령령으로 정하는 경우를 제외하고는 감사대상에서 제외하고 종전의 감사결과를 활용하여야 한다.
② 주무부장관과 행정안전부장관은 다음 각 호의 어느 하나에 해당하는 감사를 실시하고자 하는 때에는 지방자치단체의 수감부담을 줄이고 감사의 효율성을 높이기 위하여 같은 기간 동안 함께 감사를 실시할 수 있다.
1. 제167조에 따른 주무부장관의 위임사무 감사
2. 제171조에 따른 행정안전부장관의 자치사무 감사
③ 제167조, 제171조 및 제2항에 따른 감사에 대한 절차·방법 등 필요한 사항은 대통령령으로 정한다.[본조신설 2010.6.8]

제172조(지방의회 의결의 재의와 제소) ① 지방의회의 의결이 법령에 위반되거나 공익을 현저히 해친다고 판단되면 시·도에 대하여는 주무부장관이, 시·군 및 자치구에 대하여는 시·도지사가 재의를 요구하게 할 수 있고, 재의요구를 받은 지방자치단체의 장은 의결사항을 이송받은 날부터 20일 이내에 지방의회에 이유를 붙여 재의를 요구하여야 한다.
② 제1항의 요구에 대하여 재의의 결과 재적의원 과반수의 출석과 출석의원 3분의 2 이상의 찬성으로 전과 같은 의결을 하면 그 의결사항은 확정된다.

③ 지방자치단체의 장은 제2항에 따라 재의결된 사항이 법령에 위반된다고 판단되면 재의결된 날부터 20일 이내에 대법원에 소를 제기할 수 있다. 이 경우 필요하다고 인정되면 그 의결의 집행을 정지하게 하는 집행정지결정을 신청할 수 있다.
④ 주무부장관이나 시·도지사는 재의결된 사항이 법령에 위반된다고 판단됨에도 불구하고 해당 지방자치단체의 장이 소(訴)를 제기하지 아니하면 그 지방자치단체의 장에게 제소를 지시하거나 직접 제소 및 집행정지결정을 신청할 수 있다.
⑤ 제4항에 따른 제소의 지시는 제3항의 기간이 지난 날부터 7일 이내에 하고, 해당 지방자치단체의 장은 제소지시를 받은 날부터 7일 이내에 제소하여야 한다.
⑥ 주무부장관이나 시·도지사는 제5항의 기간이 지난 날부터 7일 이내에 직접 제소할 수 있다.
⑦ 제1항에 따라 지방의회의 의결이 법령에 위반된다고 판단되어 주무부장관이나 시·도지사로부터 재의요구지시를 받은 지방자치단체의 장이 재의를 요구하지 아니하는 경우(법령에 위반되는 지방의회의 의결사항이 조례안인 경우로서 재의요구지시를 받기 전에 그 조례안을 공포한 경우를 포함한다)에는 주무부장관이나 시·도지사는 제1항에 따른 기간이 지난 날부터 7일 이내에 대법원에 직접 제소 및 집행정지결정을 신청할 수 있다.
⑧ 제1항에 따른 지방의회의 의결이나 제2항에 따라 재의결된 사항이 둘 이상의 부처와 관련되거나 주무부장관이 불분명하면 행정안전부장관이 재의요구 또는 제소를 지시하거나 직접 제소 및 집행정지결정을 신청할 수 있다.〈개정 2008.2.29〉

제10장 서울특별시 등 대도시와 제주특별자치도의 행정특례

제173조(자치구의 재원) 특별시장이나 광역시장은 시세(市稅) 수입 중의 일정액을 확보하여 조례로 정하는 바에 따라 해당 지방자치단체의 관할 구역 안의 자치구 상호 간의 재원을 조정하여야 한다.

제174조(특례의 인정) ① 서울특별시의 지위·조직 및 운영에 대하여는 수도로서의 특수성을 고려하여 법률로 정하는 바에 따라 특례를 둘 수 있다.
② 제주특별자치도의 지위·조직 및 행정·재정 등의 운영에 대하여는 행정체제의 특수성을 고려하여 법률로 정하는 바에 따라 특례를 둘 수 있다.

제175조(대도시에 대한 특례인정) 서울특별시와 광역시를 제외한 인구 50만 이상 대도시의 행정, 재정운영 및 국가의 지도·감독에 대하여는 그 특성을 고려하여 관계 법률로 정하는 바에 따라 특례를 둘 수 있다.

부칙 〈제8423호, 2007.5.11〉

제1조(시행일) 이 법은 공포한 날부터 시행한다. 다만, 부칙 제12조제27항의 개정규정은 2007년 7월 4일부터 시행한다.

제2조(종전 법률의 개정에 따른 주민소송에 관한 적용례) 법률 제7362호 지방자치법중개정법률의 개정에 따른 제13조의5부터 제13조의7까지의 개정규정에 따른 주민소송은 같은 조의 시행일인 2006년 1월 1일 이후에 행하여진 감사청구분부터 적용한다.

제3조(종전 법률의 개정에 따른 대법원 직접 제소에 관한 적용례) 법률 제7362호 지방자치법중개정법률의 개정에 따른 제159조의 개정규정은 같은 법의 시행일인 2005년 1월 27일 이후에 지방의회에서 의결된 분부터 적용한다.

제4조(종전 법률의 개정에 따른 조례의 제정·개폐 및 감사청구에 관한 적용례) 법률 제7846호 지방자치법 일부개정법률의 개정에 따른 제13조의3 및 제13조의4의 개정규정은 같은 법의 시행일인 2006년 1월 11일 이후 최초로 행하는 조례의 제정·개폐 및 감사청구부터 적용한다.

제5조(종전 법률의 개정에 따른 이의신청에 관한 적용례) 법률 제7846호 지방자치법 일부개정법률의 개정에 따른 제131조제3항의 개정규정은 같은 법 시행일인 2006년 1월 11일 당시 사용료·수수료 또는 분담금

의 부과 또는 징수 처분의 통지를 받은 날부터 60일이 지나지 아니한 이의신청부터 적용한다.

제6조(종전 법률의 개정에 따른 조례 등의 효력에 관한 경과조치) 법률 제4004호 지방자치법개정법률의 개정에 따른 같은 법의 시행일인 1988년 5월 1일 당시의 지방자치단체의 조례 및 규칙은 같은 법에 따라 성립된 것으로 본다.

제7조(종전 법률의 개정에 따른 행정기관에 관한 경과조치) 법률 제4004호 지방자치법개정법률의 개정에 따른 같은 법의 시행일인 1988년 5월 1일 당시의 종전 법령, 조례 또는 규칙에 따라 설치된 행정기구는 같은 법에 따라 설치된 것으로 본다.

제8조(종전 법률의 개정에 따른 공무원의 지위에 관한 경과조치) 법률 제4004호 지방자치법개정법률의 개정에 따른 임명방법이나 임명권자가 달라진 공무원은 같은 법에 따라 임명된 것으로 본다.

제9조(종전 법률의 개정에 따른 하부행정기구에 대한 경과조치) 법률 제7846호 지방자치법 일부개정법률의 시행 전에 종전의 제111조에 따라 설치된 행정기구는 그 설치를 위한 조례가 새로 제정·시행될 때까지 유효한 것으로 본다.

제10조(처분 등에 관한 일반적 경과조치) 이 법 시행 당시 종전의 규정에 따른 행정기관의 행위나 행정기관에 대한 행위는 그에 해당하는 이 법에 따른 행정기관의 행위나 행정기관에 대한 행위로 본다.

제11조(과태료에 관한 경과조치) 이 법 시행 전의 행위에 대하여 과태료 규정을 적용할 때에는 종전의 규정에 따른다.

제12조(다른 법률의 개정) ① 경제자유구역의지정및운영에관한법률 일부를 다음과 같이 개정한다.

제27조의2제3항 중 "지방자치법 제149조제1항"을 "「지방자치법」 제159조제1항"으로 한다.

② 공유재산 및 물품 관리법 일부를 다음과 같이 개정한다.

제10조제3항 중 "「지방자치법」 제35조제1항제6호"를 "「지방자치법」 제39조제1항제6호"로 한다.

③ 공직선거법 일부를 다음과 같이 개정한다.

제192조제4항 본문 중 "第70條(議員의 退職)"을 "제78조(의원의 퇴직)"으로 한다.

④ 국가공무원법 일부를 다음과 같이 개정한다.

제2조의2제2항제3호 중 "「지방자치법」 제101조제2항·제102조제5항"을 "「지방자치법」 제110조제2항·제112조제5항"으로 한다.

⑤ 국가균형발전 특별법 일부를 다음과 같이 개정한다.

제23조제3항제1호 중 "제154조의2"를 "제165조"로 한다.

⑥ 기반시설부담금에 관한 법률 일부를 다음과 같이 개정한다.

제8조제4항제1호 중 "「지방자치법」 제129조"를 "「지방자치법」 제138조"로 한다.

⑦ 農村振興法 일부를 다음과 같이 개정한다.

제3조 중 "地方自治法 第104條"를 "「지방자치법」 제113조"로 한다.

⑧ 都農複合形態의市設置에따른行政特例등에관한法律 일부를 다음과 같이 개정한다.

제5조제1항 전단 중 "地方自治法 第42條第1項"을 "「지방자치법」 제48조제1항"으로 한다.

⑨ 부담금관리기본법 일부를 다음과 같이 개정한다.

별표 제14호 중 "지방자치법 제129조"를 "「지방자치법」 제138조"로 한다.

⑩ 부패방지법 일부를 다음과 같이 개정한다.

제40조제3항 중 "지방자치법 제13조의4"를 "「지방자치법」 제16조"로 한다.

⑪ 서울特別市行政特例에관한法律 일부를 다음과 같이 개정한다.

제1조 중 "地方自治法 第161條"를 "「지방자치법」 제174조"로 한다.

제4조제1항 중 "地方自治法 第115條第1項"을 "「지방자치법」 제124조제1항"으로 하고, 같은 조 제2항 중 "地方自治法 第158條"를 "「지방자치법」 제171조"로 한다.

⑫ 제주특별자치도 설치 및 국제자유도시 조성을 위한 특별법 일부를 다음과 같이 개정한다.

제14조제1항 중 "「지방자치법」 제82조제3항 및 제83조제2항(「지방공무원법」 제2조제2항제1호의 일반직공무원을 제외한다), 제101조제1항·제2항 단서(정수에 한한다)·제6항, 제102조제1항·제2항(직급기준을 제외한다), 제104조 내지 제106조"를 "「지방

자치법」 제90조제3항 및 제91조제2항(「지방공무원법」 제2조제2항제1호의 일반직공무원은 제외한다), 제110조제1항·제2항 단서(정수에 한정한다) 및 제6항, 제112조제1항·제2항(직급기준은 제외한다), 제113조부터 제115조까지"로 하고, 같은 조 제2항 중 "「지방자치법」 제101조제2항"을 "「지방자치법」 제110조제2항"으로 한다.
제24조 전단 중 "「지방자치법」 제13조의3제1항"을 "「지방자치법」 제15조제1항"으로 한다.
제35조제2항 전단 중 "「지방자치법」 제101조의2제4항"을 "「지방자치법」 제111조제4항"으로, "「지방자치법」 제101조의2제5항"을 "「지방자치법」 제111조제5항"으로 하고, 같은 항 후단 중 "「지방자치법」 제101조의2제4항 중 "대통령령이 정하는 순"은"을 "「지방자치법」 제111조제4항 중 "대통령령으로 정하는 순서"는"으로 한다.
제44조제1항 중 "「지방자치법」 제101조제2항"을 "「지방자치법」 제110조제2항"으로 한다.
제45조제1항 중 "「지방자치법」 제50조"를 "「지방자치법」 제56조"로 한다.
제46조제1항 중 "「지방자치법」 제32조"를 "「지방자치법」 제33조"로 한다.
제47조 중 "「지방자치법」 제41조제3항"을 "「지방자치법」 제47조제2항"으로 한다.
제52조제1항 중 "「지방자치법」 제102조제2항"을 "「지방자치법」 제112조제2항"으로 한다.
제65조제1항 본문 중 "「지방자치법」 제104조"를 "「지방자치법」 제113조"로 한다.
제66조제1항 중 "「지방자치법」 제158조"를 "「지방자치법」 제171조"로 한다.
제79조 중 "「지방자치법」 제50조"를 "「지방자치법」 제56조"로 한다.
제80조제1항 중 "「지방자치법」 제26조의2"를 "「지방자치법」 제31조"로 한다.
제83조제1항제1호 중 "「지방자치법」 제33조제1항제1호·제3호 내지 제6호"를 "「지방자치법」 제35조제1항제1호, 제3호부터 제6호까지"로 한다.
제85조제2항 중 "「지방자치법」 제58조제1항"을 "「지방자치법」 제66조제1항"으로 한다.
제86조제2항 중 "「지방자치법」 제19조제3항 내지 제7항"을 "「지방자치법」 제26조제3항부터 제7항까지"로 한다.
제87조 중 "「지방자치법」 제55조 및 제56조"를 "「지방자치법」 제63조 및 제64조"로 한다.
제94조 전단 중 "「지방자치법」 제91조"를 "「지방자치법」 제100조"로 한다.
제95조제1항 전단 중 "「지방자치법」 제13조의3, 제13조의4, 제97조 내지 제99조, 제140조 및 제141조"를 "「지방자치법」 제15조, 제16조, 제106조부터 제108조까지, 제148조 및 제151조"로 한다.
제103조 전단 중 "「지방자치법」 제115조제1항"을 "「지방자치법」 제124조제1항"으로 한다.
제104조 전단 중 "「지방자치법」 제115조"를 "「지방자치법」 제124조"로 한다.
제123조제1항 중 "「지방자치법」 제157조"를 "「지방자치법」 제169조"로 하고, 같은 조 제2항 중 "「지방자치법」 제159조"를 "「지방자치법」 제172조"로 한다.
제173조제3항 중 "「지방자치법」 제133조제2항"을 "「지방자치법」 제142조제2항"으로 한다.
제234조제5항 전단 중 "「지방자치법」 제35조제1항제6호"를 "「지방자치법」 제39조제1항제6호"로 한다.
제297조제2항 각 호 외의 부분 단서 중 "「지방자치법」 제115조"를 "「지방자치법」 제124조"로 한다.
⑬ 주민소환에 관한 법률 일부를 다음과 같이 개정한다.
제1조 중 "「지방자치법」 제13조의8"을 "「지방자치법」 제20조"로 한다.
제21조제2항 중 "「지방자치법」 제101조의2제4항"을 "「지방자치법」 제111조제4항"으로, "「지방자치법」 제101조의2제5항"을 "「지방자치법」 제111조제5항"으로 한다.
⑭ 주민투표법 일부를 다음과 같이 개정한다.
제1조 중 "지방자치법 제13조의2"를 "「지방자치법」 제14조"로 한다.
⑮ 지방공기업법 일부를 다음과 같이 개정한다.
제8조제4호 중 "地方自治法 第130條第2項"을 "「지방자치법」 제139조제2항"으로 한다.
제40조제2항 중 "地方自治法 第35條制1項制6號"를 "「지방자치법」 제39조제1항제6호"

로 한다.
⑯ 지방공무원 교육훈련법 일부를 다음과 같이 개정한다.
제2조 중 "第85條"를 "제93조"로 한다.
제5조제1항 중 "第104條"를 "제113조"로 한다.
⑰ 地方公務員法 일부를 다음과 같이 개정한다.
제9조제2항 중 "地方自治法 제101조제6항"을 "「지방자치법」 제110조제6항"으로 한다.
⑱ 지방교부세법 일부를 다음과 같이 개정한다.
제2조제2호 중 "地方自治法 第149條第1項"을 "「지방자치법」 제159조제1항"으로 한다.
⑲ 지방교육자치에 관한 법률 일부를 다음과 같이 개정한다.
제9조제1항제1호 중 "「지방자치법」 제33조제1항제1호 내지 제6호"를 "「지방자치법」 제35조제1항제1호부터 제6호까지"로 한다.
제12조 전단 중 "「지방자치법」 제55조, 제56조"를 "「지방자치법」 제63조와 제64조"로 한다.
제14조제3항 중 "제19조제2항"을 "제26조제2항"으로 하고, 같은 조 제4항 전단 중 "「지방자치법」 제19조제3항 내지 제7항"을 "「지방자치법」 제26조제3항부터 제7항까지"로 한다.
제29조제1항제1호 중 "「지방자치법」 제56조"를 "「지방자치법」 제64조"로 한다.
제31조 전단 중 "「지방자치법」 제101조의2"를 "「지방자치법」 제111조"로 한다.
⑳ 지방분권특별법 일부를 다음과 같이 개정한다.
제16조제1항 중 "지방자치법 제154조의2"를 "「지방자치법」 제165조"로 한다.
제19조제2항제3호 중 "지방자치법 제154조의2"를 "「지방자치법」 제165조"로 한다.
㉑ 지방세법 일부를 다음과 같이 개정한다.
제1조제1항제14호 중 "第149條第1項"을 "제159조제1항"으로 한다.
㉒ 지방자치단체 기금관리기본법 일부를 다음과 같이 개정한다.
제2조 본문 중 "「지방자치법」 제133조"를 "「지방자치법」 제142조"로 한다.
제17조제2항 중 "「지방자치법」 제149조"를 "「지방자치법」 제159조"로 한다.
제18조제1호 중 "「지방자치법」 제115조"를 "「지방자치법」 제124조"로 한다.
㉓ 지방자치단체를 당사자로 하는 계약에 관한 법률 일부를 다음과 같이 개정한다.
제27조제1항제3호 중 "「지방자치법」 제149조"를 "「지방자치법」 제159조"로 한다.
㉔ 지방자치단체에 두는 국가공무원의 정원에 관한 법률 일부를 다음과 같이 개정한다.
제1조 중 "「지방자치법」 第103條第4項"을 "「지방자치법」 제112조제5항"으로 한다.
제2조제1호 중 "「지방자치법」 第101條"를 "「지방자치법」 제110조"로 한다.
㉕ 지방재정법 일부를 다음과 같이 개정한다.
제11조제4항 전단 중 "「지방자치법」 제149조"를 "「지방자치법」 제159조"로 한다.
제13조제1항 중 "「지방자치법」 제115조제3항"을 "「지방자치법」 제124조제3항"으로 한다.
제34조제3항 중 "「지방자치법」 제133조제1항"을 "「지방자치법」 제142조제1항"으로 한다.
제46조제1항 중 "「지방자치법」 제122조"를 "「지방자치법」 제131조"로 한다.
제53조제2항 중 "「지방자치법」 제125조제1항"을 "「지방자치법」 제134조제1항"으로 한다.
제88조 중 "「지방자치법」 제142조"를 "「지방자치법」 제152조"로 한다.
㉖ 地域保健法 일부를 다음과 같이 개정한다.
제11조 중 "地方自治法 第102條"를 "「지방자치법」 제112조"로 한다.
㉗ 廢棄物處理施設設置촉진및周邊地域지원등에관한法律 일부를 다음과 같이 개정한다.
제8조 중 "「지방자치법」 제149조"를 각각 "「지방자치법」 제159조"로 한다.

제13조(다른 법령과의 관계) 이 법 시행 당시 다른 법령에서 종전의 「지방자치법」 또는 그 규정을 인용한 경우에 이 법 가운데 그에 해당하는 규정이 있으면 종전의 규정을 갈음하여 이 법 또는 이 법의 해당 규정을 인용한 것으로 본다.

부칙(가족관계의 등록 등에 관한 법률) 〈제8435호, 2007.5.17〉

제1조(시행일) 이 법은 2008년 1월 1일부터 시행한다.〈단서 생략〉

제2조 내지 제7조 생략

제8조(다른 법률의 개정) ① 내지 ㉔ 생략

㉕ 지방자치법 일부를 다음과 같이 개정한다.

제9조제2항제1호차목 중 "戶籍"을 "가족관계등록"이라 한다.

㉖내지 ㊴ 생략

제9조 생략

부칙(정부조직법) 〈제8852호, 2008.2.29〉

제1조(시행일) 이 법은 공포한 날부터 시행한다. 다만, 제31조제1항의 개정규정 중 "식품산업진흥"에 관한 부분은 2008년 6월 28일부터 시행하고, 부칙 제6조에 따라 개정되는 법률 중 이 법의 시행 전에 공포되었으나 시행일이 도래하지 아니한 법률을 개정한 부분은 각각 해당 법률의 시행일부터 시행한다.

제2조부터 제5조까지 생략

제6조(다른 법률의 개정) ① 부터 ㉙까지 생략

㉚ 지방자치법 일부를 다음과 같이 개정한다.

제4조제3항 본문, 제5조제2항, 제28조, 제97조 본문, 제100조제1항 전단·후단 및 같은 조 제2항 전단·후단, 제110조제3항 전단, 제112조제3항, 제133조제2항 본문, 제134조제2항, 제148조제1항부터 제7항까지, 제149조제5항, 제151조제1항 후단 및 같은 조 제4항, 제152조제1항 후단 및 같은 조 제3항, 제156조제1항 본문·단서 및 같은 조 제2항, 제157조제2항, 제159조제1항 본문·단서, 제163조제1항 본문·단서 및 같은 조 제2항, 제165조제3항·제4항, 제171조 전단 및 제172조제8항 중 "행정자치부장관"을 각각 "행정안전부장관"으로 한다.

제149조제1항 중 "행정자치부"를 "행정안전부"로 한다.

㉛부터 ⑯까지 생략

제7조 생략

부칙 〈제9577호, 2009.4.1〉

제1조(시행일) 이 법은 공포한 날부터 시행한다. 다만, 제15조, 제16조, 제35조제3항·제6항, 제110조 및 제116조의2의 개정규정은 공포 후 6개월이 경과한 날부터 시행한다.

제2조(적용례) ① 제4조제4항의 개정규정은 이 법 시행 전에 「공유수면매립법」 제25조에 따른 준공검사를 받은 매립지에 대하여 시장·군수·구청장이 이 법 시행 후에 지적공부에 등록하는 경우에도 적용한다.

② 제35조제1항제3호·제4호·제6호·제8호·제9호, 같은 조 제2항 및 제96조제1항제4호·제5호의 개정규정은 2010년 7월 1일부터 임기가 개시되는 지방의회의원 및 지방자치단체의 장부터 적용한다.

제3조(경과조치) ① 이 법 시행 당시 지방자치단체의 관할 구역에 관한 분쟁이 발생하여 헌법재판소의 권한쟁의 심판이 진행되고 있는 경우 시장·군수·구청장은 헌법재판소의 결정에 따라 지적공부에 등록한다.

② 이 법 시행 당시 종전의 규정에 따라 최초로 서명을 시작한 주민의 조례의 제정과 개폐 청구에 대하여는 종전의 규정을 적용한다.

제4조(다른 법률의 개정) ① 선거관리위원회법 일부를 다음과 같이 개정한다.

제2조제2항 본문 중 "읍·면·동[「지방자치법」제4조(지방자치단체의 명칭과 구역)제5항의 행정동을 말한다. 이하 같다]"을 "읍·면(「지방자치법」 제4조의2제3항에 따른 행정면을 말한다. 이하 같다)·동(「지방자치법」 제4조의2제4항에 따른 행정동을 말한다. 이하 같다)"으로 한다.

② 제주특별자치도 설치 및 국제자유도시 조성을 위한 특별법 일부를 다음과 같이 개정한다.

제15조제3항 단서 중 "「지방자치법」 제4조제3항의 규정에 불구하고"를 "「지방자치법」

제4조의2제1항에도 불구하고"로 한다.

부칙(전염병예방법) 〈제9847호, 2009.12.29〉

제1조(시행일) 이 법은 공포 후 1년이 경과한 날부터 시행한다.
제2조부터 제20조까지 생략
제21조(다른 법률의 개정) ① 부터 ㉒까지 생략
㉓ 지방자치법 일부를 다음과 같이 개정한다.
제9조제2항제2호바목 중 "전염병"을 "감염병"으로 한다.
㉔부터 ㉚까지 생략
제22조 생략

부칙(지방세기본법) 〈제10219호, 2010.3.31〉

제1조(시행일) 이 법은 2011년 1월 1일부터 시행한다.
제2조부터 제10조까지 생략
제11조(다른 법률의 개정) ① 부터 ㊷까지 생략
㊸ 지방자치법 일부를 다음과 같이 개정한다.
제140조제7항 중 "「지방세법」 제73조와 제75조부터 제79조까지의 규정을"을 "「지방세기본법」 제118조와 제121조부터 제127조까지의 규정을"로 한다.
㊹부터 ㉑까지 생략
제11조 생략

부칙(공유수면 관리 및 매립에 관한 법률) 〈제10272호,2010.4.15〉

제1조(시행일) 이 법은 공포 후 6개월이 경과한 날부터 시행한다.
제2조부터 제12조까지 생략
제13조(다른 법률의 개정) ① 부터 ㊴까지 생략
㊵ 지방자치법 일부를 다음과 같이 개정한다.
제4조제3항제1호를 다음과 같이 한다.
1. 「공유수면 관리 및 매립에 관한 법률」에 따른 매립지
제4조제4항 중 "「공유수면매립법」 제9조"를 "「공유수면 관리 및 매립에 관한 법률」 제28조"로, "같은 법 제25조"를 "같은 법 제45조"로 한다
㊶부터 ⑮까지 생략
제14조 생략

부칙 〈제10344호, 2010.6.8〉

이 법은 공포한 날부터 시행한다.

찾아보기

ㅈ

[저자 약력]

중앙대학교 행정학과 및 대학원 졸업(행정학 박사)
서울대학교 환경대학원 졸업(도시 및 지역계획학 석사)
독일 해외협력성(DSE)초청 지방행정연수
서울특별시 시정연구단 전문위원 역임
내무부 지방행정연수원 조교수, 부교수 역임
국무총리실 수도권대책위원회 위원 역임
중앙재해대책위원회 위원 역임
내무부 및 서울특별시 정책자문위원회 위원(지방행정분과) 역임
한국지방행정연구원 자문위원 역임
서울시정개발연구원 초빙연구위원 역임
중앙투용자심의위원회 위원 역임
환경부 국립공원위원회 위원 역임
대통령실 반부패특위 자문위원 역임
경기도지방도시계획위원회 위원·동작구 규제개혁위원회 위원장
행정고등고시·지방행정고등고시·입법고등고시 및
5급승진시험 출제위원
행정자치부 국가전문행정연수원 지도교수
한국지방자치학회 회장, 중앙행정학연구회 회장 역임
중앙대학교 행정대학원 원장, 국가정책연구소 소장
현, 중앙대학교 사회과학대학공공인재학부 교수, 한국지방자치학회 고문,
행정안전부 지방행정연수원 겸임교수, 전국시장·군수·구청장협회 자문위원,
중앙대학교 행정대학원 원장 겸 정경대학 학장

[저서 및 논문]

지방재정의 계획적 운용(도시 및 지역계획 연구소, 1984)
도시행정관리론(내무부 지방행정연구원, 1988)
도시행정론(녹원출판사, 1995)
한국도시행정학(법문사, 2004)
객관식 도시 및 지방행정학(법문사, 2002)
중기재정 계획제도의 문제점과 개선방안(한국법제연구원, 2004)
지방자치와 의회운영(공저 : 한국지방자치학회, 1998)
정부간 관계 : 이론과 실제(공저 : 법문사, 1997)

한국지방행정학[제3전정판]

1999년 4월 10일 초판발행
2006년 8월 25일 제2전정판 발행
2013년 2월 20일 제3전정판 1쇄발행

저 자 이 규 환
발행인 배 효 선
발행처 도서출판 法 文 社

주 소 413-756 경기도 파주시 문발동 526-3
등 록 1957년 12월 12일 제2-76호(윤)
전 화 031-955-6500~6, 팩 스 031-955-6525
e-mail(영업) : business@bobmunsa.co.kr
(편집) : edit66@bobmunsa.co.kr
홈페이지 http ://www.bobmunsa.co.kr
조 판 광 암 문 화 사

정가 34,000원 ISBN 978-89-18-02396-0